Passarge/Torwegge
Die GmbH in der Liquidation

Die GmbH in der Liquidation

Recht, Steuern, Bilanzierung

Mit Formularteil Deutsch/Englisch

Von

Dr. Malte Passarge
Rechtsanwalt in Hamburg

und

Dr. Christoph Torwegge, LL.M.
Rechtsanwalt in Hamburg

Verlag C.H. Beck München 2008

Der Verlag im Internet:
beck.de

ISBN 978 3 406 58096 3

Wilhelmstraße 9, 80801 München

Satz: Fotosatz H. Buck
Zweikirchener Str. 7, 84036 Kumhausen

Druck: Nomos Verlagsgesellschaft
In den Lissen 12, 76547 Sinzheim

Gedruckt auf säurefreiem, alterungsbeständigem Papier
(hergestellt aus chlorfrei gebleichtem Zellstoff)

Vorwort

Im Lebenszyklus der GmbH stellen sich von der Gründung über den normalen Geschäftslauf bis hin zu ihrem rechtlichen und wirtschaftlichen Ende vielerlei praktische und rechtliche Fragen, die in der juristischen Literatur auf breiter Front behandelt werden. Doch wird das Ende der GmbH im Wege der Liquidation – im Gegensatz zur Insolvenz also das friedliche Ende – außerhalb der Kommentarliteratur bislang nicht dargestellt. Diese stiefmütterliche Behandlung der GmbH Liquidation durch die Literatur ist bei jährlich über 30.000 Liquidationsverfahren (gem. Institut für Mittelstandsforschung, Bonn) keinesfalls gerechtfertigt und bot Anlass für das hier vorgelegte Buch.

Das Buch soll den Rechtsanwalt als Begleiter eines Liquidationsverfahrens, als Berater der Gesellschafter, des Liquidators oder auch dann, wenn er selbst zum Liquidator bestellt wurde, durch die zentralen Themen einer Liquidation führen. Ferner richtet sich das Buch an die mit einer Liquidation befassten Gerichte und Steuerberater.

Rechtsprechung und Literatur sind mit Stand Juni 2008 einbezogen. Die Änderungen durch das MoMiG wurden auf der Grundlage des Bundestags-Beschlusses vom 26.6.2008 berücksichtigt. Anregungen und Hinweise durch die Leser sind uns jederzeit willkommen.

Hamburg, im September 2008

Dr. Malte Passarge   Dr. Christoph Torwegge, LL.M.

Inhaltsverzeichnis

Abkürzungsverzeichnis

Verzeichnis der Abkürzungen und der abgekürzt zitierten Literatur

a.A.	anderer Ansicht
aaO	am angegebenen Ort
Abs.	Absatz
Abschn.	Abschnitt
abw.	abweichend
a.E.	am Ende
a.F.	alte Fassung
AG	Aktiengesellschaft; Die Aktiengesellschaft (Zeitschrift); Amtsgericht
AGB	Allgemeine Geschäftsbedingungen
AktG	Aktiengesetz
allg.	allgemein
a.M.	anderer Meinung
AnfG	Anfechtungsgesetz
Anh.	Anhang
Anm.	Anmerkung
AnwBl.	Anwaltsblatt
AO	Abgabenordnung
Art.	Artikel
Aufl.	Auflage
ausf.	ausführlich
Az.	Aktenzeichen
BaFin	Bundesanstalt für Finanzdienstleistungsaufsicht
BAG	Bundesarbeitsgericht
BayObLG	Bayerisches Oberstes Landesgericht
BB	Der Betriebs-Berater
Bd.	Band
Bearb.	Bearbeiter
bearb.	bearbeitet
Begr.	Begründung
bes.	besonders
Beschl.	Beschluss
bestr.	bestritten
BetrAVG	Gesetz zur Verbesserung der betrieblichen Altersversorgung (Betriebsrentengesetz)
BetrVG	Betriebsverfassungsgesetz
BewG	Bewertungsgesetz
BFH	Bundesfinanzhof
BFHE	Entscheidungen des Bundesfinanzhofes
BGB	Bürgerliches Gesetzbuch
BGBl.	Bundesgesetzblatt
BGH	Bundesgerichtshof
BGHSt	Entscheidungen des Bundesgerichtshofs in Strafsachen, Amtliche Sammlung
BGHZ	Entscheidungen des Bundesgerichtshof in Zivilsachen, Amtliche Sammlung
BKR	Zeitschrift für Bank- und Kapitalmarktrecht
BMF	Bundesministerium der Finanzen

BMJ	Bundesministerium der Justiz
BR-Drucks.	Bundesrats-Drucksache
BStBl.	Bundessteuerblatt
BT-Drucks.	Bundestags-Drucksache
bzw.	beziehungsweise
DB	Der Betrieb
ders.	derselbe
DCGK	Deutscher Corporate Governance Kodex idF vom 12.6.2006 (bek. 24.7.2006), hrsg. von der Regierungskommission Deutscher Corporate Governance Kodex
dies.	dieselbe(n)
DStR	Deutsches Steuerrecht
DZWir	Deutsche Zeitschrift für Wirtschaftsrecht
EHUG	Gesetz über elektronische Handelsregister und Genossenschaftsregister sowie das Unternehmensregister
Einl.	Einleitung
entspr.	entsprechend
EStDV	Einkommensteuer-Durchführungsverordnung
EStG	Einkommensteuergesetz
f., ff.	folgend(e)
FG	Finanzgericht
FGG	Gesetz über die Angelegenheiten der freiwilligen Gerichtsbarkeit
FGO	Finanzgerichtsordnung
Fn.	Fußnote
GbR	Gesellschaft bürgerlichen Rechts
gem.	gemäß
GenG	Genossenschaftsgesetz
GmbHR	GmbH Rundschau
GewStG	Gewerbesteuergesetz
GewStR	Gewerbesteuer-Richtlinien
GewO	Gewerbeordnung
ggf.	gegebenenfalls
GKG	Gerichtskostengesetz
gGmbH	gemeinnützige Gesellschaft mit beschränkter Haftung
GmbH	Gesellschaft mit beschränkter Haftung
GmbHG	GmbH-Gesetz
GmbHR	GmbH-Rundschau
GuV	Gewinn- und Verlustrechnung
GWB	Gesetz gegen Wettbewerbsbeschränkungen (Kartellgesetz)
HGB	Handelsgesetzbuch
hM	herrschende Meinung
Hrsg.	Herausgeber
hrsg.	herausgegeben
Hs.	Halbsatz
i.d.F.	in der Fassung
IDW	Institut der Wirtschaftsprüfer
insbes.	insbesondere
InsO	Insolvenzordnung
i.S.d./i.S.v.	im Sinne des/der/von
i.V.m.	in Verbindung mit

KG	Kommanditgesellschaft; Kammergericht
KGaA	Kommanditgesellschaft auf Aktien
KSchG	Kündigungsschutzgesetz
KSt	Körperschaftsteuer
KStDV	Körperschaftsteuer-Durchführungsverordnung
KStG	Körperschaftsteuergesetz
KWG	Gesetz über das Kreditwesen
LAG	Landesarbeitsgericht
LG	Landgericht
Ls	Leitsatz
Ltd.	Private Company Limited by Shares (Limited)
m.E.	meines Erachtens
MDR	Monatsschrift für Deutsches Recht
Mio.	Millionen
MitbestG	Mitbestimmungsgesetz
MoMiG	Gesetz zur Modernisierung des GmbH-Rechts und zur Bekämpfung von Missbräuchen
Nachw.	Nachweise
n.F.	neue Fassung
NJW	Neue Juristische Wochenschrift
NJW-RR	NJW-Rechtsprechungs-Report Zivilrecht
Nr.	Nummer
NZA	Neue Zeitschrift für Arbeits- und Sozialrecht
NZG	Neue Zeitschrift für Gesellschaftsrecht
OHG	Offene Handelsgesellschaft
OLG	Oberlandesgericht
PartGG	Gesetz über Partnerschaftsgesellschaften Angehöriger Freier Berufe
Rdnr.	Randnummer(n)
RefE	Referentenentwurf
RegE	Regierungsentwurf
RFH	Reichsfinanzhof
RG	Reichsgericht
RGZ	Entscheidungen des Reichsgerichts in Zivilsachen
rkr.	rechtskräftig
Rspr.	Rechtsprechung
S.	Seite
s.	siehe
SG	Sozialgericht
SGB VI	Sozialgesetzbuch Sechstes Buch – Gesetzliche Rentenversicherung
StSenkG	Steuersenkungsgesetz
sog.	sogenannte(r)
Stbg.	Die Steuerberatung
StBerG	Steuerberatungsgesetz
StGB	Strafgesetzbuch
str.	streitig
st. Rspr.	ständige Rechtsprechung
u.a.	unter anderem
UmwG	Umwandlungsgesetz
UmwStG	Umwandlungssteuergesetz

unveröff.	unveröffentlicht
Urt.	Urteil
UStG	Umsatzsteuergesetz
UStR	Umsatzsteuer-Richtlinien
usw.	und so weiter
u.U.	unter Umständen
v.	vom/von
VAG	Gesetz über die Beaufsichtigung der privaten Versicherungsunternehmungen und Bausparkassen
VersR	Versicherungsrecht
VGH	Verwaltungsgerichtshof
vgl.	vergleiche
Vorb.	Vorbemerkung
w.N.	weitere Nachweise
WM	Wertpapier-Mitteilungen
WPg	Die Wirtschaftsprüfung
WpHG	Wertpapierhandelsgesetz
z.B.	zum Beispiel
ZGR	Zeitschrift für Unternehmens- und Gesellschaftsrecht
ZHR	Zeitschrift für das gesamte Handelsrecht
ZInsO	Zeitschrift für das gesamte Insolvenzrecht
ZIP	Zeitschrift für Wirtschaftsrecht und Insolvenzpraxis
ZPO	Zivilprozessordnung
zust.	zustimmend
z.T.	zum Teil

Literaturverzeichnis

Altmeppen/Wilhelm .... Quotenschaden, Individualschaden und Klagebefugnis bei der Verschleppung des Insolvenzverfahrens über das Vermögen der GmbH NJW 1999, 673 ff.

Ahrend/Förster/Rößler .... Betriebsrentengesetz: Gesetz zur Verbesserung der betrieblichen Altersversorgung mit zivilrechtlichen, arbeitsrechtlichen und steuerrechtlichen Vorschriften: Kommentar, 11. Auflage, 2007, zitiert: A *Ahrend/Förster/Rößler*, Steuerrecht der betrieblichen Altersversorgung, Teil 2, Rdnr.

Bahnsen .... Die Übertragung von Versorgungsverbindlichkeiten bei Unternehmensspaltungen, NJW 2005, 3328 ff.

Baumbach/Hopt .... Handelsgesetzbuch, 33. Auflage 2008 zitiert: *Bearbeiter* in: Baumbach/Hopt §, Rdnr.

Baumbach/Hueck .... GmbH-Gesetz, 18. Auflage 2006 zitiert: *Bearbeiter* in: Baumbach/Hueck §, Rdnr.

Bayer/Lieder .... Ersatz des Vertrauensschadens wegen Insolvenzverschleppung und Haftung des Teilnehmers, WM 2006, 1 ff.

Beck .... Steuerliche Überlegungen zur Pensionszusage des Gesellschafter-Geschäftsführers bei Veräußerung der GmbH DStR 2002, 473 ff.

Bisson .... Die Strafbarkeit des Geschäftsführers oder Liquidators einer GmbH wegen Insolvenzverschleppung, GmbHR 2005, 843 ff.

Blomeyer/Klaus .... Betriebsrentengesetz: Gesetz zur Verbesserung der betrieblichen Altersvorsorgung: Kommentar, 4. Auflage 2006, zitiert: *Bearbeiter* in: Blomeyer §, Rdnr.

Blümich .... EStG-KStG-GewStG, 96. Ergänzung, Stand: September 2007, zitiert: *Bearbeiter* in: Blümich, EStG-KStG-GewStG, §, Rdnr.

Bokelmann .... Der Prozeß gegen eine im Handelsregister gelöschte GmbH NJW 1977, 1130 ff.

Bork .... Die als vermögenslos gelöschte GmbH im Prozeß, JZ 1991, 841 ff.

Braun .... Insolvenzordnung, 3. Auflage 2007 zitiert: *Bearbeiter* in: Braun §, Rdnr.

Budde/Förschle/Winkeljohann .... Sonderbilanzen, 4. Auflage 2008, zitiert: *Bearbeiter* in: Budde/Förschle/Winkeljohann

Bungert .... Entwicklungen im internationalen Gesellschaftsrecht Deutschlands, AG 1995, 489 ff.

Dötsch/Jost/Pung/Witt...... Die Körperschaftsteuer: Kommentar zum Körperschaftsteuergesetz, Umwandlungssteuergesetz und zu den einkommensteuerrechtlichen Vorschriften der Anteilseignerbesteuerung, zitiert: *Bearbeiter* in: Dötsch/Jost/Pung/Witt KStG, §, Rdnr.

Dötsch/Cattelaens/Gottstein/Stegmüller/Zenthöfer .... Die Körperschaftsteuer, 14. Auflage, 2007 zitiert: Dötsch/Cattelaens/Gottstein/Stegmüller/Zenthöfer, Körperschaftsteuer §, Rdnr.

Ebert .... Die sachrechtliche Behandlung einer GmbH mit ausländischem Verwaltungssitz, NZG 2002, 937 ff.

Eidenmüller .... Wettbewerb der Insolvenzrechte?, ZGR 2006, 467 ff.

Ellrott/Budde .... Beck'scher Bilanz-Kommentar : Handels- und Steuerbilanz; §§ 238 bis 339, 342 bis 342e HGB mit EGHGB und IAS/IFRS-Abweichungen, 6. Auflage. 2006, München, zitiert: *Bearbeiter* in: BeckBilKomm §, Rdnr.

Erle .... Die Funktion des Sperrjahres in der Liquidation der GmbH, GmbHR 1998, 216 ff.

ders. .... Anforderungen an die Kapitalausstattung einer aufgelösten GmbH bei ihrer Fortsetzung GmbHR 1997, 973 ff.

Ernst & Young AG Wirtschaftsprüfungsgesellschaft .... Körperschaftsteuergesetz: Kommentar; KStG mit Nebenbestimmungen, zitiert: *Bearbeiter* in: Ernst & Young, KStG, §, Rdnr.

Fichtelmann .... Die Fortsetzung einer aufgelösten GmbH, GmbHR 2003, 67 ff.

Fietz/Fingerhuth .... Die vorzeitige Löschung der GmbH - ein Schwarzes Loch für Liquidatoren? GmbHR 2006, 960 ff.

Fischer .... Die Fortsetzung einer GmbH, GmbHR 1955, 165 ff.

Förschle/Deubert .... Entsprechende Anwendung allgemeiner Vorschriften über den Jahresabschluß in der Liquidations-Eröffnungsbilanz, DStR 1996, 1743 ff.

Förschle/Kropp/Deubert .... Notwendigkeit der Schlußbilanz einer werbenden Gesellschaft und Zulässigkeit der Gewinnverwendung bei Abwicklung/Liquidation einer Kapitalgesellschaft, DStR 1992, 1523 ff.

Förschle/Kropp/Deubert .... „Schlußbilanz der werbenden Gesellschaft“ kein Pflichtbestandteil der Rechnungslegung von Kapitalgesellschaften in Liquidation, DB 1994, 998 ff.

Förster .... Steuerliche Folgen der Übertragung von Pensionszusagen DStR 2006, 2149 ff.

Förster/Felchner .... Auszahlung des Körperschaftsteuerguthabens nach dem Regierungsentwurf des SEStEG, DStR 2006, 1725 ff.

Friedrich .... Auflösung einer Kapitalgesellschaft und Übernahme des Unternehmens durch einen Gesellschafter, BB 1994, 89 ff.

Frotscher/Maas .... Körperschaftsteuergesetz, Umwandlungssteuergesetz: KStG, UmwStG, Bd. 2, § 9 bis § 40 KStG, zitiert: Frotscher, KStG, §, Rdnr.

Geißler .... Die Haftung des faktischen GmbH-Geschäftsführers, GmbHR 2003, 1106 ff.

Gehrlein .... Möglichkeiten und Grenzen der Fortsetzung einer aufgelösten GmbH, DStR 1997, 31 ff.

Goette .... Zur systematischen Einordnung des § 64 Abs. 2 GmbHG, ZInsO 2005, 1 ff.

ders. .... Anmerkungen zu BGH, Beschluss vom 7. 12. 2006 - IX ZB 257/05, DStR 2007, 450 ff.

Glöckner .... Zur Haftung des Geschäftsführers, des Anfechtungsschuldners und des Konkursverwalters bei masseschmälernden Zahlungen, JZ 1997, 623 ff.

Gosch .... Körperschaftsteuergesetz, 2005, zitiert: *Bearbeiter* in: Gosch, KStG, §, Rdnr.

Gottwald .... Insolvenzrechtshandbuch 3. Auflage 2006 zitiert: *Bearbeiter* in: Gottwald, §, Rdnr.

Greulich/Bunnemann .... Geschäftsführerhaftung für zur Zahlungsunfähigkeit führende Zahlungen an die Gesellschafter nach § 64 II 3 GmbHG-RefE - Solvenztest im deutschen Recht NZG 2006, 681 ff.

Haas .... Das neue Kapitalersatzrecht nach dem RegE-MoMiG, ZInsO 2007, 617 ff.

Haarmeyer/Pape .... Das Ende des zu allen Rechtshandlungen ermächtigten schwachen vorläufigen Insolvenzverwalters ZInsO 2002, 845 ff.

Hachenburg/Ulmer .... Gesetz betreffend die Gesellschaften mit beschränkter Haftung (GmbHG); Großkommentar, 8. Auflage, Berlin 1997, zitiert: *Bearbeiter* in: Hachenburg, §, Rdnr.

Halm .... Die Fortsetzungsmöglichkeit bei der aufgelösten GmbH nach der neuen Insolvenzordnung DStR 1999, 379 ff.

Hennrichs .... Fortsetzung einer mangels Masse aufgelösten GmbH ZHR 159 (1995) 593 ff.

Herrmann/Heuer/Raupach .. Einkommensteuer- und Körperschaftsteuergesetz: Kommentar, 230. Ergänzung, Stand: 2008, zitiert: Herrmann/Heuer/Raupach, KStG, §, Rdnr.

Hofmann .... Zur Auflösung einer GmbH, GmbHR 1975, 217 ff.
ders. .... Zur Liquidation einer GmbH, GmbHR 1976, 229 ff.
Höfer .... Gesetz zur Verbesserung der betrieblichen Altersvorsorgung: Kommentar, 6. Auflage, München, Stand: Juni, 2006, zitiert *Höfer*, Band II, Rdnr.
Hönn .... Die konstitutive Wirkung der Löschung von Kapitalgesellschaften, ZHR 138 (1974), 50 ff.
Hohlfeld .... Zur Erforderlichkeit einer Nachtragsliquidation und zur Zwangsbestellung eines Nachtragsliquidators GmbHR 2001, 255 ff.
Hüffer .... Aktiengesetz, 7. Auflage 2006, zitiert: *Hüffer* §, Rdnr.

Jansen.................... FGG: Gesetz über die Angelegenheiten der freiwilligen Gerichtsbarkeit; Großkommentar, 3. Auflage 2006, zitiert: *Bearbeiter* in: Jansen, §, Rdnr.
Kallmeyer .... Kapitalaufbringung und Kapitalerhaltung nach dem MoMiG: Änderungen für die GmbH-Beratungspraxis DB, 2007, 2755 ff.
Kallmeyer/Dirksen .... Umwandlungsgesetz: Kommentar; Verschmelzung, Spaltung und Formwechsel bei Handelsgesellschaften, 3. Auflage 2006, zitiert: *Bearbeiter* in: Kallmeyer, §, Rdnr.
Keidel/Kuntze/ Engelhardt .... Freiwillige Gerichtsbarkeit: Kommentar zum Gesetz über die Angelegenheiten der freiwilligen Gerichtsbarkeit, Kommentar zum FGG, 15. Auflage 2003, zitiert: *Bearbeiter* in: Keidel/Kuntze, §, Rdnr.
Kirchhof .... Münchener Kommentar zur Insolvenzordnung. 2. Auflage, 2007, zitiert: *Bearbeiter* in: MüKo InsO §, Rdnr.
Klemm.................. Contractual Trust Arrangements: Neue bilanzielle und lohnsteuerrechtliche Entwicklungen, DStR 2005, 1291 ff.
Knies .... Das Patt in der Gesellschafterversammlung als wichtiger Grund für die Auflösungsklage bei späterer Erwerbsabsicht des Auflösungsklägers, GmbHR 2005, 1386 ff.
Knobbe-Keuk .... Umzug von Gesellschaften in Europa, ZHR 154 (1990), 325 ff.
Knof..................... Die neue Insolvenzverursachungshaftung nach § 64 Satz 3 RegE-GmbHG (Teil I), DStR 2007, 1536 ff.
Kolvenbach .... Bilanzielle Auslagerung von Pensionsverpflichtungen: Praxishandbuch unter Berücksichtigung arbeits- und steuerrechtlicher sowie bilanzieller und betriebswirtschaftlicher Aspekte, 2004, zitiert: *Kolvenbach*, S.
Kübler/Prütting........... InsO – Kommentar zur Insolvenzordnung. Bd. 1, 31. Ergänzung, Stand: Janaur 2008, zitiert: *Bearbeiter* in: Kübler/Prütting, InsO, §, Rdnr.
Küppers/Louven .... Outsourcing und Insolvenzsicherung und Pensionsverpflichtungen durch Contractual Trust Arrangements (CTAs), BB 2004, 337 ff.
Küppers/Louven/Schröder ... Contractual Trust Arrangements – Insolvenzsicherung und Bilanzverkürzung, BB 2005, 763 ff.

Langohr-Plato .... Unternehmensspaltung nach dem UmwG - Konsequenzen für betriebliche Versorgungsverpflichtungen, NZA 2005, 966 ff.
Leibner/Pump .... Die steuerlichen Pflichten des Liquidators einer GmbH, GmbHR 2003, 996 ff.
Lilienthal .... Betriebliche Altersvorsorgung: Ende gut – alles gut!, Stbg 2006, 305 ff.
Louven/Wenig............ Die Ausgliederung von Pensionsverbindlichkeiten - neue Optionen bei Unternehmens(ver)käufen, BB 2006, 619 ff.
Lutter/Hommelhoff .... GmbH-Gesetz, Kommentar, 16. Auflage 2004, zitiert *Bearbeiter* in: Lutter/ Hommelhoff, GmbHG, §, Rdnr.
Lutter/Bayer .... Umwandlungsgesetz, Kommentar, 3. Auflage 2004, zitiert: *Bearbeiter* in: Lutter, §, Rdnr.

Meyer .... Abberufung und Kündigung des Liquidators einer GmbH, GmbHR 1998, 1018 ff.

Michalski .... Kommentar zum Gesetz betreffend die Gesellschaften mit beschränkter Haftung (GmbH-Gesetz), 2002, zitiert: *Bearbeiter* in: Michalski, §, Rdnr.

Mössner/Seeger .... Körperschaftsteuergesetz, Kommentar, 44. Ergänzung, Stand: März 2008, zitiert: Mössner/Seeger, KStG, §, Rdnr.

Moxter .... Rechnungslegung: Entwicklungen bei der Bilanzierung und Prüfung von Kapitalgesellschaften ; Festschrift zum 65. Geburtstag von Karl-Heinz Forster, zitiert: *Bearbeiter* in: FS Forster

Müller, H.-F. .... Die steuerrechtliche Haftung des GmbH-Geschäftsführers in der Krise, GmbHR 2003, 389 ff.

Müller, G. .... Die Haftung des GmbH-Geschäftsführers aus § 64 GmbHG bei unterlassener Konkursanfechtung, ZIP 1996, 1153 ff.

Müller, K.-J. .... Einziehung von Forderungen gegen die Gesellschafter in der Liquidation der GmbH, DB 2003, 1936 ff.

Müller/Hense .... Beck'sches Handbuch der GmbH: Gesellschaftsrecht - Steuerrecht, 3. Auflage 2002, zitiert: *Bearbeiter* in: Beck GmbH-Hdb, §, Rdnr.

Munzig .... Zur Frage der Erforderlichkeit der Einhaltung eines Sperrjahres vor Löschung einer GmbH FGPrax 2005, 81 ff.

Nerlich/Römermann .... Insolvenzordnung, Kommentar, 13. Ergänzung, Stand: Dezember 2007, zitiert: *Bearbeiter* in: Nerlich/Römermann, §, Rdnr.

Niermann .... Alterseinkünftegesetz – Die steuerlichen Änderungen in der betrieblichen Altersversorgung DB 2004, 1449 ff.

Ott .... Ablösung einer Pensionsverpflichtung StuB 2006, 375 ff.

Pahlke/Koenig .... Abgabenordnung, 2004, zitiert: *Bearbeiter* in: Pahlke/Koenig §, Rdnr.

Palandt .... Bürgerliches Gesetzbuch, Kommentar, 67. Auflage, 2008, zitiert: *Bearbeiter* in: Palandt §, Rdnr.

Pannen/Deuchler/Kahlert .... Sanierungsberatung, 2004, zitiert: *Bearbeiter* in: *Pannen/Deuchler/Kahlert*, S.

Pape .... Änderungen im Eröffnungsverfahren durch das Gesetz zur Vereinfachung des Insolvenzverfahrens NZI 2007, 425 ff.

ders. .... Änderungen im eröffneten Verfahren durch das Gesetz zur Vereinfachung des Insolvenzverfahrens NZI 2007, 481 ff.

Passarge .... Pensionsverbindlichkeiten bei der GmbH-Liquidation – tatsächlich ein unüberwindbares Hindernis?, GmbHR 2007, 701 ff.

ders. .... Aktuelle Fragen zur Auslagerung von Pensionsverpflichtungen mittels Contractual Trust Agreements, DB 2005, 2746 ff.

ders. .... Contractual Trust Agreements als Instrumente zur Insolvenzsicherung von Pensionsverpflichtungen, Wertguthaben aus Altersteilzeit und von Arbeitszeitkonten, NZI 2006, 20 ff.

ders. .... Haftung der Vereinsvorstandes für in der Krise geleistete Zahlungen gem. §§ 92 Abs. 3, 93 Abs. 3 Nr. 6 AktG analog, ZInsO 2005, 176 ff.

Passarge/Stark .... Gläubigerschutz bei grenzüberschreitenden Verschmelzungen nach dem Zweiten Gesetze zur Änderung des Umwandlungsgesetzes, GmbHR 2007, 803 ff.

Peetz .... Haftung des GmbH-Liquidators für ausstehende Steuererklärungen, GmbHR 2002, 1008 ff.

Pentz .... Die Änderungen und Ergänzungen der Kapitalersatzregeln im GmbH-Gesetz, GmbHR 1999, 437 ff.

Poertzgen .... Die künftige Insolvenzverschleppungshaftung nach dem MoMiG, GmbHR 2007, 1258 ff.

ders. .... Die rechtsformneutrale Insolvenzantragspflicht (§ 15a InsO), ZInsO 2007, 574 ff.

Rodewald .... Zu Wesen und Wirkung der Liquidations-Schlußbilanz für die GmbH, GmbHR 1994, 454 ff.

Röhricht .... Insolvenzrechtliche Aspekte im Gesellschaftsrecht, ZIP 2005, 505 ff.

Rößler/Doetsch/Heger ...... Auslagerung von Pensionsverpflichtungen im Rahmen einer Bilanzierung gemäß SFAS bzw. IAS, BB 1999, 2498 ff.

Rowedder/ Schmidt-Leithoff .... Gesetz betreffend die Gesellschaften mit beschränkter Haftung (GmbHG), Kommentar, 4. Auflage 2002, zitiert: *Bearbeiter* in: Rowedder §, Rdnr.

Saenger .... Die im Handelsregister gelöschte GmbH im Prozess GmbHR 1994, 300 ff.

Scherrer/Heni .... Liquidationsrechnungslegung, 2. Auflage. 1996, Düsseldorf, zitiert: *Scherrer/Heni*, S.

Schmahl .... Subsidiäres Insolvenzantragsrecht bei führungslosen juristischen Personen nach dem Regierungsentwurf des MoMiG - Versuch einer rechtzeitigen begrifflichen und sachlichen Klärung, NZI 2008, 6 ff.

Schmidt .... Hamburger Kommentar zum Insolvenzrecht: InsO, EuIns VO, Art. 102 EGInsO, InsVV, VbrInsVV, InsOBekV, Insolvenzstrafrecht, 2. Auflage Stand 2007, zitiert *Bearbeiter* in: HambKomm InsO §, Rdnr.

Schmidt, K. .... Liquidationsbilanzen und Konkursbilanzen, 1989, zitiert: K. Schmidt, Liquidationsbilanzen, S.

ders. .... Löschung und Beendigung der GmbH – Grundfragen der Vermögenslosigkeit, Vollbeendigung und Nachtragsliquidation GmbHR 1988, 209 ff.

ders. .... Zur Ablösung des Löschungsgesetzes, GmbHR 1994, 829 ff.

ders. .... Konkursverschleppungshaftung und Konkursverursachungshaftung, ZIP 1988, 1497 ff.

Schmidt .... Einkommensteuergesetz, 26. Auflage 2007, zitiert: *Bearbeiter* in: Schmidt EStG, §, Rdnr.

Scholz .... Die Fortsetzung der Liquidations-GmbH, GmbHR 1982, 228 ff.

Scholz .... Kommentar zum GmbH-Gesetz: mit Nebengesetzen und den Anhängen Konzernrecht sowie Umwandlung und Verschmelzung, 9. Auflage. 2002, zitiert: *Bearbeiter* in: Scholz §, Rdnr.

Semler/Vollhardt .... Arbeitshandbuch für Unternehmensübernahmen, 2001, zitiert: *Bearbeiter* in: Semler/Vollhardt §, Rdnr.

Semler/Arnold .... Umwandlungsgesetz: mit Spruchverfahrensgesetz, 2. Auflage 2003, zitiert: *Bearbeiter* in: Semler/Arnold §, Rdnr.

Sieger/Aleth .... Die Ausgliederung von Pensionsverpflichtungen auf eine Pensionsgesellschaft, DB 2002, 1487 ff.

Smid .... Besprechung von BGHZ 151, 353, DZWIR 2002, 444 ff.

Stein .... Die Normadressaten der §§ 64, 84 und die Verantwortlichkeit von Nichtgeschäftsführern wegen Konkursverschleppung, ZHR 148 (1984), 207 ff.

Stein/Jonas/Bork .... Kommentar zur Zivilprozessordnung, 22. Aufl. 2006, zitiert: *Stein/Jonas/Bork* §, Rdnr.

Strutz .... Kommentar zum Einkommensteuergesetz vom 10. Aug. 1925 nebst den Ausführungsbestimmungen, Bd. 2: §§ 19–117. Anhang, 1929, zitiert: *Strutz*, EStG 1925, §, Rdnr.

Tetzlaff .... Neues zum Insolvenzgrund der Zahlungsunfähigkeit - Anmerkung zu BGH, Beschl. v. 19. 7. 2007 – IX ZB 36/07, ZInsO 2007, 939, ZInsO 2007, 1334 ff.

Thömmes .... Identitätswahrende Sitzverlegung von Gesellschaften in Europa, DB 1993, 1021 ff.

Timm .... Der Mißbrauch des Auflösungsbeschlusses durch den Mehrheitsgesellschafter - zugleich Anmerkung zu BGH JZ 1980, 355, JZ 1980, 665 ff.

Titz/Tötter .... Tätigkeiten in der vorläufigen Insolvenzverwaltung, ZInsO, 2006, 976 ff.

Topf-Schleuning .... Einfache Kündigungsklauseln in GmbH-Satzungen, 1993, zitiert: *Topf-Schleuning*, S.

Uhlenbruck .... Insolvenzordnung Kommentar, 12. Auflage 2003, zitiert: *Bearbeiter* in: Uhlenbruck §, Rdnr.

ders. .... Die Durchsetzung von Gläubigeransprüchen gegen eine vermögenslose GmbH und deren Organe nach geltendem und neuem Insolvenzrecht, ZIP 1996, 1641 ff.

Ullrich .... Firmenrechtliche Zulässigkeit des Firmenbestandteils „gGmbH", NZG 2007, 656 ff.

Venrooy .... Mangelnde Rentabilität als statutarischer Auflösungsgrund nach § 60 Abs. 2 GmbHG, GmbHR 1993, 65 ff.

Wallner .... Die Liquidatoren der Vor-GmbH i.L., GmbHR 1998, 1168 ff.

Wälzholz .... Die insolvenzrechtliche Behandlung haftungsbeschränkter Gesellschaften nach der Reform durch das MoMiG, DStR 2007, 1914 ff.

ders. .... Die Vertretung der GmbH im Liquidationsstadium, GmbHR 2002, 305 ff.

Weiss .... Anmerkungen zu BGH, Urteil vom 22. 12. 2005 AZ: IX ZR 190/02, BB 2006, 401 ff.

Wellisch/Bleckmann .... Entpflichtung von Pensionsverpflichtungen, NWB Fach 17, 1599 ff.

Widmann/Mayer .... Umwandlungsrecht: Umwandlungsgesetz, Umwandlungssteuergesetz, Einbringung einzelner Wirtschaftsgüter in Kapital- und Personengesellschaften, Übernahme einer Personengesellschaft durch einen Gesellschafter, Kommentar, 3. Auflage, Loseblatt Stand: Februar 2008, zitiert: *Bearbeiter* in: Widmann/Mayer §, Rdnr.

Winnefeld .... Bilanz-Handbuch: Handels- und Steuerbilanz, rechtsformspezifisches Bilanzrecht, bilanzielle Sonderfragen, Sonderbilanzen, IAS/US-GAAP, 3. Auflage. 2002, zitiert: *Winnefeld*, Bilanz-Handbuch, Rdnr.

Winter .... Planung und Vorbereitung einer grenzüberschreitenden Verschmelzung: Gesellschafts-, steuer- und mitbestimmungsrechtliche Rahmenbedingungen, Der Konzern 2007, 24 ff.

Wollenweber/Ebert .... Ausgliederung von Pensionsverbindlichkeiten nach dem Umwandlungsgesetz NZG 2006, 41 ff.

Zöller .... Zivilprozessordnung: mit Gerichtsverfassungsgesetz und den Einführungsgesetzen, mit Internationalem Zivilprozessrecht, EG-Verordnungen, Kostenanmerkungen; Kommentar, 26. Auflage 2007, zitiert: *Bearbeiter* in: Zöller §, Rdnr.

§ 1 Vorüberlegungen und Handlungsalternativen zur Liquidation

I. Vorüberlegungen

Die Motive für die Beendigung der unternehmerischen Tätigkeit und Abwicklung einer Gesellschaft sind unterschiedlich; sie beeinflussen die Wahl des richtigen Verfahrens und des zweckmäßigen weiteren Vorgehens: Möchten die Gesellschafter ihr in der Gesellschaft gebundenes Kapital abziehen und es neu investieren, soll eine Gesellschaft, die sich in der Krise befindet, unter Vermeidung eines Insolvenzverfahrens und der damit verbundenen Imageschäden abgewickelt werden oder sollen die Vertriebs- oder Konzernstrukturen eines (internationalen) Konzerns bereinigt werden? Besonders im Zuge der Restrukturierung von international tätigen Unternehmen stellt sich oft die Frage, wie sich der Konzern von deutschen Gesellschaften, die nicht mehr benötigt werden, trennen kann. Insoweit herrscht in der – nationalen und internationalen – unternehmerischen Praxis die Ansicht vor, dass die Liquidation einer Gesellschaft nach deutschem Recht kaum möglich, jedenfalls aber sehr kompliziert und langwierig sei. Richtig ist dies nicht. Häufig kann die Liquidation im Vergleich zu Verkauf oder Verschmelzung das zweckmäßigere, schnellere und preiswertere Verfahren sein. Ob dies tatsächlich der Fall ist, hängt von vielen Faktoren ab, wobei allzu oft die Frage der Pensionsverbindlichkeiten der Gesellschaft nicht, oder doch erst spät, in die Überlegungen einbezogen wird (vgl. hierzu unten, § 7). Ferner ist zu berücksichtigen, ob die Gesellschaft noch über einen laufenden Geschäftsbetrieb oder Arbeitnehmer verfügt, sowie die steuerlichen Implikationen bei Gesellschaft und Gesellschafter. Bei einer nationalen Umstrukturierung erfolgt die Bereinigung der Konzernstrukturierungen häufig im Wege der Verschmelzung auf eine Konzerngesellschaft – jedoch verbunden mit dem Übergang der Arbeitnehmer. Bei internationalen Konzernen ist dies jedoch nur eingeschränkt möglich. Die grenzüberschreitende Verschmelzung einer deutschen Gesellschaft auf eine ausländische kann nun innerhalb der EU nach den Vorgaben der §§ 122a ff. UmwG durchgeführt werden, dieser Weg ist für außerhalb der EU ansässige Gesellschaften nicht möglich. 1

Insgesamt ist festzuhalten, dass es für die Einstellung der Geschäftstätigkeit einer deutschen GmbH keine pauschal vorzugswürdige Vorgehensweise gibt. Entscheidend kommt es auf den Einzelfall der aufzulösenden Gesellschaft und die Strategie der Gesellschafter an.

II. Handlungsalternativen

1. Verschmelzung

Eine attraktive Alternative zur Liquidation ist die Verschmelzung der nicht mehr benötigten, möglicherweise auch in der Krise befindlichen, Gesellschaft auf eine andere (Konzern-) Gesellschaft oder auf den Gesellschafter nach den §§ 2 Nr. 1, 4, 46 UmwG. Mit Wirksamwerden der Verschmelzung tritt die aufnehmende Gesellschaft die Gesamtrechtsnachfolge des übertragenden Rechtsträgers an, § 20 Abs. 1 Nr. 1 UmwG. Im Zuge der Verschmelzung geht die übertragende Gesellschaft also in der aufnehmenden auf und erlischt, ohne dass sie abgewickelt werden muss, 2

§ 2 UmwG. Die aufnehmende Gesellschaft wird Gesamtrechtsnachfolger und übernimmt alle Forderungen und Verbindlichkeiten der übertragenden Gesellschaft, § 20 Abs. 1 Nr. 1 UmwG. Das bedeutet auch, dass alle Arbeitnehmer und die Pensionsansprüche übergehen. Die Gläubiger haben daher anders als in der Liquidation der Gesellschaft einen unmittelbaren Anspruch gegen die aufnehmende Gesellschaft.

3 Der Vorteil der Verschmelzung liegt darin, dass diese regelmäßig weniger umständlich und zeitaufwändig als die Liquidation ist. Ein weiterer Vorteil ist, dass die Sperrfunktion des § 73 GmbHG vermieden werden kann. Zwar können die Gläubiger Sicherheitsleistung für ihre Forderungen nach § 22 UmwG verlangen, doch ist dies eine weniger schwerwiegende Beeinträchtigung für die Gesellschaft und Gesellschafter, da die Gläubiger der an der Verschmelzung beteiligten Rechtsträger die Sicherheitsleistung nur verlangen können, wenn sie glaubhaft machen können, dass durch die Verschmelzung die Erfüllung ihrer Forderung gefährdet ist. Dazu müssen sie innerhalb von sechs Monaten nach Eintragung der Verschmelzung in das Register des Sitzes des jeweiligen Rechtsträgers, dessen Gläubiger sie sind, ihren Anspruch nach Grund und Höhe schriftlich anmelden. Eine dem § 73 GmbHG vergleichbare Sperre besteht in diesem Fall nicht. Soweit ein Verschmelzungsgewinn anfällt, kann auf der Ebene der aufnehmenden Gesellschaft eine Ausschüttung an deren Gesellschafter vorgenommen werden. Der Verschmelzungsgewinn wird bei der aufnehmenden Gesellschaft als laufender Geschäftsvorfall behandelt und in der Gewinn- und Verlustrechnung als Ertrag ausgewiesen[1]. Er fällt an, wenn der Beteiligungsbuchwert der übergehenden Gesellschaft niedriger ist als deren ausgewiesenes Reinvermögen. Soweit der Beteiligungsbuchwert niedriger als das Stammkapital der übergehenden Gesellschaft ist, umfasst der Verschmelzungsgewinn den Teil des Aktivvermögens, der bei der Untergesellschaft durch § 30 GmbHG vor einer Ausschüttung gesperrt war[2].

4 Auch während des laufenden Liquidationsverfahrens kann die Gesellschaft jederzeit verschmolzen werden[3].

2. Grenzüberschreitende Verschmelzung

5 Eine weitere Möglichkeit der Restrukturierung internationaler Konzerne ist die grenzüberschreitende Verschmelzung der aufzulösenden deutschen Tochtergesellschaft mit einer anderen, im EU-Ausland belegenen Konzerngesellschaft nach den §§ 122a ff. UmwG. Nach § 122b UmwG sind verschmelzungsfähige Rechtsträger nur Kapitalgesellschaften.

6 Bei einer grenzüberschreitenden Verschmelzung geht die übertragende deutsche Gesellschaft unter, uneingeschränkter Gesamtrechtsnachfolger wird die aufnehmende ausländische Gesellschaft. Dies kann für den deutschen Gläubiger unangenehm sein, da die Verlagerung von Vermögensgegenständen ins Ausland drohen und die Durchsetzung von Forderungen nicht unerheblich erschwert werden kann[4]. Gegebenenfalls steht ihm aber gemäß § 122j Abs. 1 S. 1 UmwG ein Anspruch auf Sicherheitsleistung zu. Voraussetzung dafür ist, dass der Gläubiger glaubhaft machen kann, dass sich aus dem grenzüberschreitenden Charakter der Verschmelzung eine Gefährdung der Erfüllung seiner Forderung ergibt[5].

7 Die Sicherung der Rechte der Arbeitnehmer erfolgt durch das Gesetz über die Mitbestimmung der Arbeitnehmer bei einer grenzüberschreitenden Verschmelzung (MgVG). Darin wird

---

[1] *Erle* GmbHR 1998, 216, 220.
[2] *Erle* GmbHR 1998, 216, 220.
[3] *Erle* GmbHR 1998, 216, 220.
[4] Ausführlich hierzu: *Passarge/Stark* GmbHR 2007, 803.
[5] Zu den Voraussetzungen der Sicherheitsleistung: *Passarge/Stark* GmbHR 2007, 803, 806 ff.

detailliert geregelt, wie die Modalitäten der Arbeitnehmermitbestimmung beim übernehmenden bzw. neuen Rechtsträger nach Wirksamwerden der grenzüberschreitenden Verschmelzung zu bestimmen sind. Danach obliegt es zunächst den Arbeitgebern und einem aus Arbeitnehmern der beteiligten Gesellschaften gebildeten so genannten besonderen Verhandlungsgremium, über die Modalitäten und den Umfang der Mitbestimmung beim übernehmenden Rechtsträger einvernehmlich zu entscheiden. Kommt eine entsprechende Übereinkunft nicht zu Stande, so gilt als Auffanglösung grundsätzlich das höchste Mitbestimmungsniveau der an der Verschmelzung beteiligten Gesellschaften[6].

3. Insolvenzverfahren

Droht die Zahlungsunfähigkeit oder Überschuldung der Gesellschaft, so ist das richtige Verfahren nicht die Liquidation der Gesellschaft, sondern das Insolvenzverfahren. Dies birgt allerdings die Gefahr von Imageschäden auch für die Gesellschafter. Darlehen der Gesellschafter und vergleichbare Leistungen können dann nicht mehr zurückgeführt werden und werden in der Insolvenz nachrangig behandelt, § 39 Abs. 1 Nr. 5 InsO. Sofern im Vorfeld der Insolvenz Leistungen von der Gesellschaft an die Gesellschafter oder nahestehende Personen – auch verbundene Unternehmen, § 138 InsO – geflossen sind, könnten diese durch den Insolvenzverwalter nach den §§ 129 ff. InsO angefochten und zurückgefordert werden. Zur Vermeidung eines Insolvenzverfahrens müssten die Gesellschafter die Zahlungsunfähigkeit oder Überschuldung der Gesellschaft beseitigen. Die Insolvenzreife kann bsplw. beseitigt werden durch Kapitalerhöhung, freiwillige Zuschüsse, Gesellschafterdarlehen, qualifizierten Rangrücktritt (sofern sich die Überschuldung aus Gesellschafterdarlehen entsprechenden Leistungen ergibt), Gläubigerverzichte oder neue Kredite. (Zum Ablauf eines Insolvenzverfahrens ausführlich siehe unten § 5, Rdnr. 213). **8**

4. Sitzverlegung ins Ausland

Eine Sitzverlegung ins Ausland dient oft der „stillen Liquidation", bzw. der Bestattung von Gesellschaften mit der Absicht, der Gesellschaft zu Gunsten der Gesellschafter Vermögen zu entziehen und die Folgen eines Insolvenzverfahrens zu vermeiden. Dazu werden Gesellschaftsanteile an einen im Ausland befindlichen Firmenbestatter veräußert. **9**

Nach bisher h.A. ist der Beschluss zur Verlegung des Satzungssitzes ins Ausland dahingehend auszulegen, dass es sich um einen Auflösungsbeschluss handelt und die Gesellschaft zu liquidieren ist[7]. Nach a.A. ist ein solcher Beschluss lediglich nichtig[8]. Die von der h.A. vertretene schwerwiegende Folge der Auflösung der Gesellschaft erscheint wenig zweckmäßig, da dadurch möglicherweise nicht unerhebliche Vermögenswerte vernichtet werden könnten und erheblich in die Entscheidungskompetenzen der Gesellschafter eingegriffen wird. Auch vor dem Hinter- **10**

---

[6] Ausführlicher: *Winter* Der Konzern 2007, 24.

[7] *RGZ* 7, 69, 69; JW 1934, 2969; *BayObLG* DStR 2004, 1224; BB 1992, 1400; *OLG Düsseldorf* NZG 2001, 506; *OLG Hamm* NJW 2001, 2183; *Ulmer* in: Hachenburg, § 3, Rdnr. 18; *Roth* in: Roth/Altmeppen, § 4a, Rdnr. 22; *Westermann* in: Scholz, Einl Rdnr. 120 ff.; *Ebert* NZG 2002, 937, 938. Unter Hinweis auf Möglichkeit der Auflösung: *Bayer* in: Lutter/Hommelhoff, § 4a, Rdnr. 22.

[8] *Hueck/Fastrich* in: Baumbach/Hueck, § 4, Rdnr. 10; *Leible* in: Michalski, SystDarst 2, Rdnr. 133; *K. Schmidt* in: Scholz, § 60, Rdnr. 13; *Kindler* in: MünchKommBGB InternGesR Rdnr. 399; für AG *Hüffer* AktG § 5, Rdnr. 12. Für die Zulässigkeit: *Behrens* in: Hachenburg, EinlRdnr. 166 ff.; *Knobbe-Keuk* ZHR 154 (1990), 325; *Thönnes* DB 1993, 1021; *Bungert* AG 1995, 500.

grund der neueren gesetzgeberischen Entwicklung wie der Erleichterung von grenzüberschreitenden gesellschaftsrechtlichen Maßnahmen durch die Einführung der grenzüberschreitenden Verschmelzung nach §§ 122a ff. UmwG, der Einführung der SE oder der Neuregelung des § 4a GmbHG[9] dürfte die Auflösung der Gesellschaft nicht dem Willen des Gesetzgebers und dem Zweck des GmbHG entsprechen. So ist es nach § 4a GmbHG nun auch deutschen Gesellschaften möglich, einen Verwaltungssitz zu wählen, der nicht notwendigerweise mit dem Satzungssitz übereinstimmt. Eine deutsche GmbH kann ihren Satzungssitz in Deutschland haben, aber einen hiervon abweichenden Hauptverwaltungssitz an einem anderen Ort – auch im Ausland – wählen. So kann die Gesellschaft ihre Geschäftstätigkeit auch ausschließlich über eine Zweigniederlassung im Ausland ausüben, während der Satzungssitz im Inland liegt. Die Verlegung des Hauptverwaltungssitzes ins Ausland führt nicht mehr zur Auflösung der Gesellschaft.

11 Die „stille Liquidation" durch Sitzverlegung ins Ausland wurde jüngst durch die Reform des GmbHG und die jüngste Rechtsprechung des BGH zu Gunsten der Gläubiger erheblich erschwert. Erklärtes Ziel des Gesetzgebers ist die Ausweitung des Schutzes der Gesellschaftsgläubiger, insbesondere bei Gesellschaften, die Ihren Sitz im Ausland haben. Dieses Ziel wird durch die Erleichterung von Zustellungen nach den §§ 10, 35 GmbHG sowie die erweiterten Insolvenzantragspflichten gemäß § 15a InsO erreicht.

12 Durch die Neufassung des § 15a Abs. 3 InsO sind die Gesellschafter im Fall der Führungslosigkeit der Gesellschaft verpflichtet, bei Zahlungsunfähigkeit und Überschuldung einen Insolvenzantrag zu stellen. Hat die Gesellschaft keinen Geschäftsführer mehr, so ist jeder Gesellschafter verpflichtet, einen Insolvenzantrag zu stellen, es sei denn, er hat vom Insolvenzgrund oder von der Führungslosigkeit keine Kenntnis. Mit dieser Antragspflicht korreliert die Haftung der Gesellschafter für Insolvenzverschleppung nach § 823 Abs. 2 BGB i.V.m. § 15a InsO. Die Insolvenzantragspflicht kann nun durch das Abtauchen der Geschäftsführer nicht mehr umgangen werden.

13 Auch Auslandsgesellschaften fallen gem. Art. 4 Abs. 1 i.V.m. Art. 3 Abs. 1 EuInsVO in den Anwendungsbereich des deutschen Insolvenzrechtes[10]. Damit unterliegt z.B. auch der director einer englischen Limited mit Verwaltungssitz in Deutschland der Antragspflicht nach § 15a InsO. So unterliegen die Gesellschafter der Auslandgesellschaft nun der nachrangigen Antragspflicht des § 15a Abs. 3 InsO.

14 Doch leider gelten die Verschärfungen im Ergebnis nicht für Gesellschaften mit Satzungssitz in Deutschland, deren Verwaltungssitz und/oder Geschäftstätigkeit sich aber ausschließlich oder ganz überwiegend im Ausland befindet. Denn die durch die Neufassung des § 15a InsO erfolgte Qualifizierung der Insolvenzantragspflicht als Vorschrift des Insolvenzrechtes hat ungewollte Auswirkungen auf die insolvenzrechtlichen Pflichten der deutschen GmbH mit Verwaltungssitz und Betrieb im Ausland. So bestimmt sich das auf ein Insolvenzverfahren dieser Gesellschaften anwendbare nationale Recht anhand des Mittelpunktes der hauptsächlichen Interessen (center of main interests – COMI) und nicht anhand der Rechtsform des schuldnerischen Unternehmens, §§ 4 und 335 InsO, Art. 3 Abs. 1 EuInsVO. Nach Art. 3 Abs. 1 EuInsVO ist das Insolvenzgericht des Mitgliedsstaates zuständig, in dessen Gebiet die Gesellschaft den Mittelpunkt ihrer hauptsächlichen Interessen hat. Für die Beurteilung der Insolvenzantragspflicht ist also das am Ort der betrieblichen Niederlassung jeweils geltende nationale Insolvenzrecht anzuwenden. Grundsätzlich – aber widerlegbar und gestaltbar[11] – wird vermutet, dass der Mittelpunkt der

---

[9] Vgl. insoweit auch den Referentenentwurf für ein „Gesetz zum Internationalen Privatrecht der Gesellschaften, Vereine und juristischen Personen" vom Januar 2008, nach dem unter anderem auch ein grenzüberschreitender Rechtsformwechsel möglich sein soll. Auch der EuGH hat in Bezug auf die Niederlassungsfreiheit einer natürlichen Person eine Behinderung der Wohnsitzverlagerung ins Ausland durch steuerliche Vorschriften beanstandet, *EuGH* C 9/02 (Hughes des Lasteyrie du Saillant), NJW 2004, 2439.

[10] Begründung RegE MoMiG BR-Drs. 354/07, S. 127.

[11] *Eidenmüller* ZGR 2006, 467, 479 ff.

hauptsächlichen Interessen der Ort des satzungsmäßigen Sitzes ist, Art. 3 Abs. 1 S. 2 EuInsVO. Unter „häuptsächliche Interessen" i.S.d. Art. 3 EuInsVO ist der Mittelpunkt der wirtschaftlichen Tätigkeit zu verstehen[12]. Dieser liegt bei Gesellschaften, die lediglich ihren Satzungssitz in Deutschland haben, aber deren Verwaltungssitz und Geschäftstätigkeit sich ausschließlich oder ganz überwiegend im Ausland befindet, eben nicht in Deutschland, sondern im Ausland[13]. Nr. 5 InsO ist dann also nicht anwendbar.

Zum Schutze der Gesellschaftsgläubiger unterliegt der Gesellschafter auch bei einer „stillen Liquidation" im Ausland dem Eigenkapitalersatzrecht der §§ 30, 31 GmbHG[14]. Daneben können Handlungen, die im Zusammenhang mit der „stillen Liquidation" erfolgten, nach AnfG angefochten werden[15]. Zu einer anfechtbaren Handlung nach § 3 Abs. 1 AnfG gehört auch das Unterlassen der Geltendmachung bestehender Ansprüche nach den Eigenkapitalersatzregeln gegenüber dem Gesellschafter. Die Geltendmachung von Anfechtungsansprüchen durch die Gläubiger wird durch die Rechtsprechung des BGH bei der „stillen Liquidation" erleichtert, da sich der Vorsatz zur Gläubigerbenachteiligung bereits aus der Sitzverlegung ins Ausland ergibt und die mit der Sitzverlegung verbundene faktische Erschwerung, Verzögerung oder Vereitelung des Zugriffs auf das Gesellschaftsvermögen oder Haftungsansprüchen objektiv eine Gläubigerbenachteiligung darstellt[16]. Daneben können Anfechtungsansprüche gemäß § 3 Abs. 2 AnfG bei Vertragsschluss mit einer nahe stehenden Person, bei Schenkungen gemäß § 4 AnfG oder bei kapitalersetzenden Darlehen nach § 6 AnfG geltend gemacht werden. Ferner kann es zur Haftung wegen sittenwidriger Schädigung nach § 826 BGB oder Gläubigerbegünstigung gemäß §§ 823 Abs. 2 BGB i.V.m. 283c StGB kommen[17]. 15

III. Überblick über den Ablauf der Liquidation und erforderliche Maßnahmen

Vorüberlegungen

- Auswahl des passenden Instruments für die Beendigung der unternehmerischen Tätigkeit: Insolvenz, Verkauf, Verschmelzung oder Liquidation 16
- Bewertung der bestehenden Verbindlichkeiten und Forderungen um drohende Insolvenzreife rechtzeitig zu erkennen. Zur Vermeidung der Insolvenz gegebenenfalls Patronatserklärung o.ä.
- Arbeitsrechtliche Überlegungen: Möglichkeiten von betriebsbedingten Kündigungen, Bewertung von Pensionsverbindlichkeiten, ggfls. Unterrichtung des Betriebsrates
- Auswahl eines Liquidators und Regelung des Anstellungsverhältnisses, insbesondere Vollmachten und Freistellungsanspruch des Liquidators gegenüber der Gesellschaft

1. Phase: Vorbereitende Maßnahmen

1. Erstellung eines Liquidationsplans
   - Zeitplan, Kostenbudget

[12] *Undritz* in: HambKomm InsO, Art. 3 EuInsVO, Rdnr. 5.

[13] *Wälzholz* DStR 2007, 1914, 1917 ist der Ansicht, dass kurzfristige Sitzverlegungen bei unmittelbar bevorstehender Insolvenzreife bzw. tatsächlich eingetretener Insolvenzreife insolvenzrechtlich für die Begründung einer Zuständigkeit in einem anderen Staat nicht anerkannt werden sollten.

[14] *BGH* BB 2006, 401.

[15] *BGH* BB 2006, 401.

[16] *BGH* BB 2006, 401, 402.

[17] *Weiss* BB 2006, 401, 405.

2. Klärung steuerlicher Fragen
   - Insbes. Geltendmachung von KSt-Guthaben
   - Prüfung von Vorabausschüttung an Gesellschafter
3. Zusammenstellung der zur Vorbereitung der Beschlüsse erforderlichen Dokumente
   - Gesellschaftsvertrag
   - Aktueller Handelsregisterauszug
   - Aktuelle Gesellschafterliste, gegebenenfalls beglaubigter Registerauszug der Muttergesellschaft, bei ausländischer Muttergesellschaft mit den erforderlichen Dokumenten, gegebenenfalls mit Apostille
4. Gewinnausschüttungsbeschluss
5. Schlussbilanz
   - Aufstellung der Schlussbilanz der werbenden Gesellschaft zum Tag vor der Auflösung und Beschluss über die Feststellung der Schlussbilanz. Sofern den Auslösungsbeschluss vor Ende des Geschäftsjahres erfolgt, ist ein Rumpfgeschäftsjahr zu bilden.

2. Phase: Eröffnung des Liquidationsverfahrens

1. Auflösungsbeschluss
   - Auflösung der Gesellschaft
   - Gegebenenfalls Abberufung der Geschäftsführer und Bestellung des neuen Liquidators
   - Verwahrung der Bücher nach Beendigung der Liquidation
2. Anmeldung der Auflösung und der Liquidatoren zur Eintragung im Handelsregister
3. Änderung der Angaben auf den Geschäftsbriefen: „i.L." und Angabe von Name und Adresse des Liquidators
4. Dreimalige Bekanntmachung der Auflösung in den Geschäftsblättern und Gläubigeraufruf
5. Erstellung der Eröffnungsbilanz
   - Aufstellung der Eröffnungsbilanz mit erläuterndem Bericht auf den Tag der Auflösung
   - Bilanzierung erfolgt nicht mehr unter Fortführungsgesichtspunkten (going Concern) sondern unter Ansetzung von Liquidationswerten
   - Beschluss über die Feststellung der Eröffnungsbilanz

3. Phase: Abwicklung der Gesellschaft

1. Einstellung der operativen Tätigkeit
   - Beendigung der laufenden Geschäftstätigkeit (insbesondere Kündigung von laufenden Verträgen)
   - Erfüllung von Verbindlichkeiten
   - Einziehung von Forderungen
   - Umsetzung des Gesellschaftsvermögens in Geld
   - Eingehung neuer Geschäfte möglich, sofern dies der Abwicklung dient
2. Besondere Konstellationen:
   - Geltendmachung von Ansprüchen gegenüber den Gesellschaftern
   - Hinterlegung geschuldeter Beträge, wenn sich ein bekannter Gläubiger nicht meldet, die Erfüllung gegenwärtig nicht möglich ist, oder der Anspruch streitig ist.
3. Erstellung eines jährlichen Abschlusses nebst Lagebericht
   - Während der Dauer der Liquidation sind zu jedem Jahresende die Aufstellung eines Jahresabschlusses und Lageberichts sowie ein Beschluss über die Feststellung des Abschlusses und die Entlastung des Liquidators erforderlich.

- Es gelten die allgemeinen Vorschriften im Hinblick auf Prüfung und Offenlegung. Bei großen/mittelgroßen Gesellschaften ist die Prüfung des Jahresabschlusses erforderlich.

4. Phase: Beendigung der Liquidation und Löschung der Gesellschaft

1. Aufstellung der Liquidations-Schlussbilanz
   - Es gelten die allgemeinen Vorschriften im Hinblick auf Prüfung und Offenlegung
2. Erstellung der Schlussrechnung nach Beendigung der Abwicklung
3. Verteilung des Liquidationserlöses an die Gesellschafter
   - Sofern alle Verbindlichkeiten der GmbH erfüllt sind, nicht jedoch vor Ablauf der Sperrfrist von einem Jahr (Beginn 1 Tag nach 3. Veröffentlichung, ausnahmsweise auch vor Ablauf des Sperrjahres möglich)
4. Anmeldung des Abschlusses der Liquidation zur Eintragung in das Handelsregister
   - Zusammenstellung der erforderlichen Unterlagen
   - Handelsregisteranmeldung
5. Löschung der GmbH aus dem Handelsregister
   - Sofern Vermögen vollständig verteilt worden ist, erlischt die Gesellschaft; andernfalls kann Nachtragsliquidation erforderlich werden
6. Aufbewahrung der Bücher
   - Die Bücher und Schriften der Gesellschaft sind für die Dauer von 10 Jahren nach Beendigung der Liquidation von einem Gesellschafter oder Dritten aufzubewahren.
7. Gegebenenfalls Nachtragsliquidation

§ 2 Die Auflösung der Gesellschaft

I. Auflösung und Beendigung der GmbH

17 Bis zu ihrer endgültigen Vollbeendigung durchläuft die Gesellschaft drei Stadien: die Auflösung, die Abwicklung oder Liquidation und schließlich die Löschung und Vollbeendigung der Gesellschaft. Lediglich die Auflösung führt noch nicht zur Beendigung der Gesellschaft, vielmehr tritt sie mit der Auflösung erst in das Liquidationsstadium ein. Die Gesellschaft besteht auch nach der Auflösung fort und bleibt bis zur Vollbeendigung als juristische Person (§ 13 Abs. 1 GmbHG) und als Handelsgesellschaft (§ 13 Abs. 3 GmbHG) erhalten. Ziel des Liquidationsverfahrens ist es, das Gesellschaftsvermögen zu versilbern, die Gesellschaftsgläubiger zu befriedigen und das verbleibende Vermögen unter den Gesellschaftern zu verteilen. Voraussetzung für das endgültige Erlöschen der Gesellschaft nach der heute herrschenden Lehre vom Doppeltatbestand[1] ist das Vorliegen von zwei Tatbeständen, der Beendigung der Liquidation (Vermögenslosigkeit) und die Löschung der Gesellschaft im Handelsregister. Erst danach ist die Gesellschaft als Rechtsträgerin erloschen und es tritt die Vollbeendigung ein.

1. Auflösung der Gesellschaft

18 Wurde die Gesellschaft nach § 60 GmbHG aufgelöst, so tritt sie in das Abwicklungsstadium bzw. die Liquidation ein. Damit wird die bislang werbende Gesellschaft zur Abwicklungsgesellschaft, deren Ziel die Vollbeendigung ist[2]. Sämtliche Geschäfte der Gesellschaft werden abgewickelt und alle Vertragsverhältnisse beendet oder aufgelöst, gegebenenfalls Unternehmensteile veräußert und die Gesellschaftsgläubiger befriedigt. Im Anschluss hieran wird das verbliebene Gesellschaftsvermögen unter den Gesellschaftern aufgeteilt. Die aufgelöste Gesellschaft besteht bis zu ihrer endgültigen Löschung als juristische Person fort, so dass auch während der Liquidationsphase die Satzung geändert werden kann[3]. Die Gesellschaft bleibt rechts-, partei- und grundbuchfähig, sie unterliegt den Sonderregeln für Kaufleute (§§ 343 ff. HGB) und behält ihre Firma, der gem. § 68 Abs. 2 GmbHG der Zusatz „in Liquidation" (i. L.) anzufügen ist. Auch die Vertragsverhältnisse zwischen der Gesellschaft und Dritten bleiben bestehen. Mit der Auflösung erlischt die Vertretungsbefugnis der Geschäftsführer, und die Liquidatoren führen die Geschäfte der Gesellschaft fort. Stellt sich während der Liquidationsphase, die gemäß § 73 GmbHG grundsätzlich mindestens ein Jahr dauert, heraus, dass die Gesellschaft überschuldet ist, so kann die Liquidation nicht fortgeführt werden, richtiges Verfahren ist dann das Insolvenzverfahren.

[1] *BGH* ZIP 1988, 175; *BAG* NJW 1988, 2637; *OLG Düsseldorf* GmbHR 2004, 572, 574; *OLG Stuttgart* ZIP 1986, 647, 648; *K. Schmidt* GmbHR 1988, 209; *ders.* GmbHR 1994, 832; *Uhlenbruck* ZIP 1996, 1645; *Schulze-Osterloh/Noack* in: Baumbach/Hueck, § 74, Rdnr. 2; *Lutter/Kleindiek* in: Lutter/Hommelhoff, § 74, Rdnr. 6; *Altmeppen* in: Roth/Altmeppen, § 60, Rdnr. 7; *K. Schmidt* in: Scholz, § 60, Rdnr. 56, 73; *Hönn* ZHR 138 (1974), 50, 66 ff.

[2] *OLG Koblenz* NZG 2007, 431; *Nerlich* in: Michalski, § 60, Rdnr. 4.

[3] *BayObLG* BB 1995, 741; *Schulze-Osterloh/Fastrich* in: Baumbach/Hueck, § 60, Rdnr. 9; *Nerlich* in: Michalski, § 60, Rdnr. 4.

Wird lediglich der Geschäftsbetrieb der Gesellschaft verpachtet, veräußert oder eingestellt, so stellt dies keine Auflösung der Gesellschaft im Sinne des § 60 GmbHG dar[4]. Gleiches gilt, wenn der Gesellschaft eine Gewerbeerlaubnis entzogen wird[5].

Möglich ist aber, dass die Gesellschafter die Gesellschaft still liquidieren. Bei einer solchen 19
stillen Liquidation kommt es (zunächst) nicht zu einem formellen Auflösungsbeschluss. Dennoch wird der laufende Geschäftsbetrieb der Gesellschaft eingestellt und die Auflösung der Gesellschaft abgewickelt. Werden alle Gläubigerforderungen beglichen und kommt es nicht zu einem Insolvenzverfahren, kann dann die Gesellschaft ohne Einhaltung des Sperrjahres wegen Vermögenslosigkeit gegebenenfalls nach § 60 Abs. 1 Nr. 7 GmbHG gelöscht werden (hierzu ausführlich unten, § 9 II 4, Rdnr. 483).

Wird die Gesellschaft alleinige Inhaberin ihrer Geschäftsanteile (sog. Keinmann-GmbH), 20
so ist die Gesellschaft nach herrschender Meinung aufgelöst[6]. Die Gesellschaft kann aber die Liquidation abwenden und die Fortsetzung beschließen, wenn der Auflösungsgrund beseitigt werden kann und die Gesellschaft Geschäftsanteile an einen neuen Gesellschafter veräußert[7]. Ist dies nicht möglich, so muss die Liquidation durchgeführt werden. Ein etwaig anfallender Liquidationsgewinn steht entweder den in der Satzung bestimmten Personen analog §§ 45, 46 BGB zu, ansonsten dem Fiskus[8].

2. Beendigung der Gesellschaft

Im Anschluss an die Auflösung der Gesellschaft tritt die Gesellschaft in die Phase der Been- 21
digung ein. (Voll-)Beendigt ist die Gesellschaft, wenn das Abwicklungsverfahren abgeschlossen und die Löschung der Gesellschaft in das Handelsregister eingetragen ist, § 74 Abs. 1 Satz 2 GmbHG. Ging die früher h.A. davon aus, dass die Gesellschaft mit Eintritt der Vermögenslosigkeit beendet ist und die Eintragung der Löschung im Handelsregister lediglich deklaratorische Wirkung haben sollte[9], so ist nach der nun h.M. die Löschung konstitutiv und die Gesellschaft erst mit der Eintragung der Löschung im Handelsregister als beendet anzusehen[10]. Voraussetzung hierfür ist nach der Lehre vom Doppeltatbestand[11] aber, dass die Gesellschaft im Zeitpunkt der Eintragung der Löschung in das Handelsregister tatsächlich vermögenslos ist und keine weiteren Abwicklungsmaßnahmen[12] erforderlich sind. Stellt sich später heraus, dass die Gesellschaft im Zeitpunkt der Eintragung nicht vermögenslos war, so war die Löschungseintragung fehlerhaft

[4] *Schulze-Osterloh/Fastrich* in: Baumbach/Hueck, § 60, Rdnr. 8; *Nerlich* in: Michalski, § 60, Rdnr. 19.

[5] *Schulze-Osterloh/Fastrich* in: Baumbach/Hueck, § 60, Rdnr. 8.

[6] *Schulze-Osterloh/Fastrich* in: Baumbach/Hueck, § 60, Rdnr. 37; *Nerlich* in: Michalski, § 60, Rdnr. 25; *K. Schmidt* in: Scholz, § 60, Rdnr. 32; *Ulmer* in: Hachenburg, § 60 Rdnr. 60.

[7] *Schulze-Osterloh/Fastrich* in: Baumbach/Hueck, § 60, Rdnr. 37; *Nerlich* in: Michalski, § 60, Rdnr. 25; *K. Schmidt* in: Scholz, § 60, Rdnr. 32; *Ulmer* in: Hachenburg, § 60 Rdnr. 60.

[8] *Nerlich* in: Michalski, § 60, Rdnr. 25.

[9] *RGZ* 149, 293, 296; 155, 42, 44; 156, 23, 26; *BGH* LM GmbHG § 74 Nr. 1; *OLG Stuttgart* NJW 1969, 1493.

[10] *BGH*, ZIP 1988, 175; *BAG* NJW 1988, 2637; *OLG Düsseldorf* GmbHR 2004, 572, 574; OLG Stuttgart ZIP 1986, 647, 648; *K. Schmidt*, GmbHR 1988, 209; *ders.*, GmbHR 1994, 832; *Uhlenbruck* ZIP 1996, 1645; *Schulze-Osterloh/Noack* in: Baumbach/Hueck, § 74, Rdnr. 2; *Nerlich* in: Michalski, § 60, Rdnr. 8; *Lutter/Kleindiek* in: Lutter/Hommelhoff, § 74, Rdnr. 6; *Altmeppen* in: Roth/Altmeppen, § 60, Rdnr. 7; Scholz/*K. Schmidt* § 60, Rdnr. 56, 73; *Hönn* ZHR 138 (1974), 50, 66 ff.;.

[11] *Schulze-Osterloh/Noack* in: Baumbach/Hueck, § 74, Rdnr. 2; *Nerlich* in: Michalski, § 60, Rdnr. 8; *Lutter/Kleindiek* in: Lutter/Hommelhoff, § 74, Rdnr. 6; *Altmeppen* in: Roth/Altmeppen, § 60, Rdnr. 7; Scholz/*K. Schmidt* § 60, Rdnr. 60.

[12] Erweiterte Lehre vom Doppeltatbestand: *BayObLG* GmbHR 1988, 225, 226; *OLG Karlsruhe* NJW-RR 1990, 100; *Bork* JZ 1991, 841, 844; *Saenger* GmbHR 1994, 300, 302.

und die Gesellschaft tatsächlich nicht beendet. In diesem Fall lebt nicht etwa das Liquidationsverfahren wieder auf, vielmehr ist nun die Nachtragsliquidation zu betreiben. Dies gilt nicht nur, wenn bislang unbekannte Vermögensgegenstände auftauchen, sondern auch dann, wenn weitere Abwicklungsmaßnahmen erforderlich sind, wie etwa die Erteilung von Zeugnissen, die Abgabe von Willenserklärungen oder die Zustellung eines Steuerbescheides[13] (Vgl. hierzu auch unten, § 10 I. 2., Rdnr. 530). Auflösung und Beendigung der Gesellschaft können auch zeitlich zusammen fallen, wenn eine Abwicklung der Gesellschaft nicht stattfindet, da die Gesellschaft über keine zu liquidierenden Vermögenswerte verfügt und sie daher wegen Vermögenslosigkeit von Amtswegen gelöscht wird, § 60 Abs. 1 Nr. 7 GmbHG, § 141a FGG.

II. Eintragung der Auflösung im Handelsregister

1. Form, Inhalt und Frist der Anmeldung

22 Die Auflösung der Gesellschaft muss gemäß § 65 GmbHG in öffentlich beglaubigter Form zur Eintragung in das Handelsregister angemeldet werden. Örtlich zuständig ist das Registergericht am Sitz der Gesellschaft, auch wenn die Gesellschaft über eine Zweigniederlassung verfügt[14]. Der Auflösungsgrund ist bei der Anmeldung anzugeben, eingetragen wird er jedoch nur in den Fällen des § 65 Abs. 1 S. 2, also bei der Auflösung gemäß § 60 Abs. 1 Nr. 4, 5 und 6 GmbHG[15]. Zum Nachweis sind die entsprechenden Urkunden, aus denen sich Auflösung ergibt, beizufügen. Gegebenfalls muss das Registergericht auf Grund seiner Ermittlungspflicht nach § 12 FGG die entsprechenden Urkunden anfordern[16]. Ist die Gesellschaft durch Zeitablauf gemäß § 60 Abs. 1 Nr. 1 GmbHG aufgelöst, ist der Hinweis auf die Satzung ausreichend[17].

23 Zwar ist eine Anmeldefrist ist in § 65 GmbHG nicht vorgesehen, dennoch muss die Anmeldung unverzüglich, also ohne schuldhaftes Zögern erfolgen[18]. Freilich ist eine kurzfristige Verzögerung zulässig, wenn dies den Belangen der Gesellschaft dient, etwa um die Übernahme des Unternehmens durch einen Gesellschafter zu erleichtern, wenn bei ungewisser Rechtslage Rechtsrat eingeholt werden muss[19] oder die Gesellschafter entgegen ihrem ursprünglichen Entschluss die Gesellschaft nun doch fortsetzen wollen.

24 Zusätzlich zur Auflösung der Gesellschaft müssen die Liquidatoren zur Eintragung in das Handelsregister angemeldet werden, § 67 GmbHG. Grundsätzlich kann jede vollgeschäftsfähige natürliche oder juristische Person[20] Liquidator werden, sofern diese auch Geschäftsführer wer-

[13] *BGHZ* 105, 259, 261; *BAG* NJW 1982, 8131; *KG* GmbHR 2001, 252; *OLG Frankfurt* WM 1982, 1266, 1267 (für GmbH & Co *KG*); *OLG München* ZIP 1988, 575, 577; *BayObLG* GmbHR 1956, 76; DNotZ 1955, 638, 640f.; *Schulze-Osterloh/Fastrich* in: Baumbach/Hueck, § 60, Rdnr. 65; *Nerlich* in: Michalski, § 60, Rdnr. 13; *Hohner* in: Hachenburg, § 74 Rdnr. 32.

[14] *Schulze-Osterloh/Noack* in: Baumbach/Hueck, § 65, Rdnr. 12; *Nerlich* in: Michalski, § 65, Rdnr. 12; *K. Schmidt* in: Scholz, § 65, Rdnr. 8.

[15] *Nerlich* in: Michalski, § 65, Rdnr. 18.

[16] *Schulze-Osterloh/Noack* in: Baumbach/Hueck, § 65, Rdnr. 10; *Nerlich* in: Michalski, § 65, Rdnr. 13.

[17] *Schulze-Osterloh/Noack* in: Baumbach/Hueck, § 65, Rdnr. 10; *Nerlich* in: Michalski, § 65, Rdnr. 13.

[18] RGZ 145, 99, 103, 104; *Schulze-Osterloh/Noack* in: Baumbach/Hueck, § 65, Rdnr. 9; *Altmeppen* in: Roth/Altmeppen, § 60, Rdnr. 9; *Hohner* in: Hachenburg, § 66, Rdnr. 16; *Nerlich* in: Michalski, § 65, Rdnr. 16; *K. Schmidt* in: Scholz, § 65, Rdnr. 7; *Lutter/Kleindiek* in: Lutter/Hommelhoff, § 65, Rdnr. 3.

[19] *RGZ* 145, 99, 103, 104; *Schulze-Osterloh/Noack* in: Baumbach/Hueck, § 65, Rdnr. 9; *Altmeppen* in: Roth/Altmeppen, § 60, Rdnr. 9; *Hohner* in: Hachenburg, § 65, Rdnr. 16; *Nerlich* in: Michalski, § 65, Rdnr. 16; *K. Schmidt* in: Scholz, § 65, Rdnr. 7; *Lutter/Kleindiek* in: Lutter/Hommelhoff, § 65, Rdnr. 3.

[20] *Nerlich* in: Michalski, § 66, Rdnr. 17; *Hohner* in: Hachenburg, § 66, Rdnr. 6.

den könnte. Nach h.A. können auch juristische Personen des Privatrechtes und des öffentlichen Rechts (nicht jedoch Behörden), Personenhandelsgesellschaften und der nicht rechtsfähige Verein Liquidator werden[21]. Die bis zur Auflösung der Gesellschaft amtierenden Geschäftsführer werden von Gesetzes wegen automatisch und ohne besonderen Bestellungsakt zu Liquidatoren, § 66 Abs. 1 GmbHG (geborene Liquidatoren). Von dieser gesetzlichen Grundkonstellation abweichend, kann der bisherige Geschäftsführer durch Gesellschafterbeschluss, eine entsprechende Satzungsregelung oder durch Gerichtsbeschluss abberufen und ein neuer Liquidator bestellt werden. Sofern in der Satzung bestimmte Liquidatoren bestimmt sind, ist dies ausreichend und ein weiterer Bestellungsakt nicht erforderlich[22]. Mit Eintritt der Auflösung und ihrer Zustimmung gelten sie als bestellt. In diesem Fall erlischt die Vertretungsbefugnis der ehemaligen Geschäftsführer (siehe zur Bestellung des Liquidators ausführlicher unten, § 3 II).

2. Anmeldepflicht

Anmeldepflichtig sind die jeweiligen gesetzlichen Vertreter der Gesellschaft in der zur Vertretung berechtigten Zahl. Der Liquidator ist anmeldepflichtig, wenn eine bereits eingetretene Auflösung einzutragen ist, also in dem Fall, dass der Auflösungsbeschluss keine Satzungsänderung darstellt und unmittelbar wirkt. Die Eintragung im Handelsregister ist in diesem Fall rein deklaratorisch. Demgegenüber ist der Geschäftsführer anmeldepflichtig, wenn für die Auflösung ein satzungsändernder Auflösungsbeschluss einzutragen ist und beide Ereignisse gleichzeitig angemeldet werden sollen, da die Rechtswirkung der Auflösung in diesem Fall erst mit der Eintragung eintritt[23]. Die Eintragung im Handelsregister wirkt in diesem Fall konstitutiv[24]. Geschäftsführer oder Liquidatoren, die vor oder nach Auflösung der Gesellschaft ausgeschieden sind, sind nicht zur Anmeldung verpflichtet oder berechtigt[25]. Fehlen Liquidatoren in der zur Vertretung berechtigenden Zahl, so werden die fehlenden durch das Registergericht gemäß §§ 29, 48 Abs. 1 BGB analog bestellt[26]. Dieser Antrag kann von einem ehemaligen Geschäftsführer und auch von Gläubigern gestellt werden[27]. Wird die Auflösung nicht angemeldet, so kann das Registergericht nach § 14 HGB die Anmeldung von den hierzu verpflichteten Personen durch Festsetzung von Zwangsgeld erzwingen[28]. Das gilt jedoch nicht, wenn die Eintragung konstitutive Wirkung hat[29]. 25

Der Geschäftsführer oder der Liquidator ist nicht zur Anmeldung verpflichtet, wenn die Auflösung der Gesellschaft durch das Gericht von Amts wegen zu erfolgen hat. Dies ist nach § 65 Abs. 1 S. 3 GmbHG der Fall bei der Auflösung nach § 60 Abs. 1 Nr. 4, bei der Eröffnung des Insolvenzverfahrens, nach § 60 Abs. 1 Nr. 5 GmbHG, bei der rechtskräftigen Abweisung des Antrags auf Eröffnung des Insolvenzverfahrens mangels Masse nach § 60 Abs. 1 Nr. 6 GmbHG, im Falle der Auflösung durch rechtskräftige Verfügung des Registergerichts, mit der bestimmte 26

---

[21] *Schulze-Osterloh/Noack* in: Baumbach/Hueck, § 66, Rdnr. 7; *Nerlich* in: Michalski, § 66, Rdnr. 18; *Hohner* in: Hachenburg, § 66, Rdnr. 6.

[22] *Nerlich* in: Michalski, § 66, Rdnr. 21; *Hohner* in: Hachenburg, § 65 Rdnr. 8.

[23] *Schulze-Osterloh/Noack* in: Baumbach/Hueck, § 65, Rdnr. 2, 7; *Nerlich* in: Michalski, § 65, Rdnr. 9.

[24] *Schulze-Osterloh/Noack* in: Baumbach/Hueck, § 65, Rdnr. 2, 7; *Nerlich* in: Michalski, § 65, Rdnr. 9.

[25] *Schulze-Osterloh/Noack* in: Baumbach/Hueck, § 65, Rdnr. 8; *Nerlich* in: Michalski, § 65, Rdnr. 11.

[26] *Schulze-Osterloh/Noack* in: Baumbach/Hueck, § 65, Rdnr. 6; *Nerlich* in: Michalski, § 65, Rdnr. 11; *Altmeppen* in: Roth/Altmeppen, § 65, Rdnr. 5; *Hohner* in: Hachenburg, § 65 Rdnr. 3.

[27] *Schulze-Osterloh/Noack* in: Baumbach/Hueck, § 65, Rdnr. 6; *Nerlich* in: Michalski, § 65, Rdnr. 11; *Altmeppen* in: Roth/Altmeppen, § 65, Rdnr. 5; *Hohner* in: Hachenburg, § 65 Rdnr. 3, *K. Schmidt* in: Scholz, § 65, Rdnr. 7.

[28] *Schulze-Osterloh/Noack* in: Baumbach/Hueck, § 65, Rdnr. 13; *Altmeppen* in: Roth/Altmeppen, § 65, Rdnr. 8; *Hohner* in: Hachenburg, § 65 Rdnr. 17; *Ebert* NZG 2002, 940.

[29] *Schulze-Osterloh/Fastrich* in: Baumbach/Hueck, § 65, Rdnr. 13; *Nerlich* in: Michalski, § 65, Rdnr. 17; *Ulmer* in: Hachenburg, § 65, Rdnr. 18; *K. Schmidt* in: Scholz, § 60, Rdnr. 11.

Mängel der Satzung festgestellt werden, § 144a Abs. 5 FGG. Des Weiteren besteht eine Anmeldepflicht nicht, wenn die Gesellschaft ohne Auflösung durch Löschung wegen Vermögenslosigkeit nach § 141a Abs. 1 FGG sofort beendet wird[30]. In diesem Fall wird die Auflösung nicht nach § 65 Abs. 1 S. 4 GmbHG eingetragen, da es sich hier tatsächlich nicht um einen Auflösungstatbestand, sondern um eine Löschung handelt[31].

27 Schließlich entfällt die Anmeldepflicht in den Fällen, in denen die Auflösung von Amts wegen in das Handelsregister einzutragen ist, etwa bei Auflösung nach § 38 Abs. 1 KWG oder der Eröffnung des Insolvenzverfahrens[32]. Die Anmeldepflicht entfällt auch, wenn vor der Eintragung die Fortsetzung der Gesellschaft beschlossen worden ist[33]. Denn in diesem Fall besteht an der Eintragung der Auflösung und der öffentlichen Bekanntmachung kein Interesse mehr, vielmehr würde dies zur Verwirrung des Rechtsverkehrs führen[34].

3. Eintragung der Auflösung

28 Die Auflösung der Gesellschaft ist vom Registergericht in Spalte 6 des Handelsregisters einzutragen, § 43 Nr. 6k HRV. Die Eintragung kann den Auflösungsgrund angeben, zwingend ist dies nicht[35]. In den Fällen der Auflösung nach § 60 Abs. 1 Nr. 4, 5, 6 GmbHG muss gemäß § 65 Abs. 1 S. 3 GmbHG der Auflösungsgrund eingetragen werden. Die Eintragung lautet: „Die Gesellschaft ist aufgelöst“ oder bei Angabe des Auflösungsgrundes: „Die Gesellschaft ist durch Gesellschafterbeschluss/... usw. aufgelöst“.

29 Die Eintragung der Auflösung wird vom Registergericht gemäß § 10 HGB elektronisch bekanntgemacht (www.handelsregister.de). Im Falle der Eröffnung des Insolvenzverfahrens erfolgt die Bekanntgabe gemäß §§ 30 Abs. 1, 9 InsO durch die Geschäftsstelle des Insolvenzgerichts. Diese Bekanntmachung durch das Registergericht ist von der Bekanntmachung nach § 65 Abs. 2 GmbHG durch den Liquidator zu unterscheiden (hierzu sogleich unter § 4, Rdnr. 175).

30 Die Eintragung wirkt grundsätzlich nicht konstitutiv, sondern nur deklaratorisch[36]. Ist die Auflösung der Gesellschaft nur mit gleichzeitiger Satzungsänderung möglich, so ist die Eintragung konstitutiv und die Auflösung tritt erst mit der Eintragung der Satzungsänderung ein[37]. Im Ergebnis ist die Eintragung bedeutungslos, da die Gesellschaft als Abwicklungsgesellschaft fortbesteht und handlungsfähig bleibt. Die Gesellschaft bleibt Formkaufmann nach § 6 HGB und behält die Parteifähigkeit, § 50 Abs. 1 ZPO[38]. Für die Eintragung des Auflösungsgrundes zur Eröffnung des Insolvenzverfahrens gilt § 15 HGB nach § 32 Abs. 2 S. 2 HGB nicht. Im Übrigen gilt für die Eintragung der Auflösung als eintragungspflichtige Tatsache § 15 HGB[39].

---

[30] *Schulze-Osterloh/Noack* in: Baumbach/Hueck, § 65, Rdnr. 4; *Nerlich* in: Michalski, § 65, Rdnr. 8.

[31] *Schulze-Osterloh/Noack* in: Baumbach/Hueck, § 65, Rdnr. 4.

[32] *Schulze-Osterloh/Noack* in: Baumbach/Hueck, § 65, Rdnr. 5; *Nerlich* in: Michalski, § 65, Rdnr. 6; *Lutter/Kleindiek* in: Lutter/Hommelhoff, § 65, Rdnr. 3; *Hohner* in: Hachenburg, § 65 Rdnr. 10.

[33] *Schulze-Osterloh/Noack* in: Baumbach/Hueck, § 65, Rdnr. 6; *Lutter/Kleindiek* in: Lutter/Hommelhoff, § 65, Rdnr. 3; *Hohner* in: Hachenburg, § 65 Rdnr. 10.

[34] So zu Recht *Schulze-Osterloh/Noack* in: Baumbach/Hueck, § 65, Rdnr. 6.

[35] *Schulze-Osterloh/Noack* in: Baumbach/Hueck, § 65, Rdnr. 14; *Nerlich* in: Michalski, § 65, Rdnr. 18; *Hohner* in: Hachenburg, § 65 Rdnr. 20, 14; *K. Schmidt* in: Scholz, § 65, Rdnr. 4, 9.

[36] *Schulze-Osterloh/Noack* in: Baumbach/Hueck, § 65, Rdnr. 13; *Nerlich* in: Michalski, § 65, Rdnr. 21; *Hohner* in: Hachenburg, § 65 Rdnr. 23; *K. Schmidt* in: Scholz, § 65, Rdnr. 1.

[37] *BayObLG* DB 1994, 977; *Schulze-Osterloh/Noack* in: Baumbach/Hueck, § 65, Rdnr. 13; *Nerlich* in: Michalski, § 65, Rdnr. 21; *Hohner* in: Hachenburg, § 65 Rdnr. 23; *K. Schmidt* in: Scholz, § 65, Rdnr. 1.

[38] *Schulze-Osterloh/Noack* in: Baumbach/Hueck, § 65, Rdnr. 13; *Nerlich* in: Michalski, § 65, Rdnr. 21; *Hohner* in: Hachenburg, § 65 Rdnr. 24; *Lutter/Kleindiek* in: Lutter/Hommelhoff, § 65, Rdnr. 24; *Altmeppen* in: Roth/Altmeppen, § 65, Rdnr. 14.

[39] *Schulze-Osterloh/Noack* in: Baumbach/Hueck, § 65, Rdnr. 13; *Nerlich* in: Michalski, § 65, Rdnr. 21.

III. Die einzelnen Auflösungsgründe

1. Auflösung durch Ablauf der im Gesellschaftsvertrag bestimmten Zeit gemäß § 60 Abs. 1 Nr. 1 GmbHG

Eher selten kommt die Auflösung der Gesellschaft durch einen im Gesellschaftsvertrag bestimmten Zeitpunkt vor. Mit Eintritt des bestimmten Zeitpunktes wird die Gesellschaft automatisch und ohne weiteres Zutun der Gesellschafter aufgelöst[40]. Die Dauer, für die die Gesellschaft bestehen soll, bzw. der Auflösungszeitpunkt muss in der Satzung klar und eindeutig bestimmt sein[41]. Dazu muss der Endtermin nicht notwendigerweise kalendermäßig bestimmt sein; es genügt, dass die Auflösung von einem objektiv bestimmbaren, künftigen, gewissen Ereignis abhängig gemacht wird, wie z.B. der Wegfall des mit der Gesellschaft bezweckten Unternehmens, das Auslaufen eines Patentes, einer Lizenz oder auch der Tod eines Gesellschafters[42]. Nur sofern der Endtermin durch ein Ereignis bestimmt ist, dessen Eintritt sicher ist, bei dem aber lediglich der Zeitpunkt des Eintritts ungewiss ist, handelt es sich um einen Fall des § 60 Abs. 1 Nr. 1 GmbHG. Soll demgegenüber die Auflösung mit einem ungewissen Ereignis eintreten, so stellt dies einen Auflösungsgrund im Sinne des § 60 Abs. 2 GmbHG dar[43]. Dementsprechend handelt es sich etwa bei der Ausübung eines Kündigungsrechtes durch einen Gesellschafter nicht um eine zeitliche Beschränkung der Gesellschaft im Sinne des § 60 Abs. 1 Nr. 1 GmbHG, sondern um einen Auflösungsgrund nach § 60 Abs. 2 GmbHG, da die Ausübung des Kündigungsrechtes durch den Gesellschafter ungewiss ist[44]. Etwas Anderes gilt aber, wenn die Gesellschaft nur zu einem bestimmten Termin gekündigt werden darf[45]. **31**

Wurde der im Gesellschaftsvertrag vorgesehene Auflösungszeitpunkt überschritten, so kann **32**
nach Ablauf dieses Zeitpunktes der Eintritt der Auflösung der Gesellschaft nicht mehr durch Satzungsänderung rückgängig gemacht werden[46], da mit dem Eintritt des in der Satzung bestimmten Zeitpunktes die Gesellschaft automatisch aufgelöst ist[47]. Ist die Auflösung der Gesellschaft nicht gewünscht, so kann die Fortsetzung der Gesellschaft nur durch einen Fortsetzungsbeschluss der Gesellschafter erreicht werden[48]. Jedoch kann die Dauer der Gesellschaft vor dem Eintritt des in der Satzung festgelegten Auflösungszeitpunktes verlängert oder eine Fristenregelung aufgehoben werden[49]. Hierbei handelt es sich um eine Satzungsänderung, durch die die

---

[40] *Schulze-Osterloh/Fastrich* in: Baumbach/Hueck, § 60, Rdnr. 16; *Nerlich* in: Michalski, § 60, Rdnr. 28; Hachenburg/Ulme, § 60, Rdnr. 23; *K. Schmidt* in: Scholz, § 60, Rdnr. 9.

[41] *BayObLG* BB 1975, 249, 250; *Schulze-Osterloh/Fastrich* in: Baumbach/Hueck, § 60, Rdnr. 14; *Nerlich* in: Michalski, § 60, Rdnr. 27; *Lutter/Kleindiek* in: Lutter/Hommelhoff, § 60, Rdnr. 2; *Ulmer* in: Hachenburg, § 60, Rdnr. 22; Scholz/Schmidt Rdnr. 9;.

[42] *BayObLG* BB 1975, 249, 250; *Schulze-Osterloh/Fastrich* in: Baumbach/Hueck, § 60, Rdnr. 14; *Nerlich* in: Michalski, § 60, Rdnr. 27; *Lutter/Kleindiek* in: Lutter/Hommelhoff, § 60, Rdnr. 2; *Ulmer* in: Hachenburg, § 60, Rdnr. 22; *K. Schmidt* in: Scholz, § 60, Rdnr. 9.

[43] *BayObLG* BB 1975, 249, 250; *Schulze-Osterloh/Fastrich* in: Baumbach/Hueck, § 60, Rdnr. 14; *Nerlich* in: Michalski, § 60, Rdnr. 27.

[44] *BayObLG* BB 1975, 249, 250; *Nerlich* in: Michalski, § 60, Rdnr. 27.

[45] *Nerlich* in: Michalski, § 60, Rdnr. 27.

[46] *Nerlich* in: Michalski, § 60, Rdnr. 28; *Lutter/Kleindiek* in: Lutter/Hommelhoff, § 60, Rdnr. 3.

[47] *Schulze-Osterloh/Fastrich* in: Baumbach/Hueck, § 60, Rdnr. 16; *Nerlich* in: Michalski, § 60, Rdnr. 28; Hachenburg/Ulme, § 60, Rdnr. 23; *K. Schmidt* in: Scholz, § 60, Rdnr. 9.

[48] *Schulze-Osterloh/Fastrich* in: Baumbach/Hueck, § 60, Rdnr. 16; *Nerlich* in: Michalski, § 60, Rdnr. 28; *Ulmer* in: Hachenburg, § 60, Rdnr. 23; *K. Schmidt* in: Scholz, § 60, Rdnr. 9.

[49] *Schulze-Osterloh/Fastrich* in: Baumbach/Hueck, § 60, Rdnr. 15; *Nerlich* in: Michalski, § 60, Rdnr. 28; *Lutter/Kleindiek* in: Lutter/Hommelhoff, § 60, Rdnr. 4.

Liquidation der Gesellschaft vermieden wird, ein Fortsetzungsbeschluss ist in diesem Fall nicht erforderlich. Zulässig ist auch die Verkürzung einer ursprünglich vereinbarten Dauer. Dies gilt jedoch nicht, wenn dieser Verkürzungsbeschluss eine treuwidrige Stimmrechtsausübung zum Nachteil der übrigen Gesellschafter darstellen sollte[50]. Die ursprünglich vereinbarte Dauer der Gesellschaft kann durch die Gesellschafterversammlung mit satzungsändernder Mehrheit geändert werden[51]. Eine einstimmige Beschlussfassung ist nicht erforderlich[52]. Sind bestimmte Gesellschafter aus der Satzung zu Nebenleistungen verpflichtet, so ist bei Verlängerung der Frist die Zustimmung dieser Gesellschafter erforderlich, da die Fristverlängerung für die Gesellschafter eine Vermehrung der Leistungen im Sinne des § 53 Abs. 3 GmbHG darstellt[53]. Dies gilt nicht, wenn die Verlängerung der Befristung dazu führt, dass noch nicht erbrachte Stammeinlagen einzuzahlen sind oder eine Nachschusspflicht besteht[54].

33 Eine im Gesellschaftsvertrag vorgesehene Befristung ist gemäß § 10 Abs. 2 GmbHG im Handelsregister einzutragen. Wurde die Befristung nicht eingetragen, so ist dies als Auflösung nach § 60 Abs. 2 GmbHG zu verstehen[55]. Tritt der in der Satzung bestimmte Zeitpunkt ein, so ist die Gesellschaft aufgelöst, die Eintragung der Auflösung ins Handelsregister ist lediglich deklaratorisch[56]. Eine Fortführung der Gesellschaft ohne Satzungsänderung und ohne Gesellschafterbeschluss und ohne Eintrag ins Handelsregister ist nicht möglich.

2. Auflösung durch Gesellschaftsbeschluss gemäß § 60 Abs. 1 Nr. 2 GmbHG

a. Zuständigkeit und Mehrheiten

34 Die Auflösung der Gesellschaft kann gemäß § 60 Abs. 1 Nr. 2 GmbHG durch die Gesellschafter mit einer Mehrheit von ¾ der abgegebenen, nicht notwendigerweise aller vorhandenen Stimmen der Gesellschafter beschlossen werden[57]. In der Satzung können auch andere Mehrheitsverhältnisse, auch Einstimmigkeit vorgesehen werden[58]. Über die Auflösung können allein die Gesellschafter beschließen, ihre Zuständigkeit ist zwingend und kann nicht auf andere Organe übertragen werden; ebenso bedarf der Beschluss keiner Zustimmung anderer Organe oder Personen[59]. Stellt

[50] *Schulze-Osterloh/Fastrich* in: Baumbach/Hueck, § 60, Rdnr. 15, 20; *Nerlich* in: Michalski, § 60, Rdnr. 32.

[51] *Schulze-Osterloh/Fastrich* in: Baumbach/Hueck, § 60, Rdnr. 15; *Nerlich* in: Michalski, § 60, Rdnr. 28; *Ulmer* in: Hachenburg, Rdnr. 25; *Lutter/Kleindiek* in: Lutter/Hommelhoff, § 60, Rdnr. 3; Scholz/Schmidt, § 60, Rdnr. 10.

[52] *Schulze-Osterloh/Fastrich* in: Baumbach/Hueck, § 60, Rdnr. 15; *Nerlich* in: Michalski, § 60, Rdnr. 28; *Ulmer* in: Hachenburg, Rdnr. 25; *Lutter/Kleindiek* in: Lutter/Hommelhoff, § 60, Rdnr. 3; Scholz/Schmidt, § 60, Rdnr. 10.

[53] RGZ 136, 185, 188; *Schulze-Osterloh/Fastrich* in: Baumbach/Hueck, § 60, Rdnr. 15; *Nerlich* in: Michalski, § 60, Rdnr. 31; *Ulmer* in: Hachenburg, § 60, Rdnr. 25; *K. Schmidt* in: Scholz, § 60, Rdnr. 10.

[54] *Schulze-Osterloh/Fastrich* in: Baumbach/Hueck, § 60, Rdnr. 15; *Nerlich* in: Michalski, § 60, Rdnr. 31; *Altmeppen* in: Roth/Altmeppen, Rdnr. 11; *Ulmer* in: Hachenburg, § 60, Rdnr. 25; *K. Schmidt* in: Scholz, § 60, Rdnr. 10.

[55] *Schulze-Osterloh/Fastrich* in: Baumbach/Hueck, § 60, Rdnr. 13; *Nerlich* in: Michalski, § 60, Rdnr. 27.

[56] *Schulze-Osterloh/Fastrich* in: Baumbach/Hueck, § 60, Rdnr. 16; *Nerlich* in: Michalski, § 60, Rdnr. 28; *Ulmer* in: Hachenburg, § 60, Rdnr. 23; *K. Schmidt* in: Scholz, § 60, Rdnr. 9.

[57] *Schulze-Osterloh/Fastrich* in: Baumbach/Hueck, § 60, Rdnr. 17; *Nerlich* in: Michalski, § 60, Rdnr. 35; *Ulmer* in: Hachenburg, § 60, Rdnr. 26; *Lutter/Kleindiek* in: Lutter/Hommelhoff, § 60, Rdnr. 6; Scholz/Schmidt 12.

[58] *Schulze-Osterloh/Fastrich* in: Baumbach/Hueck, § 60, Rdnr. 17; *Nerlich* in: Michalski, § 60, Rdnr. 35; *Ulmer* in: Hachenburg, § 60, Rdnr. 26; Scholz/Schmidt, § 60, 12; *Lutter/Kleindiek* in: Lutter/Hommelhoff, § 60, Rdnr. 6.

[59] *Schulze-Osterloh/Fastrich* in: Baumbach/Hueck, § 60, Rdnr. 17; *Nerlich* in: Michalski, § 60, Rdnr. 35; *Ulmer* in: Hachenburg, § 60, Rdnr. 26; *K. Schmidt* in: Scholz, § 60, Rdnr. 14.

der Auflösungsbeschluss tatsächlich eine Satzungsänderung dar, etwa weil die Auflösung vor dem eigentlich vorgesehenen vertraglich festgesetzten Zeitpunkt erfolgt, so muss der Beschluss den Voraussetzungen des § 53 GmbHG folgen und darf nur mit Dreiviertelmehrheit, notarieller Beurkundung und Eintragung in das Handelsregister nach § 54 GmbHG erfolgen, da er ansonsten als satzungswidriger Auflösungsbeschluss nichtig ist[60]. Sieht die Satzung vor, dass die Auflösung auch von einer Minderheit beschlossen werden kann, so handelt es sich hierbei um eine Kündigungsmöglichkeit der Minderheit nach § 60 Abs. 2 GmbHG[61]. Ist dagegen in der Satzung vorgesehen, dass die Gesellschaft „unauflösbar" sein soll, so kann sie dennoch durch einstimmigen Beschluss aufgelöst werden, da § 60 Abs. 1 Nr. 2 GmbHG nicht abdingbar ist[62]. Nach h.A. ist eine satzungsgemäß vereinbarte Unauflösbarkeit der Gesellschaft dahingehend auszulegen, dass die Auflösung der Gesellschaft nur mit Einstimmigkeit der Gesellschafter erfolgen darf[63].

b. Form

35 Bei dem Auflösungsbeschluss nach § 60 Abs. 1 Nr. 2 GmbHG handelt es sich nicht um eine Satzungsänderung, so dass der Beschluss nicht der notariellen Beurkundung bedarf und formlos, also auch mündlich gefasst werden kann[64].

c. Inhalt

36 Eine Begründung des Auflösungsbeschlusses ist nicht erforderlich, er muss aber den Willen der Gesellschafter zur Auflösung der Gesellschaft klar zum Ausdruck bringen[65]. Ein bestimmter Wortlaut, wie etwa der Begriff „Auflösung" ist nicht erforderlich. Sollte der Beschluss nicht eindeutig als Auflösungsbeschluss zu verstehen sein, so ist der Wille der Gesellschafter durch Auslegung zu ermitteln[66]. Beispielsweise ist bei Vorliegen von gegenseitigen und übereinstimmenden Kündigungen aller Gesellschafter ein Auflösungsbeschluss anzunehmen[67]. Gleiches gilt bei einer von allen Gesellschaftern unterzeichneten Anmeldung zur Auflösung der Gesellschaft zum Handelsregister[68] oder bei Abschluss eines Prozessvergleiches, der die Auflösung der Gesellschaft zum Inhalt hat[69]. Demgegenüber stellt ein Beschluss über die Betriebseinstellung oder die

---

[60] *Schulze-Osterloh/Fastrich* in: Baumbach/Hueck, § 60, Rdnr. 18; *Nerlich* in: Michalski, § 60, Rdnr. 39; *Ulmer* in: Hachenburg, Rdnr. 26; *K. Schmidt* in: Scholz, § 60, Rdnr. 12; *Lutter/Kleindiek* in: Lutter/Hommelhoff, § 60, Rdnr. 6.

[61] *Schulze-Osterloh/Fastrich* in: Baumbach/Hueck, § 60, Rdnr. 17; *Nerlich* in: Michalski, § 60, Rdnr. 38; *Ulmer* in: Hachenburg, Rdnr. 30; *K. Schmidt* in: Scholz, § 60, Rdnr. 19; *Lutter/Kleindiek* in: Lutter/Hommelhoff, § 60, Rdnr. 6.

[62] *Schulze-Osterloh/Fastrich* in: Baumbach/Hueck, § 60, Rdnr. 18; *Nerlich* in: Michalski, § 60, Rdnr. 37; *Ulmer* in: Hachenburg, Rdnr. 26; Scholz/Schmidt 12; *Lutter/Kleindiek* in: Lutter/Hommelhoff, § 60, Rdnr. 6.

[63] *Schulze-Osterloh/Fastrich* in: Baumbach/Hueck, § 60, Rdnr. 17, 18; *K. Schmidt* in: Scholz, § 60, Rdnr. 19; LH/Rdnr. 6. Krit.: *Nerlich* in: Michalski, § 60, Rdnr. 37; *Ulmer* in: Hachenburg, § 60, Rdnr. 29.

[64] *BGH* ZIP 1999, 281, 283; *BayObLG* GmbHR 1995, 54; *Schulze-Osterloh/Fastrich* in: Baumbach/Hueck, § 60, Rdnr. 19; *Nerlich* in: Michalski, § 60, Rdnr. 40; *Ulmer* in: Hachenburg, § 60, Rdnr. 32; *Lutter/Kleindiek* in: Lutter/Hommelhoff Rdnr. 5.

[65] *BGH* ZIP 1999, 281, 283; *BayObLG* GmbHR1995, 54; *Schulze-Osterloh/Fastrich* in: Baumbach/Hueck, § 60, Rdnr. 19; *Nerlich* in: Michalski, § 60, Rdnr. 40; *Ulmer* in: Hachenburg, § 60, Rdnr. 27; *K. Schmidt* in: Scholz, § 60, Rdnr. 13.

[66] *BGH* ZIP 1999, 281, 283; *Schulze-Osterloh/Fastrich* in: Baumbach/Hueck, § 60, Rdnr. 19; *Nerlich* in: Michalski, § 60, Rdnr. 43; *Ulmer* in: Hachenburg, § 60, Rdnr. 27.

[67] *BayObLG* GmbHR 1995, 54; *Schulze-Osterloh/Fastrich* in: Baumbach/Hueck, § 60, Rdnr. 19; *Nerlich* in: Michalski, § 60, Rdnr. 42.

[68] RGZ 101, 78, 79; *Schulze-Osterloh/Fastrich* in: Baumbach/Hueck, § 60, Rdnr. 19; *Nerlich* in: Michalski, § 60, Rdnr. 42.

[69] *KGJ* 51 A, 136, 137; *Schulze-Osterloh/Fastrich* in: Baumbach/Hueck, § 60, Rdnr. 19; *Nerlich* in: Michalski, § 60, Rdnr. 42; *Ulmer* in: Hachenburg, § 60, Rdnr. 32.

Veräußerung des gesamten Betriebs kein Auflösungsbeschluss dar[70]. Sofern bislang ein Beschluss über die Verlegung des Sitzes ins Ausland teilweise als Auflösungsbeschluss verstanden wurde[71], ist diese aufgrund des neugefassten § 4a GmbHG nun nicht mehr als Auflösungsbeschluss oder unzulässige Satzungsänderung zu behandeln[72], sondern lediglich als zulässige Satzungsänderung zur Verlegung des Verwaltungssitzes (vgl. hierzu auch unten § 2 II 8 e, Rdnr. 78).

d. Anfechtbarkeit

37 Der Beschluss über die Auflösung der Gesellschaft kann anfechtbar sein, wenn der Beschluss gegen gesellschaftliche Treuepflichten verstößt[73]. Ein solcher Pflichtverstoß liegt etwa dann vor, wenn der Mehrheitsgesellschafter bereits vor der von ihm durchgesetzten Auflösung eine weitere Gesellschaft gegründet hat, mit dem Ziel, den Betrieb der aufgelösten Gesellschaft auf die neugegründete Gesellschaft zu übertragen und dort unter Ausschluss der übrigen Gesellschafter fortzuführen[74]. Freilich ist aber nicht jeder Auflösungsbeschluss anfechtbar, wenn im Zuge des Liquidationsverfahrens das Betriebsvermögen oder Teile hiervon von einem Gesellschafter erworben werden. Eine Anfechtbarkeit des Auflösungsbeschlusses ist nur dann zu bejahen, wenn eine konkrete Treuepflichtverletzung nachgewiesen werden kann. Eine Garantie zu Gunsten der Minderheit dafür, dass die Gesellschaft fortbesteht, gibt es grundsätzlich nicht[75]. Die Vorschriften über die Auflösung der Gesellschaft sollen es dem (Mehrheits-) Gesellschafter ermöglichen, sein investiertes Kapital abzuziehen und gegebenenfalls flüssig zu machen, um es für andere wirtschaftliche Zwecke nutzen zu können, etwa wenn ihm die Investition in die aufzulösende Gesellschaft aufgrund veränderter Marktlage nicht mehr wirtschaftlich erscheint[76]. Im Anfechtungsprozess ist die Klage nicht gegen den Gesellschafter, sondern gegen die Gesellschaft, diese vertreten durch ihren Liquidator, zu richten[77].

e. Rechtsfolgen

38 Mit dem Auflösungsbeschluss wandelt sich die Gesellschaft von der werbenden in eine Abwicklungsgesellschaft. Die Eintragung in das Handelsregister hat nur deklaratorische Wirkung[78]. Sofern im Auflösungsbeschluss kein Datum für den Eintritt der Auflösung vorgesehen ist, wird der Beschluss am Tage der Beschlussfassung wirksam[79]. Eine rückwirkende Auflösung der Gesellschaft ist nicht möglich. Dem steht nicht entgegen, dass sich die Gesellschafter im Innenver-

---

[70] *Schulze-Osterloh/Fastrich* in: Baumbach/Hueck, § 60, Rdnr. 19; *Nerlich* in: Michalski, § 60, Rdnr. 43; *Ulmer* in: Hachenburg, § 60, Rdnr. 27.

[71] *BayObLG* GmbHR 1992, 529, 530; *Schulze-Osterloh/Fastrich* in: Baumbach/Hueck, § 60, Rdnr. 41; a.A. *K. Schmidt* in: Scholz, § 60, Rdnr. 13.

[72] So *K. Schmidt* in: Scholz, § 60, Rdnr. 13.

[73] *BGHZ* 76, 352; 103, 184, 189; *Schulze-Osterloh/Fastrich* in: Baumbach/Hueck, § 60, Rdnr. 20; *Nerlich* in: Michalski, § 60, Rdnr. 46; *Lutter/Kleindiek* in: Lutter/Hommelhoff, § 60, Rdnr. 6; *Ulmer* in: Hachenburg, § 60, Rdnr. 31, 37; *K. Schmidt* in: Scholz, § 60, Rdnr. 16; *Timm* JZ 1980, 665, 668.

[74] *BGHZ* 76, 352 (für AG); 103, 184, 189, 193; *Schulze-Osterloh/Fastrich* in: Baumbach/Hueck, § 60, Rdnr. 20; *Nerlich* in: Michalski, § 60, Rdnr. 46; *K. Schmidt* in: Scholz, § 60, Rdnr. 16; *Friedrich* BB 1994, 89, 93.

[75] *BGHZ* 76, 352, 353 (für AG); *Nerlich* in: Michalski, § 60, Rdnr. 47; *Ulmer* in: Hachenburg, § 60, Rdnr. 31; *K. Schmidt* in: Scholz, § 60, Rdnr. 16.

[76] So auch *Nerlich* in: Michalski, § 60, Rdnr. 47.

[77] *Nerlich* in: Michalski, § 60, Rdnr. 51.

[78] *BGH* ZIP 1999, 281, 283; *Schulze-Osterloh/Fastrich* in: Baumbach/Hueck, § 60, Rdnr. 21; *Nerlich* in: Michalski, § 60, Rdnr. 48; *Ulmer* in: Hachenburg, § 60, Rdnr. 35.

[79] *BFH* BStBl 1983 II, 433, 434; *Schulze-Osterloh/Fastrich* in: Baumbach/Hueck, § 60, Rdnr. 21; *Nerlich* in: Michalski, § 60, Rdnr. 48; *Ulmer* in: Hachenburg, § 60, Rdnr. 35.

hältnis so behandeln können, als sei die Auflösung zu einem früheren Zeitpunkt vereinbart worden[80]. Ist der Auflösungsbeschluss wirksam geworden, kann er durch die Gesellschafter nicht mehr aufgehoben werden, da die Auflösung der Gesellschaft mit Wirksamkeit des Beschlusses eingetreten ist. Möglich ist aber, dass die Gesellschafter während des Liquidationsverfahrens die Fortsetzung der Gesellschaft beschließen (vgl. hierzu unten, § 8). Wird der Auflösungsbeschluss durch einen Gesellschafter angefochten und hat die entsprechende Klage Erfolg, so wird der Auflösungsbeschluss durch Urteil rückwirkend aufgehoben[81].

3. Auflösung durch Urteil oder Verwaltungsakt gemäß § 60 Abs. 1 Nr. 3 GmbHG

Die Gesellschaft kann gemäß § 60 Abs. 1 Nr. 3 GmbHG durch Urteil eines ordentlichen Ge- **39**
richts oder durch Verwaltungsakt in den Fällen des § 61 und § 62 GmbHG aufgelöst werden. Die Vorschrift ist zwingend und kann nicht abbedungen werden[82].

a. Auflösung durch Urteil

Nach § 61 GmbHG können Gesellschafter, deren Geschäftsanteile mindestens 10 Prozent des **40**
Stammkapitals entsprechen, bei Vorliegen eines wichtigen Grundes die Auflösung der Gesellschaft im Klagewege geltend machen. Das Klagerecht kann in der Satzung nicht eingeschränkt, aber ausgedehnt werden[83]. Steht den Minderheitsgesellschaftern ein milderes Mittel zur Beseitigung des Missstandes zur Verfügung, so kommt die Auflösung nach § 61 GmbHG nicht in Betracht[84]. Die Auflösungsklage ist unbegründet, wenn die Gesellschaft gegen den klagenden Gesellschafter Ausschließungsklage aus wichtigem Grund erheben könnte[85] und die übrigen Gesellschafter vertragstreu sind und nicht selbst Gründe gesetzt haben, die ihre Ausschließung rechtfertigen würden[86]. Ferner ist die Klage unbegründet, wenn der klagende Gesellschafter seinen Anteil veräußern oder aus der Gesellschaft austreten könnte[87]. Dies gilt nicht, wenn dies dem Auflösungskläger aufgrund der Art des wichtigen Grundes oder wegen einer ideellen Bindung an die Gesellschaft nicht zuzumuten ist oder wenn die Auflösung der Gesellschaft zur Vernichtung des Unternehmenswerts führen würde[88].

Der zur Auflösungsklage berechtigende wichtige Grund muss grundsätzlich in den Verhält- **41**
nissen der Gesellschaft, nicht der Gesellschafter, begründet sein. Wichtige Gründe können im wirtschaftlichen und technischen Bereich liegen[89] oder sich aus innergesellschaftlichen Verhältnissen ergeben. Gegebenfalls können aber auch persönliche Umstände der Gesellschafter maß-

---

[80] *Nerlich* in: Michalski, § 60, Rdnr. 48; *Ulmer* in: Hachenburg, § 60, Rdnr. 36.

[81] *Nerlich* in: Michalski, § 60, Rdnr. 51; *Ulmer* in: Hachenburg, § 60, Rdnr. 38.

[82] *Nerlich* in: Michalski, § 61, Rdnr. 5.

[83] *Schulze-Osterloh/Fastrich* in: Baumbach/Hueck, § 61, Rdnr. 3, 4.

[84] *BGHZ* 9, 157, 158; 80, 346, 348; *Schulze-Osterloh/Fastrich* in: Baumbach/Hueck, § 61, Rdnr. 5; *Altmeppen* in: Roth/Altmeppen, § 61, Rdnr. 1; *Ulmer* in: Hachenburg, § 61, Rdnr. 4; *Lutter/Kleindiek* in: Lutter/Hommelhoff, § 61, Rdnr. 1.

[85] *BGHZ* 80, 346, 348; *Schulze-Osterloh/Fastrich* in: Baumbach/Hueck, § 61, Rdnr. 5; Lutter/Hommelhoff/Kleindiek, § 60, Rdnr. 8.

[86] *Schulze-Osterloh/Fastrich* in: Baumbach/Hueck, § 61, Rdnr. 5; *Ulmer* in: Hachenburg, § 61, Rdnr. 4.

[87] *BGH* NJW 1985, 1901; *Lutter/Kleindiek* in: Lutter/Hommelhoff, § 61, Rdnr. 1; *Schulze-Osterloh/Fastrich* in: Baumbach/Hueck, § 61, Rdnr. 5; *Ulmer* in: Hachenburg, § 61, Rdnr. 4.

[88] *BGH* NJW 1985, 1901, 1902.

[89] *Schulze-Osterloh/Fastrich* in: Baumbach/Hueck, § 61, Rdnr. 10; *Nerlich* in: Michalski, § 61, Rdnr. 21; *Lutter/Kleindiek* in: Lutter/Hommelhoff Rdnr. 8; *Ulmer* in: Hachenburg, § 61, Rdnr. 21.

geblich sein[90]. Ein wichtiger Auflösungsgrund ist nicht gegeben bei der Verletzung von als Gesellschaftsführer[91] übernommen oder anderen gesellschaftsvertraglichen Pflichten sowie die Falle der Insolvenz eines Gesellschafters[92] oder bei Pfändung seines Geschäftsanteils[93].

42 Gesetzliches Beispiel des wichtigen Grundes ist die Unmöglichkeit, den Gesellschaftszweck zu erreichen, § 61 Abs. 1 GmbHG. Der Gesellschaftszweck ist abweichend vom Gegenstand des Unternehmens im Sinne des § 3 Abs. 1 Nr. 1 GmbHG das von den Gesellschaftern mit der Gesellschaft verfolgte Ziel[94]. Für Ermittlung des Gesellschaftszwecks ist in erster Linie die Satzung heranzuziehen. Beweggründe einzelner Gesellschafter sind dagegen unbeachtlich[95]. Regelmäßig liegt der Gesellschaftszweck in der Erzielung von Gewinn durch das Betreiben des Unternehmensgegenstandes[96]. Die Unmöglichkeit der Zweckerreichung kann vorliegen, wenn auf Dauer keine Aussicht besteht, den Gesellschaftszweck zu verwirklichen[97]. Dies wäre etwa aufgrund dauerhafter, nicht allein vorübergehender Unrentabilität möglich, sofern diese nicht durch Kapitalzuführungen beseitigt werden kann[98]. Lediglich die vorübergehende, kriegs-, streik- oder konjunkturbedingte Verhinderung der Zweckverwirklichung ist kein Auflösungsgrund[99]. Die Unmöglichkeit der Zweckerreichung kann sich auch aus dem Erlöschen oder der Nichtigkeit eines wesentlichen Patents oder einer Lizenz[100], bei Ungeeignetheit einer für den Geschäftsbetrieb wesentlichen Erfindung[101], aus einem kartellrechtlichem Verbot[102] oder bei der Insolvenz einer Tochtergesellschaft, die durch die Gesellschaft saniert werden sollte,[103] ergeben.

43 Allein Gründe, die in der Person einzelner Gesellschafter liegen, rechtfertigen eine Auflösungsklage zwar nicht[104], doch können in Ausnahmefällen persönliche Gründe eine Auflösungsklage rechtfertigen, wenn das Verhältnis unter den Gesellschaftern tiefgehend zerrüttet ist und auf Dauer die Willensbildung über grundlegende Fragen der Gesellschaft unmöglich ist[105]. Insbesondere bei einer zweigliedrigen Gesellschaft kann es unter den Gesellschaftern zu grundle-

---

[90] *Schulze-Osterloh/Fastrich* in: Baumbach/Hueck, § 61, Rdnr. 6; *Nerlich* in: Michalski, § 61, Rdnr. 18 ff.; *Ulmer* in: Hachenburg, § 61, Rdnr. 9.

[91] *Schulze-Osterloh/Fastrich* in: Baumbach/Hueck, § 61, Rdnr. 11; *Nerlich* in: Michalski, § 61, Rdnr. 20.

[92] *RGZ* 82, 288, 292; *Schulze-Osterloh/Fastrich* in: Baumbach/Hueck, § 61, Rdnr. 11; *Nerlich* in: Michalski, § 60, Rdnr. 20, *Ulmer* in: Hachenburg, § 61, Rdnr. 22.

[93] *Schulze-Osterloh/Fastrich* in: Baumbach/Hueck, § 61, Rdnr. 11; *Nerlich* in: Michalski, § 61, Rdnr. 20; *Ulmer* in: Hachenburg, § 61, Rdnr. 22.

[94] *Schulze-Osterloh/Fastrich* in: Baumbach/Hueck, § 61, Rdnr. 7; *Nerlich* in: Michalski, § 61, Rdnr. 15; *Ulmer* in: Hachenburg, § 61, Rdnr. 14.

[95] RGZ 164, 129, 140; OLG Saarbrücken AG 1980, 26, 28; *Schulze-Osterloh/Fastrich* in: Baumbach/Hueck, § 61, Rdnr. 7; *Nerlich* in: Michalski, § 61, Rdnr. 15; *Ulmer* in: Hachenburg, § 61, Rdnr. 16.

[96] *Schulze-Osterloh/Fastrich* in: Baumbach/Hueck, § 61, Rdnr. 7; *Nerlich* in: Michalski, § 61, Rdnr. 16; *Ulmer* in: Hachenburg, § 61, Rdnr. 16.

[97] *Schulze-Osterloh/Fastrich* in: Baumbach/Hueck, § 61, Rdnr. 7; *Nerlich* in: Michalski, § 61, Rdnr. 17; *Ulmer* in: Hachenburg, § 61, Rdnr. 17.

[98] *RG* JW 1927, 1648; GmbHR 1928, 510, 511; *Schulze-Osterloh/Fastrich* in: Baumbach/Hueck, § 61, Rdnr. 8; *Nerlich* in: Michalski, § 61, Rdnr. 17; *Ulmer* in: Hachenburg, § 61, Rdnr. 17.

[99] *RGZ* 164, 129, 139; *OLG Hamburg* LZ 1919, 499; *Schulze-Osterloh/Fastrich* in: Baumbach/Hueck, § 61, Rdnr. 7; *Nerlich* in: Michalski, § 61, Rdnr. 17; *Ulmer* in: Hachenburg, § 61, Rdnr. 17.

[100] *Schulze-Osterloh/Fastrich* in: Baumbach/Hueck, § 61, Rdnr. 8; *Nerlich* in: Michalski, § 61, Rdnr. 17; *Ulmer* in: Hachenburg, § 61, Rdnr. 17.

[101] *RG* LZ 1908, 542; *Schulze-Osterloh/Fastrich* in: Baumbach/Hueck, § 61, Rdnr. 7; *Nerlich* in: Michalski, § 61, Rdnr. 17; *Ulmer* in: Hachenburg, § 61, Rdnr. 17.

[102] *Schulze-Osterloh/Fastrich* in: Baumbach/Hueck, § 61, Rdnr. 7; *Nerlich* in: Michalski, § 61, Rdnr. 17; *Ulmer* in: Hachenburg, § 61, Rdnr. 18.

[103] *Schulze-Osterloh/Fastrich* in: Baumbach/Hueck, § 61, Rdnr. 7; *Nerlich* in: Michalski, § 61, Rdnr. 17; *Lutter/Kleindiek* in: Lutter/Hommelhoff, § 61, Rdnr. 9; *Ulmer* in: Hachenburg, § 61, Rdnr. 17.

[104] RG JW 1903, 249; *Schulze-Osterloh/Fastrich* in: Baumbach/Hueck, § 61, Rdnr. 11; *Nerlich* in: Michalski, § 61, Rdnr. 20.

[105] *BGH* NJW 1985, 1901; *OLG München* GmbHR 2005, 428; *Schulze-Osterloh/Fastrich* in: Baumbach/

gendem Streit über zentrale wirtschaftliche Fragen der Gesellschaft kommen, der die Gesellschaft lähmt und den Fortbestand der Gesellschaft gefährden kann, so dass die Fortführung der Gesellschaft unter Beibehaltung der Gesellschafterstrukturen wenig Aussicht auf Erfolg haben wird. In diesem Fällen drängt sich dem fortführungswilligen Gesellschafter daher die Möglichkeit einer Auflösung der Gesellschaft auf, entweder um sein Kapital aus der Gesellschaft abzuziehen und dies neu zu investieren oder um den Betrieb fortzuführen, indem er den Betrieb oder Teile hiervon im Rahmen der Liquidation erwirbt[106]. Doch stellt die Rechtsprechung hohe Anforderungen an die Zulässigkeit eines Ausschlusses des Mitgesellschafters aufgrund eines tiefgreifenden Zerwürfnisses[107]. So muss jedenfalls den auszuschließenden Gesellschafter ein deutlich überwiegendes Verschulden an der Entstehung des Zerwürfnisses treffen[108]. Dies dürfte häufig nur schwer nachzuweisen sein.

Auflösungsgrund ist in diesem Fall nicht etwa die Unmöglichkeit der Zweckerreichung, sondern ein sonstiger wichtiger Grund[109]. Die Auflösung aus einem sonstigen wichtigen Grund kann erfolgen, wenn das Interesse eines Gesellschafters, sein investiertes Kapital für andere Verwendungen frei zu stellen, das Interesse des Mitgesellschafters am Erhalt der Gesellschaft überwiegt[110]. Ein darüber hinausgehendes, rechtlich schützenswertes Interesse der Gesellschaft an ihrem eigenen Fortbestand besteht nicht. Bei einem tiefgehenden Zerwürfnis der Gesellschafter oder einer andauernden Blockade der Gesellschafterversammlung hat der Auflösungskläger ein berechtigtes Interesse daran, sein investiertes Kapital, dessen zweckgemäße Nutzung durch die bestehende Blockade beeinträchtigt ist, von den gesellschaftsrechtlichen Bindungen zu befreien und neu zu investieren[111]. Die gegenseitige Treupflicht steht dem Auflösungsbegehren dann nicht mehr entgegen[112]. Die Gesellschafter haben dann die Auflösung und die damit verbundenen Folgen des Liquidationsverfahrens grundsätzlich hinzunehmen[113]. Voraussetzung ist aber, dass durch die Blockade die gedeihliche Fortführung des Unternehmens für die Zukunft gefährdet ist und eine Verständigung über wesentliche, für das Gesellschaftsvermögen bedeutsame Fragen nicht mehr möglich ist[114]. Der Verlust des Mitgesellschafters an dem im Geschäftsanteil verkörperten Vermögenswerten wird dadurch kompensiert, dass im Zuge der Liquidation das Gesellschaftsvermögen zum höchstmöglichen Wert versilbert wird. 44

Durch die Auflösung wird das Gesellschaftsvermögen realisiert und allen Gesellschaftern gleichermaßen die Chance eröffnet, das Gesellschaftsvermögen oder wesentliche Teil davon im Zuge der Liquidation zu erwerben. Dabei darf der Liquidator einzelne Gesellschafter nicht bevorzugen und muss im Falle des geplanten Verkaufs wesentlicher Vermögensgegenstände, des Unternehmens oder eines Unternehmensteils die übrigen Gesellschafter informieren und ihnen gleichermaßen zum Kauf anbieten[115]. Es besteht ein Preiswettbewerb, der zu einem optimalen 45

Hueck, § 61, Rdnr. 11; *Nerlich* in: Michalski, § 61, Rdnr. 19; *Lutter/Kleindiek* in: Lutter/Hommelhoff, § 61, Rdnr. 8; *Ulmer* in: Hachenburg, § 61, Rdnr. 21.

[106] Vgl. hierzu bsplsw.: *OLG München* GmbHR 2005, 428; *OLG Nürnberg* GmbHR 2001, 108; *OLG Naumburg* NZG 2000, 608; *OLG Düsseldorf* GmbHR 1999, 543; *LG Karlsruhe* GmbHR 1998, 684.

[107] *BGH* GmbHR 1990, 162, 163; *OLG München* GmbHR 2005, 428; *Kleindiek* in: Lutter/Hommelhoff § 34, Rdnr. 33; *Knies*, GmbHR 2005, 1386, 1388.

[108] *BGH* GmbHR 1990, 162, 163; *OLG München* GmbHR 2005, 428; auch *Kleindiek* in: Lutter/Hommelhoff § 34, Rdnr. 33; *Knies* GmbHR 2005, 1386, 1388.

[109] Knies, GmbHR 2005, 1386, 1387.

[110] *BGH* GmbHR 1953, 72; *Knies* GmbHR 2005, 1386, 1387.

[111] *BGH* GmbHR 1981, 290; 985, 297, 298; *OLG München* GmbHR 2005, 428, 429.

[112] *Knies* GmbHR 2005, 1386, 1390.

[113] *Knies* GmbHR 2005, 1386, 1390.

[114] *BGH* GmbHR 1981, 290; 985, 297, 298; *OLG München* GmbHR 2005, 428, 429; *Nerlich* in: Michalski, § 61, Rdnr. 20; *K. Schmidt* in: Scholz, § 61, Rdnr. 24; *Knies* GmbHR 2005, 1386, 1388.

[115] *BGHZ* 76, 352; 103, 184, 194; *Schulze-Osterloh/Fastrich* in: Baumbach/Hueck, § 70, Rdnr. 8; *Nerlich* in: Michalski, § 70, Rdnr. 26; *K. Schmidt* in: Scholz, § 70, Rdnr. 14; *Hohner* in: Hachenburg, § 70 Rdnr. 17.

Liquidationsergebnis führt und so auch dem unterlegenen Gesellschafter zu gute kommt[116]. Es steht allen Gesellschaftern frei, die aus der Auflösung erwachsenden Möglichkeiten zu nutzen, um den Betrieb der aufgelösten Gesellschaft oder Teile davon im Zuge der Liquidation zu erwerben und fortzuführen. Dem stehen gesellschaftliche Treuebindungen grundsätzlich nicht entgegen, da aufgrund des unheilbaren Zerwürfnisses zwischen den Gesellschaftern die gemeinsame Zweckverwirklichung in einem Ausmaß gefährdet ist, dass die Auflösung der Gesellschaft für den Mitgesellschafter keine Beeinträchtigung mehr darstellt[117]. Überdies ist es nicht zweckmäßig den Gesellschaftern den Erweb von Gegenständen des Gesellschaftsvermögens zu verwehren, da dies zu einem schlechteren Liquidationserlös führen könnte.

46 Kritisch ist die Situation aber dann, wenn die Auflösungsklage durch einen Gesellschafter voranging dazu missbraucht werden soll, um das reguläre Liquidationsverfahrens zum Nachteil eines anderen Gesellschafters außer Kraft zu setzen[118], und etwa das Unternehmen – oder wesentliche Teile hiervon – unter Marktwert zu erwerben. Zwar überwiegt bei einer pattbedingten Blockade der Gesellschaftsversammlung das Auflösungsinteresse des klagenden Gesellschafters das Interesse des Mitgesellschafters am Fortbestand der Gesellschaft. Doch gilt dies nur unter der Voraussetzung, dass der Mitgesellschafter seinerseits die Chance hat, das Gesellschaftsunternehmen im Zuge eines ordnungsgemäßen Liquidationsverfahrens zu erwerben und sich als Einkommensquelle zu erhalten[119]. Daher muss er sich auf eine Versilberung seines Geschäftsanteils zum marktüblichen Wert verlassen können. Dies soll durch das in § 70 GmbHG enthaltene Gebot der bestmöglichen Verwertung gesichert werden. Ist dieser Interessenausgleich im Einzelfall gestört, etwa weil der auflösungswillige Gesellschafter bereits im Vorfeld pflichtwidrig dafür gesorgt hat, dass ein echter Preiswettbewerb nicht stattfinden kann, oder dem Mitgesellschafter der Erwerb unmöglich wird, so besteht die Gefahr, dass der Mitgesellschafter seine gesetzlich geschützte Vermögenspositionen verliert[120]. In diesem Fall kann die Interessenabwägung nicht zugunsten des Auflösungsklägers ausfallen, die Auflösungsklage ist als unbegründet abzuweisen[121].

47 Bestehen im Gesellschaftsvertrag Mängel, die auf Irrtum, arglistiger Täuschung, Dissens oder Einschränkungen der Geschäftsfähigkeit beruhen, so bilden diese für sich allein keinen Auflösungsgrund, auch dann nicht, wenn der Mangel gegenwärtig noch fortwirkt[122]. Richtiges Instrument ist hier die Nichtigkeitsklage auf Grund des § 75 GmbHG oder das Amtslöschungsverfahren nach § 144 FGG; die Auflösungsklage ist subsidiär[123]. Aufgrund der schwerwiegenden Folgen der Auflösung, ist diese nach allgemeiner Meinung nur begründet, wenn kein milderes Mittel zur Beseitigung des Missstandes zur Verfügung steht[124]. Eine auf § 61 Abs. 1 GmbHG gestützte Auflösungsklage kann daher immer erst dann Erfolg haben, wenn der Auflösungskläger sein Ziel nicht mit Hilfe eines Austritts oder Ausschlussbegehrens oder auf andere zumutbare Weise erreichen kann.

48 Mit dem der Klage stattgebenden Urteil ist die Gesellschaft aufgelöst[125]. Das Urteil kann wegen der Hauptsache nicht für vorläufig vollstreckbar erklärt werden; eine dennoch ausgespro-

---

[116] *Knies* GmbHR 2005, 1386, 1388.

[117] *Knies* GmbHR 2005, 1386, 1388.

[118] *BGH* GmbHR 1981, 111; *Knies* GmbHR 2005, 1386, 1390.

[119] *BGH* GmbHR 1981, 111; *Knies* GmbHR 2005, 1386, 1390.

[120] *BGH* GmbHR 1981, 111; *Knies* GmbHR 2005, 1386, 1390.

[121] *BGH* GmbHR 1981, 111; *Knies* GmbHR 2005, 1386, 1390.

[122] *Schulze-Osterloh/Fastrich* in: Baumbach/Hueck, § 61, Rdnr. 12; *Nerlich* in: Michalski, § 61, Rdnr. 22, *Ulmer* in: Hachenburg, § 61, Rdnr. 23.

[123] *Schulze-Osterloh/Fastrich* in: Baumbach/Hueck, § 61, Rdnr. 12; *Nerlich* in: Michalski, § 61, Rdnr. 22, *Ulmer* in: Hachenburg, § 61, Rdnr. 23.

[124] *BGH* NJW 1985, 1901; *Schulze-Osterloh/Fastrich* in: Baumbach/Hueck, § 61, Rdnr. 12; *Nerlich* in: Michalski, § 61, Rdnr. 22, *Ulmer* in: Hachenburg, § 61, Rdnr. 23.

[125] *Schulze-Osterloh/Fastrich* in: Baumbach/Hueck, § 61, Rdnr. 22; *Nerlich* in: Michalski, § 61, Rdnr. 46.

chene vorläufige Vollstreckbarkeit ist ohne Wirkung[126]. Die Auflösung ist erst nach Eintritt der Rechtskraft des Auflösungsurteils gemäß § 65 GmbHG von den Geschäftsführern zur Eintragung in das Handelsregister anzumelden[127].

b. Auflösung im Verwaltungswege

Die Auflösung im Verwaltungswege kann unter den Voraussetzungen des § 62 GmbHG er- 49
folgen, wenn die Gesellschaft in bestimmter Weise das Gemeinwohl gefährdet. Die praktische Bedeutung des § 62 GmbHG ist sehr gering[128], einschlägige Verfahren sind nicht bekannt[129].

4. Auflösung durch Eröffnung des Insolvenzverfahrens gemäß § 60 Abs. 1 Nr. 4 GmbHG

Mit dem gerichtlichen Beschluss über die Eröffnung eines Insolvenzverfahrens über die Ge- 50
sellschaft ist diese nach § 60 Abs. 1 Nr. 4 GmbHG aufgelöst. Die Auflösung erfolgt nicht schon mit der Stellung des Antrags auf Eröffnung des Insolvenzverfahrens oder mit der Einleitung des Insolvenzeröffnungsverfahrens. Zeitpunkt der Auflösung ist die in dem Eröffnungsbeschluss angegebene Stunde, § 27 Abs. 2 Nr. 3 InsO. Sofern der Eröffnungsbeschluss in einem Beschwerdeverfahren später aufgehoben wird, entfällt die Auflösung der Gesellschaft rückwirkend[130]. Mit der Auflösung der Gesellschaft wandelt sich diese von der werbenden Gesellschaft in eine Liquidationsgesellschaft mit dem Ziel, das Vermögen der Gesellschaft an die Gläubiger zu verteilen. Jedoch erfolgt die Liquidation im Insolvenzverfahren nicht anhand der gesellschaftsrechtlichen §§ 66 ff. GmbHG, sondern nach den insolvenzrechtlichen Vorgaben der InsO.

Das Insolvenzverfahren endet durch Beschluss des Insolvenzgerichtes nach Vollzug der 51
Schlusserteilung der Masse, § 200 Abs. 1 InsO. Wurde im Zuge des Insolvenzverfahrens das Gesellschaftsvermögen vollständig verteilt und ist die Gesellschaft vermögenslos, so wird die Gesellschaft gemäß § 144a Abs. 1 Satz 2 FGG gelöscht.

§ 60 Abs. 1 Nr. 4 GmbHG ist auch während der Liquidation einer nach anderen Auflösungs- 52
gründen aufgelöste Gesellschaft zu beachten. Stellt sich während des Liquidationsverfahrens heraus, dass die Verbindlichkeiten der Gesellschaft nicht beglichen werden können, oder dass die Gesellschaft zahlungsunfähig ist, muss der Liquidator die Eröffnung des Insolvenzverfahrens über das Vermögen der GmbH i.L. beantragen. Die Insolvenzfähigkeit der Gesellschaft endet erst bei deren Vollbeendigung.

Werden im Zuge des Insolvenzverfahrens alle Forderungen der Insolvenzgläubiger in vol- 53
ler Höhe beglichen, so wird ein verbleibender Überschuss durch den Insolvenzverwalter an die Gesellschafter verteilt, § 199 S. 1 InsO. Der Verteilungsmaßstab richtet sich dabei nach einer Abwicklung außerhalb des Insolvenzverfahrens, § 199 S. 2 InsO. Daher kommt es nach erfolgter Schlussverteilung nicht noch zu einer anschließenden Liquidation der Gesellschaft[131]. Stellt sich später heraus, dass eine Vollbeendigung der Gesellschaft tatsächlich nicht eingetreten ist, da noch Vermögen aufgefunden worden ist, so bedarf es der Nachtragsliquidation nach § 66 Abs. 5

[126] *Schulze-Osterloh/Fastrich* in: Baumbach/Hueck, § 61, Rdnr. 22; *Nerlich* in: Michalski, § 61, Rdnr. 46.

[127] *Schulze-Osterloh/Fastrich* in: Baumbach/Hueck, § 61, Rdnr. 22; *Nerlich* in: Michalski, § 61, Rdnr. 47.

[128] Statt aller: *Schulze-Osterloh/Fastrich* in: Baumbach/Hueck, § 62, Rdnr. 1. Aus Platzgründen soll daher hierauf nicht näher eingegangen werden, es wird insoweit auf die Kommentierungen bei *Nerlich* in: Michalski zu den §§ 61, 62, und von *Schulze-Osterloh/Fastrich* in: Baumbach/Hueck zu §§ 61, 62 verwiesen.

[129] Mit Ausnahme des Falles *KG* JW 1937, 1270.

[130] *Nerlich* in: Michalski, § 60, Rdnr. 144.

[131] *Füchsl/Weißhäupl* in: Müko-InsO, § 199 Rdnr. 2.

GmbHG. Eine Fortsetzung der Gesellschaft ist nur möglich, wenn das Insolvenzverfahren auf Antrag der Gesellschaft eingestellt wurde oder ein Insolvenzplan den Fortbestand vorsieht. Auch während eines Insolvenzverfahrens kann die Gesellschafterversammlung eine Kapitalerhöhung beschließen, etwa um eine Sanierung der Gesellschaft und damit die Fortführung der Gesellschaft zu ermöglichen[132].

Zum Ablauf eines Insolvenzverfahrens siehe ausführlich unten, § 5,II, 1 Rdnr. 219)

5. Auflösung bei Ablehnung des Insolvenzverfahrens mangels Masse gemäß § 60 Abs. 1 Nr. 5 GmbHG

54 Gemäß § 60 Abs. 1 Nr. 5 wird die Gesellschaft aufgelöst, wenn die Eröffnung eines Insolvenzverfahrens über das Vermögen der Gesellschaft gemäß § 26 Abs. 1 S. 1 InsO mangels Masse abgelehnt wurde. Die Auflösung erfolgt mit Eintritt der Rechtskraft des Beschlusses, so dass das Insolvenzgericht dem Registergericht die Rechtskraft des Beschlusses mitzuteilen hat[133]. Zu einer Abweisung des Insolvenzantrages kommt es, wenn das Gesellschaftsvermögen voraussichtlich nicht ausreicht, um die Kosten des Insolvenzverfahrens zu decken, § 26 Abs. 1 S. 1 InsO. Bei den Kosten des Verfahrens handelt es sich um die Gerichtskosten für das gesamte Verfahren sowie die Vergütung und die Auslagen des vorläufigen und des endgültigen Insolvenzverwalters, § 53, 54 InsO. Wird das Insolvenzverfahren gemäß § 207 InsO mangels Masse eingestellt, wird die Gesellschaft gemäß § 60 Abs. 1 Nr. 4 GmbHG aufgelöst[134].

55 Ob das Vermögen die Verfahrenskosten deckt, wird durch einen Gutachter festgestellt, der vom Insolvenzgericht nach dem Antrag auf Eröffnung des Insolvenzverfahrens bestellt wird. Hierbei handelt es sich regelmäßig um den vorläufigen Insolvenzverwalter, § 22 Abs. 1 Satz 2 Nr. 3 InsO. Stellt das Insolvenzgericht die Masseunzulänglichkeit fest, so kann der Antragsteller oder die Gesellschaft hiergegen nach § 34 Abs. 1 InsO innerhalb von zwei Wochen die sofortige Beschwerde einlegen. Die Ablehnung der Insolvenzeröffnung ist gemäß § 65 Abs. 1 Satz 3 von Amts wegen in das Handelsregister einzutragen.

56 Die Auflösung nach § 60 Abs. 1 Nr. 5 GmbHG bedeutet nicht, dass die Gesellschaft vermögenslos und daher nach § 141a Abs. 1 FGG zu löschen wäre. Nur dann, wenn die Gesellschaft tatsächlich über keinerlei Vermögensgegenstände verfügt, hat das Registergericht die Löschung nach § 141a Abs. 1 FGG zu betreiben[135]. Insoweit hat das Gericht von Amts wegen zu prüfen, ob die masselose Gesellschaft tatsächlich auch vermögenslos ist[136].

57 Im Falle der Auflösung nach § 60 Abs. 1 Nr. 5 GmbHG sind insolvenzrechtliche Grundsätze nicht anwendbar, vielmehr erfolgt die Abwicklung der Gesellschaft unter Berücksichtigung der gesellschaftsrechtlichen Vorschriften der §§ 66 ff. GmbHG[137]. Mit der Auflösung wird die Gesellschaft zur Abwicklungsgesellschaft. Die Geschäftsführer verlieren ihre Vertretungsbefugnis an die Liquidatoren, die nach den §§ 66 ff. GmbHG zu bestimmen sind[138]. Die Gesellschaft bleibt parteifähig[139], verliert aber die Prozessführungsbefugnis zur Geltendmachung von ihr zur

[132] *Nerlich* in: Michalski, § 60, Rdnr. 159.

[133] *Schulze-Osterloh/Fastrich* in: Baumbach/Hueck, § 60, Rdnr. 26, 28.

[134] *Nerlich* in: Michalski, § 60, Rdnr. 241.

[135] *Nerlich* in: Michalski, § 60, Rdnr. 254.

[136] *Nerlich* in: Michalski, § 60, Rdnr. 254.

[137] H.A. *BGHZ* 53, 71, 74; *Schulze-Osterloh/Fastrich* in: Baumbach/Hueck, § 60, Rdnr. 27; *Ulmer* in: Hachenburg, Anh. § 60 Rdnr. 11; *K. Schmidt* in: Scholz, § 60, Rdnr. 29; *Vallender* NZG 1998, 249, 250; *Nerlich* in: Michalski, § 60, Rdnr. 248 mit begründeter rechtspolitischer Kritik.

[138] *OLG Koblenz* GmbHR 1991, 315; *Schulze-Osterloh/Fastrich* in: Baumbach/Hueck, § 60, Rdnr. 27; *Nerlich* in: Michalski, § 60, Rdnr. 253.

[139] *Schulze-Osterloh/Fastrich* in: Baumbach/Hueck, § 60, Rdnr. 27.

Sicherheit abgetretenen Forderungen im eigenen Namen[140]. Auch sind Änderungen des Gesellschaftsvertrages möglich, soweit sie der Liquidation dienen, so etwa eine zweckmäßige Sitzverlegung[141]. Die Fortsetzung der aufgelösten Gesellschaft ist nach h.A. ausgeschlossen[142]. Dem ist nur zuzustimmen, sofern die Gesellschaft im Zeitpunkt des Fortsetzungsbeschlusses nicht überschuldet ist und nicht – beispielsweise aufgrund einer Kapitalerhöhung – über das zur Erhaltung des Stammkapitals erforderliche Vermögen verfügt[143].

6. Auflösung wegen Verfügung des Registergerichts nach §§ 144a FGG gemäß § 60 Abs. 1 Nr. 6 GmbHG

Die Auflösung der Gesellschaft nach § 60 Abs. 1 Nr. 6 GmbHG erfolgt bei Vorliegen von 58
bestimmten Mängeln des Gesellschaftsvertrages gemäß § 144a FGG[144]. Die Gesellschaft wird mit Verfügung des Registergerichtes aufgelöst. Sofern die Gesellschafter den Mangel erst nach Rechtskraft des Beschlusses beseitigen können, so ändert dies nichts an der Auflösung der Gesellschaft, sie kann aber durch Fortsetzungsbeschluss fortgesetzt werden. Im Verhältnis zu § 142 FGG geht § 144a FGG als speziellere Vorschrift vor[145].

a. Satzungsmängel gemäß § 144a FGG

aa. Firma

Mängel der Firmierung können auf einem Verstoß gegen § 4 GmbHG oder gegen §§ 8 Abs. 2, 59
22[146] HGB beruhen. Tatsächlich dürften Mängel der Firmierung aufgrund der Eintragungskontrolle des Registergerichtes von eher untergeordneter Bedeutung sein. Eine Verletzung des § 30 HGB führt nicht zur Nichtigkeit der Firma[147]. Dies wäre nicht zweckmäßig, da die Firmierung der Gesellschaft ohne Weiteres geändert werden kann. Die Nichtigkeit der Gesellschaft würde eine mit der Rechtssicherheit unvereinbare Überreaktion darstellen[148], richtiges Verfahren ist hier nur das Firmenmissbrauchsverfahren nach §§ 37 Abs. 1 HGB, 140 FGG[149]. Das Registergericht kann von der Gesellschaft die Unterlassung des Gebrauchs der unzulässigen Firmierung durchsetzen, gegebenenfalls kann ein Ordnungsgeld festgesetzt werden. Das Verfahren nach §§ 37 Abs. 1 HGB, 140 FGG richtet sich gegen den Gebrauch einer unzulässigen Firma, während die §§ 142, 144a FGG sich gegen die unzulässige Eintragung richten. Soll gegen den

[140] *BGHZ* 96, 151, 154 ff.; NJW 1989, 1932, 1933 f.; *OLG Köln* DStR 1992, 1249; *Schulze-Osterloh/Fastrich* in: Baumbach/Hueck, § 60, Rdnr. 27; *Nerlich* in: Michalski, § 60, Rdnr. 252.

[141] *BayObLG* GmbHR 1995, 532, 533, *Schulze-Osterloh/Fastrich* in: Baumbach/Hueck, § 60, Rdnr. 27.

[142] Für AG *BGHZ* 75, 178, 180; zu § 1 I 1 LöschG: *BayObLG* GmbHR 1994, 189, 190 f.; DB 1995, 667; GmbHR 1995, 532; *KG* GmbHR 1993, 822 f.; DB 1998, 2409; *Schulze-Osterloh/Fastrich* in: Baumbach/Hueck, § 60, Rdnr. 27; *Ulmer* in: Hachenburg, § 60 AnhRdnr. 13; *Halm/Linder* DStR 1999, 379, 380.

[143] *LG Berlin* BB 1971, 759, 760; *Hennrichs* ZHR 159 (1995), 593, 605 ff.; *Altmeppen* in: Roth/Altmeppen, § 60, Rdnr. 50 ff.; *Lutter/Kleindiek* in: Lutter/Hommelhoff, § 60, Rdnr. 33; *K. Schmidt* in: Scholz, § 60, Rdnr. 97.

[144] § 144b FGG wurde durch das MoMiG aufgehoben.

[145] *Nerlich* in: Michalski, § 60, Rdnr. 261.

[146] *Schulze-Osterloh/Zöllner* in: Baumbach/Hueck, Anh § 77, Rdnr. 33; *Nerlich* in: Michalski, § 60, Rdnr. 263.

[147] *Schulze-Osterloh/Zöllner* in: Baumbach/Hueck, Anh § 77, Rdnr. 33; *Nerlich* in: Michalski, § 60, Rdnr. 263; *Ulmer* in: Hachenburg, § 60, Rdnr. 47; *K. Schmidt* in: Scholz, § 60, Rdnr. 25. A.A. *KG* GmbHR 1980, 11, 12 *Altmeppen* in: Roth/Altmeppen, § 4, Rdnr. 47.

[148] *Nerlich* in: Michalski, § 60, Rdnr. 263.

[149] *Schulze-Osterloh/Zöllner* in: Baumbach/Hueck, Anh § 77, Rdnr. 33; *Nerlich* in: Michalski, § 60, Rdnr. 263; *Ulmer* in: Hachenburg, § 60, Rdnr. 47; *K. Schmidt* in: Scholz, § 60, Rdnr. 25.

Gebrauch einer nichtigen Firma vorgegangen werden, so hat das Registergericht nach h.M. die Wahl zwischen den Verfahren[150]. Richtigerweise hat das Registergericht das zweckmäßige Verfahren zu wählen, das die Rechte auch der Gesellschaft am wenigsten beeinträchtigt. Dabei ist zu beachten, dass sich das Firmenmissbrauchsverfahren gegen den Geschäftsführer der Gesellschaft richtet und mit Ordnungsgeld durchgesetzt werden kann. Demgegenüber richtet sich das Amtsauflösungsverfahren gegen die Gesellschaft. Dies dürfte beim Gebrauch einer eingetragenen Firma das richtige Verfahren sein, da die eingetragene Firma nur von den Gesellschaftern durch eine Satzungsänderung beseitigt werden kann[151].

bb. Sitz der Gesellschaft

60 Ähnlich wie bei der Firmierung ist das Fehlen des ordnungsgemäßen Sitzes der Gesellschaft aufgrund der Eintragungskontrolle des Registergerichtes praktisch ausgeschlossen. Die Bestimmung des Sitzes ist nichtig bei missbräuchlicher Wahl oder bei Begründung eines Doppelsitzes[152]. Gleichwohl ist im Hinblick auf die bisherige Nichtigkeit bei Sitz im Ausland nun zu beachten, dass Aufgrund der Neufassung des § 4a kann eine deutsche GmbH ihren Satzungssitz in Deutschland wählen und einen hiervon abweichenden Hauptverwaltungssitz an einem anderen Ort – auch außerhalb des deutschen Hoheitsgebiets – wählen kann. Die nachträgliche Bestimmung eines von dem Satzungssitze abweichenden Sitzes führt nicht zur Nichtigkeit[153].

cc. Bestimmung über Stammkapital und Stammeinlage

61 Sofern in der Satzung die Bestimmungen über das Stammkapital gegen die Vorgaben des gesetzlichen Mindestkapitals gemäß § 5 Abs. 1 GmbHG in Höhe von Euro 25.000 verstoßen oder in ausländischer Währung angegeben sind, so ist diese Bestimmung nichtig[154]. Fehlt es gänzlich an einer Bestimmung des Stammkapitals, so liegt ein Nichtigkeitsgrund gemäß § 75 GmbHG vor, der zur Löschung nach § 144 FGG führt[155].

62 Während ein Verstoß gegen § 5 Abs. 1 bis 3 GmbHG zur Nichtigkeit der Bestimmung über den Betrag der Stammeinlage führen kann, führt ein Verstoß gegen § 3 Abs. 1 Nr. 4 GmbHG bei einer Kapitalerhöhung nicht zur Nichtigkeit, hier greift § 144a FGG nicht ein[156].

b. Verfahren

63 Das Verfahren nach § 60 Abs. 1 Nr. 6 GmbHG in Verbindung mit § 144a FGG bestimmt sich nach dem FGG. Sachlich und örtlich zuständig ist das Registergericht am Sitz der Gesellschaft. Das Gericht wird von Amts wegen tätig. Sofern das Verfahren von Dritten wie etwa Behörden, Kammern, Gesellschaftern oder den Gläubigern der Gesellschaft beantragt wird, sind diese Anträge lediglich als Anregung zu sehen[157]. Wird bei Vorliegen einer solchen Anregung das Verfahren nach § 60 Abs. 1 Nr. 6 GmbHG, § 144a FGG nicht eingeleitet, bestimmt sich das

---

[150] *KG* NJW 1956, 254; *Nerlich* in: Michalski, § 60, Rdnr. 266;.

[151] Siehe auch *Nerlich* in: Michalski, § 60, Rdnr. 266.

[152] *Schulze-Osterloh/Zöllner* in: Baumbach/Hueck, Anh § 77, Rdnr. 34; *Nerlich* in: Michalski, § 60, Rdnr. 267; *Ulmer* in: Hachenburg, § 60, Rdnr. 48.

[153] *LG Memmingen* NZG 2002, 95; *Schulze-Osterloh/Zöllner* in: Baumbach/Hueck, Anh § 70, Rdnr. 34; *Nerlich* in: Michalski, § 60, Rdnr. 267.

[154] *Schulze-Osterloh/Zöllner* in: Baumbach/Hueck, Anh § 77, Rdnr. 35; *Nerlich* in: Michalski, § 60, Rdnr. 268, *Lutter/Kleindiek* in: Lutter/Hommelhoff, § 60, Rdnr. 10; *Ulmer* in: Hachenburg, § 60, Rdnr. 49; *K. Schmidt* in: Scholz, § 60, Rdnr. 27.

[155] *Nerlich* in: Michalski, § 60, Rdnr. 268.

[156] *Ulmer* in: Hachenburg, § 60, Rdnr. 49, *Nerlich* in: Michalski, § 60, Rdnr. 268.

[157] *Ulmer* in: Hachenburg, § 60, Rdnr. 51; *Nerlich* in: Michalski, § 60, Rdnr. 273.

Beschwerderecht des Antragsstellers danach, ob er im Sinne von § 20 FGG in seinen Rechten verletzt ist[158]. Liegen die Voraussetzungen des § 144a FGG vor oder bestehen zumindest hinreichend Anhaltspunkte, so muss das Gericht das Verfahren einleiten, ihm steht kein Ermessensspielraum zu[159].

Adressat im Verfahren nach § 60 Abs. 1 Nr. 6 GmbHG in Verbindung mit § 144a FGG ist die Gesellschaft[160]. Das Gericht muss zunächst die Gesellschaft auffordern, den Mangel der Satzung zu beheben[161]. Diese Aufforderung muss unter Setzung einer angemessenen Frist erfolgen und den Hinweis enthalten, dass die Nichtbeseitigung der Mängel zur Auflösung der Gesellschaft führen kann[162]. Die Gesellschaft kann gegen diese Aufforderung Widerspruch einlegen. Wird der Satzungsmangel nicht beseitigt, so wird die Gesellschaft mit Feststellungsverfügung durch das Registergericht aufgelöst[163]. Gegen diese Verfügung kann gemäß §§ 144a Abs. 3 FGG sofortige Beschwerde eingelegt werden[164]. Die Frist bestimmt sich nach § 22 FGG. Beschwerdebefugt sind Gesellschafter und Gesellschaft[165]. Die Auflösung der Gesellschaft tritt abweichend von § 16 FGG nicht schon mit der Bekanntmachung sondern erst mit ihrer Rechtskraft ein[166]. 64

7. Löschung wegen Vermögenslosigkeit gemäß § 60 Abs. 1 Nr. 7 GmbHG

Die Löschung der Gesellschaft wegen Vermögenslosigkeit gemäß § 60 Abs. 1 Nr. 7 GmbHG i.V.m. § 141a FGG erfolgt ohne Durchführung des Liquidationsverfahrens bei Gesellschaften, die trotz Vermögenslosigkeit noch im Handelsregister eingetragen sind[167]. Nach Durchführung eines Insolvenzverfahrens erfolgt die Löschung nach § 60 Abs. 1 Nr. 4 GmbHG, nicht jedoch nach § 60 Abs. 1 Nr. 7 GmbHG[168]. Zweck der Vorschrift ist die Beseitigung von nicht mehr lebensfähigen vermögenslosen Gesellschaften aus dem Rechtsverkehr. 65

Die Vermögenslosigkeit der Gesellschaft liegt vor, wenn diese über keinerlei Vermögensgegenstände, auch nicht über geringwertige, verfügt, die zur Befriedigung der Gläubiger oder zur Verteilung unter den Gesellschaftern zur Verfügung stehen, so dass ein Liquidationsverfahren nicht zweckmäßig wäre[169]. Vermögenslosigkeit in diesem Sinne liegt nicht vor bei Unterbilanz, Unterkapitalisierung oder Masselosigkeit im Sinne des § 26 InsO[170]. Für die Vermögenslosigkeit 66

---

[158] *KG* GmbHR 1991, 319; *Nerlich* in: Michalski, § 60, Rdnr. 273.

[159] *Nerlich* in: Michalski, § 60, Rdnr. 274; *Ulmer* in: Hachenburg, § 60, Rdnr. 52.

[160] *Schulze-Osterloh/Zöllner* in: Baumbach/Hueck, Anh § 70, Rdnr. 37, 41; *Nerlich* in: Michalski, § 60, Rdnr. 271, 275; *Ulmer* in: Hachenburg, § 60, Rdnr. 52.

[161] *Schulze-Osterloh/Zöllner* in: Baumbach/Hueck, Anh § 77, Rdnr. 37, 41; *Nerlich* in: Michalski, § 60, Rdnr. 271, 275; *Ulmer* in: Hachenburg, § 60, Rdnr. 52.

[162] *Schulze-Osterloh/Zöllner* in: Baumbach/Hueck, Anh § 77, Rdnr. 42.

[163] *Nerlich* in: Michalski, § 60, Rdnr. 275; *Ulmer* in: Hachenburg, § 60, Rdnr. 52.

[164] *Nerlich* in: Michalski, § 60, Rdnr. 276; *Ulmer* in: Hachenburg, § 60, Rdnr. 52.

[165] *BayObLG* DB 1986, 1971; 1984, 1241; *Nerlich* in: Michalski, § 60, Rdnr. 276; *Ulmer* in: Hachenburg, § 60, Rdnr. 52.

[166] *Schulze-Osterloh/Zöllner* in: Baumbach/Hueck, Anh § 77, Rdnr. 45; *Nerlich* in: Michalski, § 60, Rdnr. 277.

[167] *Nerlich* in: Michalski, § 60, Rdnr. 279.

[168] *Schulze-Osterloh/Fastrich* in: Baumbach/Hueck, § 60, Rdnr. 30; *Nerlich* in: Michalski, § 60, Rdnr. 279, unklar *Lutter/Kleindiek* in: Lutter/Hommelhoff, § 60, Rdnr. 14. Vgl. zur berechtigten systematischen Kritik für viele: *Nerlich* in: Michalski, § 60, Rdnr. 2781.

[169] *BayObLG* GmbHR 1999, 414; *BayObLG* BB 1984, 315; *OLG Frankfurt* WM 1992, 1944, 1946; *OLG Hamm* NJW-RR 1993, 547, 549; *OLG Karlsruhe* BB 1999, 2210; *OLG Koblenz* GmbHR 1994, 483; *OLG Schleswig* ZIP 1993, 343; *Nerlich* in: Michalski, § 60, Rdnr. 283; *Lutter/Kleindiek* in: Lutter/Hommelhoff, § 60, Rdnr. 16; *Schulze-Osterloh/Zöllner* in: Baumbach/Hueck, Anh. § 77, Rdnr. 5; *K. Schmidt* in: Scholz, § 60, Rdnr. 48; *Ulmer* in: Hachenburg, Anh. § 60, Rdnr. 15.

[170] *Schulze-Osterloh/Zöllner* in: Baumbach/Hueck, Anh § 77, Rdnr. 5; *Lutter/Kleindiek* in: Lutter/Hommelhoff, § 60, Rdnr. 16.

im Sinne des § 141a Abs. 1 FGG kommt es nicht darauf an, ob die Gesellschaft überschuldet ist, sondern darauf, ob sie überhaupt noch über verteilungsfähiges Aktivvermögen verfügt[171]. Als Aktivvermögen sind dabei alle Werte anzusehen, die ein ordentlicher Kaufmann noch als Aktiva in die Bilanz einstellt[172]. Zum Vermögen der Gesellschaft gehören alle durchsetzbaren Forderungen, die rechtlichen Bestand haben und werthaltig sind. Dabei ist eine Forderung jedenfalls dann als berücksichtigungsfähig und damit als Vermögenswert anzusehen, wenn die Gesellschaft beabsichtigt, den Anspruch gerichtlich geltend zu machen und dieser nicht offensichtlich unbegründet ist[173]. Ein die Löschung nach § 141a FGG hindernder Vermögensgegenstand ist daher bereits dann anzunehmen, wenn die Gesellschaft eine konkrete Forderung behauptet und diese auch ernsthaft verfolgt[174]. Etwas anderes kann allenfalls dann gelten, wenn ohne weiteres ersichtlich ist, dass die Forderung nicht besteht oder nicht werthaltig ist[175]. Auch gegen die Gesellschafter bestehende Forderungen stellen Vermögenswerte in diesem Sinne dar, sofern diese durchsetzbar sind und die Gesellschafter zahlungsfähig sind[176]. Daher sind auch Erstattungsansprüche nach § 30, 31 GmbHG sowie Schadensersatzansprüche gemäß §§ 43 Abs. 2, 64 S. 1, 3 oder 73 Abs. 3 GmbHG bei der Bewertung zu berücksichtigen, sofern diese durchsetzbar und die betroffenen Gesellschafter, Geschäftsführer oder Liquidatoren zahlungsfähig sind [177] Ferner kann sich aus Aktivprozessen der Gesellschaft ein Vermögen der Gesellschaft ergeben, jedoch soll der bloße Kostenerstattungsanspruch eines Prozesses keinen Vermögenswert darstellen [178].

Ob diese Voraussetzungen vorliegen, hat das Registergericht zu prüfen[179]. Dem Registergericht obliegt keine darüber hinaus gehende Prüfung der Werthaltigkeit der Forderung sowie sonstiger rechtliche Fragen in Bezug auf die geltend gemachten Forderungen, da dies durch das Prozessgericht erfolgt und der Anspruchsgegner im Verfahren vor dem Registergericht nicht beteiligt ist[180].

67 Die Vermögenslosigkeit im Sinne von § 60 Abs. 1 Nr. 7 GmbHG unterscheidet sich von der nach § 60 Abs. 1 Nr. 5 GmbHG, da bei dieser – also im Falle der Masselosigkeit nach § 26 Abs. 1 InsO – das Vermögen der Gesellschaft nicht ausreicht, um die Kosten des Insolvenzverfahrens zu decken. Gleichwohl kann auch im Falle der Masselosigkeit noch Gesellschaftsvermögen in geringem Umfange vorhanden sein. Demgegenüber ist die Gesellschaft im Sinne des § 60 Abs. 1 Nr. 7 GmbHG vermögenslos, wenn sie über keinerlei verwertbare Vermögensgegenstände verfügt.

68 Für die Prüfung der Vermögenslosigkeit ist der Jahresabschluss heranzuziehen[181]. Richtiger Zeitpunkt für die Bewertung der Vermögenslosigkeit ist die Entscheidung des Gerichtes über die Löschung[182]. Der Zeitpunkt der Eintragung der Löschung ist nicht relevant, da zu diesem Zeitpunkt die zuvor getroffene Entscheidung über die Löschung der Gesellschaft lediglich ausgeführt wird[183]. Das Verfahren ist auf Antrag oder von Amts wegen zu betreiben, sobald das Gericht

[171] *KG* NJW-RR 1986, 1240, 1241; NZG 2007, 474; *OLG Hamm*, NJW-RR 1993, 584, 549; *Jansen/Steder*, § 141a Rdnr. 15.

[172] *KG* NZG 2007, 474, 275; *OLG Köln*, Rpfleger 1994, 360, 361; *BayObLG*, Rpfleger 1995, 419; *Jansen/Steder*, § 141a Rdnr. 15.

[173] *KG* NZG 2007, 474, 275; *BayObLG*, NJW-RR 1995, 103; *OLG Celle* GmbHR 1997, 752.

[174] *KG* NZG 2007, 474.

[175] *KG* NZG 2007, 474.

[176] *Nerlich* in: Michalski, § 60, Rdnr. 284.

[177] *Schulze-Osterloh/Zöllner* in: Baumbach/Hueck, Anh. § 77, Rdnr. 5; *Nerlich* in: Michalski, § 60, Rdnr. 284.

[178] So jedenfalls *BGHZ* 74, 212, 213.

[179] *KG* NZG 2007, 474, 275.

[180] *KG* NZG 2007, 474, 275; *BayObLG*, NJW-RR 1995, 103; *OLG Celle* GmbHR 1997, 752.

[181] *Schulze-Osterloh/Zöllner* in: Baumbach/Hueck, Anh. § 77, Rdnr. 5; *Nerlich* in: Michalski, § 60, Rdnr. 284.

[182] *OLG Hamm* NJW-RR 1993, 547, 549; *Schulze-Osterloh/Zöllner* in: Baumbach/Hueck, Anh. § 77, Rdnr. 7; *Nerlich* in: Michalski, § 60, Rdnr. 292.

[183] *Schulze-Osterloh/Zöllner* in: Baumbach/Hueck, Anh. § 77, Rdnr. 7; *Nerlich* in: Michalski, § 60, Rdnr. 292.

Kenntnis von einer möglichen Vermögenslosigkeit der Gesellschaft erhält, § 141a Abs. 1 Satz 1 FGG. Antragsberechtigt sind auch das Finanzamt und die kommunalen Steuerbehörden[184]. Da es sich bei dem Verfahren um ein Amtslöschungsverfahren handelt, ist der Antrag von Dritten lediglich als Anregung zu behandeln, dennoch muss das Gericht bei substantiiertem Vorbringen von nicht antragsberechtigten Personen dem nachgehen[185]. Bei Zurückweisung des Antrages durch das Gericht steht den antragsberechtigten Steuerbehörden das Recht zur Beschwerde nach § 20 FGG zu[186]. Das Gericht muss den Sachverhalt von Amts wegen ermitteln und sämtlichen Hinweisen nachgehen[187]. Der Umfang der Prüfungspflicht richtet sich nach § 12 FGG. Sobald das Gericht feststellt, dass die Gesellschaft vermögenslos ist, hat es die Löschung zu verfügen. Ein Ermessensspielraum besteht entgegen dem Wortlaut des § 141a Abs. 1 Satz 1 FGG nicht[188]. Bei Zweifeln ist der Gläubigerschutz vorzugswürdig und der Rechtsverkehr vor der vermögenslosen Gesellschaft zu schützen.

Entscheidet sich das Gericht für die Löschung der Gesellschaft, so ist diese Löschungsabsicht den Geschäftsführern der Gesellschaft oder den Liquidatoren gemäß § 141a Abs. 2 Satz 1 FGG i.V.m. § 170 ff. ZPO bekanntzugeben[189]. Sofern die Geschäftsführer nicht bekannt sind, kann die Zustellung an die Mitglieder des Aufsichtsrates oder – sofern keiner vorhanden ist – an die Gesellschafter erfolgen, da die Gesellschaft im Falle der Führungslosigkeit durch diese vertreten wird, § 35 Abs. 1 GmbHG. Die Bekanntgabe kann auch an die nach § 10 Abs. 2 Satz 2 GmbHG empfangsberechtigte Person erfolgen, unabhängig davon, ob eine Zustellung an die Vertreter der Gesellschaft auch tatsächlich möglich ist[190]. Für den Zugang der Bekanntgabe ist die tatsächliche Kenntnisnahme durch Vertreter der Gesellschaft unerheblich[191]. Ferner kann die öffentliche Zustellung an juristische Personen nach § 185 ZPO erfolgen, wenn eine Zustellung weder unter der eingetragenen Anschrift noch unter der eingetragenen Anschrift der empfangsberechtigten Person möglich ist. **69**

Mit der Bekanntgabe der Löschungsabsicht ist der Geschäftsführer auch über die Widerspruchsmöglichkeit zu informieren[192]. Die dabei zu gewährende Widerspruchsfrist sollte mindestens einen Monat betragen. Das Gericht muss klar und verständlich darauf hinweisen, dass nach Ablauf der Widerspruchsfrist die Gesellschaft gelöscht wird. Gegen die geplante Löschung kann die Gesellschaft, vertreten durch den Geschäftsführer oder den Liquidator sowie jeder Dritte, die berechtigtes Interesse an einer Unterlassung der Löschung hat, Widerspruch einlegen[193]. Der Widerspruch ist nur begründet, wenn dargelegt werden kann, dass die Gesellschaft tatsächlich über Vermögenswerte verfügt und daher nicht im Sinne des § 141a Abs. 1 Satz 1 FGG vermögenslos ist, da es sich nicht um eine Ermessensentscheidung handelt[194]. **70**

Sofern kein Widerspruch erhoben oder der Widerspruch durch Verfügung des Gerichtes nach §§ 141a Abs. 2 Satz 3, 141 Abs. 3 Satz 1 FGG zurückgewiesen worden ist, verfügt das Ge- **71**

---

[184] *Schulze-Osterloh/Zöllner* in: Baumbach/Hueck, Anh. § 77, Rdnr. 8.

[185] *Schulze-Osterloh/Zöllner* in: Baumbach/Hueck, Anh. § 77, Rdnr. 8; *Nerlich* in: Michalski, § 60, Rdnr. 296; *K. Schmidt* in: Scholz, § 60, Rdnr. 14.

[186] *Nerlich* in: Michalski, § 60, Rdnr. 295; *Ulmer* in: Hachenburg, Anh. § 60, Rdnr. 26.

[187] *Schulze-Osterloh/Zöllner* in: Baumbach/Hueck, Anh. § 77, Rdnr. 8; *Nerlich* in: Michalski, § 60, Rdnr. 296.

[188] *OLG Frankfurt* BB 1983, 420; *Lutter/Kleindiek* in: Lutter/Hommelhoff, § 60, Rdnr. 16; *Schulze-Osterloh/Zöllner* in: Baumbach/Hueck, Anh. § 70, Rdnr. 8; *K. Schmidt* in: Scholz, Anh. § 60, Rdnr. 15; *Nerlich* in: Michalski, § 60, Rdnr. 298; *Ulmer* in: Hachenburg, Anh. § 60, Rdnr. 13.

[189] *Schulze-Osterloh/Zöllner* in: Baumbach/Hueck, Anh. § 77, Rdnr. 9; *Nerlich* in: Michalski, § 60, Rdnr. 300.

[190] Begründung RegE zum MoMiG, S. 98.

[191] Begründung RegE zum MoMiG, S. 97.

[192] *Schulze-Osterloh/Zöllner* in: Baumbach/Hueck, Anh. § 77, Rdnr. 9; *Nerlich* in: Michalski, § 60, Rdnr. 300.

[193] *BayObLG* BB 1995, 740; DB, 1994, 987; *Schulze-Osterloh/Zöllner* in: Baumbach/Hueck, Anh. § 77, Rdnr. 9; *Nerlich* in: Michalski, § 60, Rdnr. 301.

[194] *BayObLG* BB 1984, 315; *Schulze-Osterloh/Zöllner* in: Baumbach/Hueck, Anh. § 77, Rdnr. 9; *Nerlich* in: Michalski, § 60, Rdnr. 302; *K. Schmidt* in: Scholz, Anh. § 60, Rdnr. 53.

richt die Löschung der Gesellschaft, insoweit besteht kein Ermessenspielraum[195]. Die erfolgte Löschung der Gesellschaft kann nicht mehr durch Rechtsmittel angegriffen werden. Gleichwohl ist aber eine Amtslöschung der Löschung nach § 142 FGG möglich[196], sofern die Löschung auf einem wesentlichen Verfahrensmangel, wie etwa einer unzureichenden Ermittlung von Amtswegen[197], fehlerhafter Zustellung[198], fehlerhafter Rechtsmittelsbelehrung[199] oder einer unterlassenen Entscheidung über den Widerspruch[200] beruhte.

72 Die Löschung der vermögenslosen Gesellschaft führt zu ihrer Vollbeendigung. Stellt sich später heraus, dass die Gesellschaft zum Zeitpunkt der Löschung tatsächlich über Vermögensgegenstände verfügt, ist sie nach den Grundsätzen der Lehre vom Doppeltatbestand noch nicht beendet, und es besteht die Möglichkeit einer Nachtragsliquidation nach § 66 Abs. 5 GmbHG, nicht aber die der Löschung der Amtslöschung[201].

8. Weitere Auflösungsgründe

73 Bei den in den § 60 Abs. 1 Nr. 1 bis Nr. 7 GmbHG aufgeführten Auflösungsgründen handelt es sich nicht um eine abschließende Regelung, vielmehr finden sich auch in anderen Vorschriften weitere Auflösungsgründe:

a. Satzungsmängel

74 Bei schwerwiegenden Mängeln der Satzung können Gesellschafter oder Organe der Gesellschaft nach § 75 GmbHG Nichtigkeitsklage erheben. Bei der in § 75 GmbHG geregelten Nichtigkeit der Gesellschaft handelt es sich tatsächlich nicht um eine den Grundsätzen für allgemeine Rechtsgeschäfte entsprechende Form der Nichtigkeit, mit deren Eintritt die Gesellschaft rückwirkend nichtig und als niemals existent behandelt wird[202]. Vielmehr wird die Gesellschaft erst mit dem der Klage stattgebenden Urteil aufgelöst und nach den §§ 66 ff. GmbHG wie im Fall ihrer Auflösung abgewickelt[203]. Sie besteht bis zur Beendigung der Liquidation als juristische Person mit verändertem Zweck fort. Bestehende Schuldverhältnisse sind zu erfüllen und Forderungen der Gesellschaft einzuziehen. Im Innenverhältnis erfolgt keine Rückabwicklung nach Bereicherungsrecht, sondern nach den §§ 60 ff. GmbHG[204].

---

[195] *Schulze-Osterloh/Zöllner* in: Baumbach/Hueck, Anh. § 77, Rdnr. 10; *Nerlich* in: Michalski, § 60, Rdnr. 304.

[196] *OLG Hamm* GmbHR 1993, 295, 296; *Schulze-Osterloh/Zöllner* in: Baumbach/Hueck, Anh. § 70, Rdnr. 11; *Nerlich* in: Michalski, § 60, Rdnr. 306; *K. Schmidt* in: Scholz, Anh. § 60, Rdnr. 63; *Ulmer* in: Hachenburg, Anh. § 60, Rdnr. 34.

[197] *OLG Düsseldorf* GmbHR 1979, 228, 229.

[198] *OLG Düsseldorf* GmbHR DB 1998, 2588, 2589.

[199] *OLG Frankfurt* GmbHR 1993, 298, 299.

[200] *OLG Zweibrücken* NZG 2002, 426.

[201] *Schulze-Osterloh/Zöllner* in: Baumbach/Hueck, Anh. § 77, Rdnr. 11; *Nerlich* in: Michalski, § 60, Rdnr. 308, 310.

[202] *Schulze-Osterloh/Fastrich* in: Baumbach/Hueck, § 77, Rdnr. 2; Michalski/*Heyder*, § 75, Rdnr. 1; Lutter/Kleindiek in: Lutter/Hommelhoff, § 75, Rdnr. 1.

[203] *Schulze-Osterloh/Fastrich* in: Baumbach/Hueck, § 77, Rdnr. 2; Michalski/*Heyder*, § 75, Rdnr. 1; Lutter/Kleindiek in: Lutter/Hommelhoff, § 75, Rdnr. 1.

[204] *Schulze-Osterloh/Fastrich* in: Baumbach/Hueck, § 77, Rdnr. 2; *Lutter/Kleindiek* in: Lutter/Hommelhoff § 77, Rdnr. 1.

b. Keinmann-GmbH

Werden alle Geschäftsanteile der Gesellschaft von dieser selbst gehalten (Keinmann-GmbH), etwa aufgrund Kaduzierung nach § 21 GmbHG, Aufgabe nach § 27 GmbHG oder nach § 33 GmbHG, so führt dies zur Auflösung der Gesellschaft[205]. Ein zusätzlicher Beschluss oder hoheitlicher Akt ist nicht erforderlich. Der Liquidationserlös fällt analog § 45 Abs. 3 BGB an hierfür in der Satzung benannte Personen, hilfsweise an den Fiskus[206]. Eine Gesamtrechtsnachfolge des Fiskus nach § 46 BGB findet nicht statt[207]. Die Liquidation der Gesellschaft kann durch die Veräußerung eines Geschäftsanteils an einen Dritten abgewendet werden[208]. 75

c. Umwandlung und Verschmelzung

Demgegenüber erlischt die Gesellschaft im Falle der Umwandlung einer GmbH in eine andere Rechtsform nach §§ 190, 191 UmwG nicht, sondern besteht nach § 202 Abs. 1 Nr. 1 UmwG in der im Umwandlungsbeschluss bestimmten Rechtsform weiter. Bei einer Verschmelzung der GmbH auf eine OHG, KG, Partnerschaftsgesellschaft, GmbH, AG, KGaA oder eine eG nach §§ 3, 20 Abs. 1 Nr. 2 UmwG erlischt die GmbH ohne Durchführung des Liquidationsverfahrens, sofern die Verschmelzung durch Neugründung oder durch Aufnahme erfolgt und die GmbH übertragender Rechtsträger ist. 76

d. Rückname der Bankerlaubnis

Ferner wird eine im Bankgeschäft tätige GmbH nach Rücknahme der Bankerlaubnis durch das Bundesaufsichtsamt für Finanzwesen gem. § 38 KWG aufgelöst. Nach § 38 KWG kann die Bundesanstalt für Finanzdienstleistungsaufsicht bei Aufhebung der einer juristischen Person erteilten Erlaubnis zum Betrieb von Bankgeschäften oder zum Erbringen von Finanzdienstleistungen oder im Falle des Erlöschens einer solchen Erlaubnis bestimmen, dass das Institut abzuwickeln ist. Diese Entscheidung wirkt wie Auflösungsbeschluss und ist dem Registergericht zur Eintragung mitzuteilen, § 38 Abs. 1 S. 2, 3 KWG. Für die Abwicklung kann die BaFin gemäß § 38 Abs. 2, S. 1 KWG allgemeine Weisungen erlassen und beim Registergericht die Bestellung eines besonderen Abwicklers erwirken, § 38 Abs. 2, S. 2, 3 KWG. 77

e. Sitzverlegung ins Ausland

Nach bislang wohl h.A. ist ein Beschluss über die Sitzverlegung der Gesellschaft ins Ausland tatsächlich als Auflösungsbeschluss zu verstehen, mit der Folge dass die Gesellschaft zu liquidieren sei[209]. Dieser Ansicht kann nicht gefolgt werden, da die von der h.A. vertretene schwerwiegende Folge der Auflösung der Gesellschaft wenig zweckmäßig ist. Zum einen besteht die Ge- 78

---

[205] *Schulze-Osterloh/Fastrich* in: Baumbach/Hueck, § 60, Rdnr. 37; *Nerlich* in: Michalski, § 60, Rdnr. 25; *K. Schmidt* in: Scholz, § 60, Rdnr. 32; *Ulmer* in: Hachenburg, § 60 Rdnr. 60; *Lutter/Kleindiek* in: Lutter/Hommelhoff, § 60, Rdnr. 24.

[206] *Nerlich* in: Michalski, § 60, Rdnr. 25; *Lutter/Kleindiek* in: Lutter/Hommelhoff, § 60, Rdnr. 24.

[207] *Schulze-Osterloh/Fastrich* in: Baumbach/Hueck, § 77, Rdnr. 2; Michalski/*Heyder*, § 75, Rdnr. 1;.

[208] *Schulze-Osterloh/Fastrich* in: Baumbach/Hueck, § 60, Rdnr. 63; *Nerlich* in: Michalski, § 60, Rdnr. 25; Lutter/Kleindiek in: Lutter/Hommelhoff, § 60, Rdnr. 24.

[209] *RGZ* 7, 69, 69; JW 1934, 2969; *BayObLG* DStR 2004, 1224; *OLG Düsseldorf* NZG 2001, 506; *OLG Hamm* NJW 2001, 2183; *BayObLG* BB 1992, 1400; *Ulmer* in: Hachenburg, § 3 Rdnr. 18; *Altmeppen* in: Roth/Altmeppen, § 4a, Rdnr. 22; Scholz/*Westermann*, Einl Rdnr. 120 ff.; *Ebert* NZG 2002, 937, 938. Unter Hinweis auf Möglichkeit der Auflösung: *Bayer* in: Lutter/Hommelhoff, § 4a, Rdnr. 22.

fahr, dass durch eine von den Gesellschaftern nicht gewollte Liquidation der Gesellschaft nicht unerhebliche Vermögenswerte vernichtet werden könnten. Zum anderen wird ohne zwingendes Erfordernis in die Entscheidungskompetenzen der Gesellschafter eingegriffen. Auch vor dem Hintergrund der neueren gesetzgeberischen Entwicklung bei der Erleichterung von grenzüberschreitenden gesellschaftsrechtlichen Maßnahmen durch die Einführung grenzüberschreitenden Verschmelzung nach §§ 122a ff. UmwG, die Einführung der SE, der angestrebten Zulässigkeit einer grenzüberschreitenden Sitzverlegung oder durch die Neuregelung des § 4a GmbHG[210] dürfte die Auflösung der Gesellschaft nicht dem Willen des Gesetzgebers und dem Zweck des GmbHG entsprechen. Nach § 4a GmbHG ist es nun auch deutschen Gesellschaften möglich, einen Verwaltungssitz zu wählen, der nicht notwendig mit dem Satzungssitz übereinstimmt und im Ausland belegen sein kann. Die Verlegung des Satzungssitzes ins Ausland führt daher nicht zur Auflösung der Gesellschaft, ein entsprechender Beschluss ist lediglich nichtig[211].

f. Tod oder Insolvenz eines Gesellschafters, behördliche Genehmigung

79 Nicht zur Auflösung der Gesellschaft führt die Insolvenz oder der Tod eines Gesellschafters, die Veräußerung, Verpachtung oder Einstellung des Betriebs oder von Betriebsteilen oder die Unmöglichkeit der der Erreichung des Gesellschaftszweckes dient[212]. Ebenfalls nicht zur Auflösung führt die Entziehung einer für den Geschäftsbetrieb der Gesellschaft erforderlichen Gewerbeerlaubnis, Rücknahme oder Widerruf einer erforderlichen Konzession, Erlaubnis oder sonstigen behördlichen Genehmigung sowie die Untersagung einzelner Anlagen nach den §§ 20, 25 BImschG, oder ähnliche Maßnahmen wie die Auflösungsverfügung des Bundeskartellamts nach § 41 Abs. 3 S. 1 GWB oder andere Untersagungsverfügungen der Kartellbehörden[213]. Diese Ereignisse können aber als Auflösungsgründe in die Satzung aufgenommen werden, § 60 Abs. 2 GmbHG

9. Gesellschaftsvertragliche Auflösungsgründe gemäß § 60 Abs. 2 GmbHG

80 Gemäß § 60 Abs. 2 GmbHG können im Gesellschaftsvertrag neben den in § 60 Abs. 1 GmbHG genannten Auflösungsgründen weitere Auflösungsgründe genannt werden. Der Eintritt der im Gesellschaftsvertrag benannten Auflösungsgründe führt automatisch zur Auflösung der Gesellschaft, daher ist die klare und eindeutige Bestimmung der Ereignisse, die zur Auflösung der Gesellschaft führen sollen, besonders wichtig. Sofern die Gesellschafter außerhalb der Satzung im Rahmen einer individualvertraglichen Regelung Auflösungsgründe vereinbaren, handelt es sich

---

[210] Vgl. insoweit auch den Referentenentwurf des „Gesetz zum Internationalen Privatrecht der Gesellschaften, Vereine und juristischen Personen" vom Januar 2008, nach dem unter anderem auch ein grenzüberschreitender Rechtsformwechsel möglich sein soll. Auch der EuGH hat in Bezug auf die Niederlassungsfreiheit einer natürlichen Person eine Behinderung der Wohnsitzverlagerung ins Ausland durch steuerliche Vorschriften beanstandet, *EuGH* C 9/02 (Hughes des Lasteyrie du Saillant), NJW 2004, 2439.

[211] So auch *Hueck/Fastrich* in: Baumbach/Hueck, § 4, Rdnr. 10; *Leible* in: Michalski, SystDarst 2, Rdnr. 133; *K. Schmidt* in: Scholz, § 60 Rdnr. 13; *Kindler* in: MünchKomm BGB InternGesR, Rdnr. 399; *K. Schmidt* ZHR 168 (2004), 493, 496. Für die Zulässigkeit: *Behrens* in: Hachenburg, Einl Rdnr. 166 ff.; *Knobbe-Keuk* ZHR 154 (1990), 325; *Thönnes* DB 1993, 1021; *Bungert* AG 1995, 500.

[212] *Schulze-Osterloh/Fastrich* in: Baumbach/Hueck, § 60, Rdnr. 46, 49; *Lutter/Kleindiek* in: Lutter/Hommelhoff, § 60, Rdnr. 25; *K. Schmidt* in: Scholz, § 60, Rdnr. 71, 72; *Ulmer* in: Hachenburg, § 60, Rdnr. 61.

[213] *Schulze-Osterloh/Fastrich* in: Baumbach/Hueck, § 60, Rdnr. 47, 48; *Lutter/Kleindiek* in: Lutter/Hommelhoff, § 60, 25; *Ulmer* in: Hachenburg, *§ 60,* Rdnr. 61.

hierbei nicht um zwingende statutarische Auflösungsgründe im Sinne des § 60 Abs. 2 GmbHG. Eine solche Vereinbarung kann aber einen Stimmbindungsvertrag darstellen, aus dem sich die Verpflichtung der beteiligten Gesellschafter ergeben kann, einen den Vorgaben der individualvertraglichen Regelung entsprechenden Auflösungsbeschluss herbeizuführen[214].

Bei der Vereinbarung von Auflösungsgründen in der Satzung sind die Gesellschafter grund- **81**
sätzlich frei, es ist jedoch nicht möglich, gesetzliche Auflösungsgründe durch die Satzung auszuschließen[215]. Die Auflösungsgründe sind klar und eindeutig zu formulieren; sofern eine Formulierung unbestimmt ist, kann diese aber als Kündigungsklausel ausgelegt werden[216]. Zu unbestimmt wäre etwa die Formulierung „mangelnde Rentabilität" oder „wichtiger Grund", sofern dies nicht näher ausgeführt wird[217].

Beispiele für zulässige Auflösungsgründe sind: Tod oder Insolvenz eines Gesellschafters, **82**
Pfändung eines Gesellschaftsanteiles, Ausscheiden eines Gesellschafters, Beendigung der Mitarbeit eines Gesellschafters, Einstellung des Betriebs, Veräußerung des Unternehmens, Unmöglichkeit der Erreichung des Zwecks der Gesellschaft, Feststellung der Unterbilanz oder eines nach Zeit und Höhe bestimmten Jahresfehlbetrages, Entzug einer behördlichen Erlaubnis, Ablauf eines Patents oder eines gewerblichen Schutzrechtes[218]. Darüber hinaus können in der Satzung auch die gesetzlichen Auflösungsgründe des § 60 Abs. 1, Nr. 1 GmbHG aufgenommen oder näher konkretisiert werden[219].

Ferner können die Gesellschafter in der Satzung ein Kündigungsrecht festlegen[220]. Zwar ist **83**
die Kündigung der Gesellschaft gesetzlich nicht geregelt, es ist aber möglich, dass durch die satzungsmäßige Vereinbarung eines Kündigungsrechtes die Gesellschaft aufgelöst werden kann. In der Kündigungsklausel sollten die Voraussetzungen und die Folgen der Kündigung eindeutig geregelt werden. So kann in der Satzung vorgesehen werden, dass der kündigende Gesellschafter austreten (Austrittskündigung) oder aber durch die Kündigung ein Gesellschafter ausgeschlossen werden kann (Ausschließungskündigung)[221]. Möglich ist auch die Vereinbarung von ordentlichem und außerordentlichem Kündigungsrecht. Im Zweifel ist durch Auslegung zu ermitteln, welche Art der Kündigung von den Gesellschaftern gewünscht ist. Fehlt es an einer eindeutigen Bestimmung und kann durch Auslegung kein zufriedenstellendes Ergebnis erzielt werden, so führt die Ausübung des Kündigungsrechts zum Ausscheiden des kündigenden Gesellschafters unter Fortbestand der Gesellschaft[222]. Bei einer Kündigung durch alle Gesellschafter zum selben Termin, führt dies notwendigerweise zur Auflösung der Gesellschaft.

---

214 *Nerlich* in: Michalski, § 60, Rdnr. 314; *Lutter/Kleindiek* in: Lutter/Hommelhoff, § 60, Rdnr. 27; *K. Schmidt* in: Scholz, § 60, Rdnr. 39; *Ulmer* in: Hachenburg, § 60, Rdnr. 36.

215 *Schulze-Osterloh/Fastrich* in: Baumbach/Hueck, § 60, Rdnr. 22; *Nerlich* in: Michalski, § 60, Rdnr. 315; *Ulmer* in: Hachenburg, § 60, Rdnr. 1; *K. Schmidt* in: Scholz, § 60, Rdnr. 18.

216 *Nerlich* in: Michalski, § 60, Rdnr. 315; *K. Schmidt* in: Scholz, § 60, Rdnr. 40.

217 *Schulze-Osterloh/Fastrich* in: Baumbach/Hucck, § 60, Rdnr. 50; *Nerlich* in: Michalski, § 60, Rdnr. 316; *Ulmer* in: Hachenburg, § 60, Rdnr. 64; *K. Schmidt* in: Scholz, § 60, Rdnr. 76; a.A. *van Venrooy* GmbHR 1993, 65.

218 *Schulze-Osterloh/Fastrich* in: Baumbach/Hueck, § 60, Rdnr. 50; *Nerlich* in: Michalski, § 60, Rdnr. 317; *Lutter/Kleindiek* in: Lutter/Hommelhoff, § 60, Rdnr. 25, 26; *Ulmer* in: Hachenburg, § 60, Rdnr. 65; *K. Schmidt* in: Scholz, § 39, Rdnr. 18.

219 *Schulze-Osterloh/Fastrich* in: Baumbach/Hueck, § 60, Rdnr. 50; *Nerlich* in: Michalski, § 60, Rdnr. 317.

220 *RGZ* 93, 326, 327; 95, 39, 40; 113, 147, 149; *KG* JW 1930, 2719; *OLG Karlsruhe* GmbHR 1960, 24 f.; *Schulze-Osterloh/Fastrich* in: Baumbach/Hueck, § 60, Rdnr. 51; *Nerlich* in: Michalski, § 60, Rdnr. 329; *Ulmer* in: Hachenburg, § 60, Rdnr. 67 ff.; *Lutter/Kleindiek* in: Lutter/Hommelhoff, § 60, Rdnr. 27; *K. Schmidt* in: Scholz, § 60, Rdnr. 77; unter Annahme eines Wahlrechts der übrigen Gesellschafter, die Fortsetzung der Gesellschaft mit Drei-Viertel-Mehrheit zu beschließen: *Topf-Schleuning*, S. 137 ff.

221 *Nerlich* in: Michalski, § 60, Rdnr. 318.

222 *OLG Düsseldorf* GmbHR 2004, 356; wohl auch *BGH* GmbHR 1997, 501, 502; *Schulze-Osterloh/Fast-*

IV. Besonderheiten der Vor-GmbH und der gemeinnützigen GmbH

1. Liquidation der Vor-GmbH

84 Die Liquidation der Vor-GmbH erfolgt nach den §§ 66 ff. GmbHG soweit diese nicht unmittelbar auf die juristische Person abstellen und nicht die Eintragung im Handelsregister voraussetzen[223]. Die §§ 65 und 67 GmbHG sind daher auf die Liquidation der Vor-GmbH nicht anwendbar[224].

Die Rechtsnatur der Vor-GmbH ändert sich mit der Auflösung nicht. Der zunächst angestrebte Gesellschaftzweck der Herbeiführung der Eintragung der GmbH wandelt sich in die Durchführung der Liquidation der Gesellschaft. Die Auflösung führt nicht zu einer persönlichen Haftung der Gesellschafter, löst aber eine Unterbilanzhaftung aus[225]. Nach der Auflösung der Vor-GmbH bleibt diese aktiv parteifähig[226]. Liquidator der Vor-GmbH ist der Geschäftsführer als geborener Liquidator[227]. Möglich ist auch die Bestellung einer anderen Person zum gekorenen Liquidator oder durch das Gericht nach § 66 Abs. 2 GmbHG[228].

85 Die Auflösung der Vor-GmbH erfolgt regelmäßig durch die Ablehnung des Eintragungsantrages[229]. Darüber hinaus kann die Auflösung gemäß § 60 GmbHG erfolgen, also durch Zeitablauf (§ 60 Abs. 1 Nr. 1 GmbHG), durch Gesellschafterbeschluss mit Dreiviertelmehrheit (§ 60 Abs. 1 Nr. 2 GmbHG), durch Urteil oder Verwaltungsakt (§ 60 Abs. 1 Nr. 3 GmbHG), durch Eröffnung des Insolvenzverfahrens (§ 60 Abs. 1 Nr. 4 GmbHG) oder bei Ablehnung des Insolvenzverfahrens mangels Masse (§ 60 Abs. 1 Nr. 5 GmbHG)[230]. Wird die Eintragungsabsicht einvernehmlich aufgegeben, so stellt dies einen konkludenten Auflösungsbeschluss dar[231].

2. Liquidation der gemeinnützigen GmbH

a. Voraussetzungen der gemeinnützigen GmbH

86 Bei der gemeinnützigen GmbH (gGmbH) handelt es sich nicht um eine selbständige Rechtsform, vielmehr unterliegt die gGmbH den Vorschriften des GmbHG, kann aber Steuervergünstigungen nach den §§ 51 ff. AO in Anspruch nehmen, sofern die Gesellschaft nicht wirtschaft-

rich in: Baumbach/Hueck, § 60, Rdnr. 51; *Nerlich* in: Michalski, § 60, Rdnr. 329; *Lutter/Kleindiek* in: Lutter/Hommelhoff, § 60, Rdnr. 27; *Fischer* GmbHR 1955, 165, 168 f.; *Hofmann* GmbHR 1975, 217, 223.

[223] *BGH* NJW 1998, 1079, 1080; *BAG* NJW 1963, 681; *OLG Hamm* WM 1985, 658; *Schulze-Osterloh/Fastrich* in: Baumbach/Hueck, § 66, Rdnr. 3; *Nerlich* in: Michalski, § 66, Rdnr. 6; *Bayer* in: Lutter/Hommelhoff, § 11, Rdnr. 1, 5; *K. Schmidt* in: Scholz, § 11, Rdnr. 56, § 66, Rdnr. 1, 11; *Ulmer* in: Hachenburg, § 11 Rdnr. 42; *Wallner* GmbHR 1998, 1168. Aufgrund der Anerkennung der körperschaftlichen Struktur der Vor-GmbH sind *BGHZ* 51, 27, 34; 86, 122, 127; *OLG Dresden* GmbHR 1998, 1182; überholt.

[224] *Nerlich* in: Michalski, § 67, Rdnr. 3; *K. Schmidt* in: Scholz, § 65, Rdnr. 1, § 67, Rdnr. 3.

[225] *K. Schmidt* in: Scholz, § 11, Rdnr. 56.

[226] *BGH* NJW 1998, 1079, 1080; *Wallner* GmbHR 1998, 1168, 1171.

[227] *K. Schmidt* in: Scholz, § 11, Rdnr. 56.

[228] *K. Schmidt* in: Scholz, § 11, Rdnr. 56.

[229] *K. Schmidt* in: Scholz, § 11, Rdnr. 55, 140; *Hueck/Fastrich* in: Baumbach/Hueck, § 11, Rdnr. 27; *Bayer* in: Lutter/Hommelhoff, § 11, Rdnr. 17.

[230] *K. Schmidt* in: Scholz, § 11, Rdnr. 56 ; *Bayer* in: Lutter/Hommelhoff, § 11, Rdnr. 17.

[231] *K. Schmidt* in: Scholz, § 11, Rdnr. 56 ; *Bayer* in: Lutter/Hommelhoff, § 11, Rdnr. 17.

lich tätig ist, sondern einen gemeinnützigen, mildtätigen oder kirchlichen Gesellschaftszweck verfolgt.

Die firmenrechtliche Besonderheit des „g" vor der Bezeichnung „GmbH" soll zur Unterscheidung von der auf Gewinn abzielenden, unternehmerischen Betätigung der GmbH auf die Gemeinnützigkeit hinweisen. Diese Firmierung war bislang allgemein als zulässig angesehen worden[232], doch seit der Entscheidung des OLG München aus dem Jahr 2006 wird die Firmierung als „gGmbH" teilweise als firmenrechtlich unzulässig angesehen[233]. Insbesondere aufgrund der im MoMiG vorgesehenen „Gründer GmbH", die als „GGmbH" firmieren soll, wäre hier firmenrechtliche Klarheit sicher hilfreich. **87**

In der Satzung der gGmbH müssen die Anforderungen an die Gemeinnützigkeit nach §§ 52 ff. AO erfüllt sein: Dazu muss der Unternehmensgegenstand gemeinnütziger, mildtätiger oder kirchlicher Natur sein. Nach § 52 Abs. 1 AO verfolgt eine Körperschaft gemeinnützige Zwecke, wenn ihre Tätigkeit darauf gerichtet ist, die Allgemeinheit auf materiellem, geistigem oder sittlichem Gebiet selbstlos zu fördern. Darunter zu verstehen sind insbesondere: **88**

- die Förderung von Wissenschaft und Forschung, Bildung und Erziehung, Kunst und Kultur, der Religion, der Völkerverständigung, der Entwicklungshilfe, des Umwelt-, Landschafts- und Denkmalschutzes, des Heimatgedankens,
- die Förderung der Jugendhilfe, der Altenhilfe, des öffentlichen Gesundheitswesens, des Wohlfahrtswesens und des Sports. Schach gilt als Sport,
- die allgemeine Förderung des demokratischen Staatswesens im Geltungsbereich dieses Gesetzes; hierzu gehören nicht Bestrebungen, die nur bestimmte Einzelinteressen staatsbürgerlicher Art verfolgen oder die auf den kommunalpolitischen Bereich beschränkt sind,
- die Förderung der Tierzucht, der Pflanzenzucht, der Kleingärtnerei, des traditionellen Brauchtums einschließlich des Karnevals, der Fastnacht und des Faschings, der Soldaten- und Reservistenbetreuung, des Amateurfunkens, des Modellflugs und des Hundesports

Eine Körperschaft verfolgt mildtätige Zwecke im Sinne des § 53 AO, wenn ihre Tätigkeit darauf gerichtet ist, hilfslose Personen selbstlos zu unterstützen. Kirchliche Zwecke werden nach § 54 AO verfolgt, wenn die Tätigkeit der Körperschaft darauf gerichtet ist, eine Religionsgemeinschaft, die Körperschaft des öffentlichen Rechts ist, selbstlos zu fördern. **89**

Der Unternehmensgegenstand nach §§ 52 bis 54 AO muss selbstlos, ausschließlich und unmittelbar verfolgt werden, §§ 55, 56, 57 AO. Nach § 55 Abs. 1 AO dürfen die Mittel der Körperschaft nur für die satzungsmäßigen Zwecke verwendet werden.

Selbstlosigkeit setzt nach § 55 Abs. 1 S. 1 AO voraus, dass nicht in erster Linie eigenwirtschaftliche Zwecke verfolgt werden. Die Körperschaft darf also weder eigene noch die wirtschaftlichen Interessen ihrer Mitglieder zum vorrangigen Ziel ihrer Betätigung machen[234]. Als Beispiel für eigenwirtschaftliche Zwecke nennt das Gesetz gewerbliche oder sonstige Erwerbszwecke. Dieses Gebot ist jedoch nicht uneingeschränkt zu verstehen, denn eigenwirtschaftliche Zwecke dürfen nicht in erster Linie verfolgt werden, wohl aber ist es möglich, dass eine gemeinnützige Körperschaft einen wirtschaftlichen Geschäftsbetrieb unterhält, also eine eigenwirtschaftliche Tätigkeit betreibt, ohne dass die Gemeinnützigkeit aberkannt wird. Eigenwirtschaftliche Zwecke dürfen allenfalls nebenbei, beiläufig, also in ihrer Bedeutung deutlich hinter den steuerbegünstigten Zweck zurücktretende Begleiterscheinungen sein, während die selbstlose Tätigkeit den alleinigen Hauptzweck bilden muss und das Handeln der Körperschaft durch die Verfolgung des gemeinnützigen Zweckes geprägt sein muss[235]. Unterhält die Körperschaft einen eigenwirt- **90**

[232] *OLG Stuttgart* NJW 1964, 1231; *OLG Köln* NJW-RR 1997, 1531.

[233] *OLG München* NZG 2007, 191; krit. *Ullrich* NZG 2007, 656.

[234] Pahlke/*Koenig* § 55, Rdnr. 5.

[235] Pahlke/*Koenig* § 55, Rdnr. 6.

schaftlichen Geschäftsbetrieb, so wird sie lediglich mit diesem Teil allgemein steuerpflichtig. Im Übrigen, also mit der gemeinnützigen Betätigung, bleibt die Steuerfreiheit in Bezug auf Steuern vom Einkommen und Ertrag bzw. die Steuerbegünstigung, die sich aus dem ermäßigten Umsatzsteuersatz (§ 12 Abs. 2 Nr. 8 UStG) ergibt, erhalten.

91 Die Gesellschafter der gGmbH dürfen keine Gewinnanteile und auch keine sonstigen Zuwendungen aus Mitteln der Körperschaft erhalten. Ferner dürfen die Gesellschafter nach § 55 Abs. 1 Nr. 4 AO bei ihrem Ausscheiden oder bei Auflösung oder Aufhebung der Körperschaft nicht mehr als ihre eingezahlten Kapitalanteile und den gemeinen Wert ihrer geleisteten Sacheinlagen zurückerhalten. Bei Auflösung oder Aufhebung der Körperschaft oder bei Wegfall ihres bisherigen Zwecks darf das Vermögen der Körperschaft, soweit es die eingezahlten Kapitalanteile der Mitglieder und den gemeinen Wert der von den Mitgliedern geleisteten Sacheinlagen übersteigt, nur für steuerbegünstigte Zwecke verwendet werden (Grundsatz der Vermögensbindung). Diese Voraussetzung ist auch erfüllt, wenn im Falle der Auflösung der gGmbH das Vermögen einer anderen steuerbegünstigten Körperschaft oder einer Körperschaft des öffentlichen Rechts für steuerbegünstigte Zwecke übertragen wird[236]. Eine Verwendung des Vermögens im wirtschaftlichen Geschäftsbetrieb ist nicht zulässig[237]. Diese Vorgaben zur Mittelverwendung im Fall der Auflösung der Gesellschaft muss bereits in der Satzung abgesichert sein, § 61 AO.

Sofern die Satzung und auch die tatsächliche Geschäftsführung diesen Anforderungen entsprechen, wird die gGmbH von der Körperschaftsteuer und Gewerbesteuer ganz oder teilweise befreit, es gilt ein reduzierter Umsatzsteuersatz von zur Zeit 7 Prozent (§ 12 Abs. 2 Nr. 8 UStG). Der Vorteil einer gGmbH gegenüber einer Stiftung besteht darin, dass die gGmbH nicht der staatlichen Aufsicht unterliegt.

b. Folge der Liquidation der gGmbH

92 Eine gGmbH kann wie jede andere GmbH auch unter Beachtung der §§ 61 ff. GmbHG liquidiert werden. Allerdings sind im Vorfeld die besonderen steuerlichen Folgen zu beachten:

Wie bereits oben erwähnt, darf nach § 55 Abs. 1 Nr. 4 AO bei Auflösung der Gesellschaft das Vermögen, soweit es die eingezahlten Kapitalanteile der Mitglieder und den gemeinen Wert der von den Mitgliedern geleisteten Sacheinlagen übersteigt, nur für steuerbegünstigte Zwecke verwendet werden. Das bedeutet, dass im Falle der Liquidation der die Gesellschaftsanteile übersteigende Liquidationserlös nicht an die Gesellschafter ausgezahlt werden darf, sondern auf eine andere steuerbegünstigte Körperschaft oder eine Körperschaft des öffentlichen Rechts übertragen werden muss. Eine Bestimmung über die Vermögensverwendung bei Wegfall der Gemeinnützigkeit bzw. bei Auflösung der gGmbH muss bereits in der Satzung enthalten sein.

93 Wird der Liquidationserlös nicht nach diesen Vorgaben verwendet, so führt dies dazu, dass der gGmbH rückwirkend die Anerkennung als gemeinnützig versagt wird. Dies hat nach § 61 Abs. 3 AO zur Folge, dass die Körperschaft als in vollem Umfang steuerpflichtig behandelt wird. Die für die GmbH erlassenen Steuerbescheide der vorangegangenen 10 Jahren werden aufgehoben und es sind für den gesamten Zeitraum rückwirkend die entsprechenden Steuern nachzuzahlen. Sofern die Satzung eine entsprechende Bestimmung nach § 61 AO nicht enthält, kann die Satzung insoweit geändert und eine Klausel über die Verwendung des Liquidationserlöses im Sinne von § 61 AO eingefügt werden

[236] Pahlke/*Koenig* § 55, Rdnr. 27.
[237] Pahlke/*Koenig* § 55, Rdnr. 27.

§ 3 Das Amt des Liquidators

I. Person des Liquidators

Der Liquidator ist Vertretungs- und Geschäftsführungsorgan der aufgelösten Gesellschaft. 94
Er ist nicht mit den umfassenden Rechten eines Insolvenzverwalters ausgestattet, sondern übernimmt nach der Auflösung der Gesellschaft die Aufgaben des Geschäftsführers. Gem. § 66 Abs. 1, 1. Hs. GmbHG sind Liquidatoren grundsätzlich die (ehemaligen) Geschäftsführer der nun aufgelösten Gesellschaft. Sie werden daher auch als „geborene Liquidatoren" bezeichnet. Es steht den Gesellschaftern aber frei, durch Gesellschafterbeschluss oder bereits in der Satzung von der Grundregel des § 66 Abs. 1, 1. Hs. GmbHG abweichend, den bisherigen Geschäftsführer abzuberufen und eine andere Person als Liquidator zu benennen (gekorener Liquidator).

1. Zahl der Liquidatoren

Die Zahl der zu bestellenden Liquidatoren wird durch § 66 GmbHG nicht beschränkt. In der 95
Satzung kann die Zahl der Liquidatoren bestimmt oder aber auf eine Mindestzahl begrenzt werden. Ist im Gesellschaftsvertrag eine Regelung über die Anzahl der zu bestellenden Liquidatoren vorgesehen, so ist im Falle der Bestellung der Liquidatoren durch das Gericht nach § 66 Abs. 2 GmbHG das Gericht an diese statutarischen Beschränkung nicht gebunden[1]. Fehlt es an einer entsprechenden Bestimmung im Gesellschaftsvertrag, so kann sich die Zahl der zu bestellenden Liquidatoren an der im Gesellschaftsvertrag festgelegten Zahl der Geschäftsführer orientieren, zwingend ist dies bei der Liquidatorenbestellung jedoch nicht[2].

2. Natürliche Personen

Das Amt des Liquidators kann von jeder natürlichen, unbeschränkt geschäftsfähigen Person 96
ausgeübt werden. Jedoch sind gem. § 66 Abs. 4 i.V.m. § 6 Abs. 2, S. 2, 3 GmbHG bestimmte Personen vom Liquidatorenamt ausgeschlossen. Die Ausschlusstatbestände des § 6 Abs. 2 GmbHG haben durch das MoMiG eine Erweiterung erfahren, gleichwohl wird diese Erweiterung dadurch abgemildert, dass nun nur vorsätzlich begangene Straftaten zur Amtsunfähigkeit führen. Nicht erfasst werden also fahrlässige Insolvenzstraftaten wie etwa nach §§ 283 Abs. 4, 5, 283b Abs. 2 StGB oder § 15a Abs. 5 InsO. Der neu gefasste § 6 Abs. 2, S. 3 GmbHG erstreckt das Bestellungshindernis nunmehr ausdrücklich auf Fälle der Verurteilung wegen vergleichbarer ausländischer Straftaten, um auch in diesen Fällen einen einheitlichen Schutzstandard vor ungeeigneten Personen zu gewährleisten. Gemäß § 66 Abs. 4 i.V.m. § 6 Abs. 2, S. 2, 3 GmbHG sind vom Liquidatorenamt Personen ausgeschlossen, die:

[1] *Nerlich* in: Michalski, § 66, Rdnr. 19; *Schulze-Osterloh/Fastrich* in: Baumbach/Hueck, § 66, Rdnr. 9; *Altmeppen* in: Roth/Altmeppen, § 66, Rdnr. 4; *Hohner* in: Hachenburg, § 66 Rdnr. 7.

[2] *Schulze-Osterloh/Fastrich* in: Baumbach/Hueck, § 66, Rdnr. 9; *Nerlich* in: Michalski, § 66, Rdnr. 19; *K. Schmidt* in: Scholz, § 66, Rdnr. 2a.

- als Betreute bei der Besorgung ihre Vermögensangelegenheiten ganz oder teilweise einem Einwilligungsvorbehalt (§ 1903 BGB) unterliegen (§ 6 Abs. 2, S. 2 Nr. 1 GmbHG),
- aufgrund eines gerichtlichen Urteils oder einer vollziehbaren Entscheidung einer Verwaltungsbehörde einen Beruf, einen Berufszweig, ein Gewerbe oder einen Gewerbezweig nicht ausüben dürfen, sofern der Unternehmensgegenstand ganz oder teilweise mit dem Gegenstand des Verbots übereinstimmt (§ 6 Abs. 2, S. 2 Nr. 2 GmbHG),
- zu einer Freiheitsstrafe von mindestens einem Jahr verurteilt worden sind, wegen:
  - des Unterlassens der Stellung des Antrags auf Eröffnung des Insolvenzverfahrens nach § 15a Abs. 4 InsO (§ 6 Abs. 2, S. 2 Nr. 3a GmbHG),
  - Insolvenzstraftaten nach den §§ 283 bis 283d StGB (§ 6 Abs. 2, S. 2 Nr. 3b GmbHG),
  - falsche Angaben nach § 82 GmbHG oder § 399 AktG (§ 6 Abs. 2, S. 2 Nr. 3c GmbHG),
  - unrichtiger Darstellung nach § 400 AktG, § 331 HGB, § 313 UmwG oder § 17 PublG (§ 6 Abs. 2, S. 2 Nr. 3 d GmbHG),
  - Straftaten nach den §§ 263 bis 264a oder §§ 265b bis 266a StGB (§ 6 Abs. 2, S. 2 Nr. 3 e)
- im Ausland wegen einer der in § 6 Abs. 2 S. S 2 Nr. 3a–e GmbHG genannten vergleichbaren Tat verurteilt worden sind (§ 6 Abs. 2 S. 3 GmbHG).

Der Ausschluss gilt für die Dauer von fünf Jahren seit der Rechtskraft des Urteils, wobei die Zeit nicht eingerechnet wird, in der der Täter auf behördliche Anordnung in einer Anstalt verwahrt worden ist, § 6 Abs. 2 S. 2 GmbHG.

97 Der Liquidator hat bei der Anmeldung zu versichern, dass die in § 6 Abs. 2, S. 2 und 3 GmbHG genannten Umstände nicht vorliegen. Sofern der Liquidator durch das Gericht nach § 66 Abs. 2 GmbHG bestellt wird, ist diese Versicherung von Amts Wegen vor Ernennung des Liquidators einzuholen, da das Gericht die Bestellungsvoraussetzungen von Amts wegen gemäß § 12 FGG zu prüfen hat[3].

98 Erfolgt die Bestellung entgegen den Vorgaben des § 66 Abs. 4 i.V.m. § 6 Abs. 4, S. 2 und 3 GmbHG, so ist die Bestellung gem. § 134 BGB nichtig[4]. Treten diese Voraussetzungen während der Ausübung des Liquidatorenamtes ein, so endet das Liquidatorenamt automatisch[5]. Erhält das Gericht im Zuge der Bestellung des Liquidators Kenntnis von einem Berufsverbot, so hat es den Beteiligten im Rahmen der Anhörung über das Verbot oder Urteil im Sinne des § 6 Abs. 2, S. 2 und 3 GmbHG zu informieren.

99 Ungeachtet der Ausschlussgründe nach § 6 Abs. 2 GmbHG, können in der Satzung weitere Ausschlussgründe, bestimmte Qualifikationen oder persönliche Voraussetzungen für das Liquidatorenamt bestimmt werden[6]. In der Satzung kann auch das Vorrecht eines bestimmten Gesellschafters auf die Ausübung des Liquidatorenamtes eingeräumt werden[7]. In diesem Fall ist die Abberufung nur bei Vorliegen eines wichtigen Grundes zulässig[8]. Im Zweifel erstreckt sich ein satzungsmäßiges Sonderrecht auf die Geschäftsführerstellung auch auf das Liquidato-

---

[3] *BayObLG* WM 1982, 168, 169; *Schulze-Osterloh/Fastrich* in: Baumbach/Hueck, § 67, Rdnr. 5; *Altmeppen* in: Roth/Altmeppen, § 67, Rdnr. 11.

[4] *BayObLG* NJW-RR 1990, 52, 53; *Schulze-Osterloh/Fastrich* in: Baumbach/Hueck, § 66, Rdnr. 5; *Nerlich* in: Michalski, § 66, Rdnr. 13.

[5] *BayObLG* DB 1987, 1182; NJW RR 1988, 98, 99; *Schulze-Osterloh/Fastrich* in: Baumbach/Hueck, § 67, Rdnr. 5; *Nerlich* in: Michalski, § 66, Rdnr. 13.

[6] *LG Hamburg* GmbHR 1951, 94; *Nerlich* in: Michalski, § 66, Rdnr. 26.

[7] *Schulze-Osterloh/Fastrich* in: Baumbach/Hueck, § 66, Rdnr. 13; *K. Schmidt* in: Scholz,§ 66, Rdnr. 8; *Lutter/Kleindiek* in: Lutter/Hommelhoff, § 66, Rdnr. 4; *Altmeppen* in: Roth/Altmeppen, § 66, Rdnr. 20; *Hohner* in: Hachenburg, § 66 Rdnr. 14.

[8] *Schulze-Osterloh/Fastrich* in: Baumbach/Hueck, § 66, Rdnr. 14; *K. Schmidt* in: Scholz, § 66, Rdnr. 8; *Lutter/Kleindiek* in: Lutter/Hommelhoff, § 66, Rdnr. 4; *Altmeppen* in: Roth/Altmeppen, § 66, Rdnr. 20; *Hohner* in: Hachenburg, § 66 Rdnr. 14.

renamt[9]. Sofern das Gericht den Liquidator nach § 66 Abs. 2 GmbHG bestimmt, ist es an diese Vorgaben nicht gebunden[10].

3. Juristische Personen

Das Liquidatorenamt kann auch von juristischen Personen des Privatrechts und des öffentlichen Rechtes ausgeübt werden[11]. Die in § 6 Abs. 2, S. 1 GmbHG für den Geschäftsführer vorgesehene Beschränkung auf natürliche Personen gilt für den Liquidator nicht, da es in § 66 Abs. 4 GmbHG an einem entsprechenden Verweis auf § 6 Abs. 2, S. 1 GmbHG fehlt. Die persönlichen Voraussetzungen des § 66 Abs. 4 i.V.m. § 6 Abs. 2 S. 2, 3 GmbHG müssen von den jeweiligen gesetzlichen Vertretern der juristischen Personen eingehalten werden[12]. Nach nun h.M. kann auch eine Personenhandelsgesellschaft zum Liquidator bestellt werden[13]. Gleiches dürfte für die Partnerschaftsgesellschaft und den nicht rechtsfähigen Verein gelten[14]. **100**

II. Bestellung des Liquidators

Bei der Bestellung des Liquidators ist zwischen der ordentlichen Bestellung nach § 66 Abs. 1 GmbHG und der außerordentlichen Stellung nach § 66 Abs. 2 GmbHG zu unterscheiden. Das zwischen der Gesellschaft und dem Liquidator bestehenden schuldrechtlichen Anstellungsverhältnis ist von der organschaftlichen Bestellung des Liquidators grundsätzlich unabhängig. **101**

1. Geborener Liquidator gem. § 66 Abs. 1, 1. Hs. GmbHG

Regelmäßig handelt es sich bei dem Liquidator um den ehemaligen Geschäftsführer der aufgelösten Gesellschaft, also um einen geborenen Liquidator nach § 66 Abs. 1, 1. Hs. GmbHG. Im Falle der Auflösung der Gesellschaft ist ein entsprechender Gesellschafterbeschluss nicht erforderlich, der Geschäftsführer wird automatisch zum Liquidator, sofern sich nicht aus dem Gesellschaftsvertrag anderes ergibt[15]. **102**

Etwas anderes gilt nur im Fall der Nachtragsliquidation nach § 66 Abs. 5 GmbHG, da mit der Löschung der Gesellschaft die Liquidatoren ihr Amt verlieren[16]. In diesem Fall bestellt das Gericht den Nachtragsliquidator. **103**

---

[9] *Hohner* in: Hachenburg, § 66, Rdnr. 14.

[10] *Nerlich* in: Michalski, § 66, Rdnr. 15; *Hohner* in: Hachenburg, § 66, Rdnr. 5.

[11] *Hohner* in: Hachenburg, § 66 Rdnr. 6.

[12] *Nerlich* in: Michalski, § 66, Rdnr. 17.

[13] *Schulze-Osterloh/Fastrich* in: Baumbach/Hueck, § 66, Rdnr. 6; *Nerlich* in: Michalski, § 66, Rdnr. 18; *Lutter/Kleindiek* in: Lutter/Hommelhoff, § 66, Rdnr. 1; *K. Schmidt* in: Scholz, § 66, Rdnr. 3a; *Hohner* in: Hachenburg, § 66 Rdnr. 6.

[14] So auch *Nerlich* in: Michalski, § 66, Rdnr. 18.

[15] *BFH* GmbHR 2001, 839; *BFH* DStRE 2001, 1373; *OLG Zweibrücken* ZIP 2003, 1954; *Schulze-Osterloh/Fastrich* in: Baumbach/Hueck, § 66, Rdnr. 12; *Nerlich* in: Michalski, § 66, Rdnr. 21; *Lutter/Kleindiek* in: Lutter/Hommelhoff, § 66, Rdnr. 2; *K. Schmidt* in: Scholz, § 66, Rdnr. 4, 5; *Hohner* in: Hachenburg, § 66, Rdnr. 8.

[16] *Nerlich* in: Michalski, § 66, Rdnr. 22.

Auch der Arbeitsdirektor im Sinne des § 33 Abs. 1 MitbestG und § 13 Abs. 1 MontanMitbestG wird automatisch zum Liquidator[17]. Insoweit ist keine Erklärung des für die Bestellung zuständigen Aufsichtsrates nach § 12 MontanMitbestG, 31 MitbestG erforderlich[18].

104 Im Falle der Auflösung der Gesellschaft ist der Geschäftsführer grundsätzlich zur Übernahme des Liquidatorenamtes verpflichtet[19]. Diese Verpflichtung ergibt sich bereits aus dem Anstellungsvertrag des Geschäftsführers, überdies stellt die Auflösung der Gesellschaft keinen wichtigen Grund für eine Kündigung dar[20]. Legt der ehemalige Geschäftsführer das Liquidatorenamt ohne Vorliegen eines wichtigen Grundes nieder, so kann er sich schadenersatzpflichtig machen[21].

105 Tritt ein Liquidator sein Amt nicht an, oder fehlt es an einer wirksamen Bestimmung des Liquidators, führt dies nicht dazu, dass automatisch ein anderer oder ehemaliger Geschäftsführer in das Liquidatorenamt einrückt. Denn durch § 66 Abs. 2, 1 Hs. GmbHG wird nur die Geschäftsführungszuständigkeit der ehemaligen Geschäftsführer beseitigt. Deren Amt endet, wenn sie nicht ihre Geschäftsführungstätigkeit in Gestalt des Liquidatorenamtes fortführen. Fehlt es also an einem wirksam bestellten Liquidator, so ist eine ordnungsgemäße neuerliche Bestellung durch Gesellschafterbeschluss oder durch das Gericht nach § 66 Abs. 2 GmbHG erforderlich. Solange die Gesellschaft ohne Geschäftsführer oder Liquidator und damit führungslos ist, wird sie gemäß § 35 Abs. 1 S. 2 GmbHG durch den Aufsichtsrat oder die Gesellschafter vertreten.

2. Gekorener Liquidator gem. § 66 Abs. 1, 2. Hs. GmbHG

106 Soll der bisherige Geschäftsführer das Amt des Liquidators nicht ausüben, kann durch Gesellschafterbeschluss eine andere Person – gegebenenfalls auch ein Gesellschafter – zum Liquidator bestellt werden. Dies kann bereits in der Satzung geregelt werden. In diesem Fall muss die Satzung zweifelsfrei eine bestimmte oder bestimmbare Person als Liquidator benennen[22]. Es ist auch möglich, in der Satzung Ersatzliquidatoren für den Fall zu bestimmen, dass der ursprünglich vereinbarte Liquidator nun nicht mehr zur Verfügung steht oder aus dem Amt ausscheidet. Es ist jedoch nicht möglich, die Zuständigkeit für die Bestimmung des Liquidators, einem anderen Gesellschaftsorgan, einem Gesellschafter oder einem Dritten zu übertragen[23].

107 Wird der Liquidator durch Gesellschafterbeschluss bestimmt, so muss sich der Beschluss auf eine eindeutig bestimmbare Person beziehen[24]. Wurden in der Satzung bestimmte persönliche Vorgaben zur Bestellung des Liquidators gemacht, muss der Gesellschafterbeschluss diesen Vorgaben folgen. Anderenfalls ist vor der Bestellung eines dieser Vorgaben nicht erfüllenden Liquidators eine Satzungsänderung erforderlich. Die Beschlussfassung erfolgt durch Gesellschafter-

[17] *Schulze-Osterloh/Fastrich* in: Baumbach/Hueck, § 66, Rdnr. 15; *Nerlich* in: Michalski, § 66, Rdnr. 23; *K. Schmidt* in: Scholz, § 66, Rdnr. 5; *Hohner* in: Hachenburg, § 66 Rdnr. 12.

[18] *Schulze-Osterloh/Fastrich* in: Baumbach/Hueck, § 66, Rdnr. 15; *Nerlich* in: Michalski, § 66, Rdnr. 23; *K. Schmidt* in: Scholz, § 66, Rdnr. 5; *Hohner* in: Hachenburg, § 66 Rdnr. 12.

[19] *Schulze-Osterloh/Fastrich* in: Baumbach/Hueck, § 66, Rdnr. 12; *Nerlich* in: Michalski, § 66, Rdnr. 25; *Altmeppen* in: Roth/Altmeppen, Rdnr. 8; *K. Schmidt* in: Scholz, § 66, Rdnr. 6; *Lutter/Kleindiek* in: Lutter/Hommelhoff, § 66, Rdnr. 2.

[20] *Schulze-Osterloh/Fastrich* in: Baumbach/Hueck, § 66, Rdnr. 12; *Nerlich* in: Michalski, § 66, Rdnr. 25; *Altmeppen* in: Roth/Altmeppen, Rdnr. 8; *K. Schmidt* in: Scholz, § 66, Rdnr. 6; *Lutter/Kleindiek* in: Lutter/Hommelhoff, § 66, Rdnr. 2.

[21] *Nerlich* in: Michalski, § 66, Rdnr. 25; *Altmeppen* in: Roth/Altmeppen, § 66, Rdnr. 8; *K. Schmidt* in: Scholz, § 66, Rdnr. 6.

[22] *Schulze-Osterloh/Fastrich* in: Baumbach/Hueck, § 66, Rdnr. 12; *Lutter/Kleindiek* in: Lutter/Hommelhoff, § 66, Rdnr. 3; *K. Schmidt* in: Scholz, § 66, Rdnr. 7.

[23] *RGZ* 145, 99, 104; *Nerlich* in: Michalski, § 66, Rdnr. 26; *K. Schmidt* in: Scholz, § 66, Rdnr. 10.

[24] *RGZ* 145, 99, 104; *Nerlich* in: Michalski, § 66, Rdnr. 26.

versammlung gem. §§ 47, 48 Abs. 1 GmbHG, in Ausnahmefällen ist das schriftliche Verfahren gem. § 48 Abs. 2 GmbHG möglich[25]. Der Beschluss bedarf grundsätzlich der einfachen Mehrheit, es sei denn in der Satzung ist eine höhere Mehrheit vorgesehen[26]. Stimmberechtigt sind grundsätzlich alle Gesellschafter. Auch wenn einer der Gesellschafter zum Liquidator bestellt werden soll[27]. Wenn aber zugleich ein Liquidator abberufen werden soll, der sein Amt auf ein Sonderrecht stützt, so ist dieser von der Stimmabgabe ausgeschlossen[28]. Durch Gesellschafterbeschluss können vorangegangene Satzungsregelungen zur Bestimmung einer bestimmten Person als Liquidator abgeändert werden[29].

Das Recht des Aufsichtsrates der nach § 31 MitbestG, § 12 Montan-MitbestG mitbestimmten GmbH die zur gesetzlichen Vertretung der Gesellschaft befugten Organe zu bestellen, gilt nicht für die zu liquidierende Gesellschaft[30]. Im Falle der Liquidation der der Mitbestimmung nach MontanMitbestG unterliegenden GmbH ist § 265 Abs. 6 AktG nicht analog anwendbar[31]. **108**

Für die Wirksamkeit der Bestellung des Liquidators ist die Annahme der Bestellung durch den Liquidator erforderlich[32]. Die Annahme muss nicht ausdrücklich erfolgen, es ist auch die konkludente Annahme durch die Aufnahme der Liquidatorentätigkeit o.ä. möglich[33]. Wenn bei der Bestellung mehrerer Liquidatoren nicht alle das Amt annehmen, wird die Bestellung im Hinblick auf den Liquidator, der das Amt angenommen hat, dennoch wirksam[34]. Wurde für mehrere Liquidatoren Gesamtvertretungsbefugnis vorgesehen, so ist der alleinige Liquidator in diesem Falle jedoch nicht vertretungsberechtigt[35]. Hat der Liquidator das Amt angenommen, beginnt sein Amt mit der Auflösung der Gesellschaft. **109**

Sofern der Beschluss zur Bestellung des Liquidators unwirksam sein sollte, übernehmen die ehemaligen Geschäftsführer als geborene Liquidatoren das Amt des Liquidators[36]. Sicher bei der Nichtigkeit des Beschlusses die Amtskontinuität nach § 66 Abs. 1, 1. Hs. GmbHG nicht unterbrochen werden, kann soweit nach altem Recht keine Verpflichtung der Gesellschafter zur Bestellung von Liquidatoren bestand[37], kann nun der Fall der Führungslosigkeit auch bei einer aufgelösten Gesellschaft nicht mehr eintreten. Denn nach § 35 Abs. 1 S. 2 GmbHG wird die Gesellschaft im Falle der Führungslosigkeit durch den Aufsichtsrat oder wenn kein Aufsichtsrat bestellt ist, durch Ihre Gesellschafter vertreten. Dies gilt auch für die aufgelöste Gesellschaft, die über keinen Liquidator oder Geschäftsführer verfügt. **110**

3. Liquidatorenbestellung durch das Gericht gem. § 66 Abs. 2 GmbHG

Neben der Bestellung durch die Gesellschafter nach § 66 Abs. 1 GmbHG, kann im Ausnahmefall die Bestellung des Liquidators durch das Gericht nach § 66 Abs. 2 GmbHG erfolgen, wenn **111**

---

[25] *Nerlich* in: Michalski, § 66, Rdnr. 28.

[26] *Schulze-Osterloh/Fastrich* in: Baumbach/Hueck, § 66, Rdnr. 14; *Nerlich* in: Michalski, § 66, Rdnr. 28.

[27] *KGJ* 45, 178, 181; *Nerlich* in: Michalski, § 66, Rdnr. 33; *K. Schmidt* in: Scholz, § 66, Rdnr. 9; *Hohner* in: Hachenburg, § 66 Rdnr. 19.

[28] *KGJ* 45, 178, 181; *Nerlich* in: Michalski, § 66, Rdnr. 33; *Hohner* in: Hachenburg, § 66 Rdnr. 19.

[29] *KGJ* 45, 178, 181; *Hohner* in: Hachenburg, § 66 Rdnr. 20.

[30] *Schulze-Osterloh/Fastrich* in: Baumbach/Hueck, § 66, Rdnr. 15; *Nerlich* in: Michalski, § 66, Rdnr. 30; *Altmeppen* in: Roth/Altmeppen, Rdnr. 12; *K. Schmidt* in: Scholz, § 66, Rdnr. 32.

[31] *Schulze-Osterloh/Fastrich* in: Baumbach/Hueck, § 66, Rdnr. 15; *Nerlich* in: Michalski, § 66, Rdnr. 30; *Altmeppen* in: Roth/Altmeppen, Rdnr. 12; *K. Schmidt* in: Scholz, § 66, Rdnr. 32.

[32] *BGHZ* 52, 316, 321; *Schulze-Osterloh/Fastrich* in: Baumbach/Hueck, § 66, Rdnr. 31; *Nerlich* in: Michalski, § 66, Rdnr. 28; *Hohner* in: Hachenburg, § 66 Rdnr. 21.

[33] *Hohner* in: Hachenburg, § 66 Rdnr. 21.

[34] *Hohner* in: Hachenburg, § 66 Rdnr. 21.

[35] *Hohner* in: Hachenburg, § 66 Rdnr. 21.

[36] *Nerlich* in: Michalski, § 66, Rdnr. 32.

[37] *Nerlich* in: Michalski, § 66, Rdnr. 34.

hierfür ein wichtiger Grund vorliegt. Voraussetzung für eine Bestellung durch das Gericht ist ein Antrag, der bereits von Minderheitsgesellschaftern gestellt werden kann, die mindestens 10 % des Stammkapitals halten. Im Gesellschaftsvertrag kann die Möglichkeit der Liquidatorbestellung nach § 66 Abs. 2 GmbHG nicht ausgeschlossen werden[38]. Es kann aber ein geringerer Prozentsatz vorgesehen oder jedem einzelnen Gesellschafter ein Antragsrecht gewährt werden[39]. Das Antragsrecht nach § 66 Abs. 2 GmbHG steht nur den Gesellschaftern zu und kann nicht auf dritte Personen wie etwa einem Pfandgläubiger, Nießbraucher, Treugeber oder den Gläubigern eines Gesellschafters übertragen werden und steht auch nicht dem Liquidator selbst zu[40]. Auch bei der Bestellung nach § 66 Abs. 2 GmbHG ist die Annahme des Liquidatorenamtes durch die bestellte Person erforderlich[41].

112 Wird ein Antrag nach § 66 Abs. 2 GmbHG gestellt, so muss das Gericht bei Vorliegen eines wichtigen Grundes einen Liquidator bestellen, dem Gericht steht insoweit kein Ermessen zu[42]. Allerdings hat das Gericht bei der Auswahl und der Anzahl der zu bestellenden Liquidatorin ein Auswahlermessen[43]. Bei der Wahl des Liquidators soll das Gericht unabhängig entscheiden und eine unparteiische, fachlich geeignete und zuverlässige Person bestimmen. Sofern die außerordentliche Bestellung des Liquidators durch das Gericht dazu führen kann, dass ein bereits bestellter Liquidator aus dem Amt scheidet, muss der Antragsteller in seinem Antrag auch die Abberufung des bisherigen Liquidators beantragen[44]. Der Antrag nach § 66 Abs. 2 GmbHG kann bereits vor der Auflösung der Gesellschaft gestellt werden[45]. Das hierfür erforderliche Rechtsschutzinteresse dürfte aber nur dann vorliegen, wenn mit dem Antrag das Fehlen einer erforderlichen Anzahl von Liquidatoren geltend macht wird[46]. Wird dem Antrag stattgegeben, so erfolgt die Eintragung des Liquidators jedoch erst mit der Auflösung der Gesellschaft[47].

113 Der Antrag ist begründet, wenn ein wichtiger Grund für die außerordentliche Bestellung des Liquidators durch das Gericht vorliegt. Ein solcher wichtiger Grund ist immer dann zu bejahen, wenn ohne eine Entscheidung des Gerichtes die ordnungsgemäße Liquidation der Gesellschaft im Interesse der Beteiligten, insbesondere der Minderheitsgesellschafter, nicht gewährleistet wäre[48]. Das Gericht muss bei der Prüfung des Vorliegens eines wichtigen Grundes immer berücksichti-

---

[38] *Schulze-Osterloh/Fastrich* in: Baumbach/Hueck, § 66, Rdnr. 19; *Nerlich* in: Michalski, § 66, Rdnr. 36; *Altmeppen* in: Roth/Altmeppen, Rdnr. 18; *K. Schmidt* in: Scholz, § 66, Rdnr. 12; *Lutter/Kleindiek* in: Lutter/Hommelhoff, § 66, Rdnr. 5; *Hohner* in: Hachenburg, § 66 Rdnr. 24.

[39] *Schulze-Osterloh/Fastrich* in: Baumbach/Hueck, § 66, Rdnr. 19; *Nerlich* in: Michalski, § 66, Rdnr. 36; *Altmeppen* in: Roth/Altmeppen, Rdnr. 18; *K. Schmidt* in: Scholz, § 66, Rdnr. 12; *Lutter/Kleindiek* in: Lutter/Hommelhoff, § 66, Rdnr. 5; *Hohner* in: Hachenburg, § 66 Rdnr. 24.

[40] *Schulze-Osterloh/Fastrich* in: Baumbach/Hueck, § 66, Rdnr. 19; *Nerlich* in: Michalski, § 66, Rdnr. 36; *Altmeppen* in: Roth/Altmeppen, § 66, Rdnr. 18; *K. Schmidt* in: Scholz, § 66, Rdnr. 17; *Hohner* in: Hachenburg, § 66 Rdnr. 24.

[41] *BayObLG* GmbHR 1996, 859, 860; BB 1988, 791; BB 1975, 1037; 1963, 664; *Nerlich* in: Michalski, § 66, Rdnr. 35; *K. Schmidt* in: Scholz, § 66, Rdnr. 22; *Hohner* in: Hachenburg, § 66 Rdnr. 37.

[42] *BayObLG* GmbHR 1987, 306, 307; 1996, 129, 130; *Schulze-Osterloh/Fastrich* in: Baumbach/Hueck, § 66, Rdnr. 21; *Altmeppen* in: Roth/Altmeppen, § 66, Rdnr. 35; *Nerlich* in: Michalski, § 66, Rdnr. 40; *K. Schmidt* in: Scholz, § 66, Rdnr. 40; *Hohner* in: Hachenburg, § 66 Rdnr. 28, 32.

[43] *OLG Schleswig* NZG 2000, 317; *BayObLG* NJW-RR 1990, 52, 53; *Schulze-Osterloh/Fastrich* in: Baumbach/Hueck, § 66, Rdnr. 21; *Altmeppen* in: Roth/Altmeppen, Rdnr. 35; *Nerlich* in: Michalski, § 66, Rdnr. 40; *K. Schmidt* in: Scholz, § 66, Rdnr. 40; *Hohner* in: Hachenburg, § 66 Rdnr. 28, 32.

[44] *Nerlich* in: Michalski, § 66, Rdnr. 39; *K. Schmidt* in: Scholz, § 66, Rdnr. 14,18; *Lutter/Kleindiek* in: Lutter/Hommelhoff, § 66, Rdnr. 5; *Hohner* in: Hachenburg, § 66 Rdnr. 30.

[45] *KG* JA 15, 121, 122; *Nerlich* in: Michalski, § 66, Rdnr. 38; *K. Schmidt* in: Scholz, § 66, Rdnr. 16; *Hohner* in: Hachenburg, § 66 Rdnr. 27.

[46] *Nerlich* in: Michalski, § 66, Rdnr. 38; *K. Schmidt* in: Scholz, § 66, Rdnr. 16.

[47] *Nerlich* in: Michalski, § 66, Rdnr. 38; *Hohner* in: Hachenburg, § 66 Rdnr. 27.

[48] *BayObLG* WM 1969, 675, 675, 52, 53; *Nerlich* in: Michalski, § 66, Rdnr. 41; *K. Schmidt* in: Scholz, § 66, Rdnr. 19; *Hohner* in: Hachenburg, § 66 Rdnr. 29.

gen, dass die Frage der Interessengerechtigkeit im Hinblick auf die Abwicklung der Gesellschaft geprüft wird[49]. Nicht erforderlich ist, dass die vorgetragenen Nachteile bereits eingetreten sind. Es ist vielmehr ausreichend, dass der Eintritt von Nachteilen bevorsteht[50].

Ein wichtiger Grund ist regelmäßig zu bejahen bei begründetem Misstrauen gegen die Amtsführung des nach § 66 Abs. 1 GmbHG bestellten Liquidators, insbesondere bei Unfähigkeit und Unredlichkeit oder der Gefahr von Parteilichkeit im Hinblick auf bestimmte Gesellschafter[51]. Ferner bei Streitigkeiten der Liquidatoren untereinander oder zwischen einem Liquidator und einem Gesellschafter[52]. Sofern die Vertrauensbasis zwischen Liquidator und Gesellschafter zerstört ist, oder die fachlichen Fähigkeiten eines Liquidators nicht ausreichen, kommt es auf ein Verschulden des Liquidators nicht an[53]. Der Antrag ist auch begründet, wenn die Gefahr besteht, dass die notwendige Anzahl von Liquidatoren nicht bestellt werden kann oder es aufgrund der Untätigkeit der Mehrheitsgesellschafter in absehbarer Zeit nicht zu einer Bestellung eines Liquidators kommt[54]. Bei der Prüfung der Begründetheit des Antrages hat das Gericht zu berücksichtigen, dass die Abwicklung der Gesellschaft häufig zu Streitigkeiten unter den Gesellschaftern führen kann, bei denen der Liquidator zum Spielball der Interessen der einzelnen Gesellschafter gemacht werden kann. **114**

Tritt Handlungsunfähigkeit im Sinne des § 66 Abs. 4 i.V.m. § 6 Abs. 2, S. 2, 3 GmbHG während der Liquidation ein, wird die Bestellung unwirksam. Es handelt sich hierbei nicht um einen die Abberufung durch das Gericht nach § 66 Abs. 2 GmbHG begründenden wichtigen Grund[55]. Freilich kann aber dennoch ein wichtiger Grund vorliegen, wenn etwa verbleibende Liquidatoren die ordnungsgemäße Abwicklung nicht übernehmen können. **115**

Die außerordentliche Bestellung des Liquidators durch das Gericht nach § 66 Abs. 2 GmbHG ist nicht möglich bei der Auflösung eines Kreditinstitutes durch die BaFin gem. § 38 Abs. 1, Satz 1, 2 KWG. In diesem Fall bestellt das Gericht den Abwickler auf Antrag des BaFin nach § 38 Abs. 2, Satz 2 KWG[56]. Ferner ist bei der Nachtragsliquidation im Sinne des § 66 Abs. 5 GmbHG die Bestellung durch das Gericht nach § 66 Abs. 2 GmbHG nicht möglich, da in diesem Fall das Gericht den Liquidator auf Antrag eines Beteiligten bestellt[57]. **116**

Das Gericht entscheidet nach Ermittlung des Sachverhalts von Amts wegen nach § 12 FGG durch Beschluss im Verfahren der freiwilligen Gerichtsbarkeit[58]. Es kann den alten Liquidator **117**

---

[49] *BayObLG* WM 1969, 675, 675, 52, 53; *Nerlich* in: Michalski, § 66, Rdnr. 41; *K. Schmidt* in: Scholz, § 66, Rdnr. 19; *Hohner* in: Hachenburg, § 66 Rdnr. 29.

[50] *BayObLG* WM 1969, 675, 675, 52, 53; *Nerlich* in: Michalski, § 66, Rdnr. 41; *K. Schmidt* in: Scholz, § 66, Rdnr. 19; *Hohner* in: Hachenburg, § 66 Rdnr. 29.

[51] *BayObLG* NJW 1955, 1678, 1679; WM 1969, 674, 675; BB 1987, 1625, 1626 f.; GmbHR 1996, 129, 130; *Schulze-Osterloh/Fastrich* in: Baumbach/Hueck, § 66, Rdnr. 20; *Nerlich* in: Michalski, § 66, Rdnr. 42; *K. Schmidt* in: Scholz, § 66, Rdnr. 19, 45; *Lutter/Kleindiek* in: Lutter/Hommelhoff, § 66, Rdnr. 5; *Hohner* in: Hachenburg, § 66 Rdnr. 30.

[52] *Schulze-Osterloh/Fastrich* in: Baumbach/Hueck, § 66, Rdnr. 19; *Nerlich* in: Michalski, § 66, Rdnr. 36; *Altmeppen* in: Roth/Altmeppen, Rdnr. 18; *K. Schmidt* in: Scholz, § 66, Rdnr. 12; *Lutter/Kleindiek* in: Lutter/Hommelhoff, § 66, Rdnr. 5; *Hohner* in: Hachenburg, § 66 Rdnr. 24.

[53] *BayObLG* NJW 1955, 1678, 1679; WM 1969, 674, 675; BB 1987, 1625, 1626 f.; GmbHR 1996, 129, 130; *Schulze-Osterloh/Fastrich* in: Baumbach/Hueck, § 66, Rdnr. 20; *Nerlich* in: Michalski, § 66, Rdnr. 42; *K. Schmidt* in: Scholz, § 66, Rdnr. 19, 45; *Lutter/Kleindiek* in: Lutter/Hommelhoff, § 66, Rdnr. 5; *Hohner* in: Hachenburg, § 66 Rdnr. 30.

[54] *RGZ* 145, 99, 106; *BayObLG* GmbHR 1987, 306, 307; *Nerlich* in: Michalski, § 66, Rdnr. 42; *Altmeppen* in: Roth/Altmeppen, Rdnr. 17; *K. Schmidt* in: Scholz, § 66, Rdnr. 12; *Lutter/Kleindiek* in: Lutter/Hommelhoff, § 66, Rdnr. 5; *Hohner* in: Hachenburg, § 66 Rdnr. 29. A.A. *Schulze-Osterloh/Fastrich* in: Baumbach/Hueck, § 66, Rdnr. 19 unter Verweisung auf die Möglichkeit der Bestellung eines Notliquidators nach §§ 29, 48 BGB.

[55] *BayObLG* DB 1987, 1182, 1183; *Nerlich* in: Michalski, § 66, Rdnr. 45; *K. Schmidt* in: Scholz, § 66, Rdnr. 45.

[56] *Schulze-Osterloh/Fastrich* in: Baumbach/Hueck, § 66, Rdnr. 35; *Nerlich* in: Michalski, § 66, Rdnr. 50.

[57] *Schulze-Osterloh/Fastrich* in: Baumbach/Hueck, § 66, Rdnr. 34; *Nerlich* in: Michalski, § 66, Rdnr. 51.

[58] *BayObLG* NJW-RR 1990, 52, 53; *Keidel/Kuntze/Winkler* § 148 FGG Rdnr. 5; *Schulze-Osterloh/Fastrich* in: Baumbach/Hueck, § 66, Rdnr. 17; *Nerlich* in: Michalski, § 66, Rdnr. 47; A.A. *K. Schmidt* in:

abbestellen und einen neuen berufen, den es frei auswählen kann[59]. Es besteht aber auch die Möglichkeit, zu dem bisherigen einen zusätzlichen Liquidator zu bestellen, der unterstützend und kontrollierend tätig wird[60]. Neben der Bestellung eines bestimmten Liquidators kann das Gericht auch darüber entscheiden, ob der Liquidator Kollektiv- oder Einzelvertretungsbefugnis haben soll[61]. Vor der Bestellung hat das Gericht die Beteiligten zu hören[62]. Beteiligte in diesem Fall sind die übrigen Gesellschafter, die von einer möglichen Abberufung bedrohten Liquidatoren und die Gesellschaft selbst, diese vertreten durch den Liquidator[63].

118 Gegen den Beschluss nach § 66 Abs. 2 GmbHG steht sämtlichen Gesellschaftern, dem abberufenen Liquidator und der Gesellschaft die sofortige Beschwerde zum Landgericht zu, § 146 Abs. 2 FGG i.V.m. § 20, 22 FGG[64]. Wird der Antrag abgelehnt, so steht das weitere Beschwerderecht allein den antragstellenden Gesellschaftern zu[65]. Der durch das Gericht bestellte Liquidator ist nicht beschwerdebefugt, da es ihm freisteht, die Bestellung anzunehmen oder abzulehnen[66].

4. Bestellung eines Notliquidators gemäß §§ 29, 48 BGB analog

119 Neben der Bestellung nach § 66 Abs. 2 GmbHG kann die außerordentliche Bestellung eines Notliquidators durch das Gericht nach §§ 29, 48 BGB analog erfolgen[67]. Anders als im Fall des § 66 Abs. 2 GmbHG, bei dem der Liquidator dauerhaft bestellt wird, ist die Notbestellung nur auf eine vorläufige Regelung zur Herstellung der Handlungsfähigkeit der Gesellschaft gerichtet[68]. Antragsberechtigt ist jeder Beteiligte, also ein ehemaliger Geschäftsführer, der derzeitige Liquidator, jeder Gesellschafter und auch die Gesellschaftsgläubiger[69].

120 Der Antrag ist begründet, wenn die für die Abwicklung der Gesellschaft erforderliche Anzahl von Liquidatoren nicht vorhanden ist[70]. Für die Bestellung eines Notliquidators ist es nicht

---

Scholz, § 66, Rdnr. 20, 21; *Hohner* in: Hachenburg, § 66 Rdnr. 35 für Entscheidung als Registergericht nach §§ 145 ff. FGG.

[59] *OLG Schleswig* NZG 2000, 317; *Schulze-Osterloh/Fastrich* in: Baumbach/Hueck, § 66, Rdnr. 17; *Nerlich* in: Michalski, § 66, Rdnr. 47.

[60] *Schulze-Osterloh/Fastrich* in: Baumbach/Hueck, § 66, Rdnr. 21; *Nerlich* in: Michalski, § 66, Rdnr. 47.

[61] *Schulze-Osterloh/Fastrich* in: Baumbach/Hueck, § 66, Rdnr. 21; *Nerlich* in: Michalski, § 66, Rdnr. 47; *Hohner* in: Hachenburg, § 66 Rdnr. 34.

[62] *BayObLG* 1987, 306; *Schulze-Osterloh/Fastrich* in: Baumbach/Hueck, § 66, Rdnr. 21; *Nerlich* in: Michalski, § 66, Rdnr. 47; *K. Schmidt* in: Scholz, § 66, Rdnr. 20; *Hohner* in: Hachenburg, § 66 Rdnr. 35.

[63] *BayObLG* 1987, 306; *Schulze-Osterloh/Fastrich* in: Baumbach/Hueck, § 66, Rdnr. 21; *Nerlich* in: Michalski, § 66, Rdnr. 47; *K. Schmidt* in: Scholz, § 66, Rdnr. 20; *Hohner* in: Hachenburg, § 66 Rdnr. 35.

[64] *Schulze-Osterloh/Fastrich* in: Baumbach/Hueck, § 66, Rdnr. 22; *Nerlich* in: Michalski, § 66, Rdnr. 48; *Lutter/Kleindiek* in: Lutter/Hommelhoff, § 66, Rdnr. 5; *K. Schmidt* in: Scholz, § 66, Rdnr. 23; *Hohner* in: Hachenburg, § 66 Rdnr. 36.

[65] *Schulze-Osterloh/Fastrich* in: Baumbach/Hueck, § 66, Rdnr. 22; *Nerlich* in: Michalski, § 66, Rdnr. 48; *K. Schmidt* in: Scholz, § 66, Rdnr. 23; *Hohner* in: Hachenburg, § 66 Rdnr. 36.

[66] *BayObLG* GmbHR 1996, 859, 860; *Schulze-Osterloh/Fastrich* in: Baumbach/Hueck, § 66, Rdnr. 22; *Nerlich* in: Michalski, § 66, Rdnr. 48; *K. Schmidt* in: Scholz, § 66, Rdnr. 23.

[67] *BayObLG* BB 1976, 998; *Schulze-Osterloh/Fastrich* in: Baumbach/Hueck, § 66, Rdnr. 32; *Nerlich* in: Michalski, § 66, Rdnr. 53; *K. Schmidt* in: Scholz, § 66, Rdnr. 33; *Lutter/Kleindiek* in: Lutter/Hommelhoff, § 66, Rdnr. 7; *Hohner* in: Hachenburg, § 66 Rdnr. 38.

[68] *Schulze-Osterloh/Fastrich* in: Baumbach/Hueck, § 66, Rdnr. 32; *Nerlich* in: Michalski, § 66, Rdnr. 53; *K. Schmidt* in: Scholz, § 66, Rdnr. 33; *Altmeppen* in: Roth/Altmeppen, § 66, Rdnr. 28; *Hohner* in: Hachenburg, § 66 Rdnr. 38.

[69] *Schulze-Osterloh/Fastrich* in: Baumbach/Hueck, § 66, Rdnr. 32; *Nerlich* in: Michalski, § 66, Rdnr. 54; *K. Schmidt* in: Scholz, § 66, Rdnr. 35; *Hohner* in: Hachenburg, § 66 Rdnr. 38.

[70] *Schulze-Osterloh/Fastrich* in: Baumbach/Hueck, § 66, Rdnr. 32; *Nerlich* in: Michalski, § 66, Rdnr. 55; *K. Schmidt* in: Scholz, § 66, Rdnr. 36; *Hohner* in: Hachenburg, § 66 Rdnr. 38.

ausreichend, dass ein bestellter Liquidator den Vorgaben der Gesellschafter nicht folgt oder zwischen den Liquidatoren und Gesellschaftern Streit herrscht[71]. Ferner muss durch den geltend gemachten Mangel die Handlungsfähigkeit der Gesellschaft mehr als nur unwesentlich beeinträchtigt werden[72]. Das wäre etwa zu bejahen, wenn Rechtsgeschäfte oder Prozesshandlungen, die dringend durchgeführt werden müssen, nicht durchgeführt werden können[73].

Über den Antrag auf Bestellung des Notliquidators entscheidet das Registergericht durch 121
Beschluss, nachdem den Gesellschaftern rechtliches Gehör gewährt worden ist. Sieht das Gericht die Bestellung eines Notliquidators nach § 29, 48 BGB analog als nicht sachdienlich an, so kann der Antrag zurückgewiesen werden[74]. Rechtsmittel gegen diesen Beschluss ist die Beschwerde nach § 19 Abs. 1 FGG, beschwerdebefugt sind der ehemalige Geschäftsführer, der Liquidator, jeder Gesellschafter und die Gesellschaftsgläubiger[75].

Bei der Bestimmung der Person des Notliquidators ist das Gericht in seiner Auswahl frei, es 122
muss aber den Vorgaben des § 66 Abs. 2 GmbHG entsprechend einen unparteiischen und fachlich fähigen Notliquidator bestellen[76]. Da es sich hierbei um einen schwerwiegenden Eingriff in die Rechte der Gesellschafter handelt, muss das Gericht schonend vorgehen und das mildeste Mittel wählen. Sofern möglich und zweckmäßig, sollte es daher den Aufgabenkreis des Notliquidators beschränken[77]. Auch kann das Gericht im Innenverhältnis die Geschäftsführungsbefugnis beschränken, nicht aber die Vertretungsbefugnis im Außenverhältnis[78].

Das Amt des Notliquidators beginnt mit der Annahme der Bestellung durch den Notliquida- 123
tor und endet automatisch in den Fällen, in denen das durch die Notbestellung vorläufig behobene Defizit bei der Abwicklung der Gesellschaft beseitigt worden ist[79]. Dies wäre etwa dann der Fall, wenn die notwendige Zahl von Liquidatoren tatsächlich bestellt, das maßgebliche Rechtsgeschäft vorgenommen, eine etwa bestehende Beschränkung der Geschäftsführungs- oder Vertretungsmacht eines bestellten Liquidators aufgehoben worden ist oder aber durch die Löschung der Gesellschaft[80]. Eine förmliche Abberufung des Notliquidators ist daher zwar nicht erforderlich und nur deklaratorisch, aber aus Gründen der Rechtssicherheit empfehlenswert[81].

---

[71] *KG* JW 1937, 1780; *Schulze-Osterloh/Fastrich* in: Baumbach/Hueck, § 66, Rdnr. 32; *Nerlich* in: Michalski, § 66, Rdnr. 55; *K. Schmidt* in: Scholz, § 66, Rdnr. 36; *Hohner* in: Hachenburg, § 66 Rdnr. 38.

[72] *Schulze-Osterloh/Fastrich* in: Baumbach/Hueck, § 66, Rdnr. 32; *Nerlich* in: Michalski, § 66, Rdnr. 55; *K. Schmidt* in: Scholz, § 66, Rdnr. 37; *Hohner* in: Hachenburg, § 66 Rdnr. 40.

[73] *Schulze-Osterloh/Fastrich* in: Baumbach/Hueck, § 66, Rdnr. 32; *Nerlich* in: Michalski, § 66, Rdnr. 55; *K. Schmidt* in: Scholz, § 66, Rdnr. 36; *Hohner* in: Hachenburg, § 66 Rdnr. 38.

[74] *BayObLG* BB 1976, 998; GmbHR 1987, 306, 307; *Nerlich* in: Michalski, § 66, Rdnr. 53; *Hohner* in: Hachenburg, § 66 Rdnr. 39.

[75] *BayObLGZ* 76, 126, 128; 55, 288, 299; *KG* GmbHR 2000, 660; *Nerlich* in: Michalski, § 66, Rdnr. 60; *Lutter/Kleindiek* in: Lutter/Hommelhoff, § 66, Rdnr. 7; *Hohner* in: Hachenburg, § 66 Rdnr. 39.

[76] *Schulze-Osterloh/Fastrich* in: Baumbach/Hueck, § 66, Rdnr. 32; *Nerlich* in: Michalski, § 66, Rdnr. 53; *K. Schmidt* in: Scholz, § 66, Rdnr. 33; *Lutter/Kleindiek* in: Lutter/Hommelhoff, § 66, Rdnr. 7; *Hohner* in: Hachenburg, § 66 Rdnr. 38.

[77] *BayObLG* BB 1976, 999, 1000; *Schulze-Osterloh/Fastrich* in: Baumbach/Hueck, § 66, Rdnr. 32; *Nerlich* in: Michalski, § 66, Rdnr. 55; *Hohner* in: Hachenburg, § 66 Rdnr. 34.

[78] *BayObLG* BB 1976, 999, 1000; GmbHR 1986, 189, 190; *Schulze-Osterloh/Fastrich* in: Baumbach/Hueck, § 66, Rdnr. 32; *Nerlich* in: Michalski, § 66, Rdnr. 59.

[79] *BayObLG* DB 1978, 2165, 2166; *Schulze-Osterloh/Fastrich* in: Baumbach/Hueck, § 66, Rdnr. 32; *Nerlich* in: Michalski, § 66, Rdnr. 57; *Lutter/Kleindiek* in: Lutter/Hommelhoff, § 66, Rdnr. 7; *K. Schmidt* in: Scholz, § 66, Rdnr. 40; *Hohner* in: Hachenburg, § 66 Rdnr. 42.

[80] *BayObLG* DB 1978, 2165, 2166; *Schulze-Osterloh/Fastrich* in: Baumbach/Hueck, § 66, Rdnr. 32; *Nerlich* in: Michalski, § 66, Rdnr. 57; *Lutter/Kleindiek* in: Lutter/Hommelhoff, § 66, Rdnr. 7; *K. Schmidt* in: Scholz, § 66, Rdnr. 40; *Hohner* in: Hachenburg, § 66 Rdnr. 43.

[81] *BayObLG* GmbHR 1987, 306, 307; *Schulze-Osterloh/Fastrich* in: Baumbach/Hueck, § 66, Rdnr. 32.

III. Anstellungsverhältnis des Liquidators

124 Das Amt des Liquidators wird zum einen bestimmt durch seine gesellschaftsrechtliche Organstellung, zum anderen durch das mit der Gesellschaft bestehende Dienstverhältnis. Während die Bestellung zum Liquidator als Organ der Gesellschaft durch Satzung, Gesellschafterbeschluss oder durch Gerichtsbeschluss erfolgt, ist für die Begründung des Dienstverhältnisses zwischen Liquidator und Gesellschaft eine vertragliche Vereinbarung erforderlich.

1. Dienstverhältnis des geborenen Liquidators

125 Sofern der Geschäftsführer im Zuge der Auflösung der Gesellschaft nicht abberufen wird und sein Amt als Liquidator fortsetzt, ist der Abschluss eines neuen Dienstvertrages nicht erforderlich[82]. Das bisher mit der Gesellschaft bestehende Dienstverhältnis setzt sich auch nach der Auflösung der Gesellschaft fort und umfasst nun die Aufgaben als Liquidator[83]. Aus dem Anstellungsvertrag des Geschäftsführers ergibt sich, dass er grundsätzlich dazu verpflichtet ist, nach der Auflösung der Gesellschaft das Amt als Geschäftsführer – nun in Gestalt des Liquidators – fortzuführen[84]. Dies gilt jedoch nur, sofern die Tätigkeit als Liquidator der Tätigkeit als Geschäftsführer weitestgehend entspricht[85] – was regelmäßig der Fall ist.

126 Allein die Auflösung der Gesellschaft stellt weder für die Gesellschaft, noch für den Geschäftsführer einen wichtigen Grund für eine fristlose Kündigung nach § 626 BGB dar[86]. Dies ergibt sich zum einen aus dem Grundsatz der Amtskontinuität aus § 66 Abs. 1, 1 Hs. GmbHG, wonach die Geschäftsführer geborene Liquidatoren der Gesellschaft sind. Darüber hinaus ist zu beachten, dass die Gesellschaft nach der Auflösung fortbesteht und die bisher bestehenden vertraglichen Verhältnisse von ihrer Auflösung nicht berührt werden, dies gilt auch für das Dienstverhältnis mit dem Geschäftsführer. Die Kündigung des Geschäftsführers aus wichtigem Grund kann allerdings zulässig sein, wenn die Gesellschaft über zusätzliche und auch nach der Kündigung des Geschäftsführers ausreichende Anzahl von Liquidatoren verfügt[87]. Auch wenn besonders schwerwiegende Gründe gegen die Übernahme des Liquidatorenamtes sprechen, darf der Geschäftsführer die Übernahme des Amtes ablehnen[88].

127 Ein wichtiger Grund zur außerordentlichen Kündigung des Dienstverhältnisses kann zu bejahen sein, wenn der Geschäftsführer sich lediglich verpflichtet hat, einen bestimmten Vertragszweck herbeizuführen oder eine besondere Art der Tätigkeit ausüben sollte[89]. Sollte der Ge-

---

[82] *BayObLG* DB 1994; 977, 978; *Schulze-Osterloh/Fastrich* in: Baumbach/Hueck, § 66, Rdnr. 17; *Nerlich* in: Michalski, § 66, Rdnr. 73; *Lutter/Kleindiek* in: Lutter/Hommelhoff, § 66, Rdnr. 9; *K. Schmidt* in: Scholz, § 66, Rdnr. 49; *Hohner* in: Hachenburg, § 66 Rdnr. 55.

[83] *Schulze-Osterloh/Fastrich* in: Baumbach/Hueck, § 66, Rdnr. 17; *Nerlich* in: Michalski, § 66, Rdnr. 73; *Lutter/Kleindiek* in: Lutter/Hommelhoff, § 66, Rdnr. 9; *Altmeppen* in: Roth/Altmeppen, § 66, Rdnr. 48; *K. Schmidt* in: Scholz, § 66, Rdnr. 49; *Hohner* in: Hachenburg, § 66 Rdnr. 55.

[84] *Schulze-Osterloh/Fastrich* in: Baumbach/Hueck, § 66, Rdnr. 12, 17; *Nerlich* in: Michalski, § 66, Rdnr. 73; *Lutter/Kleindiek* in: Lutter/Hommelhoff, § 66, Rdnr. 9; *K. Schmidt* in: Scholz, § 66, Rdnr. 49; *Hohner* in: Hachenburg, § 66 Rdnr. 55.

[85] *Nerlich* in: Michalski, § 66, Rdnr. 73; *Hohner* in: Hachenburg, § 66 Rdnr. 55.

[86] *Nerlich* in: Michalski, § 66, Rdnr. 83; *Hohner* in: Hachenburg, § 66 Rdnr. 55; *K. Schmidt* in: Scholz, § 66, Rdnr. 6.

[87] *Nerlich* in: Michalski, § 66, Rdnr. 83.

[88] *Schulze-Osterloh/Fastrich* in: Baumbach/Hueck, § 66, Rdnr. 12; *Nerlich* in: Michalski, § 66, Rdnr. 73; *Altmeppen* in: Roth/Altmeppen, § 66, Rdnr. 48; *Lutter/Kleindiek* in: Lutter/Hommelhoff, § 66, Rdnr. 6; *K. Schmidt* in: Scholz, § 66, Rdnr. 5, 6; *Hohner* in: Hachenburg, § 66 Rdnr. 55.

[89] *Schulze-Osterloh/Fastrich* in: Baumbach/Hueck, § 66, Rdnr. 12; *Nerlich* in: Michalski, § 66, Rdnr. 73; *K. Schmidt* in: Scholz, § 66, Rdnr. 5, 6; *Hohner* in: Hachenburg, § 66 Rdnr. 55.

schäftsführer etwa nur ein bestimmtes Produkt entwickeln oder auf dem Markt einführen, die Gesellschaft neu positionieren oder die internen Strukturen umorganisieren, so wäre die Übertragung der Liquidation der Gesellschaft vom Anstellungsvertrag nicht umfasst und die Kündigung zulässig. Gleiches gilt, wenn der Schwerpunkt der Aufgaben des Geschäftsführers im Bereich des reinen Managements lag. Auch in diesem Fall ist ihm die Übertragung der Abwicklung der aufgelösten Gesellschaft nicht zumutbar und die Kündigung zulässig[90].

Wird die Gesellschaft wegen Vermögenslosigkeit gemäß § 60 Nr. 7 GmbHG gelöscht, so führt dies auch zur Beendigung des Dienstverhältnisses zwischen Geschäftsführer und Gesellschaft[91].

2. Dienstvertrag des gekorenen Liquidators

Werden mit der Auflösung der Gesellschaft die bisherigen Geschäftsführer abberufen und 128
neue Liquidatoren bestimmt, so ist die gesonderte Vereinbarung eines Dienstvertrages zwischen dem Liquidator und der Gesellschaft erforderlich[92]. Dieser kommt konkludent durch die Annahme des Liquidatorenamtes zustande[93]. Ab diesem Zeitpunkt hat der Liquidator einen Anspruch auf Vergütung, der sich nicht gegen die Gesellschafter sondern gegen die aufgelöste Gesellschaft richtet[94]. Für den Abschluss des Dienstvertrages mit dem Liquidator ist gemäß §§ 69 Abs. 1, 46 Nr. 5 GmbHG die Gesellschafterversammlung zuständig[95]. Bei Unklarheiten über die Höhe der Vergütung gilt § 612 Abs. 2 BGB[96]. Für den Liquidator empfehlenswert ist eine Freistellungserklärung der Gesellschaft im Hinblick auf mögliche Schadenersatzansprüche der Gesellschaft gegen den Liquidator, sowie von Dritten gegen den Liquidator.

Bislang nicht abschließend geklärt ist die Frage, wie der Dienstvertrag – insbesondere die 129
Vergütungsvereinbarung – im Falle der Bestellung des Liquidators durch das Gericht gemäß § 66 Abs. 2 GmbHG erfolgt. Da es in diesem Fall regelmäßig an einem Dienstvertrag zwischen Liquidator und Gesellschaft fehlt, wurde früher teilweise vertreten, dass das Gericht hier als Vertreter der Gesellschaft den Dienstvertrag mit dem Liquidator schließen könne. Dem kann jedoch nicht gefolgt werden, da dies einen zu schwerwiegenden Eingriff in die Rechte der Gesellschafter und die Vertragsfreiheit darstellt. Nach nun h.M. ergibt sich der Vergütungsanspruch des Liquidators im Falle der Bestellung nach § 66 Abs. 2 GmbHG aus § 265 Abs. 4 Satz 1 AktG[97]. Danach hat der Liquidator Anspruch auf Ersatz angemessener Auslagen und auf Vergütung. Ist eine Einigung zwischen dem Liquidator und der Gesellschaft nicht möglich, kann das Gericht Auslagen und Vergütung festsetzen, § 265 Abs. 4 S. 2 AktG. Gegen Die Entscheidung ist die sofortige Beschwerde zulässig. Um die ordnungsgemäße Durchführung der Liquidation der Gesellschaft

[90] *Hohner* in: Hachenburg, § 66 Rdnr. 55.

[91] *Nerlich* in: Michalski, § 66, Rdnr. 73.

[92] *Nerlich* in: Michalski, § 66, Rdnr. 74; *K. Schmidt* in: Scholz,§ 66, Rdnr. 49; *Hohner* in: Hachenburg, § 66 Rdnr. 55.

[93] *Nerlich* in: Michalski, § 66, Rdnr. 74; *K. Schmidt* in: Scholz,§ 66, Rdnr. 49; *Hohner* in: Hachenburg, § 66 Rdnr. 55.

[94] *BayObLG* BB 1975, 1037; *Nerlich* in: Michalski, § 66, Rdnr. 74; *K. Schmidt* in: Scholz, § 66, Rdnr. 49; *Hohner* in: Hachenburg, § 66 Rdnr. 55.

[95] *Schulze-Osterloh/Fastrich* in: Baumbach/Hueck, § 66, Rdnr. 12; *Lutter/Kleindiek* in: Lutter/Hommelhoff, § 66, Rdnr. 9; *K. Schmidt* in: Scholz, Rdnr. 50.

[96] *OLG Hamburg* MDR 1971, 298; *Nerlich* in: Michalski, § 66, Rdnr. 74; *Lutter/Kleindiek* in: Lutter/Hommelhoff, § 66, Rdnr. 9; *K. Schmidt* in: Scholz, § 66, Rdnr. 50.

[97] *BayObLG* BB 1975, 1037; *Schulze-Osterloh/Fastrich* in: Baumbach/Hueck, § 66, Rdnr. 23; *Nerlich* in: Michalski, § 66, Rdnr. 76; *Lutter/Kleindiek* in: Lutter/Hommelhoff, § 66, Rdnr. 9; *K. Schmidt* in: Scholz, § 66, Rdnr. 50; *Hohner* in: Hachenburg, § 66 Rdnr. 55.

zu gewährleisten, bietet es sich für das Gericht an, die Bestellung des Liquidators von einen Vorschuss oder einer Vergütungszusage durch den Antragsteller abhängig zu machen.

IV. Anmeldung der Liquidatoren

130 Gemäß § 67 Abs. 1 GmbHG sind die ersten Liquidatoren und ihre Vertretungsbefugnis sowie ein späterer Wechsel der Liquidatoren und Änderungen der Vertretungsbefugnis zur Eintragung in das Handelsregister anzumelden. Anzumelden sind alle Liquidatoren mit Ausnahme der außerordentlich bestellten oder abberufenen, sowohl der geborene Liquidator als auch der durch Gesellschaftsvertrag oder Gesellschafterbeschluss gekorene. Eine Anmeldung ist nicht erforderlich für den gerichtlich bestellten oder gerichtlich abberufenen Liquidator, dieser wird gemäß § 67 Abs. 4 GmbHG von Amts wegen im Handelsregister eingetragen. Auch bei einer Liquidation nach § 38 KWG und bei der Nachtragsliquidation gemäß § 66 Abs. 5 GmbHG erfolgt die Eintragung von Amts wegen[98].

1. Eintragungspflichtige Tatsachen

131 Eintragungspflichtige Tatsachen sind gemäß § 67 Abs. 1 GmbHG zunächst der Beginn des Liquidatorenamtes sowie ein Wechsel der Liquidatoren. Bei einem Wechsel sind der Beginn des Amtes des neuen Liquidators und die Beendigung des Amtes des abtretenden einzutragen. Der Zeitpunkt der Bestellung, Abberufung oder eines Wechsels ist nicht einzutragen, da dies nur deklaratorische Wirkung hat[99]. Die Liquidatoren müssen ihren Vornamen, Familiennamen, Beruf und Wohnort angeben, § 43 Nr. 3 HRV. Namensänderungen, die im Laufe des Liquidationsverfahrens eintreten, müssen ebenfalls angemeldet werden[100]. Schließlich ist die Vertretungsbefugnis der Liquidatoren einzutragen, sowie spätere Änderungen dieser[101]. Werden mehrere Liquidatoren bestellt, so ist es ausreichend, wenn eine abstrakte Regelung der Vertretungsbefugnis getroffen und nicht für jeden einzelnen Liquidator bestimmt wird[102]. Sofern aber einem einzelnen Liquidator bestimmte Befugnisse zugesprochen werden, sind diese einzeln aufzuführen[103].

132 Ist in der Satzung vorgesehen, dass mehrere Liquidatoren bestellt werden können, aber tatsächlich zunächst nur einer bestellt wird, so ist nicht nur dessen Einzelvertretungsbefugnis einzutragen[104]. Vielmehr ist die abstrakte, also die generell für ein mehrköpfiges Organ geltende Vertretungsregelung bei einer künftig möglicherweise größeren Zahl von Liquidatoren auch

---

[98] *Schulze-Osterloh/Fastrich* in: Baumbach/Hueck, § 67, Rdnr. 23; *Nerlich* in: Michalski, § 67, Rdnr. 6.

[99] *Schulze-Osterloh/Fastrich* in: Baumbach/Hueck, § 67, Rdnr. 17; *Nerlich* in: Michalski, § 67, Rdnr. 7; *K. Schmidt* in: Scholz, § 67, Rdnr. 4; *Hohner* in: Hachenburg, § 67 Rdnr. 6.

[100] *Nerlich* in: Michalski, § 67, Rdnr. 8; *Hohner* in: Hachenburg, § 67 Rdnr. 3.

[101] *BayObLG* GmbHR 1994, 478, 479; *Schulze-Osterloh/Fastrich* in: Baumbach/Hueck, § 67, Rdnr. 3; *Nerlich* in: Michalski, § 67, Rdnr. 9; *K. Schmidt* in: Scholz, § 67, Rdnr. 4; *Hohner* in: Hachenburg, § 67 Rdnr. 3.

[102] *Schulze-Osterloh/Fastrich* in: Baumbach/Hueck, § 67, Rdnr. 3; *Nerlich* in: Michalski, § 67, Rdnr. 9; *K. Schmidt* in: Scholz, § 67, Rdnr. 4; *Hohner* in: Hachenburg, § 67 Rdnr. 4.

[103] *Schulze-Osterloh/Fastrich* in: Baumbach/Hueck, § 67, Rdnr. 3; *Nerlich* in: Michalski, § 67, Rdnr. 9; *K. Schmidt* in: Scholz, § 67, Rdnr. 4; *Hohner* in: Hachenburg, § 67 Rdnr. 7.

[104] *OLG Hamm* GmbHR 2005, 1308; BB 1987, 2183; NJW 1972, 1763; *Schulze-Osterloh/Fastrich* in: Baumbach/Hueck, § 67, Rdnr. 3; *Nerlich* in: Michalski, § 67, Rdnr. 9; *K. Schmidt* in: Scholz, § 67, Rdnr. 4; *Altmeppen* in: Roth/Altmeppen, § 67, Rdnr. 3.

dann zur Eintragung anzumelden, wenn zunächst nur ein (erster) Liquidator bestellt ist[105]. Ein Bedürfnis zur Offenlegung der abstrakten (generellen) Vertretungsverhältnisse besteht sowohl bei der werbenden als auch bei der in Liquidation befindlichen Gesellschaft[106]. Dies entspricht der grundsätzlichen Gleichbehandlung der Liquidatoren mit den Geschäftsführern nach der Generalverweisung des § 69 Abs. 1 GmbHG[107]. Denn § 68 Abs. 1 S. 2 GmbHG enthält – genau wie § 35 Abs. 2 S. 2 GmbHG für die Geschäftsführer der werbenden Gesellschaft – eine dispositive Regelung zur abstrakten Vertretungsbefugnis bei Vorhandensein mehrerer Liquidatoren.

Zu beachten ist, dass im Fall der Abberufung der bisherigen Geschäftsführer die Vertretungs- **133**
befugnis der alten Geschäftsführer endet und dies gemäß § 39 Abs. 1 GmbHG einzutragen ist[108]. Eine zusätzliche Anmeldung dieser Tatsache ist nicht erforderlich, da die Anmeldung des gekorenen Liquidators zugleich auch die Anmeldung der Tatsache umfasst, dass der bisherige Geschäftsführer seine Vertretungsbefugnisse verloren hat[109].

Auch die Befreiung vom Verbot des Selbstkontrahierens gemäß § 181 BGB muss eingetragen werden[110]. Dies gilt auch für die Ein-Mann-GmbH[111].

2. Versicherung der Amtsfähigkeit

Schließlich müssen die Liquidatoren in der Anmeldung versichern, dass keine die Bestellung **134**
hindernden Gründe vorliegen, § 67 Abs. 3 GmbHG. Hierzu müssen sämtliche Bestellungshindernisse vom Registergericht einzeln genannt und von den Liquidatoren verneint werden, ein pauschaler Hinweis auf § 6 Abs. 2 Satz 2, 3 GmbHG ist insoweit nicht ausreichend[112]. Das Registergericht muss in die Lage versetzt werden, auch ohne Einholung einer Auskunft aus dem Bundeszentralregister gemäß § 39 Abs. 2 Nr. 1 BZRG darüber entscheiden zu können, ob ein Bestellungshindernis im Sinne des § 66 Abs. 4 GmbHG vorliegen könnte[113]. Diese Erklärung ist sowohl vom gekorenen als auch vom geborenen Liquidator abzugeben[114]. Dies gilt auch dann, wenn der geborene Liquidator kurz zuvor eine entsprechende Versicherung als Geschäftsführer abgegeben hat, da trotz der Amtskontinuität ein neues Amt angetreten wird, für das erneut sichergestellt werden soll, dass keine persönlichen Mängel vorliegen[115]. Wenn eine juristische Person zum Liquidator berufen wird, muss die Versicherung von den jeweiligen vertretungsbe-

[105] *BGH* NZI, 2007, 595; *OLG Dresden* GmbHR 2005, 1310 *Lutter/Kleindiek* in: Lutter/Hommelhoff, § 66, Rdnr. 6; § 67 Rdnr. 9; *Keidel/Krafka/Willer*, Rdnr. 1134; *Hohner* in: Hachenburg, § 67 Rdnr. 4.

[106] *BGH* NZI, 2007, 595, 596.

[107] *BGH* NZI, 2007, 595, 596.

[108] *BayObLG* GmbHR 1994, 480, 481; *OLG Köln* GmbHR 1985, 23, 24; *Nerlich* in: Michalski, § 67, Rdnr. 9.

[109] *BayObLG* GmbHR 1994, 480, 481; *OLG Köln* GmbHR 1985, 23, 24; *Nerlich* in: Michalski, § 67, Rdnr. 9.

[110] *Schulze-Osterloh/Fastrich* in: Baumbach/Hueck, § 67, Rdnr. 3; *Nerlich* in: Michalski, § 67, Rdnr. 9; *K. Schmidt* in: Scholz, § 67, Rdnr. 4;.

[111] *Nerlich* in: Michalski, § 67, Rdnr. 9.

[112] *Schulze-Osterloh/Fastrich* in: Baumbach/Hueck, § 67, Rdnr. 7; *Nerlich* in: Michalski, § 67, Rdnr. 15; *K. Schmidt* in: Scholz, § 67, Rdnr. 12.

[113] *BayObLG* WM 1982, 168, 169; 1288, 1290; *Nerlich* in: Michalski, § 67, Rdnr. 15; *K. Schmidt* in: Scholz, § 67, Rdnr. 12.

[114] *BayObLG* WM 1982, 1288, 1290 f.; *Schulze-Osterloh/Fastrich* in: Baumbach/Hueck, § 67, Rdnr. 11; *Nerlich* in: Michalski, § 67, Rdnr. 15; *Lutter/Kleindiek* in: Lutter/Hommelhoff, § 67, Rdnr. 8; *Altmeppen* in: Roth/Altmeppen, § 67, Rdnr. 11;.

[115] *BayObLG* WM 1982, 1291, 1292; *Schulze-Osterloh/Fastrich* in: Baumbach/Hueck, § 67, Rdnr. 11; *Nerlich* in: Michalski, § 67, Rdnr. 15; *Lutter/Kleindiek* in: Lutter/Hommelhoff, § 67, Rdnr. 8; *Hohner* in: Hachenburg, § 67 Rdnr. 15. Dies ist nicht erforderlich, wenn der Liquidator die Versicherung als Geschäftsführer kurz zuvor abgegeben hat *BayObLG* BB 1987, 1625, 1626; *Schulze-Osterloh/Fastrich* in: Baumbach/Hueck, § 67, Rdnr. 11.

rechtigten Organen abgegeben werden[116]. Wurde der Liquidator vom Gericht bestellt, so hat er die Versicherung bereits bei seiner Bestellung abzugeben[117]. Über die Verpflichtung zur Abgabe der Erklärung nach § 67 Abs. 3 GmbHG sind die Liquidatoren gemäß § 53 Abs. 2 BZRG zu belehren, da die Offenbarungspflicht wegen § 51 Abs. 2 BZRG unbeschränkt besteht[118]. Diese Belehrung kann auch von einem Notar vorgenommen werden, § 67 Abs. 3 Satz 2 i.V.m. Abs. 3 Satz 2 GmbHG [119] eine unrichtige Versicherung ist nach § 82 Abs. 1 Nr. 5 GmbHG strafbar.

3. Zeichnung der Unterschrift

135 Schließlich haben die Liquidatoren ihre Unterschrift zur Aufbewahrung bei Gericht zu zeichnen, § 67 Abs. 5 GmbHG. Hierfür ist es erforderlich, dass die Unterschrift in öffentlich beglaubigter Form eingereicht wird, § 12 Abs. 1 HGB. Werden mehrere Liquidatoren bestellt, so müssen alle die Unterschriftszeichnung vornehmen[120]. Die Liquidatoren zeichnen mit ihrem eigenen Namen, nicht mit der Firma der aufgelösten Gesellschaft[121]. Der geborene Liquidator kann auf seine Zeichnung als Geschäftsführer verweisen[122], dies gilt jedoch nicht für eine frühere Zeichnung als Prokurist[123]. Gegebenfalls kann die Zeichnung der Unterschrift gemäß § 14 HGB mit Zwangsgeld durchgesetzt werden.

4. Anmeldungspflichtige Personen

136 Gemäß § 67 Abs. 1 GmbHG sind zur Eintragung die Geschäftsführer der Gesellschaft verpflichtet. Diese Formulierung ist jedoch etwas unglücklich, da mit der Auflösung der Gesellschaft die Gesellschaft nicht mehr von ihren Geschäftsführern vertreten werden kann, sondern nur von dem Liquidator, bei dem es sich entweder um den bisherigen Geschäftsführer handeln kann oder aber auch um einen neu bestellten Liquidator. Richtigerweise trifft die Anmeldeverpflichtung daher denjenigen, der im Zeitpunkt der Anmeldung vertretungsberechtigtes Organ der Gesellschaft ist[124]. Wenn für die Auflösung der Gesellschaft eine Satzungsänderung erforderlich ist, kann die Anmeldung nur durch die Geschäftsführer vorgenommen werden, da in diesem Fall erst die Eintragung der Liquidation zur Auflösung der Gesellschaft führt[125]. Wird

---

[116] *Schulze-Osterloh/Fastrich* in: Baumbach/Hueck, § 67, Rdnr. 11; *Nerlich* in: Michalski, § 67, Rdnr. 15; *K. Schmidt* in: Scholz, § 67, Rdnr. 12; *Hohner* in: Hachenburg, § 67 Rdnr. 15.

[117] *Schulze-Osterloh/Fastrich* in: Baumbach/Hueck, § 67, Rdnr. 11; *Nerlich* in: Michalski, § 67, Rdnr. 15; *K. Schmidt* in: Scholz, § 67, Rdnr. 12; *Hohner* in: Hachenburg, § 67 Rdnr. 15.

[118] *Nerlich* in: Michalski, § 67, Rdnr. 15.

[119] *Schulze-Osterloh/Fastrich* in: Baumbach/Hueck, § 67, Rdnr. 11; *Nerlich* in: Michalski, § 67, Rdnr. 15; *K. Schmidt* in: Scholz, § 67, Rdnr. 12; *Hohner* in: Hachenburg, § 67 Rdnr. 15.

[120] *Schulze-Osterloh/Fastrich* in: Baumbach/Hueck, § 67, Rdnr. 13; *Nerlich* in: Michalski, § 67, Rdnr. 17; *K. Schmidt* in: Scholz, § 67, Rdnr. 12; *Hohner* in: Hachenburg, § 67 Rdnr. 16.

[121] *Schulze-Osterloh/Fastrich* in: Baumbach/Hueck, § 67, Rdnr. 13; *Nerlich* in: Michalski, § 67, Rdnr. 17; *K. Schmidt* in: Scholz, § 67, Rdnr. 16; *Hohner* in: Hachenburg, § 67 Rdnr. 16.

[122] *Schulze-Osterloh/Fastrich* in: Baumbach/Hueck, § 67, Rdnr. 13; *Nerlich* in: Michalski, § 67, Rdnr. 17; *K. Schmidt* in: Scholz, § 67, Rdnr. 16; *Lutter/Kleindiek* in: Lutter/Hommelhoff, § 67, Rdnr. 9; *Hohner* in: Hachenburg, § 67 Rdnr. 16.

[123] *Nerlich* in: Michalski, § 67, Rdnr. 17; *Lutter/Kleindiek* in: Lutter/Hommelhoff, § 67, Rdnr. 8; *K. Schmidt* in: Scholz, § 67, Rdnr. 16; *Hohner* in: Hachenburg, § 67 Rdnr. 16.

[124] *OLG Oldenburg* GmbHR 2005, 367, 368; *BayObLG* GmbHR 1994, 478, 479; LG Bielefeld NJW 1987, 1089; *Schulze-Osterloh/Fastrich* in: Baumbach/Hueck, § 67, Rdnr. 4; *Nerlich* in: Michalski, § 67, Rdnr. 11; *K. Schmidt* in: Scholz, § 67, Rdnr. 8; *Lutter/Kleindiek* in: Lutter/Hommelhoff, § 67, Rdnr. 2; *Altmeppen* in: Roth/Altmeppen, § 67, Rdnr. 5; *Hohner* in: Hachenburg, § 67 Rdnr. 8.

[125] *BayObLG* GmbHR 1994, 478, 479; *Schulze-Osterloh/Fastrich* in: Baumbach/Hueck, § 67, Rdnr. 4;

die Anmeldung aber dennoch von einem nicht mehr vertretungsberechtigten Geschäftsführer vorgenommen, ist die Anmeldung nur wirksam, wenn sie anschließend durch den vertretungsberechtigten Liquidator genehmigt wird[126].

Die Anmeldung muss nicht durch sämtliche Liquidatoren erfolgen, ausreichend ist die Anmeldung durch die für die Vertretung der Gesellschaft erforderliche Anzahl[127]. Wenn die Anmeldung durch die erforderliche Anzahl nicht möglich ist, so sind gegebenenfalls entsprechend §§ 29, 48 Abs. 1 BGB Notliquidatoren zu bestellen[128]. **137**

Sofern ein gekorener Liquidator die Anmeldung vornimmt, hat er zu versichern, dass die Satzung nicht geändert worden ist und neben ihm keine weiteren Liquidatoren bestellt wurden[129]. Auch der geborene Liquidator hat zu versichern, dass neben ihm keine weiteren Liquidatoren bestellt wurden[130].

5. Form und Bekanntmachung

Die Anmeldung ist gemäß § 12 Abs. 1 HGB in öffentlich beglaubigter Form im Sinne des § 129 BGB an das nach § 7 Abs. 1 GmbHG örtlich zuständige Registergericht einzureichen. Beim Bestehen von Zweigniederlassungen sind die §§ 13 a ff. HGB zu beachten. Der Anmeldung müssen die Urkunden über die Bestellung der Liquidatoren in Urschrift oder in öffentlich beglaubigter Abschrift beigefügt werden[131]. Für einen Gesellschafterbeschluss ist die einfache Schriftform ausreichend[132]. Der geborene Liquidator kann bei seiner Anmeldung auf seine Eintragung als Geschäftsführer Bezug nehmen[133]. **138**

Die Eintragung wird gemäß § 10 HGB öffentlich bekannt gemacht. Die einzutragenden Tatsachen wirken gemäß § 15 Abs. 1 HGB für und gegen jedermann. Kommen die vertretungsberechtigten Organe ihrer Anmeldepflicht nicht nach, so kann diese durch die Festsetzung eines Zwangsgeldes gemäß § 14 Abs. 1 HGB durchgesetzt werden. **139**

Nerlich in: Michalski, § 67, Rdnr. 11; *K. Schmidt* in: Scholz, § 67, Rdnr. 8; *Lutter/Kleindiek* in: Lutter/Hommelhoff, § 2; *Altmeppen* in: Roth/Altmeppen, § 67, Rdnr. 6; *Hohner* in: Hachenburg, § 67 Rdnr. 8.

[126] *Nerlich* in: Michalski, § 67, Rdnr. 11; *K. Schmidt* in: Scholz, § 67, Rdnr. 8.

[127] *Schulze-Osterloh/Fastrich* in: Baumbach/Hueck, § 67, Rdnr. 6; *Nerlich* in: Michalski, § 67, Rdnr. 11; *K. Schmidt* in: Scholz, § 67, Rdnr. 8; *Altmeppen* in: Roth/Altmeppen, § 67, Rdnr. 5; *Hohner* in: Hachenburg, § 67 Rdnr. 11.

[128] *Schulze-Osterloh/Fastrich* in: Baumbach/Hueck, § 67, Rdnr. 6; *Nerlich* in: Michalski, § 67, Rdnr. 11; *K. Schmidt* in: Scholz, § 67, Rdnr. 8; *Altmeppen* in: Roth/Altmeppen, § 67, Rdnr. 5; *Hohner* in: Hachenburg, § 67 Rdnr. 11.

[129] *Schulze-Osterloh/Fastrich* in: Baumbach/Hueck, § 67, Rdnr. 9; *Nerlich* in: Michalski, § 67, Rdnr. 10; *K. Schmidt* in: Scholz, § 67, Rdnr. 11. A.A. LG Bremen ZIP 1994, 1186; *Altmeppen* in: Roth/Altmeppen, Rdnr. 12; *Lutter/Kleindiek* in: Lutter/Hommelhoff, § 67, Rdnr. 7.

[130] *Schulze-Osterloh/Fastrich* in: Baumbach/Hueck, § 67, Rdnr. 9; *Nerlich* in: Michalski, § 67, Rdnr. 10; *K. Schmidt* in: Scholz, § 67, Rdnr. 11. A.A. LG Bremen GmbHR 1991, 67, 68; *Altmeppen* in: Roth/Altmeppen, Rdnr. 12; *Lutter/Kleindiek* in: Lutter/Hommelhoff, § 67, Rdnr. 7.

[131] *Schulze-Osterloh/Fastrich* in: Baumbach/Hueck, § 67, Rdnr. 9; *Nerlich* in: Michalski, § 67, Rdnr. 13; *Hohner* in: Hachenburg, § 67 Rdnr. 12.

[132] *Schulze-Osterloh/Fastrich* in: Baumbach/Hueck, § 67, Rdnr. 8; *Nerlich* in: Michalski, § 67, Rdnr. 13; *Hohner* in: Hachenburg, § 67 Rdnr. 12.

[133] *Schulze-Osterloh/Fastrich* in: Baumbach/Hueck, § 67, Rdnr. 8; *Nerlich* in: Michalski, § 67, Rdnr. 13; *K. Schmidt* in: Scholz, § 67, Rdnr. 11. *Altmeppen* in: Roth/Altmeppen, § 67, Rdnr. 12; *Hohner* in: Hachenburg, § 67 Rdnr. 12.

V. Abberufung des Liquidators

140 Das Amt des Liquidators als Organ der Gesellschaft endet mit der Abberufung, parallel hierzu ist die Beendigung des Dienstverhältnisses erforderlich, da dies nicht automatisch endet. Die organschaftliche Abberufung des Liquidators folgt denselben Vorschriften wie die Bestellung des Liquidators, § 66 Abs. 3 GmbHG. Auch bei der Abberufung ist zwischen der ordentlichen Abberufung durch die Gesellschafter und der außerordentlichen Abberufung durch das Gericht zu unterscheiden. Der Liquidator kann sein Amt auch durch Niederlegung beenden.

1. Ordentliche Abberufung nach § 66 Abs. 3 Satz 2 GmbHG

141 Grundsätzlich endet das Liquidatorenamt mit der Anmeldung des Schlusses der Liquidation zum Handelsregister gem. § 74 Abs. 1 S. 1 GmbHG automatisch[134]. Zuvor können geborene und gekorene Liquidatore nach § 66 Abs. 3 Satz 2 GmbHG jederzeit fristlos und ohne Vorliegen eines wichtigen Grundes durch Gesellschafterbeschluss abberufen werden. Auf das Dienstverhältnis zwischen Liquidator und Gesellschaft hat die Abberufung keinen Einfluss, beide Rechtsverhältnisse bestehen getrennt voneinander. Das Recht zur Abberufung durch Gesellschafterbeschluss besteht für gemäß § 66 Abs. 2 GmbHG gerichtlich bestellten Liquidatoren, Notliquidatoren und Nachtragsliquidatoren sowie die gemäß § 66 Abs. 5 GmbHG bestellten Nachtragsliquidatoren und schließlich für die nach § 38 Abs. 2 Satz 2 KWG bestellten Liquidatoren[135]. Die gerichtlich bestellten Liquidatoren können gemäß § 66 Abs. 3 Satz 1 GmbHG nur durch das Gericht unter den Voraussetzungen der Bestellung abberufen werden (vgl. hierzu sogleich unten, Rdnr. 199). Die Abberufung des Liquidators kann von den Gesellschaftern jederzeit fristlos und ohne Angabe eines wichtigen Grundes mit einfacher Mehrheit beschlossen werden[136]. Im Gesellschaftsvertrag kann aber auch eine andere Mehrheit vorgesehen werden[137]. Sofern der amtierende Liquidator gleichzeitig auch Gesellschafter ist, ist er ebenfalls stimmberechtigt[138]. Dies gilt jedoch nicht, wenn durch die Abberufung sein statutarisches Sonderrecht beendet wird oder zugleich mit der Abberufung seine Entlastung nach § 47 Abs. 4 GmbHG erfolgen soll[139]. In diesem Fall ist der Gesellschafter-Liquidator nicht stimmberechtigt und muss sich seiner Stimme enthalten[140]. Das gilt nicht für den Fall der Ein-Mann-GmbH, hier steht das Abberufungsrecht auch

[134] *BGH* NJW 1970, 1044, 1045; *BayObLG*, GmbHR 1994, 259, 260; *Altmeppen* in: Roth/Altmeppen, § 74 Rdnr. 3.

[135] *Nerlich* in: Michalski, § 66, Rdnr. 62; *K. Schmidt* in: Scholz, § 66, Rdnr. 42; *Hohner* in: Hachenburg, § 66 Rdnr. 46, 49.

[136] *KG* GmbHR 1998, 1039; *Schulze-Osterloh/Fastrich* in: Baumbach/Hueck, § 66, Rdnr. 24; *Nerlich* in: Michalski, § 66, Rdnr. 62; *Lutter/Kleindiek* in: Lutter/Hommelhoff, § 66, Rdnr. 11; *K. Schmidt* in: Scholz, § 66, Rdnr. 44; *Hohner* in: Hachenburg, § 66 Rdnr. 46.

[137] *Schulze-Osterloh/Fastrich* in: Baumbach/Hueck, § 66, Rdnr. 24; *Nerlich* in: Michalski, § 66, Rdnr. 62; *Lutter/Kleindiek* in: Lutter/Hommelhoff, § 66, Rdnr. 11; *K. Schmidt* in: Scholz, § 66, Rdnr. 42; *Hohner* in: Hachenburg, § 66 Rdnr. 46.

[138] *Schulze-Osterloh/Fastrich* in: Baumbach/Hueck, § 66, Rdnr. 24; *Nerlich* in: Michalski, § 66, Rdnr. 63; *Lutter/Kleindiek* in: Lutter/Hommelhoff, § 66, Rdnr. 11; *K. Schmidt* in: Scholz, § 66, Rdnr. 43; *Hohner* in: Hachenburg, § 66 Rdnr. 46.

[139] *Schulze-Osterloh/Fastrich* in: Baumbach/Hueck, § 66, Rdnr. 24; *Nerlich* in: Michalski, § 66, Rdnr. 63; *K. Schmidt* in: Scholz, § 66, Rdnr. 43; *Hohner* in: Hachenburg, § 66 Rdnr. 46.

[140] *Schulze-Osterloh/Fastrich* in: Baumbach/Hueck, § 66, Rdnr. 24; *Nerlich* in: Michalski, § 66, Rdnr. 63; *K. Schmidt* in: Scholz, § 66, Rdnr. 43; *Hohner* in: Hachenburg, § 66 Rdnr. 46.

dem als Liquidator amtierenden einzigen Gesellschafter zu, der sich hier selber als Liquidator abberufen kann und muss[141]. Ein Verstoß gegen § 48 Abs. 3 GmbHG führt in diesem Falle nicht zur Unwirksamkeit des Beschlusses[142].

Wenn das Liquidatorenamt auf einem statutarischen Sonderrecht beruht, kann die Abberufung nur aus wichtigem Grunde erfolgen[143]. Liegt kein wichtiger Grund vor, ist die Abberufung nur mit Zustimmung des betroffenen Liquidators möglich[144]. Wird die Abberufung des Geschäftsführers in der Satzung vom Vorliegen eines wichtigen Grundes abhängig gemacht, so gilt diese Einschränkung nach der Auflösung für den Liquidator aufgrund der veränderten Interessenslage nicht mehr[145]. Die Stellung des Liquidators unterscheidet sich trotz des Grundsatzes der Amtskontinuität nach § 66 Abs. 1 GmbHG wesentlich von der des Geschäftsführers. Der Geschäftsführer ist Organ einer in der Regel auf unbestimmte Zeit gegründeten, werbenden Gesellschaft. Er soll die Gesellschaft im Wirtschaftsverkehr führen und Gewinne erwirtschaften. Demgegenüber ist es die Aufgabe des Liquidators die Gesellschaft innerhalb eines kurzen Zeitraums aufzulösen. Das Amt des Liquidators ist von vornherein befristet, das es mit der Anmeldung des Schlusses der Liquidation zum Handelsregister automatisch endet[146]. Das Interesse der Gesellschaft ist im Liqudiationsstadium eben nicht mehr auf unbefristete wirtschaftliche Tätigkeit ausgerichtet. Aufgrund dieser unterschiedlichen Zwecksetzung der Aufgaben und Ziele von Geschäftsführer und Liquidator können die Grundsätze zur Stellung des Geschäftsführers nicht uneingeschränkt auf den Liquidator übertragen werden[147]. Ein dem Geschäftsführer gemäß § 38 Abs. 2 Satz 1 GmbHG eingeräumtes Sonderrecht kann daher im Falle der Auflösung nicht bestehen bleiben und geht nicht auf den Liquidator über. Freilich kann in der Satzung vorgesehen werden, dass die Abberufung des Liquidators an bestimmte Voraussetzungen geknüpft wird. **142**

Folgt man der Ansicht, dass die statutarischen Vorgaben für den Geschäftsführer auch für den Liquidator gelten sollen, so wäre ein wichtiger Grund beispielsweise zu bejahen, wenn erhebliche und unüberbrückbare Streitigkeiten oder Interessenkonflikte zwischen Liquidator und Gesellschafter bestehen und durch die Konfliktsituation der Abwicklungszweck sowie eine gedeihliche Weiterführung und Beendigung der Liquidation durch den bisherigen Liquidator massiv gefährdet wären[148]. **143**

Das Recht zur Abberufung kann nicht auf Dritte übertragen werden[149]. Das gilt auch im Hinblick auf den Aufsichtsrat einer nach MitbestG mitbestimmten Gesellschaft[150].

---

[141] *KGJ* 45 178; *Schulze-Osterloh/Fastrich* in: Baumbach/Hueck, § 66, Rdnr. 23; *Nerlich* in: Michalski, § 66, Rdnr. 64; *K. Schmidt* in: Scholz, § 66, Rdnr. 43.

[142] *Schulze-Osterloh/Fastrich* in: Baumbach/Hueck, § 66, Rdnr. 24; *Nerlich* in: Michalski, § 66, Rdnr. 64; *K. Schmidt* in: Scholz, § 66, Rdnr. 43; *Hohner* in: Hachenburg, § 66 Rdnr. 46.

[143] *Schulze-Osterloh/Fastrich* in: Baumbach/Hueck, § 66, Rdnr. 24; *Nerlich* in: Michalski, § 66, Rdnr. 66; *K. Schmidt* in: Scholz, § 66, Rdnr. 44; *Hohner* in: Hachenburg, § 66 Rdnr. 46.

[144] *Schulze-Osterloh/Fastrich* in: Baumbach/Hueck, § 66, Rdnr. 24; *Nerlich* in: Michalski, § 66, Rdnr. 66; *K. Schmidt* in: Scholz, § 66, Rdnr. 44; *Hohner* in: Hachenburg, § 66 Rdnr. 46.

[145] So auch *Nerlich* in: Michalski, § 66, Rdnr. 66; *Lutter/Kleindiek* in: Lutter/Hommelhoff, § 66, Rdnr. 11; *Altmeppen* in: Roth/Altmeppen, Rdnr. 47; *Hohner* in: Hachenburg, § 66 Rdnr. 46; *Meyer* GmbHR 1998, 1018, 1019. A.A.: *Schulze-Osterloh/Fastrich* in: Baumbach/Hueck, § 66, Rdnr. 24; *K. Schmidt* in: Scholz, § 66, Rdnr. 44, die hierin eine unzulässige Einschränkung der Vertragsfreiheit sehen.

[146] *BGH*, NJW 1970, 1044, 1045; *BayObLG* GmbHR 1994, 259, 260; *Altmeppen* in: Roth/Altmeppen, § 74 Rdnr. 3.

[147] So auch *Meyer* GmbHR 1998, 1018, 1019.

[148] *LG Mainz* Rpfleger 2005, 544.

[149] *Schulze-Osterloh/Fastrich* in: Baumbach/Hueck, § 66, Rdnr. 24; *Nerlich* in: Michalski, § 66, Rdnr. 64; *Hohner* in: Hachenburg, § 66 Rdnr. 47.

[150] *Schulze-Osterloh/Fastrich* in: Baumbach/Hueck, § 66, Rdnr. 24; *Nerlich* in: Michalski, § 66, Rdnr. 64; *Hohner* in: Hachenburg, § 66 Rdnr. 47.

Für die Wirksamkeit der Abberufung ist die Eintragung ins Handelsregister nicht erforderlich. Vielmehr wird die Abberufung mit ihrem Zugang beim Liquidator wirksam, § 130 Abs. 1 S. 1 BGB[151].

2. Außerordentliche Abberufung durch das Gericht nach § 66 Abs. 3 Satz 1 GmbHG

144 Erfolgte die Bestellung des Liquidators durch das Gericht, so erfolgt die Abberufung unter den selben Voraussetzungen wie die Bestellung, da die außerordentliche Abberufung Spiegelbild der außerordentlichen Bestellung ist. Voraussetzung für die Abberufung ist grundsätzlich das Vorliegen eines Antrages von Gesellschaftern die zusammen mindestens 10 Prozent des Stammkapitals vertreten sowie das Vorliegen eines wichtigen Grundes[152]. Daneben kann auch die Erledigung des Bestellungsgrundes im Sinne des § 66 Abs. 2 GmbHG Abberufungsgrund sein[153]. Anderenfalls dürfte es kaum möglich sein, einen durch das Gericht bestellten Liquidator abzuberufen, nachdem sich die Gesellschafter auf eine ausreichende Anzahl von Liquidatoren geeinigt haben[154]. Jeder Liquidator kann unabhängig von der sein Amt begründenden Bestellung abberufen werden[155]. Beim Notliquidator nach § 29, 48 BGB analog endet das Amt automatisch mit der Bestellung eines neuen Liquidators[156]. Im Fall der Amtsunfähigkeit des Liquidators nach den §§ 66 Abs. 4 i.V.m. 6 Abs. 2 Satz 2, 3 GmbHG ist eine ausdrückliche Abberufung nicht erforderlich, da die Bestellung nicht wirksam geworden ist oder bei nachträglichem Eintreten der Amtsunfähigkeit automatisch erlischt[157]. Dennoch empfiehlt sich auch in diesen Fällen aus Gründen der Rechtssicherheit die ausdrückliche Abberufung durch das Gericht. Wurde der Liquidator aufgrund eines statutarischen Sonderrechtes bestellt, so schützt ihn dies nicht vor einer Abberufung durch das Gericht aus wichtigem Grunde nach § 66 Abs. 3 S. 1 GmbHG[158].

145 Das Gericht hat zu prüfen, ob tatsächlich ein wichtiger Grund für die Abberufung vorliegt. Ein wichtiger Grund ist insbesondere zu bejahen bei: grober Pflichtverletzung, Unfähigkeit zur Führung des Amtes[159], Gefahr eines dauerhaften Interessenwiderstreites, Abschluss eigennütziger und für die Gesellschaft nachteiliger Geschäfte[160] oder begründetem Misstrauen an der Unparteilichkeit des Liquidators gegenüber den Gesellschaftern[161]. Entscheidend für das Vorliegen eines wichtigen Grundes ist, dass die Abwicklung der Gesellschaft gefährdet ist.

---

[151] *Schulze-Osterloh/Fastrich* in: Baumbach/Hueck, § 66, Rdnr. 25; *Nerlich* in: Michalski, § 66, Rdnr. 65; *Hohner* in: Hachenburg, § 66 Rdnr. 52.

[152] *Schulze-Osterloh/Fastrich* in: Baumbach/Hueck, § 66, Rdnr. 26; *Nerlich* in: Michalski, § 66, Rdnr. 67; *Hohner* in: Hachenburg, § 66 Rdnr. 50; *K. Schmidt* in: Scholz, § 66, Rdnr. 45.

[153] *Nerlich* in: Michalski, § 66, Rdnr. 67; *Hohner* in: Hachenburg, § 66 Rdnr. 51; *K. Schmidt* in: Scholz, § 66, Rdnr. 45.

[154] *Nerlich* in: Michalski, § 66, Rdnr. 67; *Hohner* in: Hachenburg, § 66 Rdnr. 50; *K. Schmidt* in: Scholz, § 66, Rdnr. 45.

[155] *Schulze-Osterloh/Fastrich* in: Baumbach/Hueck, § 66, Rdnr. 26; *Nerlich* in: Michalski, § 66, Rdnr. 67; *Hohner* in: Hachenburg, § 66 Rdnr. 50; *K. Schmidt* in: Scholz, § 66, Rdnr. 45.

[156] *Nerlich* in: Michalski, § 66, Rdnr. 67; *K. Schmidt* in: Scholz, § 66, Rdnr. 45. A.A.: *BayObLG* GmbHR 1987, 309, 307; *OLG München* GmbHR 1994, 259.

[157] *OLG Köln* NZG 2003, 341; *BayObLG* BB 1987, 1625, 1627; *Schulze-Osterloh/Fastrich* in: Baumbach/Hueck, § 66, Rdnr. 26; *Nerlich* in: Michalski, § 66, Rdnr. 68.

[158] *Nerlich* in: Michalski, § 66, Rdnr. 68; *K. Schmidt* in: Scholz, § 66, Rdnr. 45.

[159] *OLG Hamm* GmbHR 1960, 918; BB 1960, 1355; *K. Schmidt* in: Scholz, § 66, Rdnr. 45; *Hohner* in: Hachenburg, § 66 Rdnr. 50.

[160] *KGJ* 45, 184; *K. Schmidt* in: Scholz, § 66, Rdnr. 45.

[161] Etwa durch Bevorzugung einzelner Gesellschafter bei Verwertungsgeschäften, *BayObLG* GmbHR

Über die Abberufung des Liquidators entscheidet das Registergericht durch Beschluss. Gegen diesen Beschluss kann die sofortige Beschwerde zum Landgericht eingelegt werden, §§ 148 Abs. 1 i.V.m. 146 Abs. 1 Satz 1 FGG[162]. Gegen die Entscheidung des Landgerichtes ist die sofortige weitere Beschwerde nach §§ 27, 29 FGG möglich[163].

Gegen einen die Abberufung ablehnenden Beschluss können die Minderheitsgesellschafter **146** unter den Voraussetzungen des § 66 Abs. 2 GmbHG Beschwerde erheben, also wenn sie über mindestens 10 Prozent des Stammkapitals verfügen[164]. Gibt das Gericht dem Antrag statt, steht das Beschwerderecht hiergegen der Gesellschaft, dem abberufenen Liquidator und auch einzelnen Gesellschaftern zu, sofern ihre Mitgliedsschaftsrechte durch die Abberufung des Liquidators verletzt werden[165]. Die Abberufung des Liquidators im Wege einer einstweiligen Verfügung nach § 940 ZPO ist unzulässig[166].

Bei der Abberufung durch das Gericht wird das Dienstverhältnis zwischen der Gesellschaft und dem Liquidator grundsätzlich nicht berührt[167]. Da aber die Abberufung durch das Gericht aus wichtigem Grund erfolgt, kann das Dienstverhältnis fristlos nach § 626 BGB gekündigt werden[168].

3. Amtsniederlegung

Die Niederlegung des Liquidatorenamtes erfolgt durch eine einseitige Erklärung des Liqui- **147** dators, dass er seine organschaftliche Stellung aufgibt[169]. Die Amtsniederlegung ist jederzeit und ohne Angabe eines wichtigen Grundes zulässig und wird sofort wirksam[170], so dass der Liquidator unmittelbar die Geschäftsführungs- und Vertretungsbefugnis verliert[171]. Sofern neben dem

1969, 153; *OLG Hamm* BB 1958, 497; *K. Schmidt* in: Scholz, § 66, Rdnr. 45; *Hohner* in: Hachenburg, § 66 Rdnr. 50.

[162] *Schulze-Osterloh/Fastrich* in: Baumbach/Hueck, § 66, Rdnr. 27; *Nerlich* in: Michalski, § 66, Rdnr. 69; *Hohner* in: Hachenburg, § 66 Rdnr. 53; *K. Schmidt* in: Scholz, § 66, Rdnr. 45.

[163] *Nerlich* in: Michalski, § 66, Rdnr. 69; *Hohner* in: Hachenburg, § 66 Rdnr. 53.

[164] *Schulze-Osterloh/Fastrich* in: Baumbach/Hueck, § 66, Rdnr. 27; *Nerlich* in: Michalski, § 66, Rdnr. 69; *Hohner* in: Hachenburg, § 66 Rdnr. 53; *K. Schmidt* in: Scholz, § 66, Rdnr. 47.

[165] *BayObLG* GmbHR 1996, 129, 130; *OLG Düsseldorf* ZIP 1998, 1534; *OLG Köln* GmbHR 2003 361; *Schulze-Osterloh/Fastrich* in: Baumbach/Hueck, § 66, Rdnr. 27; *Nerlich* in: Michalski, § 66, Rdnr. 69; *K. Schmidt* in: Scholz, § 66, Rdnr. 47.

[166] *OLG Frankfurt* ZIP 1989, 39; *Nerlich* in: Michalski, § 66, Rdnr. 69; *Lutter/Kleindiek* in: Lutter/Hommelhoff, § 66, Rdnr. 11; *K. Schmidt* in: Scholz, § 66, Rdnr. 47; *Hohner* in: Hachenburg, § 66 Rdnr. 53. A.A. *Hohner* in: Hachenburg, § 66 Rdnr. 53; *OLG Hamm* NJW 1960, 872, 873.

[167] *Schulze-Osterloh/Fastrich* in: Baumbach/Hueck, § 66, Rdnr. 28; *Nerlich* in: Michalski, § 66, Rdnr. 69; *K. Schmidt* in: Scholz, § 66, Rdnr. 47. A.A. *KG* GmbHR 1998, 1039 und *Meyer* GmbHR 1998, 1018 ff.: Anders als beim Geschäftsführer liege regelmäßig ein außerordentliches Kündigungsrecht gem. § 627 Abs. 1 BGB vor, daher sei in der vorzeitigen Abberufung des Liquidators in der Regel zugleich die konkludente Kündigung seines Anstellungsverhältnisses enthalten. Das *KG* begründet dies mit dem schlagkräftigen Argument, es sei weltfremd anzunehmen, dass die Gesellschafter den Liquidator zwar als Organ entlassen, aber als Bediensteten weiterbeschäftigen wollten, wenn die Möglichkeit der jederzeitigen unbegründeten Kündigung bestehe. Es sei daher nicht nur sinnvoll, sondern sogar geboten, die Abberufung des Liquidators zugleich als Kündigung des Dienstverhältnisses zu verstehen.

[168] *Schulze-Osterloh/Fastrich* in: Baumbach/Hueck, § 66, Rdnr. 28; *Nerlich* in: Michalski, § 66, Rdnr. 71.

[169] *BGH* NJW 1980, 2415; *Schulze-Osterloh/Fastrich* in: Baumbach/Hueck, § 66, Rdnr. 29; *Nerlich* in: Michalski, § 66, Rdnr. 79; *Hohner* in: Hachenburg, § 66 Rdnr. 54; *K. Schmidt* in: Scholz, § 66, Rdnr. 51.

[170] *Schulze-Osterloh/Fastrich* in: Baumbach/Hueck, § 66, Rdnr. 29; *Nerlich* in: Michalski, § 66, Rdnr. 79; *Hohner* in: Hachenburg, § 66 Rdnr. 54; *K. Schmidt* in: Scholz, § 66, Rdnr. 51.

[171] *Schulze-Osterloh/Fastrich* in: Baumbach/Hueck, § 66, Rdnr. 29.

erklärenden Liquidator weitere Liquidatoren bestellt sind, ist die Amtsniederlegung gegenüber der Gesellschaft, diese vertreten durch die (übrigen) Liquidatoren zu erklären[172]. Die Erklärung kann auch gegenüber den Gesellschaftern als Bestellungsorgan erfolgen[173]. Ist nur ein Liquidator bestellt, muss die Amtsniederlegung gegenüber den Gesellschaftern erklärt werden[174]. Dies gilt nicht nur für die von den Gesellschaftern bestellten Liquidatoren, sondern auch für alle außerordentlich durch das Gericht bestellten Liquidatoren, da sie mit der gerichtlichen Bestellung Organ der Gesellschaft werden[175].

148 Ist der Liquidator alleiniger Gesellschafter, so muss er die Amtsniederlegung gegenüber dem Registergericht erklären[176]. Das Registergericht ist auch dann zuständig, wenn Wohnsitz und Aufenthaltsort der Gesellschafter, denen gegenüber die Amtsniederlegung hätte erklärt werden müssen, unbekannt sind[177]. Wurde der Liquidator gemäß § 66 Abs. 2 GmbHG durch das Gericht bestellt, kann er die Amtsniederlegung sowohl gegenüber dem bestellenden Registergericht als auch gegenüber den Gesellschaftern erklären[178]. Die Amtsniederlegung wird mit Zugang im Sinne des § 130 BGB wirksam[179].

149 Die Berechtigung zur Amtsniederlegung ist grundsätzlich abhängig von einer entsprechenden Regelung im Dienstvertrag oder einer wirksamen Kündigung des Dienstvertrages[180]. Erfolgt die Amtsniederlegung jedoch, ohne dass der Liquidator hierzu berechtigt war, so ist diese zwar auch bei Fehlen eines wichtigen Grundes wirksam, doch besteht die Gefahr, dass er sich aufgrund seines vertragswidrigen Verhaltens schadenersatzpflichtig macht[181]. War die Amtsniederlegung und Kündigung des Dienstverhältnisses rechtmäßig, kann sie aber dennoch einen Schadenersatzanspruch auslösen, wenn dies zur Unzeit im Sinne von § 627 Abs. 2 S. 2 BGB erfolgte[182].

4. Beendigung des Dienstverhältnisses

150 Während für die Beendigung der Organstellung des Liquidators die Abberufung durch die Gesellschafter, durch das Registergericht oder durch Amtsniederlegung durch den Liquidator

---

[172] *BGH* NZG 2002, 43; *LG Memmingen* NZG 2004, 828; *OLG Hamm* GmbHR 1960, 872, 873; *Schulze-Osterloh/Fastrich* in: Baumbach/Hueck, § 66, Rdnr. 30; *Nerlich* in: Michalski, § 66, Rdnr. 79; *Hohner* in: Hachenburg, § 66 Rdnr. 54; *K. Schmidt* in: Scholz, § 66, Rdnr. 52.

[173] *KGJ* 48 A, 134, 136; *OLG Hamm* NJW 1960, 872, 873; *BayObLG* GmbHR 1994, 259, 260; *Schulze-Osterloh/Fastrich* in: Baumbach/Hueck, § 66, Rdnr. 30; *Nerlich* in: Michalski, § 66, Rdnr. 79; *Hohner* in: Hachenburg, § 66 Rdnr. 54; *K. Schmidt* in: Scholz, § 66, Rdnr. 52.

[174] *OLG Hamm* GmbHR 1960, 872, 873; *Nerlich* in: Michalski, § 66, Rdnr. 79; *Hohner* in: Hachenburg, § 66 Rdnr. 54; *K. Schmidt* in: Scholz, § 66, Rdnr. 52.

[175] *Nerlich* in: Michalski, § 66, Rdnr. 79; *Hohner* in: Hachenburg, § 66 Rdnr. 54; *K. Schmidt* in: Scholz, § 66, Rdnr. 52.

[176] *LG Memmingen* NZG 2004, 828; *BayObLG* GmbHR 1994, 259, 260; *Schulze-Osterloh/Fastrich* in: Baumbach/Hueck, § 66, Rdnr. 30; *Nerlich* in: Michalski, § 66, Rdnr. 79; *Hohner* in: Hachenburg, § 66 Rdnr. 54; *K. Schmidt* in: Scholz, § 66, Rdnr. 52.

[177] *Nerlich* in: Michalski, § 66, Rdnr. 79; *K. Schmidt* in: Scholz, § 66, Rdnr. 52.

[178] *Nerlich* in: Michalski, § 66, Rdnr. 79; *K. Schmidt* in: Scholz, § 66, Rdnr. 52; *Hohner* in: Hachenburg, § 66 Rdnr. 54. Für Erklärung nur gegenüber dem Registergericht: *BGH* 121, 263, 264; *Schulze-Osterloh/Fastrich* in: Baumbach/Hueck, § 66, Rdnr. 30; *Lutter/Kleindiek* in: Lutter/Hommelhoff, § 66, Rdnr. 10.

[179] *OLG Hamm* NJW 1977, 872, 873; *Nerlich* in: Michalski, § 66, Rdnr. 79; *Hohner* in: Hachenburg, § 66 Rdnr. 54; *K. Schmidt* in: Scholz, § 66, Rdnr. 52.

[180] *Nerlich* in: Michalski, § 66, Rdnr. 81.

[181] *BGH* NJW 1980, 2415; *BayObLG* GmbHR 1994, 259, 260; 30; *OLG Köln* GmbHR 1983, 304; *Schulze-Osterloh/Fastrich* in: Baumbach/Hueck, § 66, Rdnr. 31; *Nerlich* in: Michalski, § 66, Rdnr. 81; *Lutter/Kleindiek* in: Lutter/Hommelhoff, § 66, Rdnr. 10; *Hohner* in: Hachenburg, § 66 Rdnr. 54; *K. Schmidt* in: Scholz, § 66, Rdnr. 51; *Altmeppen* in: Roth/Altmeppen, § 66, Rdnr. 23.

[182] *OLG Hamm* NJW 1960, 872, 873; *Schulze-Osterloh/Fastrich* in: Baumbach/Hueck, § 66, Rdnr. 29; *Nerlich* in: Michalski, § 66, Rdnr. 81.

selbst erfolgen kann, ist für die Beendigung des Dienstleistungsverhältnisses die Kündigung durch die Gesellschaft oder den Liquidator erforderlich[183].

Die Kündigung des Dienstverhältnisses bestimmt sich grundsätzlich anhand der entsprechen- **151** den Regelungen in der Satzung, dem Dienstvertrag zwischen Liquidator und Gesellschaft oder – sofern es an einer entsprechenden Regelung fehlt – nach den §§ 622, 626 BGB[184]. § 627 BGB ist grundsätzlich nicht anwendbar, wenn es sich bei der Anstellung als Liquidator ein festes Dienstverhältnis mit festen Bezügen handelt[185]. Dies wird regelmäßig der Fall sein, wenn der (geborene) Liquidator bereits zuvor als Geschäftsführer tätig war und sein Einkommen ausschließlich oder zu einem weit überwiegenden Teil aus der konkreten Liquidatorentätigkeit bezieht. Anders verhält es sich aber, wenn der Liquidator von der Gesellschaft wirtschaftlich unabhängig ist und auch ohne die Liquidatorenbezüge über ein angemessenes Einkommen verfügt[186]. In diesem Fall ist er weniger schutzbedürftig, und eine Kündigung nach § 627 BGB möglich[187]. Dies wird regelmäßig der Fall sein, wenn die Berufstätigkeit des Liquidators nicht auf die Abwicklung der Gesellschaft beschränkt ist und er daneben noch andere Tätigkeiten ausübt und etwa hauptberuflich als Rechtsanwalt, Steuerberater oder Wirtschaftsprüfer tätig ist und nur zum Zwecke der Liquidation der Gesellschaft zum Liquidator bestellt wurde[188]. Denn in diesem Fall macht die Liquidation lediglich einen Teil seiner beruflichen Tätigkeit aus und die insoweit anfallende Vergütung stellt nicht die Grundlage seiner wirtschaftlichen Existenz dar[189].

Sofern der Liquidator auf eine bestimmte Zeit bestellt und angestellt wurde, endet das Anstellungsverhältnis nach § 620 Abs. 1 BGB automatisch mit Ablauf der vereinbarten Zeitspanne[190].

Wird das Liquidatorenamt durch einen Gesellschafter aufgrund eines satzungsmäßigen Son- **152** derrechtes ausgeübt, so ist für seine Abberufung ein wichtiger Grund erforderlich. Dies gilt auch für die Kündigung seines Dienstverhältnisses[191]. Wird die Organstellung des Liquidators aus wichtigem Grunde beendet, so dürfte regelmäßig auch ein wichtiger Grund im Sinne des § 626 Abs. 1 BGB vorliegen und eine fristlose Kündigung des Dienstverhältnisses möglich sein[192].

Ferner kann das Dienstverhältnis mit der Amtsniederlegung durch den Liquidator beendet **153** werden. In der einseitigen Erklärung des Liquidators, seine organschaftliche Stellung als Liquidator zu beenden, ist regelmäßig zugleich die Kündigung des Dienstverhältnisses mit der Gesellschaft zu sehen[193]. Soll aber im Falle der Amtsniederlegung das Dienstverhältnis bestehen bleiben, wäre eine entsprechende ausdrückliche Erklärung erforderlich[194]. Der Liquidator muss dann ausdrücklich erklären, dass er zwar das Amt niederlegt, der Dienstvertrag aber bestehen

---

[183] *Schulze-Osterloh/Fastrich* in: Baumbach/Hueck, § 66, Rdnr. 25; *Nerlich* in: Michalski, § 66, Rdnr. 82; *Hohner* in: Hachenburg, § 66 Rdnr. 53; *K. Schmidt* in: Scholz, § 66, Rdnr. 50; *Hofmann* GmbHR 1976, 229, 231 f. A.A. *KG* GmbHR 1998, 1039 und *Meyer* GmbHR 1998, 1018 ff., die im Falle der Abberufung von einer konkludenten Kündigung seines Anstellungsverhältnisses ausgehen.

[184] *Schulze-Osterloh/Fastrich* in: Baumbach/Hueck, § 66, Rdnr. 25; *Nerlich* in: Michalski, § 66, Rdnr. 82; *Hohner* in: Hachenburg, § 66 Rdnr. 53; *K. Schmidt* in: Scholz, § 66, Rdnr. 50; *Hofmann* GmbHR 1976, 229, 231 f.

[185] *Nerlich* in: Michalski, § 66, Rdnr. 82.

[186] *KG* GmbHR 1998, 1039; *Schulze-Osterloh/Fastrich* in: Baumbach/Hueck, § 66, Rdnr. 25; *Lutter/Kleindiek* in: Lutter/Hommelhoff, § 66, Rdnr. 11; *Meyer* GmbHR 1998, 1018. 1021.

[187] *Meyer* GmbHR 1998, 1018. 1021.

[188] *KG* GmbHR 1998, 1039; *Meyer* GmbHR 1998, 1018. 1021.

[189] *KG* GmbHR 1998, 1039; *Meyer* GmbHR 1998, 1018. 1021.

[190] *Nerlich* in: Michalski, § 66, Rdnr. 82.

[191] *Nerlich* in: Michalski, § 66, Rdnr. 84.

[192] *Nerlich* in: Michalski, § 66, Rdnr. 84.

[193] *BGH* BB 1986, 230; *BayObLG* DB 1994, 977, 978; *Schulze-Osterloh/Fastrich* in: Baumbach/Hueck, § 66, Rdnr. 29; *Nerlich* in: Michalski, § 66, Rdnr. 80; *Hohner* in: Hachenburg, § 66 Rdnr. 54.

[194] *Nerlich* in: Michalski, § 66, Rdnr. 80; *Hohner* in: Hachenburg, § 66 Rdnr. 54.

bleiben soll. Dies gilt sowohl durch die Gesellschafter bestellten Liquidator als auch für den außerordentlich bestellten Liquidator.

VI. Vertretungsmacht des Liquidators

1. Grundsatz

154 Nach der Auflösung wird die Gesellschaft gerichtlich und außergerichtlich durch die Liquidatoren vertreten, § 70 Abs. 1, 2 Hs. GmbHG. Die Vertretungsmacht der Liquidatoren entspricht grundsätzlich der des Geschäftsführers und kann nicht beschränkt werden[195]. Dass sich die Gesellschaft nunmehr im Abwicklungsstadium befindet, hat auf den Umfang der Vertretungsmacht keine Auswirkung[196]. Wird die Vertretungsmacht des Liquidators im Innenverhältnis dennoch eingeschränkt, hat dies gegenüber Dritten keine Wirkung[197].

155 Zu einer Einschränkung der Vertretungsmacht kann es aber bei einem Missbrauch der Vertretungsmacht durch den Liquidator kommen, wenn der Liquidator mit einem Dritten zu Lasten der Gesellschaft kollusiv zusammenwirkt[198]. In diesem Fall ist die Gesellschaft an die geschlossenen Verträge nicht gebunden und der jeweilige Vertragspartner kann sich nicht auf die uneingeschränkte Vertretungsmacht des Liquidators berufen[199]. Gleiches gilt, wenn es für den Dritten offensichtlich war, dass der Liquidator bewusst gegen eine ihm auferlegte interne Beschränkung der Geschäftsführungsbefugnisse verstoßen hat oder das vorgenommene Rechtsgeschäft offensichtlich nicht vom Zweck der Liquidation gedeckt war[200]. Hatte der Dritte von diesen Umständen Kenntnis oder infolge grober Fahrlässigkeit keine Kenntnis, so kann er sich nicht auf die Wirksamkeit des Rechtsgeschäftes berufen. Eine besondere Schädigungsabsicht des Liquidators ist dabei nicht erforderlich[201]. Die Gesellschaft kann den Liquidator aufgrund

---

[195] *BayObLG* BB 1995, 254; *OLG Stuttgart* ZIP 1986, 647, 648; *LG Köln* DNotZ 1980, 422, 423; *Schulze-Osterloh/Fastrich* in: Baumbach/Hueck, § 70, Rdnr. 2; *Nerlich* in: Michalski, § 70, Rdnr. 36; *Lutter/Kleindiek* in: Lutter/Hommelhoff, § 68 Rdnr. 5; *Hohner* in: Hachenburg, § 70 Rdnr. 23; *K. Schmidt* in: Scholz, § 70, Rdnr. 3; *Altmeppen* in: Roth/Altmeppen, § 70, Rdnr. 24, § 68 Rdnr. 2.

[196] *BayObLG* BB 1995, 254; *OLG Stuttgart* ZIP 1986, 647, 648; *LG Köln* DNotZ 1980, 422, 423; *Schulze-Osterloh/Fastrich* in: Baumbach/Hueck, § 70, Rdnr. 2; *Nerlich* in: Michalski, § 70, Rdnr. 36; *Lutter/Kleindiek* in: Lutter/Hommelhoff, § 68 Rdnr. 5; *Hohner* in: Hachenburg, § 70 Rdnr. 23; *K. Schmidt* in: Scholz, § 70, Rdnr. 3; *Altmeppen* in: Roth/Altmeppen, § 70, Rdnr. 24, § 68 Rdnr. 2.

[197] *OLG Stuttgart* ZIP 1986, 647, 648; *LG Köln* DNotZ 1980, 422, 423; *Schulze-Osterloh/Fastrich* in: Baumbach/Hueck, § 70, Rdnr. 2; *Nerlich* in: Michalski, § 70, Rdnr. 39; *Lutter/Kleindiek* in: Lutter/Hommelhoff, § 68 Rdnr. 5; *Hohner* in: Hachenburg, § 70 Rdnr. 25; *K. Schmidt* in: Scholz, § 70, Rdnr. 3; *Altmeppen* in: Roth/Altmeppen, § 70, Rdnr. 24, § 68 Rdnr. 2.

[198] *OLG Hamburg* GmbHR 1992, 609, 610; *Schulze-Osterloh/Fastrich* in: Baumbach/Hueck, § 70, Rdnr. 2; *Nerlich* in: Michalski, § 70, Rdnr. 40; *Lutter/Kleindiek* in: Lutter/Hommelhoff, § 68 Rdnr. 5; *Hohner* in: Hachenburg, § 70 Rdnr. 26; *K. Schmidt* in: Scholz, § 70, Rdnr. 3; *Altmeppen* in: Roth/Altmeppen, § 70, Rdnr. 24, § 68 Rdnr. 2.

[199] *OLG Hamburg* GmbHR 1992, 609, 610; *Schulze-Osterloh/Fastrich* in: Baumbach/Hueck, § 70, Rdnr. 2; *Nerlich* in: Michalski, § 70, Rdnr. 40; *Lutter/Kleindiek* in: Lutter/Hommelhoff, § 68 Rdnr. 5; *Hohner* in: Hachenburg, § 70 Rdnr. 26; *K. Schmidt* in: Scholz, § 70, Rdnr. 3; *Altmeppen* in: Roth/Altmeppen, § 70, Rdnr. 24, § 68 Rdnr. 2.

[200] *Nerlich* in: Michalski, § 70, Rdnr. 40; *Hohner* in: Hachenburg, § 70 Rdnr. 26; *K. Schmidt* in: Scholz, § 70, Rdnr. 3.

[201] *Nerlich* in: Michalski, § 70, Rdnr. 40; *Hohner* in: Hachenburg, § 70 Rdnr. 26; *K. Schmidt* in: Scholz, § 70, Rdnr. 3.

des Verstoßes gegen die interne Beschränkung der Vertretungsmacht gemäß §§ 71 Abs. 4, 37, 43 Abs. 2 GmbHG in Anspruch nehmen[202].

2. Grundsatz der Gesamtvertretung

Sind mehrere Liquidatoren bestellt, besteht grundsätzlich Gesamtvertretungsmacht, so dass Willenserklärungen mit Wirkung für und gegen die Gesellschaft nur von allen Liquidatoren gemeinschaftlich abgegeben werden können, § 68 Abs. 1 S. 2 GmbHG [203]. Sind mehrere Liquidatoren bestellt, so kann auch ein Liquidator die Gesellschaft wirksam vertreten, wenn eine Einwilligung der übrigen Liquidatoren vorliegt[204]. Liegt eine Einwilligung zunächst nicht vor, so ist eine spätere Genehmigung durch den oder die übrigen Liquidatoren möglich[205]. Daneben kann die Gesellschafterversammlung das Handeln einzelner Liquidatoren genehmigen[206]. Scheidet bei mehreren gesamtvertretungsberechtigten Liquidatoren einer weg, so wandelt sich die Vertretungsmacht für den verbleibenden Liquidator nicht automatisch in eine Einzelvertretungsmacht. Damit die Gesellschaft in dieser Situation wirksam vertreten werden kann, muss ein zusätzlicher Liquidator bestellt werden[207]. 156

Die an die aufgelöste Gesellschaft abzugebenden Willenserklärungen werden gemäß § 35 Abs. 2 S. 3 GmbHG wirksam, wenn sie einem Liquidator zugegangen sind[208]. Diese Regelung ist zwingend und kann weder durch Gesellschaftsvertrag abbedungen werden und gilt auch bei gerichtlicher Bestellung von Liquidatoren nach § 66 Abs. 2 GmbHG[209].

3. Gesellschaftsvertragliche Vertretungsregelungen

Die Vertretungsbefugnisse der Liquidatoren können vom von Grundsatz des § 68 Abs. 1 GmbHG abweichend in der Satzung oder durch Gesellschafterbeschluss geregelt werden[210]. So kann neben Einzelvertretung auch Gesamtvertretung durch jeweils zwei von drei Liquidatoren oder unechte Gesamtvertretung vorgesehen werden. Auch während der laufenden Liquidation kann die Gesellschaft neben dem Liquidator über Prokuristen verfügen[211]. In diesem Fall kann 157

---

[202] *Nerlich* in: Michalski, § 70, Rdnr. 40; *Lutter/Kleindiek* in: Lutter/Hommelhoff, § 68 Rdnr. 4; *Hohner* in: Hachenburg, § 70 Rdnr. 26; *K. Schmidt* in: Scholz, § 70, Rdnr. 3; *Altmeppen* in: Roth/Altmeppen, § 70, Rdnr. 24, § 68 Rdnr. 2.

[203] *BGH* 121, 263, 264; *Schulze-Osterloh/Fastrich* in: Baumbach/Hueck, § 68, Rdnr. 2; *Nerlich* in: Michalski, § 68, Rdnr. 4; *Hohner* in: Hachenburg, § 68 Rdnr. 4; *K. Schmidt* in: Scholz, § 68, Rdnr. 4.

[204] *Schulze-Osterloh/Fastrich* in: Baumbach/Hueck, § 68, Rdnr. 2; *Nerlich* in: Michalski, § 68, Rdnr. 4; *Hohner* in: Hachenburg, § 68 Rdnr. 4; *K. Schmidt* in: Scholz, § 68 Rdnr. 4.

[205] *Schulze-Osterloh/Fastrich* in: Baumbach/Hueck, § 68, Rdnr. 2; *Nerlich* in: Michalski, § 68, Rdnr. 4; *Hohner* in: Hachenburg, § 68 Rdnr. 4; *K. Schmidt* in: Scholz, § 68 Rdnr. 4.

[206] *Schulze-Osterloh/Fastrich* in: Baumbach/Hueck, § 68, Rdnr. 2; *Nerlich* in: Michalski, § 68, Rdnr. 4; *Hohner* in: Hachenburg, § 68 Rdnr. 4; *K. Schmidt* in: Scholz, § 68 Rdnr. 4.

[207] *BGH* 121, 263, 264 f.; *OLG Hamburg* GmbHR 1988, 67, 68; *OLG Frankfurt* GmbHR 1988, 68, 69; *Schulze-Osterloh/Fastrich* in: Baumbach/Hueck, § 68, Rdnr. 2; *Nerlich* in: Michalski, § 68, Rdnr. 5; *Lutter/Kleindiek* in: Lutter/Hommelhoff, § § 68, Rdnr. 3; *Hohner* in: Hachenburg, § 68 Rdnr. 10; *K. Schmidt* in: Scholz, § 68 Rdnr. 4.

[208] *Schulze-Osterloh/Fastrich* in: Baumbach/Hueck, § 68, Rdnr. 3; *Lutter/Kleindiek* in: Lutter/Hommelhoff, § 68, Rdnr. 5; *Hohner* in: Hachenburg, § 68 Rdnr. 12; *K. Schmidt* in: Scholz, § 68 Rdnr. 7.

[209] *Schulze-Osterloh/Fastrich* in: Baumbach/Hueck, § 68, Rdnr. 3; *Hohner* in: Hachenburg, § 68 Rdnr. 12; *K. Schmidt* in: Scholz, § 68 Rdnr. 7.

[210] *Schulze-Osterloh/Fastrich* in: Baumbach/Hueck, § 68, Rdnr. 4; *Nerlich* in: Michalski, § 68, Rdnr. 7; *Lutter/Kleindiek* in: Lutter/Hommelhoff, § 68, Rdnr. 2; *Hohner* in: Hachenburg, § 68 Rdnr. 4; *K. Schmidt* in: Scholz, § 68, Rdnr. 4, 5; *Altmeppen* in: Roth/Altmeppen, § 68 Rdnr. 4.

[211] *Schulze-Osterloh/Fastrich* in: Baumbach/Hueck, § 68, Rdnr. 8; *Nerlich* in: Michalski, § 68, Rdnr. 12.

die Vertretung der Gesellschaft in Gestalt der unechten Gesamtvertretung zwar gemeinschaftlich durch einen Liquidator und einen Prokuristen erfolgen[212]. Dennoch kann der Liquidator als organschaftlicher Vertreter nicht an die Mitwirkung des Prokuristen gebunden werden, wohl aber der Prokurist an die Mitwirkung des Liquidators[213]. Möglich ist auch eine Regelung, wonach zwei Liquidatoren nur jeweils gemeinschaftlich handeln können oder jeder von ihnen allein zusammen mit einem Prokuristen[214].

In der Satzung kann die kann Zuständigkeit zur Regelung der Vertretungsmacht – anders als die Bestellung des Liquidators – auf ein anderes Gesellschaftsorgan, namentlich auf den Aufsichtsrat übertragen werden[215].

a. Geborener Liquidator

158 Führt der ehemalige Geschäftsführer die Liquidation der Gesellschaft als geborener Liquidator fort, so gilt für ihn die für den Geschäftsführer geltende Vertretungsregelung fort, auch ohne eine ausdrückliche Bestätigung[216]. Dies gilt auch im Hinblick auf die Befreiung vom Verbot des Selbstkontrahierens gemäß, § 181 BGB[217], wobei im Falle der Einmann-GmbH eine entsprechende Ermächtigung in der Satzung vorgesehen sein muss[218]. Ist in der Satzung die Möglichkeit zur Befreiung von § 181 BGB vorgesehen, kann zeitgleich mit dem Auflösungsbeschluss dem Liquidator Befreiung von § 181 BGB erteilt werden[219]. Dieser Beschluss ist zur Eintragung im Handelsregister anzumelden.

159 Die Rechtsprechung legt insoweit strengere Grundsätze an und fordert, dass die Regelungen über die Vertretungsmacht des Geschäftsführers und die Befreiung von § 181 BGB nicht auf den Liquidator übertragen werden können[220]. Vielmehr soll eine ausdrückliche Regelung in der Satzung oder mit Gesellschafterbeschluss erfolgen, wobei dem Gesellschafterbeschluss eine entsprechende Ermächtigung in der Satzung der GmbH zu Grunde liegen muss[221]. Ande-

[212] *Schulze-Osterloh/Fastrich* in: Baumbach/Hueck, § 68, Rdnr. 8; *Hohner* in: Hachenburg, § 68, Rdnr. 13; *Lutter/Kleindiek* in: Lutter/Hommelhoff, § 68, Rdnr. 2; *Nerlich* in: Michalski, § 68, Rdnr. 12; *K. Schmidt* in: Scholz, § 68, Rdnr. 5.

[213] *Schulze-Osterloh/Fastrich* in: Baumbach/Hueck, § 68, Rdnr. 8; *Nerlich* in: Michalski, § 68, Rdnr. 12; *K. Schmidt* in: Scholz, § 68, Rdnr. 5.

[214] *Schulze-Osterloh/Fastrich* in: Baumbach/Hueck, § 68, Rdnr. 8; *K. Schmidt* in: Scholz, § 68, Rdnr. 5.

[215] *Schulze-Osterloh/Fastrich* in: Baumbach/Hueck, § 68, Rdnr. 7; *Hohner* in: Hachenburg, § 68, Rdnr. 8; *Nerlich* in: Michalski, § 68, Rdnr. 7; *K. Schmidt* in: Scholz, § 68, Rdnr. 5.

[216] *BFH* GmbHR 2001, 927, 931; *OLG Saarbrücken* OLGRep 2001, 227; *BayObLG* GmbHR 1994, 478, 479; *Schulze-Osterloh/Fastrich* in: Baumbach/Hueck, § 68, Rdnr. 4; *Nerlich* in: Michalski, § 68, Rdnr. 10; *K. Schmidt* in: Scholz, § 68, Rdnr. 5; *Altmeppen* in: Roth/Altmeppen, § 68, Rdnr. 4. A.A. *OLG Rostock* NZG 2004, 288; *BayObLG* BB 1985, 1148, 1149; GmbHR 1996, 56; *OLG Düsseldorf* GmbHR 1989, 465, 466; *OLG Hamm* GmbHR 1997, 553; *Hohner* in: Hachenburg, § 68, Rdnr. 7.

[217] *BFH* GmbHR 2001, 927, 931; *BayObLG* GmbHR 1996, 56, 57; *Schulze-Osterloh/Fastrich* in: Baumbach/Hueck, § 68, Rdnr. 4; *Nerlich* in: Michalski, § 68, Rdnr. 10; *Altmeppen* in: Roth/Altmeppen, § 68 Rdnr. 4; *K. Schmidt* in: Scholz, § 68, Rdnr. 5. Nur mit ausdrücklicher Befreiung: *OLG Rostock* NZG 2004, 288; *BayObLG* BB 1985, 1148, 1149; GmbHR 1996, 56; *OLG Düsseldorf* GmbHR 1989, 465, 466; *OLG Hamm* GmbHR 1997, 553.

[218] *Schulze-Osterloh/Fastrich* in: Baumbach/Hueck, § 68, Rdnr. 5.

[219] *OLG Zweibrücken* GmbHR 1999, 237; *Schulze-Osterloh/Fastrich* in: Baumbach/Hueck, § 68, Rdnr. 4, 5; *Lutter/Kleindiek* in: Lutter/Hommelhoff, § 68, Rdnr. 2; *Nerlich* in: Michalski, § 68, Rdnr. 9; *Wälzholz* GmbHR 2002, 305, 306.

[220] *OLG Rostock* NZG 2004, 288; *BayObLG* GmbHR 1997, 176, 177; 1996, 56; MDR 1985, 761; *OLG Zweibrücken* GmbHR 1999, 237 f.; OLG Düsseldorf GmbHR 1989, 465, 466; *Hohner* in: Hachenburg, § 68 Rdnr. 7, 9.

[221] *OLG Rostock* NZG 2004, 288; *BayObLG* NJW-RR 1996, 335; 1995, 335, 337.

renfalls soll der Grundsatz der Gesamtvertretung nach § 68 GmbHG gelten[222]. Dies wird damit begründet, dass es einen allgemeinen Grundsatz, wonach die für den Geschäftsführer bestehenden Satzungsregelungen über die Vertretungsverhältnisse ohne weiteres auch für den Liquidator gelte, nicht gebe und die Befreiung des Geschäftsführers von den Beschränkungen des § 181 BGB daher nicht ohne weiteres auf den Liquidator übergehe[223]. Vielmehr soll eine ausdrückliche Ermächtigung des Liquidators erforderlich sein, da sich Zweck und Inhalt der Vertretungsbefugnis durch die Auflösung der Gesellschaft wesentlich verändert habe[224]. Der Liquidator habe nicht mehr die Geschäfte einer werbenden Gesellschaft zu führen, sondern nur noch dafür zu sorgen, dass die Gesellschaft durch Liquidation ihres Vermögens beendet wird[225]. Nach der Auflösung der Gesellschaft gehe es um die Umsetzung des Gesellschaftsvermögens in Geld, wobei die Befugnisse des gesetzlichen Vertreters zum Selbstkontrahieren besondere Gefahren für Gläubiger und Gesellschaft mit sich bringen könne[226]. Dementsprechend sollen sich auch die mit einer Befreiung von § 181 BGB verbundenen rechtlichen Möglichkeiten ändern. Es könne daher nicht ohne weiteres davon ausgegangen werden, dass die Gesellschafter eine dem Geschäftsführer erteilte Befreiung ohne ausdrückliche Anordnung auch derselben Person als Liquidator einräumen wollten[227].

Dem kann dem nicht gefolgt werden. Denn zum einen stünde dies im Widerspruch zum **160**
Grundsatz der Amtskontinuität des § 66 Abs. 1 GmbHG[228], zum anderen besteht auch kein praktisches Bedürfnis einer derartigen Regelung, insbesondere nicht aus Gesichtspunkten des Gläubigerschutzes[229]. Tatsächlich besteht für die aufgelöste Gesellschaft kein erhöhtes Missbrauchsrisiko, eher ist das Gegenteil der Fall. Denn im Stadium der Liquidation ist das Volumen der Geschäftstätigkeit bereits erheblich zurückgefahren, die Eingehung neuer Geschäfte ist auf den Zweck der Liquidation reduziert, so dass bereits die Möglichkeiten eines Missbrauches reduziert sind. Ferner bleiben während der Liquidation die allgemeinen Haftungsgrundsätze des Liquidators bestehen, so dass für eine Verschärfung kein Bedarf besteht. Schließlich ist zu beachten, dass die Gesellschafter den Liquidator jederzeit abberufen können, oder die bestehende Vertretungsregelung jederzeit durch Beschluss ändern können. Für den geborenen Liquidator gilt die für den Geschäftsführer geltende Vertretungsregelung daher auch ohne ausdrückliche Bestätigung fort[230].

Für die Änderung der Vertretungsmacht ist eine Dreiviertel-Mehrheit erforderlich, sofern in der Satzung keine andere Mehrheit vorgesehen ist[231]. Eine einfache Mehrheit ist nicht ausreichend, da es sich hier um eine Satzungsänderung handelt, § 53 Abs. 2. S. 1 GmbHG[232].

---

[222] *OLG Rostock* NZG 2004, 288; *BayObLG* GmbHR 1997, 176, 177; 1996, 56; MDR 1985, 761; *OLG Zweibrücken* GmbHR 1999, 237 f.; *OLG Düsseldorf* GmbHR 1989, 465, 466; *Hohner* in: Hachenburg, § 68 Rdnr. 7, 9.

[223] *OLG Rostock* NZG 2004, 288; *BayObLG* MDR 1985, 761, 761; *OLG Düsseldorf* NJW-RR 1990, 51; OLG Zweibrücken, NJW-RR 1999, 38.

[224] *OLG Rostock* NZG 2004, 288, 289.

[225] *OLG Rostock* NZG 2004, 288, 289.

[226] *OLG Rostock* NZG 2004, 288, 289.

[227] *OLG Rostock* NZG 2004, 288, 289; *OLG Düsseldorf* ZIP 1989, 917, 918.

[228] Hierzu auch *BGH* NZI, 2007, 595.

[229] *Schulze-Osterloh/Fastrich* in: Baumbach/Hueck, § 68, Rdnr. 4.

[230] So auch: *BFH* GmbHR 2001, 927, 931; *OLG Saarbrücken* OLGRep 2001, 227; *BayObLG* GmbHR 1994, 478, 479; *Schulze-Osterloh/Fastrich* in: Baumbach/Hueck, § 68, Rdnr. 4; *Nerlich* in: Michalski, § 68, Rdnr. 10; *K. Schmidt* in: Scholz, § 68, Rdnr. 5; *Altmeppen* in: Roth/Altmeppen, § 68 Rdnr. 4. Dies gilt jedoch nicht für den gekorenen Liquidator. Dessen Vertretungsmacht muss ausdrücklich geregelt werden, hierzu sogleich, Rdnr. 161.

[231] *Nerlich* in: Michalski, § 68, Rdnr. 9; *K. Schmidt* in: Scholz, § 68, Rdnr. 5; *Hohner* in: Hachenburg, § 68, Rdnr. 5.

[232] *Schulze-Osterloh/Fastrich* in: Baumbach/Hueck, § 68, Rdnr. 4; *Kleindiek/Lutter* in: Lutter/Hommelhoff, § 68, Rdnr. 2.

b. Gekorener Liquidator

161 Die Grundsätze der Vertretungsmacht des geborenen Liquidators sind nicht auf den gekorenen Liquidator übertragbar, da hier der Grundsatz der Amtskontinuität nicht gilt. Die Vertretungsmacht des gekorenen Liquidators muss daher ausdrücklich geregelt werden[233]. Dies kann bereits in der Satzung, oder mit dem Beschluss zur Bestellung des Liquidators erfolgen[234]. Die Vertretungsmacht des gekorenen Liquidators kann im Laufe des Liquidationsverfahrens durch Gesellschafterbeschluss jederzeit neu geregelt werden. Ausreichend ist hierzu eine einfache Mehrheit, sofern in der Satzung keine andere Mehrheit vorgesehen ist[235].

162 Im Rahmen der Anmeldung der ersten Liquidatoren nach § 67 Abs. 1 GmbHG ist die abstrakte, d.h. die generell für ein mehrköpfiges Organ geltende Vertretungsregelung auch dann zur Eintragung anzumelden, wenn nur ein (erster) Liquidator bestellt ist[236]. Denn die organschaftliche Stellung von Geschäftsführer und Liquidator ist im Hinblick auf die Vertretungsbefugnis identisch ausgestaltet. Die Regelung des § 68 Abs. 1 S. 2 GmbHG enthält – genau wie § 35 Abs. 2, S. 2 GmbHG für die Geschäftsführer der werbenden GmbH – eine dispositive Regelung zur abstrakten Vertretungsbefugnis bei Vorhandensein mehrerer Liquidatoren. Dem entspricht die grundsätzliche Gleichbehandlung der Liquidatoren mit den Geschäftsführern in der Generalverweisung des § 69 Abs. 1 GmbHG, soweit sich aus den besonderen Liquidationsvorschriften und dem Wesen der Liquidation nichts anderes ergibt[237]. Ein Bedürfnis zur Offenlegung der abstrakten (generellen) Vertretungsverhältnisse besteht sowohl bei der werbenden als auch bei der in Liquidation befindlichen Gesellschaft, so dass für eine unterschiedliche, rein grammatikalisch orientierte Auslegung der §§ 8 Abs. 4, 10 Abs. 1 S. 2 GmbHG und des § 67 Abs. 1 GmbHG kein Raum ist[238].

4. Vertretungsregeln bei gerichtlicher Bestellung der Liquidatoren

163 Wird der Liquidator nach § 66 Abs. 2 GmbHG durch das Gericht bestellt, so obliegt es auch dem Gericht, eine Regelung der Vertretungsmacht zu treffen[239]. Der Gesellschafterversammlung ist es in diesem Fall nicht möglich, die Vertretungsmacht des gerichtlich bestellten Liquidators zu bestimmen[240]. Trifft das Gericht keine ausdrückliche Regelung, so ist die in der Satzung vorgesehene Vertretungsregel maßgebend. Fehlt es an einer solchen, besteht Gesamtvertretung

---

[233] *BGH* NZI, 2007, 595; *Schulze-Osterloh/Fastrich* in: Baumbach/Hueck, § 68, Rdnr. 4; *Nerlich* in: Michalski, § 68, Rdnr. 10; *K. Schmidt* in: Scholz, § 68, Rdnr. 5; *Wälzholz* GmbHR 2002, 305, 306.

[234] *Schulze-Osterloh/Fastrich* in: Baumbach/Hueck, § 68, Rdnr. 5; *Nerlich* in: Michalski, § 68, Rdnr. 10; *K. Schmidt* in: Scholz, § 68, Rdnr. 5; *Wälzholz* GmbHR 2002, 305, 306.

[235] *Schulze-Osterloh/Fastrich* in: Baumbach/Hueck, § 68, Rdnr. 6; *Hohner* in: Hachenburg, § 68, Rdnr. 6; *Nerlich* in: Michalski, § 68, Rdnr. 7; *K. Schmidt* in: Scholz, § 68, Rdnr. 5.

[236] *BGH* NZI, 2007, 595; *OLG Dresden* GmbHR 2005, 1310 *Lutter/Kleindiek* in: Lutter/Hommelhoff, § 67 Rdnr. 9; Keidel/Krafka/Willer, Rdnr. 1134. A.A. und für Angabe nur der konkreten Vertretungsbefugnis: *OLG Hamm* NJW-RR 1988, 221; GmbHR 2005, 1308; *K. Schmidt* in: Scholz, § 67, Rdnr. 4; *Altmeppen* in: Roth/Altmeppen, § 67, Rdnr. 3; *Schulze-Osterloh/Noack*, in: Baumbach/Hueck, § 67 Rdnr. 3; differenzierend: *Hohner* in: Hachenburg, § 67 Rdnr. 4.

[237] *BGH* NZI, 2007, 595, 596.

[238] *BGH* NZI, 2007, 595, 596.

[239] *Schulze-Osterloh/Fastrich* in: Baumbach/Hueck, § 68, Rdnr. 9; *Hohner* in: Hachenburg, § 68, Rdnr. 11; *Lutter/Kleindiek* in: Lutter/Hommelhoff, § 3; *Nerlich* in: Michalski, § 68, Rdnr. 13; *K. Schmidt* in: Scholz, § 66, § 68, Rdnr. 22.

[240] *Schulze-Osterloh/Fastrich* in: Baumbach/Hueck, § 68, Rdnr. 9; *Hohner* in: Hachenburg, § 68, Rdnr. 11; *Nerlich* in: Michalski, § 68, Rdnr. 13.

nach § 66 Abs. 1 S. 2 GmbHG[241]. Im Zuge des Liquidationsverfahrens kann das Gericht die Vertretungsmacht ändern oder einschränken[242].

Für die Bestimmung der Vertretungsmacht durch das Gericht bei der Bestellung des Notliquidators nach §§ 29, 48 Abs. 1 BGB, des Nachtragsliquidators oder des Nachtragsliquidators nach § 66 Abs. 5 GmbHG, sowie der Bestellung nach § 38 Abs. 2 KWG gilt das soeben gesagte[243]. **164**

Wird das Gericht zur Abberufung des Liquidators nach § 66 Abs. 3 GmbHG angerufen, kann es als milderes Mittel zur Abberufung auch die Vertretungsmacht des Liquidators einschränken[244].

5. Vertretung bei Führungslosigkeit

Verfügt die Gesellschaft über keinen Liquidator und ist somit führungslos, so wird sie gemäß § 35 Abs. 1 S. 2 GmbHG durch die Mitglieder des Aufsichtsrates oder – sofern keiner vorhanden ist – durch die Gesellschafter vertreten. Bei der Abgabe von Willenserklärungen oder Zustellung von Schriftstücken sind die Mitglieder des Aufsichtsrates oder die Gesellschafter richtige Adressaten. Durch § 35 Abs. 2 S. 3, 1. Alt. GmbHG wird eine unwiderlegbare Vermutung begründet, dass unter der eingetragenen Adresse ein Vertreter der Gesellschaft erreicht werden kann[245]. Für den Zugang der Willenserklärung kommt es daher auf die tatsächliche Kenntnisnahme durch die Vertreter der Gesellschaft nicht an. Unerheblich ist es folglich auch, ob dem Erklärenden bekannt ist, dass die Vertreter der Gesellschaft sich dauerhaft im Ausland aufhalten, untergetaucht sind oder ob der Erklärende weiß, dass ein Fall der Führungslosigkeit vorliegt[246]. **165**

Ferner führt die Neuregelung des § 35 Abs. 2 S. 3 GmbHG zu einer weiteren Zustellungserleichterung, da die nach § 35 Abs. 1 S. 2 abzugebenden Willenserklärungen oder Schriftstücke unter der im Handelsregister eingetragenen Geschäftsadresse abgegeben werden können. Unabhängig davon kann nach § 35 Abs. 2. S. 4 GmbHG eine Zustellung auch an die eingetragene Anschrift der nach § 10 Abs. 2 S. 2 GmbHG empfangsberechtigten Person erfolgen. An die nach § 10 Abs. 2 GmbHG empfangsberechtigte Person kann jederzeit zugestellt werden, dies unabhängig davon, ob eine Zustellung an die Vertreter der Gesellschaft unter der Geschäftsanschrift auch tatsächlich möglich ist[247]. **166**

Parallel hierzu ist die öffentliche Zustellung an juristische Personen nach § 185 Nr. 2 ZPO möglich, wenn eine Zustellung weder unter der eingetragenen Anschrift noch unter der eingetragenen Anschrift der empfangsberechtigten Person möglich ist. Eine Verpflichtung zur Zustellung an die Person i.S.d. § 10 Abs. 2 GmbHG besteht Seitens des Gläubigers nach Maßgabe von § 185 Nr. 2 ZPO nur, wenn die öffentliche Bekanntgabe beantragt werden soll. **167**

---

[241] *Schulze-Osterloh/Fastrich* in: Baumbach/Hueck, § 68, Rdnr. 9; *Nerlich* in: Michalski, § 68, Rdnr. 13; *K. Schmidt* in: Scholz, § 66, § 68, Rdnr. 22.

[242] *Schulze-Osterloh/Fastrich* in: Baumbach/Hueck, § 68, Rdnr. 9; *Nerlich* in: Michalski, § 68, Rdnr. 13; *Lutter/Kleindiek* in: Lutter/Hommelhoff, § 68, Rdnr. 3; *Altmeppen* in: Roth/Altmeppen, § 68, Rdnr. 11. *K. Schmidt* in: Scholz, § 66, Rdnr. 22.

[243] *Schulze-Osterloh/Fastrich* in: Baumbach/Hueck, § 68, Rdnr. 9; *Hohner* in: Hachenburg, § 68, Rdnr. 11.

[244] *Schulze-Osterloh/Fastrich* in: Baumbach/Hueck, § 68, Rdnr. 9; *Nerlich* in: Michalski, § 68, Rdnr. 13; *Hohner* in: Hachenburg, § 68, Rdnr. 11.

[245] Begründung RegE MoMiG, S. 97.

[246] Begründung RegE MoMiG, S. 97.

[247] Begründung RegE MoMiG, S. 98.

VII. Geschäftsführungsbefugnis des Liquidators

168 Wie sich aus dem Grundsatz des § 66 Abs. 1 GmbHG ergibt, übernimmt der Liquidator nach der Auflösung der Gesellschaft die Stellung des Geschäftsführers. Die Geschäftsführungsbefugnisse des Liquidators entsprechend grundsätzlich denen des Geschäftsführers, soweit sich aus dem Zweck der Liquidation nichts anderes ergibt[248]. Anders als die Vertretungsmacht kann die Geschäftsführungsbefugnis des Liquidators durch Gesellschafterbeschlüsse, die Satzung, dem Liquidationszweck oder durch gesetzliche Regelungen eingeschränkt werden[249]. Eine solche Beschränkung ist aber gemäß §§ 69 Abs. 2 i.V.m. 37 Abs. 2 GmbHG nur im Innenverhältnis, nicht aber gegenüber Dritten wirksam. Zur Durchführung seiner Aufgaben kann der Liquidator auch Handlungsbevollmächtigte oder Prokuristen bestellen[250]. Jedoch darf er keine Generalvollmacht erteilen, da dadurch die Aufgaben des Liquidators auf einen Dritten delegiert werden würden, was eine unzulässige Umgehung des § 66 GmbHG darstellen würde[251]. Da der Liquidator für die Abwicklung der Gesellschaft verantwortlich ist, wäre auch die Übertragung des gesamten Gesellschaftsvermögens auf einen Dritten, mit der Maßgabe aus diesem Vermögen die Schuldnergesellschaft zu erfüllen, unzulässig[252].

1. Beschränkung der Geschäftsführungsbefugnis durch die Gesellschafter

169 Nach §§ 71 Abs. 4, 37 Abs. 1 GmbHG ist der Liquidator an Beschränkungen der Geschäftsführungsbefugnis gebunden, die sich aus der Satzung oder aufgrund von Gesellschafterbeschlüssen ergeben[253]. So kann der Liquidator beispielsweise durch Gesellschafterbeschlüsse oder durch Vorgaben der Satzung verpflichtet sein, bestimmte Vermögensgegenstände zu veräußern, nicht zu veräußern oder aber bei der Vornahme bestimmter Handlung die Zustimmung der Gesellschafter einzuholen[254]. Sofern in der Satzung Weisungen oder Richtlinien zur Geschäftsführung der Gesellschaft vorgegeben sind, gelten diese nach der Auflösung der Gesellschaft nicht uneingeschränkt fort. Vielmehr müssen sie mit dem durch die Auflösung der Gesellschaft geänderten Zweck der Gesellschaft vereinbar sein und tatsächlich dem Liquidationszweck dienen. Sie dürfen den unabdingbaren gesetzlichen Vorgaben und dem Grundsatz des Gläubigerschutzes – insbesondere § 73 GmbHG – nicht entgegenstehen[255]. Ergeben sich aus der Satzung Beschränkungen der Geschäftsführungsbefugnis für den Geschäftsführer, so gelten diese nur fort – und nur für den geborenen Liquidator – sofern diese im Einklang mit dem Liquidationszweck stehen[256]. So-

[248] *Nerlich* in: Michalski, § 70, Rdnr. 5; *K. Schmidt* in: Scholz, § 70, Rdnr. 5; *Altmeppen* in: Roth/Altmeppen, § 70, Rdnr. 2; *Hohner* in: Hachenburg, § 70, Rdnr. 4.

[249] *Nerlich* in: Michalski, § 70, Rdnr. 5; *K. Schmidt* in: Scholz, § 70, Rdnr. 5; *Hohner* in: Hachenburg, § 70, Rdnr. 4.

[250] *Nerlich* in: Michalski, § 70, Rdnr. 4; *Hohner* in: Hachenburg, § 70, Rdnr. 2.

[251] *Nerlich* in: Michalski, § 70, Rdnr. 4; *Lutter/Kleindiek* in: Lutter/Hommelhoff, § 70, Rdnr. 2; *Hohner* in: Hachenburg, § 70, Rdnr. 2.

[252] *Nerlich* in: Michalski, § 70, Rdnr. 4; *Hohner* in: Hachenburg, § 70, Rdnr. 2.

[253] *Schulze-Osterloh/Fastrich* in: Baumbach/Hueck, § 70, Rdnr. 12; *Nerlich* in: Michalski, § 70, Rdnr. 6; *K. Schmidt* in: Scholz, § 70, Rdnr. 5;.

[254] *OLG Hamburg* GmbHR 1992, 609, 610; *Schulze-Osterloh/Fastrich* in: Baumbach/Hueck, § 70, Rdnr. 12; *Nerlich* in: Michalski, § 70, Rdnr. 6;.

[255] *Schulze-Osterloh/Fastrich* in: Baumbach/Hueck, § 70, Rdnr. 12; *Nerlich* in: Michalski, § 70, Rdnr. 6.

[256] Ähnlich: *OLG Hamm* GmbHR 1979, 141, 142; *Schulze-Osterloh/Fastrich* in: Baumbach/Hueck, § 70, Rdnr. 12; *Nerlich* in: Michalski, § 70, Rdnr. 7; *K. Schmidt* in: Scholz, § 70, Rdnr. 5.

fern eine beschränkende Bestimmung im Hinblick auf die werbende Tätigkeit der Gesellschaft beschlossen wurde, kann dies unter Umständen dem Liquidationszweck entgegenstehen. In diesem Fall ist die Beschränkung nicht wirksam, sofern die Gesellschafter nicht einen entsprechenden ausdrücklichen Beschluss fassen[257]. Soll etwa die Veräußerung von Grundstücken von der Zustimmung eines Minderheitsgesellschafters abhängig sein, könnte dies im Zeitpunkt der werbenden Tätigkeit der Gesellschaft zweckmäßig sein, stünde aber nach der Auflösung der Gesellschaft der endgültigen Abwicklung entgegen und wäre damit unwirksam[258].

Neben den Vorgaben aus der Satzung können die Gesellschafter gemäß §§ 69 Abs. 1 i.V.m. 170
46 Nr. 6 GmbHG dem Liquidator auch nach Auflösung der Gesellschaft jederzeit Weisung erteilen, sofern diese nicht treuwidrig sind[259]. Für diese Beschlüsse genügt die einfache Mehrheit sofern in der Satzung nicht Abweichendes vereinbart ist. Eine Dreiviertelmehrheit ist nur für solche Beschlüsse erforderlich, bei denen es sich um Änderungen des Gesellschaftsvertrages handelt oder der Anspruch der Gesellschafter auf die Ausschüttung nach § 72 GmbHG verändert wird[260]. Der Liquidator kann nicht angewiesen werden, im Fall der Insolvenz die ihn gemäß § 71 Abs. 4 GmbHG, § 15a InsO treffende Insolvenzantragspflicht außer Acht zu lassen. Eine solche Weisung ist treuwidrig und kann sowohl eine Amtsniederlegung begründen und wichtiger Grund für eine außerordentliche Kündigung des Anstellungsverhältnisses sein[261]. Folgt der Liquidator der unzulässigen Weisung der Gesellschafter, so befreit ihn diese Weisung freilich nicht von einer Haftung nach § 64 GmbHG.

2. Beschränkung der Geschäftsführungsbefugnis durch den Liquidationszweck

Die Geschäftsführungsbefugnis wird maßgeblich durch den Liquidationszweck bestimmt 171
und beschränkt. Durch § 70 S. 2 GmbHG wird jede geschäftliche Betätigung des Liquidators in den Dienst der Liquidation gestellt. Jedes unternehmerische Tun, Dulden oder Unterlassen ist nur dann gestattet, wenn es für die Abwicklung der Gesellschaft notwendig ist[262]. Verletzt der Liquidator die Pflicht, seine Handlungen an dem Liquidationszweck der Gesellschaft auszurichten, macht er sich gegenüber der Gesellschaft gemäß §§ 71 Abs. 4 i.V.m. 43 Abs. 2 GmbHG schadensersatzpflichtig[263]. Gleiches gilt im Hinblick auf §§ 71 Abs. 4 i.V.m. 37 Abs. 1 GmbHG[264]. Kommt es durch eine solche Pflichtverletzung zu einem Schaden der Gesellschaft, ist zur Geltendmachung des Anspruches ein Gesellschafterbeschluss nach § 46 Nr. 8 GmbHG erforderlich[265]. Die Pflichtverletzung kann eine außerordentliche Kündigung des Anstellungsvertrages

---

[257] *Schulze-Osterloh/Fastrich* in: Baumbach/Hueck, § 70, Rdnr. 12; *Nerlich* in: Michalski, § 70, Rdnr. 8.

[258] *OLG Hamm* GmbHR 1979, 141, 142; *Schulze-Osterloh/Fastrich* in: Baumbach/Hueck, § 70, Rdnr. 12; *Nerlich* in: Michalski, § 70, Rdnr. 8.

[259] *Nerlich* in: Michalski, § 70, Rdnr. 9; *Hohner* in: Hachenburg, § 70, Rdnr. 3.

[260] *Schulze-Osterloh/Fastrich* in: Baumbach/Hueck, § 70, Rdnr. 12; *Nerlich* in: Michalski, § 70, Rdnr. 8; *K. Schmidt* in: Scholz, § 70, Rdnr. 5; *Hohner* in: Hachenburg, § 70, Rdnr. 3. Ist der Ausschüttungsanspruch betroffen, so ist Zustimmung der betroffenen Gesellschafter erforderlich.

[261] *Nerlich* in: Michalski, § 70, Rdnr. 9; *Hohner* in: Hachenburg, § 70, Rdnr. 3.

[262] *Nerlich* in: Michalski, § 70, Rdnr. 12; *Lutter/Kleindiek* in: Lutter/Hommelhoff, § 70 Rdnr. 3; *Altmeppen* in: Roth/Altmeppen, § 70, Rdnr. 3; *K. Schmidt* in: Scholz, § 70, Rdnr. 6.

[263] *Nerlich* in: Michalski, § 70, Rdnr. 12; *Lutter/Kleindiek* in: Lutter/Hommelhoff, § 70 Rdnr. 14; *K. Schmidt* in: Scholz, § 70, Rdnr. 5; *Hohner* in: Hachenburg, § 70, Rdnr. 4.

[264] *Nerlich* in: Michalski, § 70, Rdnr. 13; *Hohner* in: Hachenburg, § 70, Rdnr. 4.

[265] *BGHZ* 28, 355, 357; *Nerlich* in: Michalski, § 70, Rdnr. 13; *Lutter/Kleindiek* in: Lutter/Hommelhoff, § 70 Rdnr. 16.

begründen[266]. Bei problematischen Geschäftsvorgängen, die nicht eindeutig dem Liquidationszweck dienen, sollte der Liquidator daher grundsätzlich die Einwilligung der Gesellschafter einholen. Zu diesem Zweck muss der Liquidator eine Gesellschafterversammlung nach §§ 71 Abs. 4, 49 Abs. 1, 2 GmbHG einberufen[267]. Dies ist zwingend erforderlich, bei Maßnahmen, die bereits laut Satzung nur mit der Zustimmung der Gesellschafter getroffen werden können[268].

3. Gesetzliche Beschränkungen

172 Eine weitere Beschränkung der Geschäftsführungsbefugnis ergibt sich aus § 70 S. 2 GmbHG im Hinblick auf Neugeschäfte, die an sich nur eingegangen werden dürfen, um schwebende Geschäfte zu erfüllen. Der Wortlaut des § 70 S. 2 GmbHG ist jedoch zu weit gefasst und dahingehend zu verstehen, dass die Eingehung von neuen Geschäften grundsätzlich zulässig ist, sofern dies dem Liquidationszweck nicht entgegensteht. Denn neben der baldigen Beendigung der Liquidation der Gesellschaft haben die Gesellschafter auch ein gesteigertes Interesse an einem möglichst hohen Liquidationserlös, was die Eingehung weiterer Geschäfte rechtfertigt. Nicht zulässig ist hingegen die Eingehung von Geschäften, die zu einer Umwandlung der Abwicklungsgesellschaft in eine werbende Gesellschaft führen würden[269], wie etwa der Erwerb eines Grundstücks unter Einsatz hoher Kredite[270], oder der Erwerb von Gesellschaftsanteilen, die nicht ohne weiteres veräußerbar sind[271]. Ist dies gewünscht, müsste die Gesellschaft die Fortsetzung der Gesellschaft beschließen (siehe hierzu § 7, Rdnr. 422).

Schließlich ergibt sich aus §§ 71 Abs. 4 i.V.m. 43 GmbHG die Beschränkung, dass die Liquidatoren nur Geschäfte führen dürfen, die der Sorgfalt eines ordentlichen Geschäftsmannes entsprechen.

---

[266] *Nerlich* in: Michalski, § 70, Rdnr. 14.

[267] *Schulze-Osterloh/Fastrich* in: Baumbach/Hueck, § 70, Rdnr. 14; *K. Schmidt* in: Scholz, § 70, Rdnr. 6.

[268] *Schulze-Osterloh/Fastrich* in: Baumbach/Hueck, § 70, Rdnr. 14.

[269] *Schulze-Osterloh/Fastrich* in: Baumbach/Hueck, § 70, Rdnr. 10; *Nerlich* in: Michalski, § 70, Rdnr. 12, 18; *Altmeppen* in: Roth/Altmeppen, § 70, Rdnr. 3; *K. Schmidt* in: Scholz, § 70, Rdnr. 16.

[270] *OLG Karlsruhe* GmbHR 1960, 24, 25; *Schulze-Osterloh/Fastrich* in: Baumbach/Hueck, § 70, Rdnr. 10; *Hohner* in: Hachenburg, § 70, Rdnr. 22.

[271] *KGJ* 21 A, 256, 259; *Schulze-Osterloh/Fastrich* in: Baumbach/Hueck, § 70, Rdnr. 10; *K. Schmidt* in: Scholz, § 70, Rdnr.

§ 4 Aufgaben des Liquidators

I. Zweck der Liquidation

Hauptaufgabe des Liquidators ist die Beendigung der laufenden Geschäfte der Gesellschaft, § 70 S. 1 GmbHG. Dazu wird die Geschäftstätigkeit der aufgelösten Gesellschaft eingestellt, mit dem Ziel nach der Erfüllung aller Verbindlichkeiten das dann verbleibende und nur noch in Geld bestehende Gesellschaftsvermögen an die Gesellschafter unter den Voraussetzungen der §§ 72, 73 GmbHG zu verteilen. Anders als beim Insolvenzverfahren, das zur Befriedigung der Gesellschaftsgläubiger durchgeführt wird, wird die Liquidation der Gesellschaft von den Gesellschafter initiiert, um das in der Gesellschaft investierte Kapital abzuziehen. Im Vergleich zur werbenden Gesellschaft genießen die Gläubiger der Gesellschaft während des Liquidationsverfahrens einen besonderen Schutz, da die Verteilung des Gesellschaftsvermögens an die Gesellschafter solange unzulässig ist, bis nicht alle Gläubigeransprüche befriedigt worden sind, § 73 GmbHG. Wird die Gesellschaft im Zuge des Liquidationsverfahrens zahlungsunfähig oder tritt Überschuldung ein, so sind die Liquidatoren nach § 15a InsO verpflichtet, die Eröffnung des Insolvenzverfahrens über das Vermögen der aufgelösten Gesellschaft zu beantragen. In diesem Fall tritt der Schutz der Gläubiger in den Vordergrund. 173

Grundsätzlich ist das Interesse der Gesellschafter auf eine möglichst schnelle Durchführung des Liquidationsverfahrens ausgerichtet, und zwar unter Erzielung eines möglichst hohen Liquidationserlöses. Sofern die Gesellschafter dem Liquidator keine anderweitigen Vorgaben gemacht haben, hat der Liquidator bei der Durchführung des Liquidationsverfahrens diese Interessen zu beachten und gemäß § 43 Abs. 1 GmbHG die Sorgfalt eines ordentlichen Geschäftsmannes anzuwenden. Dies bedeutet jedoch nicht, dass zwingend die möglichst schnelle Abwicklung der Gesellschaft im Fordergrund steht. Vielmehr soll die Abwicklungstätigkeit des Liquidators durch eine möglichst effektive Verwertung des Gesellschaftsvermögens gekennzeichnet sein[1]. 174

II. Bekanntmachung der Auflösung – Gläubigeraufruf

Da das Liquidationsverfahren auch im Zeichen des Gläubigerschutzes steht, handelt es sich beim Gläubigeraufruf nach § 65 Abs. 2 GmbHG um eine besonders wichtige Liquidatorenpflicht. Nach § 65 Abs. 2 GmbHG ist die Auflösung der Gesellschaft unverzüglich dreimal hintereinander in den Gesellschaftsblättern bekannt zu machen. Mit der Bekanntmachung sind die Gläubiger zugleich aufzufordern, sich bei der Gesellschaft zu melden und ihre Forderungen geltend zu machen. Da die Gläubiger nach der Löschung der Gesellschaft ihre Forderung nicht mehr durchsetzen können, sollen sie durch den Gläubigeraufruf von der Auflösung der Gesellschaft unterrichtet werden um ihre Forderungen rechtzeitig geltend machen zu können. Besondere Bedeutung hat der dreimalige Gläubigeraufruf auch deshalb, da mit der dritten Bekanntmachung das Sperrjahr zu laufen beginnt, § 73 Abs. 1 GmbHG, nach dessen Ablauf und Löschung der Gesellschaft die Gläubiger ihre Forderung nicht mehr durchsetzen können (vgl. hierzu ausführlich unten, § 8, II, 4, Rdnr. 475). 175

[1] *Nerlich* in: Michalski, § 70, Rdnr. 15; *K. Schmidt* in: Scholz, § 70, Rdnr. 7; *Hohner* in: Hachenburg, § 70 Rdnr. 5.

176 Der Gläubigeraufruf durch die Liquidatoren ist von der Bekanntmachung durch das Registergericht nach §§ 10, 11 HGB zu unterscheiden und hat zusätzlich zu dieser zu erfolgen. Der Gläubigeraufruf ist nicht erforderlich, wenn die Gesellschaft durch die Eröffnung des Insolvenzverfahrens aufgelöst wurde. In diesem Fall erfolgt das Gläubigeraufgebot durch das Insolvenzgericht und der Insolvenzverwalter fordert die Gläubiger zur Forderungsanmeldung auf. Ferner ist eine Bekanntmachung im Fall der Löschung wegen Vermögenslosigkeit nach § 60 Abs. 1 Nr. 7 GmbHG entbehrlich und wenn nach der Löschung der Gesellschaft nach § 141a Abs. 1 FGG nur noch rechtsgeschäftliche Erklärungen für die Gesellschaft abzugeben oder sonstige Abwicklungsmaßnahmen vorzunehmen sind, ohne dass verteilungsfähiges Vermögen vorliegt[2].

177 Der Gläubigeraufruf muss die genaue Bezeichnung der Gesellschaft, also Firma und Adresse, enthalten und die Auflösung mitteilen. Die Bekanntmachung muss zwingend die Aufforderung an die Gläubiger enthalten, sich bei der Gesellschaft zu melden und ihre Forderungen anzumelden[3]. Der Auflösungsgrund braucht nicht angegeben werden[4]. Eine individuelle Bekanntgabe an jeden Gläubiger ist nicht erforderlich[5]. Die Gläubiger müssen aufgrund der Bekanntmachung in der Lage sein, die Gesellschaft zweifelsfrei zu identifizieren und zu wissen, wo sie ihre Forderungen geltend machen können. Die Bekanntmachung kann lauten:

> „Die X-GmbH ist aufgelöst. Die Gläubiger der Gesellschaft werden aufgefordert, sich unter Angabe des Grundes und der Höhe Ihres Anspruches bei der Gesellschaft zu melden.
> Für die GmbH i. L.
> (Name des Liquidators)
> Liquidator“

178 Die Bekanntmachung erfolgt dreimal in den Gesellschaftsblättern, Fristen zwischen den einzelnen Bekanntmachungen sind nicht vorgeschrieben[6]. Gesellschaftsblatt ist gemäß § 12 GmbHG nicht mehr der (Papier-) Bundesanzeiger, sondern der elektronische Bundesanzeiger[7]. Dies gilt also auch dann, wenn in der Satzung der elektronische Bundesanzeiger nicht als Bekanntmachungsmedium genannt wird. Sofern in der Satzung neben der Veröffentlichung im Bundesanzeiger die Veröffentlichung in weiteren öffentlichen Blättern oder elektronischen Informationsmedien vorgesehen ist, muss die Veröffentlichung auch in diesen Medien erfolgen[8]. Sieht dagegen der Gesellschaftsvertrag vor, dass Bekanntmachungen nur im Bundesanzeiger erfolgen, so ist die Bekanntmachung im elektronischen Bundesanzeiger ausreichend. Auch wenn vor Einführung des elektronischen Bundesanzeigers nur eine Veröffentlichung im damaligen Pflichtbekanntmachungsblatt, dem (Papier-) Bundesanzeiger oder in Tageszeitungen vorgesehen war, so ist nun die – zusätzliche – Veröffentlichung im elektronischen Bundesanzeiger erforderlich, eine Übergangsfrist besteht insoweit nicht[9]. Bei mehreren Gesellschaftsblättern muss die Bekanntmachung in jedem Blatt dreimal erfolgen[10].

---

[2] *Schulze-Osterloh/Noack* in: Baumbach/Hueck, § 65, Rdnr. 17; *Nerlich* in: Michalski, § 65, Rdnr. 23; *Hohner* in: Hachenburg, § 65 Rdnr. 26; *Lutter/Kleindiek* in: Lutter/Hommelhoff, § 65, Rdnr. 9; *Altmeppen* in: Roth/Altmeppen, § 65, Rdnr. 40.

[3] *Schulze-Osterloh/Noack* in: Baumbach/Hueck, § 65, Rdnr. 18; *Nerlich* in: Michalski, § 65, Rdnr. 24.

[4] *Schulze-Osterloh/Noack* in: Baumbach/Hueck, § 65, Rdnr. 18; *Nerlich* in: Michalski, § 65, Rdnr. 25.

[5] *Schulze-Osterloh/Noack* in: Baumbach/Hueck, § 65, Rdnr. 17; *Altmeppen* in: Roth/Altmeppen, § 65, Rdnr. 41; *K. Schmidt* in: Scholz, § 65 Rdnr. 12.

[6] *Schulze-Osterloh/Noack* in: Baumbach/Hueck, § 65, Rdnr. 19; *Nerlich* in: Michalski, § 65, Rdnr. 27; *Lutter/Kleindiek* in: Lutter/Hommelhoff, § 65, Rdnr. 9; *Hohner* in: Hachenburg, § 65 Rdnr. 30.

[7] Der elektronische Bundesanzeiger wird vom BMJ herausgegeben: www.ebundesanzeiger.de.

[8] *Hueck/Fastrich* in: Baumbach/Hueck, § 12, Rdnr. 7.

[9] *Hueck/Fastrich* in: Baumbach/Hueck, § 12, Rdnr. 6.

[10] *Schulze-Osterloh/Noack* in: Baumbach/Hueck, § 65, Rdnr. 19; *Nerlich* in: Michalski, § 65, Rdnr. 27; *Lutter/Kleindiek* in: Lutter/Hommelhoff, § 65, Rdnr. 9; *Hohner* in: Hachenburg, § 65, Rdnr. 30.

Eine Frist ist für den Gläubigeraufruf nicht vorgesehen, die Liquidatoren müssen die Auflösung aber unverzüglich bekanntgeben[11]. Frühester Zeitpunkt ist das Wirksamwerden der Auflösung, die Eintragung in das Handelsregister muss nicht abgewartet werden[12]. Sofern die Auflösung mit einer Satzungsänderung erfolgt, ist die Eintragung der Auflösung durch das Registergericht abzuwarten, da diese konstitutiv ist[13]. Bei einer Verzögerung der Bekanntmachung kann sich der Liquidator gegenüber der Gesellschaft nach §§ 71 Abs. 4, 43 Abs. 2, 3 GmbHG schadensersatzpflichtig machen, jedoch dürfte es regelmäßig an einem Schaden der Gesellschaft fehlen[14]. Unterlässt der Liquidator die Bekanntmachung, so kann diese nicht gemäß § 14 HGB durch Zwangsmaßnahmen erzwungen werden[15]. 179

III. Eingehung neuer Verbindlichkeiten

Zwar sollen im Liquidationsverfahren die Geschäfte der Gesellschaft abgewickelt werden, doch ist es regelmäßig unvermeidbar, dass die aufgelöste Gesellschaft dabei neue Verbindlichkeiten eingeht[16]. Richtigerweise ist § 70 S. 2 GmbHG dahingehend auszulegen, dass die Eingehung neuer Geschäfte nicht nur zur Beendigung der schwebenden Geschäfte zulässig ist, sondern immer dann, wenn es der Zweck der Liquidation erfordert[17]. Die Fortführung der Geschäftstätigkeit kann im Interesse einer effektiven Verwertung des Gesellschaftsvermögens geboten sein. So müssen insbesondere vorhandene Verträge abgewickelt und Vorräte oder teilfertige Produkte in Endprodukte umgewandelt werden, um diese dann günstig am Markt veräußern zu können. Denkbar ist auch, dass zunächst in Vermögenswerte der Gesellschaft investiert werden muss, um diese dann zu einem höheren Wert veräußern zu können. Dabei ist jedoch zu beachten, dass bei der Fortführung der bisherigen Geschäftstätigkeit die Grenze zur Fortsetzung der aufgelösten Gesellschaft in Gestalt einer werbenden Gesellschaft nicht überschritten werden darf. Wird die Grenze zur Fortsetzung der Gesellschaft, etwa aufgrund eines besonderen Liquidationskonzeptes, überschritten, so ist hierfür die Zustimmung der Gesellschafter erforderlich. Nach § 70 S. 2 GmbHG zulässig sind daher alle Geschäfte, die der Abwicklung dienen. Demgegenüber sind vom Zweck der Liquidation solche Geschäfte nicht getragen, die die Gesellschaft in den Zustand der werbenden Gesellschaft zurück versetzen[18]. Dazu gehören etwa der Erwerb eines Grundstücks unter Einsatz hoher Kredite[19] oder der Erwerb von Gesellschaftsanteilen, die nicht ohne weiteres veräußerbar sind[20]. Zulässig ist aber die Einstellung neuen Personals, sofern dies zur 180

---

[11] *Schulze-Osterloh/Noack* in: Baumbach/Hueck, § 65, Rdnr. 19; *Nerlich* in: Michalski, § 65, Rdnr. 26.

[12] *Nerlich* in: Michalski, § 65, Rdnr. 26.

[13] *Nerlich* in: Michalski, § 65, Rdnr. 26; *Hohner* in: Hachenburg, § 65 Rdnr. 27.

[14] *Schulze-Osterloh/Noack* in: Baumbach/Hueck, § 65, Rdnr. 17; *Nerlich* in: Michalski, § 65, Rdnr. 30; *Hohner* in: Hachenburg, § 65 Rdnr. 32.

[15] *Schulze-Osterloh/Noack* in: Baumbach/Hueck, § 65, Rdnr. 17; *Nerlich* in: Michalski, § 65, Rdnr. 29; *Hohner* in: Hachenburg, § 65, Rdnr. 32.

[16] *Nerlich* in: Michalski, § 70, Rdnr. 15; *K. Schmidt* in: Scholz, § 70, Rdnr. 7; *Hohner* in: Hachenburg, § 70 Rdnr. 22.

[17] *RGZ* 146, 376, 378; *Schulze-Osterloh/Fastrich* in: Baumbach/Hueck, § 70, Rdnr. 10; *Nerlich* in: Michalski, § 70, Rdnr. 33; *K. Schmidt* in: Scholz, § 70, Rdnr. 16; *Hohner* in: Hachenburg, § 70 Rdnr. 22.

[18] *RGZ* 72, 236, 241; *Schulze-Osterloh/Fastrich* in: Baumbach/Hueck, § 70, Rdnr. 10; *Nerlich* in: Michalski, § 70, Rdnr. 12, 18, 33; *K. Schmidt* in: Scholz, § 70, Rdnr. 16; *Altmeppen* in: Roth/Altmeppen, § 70, Rdnr. 3; *Hohner* in: Hachenburg, § 70 Rdnr. 22.

[19] *OLG Karlsruhe* GmbHR 1960, 24, 25; *Schulze-Osterloh/Fastrich* in: Baumbach/Hueck, § 70, Rdnr. 10; *K. Schmidt* in: Scholz, § 70, Rdnr. 16; *Hohner* in: Hachenburg, § 70, Rdnr. 22.

[20] KGJ 21 A, 256, 259; *Schulze-Osterloh/Fastrich* in: Baumbach/Hueck, § 70, Rdnr. 10; *K. Schmidt* in: Scholz, § 70, Rdnr.

Durchführung der Liquidation erforderlich ist[21]. Anhaltspunkt für die Frage nach der Zulässigkeit ist grundsätzlich der Liquidationsplan, im Übrigen steht dem Liquidator grundsätzlich ein Ermessensspielraum zu[22]. Im Zweifelsfall sollte sich der Liquidator durch einen entsprechenden Gesellschafterbeschluss Klarheit verschaffen.

IV. Erfüllung der Gesellschaftsverbindlichkeiten

181 Die Liquidatoren haben die bestehenden Gesellschaftsverbindlichkeiten zu erfüllen. Gegebenenfalls sind dabei Aktiv- und Passivprozesse zu führen oder fortzusetzen[23]. Um eine möglichst schnelle Liquidation zu gewährleisten, bietet sich insoweit eine vergleichsweise Regelung an. Dauerschuldverhältnisse können durch Abfindung vorzeitig Beendigt werden.

182 Können Gesellschaftsverbindlichkeiten nicht durch Kündigung oder Abfindung beglichen werden, muss der Liquidator gegebenenfalls den Rechtsweg beschreiten. Sofern eine schnelle Liquidation im Interesse der Gesellschafter ist, könnte es zweckmäßig sein, eine an sich verjährte Forderung unter Verzicht auf die Einrede der Verjährung zu erfüllen, um einen möglicherweise langwierigen Rechtsstreit zu vermeiden[24]. Insoweit kann es auch zweckmäßig sein, zur Befriedigung von bestimmten Verbindlichkeiten ein Darlehen aufzunehmen[25]. Verbindlichkeiten der Gesellschaft, die noch nicht fällig oder streitig sind, können die Liquidatoren – sofern eine Vorabzahlung nicht möglich ist – durch Hinterlegung und Sicherung des Anspruches nach § 73 Abs. 2 GmbHG sichern[26].

183 Bei der Befriedigung der Gesellschaftsverbindlichkeiten ist der Liquidator nicht an eine bestimmte Rangfolge oder quotenmäßige Erfüllung der Verbindlichkeiten gebunden[27]. Anders als im Insolvenzverfahren gilt in der Liquidation nicht das Prinzip der *par conditio creditorum*[28]. Die Befriedigung der Gesellschaftsverbindlichkeiten kann und muss sich allein am Zweck der Liquidation orientieren. Dies gilt sowohl im Hinblick auf vor der Auflösung der Gesellschaft bestehenden Verbindlichkeiten als auch für Neugeschäfte.

184 Auch bei einer masselosen Liquidation gilt der Gleichbehandlungsgrundsatz der Gläubiger nicht[29]. Die masselose GmbH wird nach den §§ 66 ff. GmbHG abgewickelt und unterliegt nicht den Vorschriften der InsO[30]. Ferner gibt es in der masselosen Liquidation keine Vollstreckungs-

---

[21] *K. Schmidt* in: Scholz, § 70, Rdnr. 16.

[22] *Nerlich* in: Michalski, § 70, Rdnr. 17; *Altmeppen* in: Roth/Altmeppen, § 70, Rdnr. 11; *Hohner* in: Hachenburg, § 70 Rdnr. 4.

[23] *BayObLGE* 28, 365 f., 366.

[24] *Schulze-Osterloh/Fastrich* in: Baumbach/Hueck, § 70, Rdnr. 5; *Nerlich* in: Michalski, § 70, Rdnr. 22; *Hohner* in: Hachenburg, § 70 Rdnr. 8.

[25] *Schulze-Osterloh/Fastrich* in: Baumbach/Hueck, § 70, Rdnr. 5; *Nerlich* in: Michalski, § 70, Rdnr. 22; *Hohner* in: Hachenburg, § 70 Rdnr. 8.

[26] *Schulze-Osterloh/Fastrich* in: Baumbach/Hueck, § 70, Rdnr. 5; *Nerlich* in: Michalski, § 70, Rdnr. 22; *Hohner* in: Hachenburg, § 70 Rdnr. 8.

[27] *BGHZ* 53, 71, 74; *Schulze-Osterloh/Fastrich* in: Baumbach/Hueck, § 70, Rdnr. 5; *Nerlich* in: Michalski, § 70, Rdnr. 23; *K. Schmidt* in: Scholz, § 70, Rdnr. 10; *Altmeppen* in: Roth/Altmeppen, § 70, Rdnr. 14; *Lutter/Kleindiek* in: Lutter/Hommelhoff, § 70, Rdnr. 9; *Hohner* in: Hachenburg, § 70 Rdnr. 9, 11.

[28] *BGHZ* 53, 71, 74; *Schulze-Osterloh/Fastrich* in: Baumbach/Hueck, § 70, Rdnr. 5; *Nerlich* in: Michalski, § 70, Rdnr. 23; *K. Schmidt* in: Scholz, § 70, Rdnr. 10; *Altmeppen* in: Roth/Altmeppen, § 70, Rdnr. 14; *Lutter/Kleindiek* in: Lutter/Hommelhoff, § 70, Rdnr. 9; *Hohner* in: Hachenburg, § 70 Rdnr. 9, 11.

[29] *Schulze-Osterloh/Fastrich* in: Baumbach/Hueck, § 70, Rdnr. 5; *Nerlich* in: Michalski, § 70, Rdnr. 23; *K. Schmidt* in: Scholz, § 70, Rdnr. 10; *Altmeppen* in: Roth/Altmeppen, § 70, Rdnr. 14; *Lutter/Kleindiek* in: Lutter/Hommelhoff, § 70, Rdnr. 9; *Hohner* in: Hachenburg, § 70 Rdnr. 9, 11.

[30] *Schulze-Osterloh/Fastrich* in: Baumbach/Hueck, § 70, Rdnr. 5; *Nerlich* in: Michalski, § 70, Rdnr. 23;

sperre, die den Wettlauf der Gläubiger vereiteln könnte und damit auf eine Gleichbehandlung der Gläubiger hinweisen könnte. Teilweise wird vertreten, dass es bei der masselosen Liquidation gerechtfertigt sei, eine Verpflichtung des Liquidators dahingehend anzunehmen, eine gleichmäßige Befriedigung der Gläubiger anzustreben[31]. Dies erscheint zwar aufgrund der Nähe zum Insolvenzverfahren gerechtfertigt, doch dürfte die Durchführung einer gleichmäßigen Befriedigung für den Liquidator einen erheblichen zusätzlichen Aufwand darstellen, der allein aufgrund der Masselosigkeit der Gesellschaft kaum zu finanzieren sein dürfte. Zweifellos darf der Liquidator nicht nahestehende Gläubiger vorrangig befriedigen[32].

Neben Verbindlichkeiten gegenüber den Gläubigern der Gesellschaft oder gegenüber dem 185
Liquidator aus dessen Anstellungsvertrag[33] können auch Verbindlichkeiten der Gesellschaft gegenüber den Gesellschaftern bestehen. Hierbei kann es sich zum einen um Forderungen aus dem Gesellschaftsverhältnis handeln, zum anderen können Gesellschaftern Forderungen aus Verkehrsgeschäften zustehen, die wie normale Gesellschaftsverbindlichkeiten zu behandeln sind[34]. Hierzu gehören neben üblichen Verkehrsgeschäften auch bereits vor der Auflösung beschlossene Gewinnansprüche aus vorangegangenen Geschäftsjahren[35]. Nicht wie Drittgläubigeransprüche zu behandeln sind alle Gesellschafterdarlehen, die der Sperre des § 30 GmbHG unterliegen und daher erst nach Ablauf des Sperrjahres an die Gesellschafter zurückgezahlt werden dürfen[36].

V. Einziehung von Forderungen der Gesellschaft

Nach § 70 S. 1 GmbHG muss der Liquidator die Forderungen der Gesellschaft einziehen. 186
Dabei hat er nicht nur Zahlungsansprüche geltend zu machen, es besteht auch die Möglichkeit Forderungen zu verkaufen, abzutreten oder aufzurechnen[37]. Ferner können auch Ansprüche auf Eigentumsherausgabe geltend gemacht werden oder Ansprüche auf Auflassung[38]. Im Übrigen steht es im Ermessen des Liquidators, auf welche Art und Weise er die Forderungen der Gesellschaft am zweckmäßigsten verwertet und in Geld umsetzt. Dabei hat er das Interesse der Ge-

---

K. Schmidt in: Scholz, § 70, Rdnr. 10; *Altmeppen* in: Roth/Altmeppen, § 70, Rdnr. 14; *Lutter/Kleindiek* in: Lutter/Hommelhoff, § 70, Rdnr. 9; *Hohner* in: Hachenburg, § 70 Rdnr. 9, 11.

[31] *Schulze-Osterloh/Fastrich* in: Baumbach/Hueck, § 70, Rdnr. 5; *K. Schmidt* in: Scholz, § 70, Rdnr. 10; *Lutter/Kleindiek* in: Lutter/Hommelhoff, § 70, Rdnr. 9. A.A. *Nerlich* in: Michalski, § 70, Rdnr. 23; *Altmeppen* in: Roth/Altmeppen, § 70, Rdnr. 15; *Hohner* in: Hachenburg, § 70 Rdnr. 9, 11.

[32] *BGHZ* 53, 71, 74.

[33] Diese kann der Liquidator aus dem Gesellschaftsvermögen begleichen, dies auch ohne Befreiung von § 181 BGB, da es sich hierbei um die Erfüllung einer Verbindlichkeit handelt. *Schulze-Osterloh/Fastrich* in: Baumbach/Hueck, § 70, Rdnr. 5; *Nerlich* in: Michalski, § 70, Rdnr. 22; *K. Schmidt* in: Scholz, § 70, Rdnr. 8; *Altmeppen* in: Roth/Altmeppen, § 70, Rdnr. 16; *Lutter/Kleindiek* in: Lutter/Hommelhoff, § 73, Rdnr. 2; *Hohner* in: Hachenburg, § 70 Rdnr. 8.

[34] *Schulze-Osterloh/Fastrich* in: Baumbach/Hueck, § 70, Rdnr. 6; *Nerlich* in: Michalski, § 70, Rdnr. 21; *K. Schmidt* in: Scholz, § 70, Rdnr. 9; *Altmeppen* in: Roth/Altmeppen, § 70, Rdnr. 16; *Lutter/Kleindiek* in: Lutter/Hommelhoff, § 70, Rdnr. 9, 10; *Hohner* in: Hachenburg, § 70 Rdnr. 10.

[35] *Schulze-Osterloh/Fastrich* in: Baumbach/Hueck, § 70, Rdnr. 6; *Nerlich* in: Michalski, § 70, Rdnr. 21; *K. Schmidt* in: Scholz, § 70, Rdnr. 9 mit Verweis auf § 72 Rdnr. 20, § 73 Rdnr. 2; *Altmeppen* in: Roth/Altmeppen, § 70, Rdnr. 16; *Lutter/Kleindiek* in: Lutter/Hommelhoff, § 73, Rdnr. 2; *Hohner* in: Hachenburg, § 70 Rdnr. 10.

[36] Zur alten Rechtslage: *BGH* WM 1972, 74, 75, 76; *Schulze-Osterloh/Fastrich* in: Baumbach/Hueck, § 70, Rdnr. 6; *Nerlich* in: Michalski, § 70, Rdnr. 21; *K. Schmidt* in: Scholz, § 70, Rdnr. 9; *Hohner* in: Hachenburg, § 70 Rdnr. 10.

[37] *Schulze-Osterloh/Fastrich* in: Baumbach/Hueck, § 70, Rdnr. 7; *Nerlich* in: Michalski, § 70, Rdnr. 24; *K. Schmidt* in: Scholz, § 70, Rdnr. 12; *Hohner* in: Hachenburg, § 70 Rdnr. 12.

[38] *RGZ* 44, 80, 84; *Nerlich* in: Michalski, § 70, Rdnr. 24; *K. Schmidt* in: Scholz, § 70, Rdnr. 12.

sellschafter an einer möglichst günstigen Einziehung einerseits und an einer möglichst raschen Durchführung der Liquidation andererseits zu berücksichtigen. Dies gilt grundsätzlich auch im Hinblick auf Forderungen, die der Gesellschaft gegenüber ihren Gesellschaftern zusteht. Auch gegenüber ehemaligen Geschäftsführern bestehende (Schadensersatz-) Ansprüche sind vom Liquidator geltend zu machen.

VI. Durchsetzung von Gesellschaftsforderungen gegen Gesellschafter

187 Der Liquidator hat grundsätzlich auch solche Forderungen einzuziehen, die der Gesellschaft gegenüber ihren Gesellschaftern zusteht. Dies unabhängig davon, ob es sich um Forderungen aus einem Verkehrsgeschäft handelt oder um Forderungen aus dem Gesellschaftsverhältnis, etwa wegen ausstehender Einlagen. Mit solchen Forderungen kann der Gesellschafter grundsätzlich nicht mit seinem zu erwartenden Anspruch auf den Liquidationserlös aufrechnen, da dieser erst nach Durchführung der Liquidation, der Befriedigung aller Drittgläubiger und Ablauf des Sperrjahres fällig wird und auch erst dann die Höhe des Anspruches zu beziffern ist[39].

188 Nach h. A. kann der Liquidator Ansprüche gegen die Gesellschafter nur insoweit geltend machen, wie dies zur Befriedigung der Gläubiger und zur gleichmäßigen Verteilung des Liquidationsüberschusses an die Gesellschafter notwendig oder sonst zur ordnungsgemäßen Abwicklung erforderlich ist[40]. Nach teilweise vertretener Ansicht soll dies nur im Hinblick auf Forderungen gelten, die sich aus dem Gesellschaftsverhältnis ergeben, nicht aber für Forderungen aus Verkehrsgeschäften[41].

189 Die Geltendmachung von Forderungen gegen die Gesellschafter kann aber nicht vom Rechtsgrund der Verbindlichkeit abhängig gemacht werden, sondern nur davon, ob die eingeforderten Mittel zur Begleichung der Gesellschaftsverbindlichkeiten und zur gleichmäßigen Verteilung des Liquidationserlöses erforderlich sind. Dies gilt sowohl bei Forderungen aus Verkehrsgeschäften, als auch bei gesellschaftsrechtlich begründeten Forderungen. Die Einzahlung von bislang ausstehenden Einlagen oder die Rückerstattung von unter Verstoß gegen § 30 GmbHG gewährten Leistungen kann auch nach Auflösung der Gesellschaft erforderlich sein, soweit dies zur Befriedigung der Gläubiger erforderlich ist[42]. Insoweit können die Gesellschafter die Zahlung nicht verweigern[43].

190 Auch wenn die Forderungen der Gesellschaftsgläubiger beglichen worden sind, kann die Einziehung von Forderungen erforderlich sein, wenn dies zur gleichmäßigen Verteilung des Liqui-

---

[39] *Nerlich* in: Michalski, § 70, Rdnr. 25; *K. Schmidt* in: Scholz, § 70, Rdnr. 12; *Lutter/Kleindiek* in: Lutter/Hommelhoff, § 70, Rdnr. 10; *Hohner* in: Hachenburg, § 72 Rdnr. 2.

[40] *BGHZ* 53, 71, 74; *Schulze-Osterloh/Fastrich* in: Baumbach/Hueck, § 70, Rdnr. 7; *Nerlich* in: Michalski, § 70, Rdnr. 25, § 69, Rdnr. 26; *K. Schmidt* in: Scholz, § 70, Rdnr. 12; *Lutter/Kleindiek* in: Lutter/Hommelhoff, § 73, Rdnr. 12; *Hohner* in: Hachenburg, § 70 Rdnr. 13; *Müller* DB 2003, 1936, 1939, 1940.

[41] *BGHZ* 53, 71, 74; *Nerlich* in: Michalski, § 70, Rdnr. 25; *K. Schmidt* in: Scholz, § 70, Rdnr. 12; *Altmeppen* in: Roth/Altmeppen, § 70, Rdnr. 16; *Hohner* in: Hachenburg, § 70 Rdnr. 13. Uneindeutig: *Schulze-Osterloh/Fastrich* in: Baumbach/Hueck, § 70, Rdnr. 7; *Lutter/Kleindiek* in: Lutter/Hommelhoff, § 73, Rdnr. 12. Nach *Müller* DB 2003, 1936, 1940 uneingeschränkt für alle Forderungen gegen die Gesellschafter.

[42] *Schulze-Osterloh/Fastrich* in: Baumbach/Hueck, § 73, Rdnr. 19; *Nerlich* in: Michalski, § 70, Rdnr. 25; *K. Schmidt* in: Scholz, § 70, Rdnr. 12; *Altmeppen* in: Roth/Altmeppen, § 70, Rdnr. 16; *Lutter/Kleindiek* in: Lutter/Hommelhoff, § 73, Rdnr. 12; *Hohner* in: Hachenburg, § 70 Rdnr. 13; *Müller* DB 2003, 1936, 1939, 1940.

[43] *Schulze-Osterloh/Fastrich* in: Baumbach/Hueck, § 70, Rdnr. 7; *Nerlich* in: Michalski, § 70, Rdnr. 25; *K. Schmidt* in: Scholz, § 70, Rdnr. 12; *Altmeppen* in: Roth/Altmeppen, § 70, Rdnr. 16; *Lutter/Kleindiek* in: Lutter/Hommelhoff, § 73, Rdnr. 12; *Hohner* in: Hachenburg, § 70 Rdnr. 13; *Müller* DB 2003, 1936, 1939, 1940.

dationserlöses erforderlich sein sollte. Dies gilt sowohl für Forderungen aus Verkehrsgeschäften als auch gesellschaftsrechtlich begründeten Forderungen[44]. Haben die Gesellschafter ihre Einlagen ungleich eingezahlt, müssen die rückständigen Einlagen erbracht werden, wenn nur so zugunsten der übrigen Gesellschafter eine gleichmäßige Verteilung des Liquidationserlöses möglich ist[45]. Schulden die Gesellschafter entsprechend ihrer Beteiligungsquote die gleichen Beträge, so besteht kein Anlass zum Einzug, da dies keine Auswirkungen auf die Verteilungsquote hätte[46]. Schadensersatzansprüche der Gesellschaft gegen einen Gesellschafter können nicht selbständig geltend gemacht werden und stellen bloße Posten der Auseinandersetzungsrechnung dar, wenn die Schadensersatzleistung zur Befriedigung der Gesellschaftsgläubiger nicht mehr benötigt wird und der ersatzpflichtige Gesellschafter selbst unter Berücksichtigung der ihn treffenden Verbindlichkeit noch etwas aus der Liquidationsmasse verlangen kann[47].

Es steht also nicht im Ermessen des Liquidators, ob er gegenüber den Gesellschaftern bestehende Forderungen einzieht oder nicht. Ist die Einziehung nicht erforderlich, so kann der in Anspruch genommene Gesellschafter die Leistung verweigern[48]. Im Zweifel trägt die Beweislast dafür, dass der vom Liquidator eingeforderte Betrag nicht mehr benötigt ist, der Gesellschafter[49].

VII. Die Versilberung des Gesellschaftsvermögens

1. Überblick

Nach § 70 S. 1 GmbHG soll der Liquidator das Vermögen der Gesellschaft in Geld umsetzen um die Gläubiger der Gesellschaft befriedigen zu können und das danach verbleibende Vermögen nach Ablauf des Sperrjahres an die Gesellschafter zu verteilen, da der Anspruch aus § 72 GmbHG auf Zahlung von Geld gerichtet ist. Dazu müssen die Vermögenswerte der Gesellschaft veräußert oder versteigert werden. Die Art und Weise der Umsetzung des Gesellschaftsvermögens in Geld liegt im Ermessen des Liquidators[50]. Die Gesellschafter können jedoch Abweichendes beschließen, da die Regelung des § 72 GmbHG abdingbar ist. Gemäß § 72 S. 2 GmbHG können in der Satzung über die Verteilung des Liquidationserlöses andere Verfügungen getroffen werden. Eine spätere Änderung zum Nachteil eines Gesellschafters ist nur mit Zustimmung des betroffenen Gesellschafters möglich[51]. Sonstige Modalitäten der Verteilung können durch einfachen Gesellschafterbeschluss geregelt werden[52], die Liquidatoren sind insoweit weisungsgebunden, 191

[44] *Schulze-Osterloh/Fastrich* in: Baumbach/Hueck, § 70, Rdnr. 7; *Nerlich* in: Michalski, § 70, Rdnr. 25; *K. Schmidt* in: Scholz, § 70, Rdnr. 12; *Altmeppen* in: Roth/Altmeppen, § 70, Rdnr. 16; *Lutter/Kleindiek* in: Lutter/Hommelhoff, § 73, Rdnr. 12; *Hohner* in: Hachenburg, § 70 Rdnr. 13; *Müller* DB 2003, 1936, 1939, 1940.

[45] *Müller* DB 2003, 1936, 1939, 1940.

[46] *Müller* DB 2003, 1936, 1939, 1940.

[47] *BGH*, NJW-RR 1992, 543; NJW 1960, 433; WM 1977, 617.

[48] *Schulze-Osterloh/Fastrich* in: Baumbach/Hueck, § 70, Rdnr. 7, § 73, Rdnr. 19; *K. Schmidt* in: Scholz, § 70, Rdnr. 12; *Lutter/Kleindiek* in: Lutter/Hommelhoff, § 73, Rdnr. 15; *Hohner* in: Hachenburg, § 70 Rdnr. 13; *Müller* DB 2003, 1936, 1939, 1940.

[49] *RGZ* 45, 155; *Schulze-Osterloh/Fastrich* in: Baumbach/Hueck, § 70, Rdnr. 7; *Nerlich* in: Michalski, § 70, Rdnr. 25; *K. Schmidt* in: Scholz, § 70, Rdnr. 12; *Altmeppen* in: Roth/Altmeppen, § 70, Rdnr. 16; *Lutter/Kleindiek* in: Lutter/Hommelhoff, § 73, Rdnr. 12; *Hohner* in: Hachenburg, § 70 Rdnr. 13; *Müller* DB 2003, 1936, 1939.

[50] *Nerlich* in: Michalski, § 70, Rdnr. 26; *Hohner* in: Hachenburg, § 70 Rdnr. 14.

[51] *Altmeppen* in: Roth/Altmeppen, § 72, Rdnr. 4.

[52] *Schulze-Osterloh/Noack* in: Baumbach/Hueck, § 72, Rdnr. 2; *Altmeppen* in: Roth/Altmeppen, § 72, Rdnr. 4.

§§ 71 Abs. 4, 37 Abs. 1 GmbHG. Sofern bestimmte Vermögensgegenstände nicht veräußert und in Geld umgewandelt, sondern in Natur an die Gesellschafter ausgekehrt werden sollen, kann dies einstimmig unter den Gesellschaftern beschlossen werden und dem Liquidator die Verwertung des Vermögensgegenstandes untersagt werden[53]. Sofern die Gesellschafter nicht ausdrücklich von einer Verteilung in Geld absehen, ist es nicht möglich, den Gesellschaftern anstelle von Geld Sachwerte aufzudrängen[54]. Hat ein Gesellschafter eine Sacheinlage erbracht, kann sich aus der Satzung oder aber auch aus Treu und Glauben ein Vorkaufsrecht des Gesellschafters an diesem Gegenstand ergeben, das der Liquidator vor einem Verkauf an Dritte zu beachten hat. Nicht veräußert werden dürfen Gegenstände, die ein Gesellschafter der Gesellschaft zur Nutzung überlassen hat[55]. Diese sind dem Gesellschafter analog § 732 BGB zurückzugeben, eine Rücknahmepflicht besteht insoweit jedoch nicht[56].

192 Im Übrigen ist der Liquidator nicht verpflichtet, die Vermögenswerte möglichst rasch in Geld umzusetzen. Es kann auch zweckmäßig sein, die Vermögensgegenstände zunächst zu erhalten, etwa wenn dies für die weitere Produktion erforderlich sein sollte oder um eine günstigere Marktlage abzuwarten. Entscheidend ist, dass das Interesse der Gesellschafter nicht nur auf eine schnelle, sondern auch auf eine möglichst ergiebige Liquidation gewahrt ist.

2. Veräußerung des Unternehmens

193 Im Zuge der Versilberung des Gesellschaftsvermögens ist es auch möglich, den gesamten Betrieb oder Teile hiervon zu veräußern[57]. Anders als bei der werbenden Gesellschaft steht die Unternehmensveräußerung nicht dem Gesellschaftszweck entgegen. Vielmehr dient die Veräußerung des Betriebs – oder von Betriebssteilen – nun dem geänderten Zweck der Gesellschaft, nämlich der Liquidation[58]. Tatsächlich dürfte die Betriebsveräußerung oft der schnellere und vor allem wirtschaftlichere Weg sein. Da die Veräußerung vom Gesellschaftszweck gedeckt ist, ist die Zustimmung der Gesellschafter nicht erforderlich, sofern deren Interessen nicht offensichtlich berührt werden und insbesondere die Fortsetzung der Gesellschaft nicht in Betracht kommt[59]. Da sich aber der Liquidator schadensersatzpflichtig machen kann, sollte er sich bei derart grundlegenden Geschäften dennoch zuvor einen Gesellschafterbeschluss einholen[60]. Zumindest sollte er jedoch gemäß § 71 Abs. 4 i.V.m. § 49 Abs. 2 GmbHG die Gesellschafterversammlung einberufen. Eine Zustimmungsbedürftigkeit zu grundlegenden Geschäften besteht grundsätzlich nicht, da der Zweck der Gesellschaft – und damit auch die Aufgaben des Liquidators – auf die Verwertung des Gesellschaftsvermögens gerichtet ist. Es besteht auch die Möglichkeit den Betrieb, Teile hiervon oder andere wesentliche Vermögensgegenstände an einen Gesellschafter

[53] *Nerlich* in: Michalski, § 70, Rdnr. 26.

[54] *Nerlich* in: Michalski, § 70, Rdnr. 26; *K. Schmidt* in: Scholz, § 70, Rdnr. 13; *Hohner* in: Hachenburg, § 72 Rdnr. 16.

[55] *Schulze-Osterloh/Fastrich* in: Baumbach/Hueck, § 70, Rdnr. 8; *Nerlich* in: Michalski, § 70, Rdnr. 26; *K. Schmidt* in: Scholz, § 70, Rdnr. 13.

[56] *Schulze-Osterloh/Fastrich* in: Baumbach/Hueck, § 70, Rdnr. 8; *Nerlich* in: Michalski, § 70, Rdnr. 26; *K. Schmidt* in: Scholz, § 70, Rdnr. 13.

[57] *Schulze-Osterloh/Fastrich* in: Baumbach/Hueck, § 70, Rdnr. 8; *Nerlich* in: Michalski, § 70, Rdnr. 26; *K. Schmidt* in: Scholz, § 70, Rdnr. 14; *Lutter/Kleindiek* in: Lutter/Hommelhoff, § 70, Rdnr. 4, 14; *Hohner* in: Hachenburg, § 70 Rdnr. 16.

[58] *Schulze-Osterloh/Fastrich* in: Baumbach/Hueck, § 70, Rdnr. 8; *Nerlich* in: Michalski, § 70, Rdnr. 26; *K. Schmidt* in: Scholz, § 70, Rdnr. 14; *Hohner* in: Hachenburg, § 70 Rdnr. 14.

[59] *Schulze-Osterloh/Fastrich* in: Baumbach/Hueck, § 70, Rdnr. 8; *Nerlich* in: Michalski, § 70, Rdnr. 26; *K. Schmidt* in: Scholz, § 70, Rdnr. 14; *Hohner* in: Hachenburg, § 70 Rdnr. 16.

[60] *Nerlich* in: Michalski, § 70, Rdnr. 26; *K. Schmidt* in: Scholz, § 70, Rdnr. 14.

zu veräußern. Problematisch ist dies jedoch dann, wenn die Auflösung der Gesellschaft möglicherweise durch einen Mehrheitsgesellschafter erfolgte, um das Unternehmen unter Ausschluss von Minderheitsgesellschaftern fortzuführen. Es besteht in diesem Fall die Gefahr, dass der Liquidator zwischen die Fronten der unterschiedlichen Gesellschafterblöcke gerät und sich dem Verdacht unzulässiger Absprachen oder der Bevorteilung eines Gesellschafters ausgesetzt sieht. Daher sollte der Liquidator den Unternehmensverkauf unbedingt transparent gestalten und allen Gesellschaftern die Verkaufsbedingungen erläutern und allen Gesellschaftern gleichermaßen zum Kauf anbieten[61]. Auch der Liquidator selbst kann Vermögensgegenstände der Gesellschaft erwerben[62]. Sofern er nicht von den Beschränkungen des § 181 BGB befreit ist, kann dies nur mit Zustimmung der Gesellschafter erfolgen[63]. Dennoch ist auch hier mit besonderer Sorgfalt zu prüfen, ob dies nicht gegen die Pflichten des Liquidators verstoßen könnte.

a. Asset Deal

Bei einem Verkauf des Betriebes oder von Teilen hiervon ist zu beachten, dass der Erwerber – anders als bei der übertragenden Sanierung bei einem Insolvenzverfahren – grundsätzlich für die Verbindlichkeiten des übernommenen Betriebes gemäß § 25 HGB haftet. Sofern die Gesellschaft und der erworbene Unternehmensteil noch über Arbeitnehmer verfügt, gehen diesbezügliche Rechte und Pflichten gemäß § 613a BGB auf den Erwerber über. Dies gilt auch dann, wenn nur ein wesentlicher Unternehmensteil oder Kern erworben wird[64]. Der Erwerber haftet neben dem Veräußerer als Gesamtschuldner für die Verbindlichkeiten des erworbenen Unternehmensteils[65]. Diese Haftung erstreckt sich auf das gesamte Vermögen des Erwerbers und ist nicht auf den erworbenen Unternehmensteil beschränkt[66]. Die Haftung nach § 25 Abs. 1 HGB lässt sich durch die folgenden Maßnahmen verhindern: 194

Zum einen kann der Erwerber den Unternehmensteil unter einer von der bisherigen Firmierung abweichenden Firma fortführen. In diesem Fall liegen die Voraussetzungen des § 25 Abs. 1 HGB nicht vor, so dass der Erwerber nicht für die Altverbindlichkeiten des Veräußerers haftet. Zur Vermeidung der Haftung nach § 25 Abs. 1 HGB ist es erforderlich, dass die bisherige Firmenidentiät nicht mehr erkennbar ist. Der Kern der alten und der der neuen Firma dürfen sich nicht gleichen[67]. Ein die Nachfolge andeutender Zusatz oder eine nur geringfügige Änderung der Firmierung ist nicht ausreichend[68]. Für die Frage, ob tatsächlich eine Firmenfortführung vorliegt, ist die Verkehrsanschauung maßgeblich, entscheidend ist das Auftreten am Markt, nicht das Auftreten gegenüber dem Registergericht, Finanzamt oder gegenüber anderen Behörden[69]. 195

Soll die Firmierung des erworbenen Unternehmensteils fortgeführt werden, kann die Haftung des Erwerbers gemäß § 25 Abs. 2 HGB durch einen Haftungsausschluss zwischen den Parteien vermieden werden. Damit dieser Haftungsausschluss auch gegenüber den Gläubigern Wirksamkeit entfaltet, muss er gemäß § 25 Abs. 2 HGB ihnen gegenüber bekannt gemacht oder im Handelsregister eingetragen und bekannt gemacht werden. Die Haftungsbeschränkung kann 196

---

[61] *BGHZ* 76, 352; 103, 184, 194; *Schulze-Osterloh/Fastrich* in: Baumbach/Hueck, § 70, Rdnr. 8; *Nerlich* in: Michalski, § 70, Rdnr. 26; *K. Schmidt* in: Scholz, § 70, Rdnr. 14; *Hohner* in: Hachenburg, § 70, Rdnr. 17.

[62] *Nerlich* in: Michalski, § 70, Rdnr. 26; *K. Schmidt* in: Scholz, § 70, Rdnr. 14.

[63] *Nerlich* in: Michalski, § 70, Rdnr. 26; *K. Schmidt* in: Scholz, § 70, Rdnr. 14.

[64] *BGH* NJW 1982, 1648; *Hopt* in: Baumbach/Hopt, § 25, Rdnr. 6.

[65] *Hopt* in: Baumbach/Hopt § 25, Rdnr. 10; *Koziczinski* in: Semler/Vollhardt § 13, Rdnr. 79.

[66] *Hopt* in: Baumbach/Hopt § 25, Rdnr. 10.

[67] *Hopt* in: Baumbach/Hopt § 25, Rdnr. 7.

[68] *Hopt* in: Baumbach/Hopt § 25, Rdnr. 7.

[69] *BGH* NJW 1992, 911; 1987, 1622; *OLG Hamm* NJW-RR, 1997, 734; *Hopt* in: Baumbach/Hopt § 25, Rdnr. 7.

sich auf bestimmte Forderungen beziehen, eine Beschränkung der Höhe nach ist jedoch nicht zulässig[70]. Alle Haftungsbeschränkungen müssen aus den Registerakten klar erkennbar sein[71]. Vertragsverhältnisse mit Dritten gehen nicht ohne weiteres auf den Erwerber über, sondern müssen im Wege der Vertragsübernahme (dreiseitiger Vertrag) übertragen werden.

197 Nach § 613a Abs. 1 BGB tritt der Erwerber eines Betriebs oder eines Betriebsteils in die Rechte und Pflichten des bisherigen Inhabers aus den im Zeitpunkt des Übergangs bestehenden Arbeitsverhältnissen ein. Das bedeutet, dass die bestehenden Arbeitsverhältnisse einschließlich der bislang begründeten Versorgungsanwartschaften und möglicher Ansprüche wegen nicht gezahlter Löhne auf den Erwerber übergehen[72]. Der Betriebsübergang nach § 613a BGB kann weder von den Parteien des Übernahmevertrages noch in den Arbeitsverträgen ausgeschlossen werden[73].

198 Schließlich ist zu beachten, dass die Haftung für Betriebssteuern gemäß § 75 AO nicht ausgeschlossen werden kann und der Erwerber möglicherweise zu unrecht erlangte Beihilfen zurückzahlen oder für umweltrechtliche Ansprüche etwa wegen Bodenbelastungen durch Altlasten o.ä. einstehen muss[74].

b. Abspaltung oder Ausgliederung gemäß § 123 Abs. 2, Abs. 3 UmwG

199 Neben dem Verkauf der einzelnen Vermögensgegenstände kann auch in der Liquidationsphase ein Betriebsteil abgespalten oder ausgegliedert und die Anteile an dem neuen Rechtsträger veräußert werden.

Bei der *Abspaltung* nach § 123 Abs. 2 UmwG werden Teile des Vermögens des übertragenden Rechtsträgers auf einen anderen – bestehenden oder neu zu gründenden – Rechtsträger übertragen. Dabei bleibt die abgebende Gesellschaft weiterhin bestehen. Die Anteile an der übernehmenden Gesellschaft, beziehungsweise dem neuen Rechtsträger erhalten die Gesellschafter der übertragenden Gesellschaft. Diese Anteile können von den Gesellschaftern der zu liquidierenden Gesellschaft gehalten oder an Dritte veräußert werden.

200 Auch bei einer *Ausgliederung* nach § 123 Abs. 3 UmwG werden von dem übertragenden Rechtsträger Teile seines Vermögens auf einen anderen – bestehenden oder neu zu gründenden – Rechtsträger übertragen, während die übertragende Gesellschaft weiterhin bestehen bleibt. Der Unterschied zur Abspaltung besteht darin, dass die Anteile an der neuen Gesellschaft der übertragende Rechtsträger selbst erhält. Gesellschafter des ausgegliederten Teils ist also die zu liquidierende Gesellschaft, nicht deren Gesellschafter. Da die Geschäftsanteile des ausgegliederten Teils einen Vermögensgegenstand der Gesellschaft darstellen, muss diese Beteiligung vom Liquidator als versilbert und an Dritte[75] verkauft werden. Dies ist bei der Abspaltung nicht erforderlich, da in diesem Fall die Gesellschafter der liquidierten Gesellschaft Gesellschafter des abgespalteten Betriebsteils werden.

201 Bei der Abspaltung und Ausgliederung haften nach § 133 Abs. 1 UmwG übertragender und übernehmender Rechtsträger den Gläubigern gegenüber für die bis zum Wirksamwerden der Spaltung begründeten Verbindlichkeiten der übertragenden Gesellschaft als Gesamtschuldner. Diese Haftung ist der Höhe nach unbegrenzt, zeitlich allerdings auf fünf Jahre befristet, § 133 Abs. 3 S. 1 UmwG. Die Haftung für Pensionsverbindlichkeiten ist auf zehn Jahre begrenzt, § 133 Abs. 3 S. 2 UmwG.

202 Die Fünfjahresfrist beginnt mit der Bekanntmachung der Eintragung der Abspaltung im Handelsregister im Sinne der §§ 125, 19 Abs. 3 UmwG. Die zeitliche Beschränkung gilt allerdings

---

[70] *Hopt* in: Baumbach/Hopt § 25, Rdnr. 13.
[71] *Hopt* in: Baumbach/Hopt § 25, Rdnr. 13.
[72] *Putzo* in: Palandt, Bürgerliches Gesetzbuch, § 613a, Rdnr. 18.
[73] *Putzo* in: Palandt, Bürgerliches Gesetzbuch, § 613a, Rdnr. 3, 18.
[74] *Koziczinski* in: Semler/Vollhardt § 13, Rdnr. 81 ff.; *Hopt* in: Baumbach/Hopt § 25, Rdnr. 20.
[75] Möglich ist auch ein Verkauf an die Gesellschafter.

nur für den Mithafter, der Hauptschuldner haftet ohne besondere zeitliche Begrenzungen im Rahmen der üblichen Verjährungsfristen[76]. Hauptschuldner einer Verbindlichkeit ist diejenige Gesellschaft, der die Verbindlichkeit im Spaltungs- und Übernahmevertrag zugewiesen ist. Hauptschuldner kann sowohl der übertragende als auch der aufnehmende Rechtsträger sein[77]. Den Gläubigern steht es innerhalb der Fünfjahresfrist frei, welchen Schuldner sie in Anspruch nehmen. Eine Pflicht, zunächst den Hauptschuldner in Anspruch zu nehmen, besteht nicht. Hauptschuldner und Mithaftender sind insoweit Gesamtschuldner[78]. Bei einer Inanspruchnahme des Mithafters kann dieser im Innenverhältnis Ausgleich vom Hauptschuldner verlangen. Dieser gesamtschuldnerischen Haftung sind nur solche Verbindlichkeiten des übertragenden Rechtsträgers unterworfen, die vor dem Wirksamwerden der Spaltung, also der Eintragung der Spaltung in das Handelsregister am Sitz des übertragenden Rechtsträgers, begründet worden sind, § 133 Abs. 1 S. 1 UmwG. Hierfür ausreichend ist, dass zu diesem Zeitpunkt die Rechtsgrundlage der Verbindlichkeit gelegt ist, die Fälligkeit der Forderung ist nicht erforderlich[79]. Damit werden insbesondere auch vor der Spaltung begründete Dauerschuldverhältnisse – wie Miet- und Dienstverträge – in die gesamtschuldnerische Haftung einbezogen. Dies gilt ebenfalls für Verbindlichkeiten aus Produkt- oder Umwelthaftung, wenn die Wurzel des Anspruches bereits gelegt ist, also beispielsweise ein fehlerhaftes Produkt verkauft wurde oder ein mitübertragendes Grundstück mit Altlasten kontaminiert ist[80]. Voraussetzung für eine Inanspruchnahme des Mithafters ist gemäß § 133 Abs. 3 UmwG, dass die Verbindlichkeit innerhalb von fünf Jahren nach wirksamer Bekanntmachung der Spaltung im Sinne der §§ 125, 19 Abs. 3 UmwG fällig und von dem Gläubiger gerichtlich geltend gemacht worden ist. Liegen diese Voraussetzungen nicht vor, wird der Mithafter mit Ablauf der Frist enthaftet.

Können die Gläubiger bereits zum Spaltungszeitpunkt glaubhaft machen, dass eine konkre- **203**
te Gefährdung ihrer Forderung besteht, so können sie gemäß § 133 Abs. 1 Satz 2 i.V.m. 22, 125 UmwG Sicherheitsleistung von derjenigen Gesellschaft fordern, der die Verbindlichkeit zugewiesen ist[81].

Die Haftung nach § 25 Abs. 1 HGB besteht unabhängig von einer Haftung nach § 133 UmwG **204**
weiter fort[82]. Diese Haftung kann gemäß § 25 Abs. 2 HGB durch Eintragung und Bekanntmachung eines Haftungsausschluss in das Handelsregister oder durch Mitteilung an die Gläubigern ausgeschlossen werden. Im Falle einer Spaltung kann der Haftungsausschluss entweder ausdrücklich niedergelegt werden oder sich aus den entsprechenden Regelungen im Spaltungsvertrag oder -plan ergeben[83].

Schließlich ist zu beachten, dass im Falle einer späteren Insolvenz der Gesellschaft die Gefahr besteht, dass Maßnahmen, die im Rahmen eines vorangegangenen Sanierungsversuches, der Betriebsaufspaltung o.ä., durch den Insolvenzverwalter nach §§ 129 ff. InsO angefochten werden könnten[84].

---

[76] *Hommelhoff*/Schwab in: Lutter § 133, Rdnr. 19.
[77] *Kallmeyer* in: Kallmeyer, § 133, Rdnr. 2.
[78] *Kallmeyer* in: Kallmeyer, § 133, Rdnr. 3.
[79] *Kallmeyer* in: Kallmeyer, § 133, Rdnr. 8.
[80] *Hommelhoff/Schwab* in: Lutter § 133, Rdnr. 87.
[81] *Kallmeyer* in: Kallmeyer, § 133, Rdnr. 21.
[82] *Kallmeyer* in: Kallmeyer, § 133, Rdnr. 20.
[83] *Hommelhoff/Schwab* in: Lutter, § 133, Rdnr. 100.
[84] *Pannen/Deuchler/Kahlert*, Sanierungsberatung 2004, S. 92; *Hirte* in: Uhlenbruck, § 133, Rdnr. 21.

VIII. Verwaltung des Gesellschaftsvermögens

205 Während der Liquidation hat der Liquidator das Vermögen der Gesellschaft bis zur Verteilung gewinnbringend zu verwalten[85]. Zur Versilberung des Gesellschaftsvermögens gehört daher ggf. auch die Vermietung oder Verpachtung von Grundeigentum der Gesellschaft, solange dies nicht gewinnbringend veräußert werden kann[86]. Auch Barmittel sind während der Liquidationsphase gewinnbringend anzulegen. Ist die aufgelöste Gesellschaft Inhaberin von Anteilsrechten an anderen Gesellschaften, so ist Gegenstand der ordnungsgemäßen Geschäftsführung durch den Liquidator auch die Ausübung der Beteiligungsrechte im Interesse der aufgelösten Gesellschaft und der gewinnbringende Verkauf der Beteiligung. Verfügt die Gesellschaft über Patente oder Marken, so sind diese auch nach der Auflösung der Gesellschaft weiterhin anzumelden oder zu schützen[87]. Kommt es zu Verstößen gegen Markenrechte, Patentrechte oder sonstige Rechte der Gesellschaft, so muss der Liquidator die hieraus resultierenden Ansprüche geltend machen und gegebenenfalls auch klageweise durchsetzen[88].

IX. Rechnungslegungspflicht

206 Der Liquidator ist gemäß §§ 71 Abs. 4, 41 GmbHG, § 238 HGB zur ordnungsgemäßen Buchführung verpflichtet[89]. Auch die §§ 42, 42a GmbHG sind während der Abwicklung gemäß § 71 Abs. 2 bei der Erstellung der Liquidations-Eröffnungsbilanz[90] und der laufenden Jahresbilanzen zu beachten[91]. Verstoßen die Liquidatoren gegen ihre Pflicht zur Rechnungslegung, sind sie nach §§ 43 Abs. 2, 71 Abs. 4 GmbHG gegenüber der Gesellschaft zum Schadensersatz verpflichtet. Ferner kann sich eine Strafbarkeit aus den §§ 283 Abs. 1 Nr. 7, Abs. 6, 283a, 283b Abs. 1 Nr. 3, Abs. 3 StGB ergeben[92]

207 Zu Beginn des Liquidationsverfahrens ist nach § 71 Abs. 1 GmbHG die Liquidationseröffnungsbilanz mit erläuterndem Bericht zu erstellen. Im weiteren Laufe sind regelmäßig die Jahresabschlüsse und die Lageberichte zu erstellen. Zum Ende der Liquidation ist die Liquidations-Schlussbilanz mit Gewinn- und Verlustrechnung und Anhang aufzustellen, aus der sich das zur Verteilung bestimmte Gesellschaftsvermögen unter Berücksichtigung der restlichen Aufwendungen ergibt[93].

208 Der Liquidator kann von der Pflicht zur Aufstellung der Jahresabschlüsse nicht entbunden werden, ein entsprechender Gesellschafterbeschluss ist unwirksam[94]. Er muss diese Pflicht aber

---

[85] *Schulze-Osterloh/Fastrich* in: Baumbach/Hueck, § 70, Rdnr. 9; *Nerlich* in: Michalski, § 70, Rdnr. 32; *K. Schmidt* in: Scholz, § 70, Rdnr. 15; *Lutter/Kleindiek* in: Lutter/Hommelhoff, § 70, Rdnr. 12; *Hohner* in: Hachenburg, § 70 Rdnr. 19.

[86] *Nerlich* in: Michalski, § 70, Rdnr. 32; *K. Schmidt* in: Scholz, § 70, Rdnr. 15; *Hohner* in: Hachenburg, § 70 Rdnr. 19.

[87] *Nerlich* in: Michalski, § 70, Rdnr. 32; *Hohner* in: Hachenburg, § 70 Rdnr. 19.

[88] *Nerlich* in: Michalski, § 70, Rdnr. 32; *K. Schmidt* in: Scholz, § 70, Rdnr. 16; *Hohner* in: Hachenburg, § 70 Rdnr. 19.

[89] Ausführlich hierzu Peetz GmbHR 2002, 1008, 1012, sowie unten, § 11, Rdnr. 554.

[90] *Schulze-Osterloh/Fastrich* in: Baumbach/Hueck, § 71, Rdnr. 10; *K. Schmidt* in: Scholz, § 71, Rdnr. 10.

[91] Siehe zur Prüfungen von Liquidationseröffnungsbilanzen auch IDW PH 9400.5, WPg 2001, 913.

[92] *OLG Frankfurt* BB 1977, 312, 313; *Schulze-Osterloh/Fastrich* in: Baumbach/Hueck, § 71, Rdnr. 10; *K. Schmidt* in: Scholz, § 71, Rdnr. 10.

[93] *Schulze-Osterloh/Fastrich* in: Baumbach/Hueck, § 71, Rdnr. 28.

[94] *OLG Stuttgart* NJW-RR 1995, 805, 806; *Schulze-Osterloh/Fastrich* in: Baumbach/Hueck, § 71, Rdnr. 10; *Nerlich* in: Michalski, § 71, Rdnr. 22.

nicht persönlich erfüllen, sondern kann sie delegieren[95]. Verfügt die Gesellschaft nicht über das für die zur Beauftragung Dritter erforderliche Vermögen, so ist der Liquidator persönlich zur Aufstellung verpflichtet, wenn er über die notwendige Fachkenntnis verfügt[96]. Fehlen ihm die notwendigen Fachkenntnisse, so soll er nach der wohl h.A. die Kosten für die Erstellung persönlich tragen[97]. Eine solche Kostentragungspflicht lässt sich aus § 71 Abs. 1 GmbHG oder aus anderen Vorschriften nicht entnehmen und ist daher abzulehnen[98]. Richtig ist, dass der Liquidator von der grundsätzlichen Verpflichtung zur Rechnungslegung nicht entbunden werden kann, da diese nicht nur gesellschaftseigenen Zwecken dient, sondern auch dem Schutze der Interessen Dritter[99]. Doch trifft diese Rechnungslegungspflicht nicht den Liquidator persönlich, sondern in Gestalt seiner Tätigkeit als vertretungsberechtigtes Organ der Gesellschaft, ein Eigeninteresse hat er insoweit nicht[100]. Die Pflichten des Liquidators können nicht weiter reichen, als die finanziellen Mittel der Gesellschaft. Sind diese nicht ausreichend, um die Pflichten der Gesellschaft zu erfüllen, so trifft ihn allenfalls die Pflicht zur Stellung eines Insolvenzantrages[101], nicht jedoch die zur Übernahme von Kosten. Zu beachten ist auch, dass bei der Wahrnehmung der Interessen Dritter üblicherweise keine Kostentragungspflicht besteht, sondern vielmehr ein Anspruch auf Erstattung der getätigten Aufwendungen nach § 670 BGB. Werden Interessen Dritter wahrgenommen, so kann die eigene Leistung zurückhalten werden, wenn der Aufwendungsersatzanspruch durch eine Vermögensverschlechterung des Dritten gefährdet ist[102]. Sofern man eine persönliche Kostenlast bejaht, kann sich der Liquidator dieser jedoch nicht durch Amtsniederlegung entziehen[103]. Denn die Pflicht der Rechnungslegung ist bei Amtsniederlegung bereits entstanden[104], durch die Verletzung dieser Pflicht macht sich der Liquidator unabhängig von der Amtsniederlegung persönlich schadenersatzpflichtig[105]. Im Fall der Nachtragsliquidation wird der Liquidator das Amt nur annehmen, wenn die Kosten für die Liquidation – also auch die der Buchführung gedeckt sind. Das Registergericht kann ein Kostenvorschuss verlangen, der die Kosten des Verfahrens und die Vergütung des Nachtragsliquidators deckt[106].

X. Steuerliche Pflichten gemäß § 34 AO

Gemäß § 34 Abs. 1 AO haben die gesetzlichen Vertreter die steuerlichen Pflichten der Gesellschaft zu erfüllen. Nach Auflösung der Gesellschaft obliegt diese Pflicht dem Liquidator. Er hat 209

[95] *Peetz* GmbHR 2002, 1008, 1012.

[96] *Schulze-Osterloh/Fastrich* in: Baumbach/Hueck, § 71, Rdnr. 10; *Nerlich* in: Michalski, § 71, Rdnr. 22; *K. Schmidt* in: Scholz, § 71, Rdnr. 10; *Lutter/Kleindiek* in: Lutter/Hommelhoff, § 71, Rdnr. 1; *Hohner* in: Hachenburg, § 71 Rdnr. 7.

[97] *Schulze-Osterloh/Fastrich* in: Baumbach/Hueck, § 71, Rdnr. 10; *Nerlich* in: Michalski, § 71, Rdnr. 22; *K. Schmidt* in: Scholz, § 71, Rdnr. 10; *Lutter/Kleindiek* in: Lutter/Hommelhoff, § 71, Rdnr. 1; *Hohner* in: Hachenburg, § 71 Rdnr. 7.

[98] So auch: *Peetz* GmbHR 2002, 1008, 1012.

[99] *Peetz* GmbHR 2002, 1008, 1012.

[100] *Peetz* GmbHR 2002, 1008, 1012.

[101] Die Rechnungslegungspflicht obliegt dann gemäß § 155 Abs. 1 S. 2 InsO dem Insolvenzverwalter.

[102] *Peetz* GmbHR 2002, 1008, 1012.

[103] So aber *OLG Stuttgart* NJW-RR 1995, 805, 806; *Schulze-Osterloh/Fastrich* in: Baumbach/Hueck, § 71, Rdnr. 10.

[104] *Crezelius* in: Scholz, Anh. § 42a Rdnr. 38; *Merkt* in: Baumbach/Hopt, Einl. vor § 238, Rdnr. 15, § 238, Rdnr. 8.

[105] *BGH* BB 1998, 476; *OLG Düsseldorf* GmbHR 1998, 981; *Peetz* GmbHR 2002, 1008, 1012.

[106] *BayObLG*, DB 1993, 2173, 2174; *OLG Stuttgart* GmbHR, 1995, 595; *Nerlich* in: Michalski, § 74, Rdnr. 51; *K. Schmidt* in: Scholz, § 74 Rdnr. 22; *Hohner* in: Hachenburg, § 74 Rdnr. 34; *Altmeppen* in: Roth/Altmeppen, § 74 Rdnr. 17.

insbesondere dafür zu sorgen, dass die während der Liquidationsphase anfallenden Steuern entrichtet werden. Sind mehrere Liquidatoren bestellt und übernimmt einer die Verantwortung für die steuerlichen Pflichten alleine, so sind die anderen Liquidatoren von der Haftung frei, solange sie davon ausgehen können und dürfen, dass dieser seine Aufgaben ordnungsgemäß erfüllt[107].

Kommt der Liquidator vorsätzlich oder fahrlässig Verpflichtungen aus § 34 Abs. 1 AO nicht nach, und können Ansprüche aus dem Steuerverhältnis deshalb nicht oder nicht rechtzeitig festgesetzt oder erfüllt werden, so haftet der Liquidator gem. § 69 AO persönlich[108].

210 Nach Ansicht des *FG Baden-Württemberg* soll der Liquidator unter Einsatz eigener finanzieller Mittel für die Erstellung der Steuererklärungen der Gesellschaft verpflichtet sein, wenn diese über keine finanziellen Mittel zur Beauftragung eines steuerlichen Beraters verfügt[109]. Der Liquidator müsse im Zweifelsfall der Gesellschaft die fehlenden Mittel zur Verfügung stellen, um einen steuerlichen Berater einzuschalten[110]. Dem kann jedoch nicht gefolgt werden[111]. Zwar kann der Rechtsprechung des *BFH* dahingehend gefolgt werden, dass der Vertreter der Gesellschaft sich nicht auf fehlende finanzielle Mittel der Gesellschaft berufen kann, wenn er aufgrund seiner persönlichen Fähigkeiten in der Lage ist, die steuerlichen Verpflichtungen der Gesellschaft selbst und unentgeltlich zu erfüllen[112]. Doch zu Recht ist der *BFH* der Ansicht, dass diese persönliche Pflicht nicht gilt, wenn die Tätigkeit mit erheblichen Buchhaltungs- und Abschlussarbeiten verbunden wäre[113]. Vor allem kann insoweit nicht verlangt werden, dass der gesetzliche Vertreter eigene finanzielle Mittel zur Erstellung des Jahresabschlusses und der Steuererklärungen einzusetzen hat[114]. Dies gilt auch für den Liquidator. Soweit dieser über entsprechende fachliche Kenntnisse verfügt, hat er diese ohne gesonderte Abrechnung der Gesellschaft zur Verfügung zu stellen, diese dürfte regelmäßig mit seiner Vergütung abgerechnet werden[115] und ist daher auch nicht unentgeltlich[116]. Kann der Liquidator bei überschaubarem und zumutbarem Arbeitsaufwand die Steuererklärung der Gesellschaft erstellen, trifft ihn diese Pflicht auch dann, wenn der Gesellschaft die finanziellen Mitteln für die Beauftragung Dritter fehlen. Er die Steuerklärung dann selbständig zu erstellen[117].

211 Nach Ansicht des *BFH* soll der Fiskus als Drittgläubiger anteilsmäßig befriedigt werden, wenn sich der Verdacht aufdrängt, dass die Liquidationsmasse nicht zur Tilgung aller Verbindlichkeiten ausreicht[118]. Doch findet eine solche Bevorzugung keine Stütze im Gesetz[119]. Tatsächlich ist der Liquidator bei der Erfüllung der Verbindlichkeiten der Gesellschaft im Zuge des Liquidationsverfahrens an keine Rangordnung oder Quote gebunden. Eine Rechtfertigung für die Bevorzugung des Fiskus gegenüber den anderen Gesellschaftsgläubigern ist daher nicht ersichtlich. Dies gilt um so mehr, als dass eine bevorzugte Behandlung des Fiskus eine Gläubiger-

---

[107] *BFH* GmbHR 1982, 30, 31; *Nerlich* in: Michalski, § 43, Rdnr. 155; *Schneider* in: Scholz, § 43, Rdnr. 9; *Mertens* in: Hachenburg, § 43, Rdnr. 119.

[108] *BFH*E 102, 227, 231; 114 329, 332; 141, 443, 338; *BFH* BB 1978, 245; *Schulze-Osterloh/Fastrich* in: Baumbach/Hueck § 73, Rdnr. 25; *Nerlich* in: Michalski, § 70, Rdnr. 35, ausführlich: *Leibner/Pump* GmbHR 2003, 996.

[109] *FG Baden-Württemberg* GmbHR 2001, 741, kritisch hierzu *Peetz* GmbHR 2002, 1008, 1014.

[110] *FG Baden-Württemberg* GmbHR 2001, 741.

[111] So auch *Peetz* GmbHR 2002, 1008, 1014.

[112] Im Hinblick auf den Konkursverwalter; *BFH* DStR 1995, 16; *BFH*, NV 1996, 14; *Peetz* GmbHR 2002, 1008, 1014.

[113] *BFH* DStR 1995, 16; *BFH*, NV 1996, 14; *Peetz* GmbHR 2002, 1008, 1014.

[114] *BFH* DStR 1995, 16; *BFH*, NV 1996, 14.

[115] Soll dies nicht zum Aufgabenkreis des Liquidators gehören, sollte dies im Anstellungsvertrag ausdrücklich erwähnt werden.

[116] Dies übersieht *Peetz* GmbHR 2002, 1008, 1014.

[117] So auch *Peetz* GmbHR 2002, 1008, 1014.

[118] BStBl 1984 II, 776, 779; 1985 II, 702, 704; 1991 II, 678, 680; 1993 II, 8, 9.

[119] Kritisch auch: *Nerlich* in: Michalski, § 70, Rdnr. 35; *Hohner* in: Hachenburg, § 70 Rdnr. 28.

begünstigung darstellen und gemäß § 130 ff. InsO anfechtbar sein könnte, wenn im Laufe des Liquidationsverfahrens Insolvenzantrag gestellt werden muss.

XI. Sonstige Aufgaben

Der Liquidator vertritt die Gesellschaft während der Liquidation in sämtlichen Aktiv- und 212
Passivprozessen. Wird nach der Auflösung der Gesellschaft, also während des Liquidationsverfahrens die Nichtigkeit des Auflösungsbeschlusses geltend gemacht, ist gesetzlicher Vertreter nicht etwa der Geschäftsführer, sondern der Liquidator[120].

Darüber hinaus muss der Liquidator das folgende veranlassen: die Anmeldung der Auflösung zur Eintragung in das Handelsregister nach § 65 Abs. 1 S. 1 GmbHG; die Bekanntmachung der Auflösung nach § 65 Abs. 2 GmbHG; die Einhaltung des Sperrjahres nach § 73 Abs. 1 GmbHG unter Berücksichtigung und Sicherung der Gläubigerinteressen nach § 73 Abs. 2 GmbHG; die Verteilung des nach Befriedigung und Sicherstellung der Gläubiger verbleibenden Gesellschaftsvermögens an die Gesellschafter nach § 72 GmbHG; die Anmeldung des Abschlusses der Liquidation zur Eintragung in das Handelsregister nach § 74 Abs. 1 S. 1 GmbHG und die Sicherung der Aufbewahrung der Bücher und Schriften der Gesellschaft nach § 74 Abs. 2 GmbHG.

---

[120] *BGHZ* 36, 207, 209; *Nerlich* in: Michalski, § 70, Rdnr. 34.

§ 5. Haftung des Liquidators

I. Allgemeine Haftung des Liquidators

213 Die Liquidatoren haften gegenüber der Gesellschaft gem. § 71 Abs. 4 GmbHG nach den Grundsätzen des § 43 Abs. 1, 2 und 4 GmbHG. Voraussetzung hierfür ist eine objektive Pflichtverletzung durch den Liquidator. Die dem Liquidator obliegenden Pflichten sind zwar nicht ausdrücklich geregelt, ergeben sich aber aus der Organstellung, dem Anstellungsvertrag sowie aus den Aufgaben des Liquidators nach § 70 GmbHG[1]. Daneben besteht eine Haftung bei Verstoß gegen das Sperrjahr nach § 73 Abs. 3 GmbHG (hierzu ausführlich unten, § 8, III, Rdnr. 489).

214 Haftungsmaßstab für das Verschulden ist einfache Fahrlässigkeit, § 43 Abs. 1 GmbHG[2]. Die Beweislast für mangelndes Verschulden trägt der Liquidator[3]. Sind mehrere Liquidatoren bestellt, denen ein Verstoß gegen ihre Organpflichten vorgeworfen wird, so haften nur diejenigen Liquidatoren, die sich nicht entlasten können[4]. Haften mehrere Liquidatoren, so haften sie als Gesamtschuldner[5]. Sind mehrere Liquidatoren bestellt und kann sich einer zwar entlasten, besteht aber dennoch die Gefahr, dass er für die mangelnde Überwachung des Mitliquidators haftet[6].

215 Ein Verweis auf § 43 Abs. 3 GmbHG findet sich zwar in § 71 Abs. 4 GmbHG nicht, doch ist ein solcher Verweis an sich auch nicht erforderlich, da diese Fälle von § 73 Abs. 3 GmbHG erfasst werden. Nach herrschender Meinung ist § 43 Abs. 3 GmbHG während der Liquidation dahingehend anzuwenden, dass nicht gegen § 33 GmbHG verstoßen werden darf[7].

Neben der Aufzählung nach § 71 Abs. 4 GmbHG ergeben sich weitere Haftungsgründe des Liquidators aus dem Verweis des § 69 Abs. 1 GmbHG auf die Vorschriften des 3. Abschnitts des GmbHG, wonach weitere der für Geschäftsführer geltenden Bestimmungen auf den Liquidator anzuwenden sind. So obliegt beispielsweise auch die Verpflichtung zur Einreichung der Gesellschafterliste bei Änderungen der Gesellschafter oder des Umfangs ihrer Beteiligung dem Liquidator[8].

216 Die Entlastung des Liquidatorserfolgt nach § 71 Abs. 2 S. 1 GmbHG durch die Gesellschafter[9]. Die Geltendmachung von Ersatzansprüchen und die Prozessführung gegen den Liquidator erfolgt nach § 46 Nr. 8 GmbHG durch die Gesellschafter[10]. Soweit einzelnen Gesellschaftern gegen den Liquidator Schadensersatzansprüche aus § 823 Abs. 2 BGB i.V.m. § 266 StGB oder eigene Schadensersatzansprüche aus § 826 BGB zustehen, können sie diesen unabhängig von einem Beschluss nach § 46 Nr. 8 GmbHG geltend machen[11]. Für die Geltendmachung ei-

---

[1] *K. Schmidt* in: Scholz, § 71, Rdnr. 46.

[2] *K. Schmidt* in: Scholz, § 71, Rdnr. 46.

[3] *K. Schmidt* in: Scholz, § 71, Rdnr. 46.

[4] *K. Schmidt* in: Scholz, § 71, Rdnr. 46.

[5] *BGH* NJW 1969, 1712; *Schulze-Osterloh/Noack* in: Baumbach/Hueck, § 69 Rdnr. 17; *Nerlich* in: Michalski, § 71, Rdnr. 79; *K. Schmidt* in: Scholz, § 71, Rdnr. 46.

[6] *K. Schmidt* in: Scholz, § 71, Rdnr. 46.

[7] *Schulze-Osterloh/Noack* in: Baumbach/Hueck, § 69 Rdnr. 17; *K. Schmidt* in: Scholz, § 71, Rdnr. 46.

[8] *Schulze-Osterloh/Noack* in: Baumbach/Hueck, § 69 Rdnr. 15; *Nerlich* in: Michalski, § 69, Rdnr. 44; *K. Schmidt* in: Scholz, § 69, Rdnr. 31.

[9] *K. Schmidt* in: Scholz, § 71, Rdnr. 46.

[10] *BGH* NJW 1969, 1712; *Schulze-Osterloh/Noack* in: Baumbach/Hueck, § 69 Rdnr. 18; *K. Schmidt* in: Scholz, § 71, Rdnr. 46.

[11] *BGH* NJW 1969, 1712; *Schulze-Osterloh/Noack* in: Baumbach/Hueck, § 69 Rdnr. 18.

nes Schadensersatzanspruchs gegen den Liquidator ist im Fall der masselosen Liquidation ein Beschluss der Gesellschafterversammlung nicht erforderlich[12]. Ersatzansprüche gegen den Liquidator verjähren in fünf Jahren[13].

Wird der Liquidator im Zuge des Liquidationsverfahrens von Dritten[14] unterstützt, so kann 217
sich für diese Personen das Risiko einer Haftung aus faktischer Geschäftsführung ergeben[15]. Anhaltspunkte für eine faktische Geschäftsführung sind: Bestimmung der Unternehmenspolitik und Strategie, Bestimmung und Gestaltung der Unternehmensorganisation, Gestaltung der Geschäftsbeziehung zu Vertragspartnern (Lieferanten, Kunden), Verhandlungsführung mit Kreditgebern, völlige Identifikation mit dem Unternehmen, Verhandlungen mit Mitarbeitern (Gehaltshöhe, Einstellung und Entlassung, Zeugnisausstellung), Steuerung der Buchhaltung (Buchungsanweisungen an Mitarbeiter), Entscheidung über Steuerangelegenheiten (Beauftragung/Besprechungen mit Steuerberater/Wirtschaftsprüfer)[16]. Der faktische Geschäftsführer muss an diesen Tätigkeiten einen maßgeblichen Anteil haben. Die reine Delegation und die bloße Durchführung von Entscheidungen reichen nicht aus, vielmehr ist erforderlich, dass ein eigenes, nach außen hervortretendes, üblicherweise der Geschäftsführung zuzurechnendes Handeln vorliegt[17]. Der BGH spricht insoweit von einer „überragenden Stellung" des faktischen Geschäftsführers. Was eine „überragende Stellung" ist, wird allerdings offen gelassen. Nach h.M. ist nur die gleichzeitige Erfüllung mehrerer Merkmale als ausreichend anzusehen, um die weitreichende persönliche Haftung zu rechtfertigen.

II. Insolvenzrechtliche Haftung

Auch nach Auflösung der Gesellschaft kann die Gesellschaft in die Krise geraten und Zah- 218
lungsunfähigkeit oder Überschuldung eintreten. Für den Liquidator kann sich daher ein wesentliches Haftungsrisiko aus den insolvenzrechtlichen Haftungstatbeständen ergeben. Im Folgenden soll zunächst ein Überblick über den Ablauf eines Insolvenzverfahrens gegeben werden und dann die Haftungstatbestände dargestellt werden.

1. Überblick:Abl aufe inesI nsolvenzverfahrens[18]

Ziel eines Insolvenzverfahrens ist vor allem die Fortführung des Unternehmens – sofern es 219
nach einer Sanierung am Markt bestehen kann – nicht aber dessen Zerschlagung[19]. Nur soweit eine Sanierung des gesamten Unternehmens oder von Unternehmensteilen nicht möglich ist, werden die Vermögenswerte des Schuldners verwertet und der Erlös an die Gläubiger verteilt. Alle Forderungen der Gläubiger werden grundsätzlich gleichrangig behandelt, es besteht – anders als unter der Konkursordnung – kein bestimmtes Rangverhältnis. Der Insolvenzverwal-

---

[12] *BGH* NZG 2004, 962.

[13] *BGH* WM 1971, 350, 351; *Schulze-Osterloh/Noack* in: Baumbach/Hueck, § 69 Rdnr. 17; *K. Schmidt* in: Scholz, § 71, Rdnr. 46.

[14] Externe Berater oder konzernangehörige Dritte.

[15] Siehe zu den Grundsätzen der faktischen Geschäftsführung: *BGH* NJW 1988, 1789; NJW 2002, 1803.

[16] *BGH* NJW 1988, 1789; NJW 2002, 1803.

[17] *BGH* NJW 1988, 1789; NJW 2002, 1803.

[18] Im Folgenden soll nur ein kurzer erster Überblick zum Verständnis des Insolvenzverfahrens und die Folgen gegeben werden. Für die Vertiefung wird auf die einschlägigen Kommentierungen verwiesen.

[19] *A. Schmidt* in: HambKomm InsO, § 1 Rdnr. 2.

ter ist Sachwalter der Gläubiger und nimmt die Interessen der Gläubigergesamtheit wahr. Seine Aufgabe ist es, das Insolvenzverfahren so zu führen, dass möglichst viel Masse generiert und damit für die Gläubiger eine möglichst hohe Quote erzielt werden kann.

Daten und Bekanntmachungen zu bundesweiten Insolvenzverfahren finden sich zu auf der Internetseite: https://www.insolvenzbekanntmachungen.de.

a. Insolvenzeröffnungsverfahren

aa. Prozessuale Fragen

220 Das Insolvenzverfahren wird bei dem sachlich und örtlich zuständigen Amtsgericht geführt. Sachlich und örtlich zuständig ist gemäß §§ 2, 3 InsO das Amtsgericht, in dessen Bezirk sich der Schuldner befindet.

Ein Insolvenzverfahren wird nur auf schriftlichen Antrag hin eröffnet. Antragsberechtigt sind die Gläubiger (§§ 13 Abs. 1 S. 2, 14 InsO) und der Schuldner (§§ 13 Abs. 1 S. 2, 15 InsO). Bis zur Eröffnung des Insolvenzverfahrens oder bis zu einer rechtskräftigen Abweisung des Antrages kann der Antrag zurückgenommen werden, § 13 Abs. 2 InsO. Sofern ein Gläubiger den Antrag stellt, ist dieser nur zulässig, wenn er ein rechtliches Interesse an der Eröffnung des Insolvenzverfahrens hat und er seine Forderung und einen Eröffnungsgrund glaubhaft machen kann, § 14 InsO. Für die Glaubhaftmachung gelten die allgemeinen Regeln des § 294 ZPO[20]. Eine Tatsache ist glaubhaft gemacht, wenn das Gericht der Überzeugung ist, dass die Behauptung mit überwiegender Wahrscheinlichkeit zutrifft; ein vollständiger Beweis ist nicht erforderlich[21]. Regelmäßig erfolgt die Glaubhaftmachung durch die Vorlage eines Vollstreckungstitels und den Nachweis eines erfolglosen Vollstreckungsversuches, ist aber im Einzelfall durch das Gericht zu würdigen[22].

221 Gemäß § 5 InsO gilt im Insolvenzverfahren der Amtsermittlungsgrundsatz. Daher beauftragt das Insolvenzgericht nach der Stellung des Insolvenzantrages die Erstellung eines Sachverständigengutachtens durch einen Sachverständigen oder den vorläufigen Insolvenzverwalter[23]. Dieser führt für das Gericht Ermittlungen durch, auf deren Grundlage das Gericht seine weiteren Entscheidungen trifft. Der Sachverständige prüft, ob das Vermögen des Schuldners die Kosten des Verfahrens decken kann, ein Eröffnungsgrund vorliegt und welche Aussichten für eine Fortführung des Unternehmens des Schuldners bestehen.

222 Gemäß § 5 Abs. 2 InsO kann das Gericht die schriftliche Durchführung für Teile des Verfahrens oder auch das gesamte Verfahren anordnen, wenn die Vermögensverhältnisse des Schuldners überschaubar sind und die Zahl der Gläubiger oder die Höhe der Forderungen gering sind. Das schriftliche Verfahren kann jederzeit aufgehoben oder geändert werden.

Anders als in anderen Verfahren ist die Rechtsmittelfähigkeit im Rahmen des Insolvenzverfahrens ganz erheblich eingeschränkt. Nach § 6 Abs. 1 InsO sind Rechtsmittel nur dann möglich, wenn die InsO dies ausdrücklich vorsieht.

bb. Eröffnungsgründe

223 Eröffnungsgründe sind Zahlungsunfähigkeit§ 17 Abs. 2 S. 1 InsO, drohende Zahlungsunfähigkeit § 18 InsO und Überschuldung nach § 19 InsO.

224 **(1) Zahlungsunfähigkeit.** Gemäß § 17 Abs. 2 S. 1 InsO liegt Zahlungsunfähigkeit vor, wenn der Schuldner nicht in der Lage ist, die fälligen Zahlungsverpflichtungen zu erfüllen. Dies ist in der Regel dann anzunehmen, wenn der Schuldner sein Zahlungen eingestellt hat, § 17 Abs. 2 S. 2 InsO.

---

20 *Schmahl* in: MüKo InsO § 17, Rdnr. 32.

21 *Schmahl* in: MüKo InsO § 17, Rdnr. 15.

22 *Wehr* in: HambKomm InsO, § 14, Rdnr. 24.

23 *Schröder* in: HambKomm InsO § 22, Rdnr. 68.

Für die Bestimmung der Zahlungsunfähigkeit sind die gemäß § 271 BGB fälligen Zahlungsverpflichtungen der Gesellschaft maßgeblich. Nach Ansicht des BGH muss der Gläubiger nicht nur die Zahlung verlangen können, sondern die Forderung auch tatsächlich „ernsthaft eingefordert" haben[24]. Die Anforderungen für ein ernsthaftes Einfordern sind aber gering und eine einfache Zahlungsaufforderung, etwa die Übersendung einer Rechnung, ausreichend, aber auch erforderlich[25]. Demgegenüber ist nach der h.A. in der Literatur ein ernsthaftes einfordern nicht erforderlich und nur Fälligkeit der Forderung nach § 271 BGB maßgeblich[26]. Solange die fälligen Forderungen nicht durch Verzicht, Erlass oder Stundung aus dem Kreis der fälligen Verbindlichkeiten ausscheiden, sind bei der Feststellung der Zahlungsunfähigkeit alle Verbindlichkeiten, unabhängig von der Einforderungsabsicht der Gläubiger zu berücksichtigen[27].

Erforderlich ist ferner die Unfähigkeit des Schuldners zur Zahlung, da lediglich vorübergehende Zahlungsstockungen keine Zahlungsunfähigkeit im Sinne des § 17 InsO begründen[28]. **225**
Gleiches gilt, wenn der Schuldner die Forderung bestreitet oder lediglich zahlungsunwillig ist[29]. Nachdem die Abgrenzung von Zahlungsunfähigkeit und Zahlungsstockung in der Rechtsprechung und juristischen Literatur lange Zeit uneinheitlich beantwortet wurde[30], hat der BGH mit Urteil vom 24.05.2005[31] nun weitgehend[32] Rechtssicherheit geschaffen und die Abgrenzung von Zahlungsstockung und Zahlungsunfähigkeit definiert. Danach erfolgt die Abgrenzung der Zahlungsunfähigkeit von der einfachen Zahlungsstockung anhand des Zeitraumes und der Höhe der offenen Verbindlichkeiten. Als Zahlungsstockung ist eine Illiquidität anzusehen, die den Zeitraum nicht überschreitet, den eine kreditwürdige Person benötigt, um sich die benötigten Mittel zu leihen. Diesen Zeitraum legt der BGH auf bis zu drei Wochen fest[33].

Der Höhe nach wird die Zahlungsunfähigkeit vom BGH bejaht, wenn eine Liquiditätslücke **226**
in Höhe von über 10 % der fälligen Gesamtverbindlichkeiten vorliegt[34]. Hierbei handelt es sich um eine widerlegbare Vermutung[35], so dass weitere besondere Umstände vorliegen können, die für eine Zahlungsunfähigkeit sprechen. Ein solcher Umstand kann die auf Tatsachen gestützte Erwartung sein, dass sich der Niedergang des Unternehmens fortsetzen wird[36].

Da der BGH die 10 %-Schwelle als widerlegbare Vermutung versteht, ist es dem Geschäfts- **227**
führer durchaus möglich, auch bei einer Liquiditätslücke, die über 10 % der Gesamtverbindlichkeiten hinausgeht, Umstände vorzutragen, aus denen sich dennoch die Zahlungsfähigkeit der Gesellschaft ergibt[37]. Dazu ist in der Regel die Benennung konkreter Umstände erforderlich, die mit an Sicherheit grenzender Wahrscheinlichkeit erwarten lassen, dass die Liquiditätslücke

---

[24] *BGH* NZI 2007, 579, 580; NJW 1992, 1960.

[25] *BGH* NZI 2007, 579, 580; NJW 1992, 1960.

[26] *Eilenberger* in: MüKo InsO, § 17, Rdnr. 7; *Schröder* in: HambKomm InsO, § 17 Rdnr. 8; *Pape* in: Kübler/Prütting, InsO, § 17 Rdn. 5, 6; *Bußhardt* in: Braun, § 17 Rdnr. 17; *Uhlenbruck* in: Uhlenbruck, § 17 Rdnr. 8.

[27] *OLG Stuttgart* NStZ 1987, 460; *Eilenberger* in: MüKo InsO, § 17, Rdnr. 7; *Schröder* in: HambKomm InsO, § 17 Rdnr. 8; *Bußhardt* in: Braun, § 17 Rdnr. 20; *Uhlenbruck* in: Uhlenbruck, § 17 Rdnr. 8.

[28] *Eilenberger* in: MüKo InsO, § 17, Rdnr. 8; *Uhlenbruck* in: Uhlenbruck, § 17, Rdnr. 9.

[29] *BGH* WM 1959, 891.

[30] Teilweise wurde die Berücksichtigung auch ganz geringer Liquiditätslücken abgelehnt, zum anderen eine Quote von 5 %, 10 % oder gar 20 % für zulässig erachtet, *Uhlenbruck* in: Uhlenbruck, § 17, Rdnr. 10.

[31] *BGH* NJW 2005, 3062.

[32] Siehe aber: *BGH* NZI 2007, 579.

[33] *BGH* NJW 2005, 3062, 3064. Dies wurde jedoch jüngst aufgeweicht durch *BGH* NZI 2007, 579, 581 wonach die Drei-Wochen-Frist nicht gilt, wenn mit an Sicherheit grenzender Wahrscheinlichkeit zu erwarten ist, dass die Liquiditätslücke in absehbarer Zeit nach Ablauf der Drei-Wochen-Frist beseitigt werden kann. Hierzu *Tetzlaff* ZInsO 2007, 1334 mit zu Recht kritischer Anmerkung.

[34] *BGH* NJW 2005, 3062, 3064.

[35] *Schröder* in: HambKomm InsO, § 17 Rdnr. 19.

[36] *BGH* NJW 2005, 3062, 3066.

[37] *BGH* NJW 2005, 3062, 3065.

zwar nicht innerhalb von bis zu drei Wochen, aber immerhin in überschaubarer Zeit beseitigt werden wird. Je näher die konkret festgestellte Unterdeckung dem Schwellenwert kommt, desto geringere Anforderungen sind an das Gewicht der besonderen Umstände zu richten, mit denen die Vermutung entkräftet werden kann[38]. Umgekehrt müssen umso schwerer wiegende Umstände vorliegen, je größer der Abstand der tatsächlichen Unterdeckung von dem Schwellenwert ist[39]. Sobald bei einer Liquiditätsbilanz eine Unterdeckung festzustellen ist, muss der Geschäftsführer daher eine Prognose bei jeder vorzunehmenden Zahlung anstellen. Dazu sind die konkreten Gegebenheiten, insbesondere die Außenstände des Unternehmens, die Bonität der Drittschuldner und die Kreditwürdigkeit des Schuldners, im Hinblick auf die Branche und die Art der fälligen Schulden zu berücksichtigen.

228 Das Vorliegen von Zahlungsunfähigkeit ist bei noch operativ tätigen Unternehmen nur anhand einer Finanzplanrechnung zu bestimmen[40]. Eine einfache Vermögensübersicht, Bilanz oder der Jahresabschluss liefern einen Überblick über die bestehenden Verbindlichkeiten und Vermögenswerte der Gesellschaft. Erkenntnisse, wann welche Zahlungen fällig sind bzw. fällig werden, lassen sich hieraus jedoch grundsätzlich nicht ableiten. Sie geben keinen Aufschluss über die Zahlungsströme der Gesellschaft, zu erwartende künftige Umsätze und damit auch nicht über eventuelle zukünftige Gewinne. Daher sind im Rahmen der Finanzplanrechnung die zu erwartenden Einnahmen den Ausgaben der Gesellschaft gegenüber zu stellen. Dafür sind die einzelnen finanziellen Verpflichtungen des Unternehmens zu erfassen. Sofern eine interne Kostenrechnung nicht vorhanden ist, lässt sich dies anhand einer Gewinn- und Verlustrechnung oder betriebswirtschaftlichen Auswertungen erstellen. Hilfreich hierfür ist die Erstellung einer Solvenzprognose unter Berücksichtigung der Empfehlungen des Fachausschuss Recht des Instituts der Wirtschaftsprüfer, die zur Prüfung eingetretener oder drohender Zahlungsunfähigkeit herangezogen werden[41].

229 Zusammenfassend ist zu sagen, dass für die Feststellung der Zahlungsunfähigkeit eines Unternehmens zunächst die Dreiwochenfrist und die 10%-Schwelle maßgeblich sind. Hervorzuheben ist aber, dass es sich hierbei um eine widerlegbare Vermutung handelt, so dass auch bei einer unter der 10%-Schwelle liegenden Unterdeckung Zahlungsunfähigkeit angenommen oder bei einer über der 10%-Schwelle liegenden Unterdeckung Zahlungsunfähigkeit abgelehnt werden könnte. Kann nach Ablauf der Drei-Wochen-Frist die Zahlungsfähigkeit nicht wieder hergestellt werden, ist die endgültige Zahlungsunfähigkeit festgestellt. Der Geschäftsführer darf dann nur noch solche Zahlungen leisten, die die Insolvenzmasse nicht schmälern oder erforderlich sind, um das Unternehmen für die Zwecke des Insolvenzverfahrens zu erhalten.

230 **(2) Drohende Zahlungsunfähigkeit.** Drohende Zahlungsunfähigkeit im Sinne des § 18 InsO liegt vor, wenn der Schuldner voraussichtlich im Zeitpunkt der Fälligkeit der Verbindlichkeiten nicht in der Lage sein wird, die Verbindlichkeiten zu bezahlen. Für die Bewertung der drohenden Zahlungsunfähigkeit sind vorübergehende Zahlungsstockungen und ganz geringfügige Liquiditätslücken nicht zu berücksichtigen[42]. Voraussichtlich bedeutet überwiegende Wahrscheinlichkeit, d.h. der Eintritt der Zahlungsunfähigkeit muss wahrscheinlicher sein als ihre Vermeidung[43]. Dabei ist auf die jeweiligen Umstände des Einzelfalls abzustellen[44]. Die Prüfung, ob der Schuldner im Zeitpunkt der Fälligkeit voraussichtlich in der Lage sein wird, seine Zahlungspflichten

---

[38] *BGH* NJW 2005, 3062, 3065.

[39] *BGH* NJW 2005, 3062, 3065; Schröder, in: HambKomm InsO, § 17 Rdnr. 21.

[40] *BGH* NJW 2005, 3062, 3064.

[41] IDW Prüfungsstandard: Empfehlungen zur Prüfung eingetretener oder drohender Zahlungsunfähigkeit bei Unternehmen (IDW PS 800), i.d.F. v. 22. 1. 1999, abgedruckt in: WPg 1999, 250ff.

[42] *Bußhardt* in: Braun, § 18 Rdnr. 5.

[43] *Bußhardt* in: Braun, § 18 Rdnr. 5.

[44] *Drukarczyk* in: MüKo InsO, § 18, Rdnr. 10; *Bußhardt* in: Braun, § 18 Rdnr. 3; *Mönning* in: Nerlich/Römermann, § 18 Rdnr. 23.

zu erfüllen kann lediglich anhand eines Finanzstatus und eines darauf aufbauenden Liquiditätsplanes vorgenommen werden, in dem die erwarteten Zahlungsströme in ihrem zeitlichen Ablauf dargestellt werden[45]. Drohende Zahlungsunfähigkeit wäre bspw. dann zu bejahen, wenn der Schuldner bemerkt, dass er seine Gehälter nicht bezahlen kann, da ein Zahlungseingang, mit dem er gerechnet hat, nicht erfolgt ist.

Ein auf die drohende Zahlungsunfähigkeit gestützter Antrag auf Eröffnung des Insolvenz- **231**
verfahrens kann nicht von den Gläubigern des Schuldners sondern nur von dem Schuldner selbst gestellt werden. Besteht Gesamtvertretungsmacht, so kann ein auf die drohende Zahlungsunfähigkeit gestützter Antrag nur von den Vertretungsorganen gemeinsam gestellt werden[46]. Bei Einzelvertretung kann jeder Vertretungsberechtigte allein den Antrag stellen[47].

(3) Überschuldung. Nach § 19 InsO liegt Überschuldung vor, wenn das Vermögen des Schuld- **232**
ners die bestehenden Verbindlichkeiten nicht mehr deckt. Das Vorliegen der Überschuldung wird anhand einer Überschuldungsbilanz, für die die handelsrechtlichen Bewertungsregeln nicht gelten, bestimmt[48]. Nach § 19 Abs. 2 S. 2 InsO sind die Fortführungswerte anzusetzen, wenn die Fortführung des Unternehmens überwiegend wahrscheinlich ist.

Die Überschuldungsprüfung erfolgt anhand einer zweistufigen Prüfungsreihenfolge (Zweistufige Überschuldungsprüfung). In der ersten Stufe sind die Überlebenschancen des Unternehmens in einer Fortbestehensprognose zu prüfen. In der zweiten Stufe sind Vermögen und Schulden des Unternehmens in einem stichtagsbezogenen Status gegenüberzustellen.

Im Rahmen der Fortbestehensprognose ist zu prüfen, ob eine überwiegende Wahrscheinlich- **233**
keit der Unternehmensfortführung besteht (positive Fortbesthensprognose)[49]. Dabei ist nicht maßgeblich, ob die ob Fortführung oder die Unternehmensliquidation für die Gesellschafter die bessere Handlungsoption ist[50]. Überwiegende Wahrscheinlichkeit der Unternehmensfortführung besteht, wenn die Fortführung des Unternehmens zu mehr als 50 % wahrscheinlich ist[51].

Bei der Vermögensbewertung und der Gegenüberstellung der Aktiva und Passiva sind nicht die fortgeschriebenen Wertansätze der Jahresbilanz zugrunde zu legen, vielmehr ist eine Überschuldungsbilanz mit auf den Zweck der Insolvenzeröffnung zugeschnittenen Bewertungsgrundsätzen zu erstellen[52]. Diese ist nicht nach den Regeln der Handelsbilanz aufzustellen und soll das Schuldendeckungspotential der Gesellschaft aufzeigen[53]. Basis der Fortbestehensprognose ist ein Finanzplan. Dabei ist zu prüfen, ob und wie die Gesellschaft ihre Zahlungsverpflichtungen leisten kann und ob das Unternehmenskonzept realisiert werden kann[54]. Der Prognosezeitraum sollte maximal zwei Jahre betragen soll[55].

In der Überschuldungsbilanz sind Gesellschafterdarlehen gemäß 19 Abs. 2 S. 3 InsO nicht zu **234**
berücksichtigen. Eine Unterscheidung zwischen kapitalersetzenden und normalen Gesellschaf-

---

45 *Drukarczyk* in: MüKo InsO, § 18, Rdnr. 13 ff.; *Bußhardt* in: Braun, § 18 Rdnr. 11,12.

46 *Drukarczyk* in: MüKo InsO, § 18, Rdnr. 51.

47 *Drukarczyk* in: MüKo InsO, § 18, Rdnr. 51.

48 *Schulze-Osterloh/Noack* in: Baumbach/Hueck, § 64, Rdnr. 12.

49 *Drukarczyk* in: MüKo InsO, § 19, Rdnr. 52; *Schröder* in: HambKomm InsO, § 19 Rdnr. 12; *Mönning* in: Nerlich/Römermann, § 19 Rdnr. 17.

50 *Drukarczyk* in: MüKo InsO, § 19, Rdnr. 53.

51 *Drukarczyk* in: MüKo InsO, § 19, Rdnr. 84; *Schröder* in: HambKomm InsO, § 19 Rdnr. 13.

52 *BGH* ZIP 1994, 701, 703; NJW 2001, 1136; *Schröder* in: HambKomm InsO, § 19 Rdnr. 7; *Bußhardt* in: Braun, § 19 Rdnr. 8; *Schulze-Osterloh/Noack* in: Baumbach/Hueck, § 64, Rdnr. 14 ff.; Roth/*Altmeppen* § 64, Rdnr. 18.

53 *BGH* NJW 2001, 1280; *OLG Bremen* NZG 1999, 74; *Schröder* in: HambKomm InsO, § 19 Rdnr. 7; *Bußhardt* in: Braun, § 19 Rdnr. 8, 10; *Schulze-Osterloh/Noack* in: Baumbach/Hueck, § 64, Rdnr. 14.

54 Ausführlich hierzu: *Drukarczyk* in: MüKo InsO, § 19, Rdnr. 52 ff.; 84 ff.; *Schröder* in: HambKomm InsO, § 19 Rdnr. 15.

55 *Drukarczyk* in: MüKo InsO, § 19, Rdnr. 56; *Schröder* in: HambKomm InsO, § 19 Rdnr. 18; *Mönning* in: Nerlich/Römermann, § 19 Rdnr. 19; *Uhlenbruck* in: Uhlenbruck, § 19 Rdnr. 30.

terdarlehen gibt es nun nicht mehr. Jedes Gesellschafterdarlehen ist bei Eintritt der Insolvenz nachrangig. Auch die bisher in den Anwendungsbereich des § 32a Abs. 3 GmbHG a.F. fallende Nutzungsüberlassung[56] fällt in den Anwendungsbereich des § 39 Abs. 1 Nr. 5 InsO und ist nachrangig[57]. Künftig ist jede Forderung der Gesellschafter, gleich ob aus einem der Gesellschaft gewährten Darlehen oder aufgrund einer eines Gesellschafterdarlehen wirtschaftlich entsprechenden Leistung in der Insolvenz der Gesellschaft nachrangig zu behandeln[58]. Ursprünglich sollte wegen der generellen Nachrangigkeit der Gesellschafterdarlehen diese in der Überschuldungsbilanz als Passiva nicht mehr anzusetzen sein. Dieser Gedanke des Regierungsentwurfes wurde vom Rechtsausschuss nicht übernommen, so dass nach wie vor eine Rangrücktrittserklärung erforderlich ist[59]. Nach § 19 Abs. 2 S. 3 n.F. InsO sind Forderungen auf Rückgewähr von Gesellschafterdarlehen oder aus Rechtshandlungen, die einem solchen Darlehen wirtschaftlich entsprechen, in der Überschuldungsbilanz nicht zu berücksichtigen, wenn zwischen Gläubiger und Schuldner der Nachrang im Insolvenzverfahren hinter den in § 39 Abs. 1 Nr. 1 bis 5 bezeichneten Forderungen vereinbart worden ist. Nach Ansicht des Rechtsausschusses sei zur Wahrung der Interessen außenstehender Gläubiger eine Passivierung von gemäß § 39 I Nr. 5 InsO gesetzlich subordinierten Gesellschafterdarlehen grundsätzlich nicht notwendig, da ihre Interessen bereits durch die nachrangige Befriedigung der Gesellschafter gewahrt würden. An der Vorgabe des *BGH*, wonach für eine Ausklammerung aus der Überschuldungsbilanz eine so genannter „qualifizierten Rangrücktritt" erforderlich ist, solle festgehalten werden. Die Erklärung des Rangrücktritts durch den Gesellschafter sei mit einer Warnfunktion verbunden, die sich bewährt habe. Rückzahlungen unter Verstoß gegen diese Vorschriften unterliegen der Insolvenzanfechtung nach den §§ 44a, 135 I und II InsO.

235 Gemäß § 39 Abs. 4 S. 2 InsO gilt die Nachrangigkeit von Gesellschafterdarlehen nicht beim Erwerb einer insolvenznahen Gesellschaft zum Zwecke der Sanierung. Zu beachten ist, dass das Sanierungsprivileg nicht jedem Sanierungskredit zu Gute kommt, sondern nur dann, wenn mit dem Sanierungskredit auch eine Beteiligung erworben wird. Bislang war unklar, ob das Sanierungsprivileg nur für den Ersterwerb einer Beteiligung gilt[60] oder auch bei der Aufstockung eines bestehenden Anteils[61]. Der eindeutige Wortlaut des § 39 Abs. 4 S. 2 InsO spricht für die letztere Ansicht. Voraussetzung für das Sanierungsprivileg ist aber, dass es sich hierbei um eine nachhaltige Sanierung handelt[62], also der Sanierungsversuch im Zeitpunkt der Darlehensgewährung objektiv sanierungstauglich gewesen ist[63]. Das Sanierungsprivileg greift ab dem Zeitpunkt der drohenden oder eingetretenen Zahlungsunfähigkeit bzw. der Überschuldung der Gesellschaft und bleibt bis zur nachhaltigen Sanierung bestehen[64]. Für Kleinbeteiligungen gilt das Privileg nach § 39 Abs. 5 InsO.

Bei der Feststellung der Überschuldung der aufgelösten Gesellschaft fällt die Fortführungsprognose negativ aus, da die Fortführung der Gesellschaft ausgeschlossen ist. Etwas anderes gilt aber, wenn die Überschuldung nach dem Beschluss zur Fortsetzung der Gesellschaft eintritt. In diesem Fall gelten die für die werbende Gesellschaft zu beachtenden Grundsätze. Im Überschuldungsstatus der aufgelösten Gesellschaft sind daher die Liquidationswerte anzusetzen[65]

[56] *BGH* NJW 1990, 516.

[57] Begründung RegE MoMiG, S. 130.

[58] *Poertzgen* GmbHR 2007, 1258, 1263; aufgrund der unklaren Gesetzesformulierung des RegE MoMiG zweifelnd: *Haas* ZInsO 2007, 617, 623.

[59] Rechtausschuss, BT Dr. 16/9737, S. 104.

[60] Baumbach/Hueck/Fastrich § 32a, Rdnr. 198; *Heidinger* in: Michalski, § 32a/b, Rdnr. 222.

[61] Roth/*Altmeppen* § 32a, Rdnr. 60; *Haas* in: Gottwald § 92, Rdnr. 365; *Pentz* GmbHR 1999, 437, 449.

[62] Begründung RegE MoMiG, S. 131.

[63] *Haas* ZInsO 2007, 617, 625.

[64] Begründung RegE MoMiG, S. 131.

[65] *K. Schmidt* in: Scholz, § 71 Rdnr. 46; *Bisson* GmbHR 2005, 843, 851.

und auch die Passivposten zu berücksichtigen, die sich aus dem Liquidationsverfahren ergeben werden. Dies bedeutet jedoch nicht, dass zwingend Zerschlagungswerte anzusetzen sind. Denn soweit die Aussicht besteht, einzelne Betriebsteile geschlossen veräußern zu können, sind insoweit Fortsetzungswerte zum Ansatz zu bringen[66]. Voraussetzung ist aber, dass die Veräußerung zu Fortsetzungswerten überwiegend wahrscheinlich ist[67].

Die allgemeine Pflicht zur ständigen Überprüfung, ob ein Insolvenzgrund vorliegt, obliegt nach der Auflösung der Gesellschaft dem Liquidator.

cc. Vorläufige Sicherungsmaßnahmen gemäß §§ 21 bis 25 InsO

Im Rahmen des Insolvenzeröffnungsverfahrens trifft das Insolvenzgericht Maßnahmen, die erforderlich erscheinen, um bis zur Entscheidung über den Antrag eine den Gläubigern nachteilige Veränderung der Vermögenslage des Schuldners zu verhindern. In § 21 Abs. 2 InsO befindet sich ein Katalog der hierzu möglichen Maßnahmen. Entscheidende Maßnahme ist gemäß § 21 Abs. 2 Nr. 1 InsO die Bestellung eines vorläufigen Insolvenzverwalters. Nach § 21 Abs. 2 Nr. 2 InsO kann dem Schuldner ein allgemeines Verfügungsverbot aufgelegt oder angeordnet werden, mit der Folge, dass Verfügungen des Schuldners nur mit Zustimmung des vorläufigen Insolvenzverwalters wirksam sind. Ferner können Maßnahmen der Zwangsvollstreckung gegen den Schuldner untersagt oder einstweilen eingestellt werden, § 21 Abs. 2 Nr. 3 InsO. Dies gilt jedoch nicht für Grundstücke, da hierfür das Zwangsversteigerungsgesetz (ZVG) spezielle Rechtsbehelfe vorsieht. Nach § 21 Abs. 2 Nr. 4 InsO kann das Gericht eine Postsperre anordnen. Um die Fortführung des Unternehmens zu sichern kann das vorzeitige Auseinanderreißen der Betriebsmittel verhindert werden. Dazu kann das Gericht gemäß § 21 Abs. 2 Nr. 5 InsO anordnen, dass Gegenstände, die mit einem Aussonderungs- oder Absonderungsrecht belastet sind, im Eröffnungsverfahren nicht an die Gläubiger herausgegeben werden müssen. Dies ist jedoch nur bei einer Betriebsfortführung möglich, wenn die Gegenstände für die Unternehmensfortführung von erheblicher Bedeutung sind. Soweit durch die Nutzung ein Wertverlust eintritt, ist dieser den Gläubigern gegenüber auszugleichen[68]. 236

(1) Vorläufiger Insolvenzverwalter. Das Insolvenzgericht kann nach § 22 Abs. 2 Nr. 1 InsO einen vorläufigen Insolvenzverwalter bestellen. Die Befugnisse des vorläufigen Insolvenzverwalters können unterschiedlich ausgestaltet werden, das Gericht hat die Wahl zwischen einem sog. starken vorläufigen Insolvenzverwalter und einem schwachen Insolvenzverwalter. Im Einzelnen: 237

(a) Starker vorläufiger Insolvenzverwalter. Sofern mit der Bestellung eines vorläufigen Insolvenzverwalters dem Schuldner zugleich ein allgemeines Verfügungsverbot auferlegt wird, geht die Verwaltungs- und Verfügungsbefugnis über das Vermögen des Schuldners auf den vorläufigen Insolvenzverwalter über. Aufgrund dieser umfangreichen Verfügungsbefugnis des vorläufigen Insolvenzverwalters spricht man von einem sog. starken vorläufigen Insolvenzverwalter. Der vorläufige starke Insolvenzverwalter hat gem. § 22 Abs. 1 InsO die folgenden Aufgaben: 238

- Sicherung und Erhaltung des Vermögens des Schuldners, § 22 Abs. 1 Nr. 1 InsO,
- Fortführung des Unternehmens des Schuldners bis zur Verfahrenseröffnung, § 22 Abs. 1 Nr. 2 InsO,
- Prüfung, ob das Vermögen des Schuldners die Kosten des Verfahrens decken kann, ein Eröffnungsgrund vorliegt und welche Aussichten für eine Fortführung des Unternehmens des Schuldners bestehen, § 22 Abs. 1 Nr. 3 InsO.

---

[66] *K. Schmidt* in: Scholz, § 71 Rdnr. 46; *Bisson* GmbHR 2005, 843, 851.

[67] *K. Schmidt* in: Scholz, § 71 Rdnr. 46; *Bisson* GmbHR 2005, 843, 851.

[68] *Schröder* in: HambKomm InsO, § 21 Rdnr. 69e; ausführlich hierzu *Pape* NZI 2007, 425, 429.

239 Anders als der schwache kann der starke vorläufige Insolvenzverwalter gemäß § 55 Abs. 2 InsO Verbindlichkeiten begründen, die mit der Verfahrenseröffnung zu Masseverbindlichkeiten werden. Er kann bereits im Insolvenzeröffnungsverfahren einen Massekredit aufnehmen und besichern[69] und von ihm begründete Verbindlichkeiten bereits im Eröffnungsverfahren erfüllen[70]. Der vorläufige Insolvenzverwalter darf das Schuldnervermögen nicht verwerten, aber die zur Fortführung erforderlichen Geschäfte tätigen[71]. Mit der Bestellung des starken vorläufigen Insolvenzverwalters werden anhängige Rechtsstreitigkeiten des Schuldners gemäß § 240 ZPO unterbrochen.

240 **(b) Schwacher vorläufiger Insolvenzverwalter.** Ein sog. schwacher vorläufiger Insolvenzverwalter wird durch das Insolvenzgericht bestellt, wenn dieses mit der Bestellung des vorläufigen Insolvenzverwalters dem Schuldner kein allgemeines Verfügungsverbot auferlegen will. Dies bedeutet, dass der Schuldner nach wie vor Verfügungen über sein Vermögen treffen kann, diese aber nur mit Zustimmung des vorläufigen Insolvenzverwalters wirksam sind. Der Schuldner wird also nicht durch den vorläufigen Insolvenzverwalter vertreten und ist nach wie vor Inhaber sämtlicher Rechte.

241 Der Aufgaben- und Pflichtenkreis des schwachen vorläufigen Verwalters ist im Gesetz nicht näher geregelt, vielmehr werden sie nach § 22 Abs. 2 InsO durch das Gericht bestimmt und enthalten zumeist lediglich die Anordnung, dass Verfügungen des Schuldners nur mit Zustimmung des vorläufigen Insolvenzverwalters wirksam sein sollen[72]. Wie auch der starke Verwalter soll der schwache vorläufige Insolvenzverwalter nach § 22 Abs. 2 i.V.m. 22 Abs. 1 InsO das Vermögen des Schuldners sichern und erhalten, das Unternehmen des Schuldners bis zur Verfahrenseröffnung fortführen und prüfen, ob das Vermögen des Schuldners die Kosten des Verfahrens decken kann, ein Eröffnungsgrund vorliegt und welche Aussichten für eine Fortführung des Unternehmens bestehen.

242 Der schwache vorläufige Insolvenzverwalter darf seine Zustimmung zu Rechtsgeschäften des Schuldners nur verweigern, wenn die fragliche Rechtshandlung das Vermögen des Schuldners erheblich vermindern würde. Verfügungen des schwachen vorläufigen Insolvenzverwalters selbst begründen grundsätzlich keine Masseverbindlichkeiten, sondern lediglich Insolvenzforderungen. Soll der schwache Verwalter weitergehende Verfügungsbefugnisse erhalten, müssen diese von dem Insolvenzgericht einzeln angeordnet werden. Das Insolvenzgericht kann den vorläufigen Insolvenzverwalter auch ohne ein allgemeines Verfügungsverbot dazu ermächtigen, einzelne, im Voraus genau festgelegte Verpflichtungen zu Lasten der späteren Insolvenzmasse einzugehen[73]. Der vorläufige Insolvenzverwalter kann nicht ermächtigt werden, in die organschaftliche Stellung der Gesellschaft einzugreifen. Dem schwachen vorläufigen Insolvenzverwalter können keine weitergehenden Befugnisse übertragen werden, als dem endgültigen Insolvenzverwalter mit der Eröffnung des Insolvenzverfahrens zustehen[74].

243 **(2) Anordnung eines allgemeinen Verfügungsverbotes.** Ordnet das Gericht ein allgemeines Verfügungsverbot an, so sind dennoch erfolgte Verfügungen gemäß § 24 Abs. 1 InsO i.V.m. §§ 81, 82 InsO unwirksam[75]. Verfügungen in diesem Sinne sind alle Rechtshandlungen, wie das Beiseiteschaffen von Vermögensgegenständen, das Abtreten von Rechten an Dritte, der Einzug

---

[69] *Kind* in: Braun, § 22 Rdnr. 7.

[70] *Schröder* in: HambKomm InsO, § 22 Rdnr. 23.

[71] *BGH* ZInsO 2001, 165, 167; *Schröder* in: HambKomm InsO, § 22 Rdnr. 38 ff.; *Kind* in: Braun, § 22 Rdnr. 11.

[72] *Schröder* in: HambKomm InsO, § 22 Rdnr. 81.

[73] *BGH* NZI 2006, 587; 2002, 543; *Schröder* in: HambKomm InsO, § 22 Rdnr. 90 ff.; *Kind* in: Braun, § 22 Rdnr. 28; *Haarmeyer/Pape* ZInsO 2002, 845; Smid, DZWIR 2002, 444 ff.; *Titz/Tötter* ZInsO, 2006, 976.

[74] NZI 2007, 231.

[75] *BGH* ZInsO 2006, 261, 263.

von Forderungen durch den Schuldner, sowie Auszahlungen oder Überweisungen durch Kreditinstitute[76]. Aufgrund des Verweises in § 24 Abs. 2 auf § 81 ist der gutgläubige Erwerb beweglicher Gegenstände ausgeschlossen[77].

(3) Einstweilige Einstellung von Zwangsversteigerungsmaßnahmen. Ferner kann das Insolvenzgericht gemäß § 21 Abs. 2 Nr. 3 InsO bereits erfolgte Zwangsvollstreckungsmaßnahmen in das bewegliche Vermögen des Schuldners untersagen oder einstweilen einstellen, es sei denn, dass dies den Gläubigern aus wirtschaftlichen Gründen nicht zumutbar ist[78]. Einzelzwangsvollstreckungsmaßnahmen in das unbewegliche Vermögen können auf Antrag des vorläufigen Insolvenzverwalters vom Vollstreckungsgericht gemäß § 30 d Abs. 4 ZVG einstweilen eingestellt werden. Der vorläufige Insolvenzverwalter muss glaubhaft machen, dass die einstweilige Einstellung zur Verhütung nachteiliger Veränderungen des Schuldnervermögens erforderlich ist. Dies wäre beispielsweise dann der Fall, wenn das Grundstück zur Betriebsfortführung benötigt wird[79]. Der vorläufige Insolvenzverwalter ist dann aber nach § 30 e ZVG zur Zahlung der Zinsen und zum Ausgleich von Wertverlusten verpflichtet[80]. Die Eintragung einer Zwangshypothek wird von der Einstellung von Zwangsversteigerungsmaßnahmen nicht beeinträchtig, lediglich die Verhinderung der Vollstreckung hieraus wird unmöglich[81]. 244

(4) Verwertungs- und Einziehungsverbot. Nach § 21 Abs. 2 S. 1 Nr. 5 InsO hat das Insolvenzgericht die Möglichkeit bezüglich solcher Gegenstände, an denen nach Eröffnung des Insolvenzverfahrens ein Absonderungsrecht besteht oder deren Aussonderung verlangt werden kann, dem Gläubiger die Verwertung oder Einziehung zu verbieten, sofern sie zur Fortführung des Unternehmens des Schuldners eingesetzt werden können und hierfür von erheblicher Bedeutung sind. Bei Einziehung einer zur Sicherung eines Anspruchs abgetretenen Forderung durch den vorläufigen Insolvenzverwalter gelten die §§ 170, 171 InsO entsprechend. Dies bedeutet, dass die bei Einziehung der Forderung anfallenden Kostenbeiträge der Insolvenzmasse zugute kommen. Hat ein Gesellschafter der Gesellschaft einen Gegenstand überlassen, so kann er nach § 135 Abs. 3 InsO seinen Ausschlussanspruch während des Einsatzverfahrens nicht geltend machen, wenn der Gegenstand für die Fortführung des Unternehmens von erheblicher Bedeutung ist. 245

Hintergrund dieser zum 01.07.2007 eingefügten Vorschrift ist, dass Unternehmen in der Krise häufig Betriebsmittel wie Maschinen zu Finanzierungszwecken mit Sicherungsrechten belastet haben. Im Interesse der Sanierung und Unternehmensfortführung soll verhindert werden, dass Gläubiger vor der Eröffnung des Insolvenzverfahrens die gesicherten Gegenstände heraus verlangen und so eine Fortführung und Sanierung verhindert werden würde[82]. Die Interessen der Gläubiger, deren Forderungen durch Sicherungsabtretungen, Pfandrechte o.ä. gesichert sind, werden dadurch gewahrt, dass Zinsen sowie eine Entschädigung für den Wertverlust gezahlt werden müssen, der durch die weitergehende Nutzung eingetreten ist. Für die laufende Nutzung ist an die Aussonderungsberechtigten ein Nutzungsentgelt zu entrichten, dies jedoch erst drei Monate nach der gerichtlichen Anordnung, hierbei handelt es sich um eine Masseverbindlichkeit[83]. 246

Die Anordnung eines Verwertungs- und Einziehungsstopps ist nicht nur auf Forderungen und bewegliche Sachen beschränkt, sondern auch auf Grundvermögen, wie gemietete Immobilien, anwendbar. Allerdings ist die Ausdehnung des Verwertungsverbots auf die aussonderungsberechtigten Gläubiger ausgesprochen problematisch und insbesondere für Vermieter bedenk- 247

[76] *Haarmeyer* in: MüKo InsO, § 21, Rdnr. 79 ff.
[77] *Kind* in: Braun, § 21 Rdnr. 2.
[78] *Haarmeyer* in: MüKo InsO, § 21, Rdnr. 79.
[79] *Schröder* in: HambKomm InsO, § 21 Rdnr. 61.
[80] *Schröder* in: HambKomm InsO, § 21 Rdnr. 61.
[81] *Haarmeyer* in: MüKo InsO, § 21, Rdnr. 79.
[82] *Haarmeyer* in: MüKo InsO, § 21, Rdnr. 101; *Schröder* in: HambKomm InsO, § 21 Rdnr. 69c.
[83] *Haarmeyer* in: MüKo InsO, § 21, Rdnr. 101; *Schröder* in: HambKomm InsO, § 21 Rdnr. 69e.

lich. Denn nach der neuen Rechtslage kann es dem Vermieter trotz eines wirksam gekündigten Mietvertrags durch das Gericht untersagt werden, vom Insolvenzverwalter Räumung und Herausgabe zu verlangen[84]. Selbst wenn Anlass für eine berechtigte fristlose Kündigung gegeben sein sollte, kann das Gericht anordnen, dass Miet-, Leasing- und Pachtsachen nicht herausgegeben werden dürfen[85].

dd. Postsperre

248 Bereits im Insolvenzeröffnungsverfahren kann nach §§ 21 Abs. 2 Nr. 4, 99 InsO eine vorläufige Postsperre verhängt werden. Der Begriff der Postsendung ist umfassend und betrifft neben Briefen, Päckchen und Paketen auch Übermittlungen durch Telefax, Telex, E-Mail und Telegramme, nicht jedoch die Telefonüberwachung[86]. Betroffen sind nicht nur Sendungen der Deutschen Post AG, sondern auch von anderen, privaten Postdienstleistungsunternehmen, § 99 Abs. 1 Satz 1 InsO[87]. Die vorläufige Postsperre dient der Aufklärung der Vermögenslage der Gesellschaft und der Verhinderung von Vermögensverschiebungen. Die Anordnung einer Postsperre ist gerechtfertigt, wenn konkrete Anhaltspunkte dafür bestehen, dass durch das Verhalten des Schuldners wesentliche Belange der Masse gefährdet sind und diesen bei einer Abwägung der beiderseitigen Interessen der Vorrang vor dem Schutz des Briefgeheimnisses gebührt[88]. Ob die entsprechenden Voraussetzungen gegeben sind, hat das Insolvenzgericht auf Grund einer Abwägung aller maßgeblichen Umstände des Einzelfalles zu entscheiden[89].

ee. Auskunfts- und Mitwirkungspflichten des Schuldners

249 Der Schuldner muss dem vorläufigen Insolvenzverwalter Einsicht in seine Bücher und sonstigen Geschäftspapiere gewähren, §§ 22 Abs. 2 S. 1 i.V.m. 97, 98, 101, 102 InsO. Diese Auskunftspflicht gilt gemäß § 20 Abs. 2 i.V.m. § 101 Abs. 1 InsO auch für die in den letzten zwei Jahren vor dem Eröffnungsantrag ausgeschiedenen Mitglieder der vertretungs- und aufsichtsberechtigten Organe der Gesellschaft. Nach § 101 Abs. 2 InsO sind auch die Angestellten und die innerhalb der letzten zwei Jahre ausgeschiedenen Angestellten des Schuldners auskunftspflichtig. Durch die Neufassung des § 22 Abs. 3 S. 3 InsO wurde die Pflicht des Schuldners zur Mitwirkung klargestellt. Verweigert der Schuldner seine Mitwirkung, kann das Insolvenzgericht diese erzwingen, indem es ihn vorführen oder notfalls in Haft nehmen lässt.

ff. Erweiterte Mitwirkungspflichten im Fall der Führungslosigkeit

250 Wird die Gesellschaft im Eröffnungsverfahren führungslos, so unterliegen gemäß § 101 Abs. 1 S. 2 2. Hs. InsO auch die Gesellschafter den insolvenzrechtlichen Auskunfts- und Mitwirkungspflichten nach § 20 Abs. 2 InsO i.V.m. § 101 InsO. Nach § 101 Abs. 1 InsO sind die Gesellschafter im Fall der Führungslosigkeit der Gesellschaft verpflichtet, dem Insolvenzgericht, dem Insolvenzverwalter, dem Gläubigerausschuss und auf Anordnung des Gerichts der Gläubigerversammlung über alle das Verfahren betreffenden Verhältnisse Auskunft zu geben. Sie müssen den Insolvenzverwalter bei der Erfüllung seiner Aufgaben unterstützen und sind nach § 97 Abs. 3 InsO verpflichtet, sich auf Anordnung des Gerichts jederzeit zur Verfügung zu stellen, um ihren Auskunfts- und Mitwirkungspflichten nachzukommen. Gemäß § 98 InsO

---

[84] *Haarmeyer* in: MüKo InsO, § 21, Rdnr. 101; *Pape* NZI 2007, 425, 431.

[85] *Haarmeyer* in: MüKo InsO, § 21, Rdnr. 101; *Pape* NZI 2007, 425, 431; Der Vermieter sollte daher besonders darauf achten, ob tatsächlich eine Betriebsfortführung stattfindet und die Gegenstände hierfür auch wirklich von erheblicher Bedeutung sind.

[86] *Haarmeyer* in: MüKo InsO, § 21, Rdnr. 88; *Schröder* in: HambKomm InsO, § 21 Rdnr. 64.

[87] *Haarmeyer* in: MüKo InsO, § 21, Rdnr. 88; *Schröder* in: HambKomm InsO, § 21 Rdnr. 64.

[88] *Haarmeyer* in: MüKo InsO, § 21, Rdnr. 88; *Schröder* in: HambKomm InsO, § 21 Rdnr. 65.

[89] *BGH* ZInsO 2006, 1212; 2003, 897.

kann das Insolvenzgericht die Gesellschafter zwangsweise vorführen oder in Haft nehmen lassen, wenn sie:

- eine Auskunft oder die eidesstattliche Versicherung oder die Mitwirkung bei der Erfüllung der Aufgaben des Insolvenzverwalters verweigern;
- sich der Erfüllung ihrer Auskunfts- und Mitwirkungspflichten entziehen, insbesondere Anstalten zur Flucht treffen, oder
- wenn dies zur Vermeidung von Handlungen der Gesellschafter, die der Erfüllung ihrer Auskunfts- und Mitwirkungspflichten zuwiderlaufen, insbesondere zur Sicherung der Insolvenzmasse, erforderlich ist.

Ferner kann das Insolvenzgericht im Fall der Abweisung des Antrags auf Eröffnung des Insolvenzverfahrens den Gesellschaftern die Kosten des Verfahrens auferlegen, wenn diese ihren Auskunfts- und Mitwirkungspflichten nach § 101 Abs. 1 InsO nicht nachgekommen sind, § 101 Abs. 3 InsO. Hintergrund dieser Regelung ist, dass sich bisher bei massearmen insolventen Gesellschaften die Gläubiger bei der Stellung eines Insolvenzantrages häufig zurückhielten, da nach der alten Kostenregelung der antragstellende Gläubiger im Falle der Masselosigkeit nicht nur die Gerichtsgebühren, sondern auch die Auslagen des Gutachters trug. Dies hatte oft zur Folge, dass die Gesellschaft weiterbestand und möglicherweise zu Lasten der alten und neuen Gläubiger unredliche Geschäfte tätigte. Die Änderung des § 101 InsO soll diesem Missstand beseitigen und neben der disziplinierenden Wirkung für die Geschäftsführer, Gesellschafter und die sonstigen in Abs. 1 und 2 genannten Personen, den antragstellenden Gläubigern die Kostenlast nach § 31 Abs. 2 Satz 1 GKG nur dann auferlegen, wenn eine Zwangsvollstreckung in das bewegliche Vermögen der genannten Personen erfolglos geblieben ist oder aussichtslos erscheint. 251

gg. Abweisung des Insolvenzeröffnungsantrages mangels Masse gemäß § 26 InsO

Kommt der vorläufige Insolvenzverwalter im Rahmen seiner gutachterlichen Tätigkeit zu dem Ergebnis, dass das vorhandene und erzielbare Schuldnervermögen nicht für die Begleichung der Verfahrenskosten ausreicht, so muss das Insolvenzgericht den Antrag auf Eröffnung des Insolvenzverfahrens gemäß § 26 InsO mangels Masse abweisen. Bei den Verfahrenskosten handelt es sich um die Gerichtskosten sowie die Vergütung des Insolvenzverwalters, § 54 InsO. Reicht die vorhandene Masse nicht für eine Durchführung des Insolvenzverfahrens aus, so hat der Schuldner – oder aber auch ein Gläubiger – die Möglichkeit die Abweisung mangels Masse dadurch zu vermeiden, dass er einen vom Gericht angeforderten Kostenvorschuss zahlt. 252

b. Das eröffnete Regelinsolvenzverfahren

aa. Wirkung der Verfahrenseröffnung

Kommt das Insolvenzgericht zu dem Schluss, dass die Verfahrenskosten für die Durchführung eines Insolvenzverfahrens gedeckt sind, wird das Insolvenzverfahren über das Vermögen der Gesellschaft durch den Eröffnungsbeschluss des Insolvenzgerichtes eröffnet, § 27 InsO. Mit diesem Eröffnungsbeschluss wird zugleich ein Insolvenzverwalter bestellt, bei dem es sich regelmäßig um den vorläufigen Insolvenzverwalter handelt. 253

Mit der Eröffnung des Insolvenzverfahrens wird das Vermögen des Schuldners beschlagnahmt und die Verwaltungs- und Verfügungsbefugnis über das Schuldnervermögen geht auf den Insolvenzverwalter über, § 80 Abs. 1 S. 1 InsO. Der Insolvenzverwalter hat nach § 148 InsO das gesamte zur Insolvenzmasse gehörende Vermögen sofort in Besitz und in Verwaltung zu nehmen. Der Umfang der Insolvenzmasse bestimmt sich anhand der §§ 35 bis 37 InsO. Da die Verfügungsbefugnis auf den Insolvenzverwalter übergegangen ist, sind Verfügungen des Schuldners nach Eröffnung des Insolvenzverfahrens unwirksam, § 81 InsO. Mit der Eröffnung 254 des Insolvenzverfahrens ist das Schuldnervermögen der Zwangsvollstreckung durch einzelne Gläubiger entzogen, sodass die Gläubiger während der Dauer des Insolvenzverfahrens nicht in das Vermögen vollstrecken können § 89 InsO. Gegen Einzelvollstreckungsmaßnahmen, die dieses Vollstreckungsverbot nicht beachten, kann der Insolvenzverwalter im Wege der Erinnerung gemäß § 766 ZPO vorgehen. Sofern ein Insolvenzgläubiger im Monat vor der Stellung des Antrages auf Eröffnung des Insolvenzverfahrens durch Zwangsvollstreckungsmaßnahmen eine Sicherung an dem zur Masse gehörigen Vermögen erlangt hat, wird diese gemäß § 88 InsO mit der Eröffnung des Verfahrens unwirksam. Diese Unwirksamkeit muss vom Insolvenzverwalter nicht durchgesetzt werden, vielmehr tritt sie Kraft Gesetzes ein.

255 Anhängige Rechtstreitigkeiten werden gemäß § 240 ZPO mit der Eröffnung des Insolvenzverfahrens unterbrochen. Aktivprozesse können durch den Insolvenzverwalter gemäß § 85 InsO fortgeführt werden. Passivprozesse können nur dann wieder aufgenommen werden, wenn sie Masseverbindlichkeiten oder Aus- und Absonderungsrechte betreffen, § 86 InsO. Im Übrigen müssen die Gläubiger nach Eröffnung des Insolvenzverfahrens ihre Forderungen beim Insolvenzverwalter zur Tabelle anmelden, §§ 87, 154 ff. InsO.

256 Masseverbindlichkeiten, die nicht durch den Insolvenzverwalter selbst begründet worden sind, können für die Dauer von sechs Monaten seit Eröffnung des Insolvenzverfahrens nicht vollstreckt werden, § 90 InsO.

Kommt es im Laufe des Verfahrens zur Masseinsuffizienz, so unterliegen nach § 210 InsO sämtliche Masseverbindlichkeiten einem Vollstreckungsverbot, sobald der Insolvenzverwalter die Masseunzulänglichkeit des Verfahrens angezeigt hat.

bb. Stellung der Gesellschaftsorgane

257 Zwar geht mit der Eröffnung des Insolvenzverfahrens das Verwaltungs- und Verfügungsrecht über das Gesellschaftsvermögen auf den Insolvenzverwalter über, dennoch haben die Organe der Gesellschaft im Insolvenzverfahren bestand. Die organschaftliche Stellung als solche wird durch das Insolvenzverfahren nicht berührt[90]. Die Zuständigkeit der Gesellschaftsorgane bleibt für innergesellschaftliche Funktionen wie etwa die Einberufung der Gesellschaftererversammlung gemäß § 49 Abs. 1 GmbHG erhalten, sofern diese nicht in die Zuständigkeit des Insolvenzverwalters fallen[91]. Der Geschäftsführer bleibt im Amt und wird nicht durch den Insolvenzverwalter ersetzt. Allerdings ist ihre Befugnis durch die Zuständigkeit des Insolvenzverwalters ganz erheblich eingeschränkt, da sie die Gesellschaft im Außenverhältnis nicht mehr vertreten können. Die Aufgaben des Geschäftsführers werden nun durch den Insolvenzverwalter wahrgenommen, der bezüglich der Gesellschafterversammlung und eines möglicherweise bestehenden Aufsichtsrates nicht weisungsgebunden ist. Die Geschäftsführung nimmt die Aufgaben der Gesellschaft als Schuldnerin im Insolvenzverfahren wahr und ist insbesondere zur uneingeschränkten Auskunft und Mitwirkung verpflichtet §§ 20, 22, 97, 98, 101 Abs. 1 S. 1 InsO verpflichtet. Der Insolvenzverwalter ist bei der Ausübung seines Amtes grundsätzlich weisungsfrei und lediglich gegenüber der Gläubigerversammlung rechenschaftspflichtig bzw. an entsprechende Weisungen des Gläubigerausschusses gebunden.

258 **(1) Geschäftsführer.** Der Geschäftsführer ist im Zuge des Insolvenzverfahrens zur umfassenden Mitwirkung und Auskunft über alle das Verfahren betreffende Verhältnisse verpflichtet, §§ 20, 22, 97, 98, 109 InsO. Er muss den Insolvenzverwalter über die Verhältnisse der Gesellschaft, die für die Durchführung des Insolvenzverfahrens von Bedeutung sind, informieren. Dies betrifft alle Forderungen und Verbindlichkeiten sowie in- und ausländische Vermögensgegenstän-

---

[90] *Schulze-Osterloh/Noack/Fastrich* in: Baumbach/Hueck, § 60, Rdnr. 58.

[91] Wie etwa Anmeldepflichten nach §§ 39, 78 GmbHG, Einreichung der Gesellschafterliste nach § 40 GmbHG, *Schulze-Osterloh/Noack/Fastrich* in: Baumbach/Hueck, § 60, Rdnr. 58.

de der Gesellschaft ebenso wie das Verhältnis zwischen der Gesellschaft und den Gesellschaftern. Auch Umstände, die für den Geschäftsführer selber oder die Gesellschafter nachteilig sein können und etwa Schadensersatzansprüche, Anfechtungsansprüche oder sonstige gegen Gesellschafter oder Geschäftsführer bestehende Ansprüche begründen könnten. Auch Umstände, die eine strafrechtliche Verfolgung nach sich ziehen können, müssen offenbart werden, §§ 97 Abs. 1 Satz 2, 101 Abs. 1 Satz 1 InsO. Diese Auskunftspflicht gilt nicht nur für die gegenwärtigen Geschäftsführer, sie erstreckt sich auch auf die Geschäftsführer, die bis zu zwei Jahre vor dem Eröffnungsantrag aus dem Amt ausgeschieden sind, § 101 Abs. 1 S. 2 InsO. Daher befreit auch die Amtsniederlegung oder Abberufung nach Antragstellung oder Eröffnung des Verfahrens von diesen Pflichten nicht[92]. Die Abberufung des Geschäftsführers kann nicht durch den Insolvenzverwalter, sondern nur durch die Gesellschafter vorgenommen werden, § 46 Abs. 1 Nr. 5 GmbHG. Es steht dem Geschäftsführer auch im Insolvenzverfahren frei, sein Amt jederzeit und fristlos niederzulegen[93].

Während des Insolvenzverfahrens werden die Rechte der Gesellschaft durch die Geschäfts- **259**
führung wahrgenommen. So steht die sofortige Beschwerde gegen den gerichtlichen Eröffnungsbeschluss oder die Ablehnung der Verfahrenseröffnung dem Geschäftsführer zu[94]. Ferner obliegt es dem Geschäftsführer, gegebenenfalls Forderungen im Prüfungstermin nach § 176 InsO oder im schriftlichen Verfahren nach § 177 InsO zu bestreiten oder Antrag auf Wiedereinsetzung in den vorigen Stand nach § 186 InsO bei Versäumung des Prüfungstermins zu stellen. Des Weiteren können Anträge auf Untersagung der Stilllegung des Unternehmens nach § 158 Abs. 2 S. 2 InsO oder auf vorläufige Untersagung besonders bedeutsamer Rechtshandlungen nach § 161 S. 2 InsO gestellt werden. Schließlich besteht die Möglichkeit, einen Antrag auf Einstellung des Insolvenzverfahrens nach §§ 212, 213 InsO zu stellen und einen Insolvenzplan vorzulegen, § 218 InsO.

Der Anstellungsvertrag des Geschäftsführers wird durch die Eröffnung des Insolvenzver- **260**
fahrens nicht analog §§ 115, 116 InsO aufgelöst, vielmehr können sowohl der Insolvenzverwalter als auch der Geschäftsführer den Anstellungsvertrag nach § 113 InsO mit einer Frist von drei Monaten kündigen, sofern nicht eine kürzere gesetzliche oder vertragliche Frist gilt[95]. Eine fristlose Kündigung ist gemäß § 626 BGB möglich, wenn beispielsweise der Verdacht auf Begehung von Insolvenzdelikten besteht[96]. Allein die Eröffnung des Insolvenzverfahrens ist jedoch kein wichtiger Grund im Sinne des § 626 BGB, entscheidend ist, ob es dem Insolvenzverwalter im Hinblick auf den Zweck des Insolvenzverfahrens zumutbar ist, das Dienstverhältnis unter Einhaltung der ordentlichen Kündigungsfrist bis zum Endtermin fortzusetzen[97]. Hat der Geschäftsführer Insolvenzdelikte begangen oder besteht ein hinreichender Verdacht, so fällt die erforderliche Zumutbarkeits- und Interessenabwägung zu Gunsten der Gesellschaft aus, deren Interesse zum Schutz der noch vorhandenen Vermögensmasse zugunsten der Gläubiger schützenswert ist[98]. Bis zum Ablauf der Kündigungsfrist ist die nach Verfahrenseröffnung angefallene Geschäftsführervergütung Masseverbindlichkeit nach § 55 Abs. 1 Nr. 2 InsO[99].

Kommt es während des laufenden Liquidationsverfahrens zu einer Insolvenz der aufgelösten **261**
Gesellschaft, so gilt das soeben Dargestellte gleichermaßen für den Liquidator als organschaftli-

---

92 *Schulze-Osterloh/Noack/Fastrich* in: Baumbach/Hueck, § 60, Rdnr. 58.

93 *Nerlich* in: Michalski, § 60, Rdnr. 151.

94 *Schulze-Osterloh/Noack/Fastrich* in: Baumbach/Hueck, § 60, Rdnr. 54.

95 *BGH* BB 2005, 1698, 1699; *OLG Hamm* ZInsO 2001, 43; NZI 2000, 475, 476; *Schulze-Osterloh/Noack/Fastrich* in: Baumbach/Hueck, § 60, Rdnr. 59; Scholz/Schmidt Vor § 64 Rdnr. 66; *Hamacher* in: Nerlich/Römmermann, § 113, Rdnr. 41; *Lutter/Kleindiek* in: Lutter/Hommelhoff, Anh § 6 Rdnr. 69.

96 *BGH* BB 2005, 1698, 1670; *Nerlich* in: Michalski, § 60, Rdnr. 155.

97 *BGH* BB 2005, 1698, 1670.

98 *BGH* BB 2005, 1698, 1670.

99 *Schulze-Osterloh/Noack/Fastrich* in: Baumbach/Hueck, § 60, Rdnr. 59.

ches Vertretungsorgan der Gesellschaft. Die insolvenzrechtliche zivil- und strafrechtliche Haftung trifft den Liquidator wie den Geschäftsführer (siehe hierzu unten, II. 2., Rdnr. 330 ff.).

262 **(2) Gesellschafterversammlung.** Auch die Gesellschafterversammlung behält im eröffneten Insolvenzverfahren ihre Befugnisse, soweit diese nicht durch die Zuständigkeit des Insolvenzverwalters verdrängt werden. Sie hat keinen Einfluss auf den Insolvenzverwalter, kann aber den Geschäftsführer abberufen und einen neuen bestellen[100]. Die Gesellschafterversammlung kann zwar den Geschäftsführer entlasten, allerdings kann sie die Geltendmachung von Ersatzansprüchen gegen den Geschäftsführer nicht beeinträchtigen[101]. Im eröffneten Insolvenzverfahren hängt die Geltendmachung von Ersatzansprüchen gegen den Geschäftsführer entgegen § 46 Nr. 8 GmbHG nicht mehr von der Zustimmung der Gesellschafterversammlung ab, da das Interesse der Gläubiger an einer Auffüllung der Masse vorrangig ist[102]. Auch können während des Insolvenzverfahrens Änderungen der Satzung oder der Firma beschlossen werden, soweit dies nicht den Insolvenz- oder Abwicklungszweck beeinträchtigt[103]. Ferner kann die Gesellschafterversammlung – insbesondere zum Zwecke der Fortsetzung der Gesellschaft – eine Kapitalerhöhung beschließen oder einen Insolvenzplan nach den §§ 217 ff. InsO vorlegen[104]. Die im Zuge einer Kapitalerhöhung zu leistenden Einlagen sind an den Insolvenzverwalter zu erbringen[105]. Adressat der gesellschaftsrechtlichen Auskunfts- und Einsichtsrechte nach § 51a GmbHG ist der Insolvenzverwalter[106].

263 Wird die Gesellschaft im eröffneten Verfahren führungslos, so unterliegen die Gesellschafter gemäß § 101 Abs. 1 S. 2 2. Hs. InsO den insolvenzrechtlichen Auskunfts- und Mitwirkungspflichten nach § 101 InsO. Sie sind verpflichtet, dem Insolvenzgericht, dem Insolvenzverwalter, dem Gläubigerausschuss und auf Anordnung des Gerichts der Gläubigerversammlung über alle das Verfahren betreffenden Verhältnisse Auskunft zu geben (siehe bereits oben, ff., Rdnr. 250).

264 Für die Gesellschafter im Insolvenzverfahren von besonderer Bedeutung ist die unzulässige Rückführung eigenkapitalersetzender Darlehen. Sofern die Gesellschafter an die Gesellschaft Darlehen ausgereicht haben und diese im Vorfeld der Insolvenz von der Gesellschaft an die Gesellschafter ganz oder teilweise zurückgezahlt worden sind, unterliegt dies der Insolvenzanfechtung nach § 135 InsO und sind an die Masse zurückzugewähren.

265 **(3) Aufsichtsrat.** Auch der Aufsichtsrat bleibt während des Insolvenzverfahrens als Gesellschaftsorgan bestehen, aus praktischen Gesichtspunkten obliegen ihm jedoch keinerlei Aufgaben. Der Aufsichtsrat hat keinerlei Mitsprache-, Kontroll- oder Informationsrechte im Hinblick auf die Verwertung der Insolvenzmasse[107]. Daher besteht der Vergütungsanspruch nicht mehr[108], der Aufsichtsrat hat ein Recht zur sofortigen Kündigung nach §§ 626 oder 671 BGB[109].

---

[100] *Schulze-Osterloh/Noack/Fastrich* in: Baumbach/Hueck, § 60, Rdnr. 60; *Nerlich* in: Michalski, § 60, Rdnr. 159; *K. Schmidt* in: Scholz, Vor § 64 Rdnr. 65.

[101] *K. Schmidt* in: Scholz, Vor § 64 Rdnr. 65.

[102] *BGH* NZG 2004, 962, 964; *K. Schmidt* in: Scholz, Vor § 64 Rdnr. 65; *Schulze-Osterloh/Noack/Fastrich* in: Baumbach/Hueck, § 60, Rdnr. 60.

[103] *OLG Karlsruhe* NJW 1993, 1931; *Schulze-Osterloh/Noack/Fastrich* in: Baumbach/Hueck, § 60, Rdnr. 60; *Nerlich* in: Michalski, § 60, Rdnr. 159; *K. Schmidt* in: Scholz, Vor § 64 Rn. 65.

[104] *Schulze-Osterloh/Noack/Fastrich* in: Baumbach/Hueck, § 60, Rdnr. 60; *Nerlich* in: Michalski, § 60, Rdnr. 159; Lutter/*Lutter/Kleindiek* Rn. 35; *K. Schmidt* in: Scholz, Vor § 64 Rn. 65;.

[105] *Schulze-Osterloh/Noack/Fastrich* in: Baumbach/Hueck, § 60, Rdnr. 60; *H.-F. Müller* ZGR 2004, 842, 847.

[106] *OLG Hamm* NZG 2002, 178, 179; *Schulze-Osterloh/Noack/Fastrich* in: Baumbach/Hueck, § 60, Rdnr. 61.

[107] *Nerlich* in: Michalski, § 60, Rdnr. 161; *K. Schmidt* in: Scholz, Vor § 64 Rn. 67.

[108] *RGZ* 81, 332, 338; *Nerlich* in: Michalski, § 60, Rdnr. 161; *K. Schmidt* in: Scholz, Vor § 64 Rn. 67.

[109] *Nerlich* in: Michalski, § 60, Rdnr. 161; *K. Schmidt* in: Scholz, Vor § 64 Rn. 67.

cc. Rechte der Insolvenzgläubiger

Der Konzeption der InsO zur Folge soll das Insvolvenzverfahren weitgehend von den Gläubigern geleitet werden. In der Praxis wird das Insolvenzverfahren jedoch weitgehend selbständig durch den Insolvenzverwalter betrieben. Lediglich in größeren Insolvenzverfahren nehmen die Gläubiger verstärkt Einfluss auf die Durchführung des Verfahrens. Gleichwohl haben die Gläubiger während des Insolvenzverfahrens umfangreiche Rechte. So haben sie das Recht, 266

- einen neuen Insolvenzverwalter zu wählen, § 57 InsO;
- über die Fortführung oder Einstellung des schuldnerischen Unternehmens zu entscheiden, § 157 InsO;
- über die Durchführung eines Insolvenzplanverfahrens zu entscheiden, § 218 InsO;
- einen Gläubigerausschuss zu wählen, § 68 InsO;
- über die Veräußerung des Unternehmens als Ganzes zu entscheiden, § 160 Abs. 2 Nr. 1 InsO;
- über wichtige Geschäfte der Insolvenzabwicklung zu entscheiden, § 160 Abs. 2 Nr. 1-3 InsO.

Diese Rechte nehmen die Gläubiger im Rahmen der Gläubigerversammlung oder des Gläubigerausschusses wahr.

(1) Gläubigerversammlung. Die Gläubiger treffen ihre Entscheidungen gemäß 74 InsO in der durch das Insolvenzgericht einzuberufenden Gläubigerversammlung. Die Beschlüsse der Gläubigerversammlung sind mehrheitlich zu fassen. Das Stimmrecht eines jeden Gläubigers richtet sich nach der Höhe seiner festgestellten Forderung, § 77 InsO. 267

(2) Gläubigerausschuss. Die Gläubigerversammlung kann als weiteres Organ einen Gläubigerausschuss wählen, § 68 InsO. Aufgabe des Gläubigerausschusses ist es, die Abwicklung des Insolvenzverfahrens in Zusammenarbeit mit dem Insolvenzverwalter zu unterstützen und das Insolvenzverfahren zu überwachen, § 69 InsO. Der Gläubigerausschuss muss sich über den Gang der Geschäfte unterrichten, darf die Bücher und Geschäftspapiere einsehen, sowie den Geldverkehr und -bestand prüfen lassen. Das Insolvenzgericht kann bereits mit Verfahrenseröffnung gemäß § 87 Abs. 1 InsO einen Gläubigerausschuss einsetzen. Gemäß § 67 Abs. 2 InsO soll der Gläubigerausschuss mit Absonderungsberechtigten, Großgläubigern, Kleingläubigern und einem Vertreter der Arbeitnehmer besetzt werden, wenn diese mit nicht unerheblichen Forderungen als Insolvenzgläubiger beteiligt sind. 268

dd. Aufgaben des Insolvenzverwalters

Der Insolvenzverwalter vertritt im Insolvenzverfahren die Interessen der Gläubiger. Seine Hauptaufgabe besteht darin, möglichst viel Masse zu generieren, um für die Gläubiger eine möglichst hohe Quote zu erreichen. Mit Eröffnung des Insolvenzverfahrens geht die Verwaltungs- und Verfügungsbefugnis über das zur Insolvenzmasse gehörende Vermögen des Schuldners auf den Verwalter über, § 80 Abs. 1 InsO. Das bedeutet, dass der Insolvenzverwalter die Insolvenzmasse in Besitz zu nehmen und dieses Vermögen zu verwalten hat, § 148 InsO. Er erstellt ein Vermögensverzeichnis, §§ 151-153 InsO, muss Rechnung legen, § 155 InsO, dem Gericht berichten und dem Gericht gegenüber Rechnung legen, § 156 InsO. Ferner hat er die schuldnerische Gesellschaft nach Maßgabe der Gläubigerversammlung fortzuführen, § 158 InsO, die Insolvenzmasse zu verwerten, § 159 InsO und ggfs. einen Insolvenzplan zu erstellen, § 218 InsO. Schließlich muss er prüfen, welche Rechtsgeschäfte des Schuldners gemäß §§ 103 ff. InsO fortzuführen sind, Anfechtungsansprüche geltend machen und Aus- und Absonderungsrechte abwickeln. 269

(1) Aussonderungsrechte. Alle beweglichen und unbeweglichen Sachen, die im Eigentum Dritter stehen, sind nicht Bestandteil der Insolvenzmasse und können vom Eigentümer gemäß 270

§§ 47 ff. InsO herausgefordert werden. Die Aussonderungsberechtigten sind also nicht Insolvenzgläubiger und nehmen daher auch nicht am Insolvenzverfahren teil. Das Eigentumsrecht der Aussonderungsberechtigten kann im Rahmen des Insolvenzverfahrens lediglich durch schuldrechtliche Vereinbarungen eingeschränkt werden. Sofern die Insolvenzmasse an den Gegenständen ein Besitzrecht hat, kann der Herausgabeanspruch eines Eigentümers nur eingeschränkt geltend gemacht werden (vgl. § 107 Abs. 2 i.V.m. § 103 Abs. 2 S. 1 InsO, § 112 InsO). Im Rahmen des Aussonderungsverfahrens muss der Eigentümer darlegen, welche Sachen in seinem Eigentum stehen. Ein Aussonderungsrecht begründen Eigentum an beweglichen oder unbeweglichen Sachen oder Forderungen, Nießbrauchrechte, §§ 1030 ff. BGB, Erbbaurechte, Grunddienstbarkeiten, §§ 1090 ff. BGB, Wohnrecht, § 1093 BGB, Besitz, gewerbliche Schutzrechte, Urheberrecht und Persönlichkeitsrecht, unter einfachem Eigentumsvorbehalt gelieferte Gegenstände. Sicherungseigentum sowie zur Sicherung abgetretene Gegenstände begründen kein Aussonderungsrecht, gleiches gilt für den verlängerten und erweiterten Eigentumsvorbehalt. Diese begründen gem. § 51 Abs. 1 Nr. 1 InsO lediglich ein Absonderungsrecht.

271 Sofern ein im Eigentum eines Dritten stehender Gegenstand vor Eröffnung des Insolvenzverfahrens durch den Schuldner oder nach Eröffnung des Insolvenzverfahrens durch den Insolvenzverwalter unberechtigt veräußert worden ist, steht dem ursprünglichen Eigentümer nach § 48 S. 1 InsO ein Anspruch auf die erhaltene Gegenleistung zu, sofern diese noch unterscheidbar in der Insolvenzmasse vorhanden ist (Ersatzaussonderung).

272 **(2) Absonderungsrechte.** Die Inhaber eines Absonderungsrechtes können an dem mit dem Absonderungsrecht belasteten Gegenstand eine vorzugsweise Befriedigung ihrer Forderung verlangen, §§ 49 ff. InsO. Gegenstände die mit einem Absonderungsrecht belastet sind, können – anders als bei Aussonderungsrechten – nicht herausgefordert werden. Die Verwertung der mit dem Absonderungsrecht belasteten Gegenstände bestimmt sich nach der InsO. Die absonderungsberechtigten Gläubiger nehmen daher auch am Insolvenzverfahren teil. Bei Absonderungsrechten handelt es sich grundsätzlich um Kreditsicherheiten, namentlich um Sicherheitsübereignung oder -abtretung, § 51 Abs. 1 Nr. 1 InsO, verlängerten und erweiterten Eigentumsvorbehalt, § 51 Abs. 1 Nr. 1 InsO, Grundschuld oder Hypothek, § 49 InsO, Pfandrechte an beweglichen Sachen, § 50 InsO.

273 Sofern Grundstücke des Schuldners mit einem Absonderungsrecht belastet sind, können die Gläubiger während des Insolvenzverfahrens diese Rechte im Wege der Zwangsversteigerung durchsetzen. Gemäß § 165 InsO kann auch der Insolvenzverwalter die Zwangsversteigerung oder Zwangsverwaltung des Grundstückes betreiben. Das Absonderungsrecht an einer Sache setzt sich bei Verbindung, Vermischung oder Verarbeitung gemäß § 172 Abs. 2 InsO an der neuen Sache fort.

274 Das Recht zur Verwertung der mit dem Absonderungsrechtes belasteten Sache orientiert sich daran, wer – Gläubiger oder Insolvenzverwalter – die Sache im Besitz hat. Befinden sich bewegliche Sachen, die mit einem Absonderungsrecht belastet sind, im Besitz des Insolvenzverwalters, so kann dieser diese Sachen verwerten, § 166 Abs. 1 InsO. Forderungen, die der Schuldner zur Sicherung eines Anspruchs abgetreten hat, kann der Insolvenzverwalter einziehen oder in anderer Weise verwerten, § 166 Abs. 2 InsO. Der Insolvenzverwalter kann die Sache auch weiterhin im Rahmen des Besitzrechtes nutzen, § 172 InsO. Von dem Verwertungserlös fließen pauschal 4 % für die Kosten der Feststellung des Absonderungsrechtes und weitere 5 % für den mit der Verwertung verbundenen Aufwand an die Masse, § 171 Abs. 1, Abs. 2 InsO. Sind die tatsächlichen Kosten höher, so kann er die tatsächlichen entstandenen Kosten verlangen, § 171 Abs. 2, Abs. 3 InsO. Ferner ist von dem Erlös eine auf die Feststellungs- und Verwertungspauschale anfallende Umsatzsteuer abzuziehen, § 171 Abs. 2 S. 3 InsO. Der verbleibende Erlös ist an den besicherten Gläubiger auszukehren, ein Übererlös fließt in die Masse.

Befindet sich die mit dem Sicherungsrecht belastete Sache im Besitz des Gläubigers kann dieser die Sache freihändig verwerten, allerdings muss er die 4 % Feststellungspauschale an die Masse abführen, § 171 Abs. 1 InsO. Pfandgläubiger sind gemäß § 50 i.V.m. § 173 InsO immer selbst zur Verwertung der Sache berechtigt. Fällt bei der Verwertung ein Übererlös an, so fließt er in die Masse. Der Gläubiger kann vom Insolvenzverwalter Auskunft über den Zustand der Sache und die geplante Art der Veräußerung verlangen, §§ 167, 168 InsO. 275

(3) Behandlung von laufenden Rechtsgeschäften. Ein wichtiger Bestandteil der Aufgaben des Insolvenzverwalters ist die Beendigung von laufenden Rechtsgeschäften. Anders als bei einer operativ tätigen Gesellschaft kann der Insolvenzverwalter bestehende Rechtsverhältnisse abweichend von den geltenden Kündigungsfristen nach den §§ 103 ff. InsO vorzeitig kündigen. Von den Sonderkündigungsrechten nach §§ 103 bis 108 InsO kann gemäß § 119 InsO nicht durch im Voraus getroffene Vereinbarungen abgewichen werden. 276

(a) Wahlrecht des Insolvenzverwalters. Nach § 103 InsO kann der Insolvenzverwalter bei einem gegenseitigen, nicht oder nur teilweise erfüllten, Vertrag von dem anderen Teil die Erfüllung verlangen oder aber die Erfüllung ablehnen. Dies bedeutet, dass der Insolvenzverwalter die Möglichkeit hat, vom Schuldner bislang noch nicht abgeschlossene Aufträge durchzuführen. Hierfür wird er sich regelmäßig entscheiden, wenn der Auftraggeber die Leistung bislang nicht vergütet hat. Demgegenüber wird der Insolvenzverwalter die Erfüllung ablehnen, wenn die insolvente Gesellschaft ihren Teil bereits erfüllt hat oder wenn die Gesellschaft ihrerseits einen Auftrag an Dritte erteilt hat. 277

Durch die Regelung des § 103 Abs. 2 S. 2 InsO soll der dem nichterfüllten Vertrag innewohnende Vermögenswert zur Masse gezogen werden[110]. Der Verwalter erhält einen nicht zu unterschätzenden zeitlichen Spielraum, da er sich im Hinblick auf das Wahlrecht erst dann erklären muss, wenn der Vertragspartner ihn zur Ausübung seines Wahlrechtes auffordert. Dem Verwalter unbekannte Verträge bleiben also bis zur Aufforderung in einem schwebenden Zustand. Unterlässt der Verwalter auf eine Aufforderung hin seine Erklärung zur Erfüllung des Vertrages, so gilt dies als Wahl der Nichterfüllung. 278

(b) Teilbare Leistungen. Bei teilbaren Leistungen (bspw. Bierlieferungsvertrag, Energielieferungsverträge, Zeitschriftenabonnement, Versicherungsverträge[111]) hat der Verwalter nach § 105 InsO die Möglichkeit, Erfüllung zu wählen, dies aber nur im Hinblick auf die zukünftig an die Insolvenzmasse zu liefernden Leistungen. Es müssen also nur die laufenden Kosten, nicht aber rückständige Beträge bezahlt werden. Die bis zur Eröffnung des Insolvenzverfahrens erbrachten Leistungen müssen in diesem Fall nicht vollständig erfüllt werden, sondern sind als Insolvenzforderung geltend zu machen. Denn in den Anwendungsbereich der Vorschrift fallen insbesondere Lieferverträge über Strom oder Wasser[112], Werkverträge[113], Versicherungsverträge[114]. 279

(c) Eigentumsvorbehalt. In § 107 InsO werden zwei Fälle geregelt, in § 107 Abs. 1 InsO der Schutz des Käufers in der Verkäuferinsolvenz und in § 107 Abs. 2 InsO der Schutz des Verkäufers in der Käuferinsolvenz. Der § 107 Abs. 1 InsO betrifft den Fall, dass die insolvente Gesellschaft vor Eröffnung des Insolvenzverfahrens eine bewegliche Sache unter Eigentumsvorbehalt verkauft hat und dem Erwerber Besitz an der Sache verschafft hat. Kommt es also zur Insolvenz des Verkäufers, kann der Erwerber vom Insolvenzverwalter die Erfüllung des Kaufvertrages, also die Übereignung der Sache, verlangen. Im Gegenzug kann der Insolvenzverwalter die Zahlung eines noch nicht geleisteten Kaufpreises verlangen. 280

---

[110] *Berscheid* in: Uhlenbruck § 103, Rdnr. 1.
[111] *Berscheid* in: Uhlenbruck § 105, Rdnr. 7 ff.
[112] *BGH* ZIP 1997, 688.
[113] *BGH* ZIP 1995, 926.
[114] *Ahrendt* in: HambKomm InsO § 105, Rdnr. 5.

281 Demgegenüber regelt § 107 Abs. 2 InsO den Fall, dass die insolvente Gesellschaft vor Eröffnung des Insolvenzverfahrens eine bewegliche Sache unter Eigentumsvorbehalt erworben und vom Verkäufer den Besitz an der Sache erhalten hat. In diesem Fall kann der Insolvenzverwalter – wenn er vom Verkäufer zur Ausübung des Wahlrechtes nach § 103 InsO aufgefordert worden ist – diese Erklärung spätestens unverzüglich nach dem Berichtstermin (§§ 158, 157 InsO) abgeben. Das bedeutet für den Verkäufer, dass er den Insolvenzverwalter zunächst zur Erfüllungswahl gemäß § 103 InsO auffordern muss und spätestens nachdem der Insolvenzverwalter nach dem Berichtstermin die Erfüllung abgelehnt hat, sein Aussonderungsrecht gemäß § 47 InsO geltend machen kann[115]. Diese zeitliche Verzögerung geht zwar zu Lasten des Verkäufers, ermöglicht aber andererseits dem Insolvenzverwalter die Fortführung des schuldnerischen Unternehmens, da die unter Eigentumsvorbehalt stehenden Gegenstände noch weiterhin genutzt werden können. Müsste der Insolvenzverwalter die Erklärung nach § 103 InsO unverzüglich abgeben, so bestünde die Gefahr, dass betriebsnotwendige Gegenstände (bspw. Produktionsmaschinen) unverzüglich zurückgegeben und das Unternehmen stillgelegt werden müsste. Bis eine endgültige Entscheidung getroffen ist, begründet § 107 Abs. 2 InsO ein Besitzrecht i.S.d. § 986 Abs. 1 BGB[116]. Wählt der Insolvenzverwalter die Erfüllung, so muss er den Kaufpreisrest als Masseschuld im Sinne des § 55 Abs. 1 Nr. 2 InsO unter Berücksichtigung der vertraglichen Bedingungen begleichen[117].

282 **(d) Fortbestehen und Kündigung von Dauerschuldverhältnissen.** Anders als bei nicht erfüllten gegenseitigen Verträgen führt die Eröffnung des Insolvenzverfahrens bei Miet- oder Pachtverhältnissen oder Dienstverträgen (insbesondere Arbeitsverträge) nicht automatisch zu deren Beendigung, § 108 Abs. 1 InsO. Eine dem § 103 InsO vergleichbare Regelung besteht insoweit nicht. Der Verwalter muss also selbst aktiv werden und die entsprechenden Verträge kündigen, sofern er sie nicht fortsetzen möchte. Die aus diesen Verträgen bis zur Eröffnung des Insolvenzverfahrens aufgelaufenen Forderungen können lediglich als Insolvenzforderungen geltend gemacht werden, § 108 Abs. 3 InsO. Nach Eröffnung entstehende Forderungen sind vom Insolvenzverwalter als Masseverbindlichkeiten zu begleichen, § 108 Abs. 1 S. 1 InsO. § 108 InsO gilt auch für Leasingverträge über Immobilien, während Leasingverträge über bewegliche Gegenstände in den Anwendungsbereich des § 103 InsO fallen[118].

283 Dienstverhältnisse können gem. § 113 Abs. 1 InsO ohne Einhaltung einer vereinbarten Vertragsdauer oder der arbeitsrechtlichen Kündigungsfristen mit einer Frist von drei Monaten zum Monatsende gekündigt werden, wenn nicht etwa eine kürzere Frist laut Arbeitsvertrag oder Gesetz maßgeblich ist.

284 Miet- oder Pachtverhältnisse können abweichend von etwaigen vertraglich vereinbarten Kündigungsfristen gemäß § 109 Abs. 1 InsO mit einer Frist von drei Monaten zum Monatsende ohne Rücksicht auf die vereinbarte Vertragsdauer oder einen vereinbarten Ausschluss des Rechts zur befristeten Kündigung gekündigt werden, wenn nicht eine kürzere Kündigungsfrist maßgeblich ist. Die Kündigung eines Mietverhältnisses durch den Vermieter ist nach § 112 InsO unzulässig, wenn sie sich auf Mietrückstände aus der Zeit vor Eröffnung des Insolvenzantrages stützt. Diese Regelung gilt für alle Miet-, Pacht- und Leasingverhältnisse, unbeachtlich, ob es sich hierbei um bewegliche oder unbewegliche Gegenstände handelt[119].

285 Durch den Schuldner als Darlehensgeber eingegangene Darlehensverträge gelten gemäß § 108 Abs. 2 InsO mit Wirkung für die Masse fort, soweit dem Darlehensnehmer der geschuldete Gegenstand zur Verfügung gestellt wurde. Demgegenüber sind von § 108 Abs. 2 InsO

---

[115] *Ahrendt* in: HambKomm InsO § 107 Rdnr. 10.

[116] *Ahrendt* in: HambKomm InsO § 107 Rdnr. 10; *Berscheid* in: Uhlenbruck § 107, Rdnr. 7.

[117] *Berscheid* in: Uhlenbruck § 107, Rdnr. 10.

[118] *Berscheid* in: Uhlenbruck § 108, Rdnr. 3.

[119] *Berscheid* in: Uhlenbruck § 112, Rdnr. 3.

Darlehensverträge, die der Schuldner als Darlehensnehmer abgeschlossen hatte nicht erfasst[120]. Auf Kontokorrentkredite ist § 108 Abs. 2 InsO jedoch nicht anzuwenden, insoweit gilt § 116 InsO[121].

(e) Aufträge, Geschäftsbesorgungsverträge und Vollmachten. Sämtliche Geschäftsbesorgungsverträge, Vollmachten oder Aufträge erlöschen mit der Eröffnung des Insolvenzverfahrens gemäß §§ 115, 116 InsO. Dies betrifft vor allem Giroverträge mit Banken, Treuhandverträge, Geschäftsbesorgungsverträge mit Rechtsanwälten, Steuerberatern usw. Nach § 117 InsO erlöschen sämtliche bislang geltenden Vollmachten, so dass gewährleistet ist, dass nach Verfahrenseröffnung neben dem Insolvenzverwalter niemand über das Schuldnervermögen verfügen kann. 286

(4) Insolvenzanfechtung

(a) Überblick. Anders als bei der schuldrechtlichen Anfechtung nach den §§ 119 ff. BGB wird durch die Insolvenzanfechtung nach den §§ 129 ff. InsO das angefochtene Rechtsgeschäft nicht mit ex-tunc-Wirkung von Anfang an nichtig[122]. Vielmehr bleibt das Rechtsgeschäft bestehen, da es sich bei der Insolvenzanfechtung dogmatisch nicht um einen Rückgewähranspruch, sondern um einen eigenständigen Zahlungsanspruch, bzw. um einen schuldrechtlichen Verschaffungsanspruch handelt[123]. Auch im Insolvenzverfahren kann bei Vorliegen von Willensmängeln die Irrtumsanfechtung nach §§ 119 ff. BGB erfolgen. Die Anfechtung nach dem Anfechtungsgesetz (AnfG) steht den Gläubigern nur außerhalb des Insolvenzverfahrens zu, § 16 AnfG. Mit der Insolvenzanfechtung sollen solche Zahlungen rückgängig gemacht werden, die der Schuldner im Vorfeld der Insolvenz getätigt hat, um einzelne Gläubiger zu begünstigen oder Vermögen zugunsten Dritter und zu Lasten der Insolvenzmasse zu verschieben. Oft erfolgen solche Zahlungen, um einzelne Gläubiger von der Stellung des Insolvenzantrages abzuhalten. Häufige Anfechtungsgegner sind daher die Sozialversicherungsträger, die den Schuldner nach fehlgeschlagener Einzelzwangsvollstreckung mit der Stellung des Insolvenzantrages drohen. 287

Voraussetzung einer Anfechtung nach den §§ 129 ff. InsO ist das Vorliegen einer Rechtshandlung. Rechtshandlungen in diesem Sinne ist jede willentlich vorgenommene Handlung, die eine irgendwie geartete rechtliche Wirkung, gleichgültig ob diese selbst gewollt ist oder nicht[124]. Darunter fallen nicht nur Willenserklärung, sondern auch rechtsgeschäftsähnliche Handlungen, Realakte oder auch Unterlassungen, sofern diese bewusst und gewollt erfolgen[125]. Beispiel für ein anfechtbares Unterlassen ist etwa das Unterlassen der Einlegung eines Rechtsmittels gegen eine bekanntermaßen rechtswidrige Zwangsvollstreckungsmaßnahme. 288

Anfechtbar sind jedoch nur Rechtshandlungen, die gläubigerbenachteiligend sind, also durch die dem Vermögen des Schuldners etwas entzogen worden ist. Dabei kommt es nicht auf eine juristische sondern auf eine wirtschaftliche Betrachtung an. Eine Gläubigerbenachteiligung kann nicht nur bei der Verringerung der Aktiva, sondern auch bei einer Vermehrung der Passiva, in der Erschwerung des Zugriffs auf Vermögensgegenstände[126] oder der Erschwerung oder Verzögerung der Verwertung des Schuldnervermögens liegen[127]. Eine Anfechtung ist daher nicht mög- 289

[120] Insoweit war die Formulierung des § 108 Abs. 2 in der Entwurfsfassung nicht eingeschränkt,.

[121] *Pape* NZI 2007, 481, 483.

[122] *BGH* ZInsO 2006, 1217.

[123] *BGH* ZInsO 2006, 1217.

[124] *BGH* NJW 2004, 1660, 1661; WM 1975, 1182, 1184; *OLG Karlsruhe* ZInsO 2004, 1036, 1037; *Kirchhof* in: MüKo InsO § 129, Rdnr. 7; *Rogge* in: HambKomm InsO § 129, Rdnr. 3.

[125] *BGH* WM 1975, 1182, 1184; *Kirchhof* in: MüKo InsO § 129, Rdnr. 21; *Rogge* in: HambKomm InsO § 129, Rdnr. 11; *de Bra* in: Braun § 129, Rdnr. 23; *Hirte* in: Uhlenbruck § 129 RdNr. 62.

[126] *BGH* ZIP 1981, 1229, 1230, 1231; NJW 1988, 3143, 3148; 1989, 1037.

[127] *BGH* NJW 1992, 2485, 2486; NJW 1994, 449, 450; WM 2006, 1018,1019; ZInsO 2007, 596, 597; 2007, 658, 659; *OLG Stutgart* ZInsO 2005, 942, 944; *OLG Naumburg* ZIP 2006, 716, 718; *Kirchhof*

lich, wenn der weggegebene Gegenstand wertlos oder bereits wertausschöpfend belastet war, er nicht der Zwangsvollstreckung unterliegt oder der Schuldner eine vollwertige Gegenleistung erhalten hat. Wer die anfechtbare Handlung vorgenommen hat, ist nicht maßgeblich[128].

In den §§ 130 ff. InsO sind die verschiedenen Anfechtungsgründe aufgeführt, die auf unterschiedliche Anfechtungsfristen und subjektive Voraussetzungen von Schuldner und Anfechtungsgegner abstellen[129].

290 **(b) Kongruente Deckung.** Die kongruente Deckung nach § 130 InsO setzt eine Rechtshandlung voraus, die einem Insolvenzgläubiger für seine Forderung eine Sicherung oder Befriedigung gewährt oder ermöglicht hat, wobei der Gläubiger auf die Leistung in dieser Form und zu dieser Zeit einen Anspruch hatte („kongruente Deckung"). Weitere Voraussetzung ist, dass der Gläubiger positive Kenntnis von der Zahlungsunfähigkeit des Schuldners (§ 130 Abs. 1 Nr. 1 InsO) oder der Stellung des Eröffnungsantrages (§ 130 Abs. 1 Nr. 2 InsO) hatte. Kann eine positive Kenntnis nicht nachgewiesen werden, ist nach § 130 Abs. 2 InsO die Kenntnis von den Umständen, die zwingend auf eine Zahlungsunfähigkeit oder den Eröffnungsantrag schließen lassen, ausreichend. Beispiel hierfür ist etwa die Kündigung von Krediten der Hausbank des Schuldners, die Nichtzahlung strafbewehrter Forderungen des Sozialversicherungsträgers[130], Abtretung von Forderungen unter Hinweis darauf, dass eine Zahlung nicht möglich ist[131] oder bei Steuernachforderungen durch das Finanzamt, obwohl es aufgrund der Ergebnisse einer Betriebsprüfung weiß, dass das Unternehmen diese Beträge nicht bezahlen kann. Eine Beweislastumkehr ergibt sich gemäß § 130 Abs. 3 InsO für nahestehende Personen i.S.d. § 138 InsO.

Die angefochtene Rechtshandlung kann bis zu drei Monate vor Stellung des Antrags auf Eröffnung des Insolvenzverfahrens zurückliegen, § 130 Abs. 1 Nr. 1 InsO.

291 **(c) Inkongruente Deckung.** Nach § 131 InsO ist jede Rechtshandlung anfechtbar, die dem Gläubiger eine Leistung gewährte, die ihm nicht gebührte, also inkongruent war. Eine solche inkongruente Deckung liegt vor, wenn der Gläubiger eine Sicherung oder Befriedigung erhält, die er aufgrund des zugrundeliegenden Schuldverhältnisses nicht oder nicht in der Art oder nicht zu dieser Zeit zu beanspruchen hatte. Hat er bekommen, was ihm auch zusteht, so liegt keine inkongruente Deckung sondern eine kongruente Deckung vor.

292 Bei einer nicht zu beanspruchenden Befriedigung handelt es sich beispielsweise um die Zahlung einer bereits verjährten Forderung[132]. Bei einer nicht in der Art zu beanspruchenden Befriedigung handelt es sich etwa bei Leistungen erfüllungshalber oder an Erfüllungs statt (§ 364 BGB)[133], Weitergabe von Kundenschecks[134], Forderungsabtretung oder Zahlung durch einen Dritten anstatt Barzahlung[135]. Eine unzulässige Sicherung liegt etwa bei einer nachträglichen, vertraglich nicht vereinbarten Sicherungsübereignung von Betriebsvermögen vor[136]. Nicht zu der Zeit sind solche Sicherungen oder Befriedigungen gewährt, wenn sie vor Fälligkeit geleistet wurden, betagt oder befristet war[137].

---

in: MüKo InsO § 129, Rdnr. 76 ff. *Rogge* in: HambKomm InsO § 129, Rdnr. 38 ff.; *de Bra* in: Braun § 129, Rdnr. 23.

[128] *BGH* WM 1969, 374, 375 f.; NJW 1978, 758; NJW 1983, 887, 888; WM 1957, 1099, 1100; 2000, 1117, 1118; *OLG Köln* WM 2002, 354, 356; *Kirchhof* in: MüKo InsO § 129, Rdnr. 34 ff.; *Paulus* in: Kübler/Prütting § 129, Rdnr. 17.

[129] Siehe hierzu die sehr hilfreiche Übersicht bei *Rogge* in: HambKomm InsO Vorb. § 129, Rdnr. 28.

[130] *OLG Rostock* ZInsO 2006, 1109.

[131] *BGH* ZIP 10997, 1926.

[132] *BGH* ZInsO 2004, 499.

[133] *Rogge* in: HambKomm InsO § 131, Rdnr. 9; *de Bra* in: Braun § 131, Rdnr. 11.

[134] *BGH* ZIP 1993, 1653; *Rogge* in: HambKomm InsO § 131, Rdnr. 9; *de Bra* in: Braun § 131, Rdnr. 11.

[135] *Rogge* in: HambKomm InsO § 131, Rdnr. 9; *de Bra* in: Braun § 131, Rdnr. 11.

[136] *BGH* ZInsO 2002, 670; *Rogge* in: HambKomm InsO § 131, Rdnr. 20; *de Bra* in: Braun § 131, Rdnr. 23.

[137] *Rogge* in: HambKomm InsO § 131, Rdnr. 18, 32; *de Bra* in: Braun § 131, Rdnr. 16.

Weitere Voraussetzung ist, dass die Sicherung oder Befriedigung

- innerhalb eines Monats vor dem Insolvenzantrag vorgenommen worden ist, § 131 Abs. 1 Nr. 1 InsO,
- innerhalb des zweiten oder dritten Monats vor dem Antrag vorgenommen worden ist und der Schuldner zu diesem Zeitpunkt zahlungsunfähig war, § 131 Abs. 1 Nr. 2 InsO oder
- innerhalb des zweiten oder dritten Monats vor dem Insolvenzantrag vorgenommen worden ist und der Anfechtungsgegner die Gläubigerbenachteiligung kannte, § 131 Abs. 1 Nr. 3 InsO.

Im Fall des § 131 Abs. 1 Nr. 1 InsO sind weitere subjektive Voraussetzungen – insbesondere die Kenntnis von der Zahlungsunfähigkeit – nicht erforderlich. Ebenso kommt es im Falle des Abs. 1 Nr. 2 InsO allein auf die objektive Zahlungsunfähigkeit an, Kenntnis hiervon ist nicht erforderlich. Im Fall des § 131 Abs. 1 Nr. 3 InsO steht der Kenntnis der Benachteiligung der Insolvenzgläubiger die Kenntnis von Umständen gleich, die zwingend auf die Benachteiligung schließen lassen (§ 131 Abs. 2 Satz 1 InsO). Im Hinblick auf nahestehende Personen i.S.d. § 138 InsO wird die Kenntnis der Benachteiligung vermutet. 293

(d) Unmittelbar nachteilige Rechtshandlung. Bei § 132 InsO handelt es sich um einen Auffangtatbestand, der Masseschmälerungen durch Rechtsgeschäfte oder Rechtshandlungen des Schuldners gegenüber Personen erfassen soll, die nicht Insolvenzgläubiger sind und nicht in den Anwendungsbereich der §§ 130, 131 InsO fallen[138]. Im Unterschied zu den §§ 130, 131 InsO genügt es, dass die Rechtsbeziehung zu dem Anfechtungsgegner durch das anfechtbare Rechtsgeschäft begründet wurde[139]. Nach § 132 InsO ist ein Rechtsgeschäft des Schuldners anfechtbar, wenn es die Insolvenzgläubiger unmittelbar benachteiligt, in den letzten drei Monaten vor dem Antrag vorgenommen worden ist, die Gesellschaft zur Zeit des Rechtsgeschäftes zahlungsunfähig war und der Anfechtungsgegner die Zahlungsunfähigkeit kannte, § 132 Abs. 1 Nr. 1 InsO. 294

Die Gläubigerbenachteiligung muss also unmittelbar, also durch die Vornahme des Rechtsgeschäftes selbst und ohne Hinzutreten weiterer Umstände eintreten[140]. Dies ist bei Austauschverträgen immer dann der Fall, wenn die dem Schuldner versprochene Gegenleistung der Leistung des Schuldners nicht gleichwertig ist[141]. Eine unmittelbare Benachteiligung liegt etwa vor bei Kauf zu überhöhtem Preis oder Verkauf unter Wert[142]. Dabei bleiben nach Durchführung des Austauschgeschäftes eintretende Wertverschiebungen außer Betracht[143]. 295

Nach § 132 Abs. 1 Nr. 2 InsO sind Rechtshandlungen anfechtbar, die nach dem Eröffnungsantrag vorgenommen worden sind, sofern der andere Teil zu dieser Zeit die Zahlungsunfähigkeit oder den Eröffnungsantrag kannte. Durch § 132 Abs. 2 InsO werden alle weiteren Rechtshandlungen des Schuldners aufgefangen, die nicht in den Anwendungsbereich von §§ 130, 131, 132 Abs. 1 InsO fallen, insbesondere Unterlassungen. Ein Unterlassen i.S.d. § 132 Abs. InsO ist etwa gegeben, wenn durch die Nichteinlegung von Rechtsmitteln oder Rechtsbehelfen ein aussichtsreicher Prozess verlorengeht oder die Einrede der Verjährung nicht erhoben wird[144]. 296

Auch bei § 132 InsO gelten die Beweiserleichterung des § 130 Abs. 2 und 3 InsO, § 132 Abs. 3 InsO.

---

[138] *Rogge* in: HambKomm InsO § 132, Rdnr. 1; *de Bra* in: Braun § 132, Rdnr. 1.

[139] *Rogge* in: HambKomm InsO § 132, Rdnr. 1; *de Bra* in: Braun § 132, Rdnr. 1.

[140] *Rogge* in: HambKomm InsO § 132, Rdnr. 9; *de Bra* in: Braun § 132, Rdnr. 5.

[141] *BGH* ZInsO 2003, 417; *Kirchhof* in: MüKo InsO § 132, Rdnr. 12; *Rogge* in: HambKomm InsO § 132, Rdnr. 9; *de Bra* in: Braun § 132, Rdnr. 5.

[142] *BGH* ZInsO 2003, 417; *Kirchhof* in: MüKo InsO § 132, Rdnr. 12; *Rogge* in: HambKomm InsO § 132, Rdnr. 10; *de Bra* in: Braun § 132, Rdnr. 5.

[143] *De Bra* in: Braun § 132, Rdnr. 5.

[144] *De Bra* in: Braun § 132, Rdnr. 15, 17.

297 **(e) Vorsätzliche Benachteiligung.** Durch die §§ 130 bis 132 InsO werden solche Rechtsgeschäfte erfasst, die regelmäßig im Vorfeld einer Insolvenz zu erwarten sind und im einverständlichen Zusammenwirken von Schuldner und Anfechtungsgegner zum Nachteil der übrigen Gläubiger vorgenommen werden. Aufgrund der engen zeitlichen Voraussetzungen der Anfechtungstatbestände der §§ 130–132 InsO können Vermögensverschiebungen, die im Rahmen einer langfristig geplanten Insolvenz zugenommen werden, regelmäßig nicht erfasst werden. Diese Fälle können aber nach § 133 InsO angefochten werden und betreffen Rechtshandlungen, die der Schuldner regelmäßig in einverständlichem Zusammenwirken mit dem Anfechtungsgegner und zum Nachteil der Gläubiger vorgenommen hat. Die Vorschrift entspricht der Gläubigeranfechtung außerhalb der Insolvenz nach § 3 AnfG.

298 Voraussetzung der Vorsatzanfechtung nach § 133 InsO ist, dass der Schuldner innerhalb der letzten zehn Jahre vor dem Antrag eine Rechtshandlung vorgenommen hat, die zu einer Benachteiligung der Gläubiger führt. Dabei ist auch eine mittelbare Benachteiligung ausreichend[145]. Von § 133 InsO umfasst ist jede Handlung des Schuldners, auch Unterlassen. Eine Handlung des Schuldners liegt etwa vor, wenn er einem Gläubiger zur Herstellung einer Aufrechnungslage verhilft[146], einen Gläubiger zur Abbuchung im Lastschriftverfahren ermächtigt[147], durch Annahme der Erfüllungsleistung eines Drittschuldners die Erfüllungswirkung mit herbeiführt[148], eine Sicherheit bestellt, ohne die er einen Kredit des Sicherungsnehmers nicht erhalten hätte[149]. Zwangsvollstreckungsmaßnahmen eines Gläubigers fallen nur ausnahmsweise in den Anwendungsbereich, wenn die Vollstreckung in einvernehmlichem Zusammenwirken zwischen Gläubiger und Schuldner betrieben worden ist[150]. Dies wäre etwa dann der Fall, wenn der Schuldner Maßnahmen zur Abwendung oder Aufhebung der Zwangsvollstreckung unterlassen hat[151].

299 Im Zeitpunkt der Vornahme der Handlung muss der Schuldner Vorsatz zur Gläubigerbenachteiligung gehabt haben und der Leistungsempfänger Kenntnis von dem schuldnerischen Benachteiligungsvorsatz gehabt haben. Ein eigener Benachteiligungsvorsatz des Leistungsempfängers ist nicht erforderlich[152]. Nach § 133 Abs. 1 Satz 2 InsO wird die Benachteiligungsabsicht vermutet, wenn der andere Teil wusste, dass die Zahlungsunfähigkeit des Schuldners drohte und dass die Handlung die Gläubiger benachteiligte. Gleiches gilt im Hinblick auf den Schuldner in entsprechender Anwendung des § 133 Abs. 1 Satz 2 InsO.

300 Nach § 133 Abs. 2 InsO ist ein entgeltlicher Vertrag, der von dem Schuldner mit einer nahestehenden Person i.S.d. § 138 InsO zwei Jahre vor dem Antrag geschlossen worden ist, anfechtbar, sofern eine Gläubigerbenachteiligung zu bejahen ist. Die Vorschrift stellt eine Beweislastumkehr dar, da der Vorsatz der nahestehenden Person vermutet wird – aber widerlegt werden kann § 133 Abs. 2 Satz 2 InsO.

301 Unter Vertrag im Sinne des § 133 Abs. 2 InsO sind nicht nur schuld- und sachenrechtliche Verträge, wie etwa Pachtverträge, Schuldanerkenntnisse, dinglich wirkende Verträge wie die Übereignung von Sachen, Abtretungen[153], die Begründung von Sicherheiten oder eines Nieß-

---

[145] *BGH* NJW-RR 2004, 1130, 1131; NZI 2005, 692, 693; *OLG Stuttgart* ZIP 2002, 2264, 2266; ZInsO 2006, 274, 276; *Kirchhof* in: MüKo InsO § 133, Rdnr. 11; *Rogge* in: HambKomm InsO § 133, Rdnr. 10.

[146] *BGH* NZI 2004, 445 f.; *OLG Hamm* ZInsO 2005, 267, 268; *Kirchhof* in: MüKo InsO § 133, Rdnr. 8.

[147] *BGH* NZI 2003, 253, 257; *Kirchhof* in: MüKo InsO § 133, Rdnr. 8; *Rogge* in: HambKomm InsO § 133, Rdnr. 3.

[148] *Kirchhof* in: MüKo InsO § 133, Rdnr. 8; *Rogge* in: HambKomm InsO § 133, Rdnr. 5; *Paulus* in: Kübler/Prütting § 133 Rdnr. 4.

[149] *OLG Dresden* ZInsO 2007, 497 f.; *Kirchhof* in: MüKo InsO § 133, Rdnr. 8.

[150] *BGH* NZI 2005, 678; *Kirchhof* in: MüKo InsO § 133, Rdnr. 9a; *Rogge* in: HambKomm InsO § 133, Rdnr. 6.

[151] *Kirchhof* in: MüKo InsO § 133, Rdnr. 9a; *de Bra* in: Braun § 133, Rdnr. 6.

[152] *Kirchhof* in: MüKo InsO § 133, Rdnr. 19.

[153] *OLG Celle* ZInsO 1999, 474, 475.

brauchs sowie das Eingehen einer Wechselverbindlichkeit, güterrechtliche Verträge, oder die Einlage in eine neu gegründete GmbH sowie Ausschüttungen aus einer Gesellschaft[154], sondern auch alle nicht-rechtsgeschäftliche Erwerbsvorgänge, soweit sie auf wechselseitiger Willensübereinstimmung beruhen[155]. Die Entgeltlichkeit des Vertrages kann bereits dann bejaht werden, wenn dem anderen ein wie auch immer gearteter wirtschaftlicher Vorteil zukommt, bsplw. in Gestalt einer Zahlungserleichterung, Kreditgewährung, Stundung oder Verzicht auf Kündigungsrechte[156].

Ferner ist erforderlich, dass der Schuldner mit Gläubigerbenachteiligungsvorsatz handelte und der Anfechtungsgegner hiervon Kenntnis hatte.

(f) Unentgeltliche Leistung, § 134 InsO. Nach § 134 InsO, der sog. Schenkungsanfechtung, können unentgeltliche Leistungen, die bis zu vier Jahren vor dem Insolvenzantrag erbracht worden sind, angefochten werden. **302**

Der Begriff der Leistung i.S.d. § 134 ist weit auszulegen und umfasst neben der Schenkungen alle Rechtshandlungen, durch die das Vermögen des Schuldners gemindert wird, etwa Gebrauchsüberlassungen, freiwillige Sicherheitenbestellung für eine fremde Schuld ohne Gegenleistung[157], Tilgung einer fremden Verbindlichkeit[158], Aufgabe von Rechten (Verzicht oder Erlass), Unterlassungen, die beim Anfechtungsgegner zu einer Vermögensmehrung führen und rechtsgeschäftsähnliche Handlungen[159]. Eine Ausnahme gilt insoweit gemäß § 134 Abs. 2 InsO für gebräuchliche Gelegenheitsgeschenke (bei Hochzeit, Geburtstag, Weihnachten etc.) mit geringem Wert[160]. **303**

(g) Gesellschafterdarlehen, § 135 InsO. Nach § 135 Abs. 1 Nr. 2 InsO sind Rückzahlungen von Gesellschafterdarlehen, die innerhalb eines Jahres vor dem Eröffnungsantrage, geleistet wurden anfechtbar. Gesellschafterdarlehen in diesem Sinne sind alle Darlehen, nicht nur eigenkapitalersetzende Darlehen. Darlehen von Sanierungsgesellschaftern und Kleingesellschaftern sind hiervon nach § 39 Abs. 4, 5 InsO ausgenommen. Sicherheiten, die den Gesellschaftern innerhalb der letzten zehn Jahre vor dem Insolvenzantrag gewährt wurden, sind nach § 135 Abs. 1 Nr. 2 anfechtbar. **304**

(h) Bargeschäft, § 142 InsO. Eine Anfechtung nach den §§ 129 ff. InsO ist ausgeschlossen, wenn es sich bei dem maßgeblichen Rechtsgeschäft um ein Bargeschäft im Sinne des § 142 InsO handelt. Danach ist eine Anfechtung ausgeschlossen, wenn für die Leistung des Schuldners unmittelbar eine gleichwertige Gegenleistung in das Vermögen des Schuldners gelangt ist. Ursprünglich sollte diese Vorschrift Fälle des einfachen Barkaufs erfassen. Durch die Rechtsprechung wurde der sachliche und zeitliche Rahmen ausgedehnt, so dass ein Zeitraum von rd. zwei Wochen zwischen Leistung und Erbringung der Gegenleistung noch zulässig ist[161]. Wichtiger Anwendungsbereich des § 143 InsO ist aber auch die Erbringung von Beratungsleistungen im Vorfeld einer Insolvenz. Sofern im Vorfeld eine insolvenzrechtliche Beratung erbracht wird oder die Gesellschaft im Zusammenhang einer Sanierung beraten wird, kann das Honorar für diese **305**

---

[154] *Haas* ZIP 2006, 1373, 1379.

[155] *Kirchhof* in: MüKo InsO § 133, Rdnr. 40; *Rogge* in: HambKomm InsO § 133, Rdnr. 44; *de Bra* in: Braun § 133, Rdnr. 26.

[156] *OLG Rostock* ZInsO 2007, 713, 715; *Kirchhof* in: MüKo InsO § 133, Rdnr. 41; *Rogge* in: HambKomm InsO § 133, Rdnr. 45; *de Bra* in: Braun § 133, Rdnr. 27.

[157] *BGH* ZIP 1992, 1089, 1091; *OLG Köln* ZInsO 2004, 871.

[158] *BGH* NZI 2005, 323; NZI 2005, 399.

[159] *Kirchhof* in: MüKo InsO § 134, Rdnr. 9, 10; *Rogge* in: HambKomm InsO § 134, Rdnr. 3, 4; *de Bra* in: Braun § 134, Rdnr. 4.

[160] *Rogge* in: HambKomm InsO § 134, Rdnr. 38 ff.

[161] *Huber* in: Gottwald § 46, Rdnr. 81, 82.

Beratungsleistung ein Bargeschäft im Sinne des §§ 142 InsO darstellen.[162] Voraussetzung hierfür ist allerdings, dass die Sanierung aussichtsreich ist und das Honorar zeitnah geleistet wird[163].

306 **(i) Rechtsfolgen der Anfechtung.** Gemäß § 143 Abs. 1 Satz 1 InsO muss der Anfechtungsgegner das, was veräußert, weggegeben oder aufgegeben wurde, der Insolvenzmasse zurückgewähren. Der Rückgewähranspruch entsteht unabhängig von seiner Geltendmachung mit Eröffnung des Insolvenzverfahrens[164]. Im Falle einer Zerstörung oder Verschlechterung des Gegenstandes ist gemäß §§ 819 Abs. 1, 818 Abs. 4, 292, 989 BGB Wertersatz zu leisten. Etwaige gezogene Nutzungen sind herauszugeben oder zu erstatten, § 987 BGB. Sofern durch die angefochtene Handlung der Insolvenzmasse eine Gegenleistung zugeflossen ist, ist diese an den Anfechtungsgegner zurückzugeben, § 144 Abs. 2 InsO. Dies ist jedoch nur möglich, soweit die Sache noch unterscheidbar vorhanden oder die Masse um deren Wert bereichert ist. Eine Privilegierung erfährt der Empfänger einer unentgeltlichen Leistung. Nach § 143 Abs. 2 Satz 1 InsO hat dieser die Leistung nur zurückzugewähren, soweit er durch sie bereichert ist. Dies gilt nicht, wenn er weiß oder wissen müsste, dass die unentgeltliche Leistung die Gläubiger benachteiligte.

Die Anfechtungsansprüche verjähren gemäß § 146 InsO innerhalb der regelmäßigen Verjährung nach BGB, also innerhalb von drei Jahren[165].

307 **(5) Anmeldung und Prüfung der Insolvenzforderungen.** Nachdem das Insolvenzverfahren durch das Insolvenzgericht eröffnet worden ist, wird der Eröffnungsbeschluss sämtlichen Gläubigern zugestellt. Mit dem Eröffnungsbeschluss werden die Gläubiger aufgefordert, ihre Forderungen unter Einhaltung einer bestimmten Frist beim Insolvenzverwalter anzumelden. Der Insolvenzverwalter prüft sodann die Rechtmäßigkeit der angemeldeten Forderungen – insbesondere anhand der der Anmeldung beigefügten Urkunden. Sind die geltend gemachten Forderungen begründet, werden diese in die Insolvenztabelle eingetragen. Der Eintrag in die Insolvenztabelle wirkt wie ein rechtskräftiges Urteil, §§ 178 Abs. 3, 201 Abs. 2 InsO. Kann die Forderung von dem Gläubiger nicht glaubhaft dargelegt werden, wird der Insolvenzverwalter die Forderung bestreiten, § 176 InsO. In diesem Fall kann der Gläubiger die Feststellung seiner Forderung gegenüber dem Insolvenzverwalter betreiben, § 179 InsO. Wurde die Frist für die Anmeldung von Forderungen versäumt, so ist eine nachträgliche Anmeldung unter den Voraussetzungen des § 177 InsO möglich.

ee. Befriedigung der Insolvenzgläubiger und Beendigung des Verfahrens

308 Die Forderungen der Gläubiger können nur aus der Insolvenzmasse befriedigt werden. Hierzu verwertet der Insolvenzverwalter das Vermögen des Schuldners. Bei besonders wichtigen Entscheidungen muss er die Zustimmung des Gläubigerausschusses einholen, § 160 InsO. Gegebenenfalls muss nach §§ 162, 163 InsO die Gläubigerversammlung befragt werden. Verwertungshandlungen, die entgegen einer Zustimmung des Gläubigerausschusses oder der Gläubigerversammlung erfolgten, sind im Außenverhältnis uneingeschränkt wirksam, können aber zu einer Haftung des Insolvenzverwalters (§ 60 InsO) oder zu seiner Entlassung führen (§ 59 InsO).

309 Nachdem die Insolvenzmasse verwertet, Aus- und Absonderungsrechte abgewickelt und Masseverbindlichkeiten erfüllt worden sind, kann der Insolvenzverwalter mit der Verteilung des Vermögens an die Gläubiger beginnen. Hierzu wird ein Verteilungsverzeichnis erstellt und

---

[162] *BGH* ZIP 2002, 1540.

[163] Ist die Sanierung aussichtslos, so ist die Honorarzahlung anfechtbar, *BGH* NJW 1959, 147 f.; NJW-RR 1988, 571, 572; NJW 2001, 517, 519; *Kirchhof* in: MüKo InsO § 142, Rdnr. 14; *Paulus* in: Kübler/Prütting § 142 Rdnr. 10; *Hirte* in: Uhlenbruck § 142, Rdnr. 10.

[164] *BGH* ZInsO 2007, 261, 2004, 672.

[165] Zur Berechnung ausführlich *Huber* in: Gottwald, § 46, Rdnr. 44 ff.

die Summe der Forderungen und das für die Verteilung zur Verfügung stehende Vermögen wird öffentlich bekannt gemacht, § 188 InsO. Die Schlussverteilung darf nur mit Zustimmung des Insolvenzgerichtes durchgeführt werden, § 196 Abs. 2, 197 InsO.

Nach Durchführung der Schlussverteilung beschließt das Insolvenzgericht die Aufhebung des Insolvenzverfahrens, § 200 InsO. Die Gesellschaft erlischt und wird im Handelsregister gelöscht. Auch die Ämter von Insolvenzverwalter und Gläubigerausschuss erlöschen.

Stellt sich während des Insolvenzverfahrens heraus, dass die Insolvenzmasse nicht zur Befriedigung der Masseverbindlichkeiten ausreicht, wird der Insolvenzverwalter gemäß § 208 InsO die Masseunzulänglichkeit anzeigen. Dadurch wird das Insolvenzverfahren nicht beendet, vielmehr muss der Verwalter die noch vorhandene Masse verwerten. Anschließend wird das Verfahren eingestellt, § 208 Abs. 3 InsO. Stellt sich jedoch heraus, dass weder die Masseverbindlichkeiten noch die Verfahrenskosten durch die Insolvenzmasse gedeckt sind, verteilt der Verwalter lediglich die vorhandenen Barmittel, anschließend wird das Insolvenzverfahren unmittelbar eingestellt, § 207 InsO.

ff. Verfahrenseinstellung im Laufe des Insolvenzverfahrens

Das Insolvenzverfahren kann auch vorab unter den Voraussetzungen der §§ 212, 213 InsO **310** Eingestellt werden. Nach § 212 InsO kann das Insolvenzverfahren eingestellt werden, wenn der Insolvenzgrund im Laufe des Insolvenzverfahrens wegfällt, oder sich im nach Eröffnung des Insolvenzverfahren herausstellt, dass der Eröffnungsgrund tatsächlich nicht vorlag. Gelingt es dem Schuldner – insbesondere unter Vermittlung des Insolvenzverwalters – sich mit seinen Gläubigern außergerichtlich zu einigen, und stimmen die Gläubiger der Einstellung des Verfahrens zu, kann das Insolvenzverfahren gemäß § 213 InsO mit Zustimmung der Gläubiger eingestellt werden. Nach der Einstellung erhält der Schuldner die Verfügungsmacht über sein Vermögen, die Gläubiger können gegebenenfalls aus der Tabelle vollstrecken, §§ 215 Abs. 2, 201, 202 InsO. Voraussetzung der Einstellung nach §§ 212, 213 InsO ist, dass im Falle der Einstellung des Verfahrens beim Schuldner weder Zahlungsunfähigkeit, drohende Zahlungsunfähigkeit oder Überschuldung vorliegt.

(1) Einstellung bei Wegfall des Eröffnungsgrundes gemäß § 212 InsO. Nach § 212 InsO **311** kann das Insolvenzverfahren bei Wegfall oder anfänglichem Fehlen des Insolvenzeröffnungsgrundes auf Antrag des Schuldners eingestellt werden. Dies wäre etwa dann der Fall, wenn die ursprüngliche Zahlungsunfähigkeit beseitigt wurde, da ein Schuldner seine bislang offene Verbindlichkeit beglichen hat, oder die Überschuldung durch einen außerordentlichen Gewinn beseitigt werden konnte. Voraussetzung für die Einstellung nach § 212 S. 1 InsO ist, dass im Falle der Einstellung des Verfahrens beim Schuldner weder Überschuldung oder Zahlungsunfähigkeit vorliegt oder für die Zukunft der Eintritt der Zahlungsunfähigkeit droht.

(a) Antrag. Das Einstellungsverfahren kann nur auf Antrag des ausschließlich antragsberechtigten Schuldners erfolgen. Der Antrag ist formlos möglich[166]. Der Antrag ist nur zulässig, wenn der Schuldner das Fehlen der Eröffnungsgründe glaubhaft darlegen kann, § 212 S. 2 InsO i.V.m. § 294 ZPO. Dazu sind etwa Verzichtserklärungen der Gläubiger vorzulegen oder nachzuweisen, dass die erforderlichen liquiden Barmittel der Gesellschaft zur Verfügung stehen[167]. Fehlt es an der Glaubhaftmachung, ist der Antrag durch Beschluss des Insolvenzgerichts als unzulässig zurückzuweisen. **312**

(b) Einstellungsverfahren. Das Gericht hat die Einstellung des Insolvenzverfahrens öffentlich **313** bekannt zu machen und den Antrag in der Geschäftsstelle des Insolvenzgerichts zur Einsicht der

[166] *Weitzmann* in: HambKomm § 212, Rdnr. 3; *Klopp/Kluth* in: Gottwald § 74, Rdnr. 59.
[167] *Weitzmann* in: HambKomm InsO § 212, Rdnr. 4; *Klopp/Kluth* in: Gottwald § 74, Rdnr. 59.

Beteiligten auszulegen, § 214 InsO. Die Insolvenzgläubiger haben dann die Möglichkeit, binnen einer Woche nach der öffentlichen Bekanntmachung schriftlich oder zu Protokoll der Geschäftsstelle Widerspruch gegen die Einstellung einzulegen. Sodann kommt es zu einer Anhörung des Antragstellers, des Insolvenzverwalters und – sofern bestellt – des Gläubigerausschusses sowie der widersprechenden Gläubiger durch das Gericht. Anschließend beschließt das Gericht über die Einstellung des Verfahrens. Gegen die Einstellung des Verfahrens steht jedem Insolvenzgläubiger, gegen die Ablehnung der Einstellung dem Schuldner die sofortige Beschwerde zu, § 216 Abs. 1, Abs. 2 InsO.

314 **(c) Rechtsfolgen der Einstellung.** Gemäß § 214 Abs. 3 InsO hat der Insolvenzverwalter vor der Einstellung die unstreitigen Masseforderungen zu begleichen und für die streitigen Sicherheit zu leisten. Dabei sind auch die Kosten des Insolvenzverfahrens nach § 54 InsO zu begleichen, also insbesondere die Auslagen des Gerichts, die Vergütungen und Auslagen des vorläufigen Insolvenzverwalters, des Insolvenzverwalters und der Mitglieder des Gläubigerausschusses.

Mit der Einstellung des Insolvenzverfahrens erhält der Schuldner das Recht zurück, über die Insolvenzmasse frei zu verfügen, § 215 Abs. 2 InsO. Damit erlischt das Verwaltungs- und Verfügungsrecht des Insolvenzverwalters nach § 80 InsO. Verfügungen des Schuldners, die während des Insolvenzverfahrens nach § 81 InsO unwirksam waren, werden auch mit der Verfahrenseinstellung nicht rückwirkend wirksam[168].

315 Gemäß § 215 Abs. 2 S. 2 i.V.m. § 201, 202 InsO können die insolvenzgläubiger nach der Aufhebung des Insolvenzverfahrens ihre Forderungen gegen den Schuldner unbeschränkt geltend machen. Gläubiger, deren Forderungen festgestellt und nicht vom Schuldner im Prüfungstermin bestritten worden sind, können aus der Eintragung in die Tabelle wie aus einem vollstreckbaren Urteil die Zwangsvollstreckung gegen den Schuldner betreiben, § 201 InsO. Die Möglichkeit der Gläubiger, ihre Forderungen gegen den Schuldner geltend zu machen, hängt nicht davon ab, ob der jeweilige Gläubiger sein Forderung im Zuge des Insolvenzverfahrens zur Tabelle angemeldet hat oder nicht[169]. Daher können auch solche Gläubiger, die am Insolvenzverfahren nicht teilgenommen haben, ihre Forderungen nach Einstellung des Verfahrens uneingeschränkt geltend machen. Hat der Schuldner im Zuge der Forderungsprüfung gegen die Eintragung einer Forderung zur Tabelle nach § 187 Abs. 1, S 2 InsO widersprochen, so kann der Gläubiger nicht vollstrecken, dies gilt sogar dann, wenn der Insolvenzverwalter die Forderung zur Tabelle anerkannt hat[170]. Um den Widerspruch des Schuldners zu beseitigen, muss der betroffene Gläubiger gemäß § 184 InsO Klage erheben.

316 **(2) Einstellung mit Zustimmung der Gläubiger nach § 213 InsO.** Sofern die Überschuldung oder Zahlungsunfähigkeit nicht beseitigt werden kann, kann eine Einstellung nach § 213 InsO mit Zustimmung der Gläubiger erfolgen.

317 **(a) Antrag.** Die Einstellung nach § 213 Abs. 1 InsO kann nur auf Antrag des Schuldners erfolgen, wenn dieser die Zustimmung aller Insolvenzgläubiger beibringt. Der Antrag kann formlos gestellt werden, schriftlich oder zu Protokoll der Geschäftsstelle des Insolvenzgerichts, und zwar zu jedem Zeitpunkt des Verfahrens[171].

318 Materieller Einstellungsgrund ist der Verzicht der Gläubiger auf die Fortführung des Insolvenzverfahrens. Dieser Verzicht bezieht sich jedoch nur auf die Durchführung des Insolvenzverfahrens und erstreckt sich nicht auf die geltend gemachten Forderungen[172]. Die Zustimmungserklärung der Gläubiger ist unwiderruflich und kann nicht an Bedingungen geknüpft

[168] *Westphal* in: Nerlich/Römermann § 215 Rdnr. 19; *Hefermehl* in: MüKo-InsO § 215 Rdnr. 10.

[169] *Hintzen* in: MüKo-InsO § 201 Rdnr. 7; *Uhlenbruck* in: Uhlenbruck § 201 Rdnr. 2.

[170] *Hintzen* in: MüKo-InsO § 201 Rdnr. 21; *Uhlenbruck* in: Uhlenbruck § 201 Rdnr. 6.

[171] *Klopp/Kluth* in: Gottwald § 74, Rdnr. 66.

[172] *Klopp/Kluth* in: Gottwald, § 74, Rdnr. 67; *Weitzmann* in: HambKomm InsO § 213, Rdnr. 4.

werden[173]. Die Zustimmungsbedürftigkeit erstreckt sich aber nicht uneingeschränkt auf alle Gläubiger, die Forderungen angemeldet haben. Tatsächlich entscheidet das Gericht nach § 213 Abs. 1 S. 2 InsO nach freiem Ermessen, ob bei den vom Schuldner oder Insolvenzverwalter bestrittenen Forderungen und bei absonderungsberechtigten Gläubigern eine Zustimmung dieser Gläubiger oder einer Sicherheitsleistung ihnen gegenüber erforderlich ist. Dabei hat das Gericht insbesondere die Erfolgsaussichten der bestrittenen Forderungen zu bewerten. Die Zustimmung eines Insolvenzgläubigers, der zugleich zur abgesonderten Befriedigung berechtigt ist, kann vom Gericht für entbehrlich erklärt werden[174]. Andererseits kann aber auch die Zustimmung eines absonderungsberechtigten Gläubigers verlangt werden, wenn der Schuldner nicht persönlich haftet[175]. Für die Frage der Entbehrlichkeit der Zustimmung entscheiden ist, ob die Ausfallforderung voll gedeckt, oder die Durchführung einer vom Insolvenzverwalter bereits begonnenen Verwertung der Sicherheiten sachgerecht ist[176].

(b) Verfahren. Konnte der Schuldner nicht alle nach § 213 Abs. 1 S. 1 InsO erforderlichen Zu- **319**
stimmungen beibringen, so ist der Antrag nach erfolgtem fruchtlosem Hinweis des Gerichts als unzulässig abzuweisen. Der Antrag ist gemäß § 214 InsO durch das Gericht öffentlich bekanntzumachen und in der Geschäftsstelle zur Einsicht der Beteiligten niederzulegen, dabei sind die zustimmenden Erklärungen der Gläubiger beizufügen. Gegen den Antrag können die Insolvenzgläubiger, nicht jedoch die Massegläubiger, binnen einer Woche nach der öffentlichen Bekanntmachung schriftlich oder zu Protokoll der Geschäftsstelle Widerspruch erheben, § 214 Abs. 1 S. 2 InsO.

Nach der Anhörung des Antragstellers, des Insolvenzverwalters und des Gläubigerausschusses, beschließt das Insolvenzgericht über die Einstellung des Insolvenzverfahrens, § 214 Abs. 2 InsO. Wurde ein Widerspruch gegen den Antrag eingelegt, so ist auch der widersprechende Gläubiger zu hören.

Die Entscheidung des Insolvenzgerichts über die Frage, ob es nach § 213 Abs. 1 S. 2 InsO ei- **320**
ner Zustimmung oder Sicherheitsleistung bedarf, ist Gegenstand der Einstellungsentscheidung selbst[177]. Eine selbstständige Vorabentscheidung über diese Frage findet nicht statt[178]. Beschließt das Gericht die Einstellung des Verfahrens, so steht jedem Insolvenzgläubiger die sofortige Beschwerde zu, § 216 Abs. 1, 2 InsO; im Fall der Ablehnung der Einstellung kann der Schuldner sofortige Beschwerde einlegen, § 216 Abs. 1, 2 InsO.

(c) Rechtsfolgen der Einstellung des Insolvenzverfahrens. Im Hinblick auf die Einstellung **321**
nach § 213 InsO gilt das soeben unter Rdnr. 314 gesagte.

gg. Insolvenzplanverfahren

Mit der Einführung der Insolvenzordnung wurde in den §§ 217 bis 269 InsO das Insol- **322**
venzplanverfahren geregelt. Dieses besondere Verfahren orientiert sich am US-amerikanischen Chapter 11-Verfahren und bietet Schuldner und Gläubigern weitgehende Gestaltungsfreiheit in der Ausgestaltung des Insolvenzverfahrens. Ein Insolvenzplanverfahren ist nur möglich, wenn mehr als die Hälfte der Gläubiger dem zustimmen, §§ 243, 244 InsO. Ein Insolvenzplan kann vom Insolvenzverwalter, vom Schuldner selbst oder mittelbar durch die Gläubigerversammlung vorgelegt werden, § 218 Abs. 1 S. 1 InsO.

[173] *Klopp/Kluth* in: Gottwald, § 74, Rdnr. 67; *Hintzen* in: MüKo-InsO § 213, Rdnr. 8; *Westphal* in: Nerlich/Römermann, § 213, Rdnr. 8.

[174] *Klopp/Kluth* in: Gottwald § 74, Rdnr. 70.

[175] *Westphal* in: Nerlich/Römermann § 213 Rdnr. 4.

[176] *Klopp/Kluth* in: Gottwald, § 74, Rdnr. 70.

[177] *Klopp/Kluth* in: Gottwald, § 74, Rdnr. 73.

[178] *Klopp/Kluth* in: Gottwald, § 74, Rdnr. 73.

323 Durch den Plan können die Rechtspositionen der Insolvenzgläubiger, der absonderungsberechtigten Gläubiger und des Schuldners gestaltet werden[179]. Nicht beteiligt sind Aussonderungsberechtigten nach § 47 und die Massegläubiger[180]. Rechte Dritter, insbesondere der Gesellschafter des Schuldners können nicht ohne deren Beteiligung eingeschränkt werden[181]. Die Gesellschafter haben auf die Erstellung des Insolvenzplanes keinen unmittelbaren Einfluss. Denkbar ist aber, dass die Gesellschafter einen Insolvenzplan einbringen, indem sie dies beispielsweise durch den vorlageberechtigten Geschäftsführer initiieren oder bereits mit der Stellung des Antrags auf Eröffnung des Insolvenzverfahrens einen ausgearbeiteten Insolvenzplan vorlegen, § 218 Abs. 1, S. 2 InsO.

324 Gegenstand eines Insolvenzplans kann jede von den Vorgaben der InsO abweichende Regelung über die Befriedigung der Gläubiger, die Verwertung oder Verteilung der Insolvenzmasse oder Haftung des Schuldners sein, §§ 217 ff. InsO. So kann im Insolvenzplan die in den §§ 166 ff. InsO geregelte Befriedigung der absonderungsberechtigten Gläubiger abweichend geregelt werden, wobei die Einschränkungen des § 223 InsO zu beachten sind. Die Verwertung der Masse kann von den Vorgaben der §§ 156 –173 InsO abweichend geregelte und sogar ausgeschlossen werden, dies insbesondere dann, wenn mir dem Insolvenzplan die Sanierung des Schuldners angestrebt wird[182]. Demgegenüber sind die Regelungen der §§ 187– 206 InsO über die Verteilung zwingend, sofern nicht die Rechte von Personen betroffen sind, die nicht vom Insolvenzplan erfasst werden[183]. Für die Sanierung des Schuldners besonders wichtig ist die Möglichkeit, im Insolvenzplan die Nachhaftung des § 201 Abs. 1 InsO einzuschränken oder gänzlich auszuschließen[184].

325 Das Planverfahren beginnt mit der Einreichung des Insolvenzplans beim Insolvenzgericht. Der Plan kann gemäß § 218 Abs. 1 S. 2 InsO bereits mit dem Antrag auf Eröffnung des Insolvenzverfahrens verbunden und gleichzeitig eingereicht werden. Nach Eröffnung des Insolvenzverfahrens kann ein Insolvenzplan bis zum Schlusstermin eingereicht werden, § 218 Abs. 1 S. 3 InsO. Das Gericht prüft den Plan nach den Vorgaben der §§ 231 ff. InsO. Dabei obliegt es dem freien Ermessen des Gerichts, zunächst das Vorprüfungsverfahren nach § 231 InsO positiv durch Nichtbeanstandung oder Nichtzurückweisung abzuschließen, um danach die Stellungnahme zum Plan gemäß § 232 InsO, die Aussetzung der Verwertung und Verteilung nach § 233 InsO und schließlich die Niederlegung des Plans zuzulassen[185]. Das Gericht kann aber auch bereits während der Prüfung Stellungnahmen einholen und gegebenenfalls die Verwertung und Verteilung aussetzen. Dies wird das Gericht regelmäßig dann tun, wenn es bei kursorischer Prüfung davon ausgehen kann, dass der Plan im Ergebnis zulässig sein wird[186].

326 Der vorgelegte Insolvenzplan bedarf der Annahme durch die Gläubiger, §§ 244-246 InsO und der Zustimmung des Schuldners, § 247. Liegen diese vor, so wird der Plan durch das Insolvenzgericht bestätigt, § 248 Abs. 1 InsO. Mit der Bestätigung wird der Insolvenzplan rechtskräftig, § 254 Abs. 1 S. 1 InsO und das Insolvenzgericht hebt das Insolvenzverfahrens mit Beschluss auf, § 258 Abs. 1 InsO. Damit erlischt gemäß § 259 Abs. 1 S. 1 InsO das Amt des Insolvenzverwalters und das des Gläubigerausschusses. Die Gesellschaft kann nun wieder frei über ihr Vermögen verfügen, § 259 Abs. 1 S. 2 InsO. Mit der Erfüllung des Insolvenzplans wird die Gesellschaft wieder zu einer normalen Liquidationsgesellschaft und es steht den Gesellschaftern frei, über die Fortsetzung der Gesellschaft zu beschließen. Dies ist jedoch nur möglich, wenn die

[179] *Braun/Frank* in: Braun § 217, Rdnr. 3.
[180] *Thies* in: HambKomm InsO § 217, Rdnr. 3.
[181] *Thies* in: HambKomm InsO § 217, Rdnr. 3.
[182] *Thies* in: HambKomm InsO § 217, Rdnr. 4.
[183] *Eidenmüller* in: MüKo InsO § 217, Rdnr. 99 ff.
[184] *Eidenmüller* in: MüKo InsO § 217, Rdnr. 99.
[185] *Braun* in: Gottwald, § 68, Rdnr. 8.
[186] *Braun* in: Gottwald, § 68, Rdnr. 8.

Auflösungsgründe und damit die Insolvenzgründe Zahlungsunfähigkeit und Überschuldung beseitigt worden sind[187]. Gegebenfalls muss der Gesellschaft zum Zweck der Fortsetzung neues Kapital zugeführt werden, etwa durch Kapitalerhöhung oder durch Zuschüsse der Gesellschafter. Ein Verfahren außerhalb der Kapitalerhöhung hat den Vorteil, dass eine Satzungsänderung nicht erforderlich ist und außerdem schneller durchgeführt werden kann[188]. Im Falle der Überschuldung ist es nicht erforderlich, die Gesellschaft bis zur Auffüllung des Stammkapitals mit Mitteln zu versorgen, vielmehr muss nur der Zustand wieder hergestellt werden, der vor Eintritt der Insolvenzreife bestanden hat[189]

2. Insolvenzantragspflicht in der Liquidation

a. Neuregelung der Insolvenzantragspflicht in den §§ 15, 15a InsO

Die bislang in den jeweiligen Gesellschaftsrechten[190] geregelte Insolvenzantragspflicht wird durch das MoMiG in die InsO verlegt und dort in den §§ 15, 15a InsO einheitlich und rechtsformneutral für alle Gesellschaftsformen geregelt. Lediglich Vereine werden in die Neuregelung nicht einbezogen[191]. Der neue § 15a Abs. 1 InsO entspricht grundsätzlich dem bisherigen Regelungsgehalt der § 64 Abs. 1 GmbHG, § 92 Abs. 2 AktG, § 99 Abs. 1 GenG und § 130a Abs. 1 HGB. 327

Diese Verlagerung der Insolvenzantragspflicht von § 64 Abs. 1 GmbHG in den § 15a InsO stellt für Geschäftsführer und Liquidator im Vergleich zur bisher geltenden Insolvenzantragspflicht keine inhaltliche Änderung dar[192]. Doch freilich führt die Neuregelung des § 15a Abs. 3 InsO zu einer personellen Ausdehnung von Insolvenzantragsrecht, Insolvenzantragspflicht und Insolvenzverschleppungshaftung auf die Gesellschafter. Die Neuregelung stellt eine ganz erhebliche Umgestaltung der bisher geltenden Rechtslage dar und führt zu einer bedeutenden Erweiterung der Pflichten der Gesellschafter[193]. 328

Die bisher im Gesellschaftsrecht der unterschiedlichen Gesellschaften normierte Insolvenzantragspflicht warf die Frage auf, ob die Insolvenzantragspflicht nach § 64 Abs. 1 GmbHG a.F.[194] gesellschaftsrechtlicher oder insolvenzrechtlicher Natur ist. Diese rechtliche Zuordnung ist entscheidend für die Beantwortung der Frage, ob die Insolvenzantragspflicht – und vor allem die daran anknüpfende Insolvenzverschleppungshaftung nach § 823 Abs. 2 BGB i.V.m. § 15a InsO – auch für Auslandsgesellschaften gilt. Durch die Verlagerung der Antragspflicht aus dem Gesellschaftsrecht in das Insolvenzrecht ist nun eine eindeutige Rechtslage geschaffen worden und Auslandsgesellschaften, die ihren Verwaltungssitz und Betrieb im Inland haben, in den Anwendungsbereich des deutschen Insolvenzrechtes einbezogen worden, vgl. Art. 4 Abs. 1 i.V.m. 329

---

[187] *Schulze-Osterloh/Noack/Fastrich* in: Baumbach/Hueck, § 60, Rdnr. 56; *Nerlich* in: Michalski, § 60, Rdnr. 360.

[188] *Fichtelmann*, GmbHR 2003, 68, 71.

[189] *Schulze-Osterloh/Noack/Fastrich* in: Baumbach/Hueck, § 60, Rdnr. 56; *Ulmer* in: Hachenburg, § 60 Rdnr. 86; *K. Schmidt* in: Scholz, § 60 Rdnr. 88; *Fichtelmann* GmbHR 2003, 68, 71.

[190] Bisher in den § 64 Abs. 1 GmbHG, § 92 Abs. 2 AktG, § 99 Abs. 1 GenG und § 130a Abs. 1 HGB.

[191] Begründung RegE MoMiG, S. 127. Zur Insolvenzverschleppungshaftung der Vereinsvorstände vgl. *Passarge* ZInsO 2005, 176 ff.

[192] Dies gilt nur für die Antragspflicht, während die neue Insolvenzverursachungshaftung nach § 64 S. 3 eine erhebliche Verschärfung der Innenhaftung darstellt.

[193] Auch durch die Ausweitung der Auskunfts- und Mitwirkungspflichten von Gesellschaftern und Aufsichtsratsmitgliedern bei führungsloser Gesellschaft nach § 101 Abs. 1 Satz 2 InsO.

[194] Und nach § 92 Abs. 2 AktG, § 99 Abs. 1 GenG, § 130a Abs. 1 HGB.

Art. 3 Abs. 1 EuInsVO[195]. Damit unterliegt auch der director einer englischen Limited mit Verwaltungssitz und Geschäftstätigkeit in Deutschland der Antragspflicht nach § 15a InsO[196].

b. Insolvenzantragspflicht des Liquidators

330 Kommt es während des laufenden Liquidationsverfahrens zu einer Insolvenz der aufgelösten Gesellschaft, so unterliegt der Liquidator derselben insolvenzrechtlichen zivil- und strafrechtlichen Haftung wie der Geschäftsführer auch.

Der Liquidator ist verpflichtet, im Fall der Zahlungsunfähigkeit und Überschuldung der aufgelösten Gesellschaft ohne schuldhaftes Zögern, jedoch spätestens drei Wochen nach Eintritt von Zahlungsunfähigkeit oder Überschuldung die Eröffnung des Insolvenzverfahrens über das Vermögen der aufgelösten Gesellschaft zu beantragen, § 15a InsO. Kommt der Liquidator dieser Pflicht nicht nach, so haftet er der Gesellschaft gemäß § 64 S. 1 GmbHG für die nach Eintritt der Überschuldung oder Zahlungsunfähigkeit geleisteten Zahlungen persönlich. Darüber hinaus macht er sich möglicherweise gemäß § 84 Abs. 1 Nr. 2 GmbHG strafbar. Liegen die Voraussetzungen des § 15a InsO vor, so kann die Gesellschafterversammlung den Liquidator nicht anweisen, die Antragstellung zu unterlassen. Demgegenüber ist der Geschäftsführer an einen mit Stimmenmehrheit gefassten Beschluss zur Stellung eines Insolvenzantrages gebunden[197]. Sind mehrere Liquidatoren bestellt, so ist jeder Liquidator für sich zur Stellung des Antrages berechtigt und verpflichtet. Besteht eine ausschließliche Gesamtvertretungsbefugnis, so steht dies dem Antrag nur eines einzelnen Liquidators nicht entgegen[198]. Die Berechtigung des Liquidators zur Stellung des Antrags auf Eröffnung des Insolvenzverfahrens ergibt sich aus § 15 Abs. 1 S. 1 a.E. InsO. Den Gesellschaftern steht nach § 15 Abs. 1 S. 1 InsO das Recht zur Stellung des Insolvenzantrags zu, dies gilt auch für den Fall der Führungslosigkeit der Gesellschaft[199].

c. Insolvenzantragspflicht bei Führungslosigkeit der Gesellschaft

331 Durch die Erweiterung der Insolvenzantragspflicht auf Gesellschafter in § 15a Abs. 3 InsO soll das Firmenbestatterunwesen bekämpft und eine Stärkung des Gläubigerschutzes erzielt werden[200]. Bisher kam es bei Führungslosigkeit einer Gesellschaft zu ganz erheblichen Verzögerungen bei der Eröffnung des Insolvenzverfahrens, was sich insbesondere zu Lasten der Gläubiger auswirkte[201]. Durch die Neuregelung soll eine Umgehung der Insolvenzantragspflicht verhindert und ein Anreiz geschaffen werden, ordnungsgemäß aktionsfähige Vertreter der Gesellschaft zu bestellen. Die Regelung trägt dem Gedanken Rechnung, dass die Gesellschafter einer GmbH zwar grundsätzlich als Kapitalgeber die Geschäftsleitung an angestellte Geschäftsführer delegieren können, sie aber auch verpflichtet sind, die Gesellschaft nicht zum Schaden des Rechtsverkehrs führungslos zu lassen[202]. Sobald für die Gesellschaft wieder ein Geschäftsführer oder Liquidator bestellt worden ist, geht die Antragspflicht wieder von den Gesellschaftern auf diesen über[203]. Durch § 15a Abs. 3 InsO wird also auch in der Liquidation eine zusätzliche Insolvenzantragspflicht der Gesellschafter begründet, solange die Gesellschaft führungslos ist.

---

[195] Begründung RegE MoMiG, S. 127.

[196] Begründung RegE MoMiG, S. 127; hierzu auch: *LG Kiel* ZIP 2006, 1248.

[197] *Bußhardt* in: Braun § 17, Rdnr. 36.

[198] *Nerlich* in: Michalski, § 64, Rdnr. 15; *K. Schmidt* in: Scholz, § 64, Rdnr. 6; *Hohner* in: Hachenburg, § 64 Rdnr. 10.

[199] *Wälzholz* DStR 2007, 1914, 1915.

[200] Begründung RegE MoMiG, S. 127.

[201] Siehe jedoch dagegen: *BGH* BB 2006, 401.

[202] Begründung RegE MoMiG, S. 128.

[203] Begründung RegE MoMiG, S. 127.

aa. Begriff der Führungslosigkeit

Der Begriff der Führungslosigkeit der GmbH wird in § 35 Abs. 1 S. 2 GmbHG definiert und liegt vor, wenn die Gesellschaft keinen Geschäftsführer hat, bzw. nach § 10 Abs. 2 S. 2 InsO keinen organschaftlichen Vertreter. Wann dies der Fall ist, bestimmt sich nach den allgemeinen Regeln über Beginn und Ende der Organstellung (Bestellung, Abberufung, Amtsniederlegung, Verlust der rechtlichen Amtsfähigkeit, Tod)[204]. Kein Fall der Führungslosigkeit liegt vor, wenn die Gesellschafter einen organschaftlicher Vertreter durch anfechtbaren Beschluss bestellt haben, solange der Beschluss nicht rechtskräftig für nichtig erklärt worden ist oder die Bestellung auf einem nichtigen Beschluss beruht, der Bestellte aber auf Grund seiner fehlerhaften Bestellung mit Duldung der Anteilsinhaber zur Zeit der Antragstellung an der Geschäftsführung tatsächlich beteiligt ist[205]. 332

bb. Insolvenzantragspflicht von Aufsichtsrat und Gesellschaftern

Ist die Gesellschaft führungslos und überschuldet oder zahlungsunfähig, so ist jeder Gesellschafter im Wege einer Ersatzzuständigkeit verpflichtet, den Insolvenzantrag zu stellen, § 15a Abs. 3 InsO. Diese Antragspflicht besteht nicht gleichrangig neben der der Geschäftsführer, sondern nur subsidiär im Falle der Führungslosigkeit und trifft jeden Gesellschafter. Kommt nur ein Gesellschafter der Insolvenzantragspflicht nach § 15a Abs. 1, 3 InsO nach, so wirkt dies auch zugunsten der übrigen Gesellschafter bzw. Aufsichtsratsmitglieder[206]. Die Antragspflicht der Gesellschafter besteht allerdings dann nicht, wenn sie von der Zahlungsunfähigkeit und der Überschuldung oder der Führungslosigkeit keine Kenntnis hatten, § 15a Abs. 3 a.E. InsO. Die Beweislast trägt insoweit der jeweilige Gesellschafter[207]. Er muss bei unterlassener Stellung des Insolvenzantrages darlegen, dass er die Umstände, die auf die Zahlungsunfähigkeit, die Überschuldung und die Führungslosigkeit schließen ließen, nicht kannte. 333

Mit Kenntnis im Sinne des § 15a Abs. 3 InsO ist die positive Kenntnis gemeint, Kennenmüssen ist grundsätzlich nicht ausreichend[208]. Die Antragspflicht des Gesellschafters entfällt, wenn er nur eines der beiden Elemente – entweder den Insolvenzgrund oder die Führungslosigkeit – nicht kennt[209]. Eine Nachforschungspflicht des Gesellschafters besteht insoweit zwar grundsätzlich nicht, doch ist der positiven Kenntnis unter Berücksichtigung der Grundsätze der Rechtsprechung die Fälle gleichzusetzen, in denen sich die Person, auf deren Kenntnis es ankommt, bewusst der Kenntnis verschlossen hat[210]. Das bedeutet, dass der Gesellschafter im Falle der Kenntnis vom Insolvenzgrund Anlass hat, nachzuforschen, aus welchem Grunde der Liquidator keinen Insolvenzantrag stellt[211]. Umgekehrt hat der Gesellschafter, der die Führungslosigkeit seiner Gesellschaft kennt, Anlass nachzuforschen, wie es um die Vermögensverhältnisse der Gesellschaft bestellt ist[212]. 334

Eine Ausnahme gilt jedoch für Gesellschafter mit einer geringen Beteiligung. Ein Gesellschafter mit einer Beteiligung von 10 % oder weniger hat naturgemäß nur geringen oder gar keinen Anlass zu solchen Überlegungen und vor allem geringere Einflussmöglichkeiten und Einsichts- 335

---

[204] *Schmahl* NZI 2008, 6, 7.

[205] *Schmahl* NZI 2008, 6, 7; *K. Schmidt* ZIP 1988, 1497, 1500 f.; *Stein* ZHR 148 (1984), 207, 222; *Geißler* GmbHR 2003, 1106, 1110 f.; *Goette* DStR 2007, 452.

[206] *Poertzgen* ZInsO 2007, 574, 577.

[207] Begründung RegE MoMiG, S. 128; *Poertzgen* ZInsO 2007, 1258, 1260.

[208] Begründung RegE MoMiG, S. 128.

[209] Begründung RegE MoMiG, S. 128.

[210] Begründung RegE MoMiG, S. 128.

[211] Begründung RegE MoMiG, S. 128.

[212] Begründung RegE MoMiG, S. 128.

rechte in Geschäftsführung und Vermögenslage der Gesellschaft, so dass ihm eine Entlastung regelmäßig gelingen dürfte[213].

336 Ob die erweiterte Antragspflicht des § 15a Abs. 3 InsO auch für den fakultativen Aufsichtsrat der GmbH gemäß § 52 GmbHG oder einen nach dem Drittelbeteiligungsgesetz oder Mitbestimmungsgesetz gebildeten Aufsichtsrat gelten soll, ist bislang unklar[214]. Zweckmäßiger Weise sollte eine solche Pflicht mit den Rechten und Aufgaben des Aufsichtsrates korrespondierenden. Der Aufsichtsrat hat die Aufgabe, die Geschäftsführung der GmbH zu Überwachen[215], den Jahresabschluss der Gesellschaft zu prüfen (§ 52 Abs. 2 GmbHG i.V.m. § 171 AktG)[216] und ist gegenüber der Geschäftsführung zur Vertretung der Gesellschaft berufen (§ 52 Abs. 2 GmbHG i.V.m. § 112 AktG)[217]. Der Aufsichtsrat hat ein Recht auf Bericht über die Angelegenheiten der Gesellschaft gegenüber der Geschäftsführung (§ 52 Abs. 2 GmbHG i.V.m. § 90 Abs. 3 S. 1 AktG)[218]. Ferner kann die Satzung dem Aufsichtsrat bestimmte Aufgaben der Geschäftsführung übertragen oder Zustimmungsvorbehalte statuieren[219]. Der fakultative Aufsichtsrat hat also Einblick in die wirtschaftliche Lage der Gesellschaft. Aufgrund dieser weitgehenden Rechte und Pflichten des fakultativen Aufsichtsrates und der starken Einflussmöglichkeiten auf die Geschicke der Gesellschaft, trifft ihn eine Verantwortung gegenüber dem Rechtsverkehr, die der der Gesellschafter vergleichbar sein können. Daher muss die Antragspflicht nach § 15a Abs. 3 InsO an der jeweiligen Ausgestaltung des Aufgabenbereiches des fakultativen Aufsichtsrates orientieren.

337 Neben der Pflicht zur Stellung des Insolvenzantrages sind die Gesellschafter im Fall der Führungslosigkeit gemäß § 101 Abs. 1 InsO verpflichtet, dem Insolvenzgericht, dem Insolvenzverwalter, dem Gläubigerausschuss und auf Anordnung des Gerichts der Gläubigerversammlung über alle das Verfahren betreffenden Verhältnisse Auskunft zu geben. Sie müssen den Insolvenzverwalter bei der Erfüllung seiner Aufgaben unterstützen und sind nach § 97 Abs. 3 InsO verpflichtet, sich auf Anordnung des Gerichts jederzeit zur Verfügung zu stellen, um ihren Auskunfts- und Mitwirkungspflichten nachzukommen (Ausführlich hierzu oben, II. 1. a. ee, Rdnr. 249).

cc. Zustellungen im Fall der Führungslosigkeit

338 Durch die Neufassung des § 35 Abs. 1 S. 2 GmbHG wird die Zustellung auch im Fall der Führungslosigkeit der Gesellschaften ermöglicht bzw. vereinfacht. Soweit die Gesellschaft keinen Geschäftsführer hat und ihr Schriftstücke zugestellt oder ihr gegenüber Willenserklärungen abgegeben werden sollen, wird sie nun durch die Mitglieder des Aufsichtsrates oder – sofern keiner vorhanden ist – durch die Gesellschafter vertreten.

339 Hintergrund der Regelung ist, dass durch die Ergänzung des § 35 Abs. 1 GmbHG dem Fall vorgebeugt werden soll, dass die Gesellschafter versuchen, durch eine Abberufung der Geschäftsführer Zustellungen und den Zugang von Erklärungen an die Gesellschaft zu vereiteln[220]. Dem soll nun ein Riegel vorgeschoben werden, indem für den Fall der in § 35 Abs. 1 GmbHG definierten Führungslosigkeit der Gesellschaft jeder einzelne Gesellschafter ersatzweise zum Empfangsvertreter der Gesellschaft wird. Sollte für die GmbH ein Aufsichtsrat im Sinne des § 52 GmbHG bestellt sein, so vertreten die Mitglieder des Aufsichtsrats die Gesellschaft anstelle der

---

[213] Begründung RegE MoMiG, S. 128.

[214] Gegen eine Antragspflicht: *Wälzholz* DStR 2007, 1914, 1915; *Poertzgen* ZInsO 2007, 574, 577 (jedoch kritisch für die Fälle, in denen der GmbH-Aufsichtsrat zur Bestellung oder Abberufung der Geschäftsführer zuständig ist).

[215] *Zöllner/Noack* in: Baumbach/Hueck § 52, Rdnr. 97.

[216] *Zöllner/Noack* in: Baumbach/Hueck § 52, Rdnr. 100.

[217] *Zöllner/Noack* in: Baumbach/Hueck § 52, Rdnr. 107.

[218] *Zöllner/Noack* in: Baumbach/Hueck § 52, Rdnr. 120.

[219] *Zöllner/Noack* in: Baumbach/Hueck § 52, Rdnr. 113.

[220] Begründung RegE MoMiG, S. 96.

Geschäftsführer entsprechend. Für eine erfolgreiche Zustellung kommt es nicht darauf an, ob die Gesellschafter von der Führungslosigkeit Kenntnis haben oder nicht[221].

Ferner führt die Neuregelung des § 35 Abs. 2 GmbHG zu einer weiteren Zustellungserleichterung, da unter der im Handelsregister eingetragenen Geschäftsadresse Willenserklärungen abgegeben und Schriftstücke zugestellt werden können. Unabhängig davon kann eine Zustellung auch an die eingetragene Anschrift der nach § 10 Abs. 2 Satz 2 GmbHG empfangsberechtigten Person erfolgen. **340**

Durch § 35 Abs. 2 Satz 3, 1. Alt. GmbHG wird eine unwiderlegliche Vermutung begründet, dass unter der eingetragenen Adresse ein Vertreter der Gesellschaft erreicht werden kann[222]. Für den Zugang der Willenserklärung ist also die tatsächliche Kenntnisnahme von Vertretern der Gesellschaft unerheblich. Unerheblich ist folglich auch der dem Erklärenden bekannte Umstand, dass die Vertreter der Gesellschaft sich dauerhaft im Ausland aufhalten, untergetaucht sind oder ob der Erklärende weiß, dass ein Fall der Führungslosigkeit vorliegt[223]. **341**

An die nach § 10 Abs. 2 GmbHG empfangsberechtigte Person kann jederzeit zugestellt werden, unabhängig davon, ob eine Zustellung an die Vertreter der Gesellschaft unter der Geschäftsanschrift auch tatsächlich möglich ist[224]. Eine Verpflichtung zur Zustellung an die Person i.S.d. § 10 Abs. 2 GmbHG besteht Seitens des Gläubigers nach Maßgabe von § 185 Nr. 2 ZPO nur, wenn die öffentliche Bekanntgabe beantragt werden soll. **342**

Ist eine Zustellung weder unter der eingetragenen Anschrift der Gesellschaft, noch unter der eingetragenen Anschrift der empfangsberechtigten Person möglich, ist die öffentliche Zustellung nach § 185 Nr. 2 ZPO n.F. möglich.

3. Haftung für Insolvenzverschleppung gemäß § 64 S. 1 GmbHG

a. Überblick: Neufassung des § 64 GmbHG

Von erheblicher Haftungsrelevanz ist die Neufassung des § 64 GmbHG, mit der in § 64 S. 3 GmbHG eine Insolvenzverursachungshaftung der Geschäftsführung eingeführt wird. Die ursprünglich in § 64 Abs. 1 GmbHG a.F. niedergelegte Insolvenzantragspflicht wurde gestrichen und ist nun rechtsformneutral in § 15a InsO geregelt. Der bisherige § 64 Abs. 2 S. 1 GmbHG a.F. mit der der Geschäftsführer zum Ersatz von Zahlungen verpflichtet wird, die nach Eintritt der Zahlungsunfähigkeit oder nach Feststellung der Überschuldung geleistet wurden, bleibt inhaltlich unverändert, wird aber zu § 64 S. 1 GmbHG. § 64 gilt gemäß § 70 Abs. 4 GmbHG auch in der Liquidation für den Liquidator. **343**

Der neue § 64 S. 3 GmbHG begründet eine Erstattungspflicht für Zahlungen an die Gesellschafter, die die Zahlungsunfähigkeit der Gesellschaft zur Folge haben mussten. Dies gilt nicht, wenn der Eintritt der Zahlungsunfähigkeit aus Sicht eines sorgfältigen Geschäftsführers nicht erkennbar war. Der erweiterte § 64 GmbHG dient dem Schutz der Gesellschaftsgläubiger und soll die zur Erfüllung der Gesellschaftsverbindlichkeiten erforderlichen Vermögenswerte erhalten und Vermögensverschiebungen von der Gesellschaft an die Gesellschafter verhindern[225]. Adressat der Vorschrift sind jedoch nicht die Gesellschafter als Empfänger der existenzbedrohenden Vermögensverschiebung, sondern der Geschäftsführer, der die Zahlungen veranlassen muss und damit Auslöser oder Gehilfe des existenzvernichtenden Eingriffs wird[226]. **344**

---

[221] Begründung RegE MoMiG, S. 97.
[222] Begründung RegE MoMiG, S. 97.
[223] Begründung RegE MoMiG, S. 97.
[224] Begründung RegE MoMiG, S. 98.
[225] Begründung RegE MoMiG, S. 106.
[226] Begründung RegE MoMiG, S. 106.

345 Die Neuregelung des § 64 GmbHG soll aber keine abschließende Regelung der Existenzvernichtungshaftung[227] darstellen sondern der weiteren Rechtsfortbildung Raum lassen[228]. § 64 GmbHG überschneidet sich mit bestehenden Schutzinstrumenten in mehreren Punkten: Der Kapitalerhaltungsgrundsatz des § 30 Abs. 1 GmbHG wird durch § 64 S. 3 GmbHG ergänzt, indem er auch solche Zahlungen erfasst, die zwar das zur Erhaltung des Stammkapitals erforderliche Gesellschaftsvermögen nicht antasten, aber faktisch die Zahlungsunfähigkeit herbeiführen. Ferner ergänzt § 64 S. 3 GmbHG die Insolvenzanfechtung, da er gesellschafterbegünstigende Rechtshandlungen betrifft. Die Reichweite der Vorschrift geht über die Anfechtungsregeln hinaus, da sie auch dann anwendbar ist, wenn die Anfechtungsfristen der §§ 129 ff. InsO abgelaufen sind, der Gläubigerbenachteiligungsvorsatz und die entsprechende Kenntnis des Empfängers nicht bewiesen werden können oder die Vermutungsregeln (§ 138 InsO) gegenüber nahestehenden Personen nicht erfüllt sind.

b. Insolvenzverschleppungshaftung gemäß § 64 S. 1 GmbHG

346 Nach §§ 64 S. 1 i.V.m. 70 Abs. 4 GmbHG ist der Liquidator[229] zum Ersatz von Zahlungen verpflichtet, die nach Eintritt der Zahlungsunfähigkeit der Gesellschaft oder nach Feststellung ihrer Überschuldung geleistet werden. Ein Schaden der Gesellschaft ist nicht erforderlich, durch § 64 S. 1 GmbHG soll die gleichmäßige Befriedigung der gewährleistet[230] und das Gesellschaftsvermögen im Vorfeld der Eröffnung des Insolvenzverfahrens geschützt werden[231]. Es handelt sich nicht um einen Schadensersatzanspruch, sondern um einen Anspruch auf Wiederherstellung gleicher Bedingungen für die Gläubiger[232].

347 Voraussetzung für die Geltendmachung des Anspruches ist die Eröffnung des Insolvenzverfahrens oder die Abweisung des Eröffnungsantrags mangels einer die Verfahrenskosten deckenden Masse[233]. Wird das Insolvenzverfahren eröffnet, wird der Anspruch gemäß § 80 InsO vom Insolvenzverwalter geltend gemacht. Im Fall der Abweisung mangels Masse können die Gläubiger den Anspruch der Gesellschaft gegen den Liquidator pfänden und sich zur Einziehung überweisen lassen[234].

348 Die Ersatzpflicht nach § 64 S. 1 GmbHG entfällt nicht, wenn der Liquidator die Zahlung auf Grund eines Gesellschafterbeschlusses vorgenommen hat und die Ersatzleistung zur Befriedigung der Gläubiger erforderlich ist[235]. Die Gesellschaft kann auf den Ersatzanspruch nach § 64 S. 1 GmbHG nicht verzichten, wohl aber der Insolvenzverwalter einen Vergleich schließen, sofern dieser im Interesse der Gläubiger ist[236].

---

[227] Vgl. hierzu: *BGH* NJW 2001, 3622 „Bremer Vulkan"; *BGH* DB 2007, 1802 „Trihotel".

[228] Begründung RegE MoMiG, S. 106.

[229] *OLG Celle* GmbHR 1995, 54, 55; *Schulze-Osterloh/Noack/Fastrich* in: Baumbach/Hueck, § 64, Rdnr. 78.

[230] *BGH* NJW 2001, 1280, 1283; 2003, 2316, 2317.

[231] *BGH* NJW 1974, 1088, 1089; 2000, 668; 2001, 304, 305; *OLG Oldenburg* ZIP 2004, 1315, 1316; *Lutter/Kleindiek* in: Lutter/Hommelhoff, § 64, Rdnr. 58; *Schulze-Osterloh/Noack/Fastrich* in: Baumbach/Hueck, § 64, Rdnr. 78.

[232] *Schulze-Osterloh/Noack/Fastrich* in: Baumbach/Hueck, § 64, Rdnr. 78.

[233] *BGH* NJW 2001, 304, 305; *Schulze-Osterloh/Noack/Fastrich* in: Baumbach/Hueck, § 64, Rdnr. 82; *Ulmer* in: Hachenburg, § 64, Rdnr. 38; *Nerlich* in: Michalski, § 64, Rdnr. 47.

[234] *BGH* NJW 2001, 304, 305; *Schulze-Osterloh/Noack/Fastrich* in: Baumbach/Hueck, § 64, Rdnr. 82; *Lutter/Kleindiek* in: Lutter/Hommelhoff, § 64, Rdnr. 58.

[235] *BGH* NJW 1974, 1088, 1089; *Schulze-Osterloh/Noack/Fastrich* in: Baumbach/Hueck, § 64, Rdnr. 85; *Nerlich* in: Michalski, § 64, Rdnr. 51; *Ulmer* in: Hachenburg, § 64, Rdnr. 66.

[236] *Schulze-Osterloh/Noack/Fastrich* in: Baumbach/Hueck, § 64, Rdnr. 86; *Nerlich* in: Michalski, § 64, Rdnr. 52.

a. Betroffene Zahlungen

Gemäß § 64 S. 1 GmbHG sind alle Geldzahlungen verboten, die nach Eintritt der Insolvenzreife geleistet werden und nicht mit der Sorgfalt eines ordentlichen Geschäftsmannes vereinbar sind. Dabei ist es unerheblich, ob diese Zahlungen aus dem Barbestand, aus Kontoguthaben oder durch Lastschrift auf Grund einer (nicht rechtzeitig widerrufenen) Abbuchungsermächtigung geleistet wurden[237]. Unzulässig sind auch Zahlungen von einem für die Gesellschaft geführten Treuhandkonto[238]. Eine Zahlung in diesem Sinne liegt auch vor bei einer Überweisung oder Einreichung eines Kundenschecks auf ein Bankkonto der Gesellschaft wodurch der Debetsaldo gemindert wird[239]. 349

Eine nach § 64 S. 1 GmbHG unzulässige Zahlung liegt nicht vor, wenn der Masse durch die Leistung ein gleichwertiger Gegenwert zugeflossen ist[240]. Den in diesem Fall liegt lediglich ein Aktivtausch vor und es kommt nicht zu einer Masseschmälerung[241]. Dies gilt jedoch nicht, wenn der Zahlung kein gleichwertiger Gegenanspruch gegenübersteht[242]. 350

Der Anwendungsbereich des § 64 S. 1 GmbHG ist nicht auf Zahlungen beschränkt, sondern umfasst auch sonstige Leistungen wie etwa die Lieferung von Sachen, die Übertragung von Rechten oder die Vornahme von Dienstleistungen gleichzustellen[243]. Auch das Unterlassen einer Kündigung eines Dauerschuldverhältnisses kann gegen § 64 S. 1 GmbHG verstoßen[244].

b. Zeitpunkt der Zahlungen

Relevanter Zeitraum für Zahlungen im Sinne des § 64 S. 1 GmbHG ist der Eintritt der Zahlungsunfähigkeit oder Überschuldung. In den Anwendungsbereich des § 64 S. 1 GmbHG fallen Zahlungen, die während der Drei-Wochen-Frist des § 15a InsO[245], im Anschluss daran oder auch nach Eröffnung des Insolvenzverfahrens geleistet werden[246]. 351

---

[237] *LG Köln* WM 1990, 411, 413; *Schulze-Osterloh/Noack/Fastrich* in: Baumbach/Hueck, § 64, Rdnr. 79; *Röhricht* ZIP 2005, 505, 510.

[238] *OLG* Düsseldorf ZIP 1998, 2101, 2102; *Schulze-Osterloh/Noack/Fastrich* in: Baumbach/Hueck, § 64, Rdnr. 79.

[239] *BGHZ* 143, 184, 186 ff.; *BGH* NJW 2001, 304 f.; *OLG Hamburg* ZIP 1995, 913; *OLG Düsseldorf* GmbHR 1999, 661, 662; *OLG Oldenburg* ZIP 2004, 1315, 1316 f.; *Röhricht* ZIP 2005, 505, 510; *Schulze-Osterloh/Noack/Fastrich* in: Baumbach/Hueck, § 64, Rdnr. 79; *Nerlich* in: Michalski, § 64, Rdnr. 41. A.A. *OLG Celle* NZG 1999, 77, 78, da der Geschäftsführer über den gutgeschriebenen Betrag im Rahmen des Kontokorrentkredites verfügen konnte.

[240] *BGH* NJW 1974, 1088, 1089; *Schulze-Osterloh/Noack/Fastrich* in: Baumbach/Hueck, § 64, Rdnr. 79; *Nerlich* in: Michalski, § 64, Rdnr. 43; *Ulmer* in: Hachenburg, § 64, Rdnr. 40, 43; *K. Schmidt* in: Scholz, § 64, Rdnr. 24.

[241] *K. Schmidt* in: Scholz, § 64, Rdnr. 24.

[242] *Schulze-Osterloh/Noack/Fastrich* in: Baumbach/Hueck, § 64, Rdnr. 79; *Nerlich* in: Michalski, § 64, Rdnr. 43; *Ulmer* in: Hachenburg, § 64, Rdnr. 40; *K. Schmidt* in: Scholz, § 64, Rdnr. 24.

[243] *BGH* DB 1994, 1608, 1612; *OLG Düsseldorf* GmbHR 1996, 616, 619; *Schulze-Osterloh/Noack/Fastrich* in: Baumbach/Hueck, § 64, Rdnr. 79; *Nerlich* in: Michalski, § 64, Rdnr. 42; *Ulmer* in: Hachenburg, § 64, Rdnr. 40; *Lutter/Kleindiek* in: Lutter/Hommelhoff § 64, Rdnr. 59; *K. Schmidt* in: Scholz, § 64, Rdnr. 23; Roth/*Altmeppen* § 64, Rdnr. 25.

[244] *OLG Hamm* ZIP 1980, 280, 281; *Nerlich* in: Michalski, § 64, Rdnr. 43; *K. Schmidt* in: Scholz, § 64, Rdnr. 23; a.M. *Ulmer* in: Hachenburg, § 64, Rdnr. 40; *Schulze-Osterloh/Noack/Fastrich* in: Baumbach/Hueck, § 64, Rdnr. 79, aber für Anspruch aus § 43 Abs. 2.

[245] *Schulze-Osterloh/Noack/Fastrich* in: Baumbach/Hueck, § 64, Rdnr. 80; *Nerlich* in: Michalski, § 64, Rdnr. 45; *Ulmer* in: Hachenburg, § 64, Rdnr. 33.

[246] *OLG Hamm* ZIP 1980, 280, 281; *Schulze-Osterloh/Noack/Fastrich* in: Baumbach/Hueck, § 64, Rdnr. 80; *Nerlich* in: Michalski, § 64, Rdnr. 45.

c. Zulässige Zahlungen nach § 64 S. 2 GmbHG

352 Nicht in den Anwendungsbereich des § 64 S. 1 GmbHG fallen solche Zahlungen, die trotz der Insolvenzreife mit der Sorgfalt eines ordentlichen Geschäftsmanns vereinbar sind, § 64 S. 2 GmbHG. Zahlungen in diesem Sinne sind solche, die nicht zu einer Schmälerung der Insolvenzmasse führen[247], also Zahlungen bei vollwertiger Gegenleistung[248], Zahlungen an absonderungsberechtigte Gläubiger bis zur Höhe des Wertes des Sicherungsgutes[249], sowie die Herausgabe von Gegenständen, die der Aussonderung nach § 47 InsO unterliegen[250]. Ferner zulässig sind Zahlungen, die erforderlich sind, um den sofortigen Zusammenbruch der Gesellschaft zu verhindern oder um eine aussichtsreiche Sanierung der Gesellschaft zu ermöglichen[251]. Hierzu gehören insbesondere Miet- und Gehaltzahlungen[252] nicht aber notwendigerweise Steuerzahlungen[253]. Im Hinblick auf die Zahlung an die Sozialversicherungsträger hat der BGH hat jüngst seine bisherige strenge Rechtsprechung zur Haftung für nicht abgeführte Sozialversicherungsbeiträge und Steuern in der Krise der Gesellschaft teilweise aufgegeben[254]. Bislang bestand die Problematik für einen Geschäftsführer darin, dass er sich nach Eintritt eines Insolvenzgrunds in einer Pflichtenkollision befand: Einerseits ist er unter Strafandrohung zur Abführung von Sozialversicherungsbeiträgen verpflichtet (§ 266a StGB)[255], andererseits machte er sich der Gesellschaft gegenüber schadensersatzpflichtig, wenn er nach Eintritt der Krise Zahlungen leistete, die gegen das Zahlungsverbot des § 64 Abs. 2 GmbHG a.F. verstoßen. Der 2. Zivilsenat hat nun in Anbetracht der gefestigten Rechtsprechung des 5. Strafsenats seine bisherige Rechtsprechung aufgegeben, nach der die Abführung von Sozialversicherungsbeiträgen in der Krise einen Verstoß gegen das Zahlungsverbot des § 64 Abs. 2 GmbHG a.F. darstellte. Nun handelt ein organschaftlicher Vertreter bei Insolvenzreife der Gesellschaft mit der Sorgfalt eines ordentlichen Geschäftsmannes, wenn er den sozial- und steuerrechtlichen Normen entsprechend, die Arbeitnehmeranteile zur Sozialversicherung oder Lohnsteuer abführt[256]. Die persönliche Haftung nach § 64 S. 1 ist damit entfallen.

353 Für die Frage, ob Zahlungen zulässig sind, ist nicht das Interesse der Gesellschaft maßgeblich, sondern das Gläubigerinteresse[257] sowie das öffentliches Interesse an der Erhaltung lebensfähiger Unternehmen[258]. Die Beweislast trägt insoweit der Liquidator[259].

---

[247] *OLG Düsseldorf* NZG 1999, 884, 885; *Schulze-Osterloh/Noack/Fastrich* in: Baumbach/Hueck, § 64, Rdnr. 81; *Nerlich* in: Michalski, § 64, Rdnr. 46.

[248] *BGH* WM 1986, 237, 239; *Schulze-Osterloh/Noack/Fastrich* in: Baumbach/Hueck, § 64, Rdnr. 81; *Nerlich* in: Michalski, § 64, Rdnr. 46.

[249] *BGH* ZIP 2001, 1896; *Schulze-Osterloh/Noack/Fastrich* in: Baumbach/Hueck, § 64, Rdnr. 81; *Nerlich* in: Michalski, § 64, Rdnr. 46; *Ulmer* in: Hachenburg, § 64, Rdnr. 42; *Röhricht ZIP* 2005, 505, 510.

[250] *BGH* ZIP 2001, 1896; *Schulze-Osterloh/Noack/Fastrich* in: Baumbach/Hueck, § 64, Rdnr. 81; *Nerlich* in: Michalski, § 64, Rdnr. 46; *Ulmer* in: Hachenburg, § 64, Rdnr. 42 *Röhricht ZIP* 2005, 505, 510.

[251] *OLG Düsseldorf* NZG 1999, 1066, 1068; *Schulze-Osterloh/Noack/Fastrich* in: Baumbach/Hueck, § 64, Rdnr. 81; *Nerlich* in: Michalski, § 64, Rdnr. 46; *Ulmer* in: Hachenburg, § 64, Rdnr. 33, 42.

[252] *Schulze-Osterloh/Noack/Fastrich* in: Baumbach/Hueck, § 64, Rdnr. 81; *Nerlich* in: Michalski, § 64, Rdnr. 46; *Ulmer* in: Hachenburg, § 64, Rdnr. 33.

[253] *OLG Düsseldorf* NZG 1999, 884, 885; *Schulze-Osterloh/Noack/Fastrich* in: Baumbach/Hueck, § 64, Rdnr. 81; *Nerlich* in: Michalski, § 64, Rdnr. 46; *K. Schmidt* in: Scholz, § 64, Rdnr. 7; *H.-F. Müller* GmbHR 2003, 389, 392.

[254] *BGH* NZG 2007, 545.

[255] *BGH 5. Strafsenat* NZG 2005, 892.

[256] *BGH* NZG 2007, 545.

[257] *Schulze-Osterloh/Noack/Fastrich* in: Baumbach/Hueck, § 64, Rdnr. 81; *Nerlich* in: Michalski, § 64, Rdnr. 46; *Röhricht* ZIP 2005, 505, 51.

[258] *Schulze-Osterloh/Noack/Fastrich* in: Baumbach/Hueck, § 64, Rdnr. 81; *Nerlich* in: Michalski, § 64, Rdnr. 46; *Lutter/Kleindiek* in: Lutter/Hommelhoff, § 64, Rdnr. 61.

[259] *OLG Celle* WiB 1997, 1093; *Nerlich* in: Michalski, § 64, Rdnr. 46.

d. Verschulden

Der Anspruch nach § 64 S. 1 GmbHG setzt Verschulden des Liquidators voraus[260]. Insoweit ist positive Kenntnis der Anspruchsvoraussetzungen nicht erforderlich, vielmehr ist nach h.A. hinsichtlich sämtlicher anspruchsbegründender Tatsachen Fahrlässigkeit ausreichend[261]. Im Hinblick auf die Überschuldung ist dies nicht unproblematisch, da diese regelmäßig schwer zu erkennen ist[262]. Fahrlässigkeitsmaßstab ist die Sorgfalt eines ordentlichen Geschäftsmanns ohne Rücksicht auf die individuellen Fähigkeiten des Geschäftsführers[263]. Die Beweislast für das Fehlen des Verschuldens trägt der Liquidator[264]. 354

e. Inhalt des Anspruchs

Der Anspruchs bestimmt sich der Höhe nach anhand der gelisteten Zahlungen oder des Wertes sonstiger Leistungen, gekürzt um die in die Masse geflossene und dort wertmäßig erhalten gebliebene Gegenleistung[265]. Der Anspruch ist nicht um den Betrag zu kürzen, den der durch die Zahlung begünstigte Gläubiger als Insolvenzquote erhalten hätte[266]. Vielmehr hat der Liquidator die volle Zahlung zu ersetzten, wird aber Insolvenzgläubiger in Höhe der Forderung die derjenigen des befriedigten Gesellschaftsgläubiger entspricht[267]. 355

Begründet die Zahlung ein Anfechtungsrecht des Insolvenzverwalters nach den §§ 129 ff. InsO, so muss der Insolvenzverwalter nach nun wohl h.A. nicht versuchen, den gezahlten Betrag durch Anfechtung vom Gläubiger zurückzuerlangen[268]. Dem Liquidator steht dann aber ein Anspruch auf Abtretung des Rückgewähranspruchs der Masse gegen den Zahlungsempfänger analog § 255 BGB zu[269]. Ist der Anfechtungsanspruch aber nach § 146 Abs. 1 InsO verjährt, 356

---

[260] *Schulze-Osterloh/Noack/Fastrich* in: Baumbach/Hueck, § 64, Rdnr. 83; *Nerlich* in: Michalski, § 64, Rdnr. 48; *K. Schmidt* in: Scholz, § 64, Rdnr. 30; *Lutter/Kleindiek* in: Lutter/Hommelhoff, § 64, Rdnr. 62; *Ulmer* in: Hachenburg, § 64, Rdnr. 36.

[261] *BGHZ* 75, 97, 111; 126, 181, 199; 143, 184, 185; *Schulze-Osterloh/Noack/Fastrich* in: Baumbach/Hueck, § 64, Rdnr. 83; *Nerlich* in: Michalski, § 64, Rdnr. 48; *K. Schmidt* in: Scholz, § 64, Rdnr. 30; *Lutter/Kleindiek* in: Lutter/Hommelhoff, § 64, Rdnr. 62; *Ulmer* in: Hachenburg, § 64, Rdnr. 41.

[262] Für positive Kenntnis der Überschuldung: *Schulze-Osterloh/Noack/Fastrich* in: Baumbach/Hueck, § 64, Rdnr. 83, kritisch insoweit auch: *Nerlich* in: Michalski, § 64, Rdnr. 49,.

[263] *Schulze-Osterloh/Noack/Fastrich* in: Baumbach/Hueck, § 64, Rdnr. 83; *Nerlich* in: Michalski, § 64, Rdnr. 49; *K. Schmidt* in: Scholz, § 64, Rdnr. 30; *Ulmer* in: Hachenburg, § 64, Rdnr. 36.

[264] *BGH* NJW 1974, 1088, 1089; NJW 2000, 668; *Schulze-Osterloh/Noack/Fastrich* in: Baumbach/Hueck, § 64, Rdnr. 83; *Nerlich* in: Michalski, § 64, Rdnr. 49; *Lutter/Kleindiek* in: Lutter/Hommelhoff, § 64, Rdnr. 62; *Ulmer* in: Hachenburg, § 64, Rdnr. 36, aber einschränkend *OLG* Düsseldorf ZIP 1992, 767, 769f.

[265] *BGH* NJW 1974, 1088, 1089; *OLG* Hamburg MDR 1959, 311; *OLG Hamm* GmbHR 1993, 584, 585; *OLG* Brandenburg GmbHR 2002, 910, 911; *Nerlich* in: Michalski, § 64, Rdnr. 50; *Lutter/Kleindiek* in: Lutter/Hommelhoff, § 64, Rdnr. 46; *K. Schmidt* in: Scholz, § 64, Rdnr. 35; *Ulmer* in: Hachenburg, § 64, Rdnr. 43. Gegen eine Saldierung aber: *BGH* GmbHR 2007, 936, 937; *Schulze-Osterloh/Noack/Fastrich* in: Baumbach/Hueck, § 64, Rdnr. 84;.

[266] *BGH* GmbHR 2007, 936, 937; 2001, 190, 19; 2000, 182, 184; *OLG Jena* ZIP 2002, 986, 987; *Lutter/Kleindiek* in: Lutter/Hommelhoff, § 64, Rdnr. 65; Roth/*Altmeppen* § 64, Rdnr. 45 f.; wohl auch *Schulze-Osterloh/Noack/Fastrich* in: Baumbach/Hueck, § 64, Rdnr. 84; a.A. *OLG Hamburg* MDR 1959, 311; *Nerlich* in: Michalski, § 64, Rdnr. 50; *K. Schmidt* in: Scholz, § 64, Rdnr. 35; *Ulmer* in: Hachenburg, § 64, Rdnr. 38.

[267] *BGH* GmbHR 2001, 190, 194.

[268] *BGH* GmbHR 1996, 211; *OLG Oldenburg* GmbHR 2004, 1014, 1015; *OLG Schleswig* ZIP 2003, 856, 858 ff.; *Schulze-Osterloh/Noack/Fastrich* in: Baumbach/Hueck, § 64, Rdnr. 84; Roth/*Altmeppen* § 64, Rdnr. 85; *Glöckner* JZ 1997, 623, 627; *G. Müller* ZIP 1996, 1153 ff. A.A. *OLG Hamm* GmbHR 1993, 584, 585; *Nerlich* in: Michalski, § 64, Rdnr. 50; *Lutter/Kleindiek* in: Lutter/Hommelhoff, § 64, Rdnr. 11; *K. Schmidt* in: Scholz, § 64, Rdnr. 35; *Ulmer* in: Hachenburg, § 64, Rdnr. 43.

[269] *OLG Oldenburg* GmbHR 2004, 1014, 1015; *Schulze-Osterloh/Noack/Fastrich* in: Baumbach/Hueck,

kann die Rückzahlung nicht verweigert werden[270]. Dies gilt nicht, wenn der Insolvenzverwalter die Anfechtungsfrist schuldhaft versäumt hat.

4. Haftung für insolvenzverursachende Zahlungen gemäß § 64 S. 3 GmbHG

a. Tatbestand der Insolvenzverursachungshaftung

357 Mit dem durch das MoMiG eingeführten § 64 S. 3 GmbHG wird eine Insolvenzverursachungshaftung begründet und die Pflichten der Geschäftsführung erweitert. Der erweiterte § 64 GmbHG dient dem Schutz der Gesellschaftsgläubiger und soll die zur Erfüllung der Gesellschaftsverbindlichkeiten erforderlichen Vermögenswerte erhalten und Vermögensverschiebungen von der Gesellschaft an die Gesellschafter verhindern[271]. Nach § 64 S. 3 GmbHG hat die Geschäftsführung Zahlungen an die Gesellschafter, die zur Zahlungsunfähigkeit der Gesellschaft führten, zu erstatten.

aa. Betroffene Rechtshandlungen

358 Die Erstattungspflicht des § 64 S. 3 GmbHG knüpft zwar an den Begriff der „Zahlungen" an. Doch entgegen dem Wortlaut ist der Begriff Zahlung weit auszulegen und nicht auf reine Geldleistungen beschränkt[272]. Vielmehr sind neben Geldleistungen auch sonstige vergleichbare Leistungen erfasst, die zu Lasten des Gesellschaftsvermögens gehen und der Gesellschaft im Ergebnis Liquidität entziehen[273]. Die Ersatzpflicht nach § 64 S. 3 GmbHG gilt nur für solche Zahlungen, die der Gesellschaft tatsächlich liquide Vermögensmittel entzogen haben, nicht aber für solche, die durch eine Gegenleistung des Gesellschafters ausgeglichen worden sind[274]. Die bloße Begründung von Verbindlichkeiten zu Lasten der Gesellschaft fällt jedoch nicht unter den Begriff der Zahlung i.S.d. § 64 S. 3 GmbHG[275]. Denn allein die Begründung einer Verbindlichkeit führt noch nicht zum Eintritt der Zahlungsunfähigkeit, sondern erst die spätere Zahlung auf die Verbindlichkeit. Nur diese kann eine Haftung nach § 64 S. 3 GmbHG auslösen. Anders dürfte es sich bei der Bestellung einer Sicherheit durch die Gesellschaft für Verbindlichkeiten eines Gesellschafters verhalten. Zwar führt dies nicht unmittelbar zur Zahlungsunfähigkeit der Gesellschaft, doch wenn bei der Bestellung der Sicherheit die Inanspruchnahme bereits wahrscheinlich ist, ein liquider Rückgriffsanspruch gegenüber dem Gesellschafter in gleicher Höhe nicht besteht und die Gesellschaft die Zahlung nicht verweigern könnte, dürfte eine Zahlung im Sinne des § 64 S. 3 GmbHG zu bejahen sein[276].

359 Abweichend von § 64 S. 1 GmbHG, nach dem alle Zahlungen des Liquidators nach Eintritt der Insolvenzreife der Gesellschaft verboten sind, stellt § 64 S. 3 GmbHG nur auf Zahlungen an die Gesellschafter ab. Unter Berücksichtigung der für § 30 Abs. 1 GmbHG und der Haftung wegen existenzvernichtenden Eingriffs geltenden Grundsätze[277] ist eine Umgehung durch Leis-

---

§ 64, Rdnr. 84; Roth/*Altmeppen* § 64, Rdnr. 85; *Glöckner* JZ 1997, 623, 627; G. Müller ZIP 1996, 1153 ff.

[270] *BGHZ* 131, 325, 328 ff.; *Schulze-Osterloh/Noack/Fastrich* in: Baumbach/Hueck, § 64, Rdnr. 84.

[271] Begründung RegE MoMiG, S. 106.

[272] Begründung RegE MoMiG, S. 106; Baumbach/Hueck/*Schulze-Osterloh/Noack*, § 64 Rdnr. 79; *Lutter/Kleindiek*, in: Lutter/Hommelhoff, § 64 Rdnr. 59; Goette, ZInsO 2005, 1, 4.

[273] Begründung RegE MoMiG, S. 106; Baumbach/Hueck/*Schulze-Osterloh/Noack*, § 64 Rdnr. 79; *Lutter/Kleindiek*, in: Lutter/Hommelhoff, § 64 Rdnr. 59.

[274] Begründung RegE MoMiG, S. 107.

[275] *Knof* DStR 2007, 1536, 1538.

[276] So auch *Knof* DStR 2007, 1536, 1538; *Greulich/Bunnemann* NZG 2006, 681, 684.

[277] *BGH* DStR 2005, 162; *Hueck/Fastrich* in: Baumbach/Hueck § 30, Rdnr. 18 und § 13 Rdnr. 20.

tung an Dritte, die mit dem Gesellschafter wirtschaftlich oder rechtlich eng verbunden sind, nicht möglich. Auch Zahlungen, die zwar formal nicht an einen Gesellschafter, sondern an einen Dritten erfolgen, werden vom Zahlungsverbot des § 64 S. 3 GmbHG erfasst[278]. Daher können auch konzerninterne Zahlungen gegen § 64 S. 3 GmbHG verstoßen.

bb. Kausalität zwischen Zahlung und Zahlungsunfähigkeit

Weitere Voraussetzung für die Insolvenzverursachungshaftung nach § 64 S. 3 GmbHG ist, dass durch die Zahlung an die Gesellschafter die Zahlungsunfähigkeit der Gesellschaft eingetreten sein muss. Anders als bei § 64 S. 1 GmbHG sind hier Zahlungen nicht betroffen, die nach Eintritt der Zahlungsunfähigkeit vorgenommen werden, sondern nur solche, die zu einem Zeitpunkt erfolgten in dem die Gesellschaft noch gar nicht zahlungsunfähig ist, sondern erst durch diese Zahlung in diesen Zustand der Zahlungsunfähigkeit versetzt wird. **360**

Die Geschäftsführung soll nach Ansicht des Gesetzgebers nicht für alle Zahlungen haften, die an die Gesellschafter geleistet wurden und in irgendeiner Weise kausal für eine – möglicherweise erst mit erheblichem zeitlichem Abstand eintretende – Zahlungsunfähigkeit geworden sind[279]. Vielmehr muss die maßgebliche Zahlung unmittelbar, also ohne Hinzutreten weiterer Kausalbeiträge zur Zahlungsunfähigkeit der Gesellschaft führen[280]. Das bedeutet jedoch nicht, dass bereits im Moment der Leistung auch die Zahlungsunfähigkeit eintreten muss[281]. Ausreichend ist, dass sich in diesem Moment klar abzeichnet, dass die Gesellschaft unter normalem Verlauf der Dinge ihre Verbindlichkeiten nicht mehr wird erfüllen können[282]. Außergewöhnliche Ereignisse, die die Zahlungsfähigkeit hätten verhindern können, mit denen aber im Moment der Auszahlung nicht gerechnet werden konnte, bleiben bei der Bewertung der Zahlungsunfähigkeit außer Betracht[283]. So macht das Tatbestandsmerkmal „führen musste“ unmissverständlich deutlich, dass nicht jede Leistung gemeint ist, die erst nach Hinzutretenden weiterer, im Zeitpunkt der Zahlung noch nicht feststehender Umstände zur Zahlungsunfähigkeit führt[284]. **361**

cc. Entlastung

Doch haftet der Liquidator nicht gänzlich uneingeschränkt für kritische Zahlungen an die Gesellschafter. Denn gemäß § 64 S. 2 GmbHG hat der Liquidator eine Entlastungsmöglichkeit, wenn er auch unter Anwendung der Sorgfalt eines ordentlichen Geschäftsmannes nicht erkennen konnte, dass die maßgebliche Zahlung an die Gesellschafter geeignet war, die Zahlungsunfähigkeit herbeizuführen. **362**

Eine eindeutige Bestimmung, wann Zahlungen an die Gesellschafter geeignet sind, die Zahlungsunfähigkeit der Gesellschaft herbeizuführen, dürfte für den Liquidator ausgesprochen schwierig sein, da dies bei einer ex-ante Betrachtung nicht immer zwingend erkennbar sein dürfte. Die Insolvenzverursachungshaftung dürfte bereits dann zu bejahen sein, wenn der Eintritt der Zahlungsunfähigkeit durch die Zahlung an die Gesellschafter überwiegend wahrscheinlich ist, also eine Wahrscheinlichkeit von über 50% vorliegt[285]. Dabei ist der Eintritt der Zahlungsunfähigkeit von der bloßen Zahlungsstockung abzugrenzen. Zahlungsunfähigkeit i.S.d. § 17 Abs. 2 S. 1 InsO liegt vor, wenn der Schuldner nicht in der Lage ist, 10% seiner fälligen Gesamtverbindlichkeiten innerhalb von drei Wochen zu begleichen[286]. Für die Festestellung, **363**

---

[278] *Knof* DStR 2007, 1536, 1538; *Greulich/Bunnemann* NZG 2006, 681, 685.
[279] Begründung RegE MoMiG, S. 106.
[280] Begründung RegE MoMiG, S. 106.
[281] Begründung RegE MoMiG, S. 107.
[282] Begründung RegE MoMiG, S. 107.
[283] Begründung RegE MoMiG, S. 107.
[284] Begründung RegE MoMiG, S. 107.
[285] *Knof* DStR 2007, 1536, 1539.
[286] *BGH* NJW 2005, 3062.

ob durch die maßgebliche Zahlung Zahlungsunfähigkeit eintreten könnte, muss der Liquidator im Vorfeld der Zahlung die wirtschaftliche Lage der Gesellschaft bewerten und eine Prognose unter Berücksichtigung der Zahlung an die Gesellschafter erstellen. Dazu muss er sich zunächst ein Bild von der Liquidität der Gesellschaft im Zeitpunkt der Zahlung machen. Sodann ist die zukünftige Lage der Gesellschaft unter dem normalen Verlauf der Dinge und Berücksichtigung der zu erwartenden Einnahmen und Ausgaben zu bewerten. Hilfreich hierfür ist die Erstellung einer Solvenzprognose unter Berücksichtigung der Empfehlungen des Fachausschusses Recht des Instituts der Wirtschaftsprüfer, die zur Prüfung eingetretener oder drohender Zahlungsunfähigkeit herangezogen werden[287].

364 Eine Weisung der Gesellschafter kann den Liquidator von der Haftung nach § 64 S. 3 GmbHG nicht entlasten. Zwar ist der Liquidator grundsätzlich an Weisungen der Gesellschafter gebunden und muss Weisungen auch dann befolgen, wenn er sie für unternehmerisch verfehlt hält. Doch endet die Weisungsgebundenheit dort, wo der Liquidator durch die Ausführung der Weisung eine gesetzliche Pflicht verletzen und sich selbst gegenüber der Gesellschaft ersatzpflichtig machen würde. Hegt der Liquidator Zweifel, ob eine Zahlung an die Gesellschafter gegen § 64 S. 3 GmbHG verstoßen würde, so kann er die von den Gesellschaftern gewünschte Zahlung verweigern. Gegebenenfalls muss er sein Amt niederlegen.

b. Rechtsfolge

365 Veranlasst der Liquidator Zahlungen an die Gesellschafter, die gegen § 64 S. 3 GmbHG verstoßen, so muss er diese Zahlung ungekürzt Zug um Zug gegen Abtretung etwaiger Erstattungsansprüche an die Insolvenzmasse erstatten[288]. Dieser Anspruch ist lediglich auf die Höhe des relevanten Zahlungsmittelabflusses beschränkt. Anders als bei einem Schadensersatzanspruch kann der Liquidator nicht geltend machen, dass bei pflichtgemäßem Verhalten ein geringerer Schaden entstanden wäre[289]. Die Ersatzpflicht besteht nur in dem Umfang, wie der Gesellschaft tatsächlich liquide Vermögensmittel entzogen worden sind[290].

5. Haftung gemäß § 823 Abs. 2 BGB i.V.m. § 15a Abs. 1 InsO

366 Neben den Ansprüchen aus § 64 S. 1 und S. 3 GmbHG besteht ein deliktischer Schadensersatzanspruch der Gläubiger aus § 823 Abs. 2 BGB i.V.m. § 15a Abs. 1 InsO[291]. Aufgrund der Erweiterung der Antragspflicht auf Gesellschafter und Aufsichtsräte unterliegen auch diese Personen dem Schadensersatzanspruch, Anspruchsgrundlage ist § 823 Abs. 2 BGB i.V.m. § 15a Abs. 1, Abs. 3 InsO[292].

367 Der Umfang des Schadensersatzanspruches für Altgläubiger (also Gläubiger, die ihre Gläubigerstellung bis zum Zeitpunkt der Insolvenzreife erlangt haben) besteht im sogenannten Quotenschaden, also dem Betrag, um den sich die Insolvenzquote des Gläubigers durch die Verzögerung der Eröffnung des Insolvenzverfahrens, insbesondere durch Eingehung neuer Verbindlichkeiten, gemindert hat[293]. Der Quotenschaden besteht in der Differenz zwischen der bei

---

[287] IDW Prüfungsstandard: Empfehlungen zur Prüfung eingetretener oder drohender Zahlungsunfähigkeit bei Unternehmen (IDW PS 800), i.d.F. v. 22. 1. 1999, abgedruckt in: WPg 1999, 250 ff.

[288] *Knof* DStR 2007, 1536, 1584.

[289] *Knof* DStR 2007, 1536, 1584.

[290] Begründung RegE MoMiG, S. 106.

[291] *BGH* GmbHR 2007, 599; DStR 1998, 651; DStR 2001, 175; *Altmeppen/Wilhelm* NJW 1999, 673 ff.; *Bayer/Lieder* WM 2006, 1 ff.

[292] *Poertzgen* ZInsO 2007, 574, 575; *Wälzholz* DStR 2007, 1914, 1916.

[293] *BGHZ* 100, 19, 23; *Schulze-Osterloh/Noack/Fastrich* in: Baumbach/Hueck, § 64, Rdnr. 92, 93; *Nerlich* in: Michalski, § 64, Rdnr. 67; *Lutter/Kleindiek* in: Lutter/Hommelhoff, § 64, Rdnr. 47.

rechtzeitiger Stellung des Antrages erzielbaren und der tatsächlich erzielten Insolvenzquote[294]. Der Schadensersatzanspruch in Gestalt des Quotenschadens wird gemäß § 92 InsO im Insolvenzverfahren vom Insolvenzverwalter geltend gemacht[295]. Die Individuelle Geltendmachung des Schadens durch den Gläubiger selbst ist nur nach Beendigung des Insolvenzverfahrens möglich oder bei Abweisung des Insolvenzantrags mangels Masse[296].

Unter den Schutz des § 15 Abs. 1 InsO fallen auch diejenigen, die erst nach Eintritt der Insolvenzreife Gläubiger der Gesellschaft geworden sind (Neugläubiger), nicht aber diejenigen, die erst nach Eröffnung des Insolvenzverfahrens Ansprüche erworben haben[297]. Der Anspruch der Neugläubiger auf das negative Interesse[298] wird nicht vom Insolvenzverwalter, sondern von den Gläubigern selbst geltend gemacht[299]. Neugläubigern ist der Schaden zu ersetzen, den sie dadurch erlitten haben, dass der Insolvenzantrag nicht rechtzeitig gestellt worden ist und sie mit der insolvenzreifen Gesellschaft in Geschäftsverbindung getreten sind[300]. Der Schaden besteht hier in den Leistungen, die der Gläubiger im Vertrauen auf den Fortbestand der Gesellschaft erbracht hat, also den Anschaffungs- oder Herstellungskosten einschließlich der Vertriebskosten der gelieferten Gegenstände, jedoch ohne Gewinnaufschlag (negatives Interesse)[301]. Zusätzlich ist nach § 252 BGB der entgangene Gewinn zu ersetzen, sofern der Gläubiger seine betrieblichen Kapazitäten anderweitig hätte einsetzen können, wenn er nicht mit der Gesellschaft kontrahiert hätte[302]. Der Schaden kann sich durch die Kosten der Rechtsverfolgung erhöhen[303], während die Insolvenzquote nicht abzuziehen ist[304]. 368

Die Niederlegung des Amtes als Geschäftsführer oder Liquidator nach Eintritt der Insolvenzreife befreit nicht von der bis dahin entstandenen Ersatzpflicht[305]. Das Vertretungsorgan muss sich das bisherige Handeln insoweit zurechnen lassen, da es verpflichtet war, bereits vor dem 369

---

294 *BGHZ* 138, 211, 221; *Schulze-Osterloh/Noack/Fastrich* in: Baumbach/Hueck, § 64, Rdnr. 95; *Nerlich* in: Michalski, § 64, Rdnr. 67; *K. Schmidt* in: Scholz, § 64, Rdnr. 33. Vgl. ausführlich hierzu *Haas* in; Gottwald, § 92, Rdnr. 69 ff.

295 *BGH* GmbHR 2007, 482, 483; *Schulze-Osterloh/Noack/Fastrich* in: Baumbach/Hueck, § 64, Rdnr. 98; *Nerlich* in: Michalski, § 64, Rdnr. 55; *Lutter/Kleindiek* in: Lutter/Hommelhoff, § 64, Rdnr. 52; *K. Schmidt* in: Scholz, § 64, Rdnr. 42.

296 *Schulze-Osterloh/Noack/Fastrich* in: Baumbach/Hueck, § 64, Rdnr. 98; *Nerlich* in: Michalski, § 64, Rdnr. 55; *Lutter/Kleindiek* in: Lutter/Hommelhoff, § 64, Rdnr. 52; *K. Schmidt* in: Scholz, § 64, Rdnr. 44.

297 *BGHZ* 29, 100, 104; 100, 19, 21; 126, 181, 190 f.; *Schulze-Osterloh/Noack/Fastrich* in: Baumbach/Hueck, § 64, Rdnr. 90; *Nerlich* in: Michalski, § 64, Rdnr. 55; *Lutter/Kleindiek* in: Lutter/Hommelhoff, § 64, Rdnr. 41; *K. Schmidt* in: Scholz, § 64, Rdnr. 37.

298 *BGH* NJW 1994, 2220; NZG 2005, 886; 1999, 269.

299 *BGH* BB 1998, 696, 670; *Schulze-Osterloh/Noack/Fastrich* in: Baumbach/Hueck, § 64, Rdnr. 98; *Nerlich* in: Michalski, § 64, Rdnr. 78; *Lutter/Kleindiek* in: Lutter/Hommelhoff, § 64, Rdnr. 54; *K. Schmidt* in: Scholz, § 64, Rdnr. 43.

300 *BGH* GmbHR 2007, 599; 1994, 539; BB 1998, 696; *Schulze-Osterloh/Noack/Fastrich* in: Baumbach/Hueck, § 64, Rdnr. 92, 93; *Nerlich* in: Michalski, § 64, Rdnr. 69; *Lutter/Kleindiek* in: Lutter/Hommelhoff, § 64, Rdnr. 47.

301 *BGH* GmbHR 1999, 715, 716; *OLG Naumburg* GmbHR 1998, 183, 184; *Schulze-Osterloh/Noack/Fastrich* in: Baumbach/Hueck, § 64, Rdnr. 96; *Nerlich* in: Michalski, § 64, Rdnr. 69.

302 *OLG Koblenz* GmbHR 2000, 31, 33 f.; *OLG* Celle NZG 2002, 730, 733; *Schulze-Osterloh/Noack/Fastrich* in: Baumbach/Hueck, § 64, Rdnr. 96; *Nerlich* in: Michalski, § 64, Rdnr. 69.

303 *OLG Celle* NZG 1999, 1160; *OLG Jena* ZIP 2002, 631, 632; *Schulze-Osterloh/Noack/Fastrich* in: Baumbach/Hueck, § 64, Rdnr. 96.

304 So jetzt: *BGH* GmbHR 2007, 482, 484; Früher a.A.: *BGHZ* 138, 211, 216; *Schulze-Osterloh/Noack/Fastrich* in: Baumbach/Hueck, § 64, Rdnr. 96.

305 *Schulze-Osterloh/Noack/Fastrich* in: Baumbach/Hueck, § 64, Rdnr. 91; *Nerlich* in: Michalski, § 64, Rdnr. 77; *Ulmer* in: Hachenburg, § 64, Rdnr. 77.

Ausscheiden den Antrag auf Eröffnung des Insolvenzverfahrens zu stellen oder auf den Nachfolger entsprechend einzuwirken[306].

6. Strafrechtliche Haftung

370 Die strafrechtliche Insolvenzverschleppungshaftung findet sich nun in § 15a Abs. 4 und 5 InsO[307] und erstreckt sich auch auf den Fall der Ersatzantragspflicht der Gesellschafter und Aufsichtsratsmitglieder.

Für den Fall der vorsätzlichen Insolvenzverschleppung ist in § 15a Abs. 4 InsO eine Freiheitsstrafe bis zu drei Jahren oder Geldstrafe vorgesehen, wenn der Insolvenzantrag entgegen den in § 15a InsO normierten Pflichten gar nicht, nicht richtig oder nicht rechtzeitig gestellt wird. Bei fahrlässiger Begehungsweise droht nach § 15a Abs. 5 InsO Freiheitsstrafe bis zu einem Jahr oder Geldstrafe. Die Vorschriften gelten gleichermaßen für Geschäftsführer, Gesellschafter und Aufsichtsratsmitglieder.

371 Im Vergleich zur alten Regelung des § 84 Abs. 1 Nr. 2 GmbHG stellt dies eine qualitative Verschärfung dar, da nach alter Rechtslage nur der unterlassene Antrag auf Eröffnung des Insolvenzverfahrens zur Strafbarkeit führte. Nun wurde der Tatbestand aber – neben der gänzlich unterlassenen und verspäteten Antragstellung – auf den Tatbestand der unrichtigen Antragstellung erweitert. Was unter „unrichtiger Antragstellung" zu verstehen sein soll, wird vom Gesetzgeber jedoch nicht erläutert.[308] Es ist wohl davon auszugehen, dass hiermit (vorsätzlich) falsche Angaben zur Vermögenslage der Gesellschaft, unrichtige Angaben im Antragsformular oder falsche Versicherungen an Eides statt gemeint sein sollen.

372 Ferner besteht neben der Strafbarkeit wegen Insolvenzverschleppung nach § 15 Abs. 4, 5 InsO, das Risiko einer Strafbarkeit wegen Bankrott, § 283 StGB, Verletzung der Buchführungspflicht, § 283b StGB, Gläubigerbegünstigung, § 283c StGB oder Schuldnerbegünstigung § 283d StGB sowie den allgemeinen Vermögensdelikten Betrug, § 263 StGB, Kreditbetrug, § 265b StGB, Untreue, § 266 StGB, Vorenthaltung und Veruntreuung von Arbeitsentgelt, § 266a StGB und Vereitelung der Zwangsvollstreckung § 288 StGB.

---

[306] *Schulze-Osterloh/Noack/Fastrich* in: Baumbach/Hueck, § 64, Rdnr. 91; *Nerlich* in: Michalski, § 64, Rdnr. 77; *Ulmer* in: Hachenburg, § 64, Rdnr. 77.

[307] Nach altem Recht in § 84 Abs. 1 Nr. 2 GmbHG a.F.

[308] Vgl. *Wälzholz*, DStR 2007, 1914/1916 Fn. 24.

§ 6 Behandlung von Pensionsverbindlichkeiten in der Liquidation

I. Überblick

Im Zuge der Liquidation müssen alle Gesellschaftsverbindlichkeiten vollumfänglich beglichen werden. Zu diesen Verbindlichkeiten gehört auch der finanziell umfangreiche und rechtlich komplexe Posten der Pensionsverbindlichkeiten der Gesellschaft. Die gegenüber aktiven Arbeitnehmern, ausgeschiedenen Arbeitnehmern (Anwärter) und den Pensionären der Gesellschaft (Betriebsrentner) bestehenden Versorgungsverpflichtungen aus betrieblicher Altersversorgung stellen Verbindlichkeiten der Gesellschaft dar, ohne deren Begleichung das Liquidationsverfahren nicht abgeschlossen werden kann. Ist eine vorzeitige Ablösung dieser Verbindlichkeiten nicht möglich, so müsste das Liquidationsverfahren bis zum Tod des letzten Betriebsrentners fortgeführt werden und könnte so 30 bis 60 Jahre andauern. Doch sind die Möglichkeiten einer schnellen und unkomplizierten Befreiung von den Pensionsverbindlichkeiten etwa durch die Zahlung von Abfindungen oder die Übertragung auf einen neuen Schuldner durch die §§ 3 und 4 BetrAVG stark eingeschränkt. Die Einschränkungen der §§ 3 und 4 BetrAVG gelten jedoch nicht für Gesellschafter-Geschäftsführer[1], so dass die zu liquidierende Gesellschaft von diesen Pensionsverbindlichkeiten auch durch Verzicht oder Abfindung befreit werden kann[2]. Aus diesem Grunde hat der Gesetzgeber für den Fall der Liquidation einer Gesellschaft § 4 Abs. 4 BetrAVG die Möglichkeit der Übertragung der Pensionsverbindlichkeiten auf eine Pensionskasse oder ein Unternehmen der Lebensversicherung eingefügt. 373

II. Abfindungen nach § 3 BetrAVG

Als naheliegendes Mittel zur vorzeitigen Befreiung von Pensionsverbindlichkeiten drängt sich die Zahlung von Abfindungen auf. Doch hat der Gesetzgeber die schuldrechtlich an sich uneingeschränkte Zulässigkeit der Abfindung von Ansprüchen im Hinblick auf Pensionsansprüche dahingehend eingeschränkt, dass Abfindungen grundsätzlich unzulässig und nur ausnahmsweise und bei Vorliegen der Voraussetzungen des § 3 BetrAVG möglich sind. Hintergrund dieser Regelung ist, dass der Gesetzgeber die vorzeitige Konsumierung des für die Altersversorgung gedachten Kapitals verhindern wollte[3]. 374

Nach § 3 BetrAVG ist die Abfindung von gemäß § 1b BetrAVG gesetzlich unverfallbaren Versorgungsanwartschaften bei Beendigung des Arbeitsverhältnisses oder von laufenden Leistungen der betrieblichen Altersversorgung unzulässig. Dabei ist die Art des Durchführungsweges nicht 375

---

[1] Gesellschafter-Prokuristen und Gesellschafter-Arbeitnehmer sind steuerlich grundsätzlich wie andere Arbeitnehmer zu behandeln, *Höfer* Band II, Rdnr. 2757.

[2] Insbesondere beim Verzicht von Pensionszusagen und bei der Übertragung auf andere Rechtsträger besteht regelmäßig die Gefahr des steuerwirksamen Zuflusses des Teilwerts der Ansprüche beim Pensionsberechtigten, ohne dass diesem tatsächlich Liquidität zufließt.

[3] *Höfer* Band II, Rdnr. 3552.

maßgeblich[4]. Das Abfindungsverbot gilt nicht nur bei einer Betriebsstilllegung und bei einem Betriebsübergang sondern auch in der Liquidation[5]. Auch der entschädigungslose Verzicht auf die Anwartschaft, also ein Erlass fällt unter das Verbot des § 3 BetrAVG[6]. Diese Regelung des § 3 BetrAVG ist unabdingbar, so dass auch einvernehmliche Regelungen mit dem Arbeitnehmer oder den Betriebsrentnern nicht zulässig sind. Vereinbarungen, die gegen das Abfindungsverbot des § 3 BetrAVG verstoßen, sind gemäß § 134 BGB unwirksam. § 3 BetrAVG gilt nur für Leistungen, die ab dem 1. Januar 2005 einsetzten.

376 Dagegen zulässig ist die Abfindung während des bestehenden Arbeitsverhältnisses und bei Ausscheiden des Arbeitnehmers mit einer lediglich vertraglichen Unverfallbarkeit. Eine weitere Ausnahme ergibt sich aus § 3 Abs. 2 BetrAVG für Klein-Anwartschaften und Klein-Renten. Nach § 3 Abs. 2 S. 1 BetrAVG ist die Abfindung von Klein-Anwartschaften zulässig, wenn sie im Sinne des § 1b BetrAVG gesetzlich verfallbar sind, lediglich vertraglich unverfallbar sind, sowie die Anwartschaften ungekündigter Arbeitnehmer[7], wenn die bei Erreichen der vorgesehenen Altersgrenze maßgebliche monatliche Versorgungsleistung 1 % der Bezugsgröße nach § 18 SGB IV (im Jahr 2007 EUR 24,50 (West) und EUR 21,00 (Ost), bei Kapitalleistungen zwölf Zehntel der monatlichen Bezugsgröße (EUR 2940,00 (West) und EUR 2520,00 (Ost)) nicht überschreitet, § 3 Abs. 2 S. 1 BetrAVG[8]. Ferner können laufende Leistungen nach § 3 Abs. 2 S. 2 BetrAVG abgefunden werden, wenn sie die in § 3 Abs. 2 S. 1 BetrAVG vorgesehene Bagatellgrenze nicht übersteigen.

377 Ferner ist die Abfindung nach § 3 Abs. 3 BetrAVG zulässig, wenn dem Arbeitnehmer die Beiträge zur gesetzlichen Rentenversicherung erstattet worden sind. In diesem Fall kann der Arbeitnehmer verlangen, dass ihm auch die Anwartschaft auf betriebliche Altersversorgung im Weg einer Abfindung ausgezahlt wird. Dies betrifft jedoch lediglich Ausländer, deren Rückkehr in das Heimatland durch finanzielle Anreize gefördert werden soll[9]. Insofern ist auf den in § 210 SGB VI genannten Personenkreis zu verweisen, der sich mit dem vom Gesetz zur Förderung der Rückkehrbereitschaft erfassten Personenkreis praktisch deckt, da nur Nicht-Deutsche mit Wohnsitz im Ausland kein Recht zur freiwilligen Versicherung haben, § 7 SGB VI.

III. Übertragung auf Liquidationsversicherung oder Pensionskasse nach § 4 Abs. 4 BetrAVG

378 Im Zuge der Liquidation käme die Übertragung der Pensionsverbindlichkeiten der zu liquidierenden Gesellschaft auf eine Konzerngesellschaft in Betracht. Zwar kann nach § 414 BGB grundsätzlich jede Verbindlichkeit mit schuldbefreiender Wirkung auf einen neuen Schuldner übertragen werden. Doch die befreiende Schuldübernahme von Pensionsverbindlichkeiten wird durch § 4 BetrAVG stark eingeschränkt. Nach § 4 Abs. 2 Nr. 1 BetrAVG ist die Übertragung von Pensionsverbindlichkeiten mit schuldbefreiender Wirkung grundsätzlich nur bei Beendigung des Arbeitsverhältnisses und dem Wechsel zu einem *neuen* Arbeitgeber möglich, wenn der neue Arbeitgeber seinerseits der Übernahme der Pensionsverpflichtung zustimmt. Fehlt es an einer Zustimmung, kann die schuldbefreiende Übertragung nicht erfolgen. Eine dennoch durchgeführte Übertragung ist gemäß § 134 BGB unwirksam und entfaltet keine schuldbefreiende

---

[4] *Höfer* Band II, Rdnr. 3551.6; *Blomeyer* § 3, Rdnr. 17, 18.
[5] *Höfer* Band II, Rdnr. 3644; *Blomeyer* § 3, Rdnr. 20.
[6] *BAG* NZA-RR 2006, 336.
[7] *BAG* DB 1991, 501; *Höfer* Band II, Rdnr. 3551.6.
[8] *Blomeyer* § 3, Rdnr. 48.
[9] Gesetz zur Förderung der Rückkehrbereitschaft von Ausländern v. 28.11.1983 (BGBl. I S. 1377).

Wirkung. Eine Übertragung auf Personen, die nicht Arbeitgeber des Versorgungsberechtigten sind, ist grundsätzlich nicht zulässig[10]. Dies bedeutet, dass eine schuldbefreiende Übernahme der Pensionsverbindlichkeiten der zu liquidierenden Gesellschaft grundsätzlich nur bei einem Wechsel der aktiven Arbeitnehmer zu einem neuen Arbeitgeber möglich wäre. Doch ausnahmsweise ist im Fall einer Liquidation gemäß § 4 Abs. 4 BetrAVG eine schuldbefreiende Übertragung auf einen Nichtarbeitgeber und zwar auf ein Unternehmen der Lebensversicherung oder eine Pensionskasse möglich.

Wird die Betriebstätigkeit eingestellt und die Gesellschaft liquidiert, können gemäß § 4 Abs. 4 379
BetrAVG die Pensionsverbindlichkeiten von einer Pensionskasse oder einem Unternehmen der Lebensversicherung ohne Zustimmung der Arbeitnehmer oder der Versorgungsempfänger übernommen werden, wenn sichergestellt ist, dass die Überschussanteile ab Rentenbeginn entsprechend § 16 Abs. 3 Nr. 2 BetrAVG verwendet werden. Durch diese Regelung soll die vollständige Liquidation eines Unternehmens ermöglicht und verhindert werden, dass die Gesellschaft nur deshalb weitergeführt werden muss, weil noch Versorgungsleistungen zu erbringen sind und so die Liquidation bis zum Tod des letzten Betriebsrentners andauern müsste[11]. Bei einer Übertragung der Pensionsverbindlichkeiten nach § 4 Abs. 4 BetrAVG ist eine Zustimmung der betroffenen Arbeitnehmer, der Betriebsrentner und des Pensions-Sicherungs-Vereins (PSV) grundsätzlich zwar nicht erforderlich. Es kann aber eine Zustimmungserklärung der Betriebsrentner und Anwärter nach § 159 Abs. 2 VVG notwendig sein (hierzu sogleich unten, 2. Rdnr. 381)

1. Betriebseinstellung und Liquidation der Gesellschaft

Voraussetzung für eine schuldbefreiende Übertragung der Pensionsverbindlichkeiten ist die 380
Betriebseinstellung mit anschließender Liquidation der Gesellschaft. Eine vollständige Einstellung der Betriebstätigkeit ist zunächst nicht erforderlich, vielmehr kann die Übertragung auch schon im Laufe des Liquidationsverfahrens vorgenommen werden[12]. Erforderlich ist aber jedenfalls, dass die Betriebseinstellung in der endgültigen Liquidation der Gesellschaftmündet[13]. Wird der Betrieb ohne Abschluss des Liquidationsverfahrens wieder aufgenommen, ist die auflösend bedingt erfolgte Übertragung der Pensionsverbindlichkeiten nach § 158 Abs. 2 BGB unwirksam[14].

2. Zustimmungserfordernis

Nach § 4 Abs. 4 BetrAVG ist für eine befreiende Schuldübernahme die Zustimmung der Ver- 381
sorgungsberechtigten nicht erforderlich. Diese Zustimmungsfreiheit bezieht sich jedoch nur auf die Übertragung der Pensionsverbindlichkeiten. Soweit es im Zuge der Übernahme der Pensionsverbindlichkeiten zu einer Änderung der Versorgungszusage kommt, ist die Zustimmung der Versorgungsberechtigten erforderlich. Eine solche Änderung kann sich ergeben, wenn die bestehende Zusage an die Tarife der Versicherung angepasst werden müsste. Auch wenn es unabhängig von der Übertragung zu einer Inhaltsänderung der Pensionszusage kommen sollte, wäre die Zustimmung des Versorgungsberechtigten erforderlich[15].

---

[10] *Höfer* Band II , Rdnr. 3686.8.

[11] *BAG* NZA 1997, 1111.

[12] *Passarge* GmbHR 2007, 701, 703.

[13] *Blomeyer* § 4, Rdnr. 142.

[14] *Blomeyer* § 4, Rdnr. 142; *Passarge* GmbHR 2007, 701, 703.

[15] *Höfer* Band II, Rdnr. 3830.

382 Bei der Übertragung auf ein Unternehmen der Lebensversicherung war aus versicherungsrechtlichen Gründen eine Zustimmung der Versorgungsberechtigten erforderlich. Nach § 159 Abs. 2 S. 1 VVG a.F.[16] war bei einer Versicherung für den Fall des Todes eines anderen zur Gültigkeit des Vertrags die schriftliche Einwilligung des anderen erforderlich. Davon betroffen war jede Art von Todesfallversicherung auf die Person eines Dritten; die reine Todesfallversicherung, die mit einer Lebensversicherung verbundene Todesfallversicherung (gemischte Kapitallebensversicherung), aber auch die aufgeschobene Rentenversicherung, wenn sie für den Fall des Todes vor Rentenbeginn[17] oder während der Rentenlaufzeit eine Kapitalzahlung vorsieht (z.B. Rückkaufswert vor Rentenbeginn). Die Einholung einer solchen Zustimmung war mit einem nicht unerheblichen Verwaltungsaufwand verbunden. Insbesondere bei einer hohen Zahl von Versorgungsberechtigten war dies Anlass für Auseinandersetzungen oder das Verlangen nach Zahlung von „Lästigkeitsprämien", wodurch die Liquidation der Gesellschaft verzögert und teurer werden konnte.

383 Ob das Zustimmungserfordernis des § 159 Abs. 2 S. 1 VVG a.F. auch für den Fall des § 4 Abs. 4 BetrAVG zwingend sein sollte, wurde nur vereinzelt diskutiert[18]. Da durch das Zustimmungserfordernis der eigentliche Sinn und Zweck des § 4 Abs. 4 BetrAVG – die Erleichterung der Liquidation aufgrund der Zustimmungsfreiheit – konterkariert werden könnte, stellte sich die Frage, ob im Anwendungsbereich des § 4 Abs. 4 BetrAVG eine telelogische Reduktion des § 159 Abs. 2 S. 1 VVG a.F. erforderlich wäre, um das Ziel des § 4 Abs. 4 BetrAVG – die zustimmungsfreie Übertragung von Pensionsverbindlichkeiten im Zuge der Liquidation – überhaupt erst möglich zu machen. Gegen eine Einschränkung des Zustimmungserfordernisses nach § 159 Abs. 2 S. 1 VVG a.F. spräche die Möglichkeit der Übertragung auf eine Pensionskasse, da in diesem Fall eine Zustimmung der Versorgungsberechtigten nach § 159 Abs. 2 S. 1 VVG a.F. nicht erforderlich wäre. Der Zweck der Zustimmungsfreiheit des § 4 Abs. 4 BetrAVG wäre also auch bei der Bejahung eines Zustimmungserfordernisses nach § 159 Abs. 2 S. 1 VVG a.F. nicht unzumutbar erschwert, da auch die Möglichkeit der Übertragung auf eine Pensionskasse offenstünde[19]. Doch mit der Neufassung des VVG hat der Gesetzgeber das Zustimmungserfordernis des § 150 Abs. 2 S. 1 VVG n.F. dahingehend eingeschränkt, dass die schriftliche Einwilligung nicht erforderlich ist bei Kollektivlebensversicherungen im Bereich der betrieblichen Altersversorgung.

3. Anwendung auf alle Durchführungswege

384 Der Anwendungsbereich der schuldbefreienden Übertragung nach § 4 Abs. 4 BetrAVG ist nicht auf bestimmte Durchführungswege beschränkt und gilt für Direktzusagen, Pensionsfondszusagen, Unterstützungskassenzusagen, Direktversicherungszusagen und Pensionskassenzusagen[20]. Eine schuldbefreiende Übertragung ist sowohl hinsichtlich unverfallbarer Anwartschaften als auch laufender Leistungen möglich, dies ohne Begrenzung auf eine bestimmte Höhe[21]. Auch Pensionsverbindlichkeiten gegenüber beherrschenden Gesellschafter-Geschäftsführern können auf diesem Wege übertragen werden[22].

Für eine wirksame Übertragung muss sichergestellt sein, dass ab Rentenbeginn sämtliche Überschussanteile entsprechend § 16 Abs. 3 Nr. 2 BetrAVG zur Erhöhung der laufenden Leis-

[16] Der § 150 Abs. 2 VVG entspricht dem § 159 Abs. 2 VVG a.F. bis zum 31.12.2007.

[17] *BGH* VersR 1996, 357.

[18] *Passarge* GmbHR 2007, 701, 703.

[19] *Passarge* GmbHR 2007, 701, 703.

[20] *Blomeyer* § 4, Rdnr. 143; *Höfer* Band II, Rdnr. 3686.54.

[21] *Blomeyer*, § 4, Rdnr. 143, 144.

[22] *Kolvenbach*, S. 120; *Passarge* GmbHR 2007, 701, 703.

tungen verwendet werden. Der Wert der zu übertragenden Pensionsverpflichtung bestimmt sich nach § 4 Abs. 5 BetrAVG. Danach ist der Übertragungswert nach § 4 Abs. 2 Nr. 2 und Abs. 3 Satz 1 Nr. 2 i.V.m. Abs. 5 BetrAVG anzusetzen[23].

4. Vertragsgestaltung und Abwicklung

Bei § 4 Abs. 4 BetrAVG handelt es sich um eine neue Regelung, in der Versicherungsvertragspraxis haben sich bislang kaum einheitliche Strukturen herausgebildet. Regelmäßig dürfte die zu liquidierende Gesellschaft Versicherungsnehmer und die Versorgungsberechtigten die versicherten Personen sein. Denkbar sind auch Gestaltungen, bei denen der Versorgungsberechtigte selbst oder die Muttergesellschaft Versicherungsnehmer wird[24]. Wird der Versicherungsvertrag zwischen der Gesellschaft und der Versicherungsgesellschaft zugunsten der Versorgungsberechtigten abgeschlossen, ist gemäß § 150 Abs. 2 2. HS VVG die schriftliche Zustimmung der Versorgungsberechtigten nicht mehr erforderlich. **385**

Die Ausfinanzierung der Liquidationsversicherung durch die Gesellschaft erfolgt regelmäßig durch Zahlung eines Einmalbetrages an die Versicherungsgesellschaft. Es sind auch Ratenzahlungen möglich, was allerdings die Liquidation der Gesellschaft verzögern kann. Da im Zuge der Liquidation auch etwaige Rückdeckungsversicherungen aufgelöst werden, können die sich hieraus ergebenden Guthaben auf den Lebensversicherer übertragen werden[25]. Möglich und kostengünstig ist die Umwandlung von bestehenden Rückdeckungsversicherungen in eine Liquidationsversicherung. Der anfallende finanzielle Aufwand zur Abgeltung der Pensionsverbindlichkeiten kann sich bereits bei wenigen aktiven und ehemaligen Arbeitnehmern im Bereich von einigen Mio. EUR bewegen. **386**

Für die Berechnung der Versicherungsprämie wird von der Versicherungsgesellschaft ein versicherungsmathematisches Gutachten erstellt, anhand dessen das Versorgungsrisiko und die Höhe des Einmalbetrages berechnet werden. Hierzu muss die Gesellschaft die Versorgungszusagen sowie die persönlichen Daten (Geburtsdatum, Geschlecht, Eintrittsdatum, Austrittsdatum, Rentenbeginn, sowie Höhe der Rentenzahlungen) zur Verfügung stellen. Die Beitragsleistung der Gesellschaft muss wertmäßig so ausgestaltet sein, dass die Versorgungsberechtigten keine weitere Zahlungspflicht trifft[26]. **387**

Die bislang der Gesellschaft obligenden Aufgaben wie die Abführung von Steuern und Sozialversicherungsabgaben werden nach der Übertragung auf die Versicherungsgesellschaft von dieser übernommen. Beiträge für die Insolvenzsicherung an den PSV sind nicht mehr zu entrichten[27]. Die Liquidation ist gegenüber dem PSV anzuzeigen, so dass dieser eine Abschlussrechnung erstellen kann. **388**

Die Zahlung der Versicherungsprämie kann von der Gesellschaft als Betriebsausgabe steuerlich geltend gemacht werden, für die Versorgungsberechtigten ist dieser fiktive Zufluss durch die Erlangung eines Rechtsanspruchs gegen das Lebensversicherungsunternehmen oder die Pensionskasse gemäß § 3 Nr. 65 Satz 2 EStG steuerfrei[28]. Die Steuerfreiheit gilt gemäß R 27 Abs. 1 Satz 3 LStR auch für beherrschende Gesellschafter-Geschäftsführern[29]. **389**

---

[23] *Höfer* Band II, Rdnr. 3686.55; Merkblatt des *PSV* 300/M 8, S. 1.
[24] *Passarge* GmbHR 2007, 701, 703.
[25] *Passarge* GmbHR 2007, 701, 704.
[26] *Passarge* GmbHR 2007, 701, 703; *Höfer* Band II, Rdnr. 3834.
[27] Merkblatt des *PSV* 300/M 8, S. 2; *Kolvenbach*, S. 115; *Lilienthal* Stbg 2006, 306.
[28] *Förster* DStR 2006, 2149, 2149, 2156; *Passarge* GmbHR 2007, 701, 703.
[29] *Förster* DStR 2006, 2149, 2149, 2156; *Niermann* DB 2004, 1459.

IV. Umwandlungsrechtliche Ausgliederung von Pensionsverbindlichkeiten durch Spaltung

1. Überblick

390 Die Befreiung von Pensionsverbindlichkeiten durch eine Liquidationsversicherung kann sich aus steuerrechtlichen Gesichtspunkten als ungünstig erweisen oder aufgrund des hohen Liquiditätsbedarfes ausscheiden. In diesem Fall kann sich die umwandlungsrechtliche Übertragung von Pensionsverbindlichkeiten durch Abspaltung oder Ausgliederung auf eine sog. Rentner-Gesellschaft[30] anbieten. Bei der Errichtung einer Rentner-Gesellschaft werden laufende Pensionsverbindlichkeiten durch Spaltung gem. § 123 UmwG von dem zu entpflichtenden Unternehmen – hier also der zu liquidierenden Gesellschaft – auf eine neu zu gründende oder bereits bestehende Gesellschaft als aufnehmende übertragen. Die aufnehmende Gesellschaft ist dann die sogenannte Rentner-Gesellschaft. Unternehmensgegenstand der Rentner-Gesellschaft ist allein die Verwaltung der übergegangenen Pensionsverbindlichkeiten. Die Zulässigkeit von Rentner-Gesellschaften war lange Zeit umstritten. Nach herrschender Ansicht in der Literatur[31] und jüngst durch das *BAG* bestätigt[32], stehen die Beschränkungen des § 4 BetrAVG einer Ausgliederung von Pensionsverbindlichkeiten nicht entgegen, da § 4 BetrAVG hinter dem umwandlungsrechtlichen Haftungssystem der §§ 22, 133, 134 UmwG zurücksteht.

391 Die umwandlungsrechtliche Ausgliederung bietet sich insbesondere bei Restrukturierungen von Konzernen an, etwa um die Pensionsverbindlichkeiten verschiedenen Konzerngesellschaften in einer Rentner-Gesellschaft zu bündeln oder um im Vorfeld eines Unternehmensverkaufes die Gesellschaft von den bestehenden Pensionsverbindlichkeiten zu befreien. Der Vorteil dieser Methode besteht darin, dass die umwandlungsrechtliche Ausgliederung ohne Zustimmung der Versorgungsberechtigten durchgeführt werden kann und das übertragende Unternehmen nach Ablauf der gesamtschuldnerischen Haftung gemäß § 133 UmwG von den Pensionsverbindlichkeiten befreit ist. Durch die Neufassung des § 133 Abs. 3 S. 2 UmwG wurde die umwandlungsrechtliche gesamtschuldnerische Haftung für Pensionsverbindlichkeiten auf zehn Jahre verlängert. Der Übergang der Pensionsverpflichtungen sowie die diese bedeckenden Vermögensgegenstände auf die Rentner-Gesellschaft im Zuge der Spaltung ist in der HGB-, der Steuer- und in der IFRS-Bilanz zu berücksichtigen[33]. Anderes gilt hingegen für den Konzernabschluss. Sowohl bei Bilanzierung nach HGB als auch bei IFRS und US-GAAP-Bilanzierung sind im Konzernabschluss die auf die Rentner-Gesellschaft ausgelagerten Pensionsverbindlichkeiten und Vermögenswerte zu berücksichtigen, wenn die Gesellschaft konzernzugehörig bleibt. Eine Verbesserung auch der Konzernbilanz könnte nur erreicht werden, wenn der Gesellschafter der Rentner-Gesellschaft nicht konzernzugehörig ist[34].

392 Bei der Spaltung können die beteiligten Rechtsträger – also der Veräußerer und die Rentner-Gesellschaft als Erwerber – grundsätzlich frei vereinbaren, wer welche Aktiva und Passiva übernimmt. Die entsprechende Zuordnung erfolgt durch den Spaltungsvertrag, § 126 Abs. 1 Nr. 9

---

[30] Die Gesellschaft kann in jeder Rechtsform gegründet werden, der Einfachheit halber soll im Folgenden von der Rentner-GmbH ausgegangen werden.

[31] *Blomeyer*, § 4, Rdnr. 37; *Passarge* GmbHR 2007, 701, 702; *Wollenweber/Ebert* NZG 2006, 41; *Bahnsen* NJW 2005, 3328, 3330; *Langohr-Plato* NZA 2005, 966, 969; *Sieger/Aleth* DB 2002, 1487, 1488, *Kallmeyer* in: Kallmeyer § 132, Rdnr. 11; *Louven/Weng* BB 2006, 619, 623.

[32] *BAG* NZG 2005, 639; Urteil vom 11.03.2008 – 3 AZR 358/06, gegenwärtig unveröffentlicht.

[33] *Wellisch/Bleckmann* NWB Fach 17, S. 1599, 1611.

[34] *Wellisch/Bleckmann* NWB Fach 17, S. 1599, 1612.

i.V.m. § 135 Abs. 1 UmwG. Hinsichtlich der auf den Erwerber übergehenden Gesamtheit von Rechten und Verbindlichkeiten tritt partielle Gesamtrechtsnachfolge ein. Eine Zustimmung der jeweiligen Gläubiger ist dazu nicht erforderlich. Die nach § 126 Abs. 1 Nr. 9 UmwG frei zuordenbaren Gegenstände des Aktiv- und Passivvermögens können Sachen, einzelne Rechte oder Verbindlichkeiten des übertragenden Rechtsträgers sein. Erfasst werden daher grundsätzlich auch laufende Pensionsverbindlichkeiten gegenüber Betriebsrentnern sowie unverfallbare Anwartschaften ehemaliger Mitarbeiter auf Leistungen der betrieblichen Altersversorgung.

2. Zulässigkeit

Bei der Abspaltung von Pensionsverpflichtungen ist zu unterscheiden zwischen den Anwartschaften der aktiven Arbeitnehmer, den Anwartschaften ausgeschiedener Arbeitnehmer sowie den Pensionsverpflichtungen gegenüber den Betriebsrentnern: **393**

Die Anwartschaften der aktiven Arbeitnehmer bleiben mit dem Betriebsteil verbunden, in dem die betreffenden Arbeitnehmer nach der Spaltung tätig sind. Wird der Betrieb abgespalten, gehen die Anwartschaften der in diesem Betrieb tätigen Arbeitnehmer gemäß § 613a BGB, § 324 UmwG auf die Nachfolgegesellschaft über, andernfalls verbleiben sie bei der abgebenden Gesellschaft **394**

Die Abspaltung von Anwartschaften ausgeschiedener Arbeitnehmer sowie die laufenden Pensionsverbindlichkeiten gegenüber den Betriebsrentnern ist nach der Rechtsprechung des *BAG* auch ohne Zustimmung der Anwärter, der Betriebsrentner oder des *PSV* zulässig[35]. Die Übertragbarkeit von Versorgungsverbindlichkeiten wird durch § 4 BetrAVG nicht ausgeschlossen, noch ergeben sich daraus bestimmte Voraussetzungen. Aus den §§ 22, 133, 134 UmwG ergibt sich ein in sich geschlossenes Haftungssystem, das als spezielles Regelwerk auch § 4 BetrAVG vorgeht[36]. Die in diesen nach § 135 UmwG auch auf Ausgliederungen zur Neugründung anwendbaren Bestimmungen vorgesehene gesamtschuldnerische Haftung des übertragenden und des übernehmenden Rechtsträgers macht bei Betriebsrentenansprüchen nur dann Sinn, wenn der PSV und der Gläubiger keine Möglichkeit haben, mit der Verweigerung der Zustimmung den Übergang von Versorgungsverbindlichkeiten von vornherein zu verhindern[37]. **395**

Dieser arbeitsrechtlichen Betrachtung hat sich jüngst die registergerichtliche Rechtsprechung entgegengestellt. So hat das *AG Hamburg* mit Beschluss von 01.07.2005[38], bestätigt durch das *LG Hamburg* vom 08.12.2005[39], die Eintragung einer Rentner-Gesellschaft in das Handelsregister und damit die Ausgliederung von Pensionsverbindlichkeiten im Wege einer Spaltung verweigert. Zunächst hat das Urteil des *AG Hamburg* in der Literatur erhebliche Kritik erfahren, doch sind in der neueren arbeitsrechtlichen Literatur Tendenzen zu bemerken, die der Rentner-Gesellschaft kritischer gegenüberstehen. **396**

Zwar wurde die Diskussion über die Zulässigkeit der Rentner GmbH aufgrund des misslungenen Wortlautes des § 132 UmwG a.F. geführt, doch ist die Rechtslage auch nach der Änderung der Vorschrift keineswegs eindeutig. Gegenstand der Urteile des *AG Hamburg* und des *LG Hamburg* ist nicht unbedingt die grundsätzliche Zulässigkeit der umwandlungsrechtlichen Auslagerung der Pensionsverpflichtungen – also das „Ob“ –, sondern die Frage der Ausgestaltung im Einzelnen – also das „Wie“. Denn bei dem zu entscheidenden Fall stand die Gefahr einer rechtsmißbräuchlichen Gestaltung im Vordergrund, der sich die Registergerichte offensicht- **397**

---

[35] *BAG* NZG 2005, 639, 642.
[36] *BAG* NZG 2005, 639, 642.
[37] *BAG* NZG 2005, 639, 642.
[38] *AG Hamburg* NZG 2005, 899.
[39] *LG Hamburg* ZIP 2005, 2331.

lich entgegenstellen wollten. Der zu entscheidende Fall lag hier anders als der des *BAG*. Dies wird an den recht umfangreichen und unterschiedlichen Begründungen der Hamburger Gerichte deutlich. Insoweit hervorzuheben ist, dass sich das *LG Hamburg* in seinen Gründen dem *AG Hamburg* entgegenstellt, das tatsächlich eine grundsätzliche Unzulässigkeit der umwandlungsrechtlichen Auslagerung annimmt. Das *LG Hamburg* stellt hierzu klar, dass es die Unzulässigkeit der Rentner-Gesellschaft im konkreten Fall auf andere Gesichtspunkte stützt und der zu entscheidende Sachverhalt von dem der bisherigen *BAG* Rechtsprechung zu unterscheiden – und daher auch anders zu bewerten ist. Es stützt die Unzulässigkeit des Vorganges vor allem auf umwandlungsrechtliche Fehler[40] und will das mögliche Privileg einer Freistellung von der Zustimmungspflicht nach den § 4 BetrAVG, § 132 UmwG nur dann gewähren, wenn gleichzeitig ein gleichwertiges Vermögen übertragen wird. Andernfalls erscheine die Ausgliederung als Missbrauch der Rechtsform[41]. Daher war der Fall auch anders zu beurteilen als der des *BAG*, in dem über die Zulässigkeit der Ausgliederung eines gesamten Betriebsteiles mit allen Aktiven und Passiven zu entscheiden war[42]. Ferner ist zu beachten, dass die Ausgliederung von Pensionsverpflichtungen immer die Gefahr birgt, dass die übernehmende Gesellschaft nach Auslaufen der Nachhaftung nach § 133 UmwG in die Insolvenz gerät und die Ansprüche der Pensionäre über den PSV letztlich entweder auf den Staat oder auf andere Unternehmen verteilt werden. Diese Gefahr ist geringer, wenn die Ausgliederung mit der Übertragung eines gesamten laufenden Betriebes mit Aktiva und Passiva einhergeht, als wenn nur die Pensionsverpflichtungen mit einer Ausstattung in Geld oder anderen Werten übertragen werden.

398 Diesen Bedenken des *LG Hamburg* ist zu folgen. Die Zulässigkeit einer umwandlungsrechtlichen Ausgliederung von Pensionsverbindlichkeiten ist vom Gesetzgeber gewollt. Dies wird nicht nur an der Streichung des § 132 UmwG deutlich, sondern ergibt sich auch und eindeutiger aus der Einfügung des § 133 Abs. 3 S. 2 UmwG. An der Verlängerung der Nachhaftung für Pensionsverbindlichkeiten von fünf Jahren auf immerhin zehn Jahre (einer dogmatisch sehr untypischen Bevorzugung einer Gläubigergruppe) wird deutlich, dass der Gesetzgeber hier ein besonderes Schutzbedürfnis der Pensionäre erkannt hat, und die Abspaltung der Rentner-Gesellschaft offensichtlich nicht unkritisch sieht. Diese Verlängerung der Nachhaftung greift bereits die Argumentation des *LG Hamburg* auf. Die Frage der ausreichenden Kapitalausstattung sowie der Anpassung nach § 16 BetrAVG ist unabhängig von der Zulässigkeit der Ausgliederung zu behandeln und steht in keinem Zusammenhang mit der gesetzgeberischen Entscheidung für oder gegen die Zulässigkeit einer Rentner-Gesellschaft. Denn werden diese Voraussetzungen bei einer Abspaltung nicht erfüllt und ist die Rentner-Gesellschaft beispielsweise nicht mit ausreichendem Kapital ausgestattet und wäre somit bei Eintragung bereits überschuldet, müsste das Registergericht die Eintragung verweigern. Dies hat jedoch nichts mit der grundsätzlichen Zulässigkeit oder Unzulässigkeit einer Rentner-Gesellschaft zu tun.

3. Angemessene Vermögensausstattung

399 Um die Gefahr eines Rechtsmissbrauches zu verhindern und die Anpassung der Renten nach § 16 BetrAVG zu gewährleisten, muss die bereits bestehende oder neu zugründende Rentner-Gesellschaft über eine für die Begleichung der Pensionsverbindlichkeiten ausreichende Kapitalausstattung verfügen[43]. Die Ausgliederung von Pensionsverbindlichkeiten auf eine weitgehend ver-

---

[40] *LG Hamburg* ZIP 2005, 2331, 2332.

[41] *LG Hamburg* ZIP 2005, 2331, 2332.

[42] *BAG* DB 2005, 954 ff.

[43] *BAG* Urteil vom 11.03.2008 – 3 AZR 358/06, gegenwärtig unveröffentlicht, *LG Hamburg* ZIP 2005, 2331, 2332; *Blomeyer* § 4, Rdnr. 37; *Passarge* GmbHR 2007, 701, 703; *Bahnsen* NJW 2006, 3328, 3330;

mögenslose Gesellschaft ist daher nicht zulässig, da dies einen Gestaltungsmissbrauch darstellt. In diesem Fall muss das Registergericht die Eintragung der Rentner-Gesellschaft verweigern. Fehlt es an zur Deckung der Versorgungsverbindlichkeiten erforderlichen Vermögenswerten, besteht die Gefahr, dass die Rentner-Gesellschaft zahlungsunfähig wird oder überschuldet ist und ein Insolvenzantrag gestellt werden muss. Nach jüngster *BAG* Rechtsprechung[44] besteht bei unzureichender Kapitalausstattung ein Schadenersatzanspruch der Versorgungsberechtigten gegenüber dem früheren Arbeitgeber.

4. Umfang der Entpflichtung

Die Übertragung von Pensionsverbindlichkeiten auf eine Rentner-Gesellschaft ist nur im Hinblick auf Betriebsrentner und Pensionsanwärter mit unverfallbaren Versorgungsanwartschaften möglich. Pensionsverpflichtungen gegenüber aktiven Arbeitnehmern der übertragenden Gesellschaft können nicht von den Arbeitsverhältnissen getrennt und daher nicht auf die Rentner-Gesellschaft übertragen werden. **400**

Darüber hinaus ist die Entpflichtung zeitlich aufgrund der gesamtschuldnerischen Haftung nach § 133 UmwG eingeschränkt. Die Zuweisung der Pensionsverbindlichkeiten zu einer Gesellschaft führten nicht uneingeschränkt zur Enthaftung der abgebenden Gesellschaft, da diese der Nachhaftung gemäß § 133 Abs. 1, Abs. 3 UmwG unterliegt. Die Dauer der gesamtschuldnerischen Nachhaftung betrug bislang gem. § 133 Abs. 3 UmwG fünf Jahre, ungeachtet, ob es sich um allgemeine Verbindlichkeiten oder um Pensionsverbindlichkeiten handelte. Durch die Änderung des UmwG durch das Zweite Gesetz zur Änderung des Umwandlungsgesetzes mit Wirkung zum 25. April 2007 wurde in § 133 Abs. 3 ein Satz 2 eingefügt, der die Nachhaftung für vor dem Wirksamwerden der Spaltung begründete Versorgungsverpflichtungen auf Grund des Betriebsrentengesetzes auf eine Frist von zehn Jahren ausdehnt. Das bedeutet für die umwandlungsrechtliche Ausgliederung von Pensionsverbindlichkeiten, dass das zu entpflichtende Unternehmen nach § 133 Abs. 3 S. 2 UmwG innerhalb des Zehnjahreszeitraumes gesamtschuldnerisch auch für die Pensionsverbindlichkeiten haftet, die vor dem Wirksamwerden der Spaltung begründet worden sind und im Spaltungs- und Übernahmevertrag der übernehmenden Gesellschaft zugewiesen wurden. **401**

Unabhängig von der Haftungszuweisung nach § 133 UmwG kann zwischen den beteiligten Gesellschaften im Innenverhältnis eine Ausgleichspflicht vereinbart werden, so dass bereits vor Ablauf der Frist eine wirtschaftliche Entpflichtung des abgebenden Unternehmens erreicht werden könnte. **402**

5. Anspruch auf Sicherheitsleistung, § 22 UmwG

Nach §§ 22, 125 UmwG können die Gläubiger der an der Spaltung beteiligten Rechtsträger Sicherheitsleistung verlangen, wenn sie glaubhaft machen, dass durch die Spaltung die Erfüllung ihrer Forderungen gefährdet wird. Ein solcher Anspruch der Versorgungsberechtigten oder des PSV wird regelmäßig nicht zu bejahen sein. **403**

Langohr-Plato NZA 2005, 966, 969; *Sieger/Aleth* DB 2002, 1487, 1488, *Kallmeyer* in: Kallmeyer § 132, Rdnr. 11; *Louven/Weng* BB 2006, 619, 623; *Klemm/Hamisch* BB 2005, 2409; 2413.

[44] *BAG* Urteil vom 11.03.2008 – 3 AZR 358/06, gegenwärtig unveröffentlicht.

a. Versorgungsberechtigte

404 Ein Anspruch der von der Spaltung betroffenen Versorgungsberechtigten auf Sicherheitsleistung dürfte bei der umwandlungsrechtlichen Übertragung von Versorgungsverbindlichkeiten regelmäßig nicht bestehen. Denn ein Anspruch auf Sicherheitsleistung nach § 22 Abs. 2 UmwG besteht nicht, wenn die Gläubiger im Insolvenzfall ein Recht auf vorzugsweise Befriedigung aus einer Deckungsmasse haben, die zu ihrem Schutz errichtet und staatlich überwacht wird. Diese Ausnahmeregelung wurde ausweislich der Gesetzesbegründung[45] insbesondere im Hinblick auf den gesetzlichen Insolvenzschutz des BetrAVG und die sich daraus ergebende Haftung des PSV aufgenommen. Beim PSV handelt es sich nach h.A. um eine besondere Deckungsmasse i. S. von § 22 Abs. 2 UmwG[46], so dass ein Anspruch auf Sicherheitsleistung ausscheidet, soweit die Versorgungsverpflichtungen dem gesetzlichen Insolvenzschutz unterliegen.

405 Sicherheitsleistung kann damit nur für solche Versorgungsansprüche verlangt werden, die nicht dem gesetzlichen Insolvenzschutz unterliegen (z.B. Zusagen an Gesellschaftergeschäftsführer, vertraglich unverfallbare Anwartschaften oder Ansprüche, die die Höchstgrenze des § 7 Abs. 3 BetrAVG übersteigen). Dieser Anspruch besteht aber nur, sofern glaubhaft gemacht werden kann, dass die Erfüllung der Forderungen gefährdet ist und der Anspruch auf Sicherheitsleistung innerhalb von 6 Monaten nach Bekanntmachung der Eintragung der Spaltung geltend gemacht wird.

b. PSV

406 Ein Anspruch des PSV auf Sicherheitsleistung besteht ebenfalls nicht. Denn ein zu sichernder Anspruch des PSV gegen das Unternehmen liegt zum Zeitpunkt der Spaltung regelmäßig nicht vor, da ein Anspruch des PSV erst mit seiner Leistungspflicht im Insolvenzfall entsteht, da zu diesem Zeitpunkt die Ansprüche der Arbeitnehmer auf den PSV gem. § 9 Abs. 2 BetrAVG übergehen.

V. Auslagerung der Pensionsverbindlichkeiten im Rahmen eines Contractual Trust Agreements

407 Unter dem Stichwort „Contractual Trust Agreements" (CTA) wird seit einiger Zeit die bilanzielle Auslagerung von Pensionsverbindlichkeiten diskutiert[47]. Beweggrund ist die Möglichkeit der Saldierung von Pensionsverbindlichkeiten mit den ausgelagerten Vermögenswerten bei Bilanzierung nach IFRS unter den Voraussetzungen von IFRS 19.7, so dass es zu einer Bilanzverkürzung kommen kann. In der Bilanz ist nur der sich aus der Saldierung ergebende Differenzbetrag, nicht der gesamte Umfang der Pensionsverbindlichkeiten auszuweisen (sogenannter Nettoausweis). Dies gilt jedoch nur für die Bilanzierung nach IFRS. Die Einrichtung eines CTA führt nicht zu einer Verkürzung der Handelsbilanz, die Pensionsrückstellungen sind uneingeschränkt gemäß §§ 246 Abs. 2, 252 Abs. 1 Nr. 3 HGB zu passivieren. Auch die Steuerbilanz kann nicht beeinflusst werden, da das Treugut dem Betriebsvermögen des Trägerunternehmens zugerechnet und nach allgemeinen Grundsätzen bewertet wird[48].

---

[45] BT-Drucks. 12/6699 S. 92; *Kallmeyer* in: Kallmeyer § 22 Rdn. 10, m.w.N.; *Vossius* in: Widmann/Mayer, § 22 UmwG Rdnr. 42.

[46] *Langohr-Plato* NZA 2005, 970, m.w.N.

[47] Vgl. hierzu ausführlich: *Passarge* NZI 2006, 20 ff.; ders. DB 2005 2746 ff.; *Küppers/Louven/Schröder* BB 2005, 763 ff.; *Küppers/Louven* BB 2004, 337 ff.; *Klemm* DStR 2005, 1291 ff.; *Kolvenbach*, S. 199 ff.

[48] *Rößler/Doetsch/Heger* BB 1999, 2498, 03.

Ein CTA dient der Rückdeckung einer Direktzusage und damit der Insolvenzsicherung von Pensionsansprüchen, es handelt sich nicht um einen eigenen Durchführungsweg der betrieblichen Altersvorsorge. Mit einem CTA wird die rechtliche Struktur eines anglo-amerikanischen Trustes nachgebildet und das die Pensionsverbindlichkeiten deckende Vermögen des Trägerunternehmens treuhänderisch auf einen „Trust" – i.d.R. ein eingetragener Verein – übertragen, um es für den Fall einer Unternehmensinsolvenz für die Begleichung der Pensionsverbindlichkeiten bereit zu halten[49]. Die Vermögensübertragung erfolgt nur rechtlich, wirtschaftlich bleiben die Vermögensgegenstände dem Trägerunternehmen zugeordnet. Neben der Insolvenzsicherung von Pensionsansprüchen, kann durch ein CTA der gesetzlichen Pflicht zur Einrichtung der privatrechtlichen Insolvenzsicherung von Wertguthaben aus Altersteilzeitguthaben im Blockmodell nach § 8a Altersteilzeitgesetz (ATG) sowie von Lebensarbeitszeit- und Langzeitarbeitsguthaben nach § 7d SGB IV entsprochen werden[50]. **408**

Zu beachten ist aber, dass es bei einem CTA lediglich zu einer *bilanziellen* Ausgliederung von Pensionsverbindlichkeiten kommt. Eine schuldrechtlich wirksame Befreiung des Unternehmens von den Pensionsverbindlichkeiten kann nicht erreicht werden. Daher kann durch ein CTA die für Liquidationszwecke erforderliche Befreiung von den Pensionsverbindlichkeiten nicht erreicht werden. **409**

VI. Besonderheiten bei Gesellschafter-Geschäftsführern

Die oben dargestellten Beschränkungen der §§ 3 und 4 BetrAVG gelten nicht für beherrschende Gesellschafter-Geschäftsführer, so dass die zu liquidierende Gesellschaft von diesen Pensionsverbindlichkeiten auch durch Verzicht oder Abfindung befreit werden kann[51]. Problematisch ist insoweit vor allem die bilanzielle und steuerliche Bewertung dieses Vorgangs bei der Gesellschaft und beim Gesellschafter-Geschäftsführer, was im Folgenden kurz dargelegt werden soll. **410**

1. Verzicht auf den Pensionsanspruch

Anders als Arbeitnehmer, die dem Schutz des BetrAVG unterliegen, kann der beherrschende Gesellschafter-Geschäftsführer auf seinen Pensionsanspruch durch einen Erlassvertrag gem. § 397 BGB verzichten[52]. Ein wirksamer Verzicht liegt jedoch bei einem Rangrücktritt, bzw. bedingten Forderungsverzicht mit Besserungsabrede nicht vor. **411**

a. Gesellschaft

Ein auf dem Gesellschaftsverhältnis beruhender Verzicht auf eine gegenüber der Gesellschaft bestehenden Forderung durch einen Gesellschafter führt zu einer Einlage in Höhe des Teilwertes der Forderung[53]. Dies gilt sowohl für einen vollständigen als auch für einen teilweisen **412**

---

[49] *Passarge* NZI 2006, 20 ff.; ders. DB 2005 2746 ff.

[50] *Passarge* NZI 2006, 20, 21.

[51] Insbesondere beim Verzicht auf Pensionszusagen und bei der Übertragung auf andere Rechtsträger besteht regelmäßig die Gefahr des steuerwirksamen Zuflusses des Teilwerts der Ansprüche beim Pensionsberechtigten, ohne dass tatsächlich Liquidität zufließt.

[52] *Höfer* Band II, Rdnr. 3110.

[53] *BFH* BB 1997, 1735; *Höfer* Band II, Rdnr. 3113; *Förster* DStR 2006, 2149, 2149.

Verzicht und erstreckt sich auf den werthaltigen Teil der Forderung[54] Bei dem anzusetzenden Teilwert handelt es sich um den nach § 8 Abs. 1 KStG i.V.m. § 6 Abs. 1 Nr. 5 EStG anzusetzenden Wert[55]. Der Wert der Versorgungsverpflichtung wird von der passivierten Verbindlichkeit gelöst, sodass der Wert regelmäßig vom Bilanzwert der Pensionsrückstellung nach § 6a EStG abweichen wird[56]. Die Einlage ist daher im Zweifel mit den Wiederbeschaffungskosten zu bewerten[57]. Anhaltspunkt hierfür kann die (fiktive) Einmalprämie eines Lebensversicherungsunternehmens sein[58].

b. Gesellschafter

413 Demgegenüber führt der Verzicht beim Gesellschafter zu einem fiktiven Zufluss in Höhe des Teilwerts des Pensionsanspruchs, der gemäß § 19 EStG in voller Höhe steuerpflichtig ist[59]. Der zu versteuernde Zufluss entspricht dem Wert der verdeckten Einlage[60]. Der für die Bewertung der Einlage maßgebende Teilwert des Pensionsanspruchs des Gesellschafters ist nach den Grundsätzen des *BFH*[61] im Zweifel nach den Wiederbeschaffungskosten zu ermitteln[62]. Anhaltspunkt hierfür kann die (fiktive) Einmalprämie eines Lebensversicherungsunternehmens sein, die der Gesellschafter im Zeitpunkt seines Verzichts hätte aufwenden müssen, um einen gleich hohen Pensionsanspruch gegen einen vergleichbaren Schuldner zu erwerben[63].

414 Bislang von der Rechtsprechung nicht entschieden ist die Frage, ob beim Verzicht auf einen werthaltigen Pensionsanspruch für den fiktiven Zufluss beim Gesellschafter Lohnsteuer einzubehalten ist, da die Verpflichtung zum Lohnsteuereinbehalt eine Zahlung voraussetzt, § 38 Abs. 1 Satz 1 EStG. Da das Vorliegen einer solchen Zahlung bei einem bloß fiktiven Zufluss zweifelhaft ist, besteht zumindest eine erhebliche Gefahr, dass eine Verpflichtung zum Einbehalt von Lohnsteuer besteht[64]. Denkbar ist insoweit auch eine haftungsbefreiende Anzeige nach § 38 Abs. 4 Satz 2 EStG, da kein Barlohn vorliegt[65].

2. Abfindung von Pensionszusagen

415 Die Abfindung von Pensionsanwartschaften und laufenden Pensionsleistungen von beherrschenden Gesellschafter-Geschäftsführern zu Liquidationszwecken ist ohne die Einschränkungen des BetrAVG möglich[66]. Die Abfindung kann als Barbetrag geleistet werden, möglich ist aber auch die Übertragung einer von der Gesellschaft abgeschlossenen Rückdeckungsversicherung. Allein die Abtretung der Forderung aus der Rückdeckungsversicherung ist im Liquidationsfalle nicht ausreichend, da die Gesellschaft weiterhin Versicherungsnehmer bliebe. Vielmehr muss ein Wechsel des Versicherungsnehmers von der Gesellschaft auf den Gesellschafter vorgenommen werden.

---

54 *BFH* BB 1997, 1735; *Höfer* Band II, Rdnr. 3113; *Förster* DStR 2006, 2149, 2149.

55 *Höfer* Band II Rdnr. 3114.

56 *Höfer* Band II Rdnr. 3114; *Förster* DStR 2006, 2149, 2149; *Beck* DStR 2002, 473, 476.

57 *BFH* BB 1997, 1735; BB 1998, 419; *Höfer* Band II, Rdnr. 3114.

58 Vgl. zur Berechnung auch: *Höfer* Band II, Rdnr. 3114 ff.; *Förster* DStR 2006, 2149, 2150; *Beck* DStR 2002, 473, 476.

59 *BFH* BB 1997, 1735; *Höfer* Band II Rdnr. 3128; *Förster* DStR 2006, 2149, 2150.

60 *Höfer* Band II Rdnr. 3128; *Förster* DStR 2006, 2149, 2150.

61 *BFH* DStR 1998, 236.

62 *BFH* BB 1997, 1735; BB 1998, 419; *Höfer* Band II, Rdnr. 3114.

63 Für die Details vgl. *Förster* DStR 2006, 2149, 2150.

64 *Förster* DStR 2006, 2149, 2150.

65 *Förster* DStR 2006, 2149, 2150.

66 *Höfer* Band II Rdnr. 3134.

a. Gesellschaft

Bei der Abfindung von Pensionsverbindlichkeiten ist die entsprechende Rückstellung gewinnerhöhend aufzulösen und die Abfindungszahlung gewinnmindernd zu verbuchen[67]. Dies gilt unabhängig davon, ob die Abfindungszahlung ganz oder teilweise als vGA zu behandeln ist. Für die steuerliche Bewertung ist entscheidend, ob die Abfindung als verdeckte Gewinnausschüttung i.S. von § 8 Abs. 3 Satz 2 KStG anzusehen ist oder ob sie betrieblich veranlasst ist[68]. **416**

b. Gesellschafter

Demgegenüber führt die Abfindung des Pensionsanspruches beim Gesellschafter zu einem fiktiven Zufluss in Höhe des Teilwerts des Pensionsanspruchs, der als Einnahme aus nichtselbstständiger Arbeit gemäß § 19 EStG voll steuerpflichtig ist[69]. Stellt die Abfindung eine vGA dar, so ist dies als Einkünfte aus Kapitalvermögen (§ 20 Abs. 1 Nr. 1 S. 2 EStG) steuerpflichtig[70]. Für die Abfindung kann die Tarifermäßigung nach § 34 Abs. 1 EStG anwendbar sein, wenn die Abfindung von Pensionsanwartschaften und laufenden Pensionsleistungen als eine Vergütung für mehrjährige Tätigkeit i. S. von § 34 Abs. 2 Nr. 4 EStG anzusehen ist[71]. **417**

3. Übertragung der Pensionsverbindlichkeit

Als weitere Möglichkeit kommt auch bei Gesellschafter-Geschäftsführern die Übertragung der Pensionsverbindlichkeit auf einen anderen Arbeitgeber in Betracht. Wie bereits oben dargestellt, kann nach § 4 Abs. 2 Nr. 2 BetrAVG der neue Arbeitgeber eine der bisherigen Zusage wertgleiche Zusage erteilen, sofern er hierfür einen angemessenen Ausgleich erhält. Beherrschende Gesellschafter-Geschäftsführer fallen regelmäßig nicht in den Anwendungsbereich des § 4 BetrAVG, so dass die Einschränkungen der Vorschrift nur für den nicht beherrschenden Gesellschafter-Geschäftsführer gelten[72]. Die Übernahme einer gegenüber einem nicht beherrschenden Gesellschafter-Geschäftsführer bestehenden Pensionsverbindlichkeit orientiert sich an den Grundsätzen des § 4 Abs. 2 Nr. 2 BetrAVG. Auch beim beherrschenden Gesellschafter-Geschäftsführer ist eine Zustimmung zur Übertragung nach § 415 BGB erforderlich. **418**

a. Gesellschaft

Bei der zu liquidierenden Gesellschaft ist die Pensionsrückstellung gewinnerhöhend aufzulösen. Die Ausgleichszahlung an den neuen Arbeitgeber ist Betriebsausgabe sofern die Pensionszusage im Übertragungszeitpunkt bereits unverfallbar ist[73]. **419**

---

[67] *Höfer* Band II Rdnr. 3128; *Förster* DStR 2006, 2149, 2150. Gleiches gilt für den Fall der Übertragung einer Rückdeckungsversicherung.

[68] Ausführlich hierzu: *Höfer* Band II, Rdnr. 3137 ff.; *Förster* DStR 2006, 2149, 2153.

[69] *Höfer* Band II, Rdnr. 3160.

[70] *Höfer* Band II, Rdnr. 3160 ff.

[71] *Höfer* Band II, Rdnr. 3169; *Förster* DStR 2006, 2149, 2154.

[72] *Höfer* Band II, Rdnr. 3176.

[73] *Ahrend/Förster/Rößler*, Steuerrecht der betrieblichen Altersversorgung, Teil 2, Rn. 234; *Ott* StuB 2006, 379.

b. Gesellschafter

420 Die Übertragung von Pensionsansprüchen auf einen neuen Arbeitgeber ist grundsätzlich nach § 3 Nr. 55 EStG steuerneutral[74]. Aber da § 3 Nr. 55 EStG an die Vorschriften des BetrAVG anknüpft, bestehen Zweifel, ob diese Steuerfreiheit auch auf beherrschende Gesellschafter-Geschäftsführer anzuwenden ist. Eine einheitliche Ansicht hat sich bislang weder in der Rechtsprechung noch in der Literatur herausgebildet[75].

3. Abspaltung der Pensionsverbindlichkeit gemäß § 123 Abs. 2 UmwG

421 Bei der Abspaltung der Pensionsverbindlichkeiten im Zuge einer Rentner-Gesellschft besteht Steuerneutralität nur, soweit sowohl das abgespaltene Vermögen als auch das zurückbehaltene Vermögen steuerlich als Teilbetrieb anzusehen sind. Da es bei einer Abspaltung auf die Zustimmung des Pensionsberechtigten nicht ankommt, führt dieser Vorgang grundsätzlich nicht zu einem Zufluss bei den Begünstigten[76].

---

[74] *Höfer* Band II Rdnr. 3191; *Förster* DStR 2006, 2149, 2155.

[75] Für die Anwendung der Steuerfreiheit unter Verweis auf den Gesetzeszweck, die Portabilität von Versorgungsansprüchen zu erleichtern: *Höfer* Band II, Rdnr. 3191. Uneindeutig: *FG Rheinland-Pfalz* DStRE 2002, 265, Rev. beim *BFH* unter VI R 6/02 sowie *Förster* DStR 2006, 2149, 2155; *Beck* DStR 2002, 473, 480; *Hoffmann* GmbH-StB 2002, 151.

[76] *Förster* DStR 2006, 2149, 2156.

§ 7 Fortsetzung der Gesellschaft nach Auflösung

I. Zulässigkeit der Fortsetzung der aufgelösten Gesellschaft

Die Gesellschaft kann nachdem sie aufgelöst worden ist, fortgesetzt und vom Status einer Abwicklungsgesellschaft in den einer werbenden Gesellschaft zurückversetzt werden[1]. Es handelt sich dabei nicht lediglich um ein Andauern oder Ausdehnen der Liquidationsphase[2], vielmehr wird das Liquidationsverfahren der Gesellschaft eingestellt und von den Gesellschaftern beschlossen, dass die Gesellschaft in den Zustand werbender Tätigkeit zurückversetzt werden soll. Als Folge der Fortsetzung gelten die besonderen Regelungen der §§ 60 ff. GmbHG nicht mehr. Sowohl im Innen- als auch im Außenverhältnis gelten nun wieder uneingeschränkt die allgemeinen Vorschriften des GmbHG[3]. Der Zweck der Gesellschaft wandelt sich vom Abwicklungszweck zur erwerbswirtschaftlichen Tätigkeit[4]. Abgesehen von § 60 Abs. 1 Nr. 4 GmbHG besteht im GmbHG keine ausdrücklichen Regelung für die Fortsetzung der Gesellschaft, auch in der Rechtsprechung wurde diese Thematik bislang nur am Rande behandelt[5]. Demgegenüber findet sich im AktG eine ausführliche Regelung in § 274 AktG. Zwar bestehen über die grundsätzliche Zulässigkeit der Fortsetzung und die allgemeinen Voraussetzungen hierfür weitgehende Einigkeit, doch herrscht bei einzelnen Fragen noch Uneinigkeit. Um die Gesellschaft im Stadium der Liquidation fortsetzen zu können, sind nach allgemeiner Ansicht jedenfalls die folgenden Voraussetzungen kumulativ zu erfüllen: 422

- Die Gesellschaft muss aufgelöst, aber noch nicht vollbeendet sein[6];
- der Auflösungsgrund muss beseitigbar und auch tatsächlich beseitigt worden sein[7];
- es muss ein wirksamer Fortsetzungsbeschluss gefasst worden sein[8].
- Nicht unbestritten ist die bislang h.M., wonach noch nicht mit der Verteilung des Vermögens begonnen worden sein darf[9] sowie
- die Frage nach dem für die Fortsetzung erforderlichen Stammkapital.

---

[1] *RGZ* 118, 337; *Schulze-Osterloh/Fastrich* in: Baumbach/Hueck, § 60, Rdnr. 52; *Nerlich* in: Michalski, § 60, Rdnr. 331; *Lutter/Kleindiek* in: Lutter/Hommelhoff, § 60, Rdnr. 29; *Ulmer* in: Hachenburg, § 60 Rdnr. 78; *K. Schmidt* in: Scholz, § 60, Rdnr. 43.

[2] *Lutter/Kleindiek* in: Lutter/Hommelhoff, § 60, Rdnr. 28; *Erle* GmbHR 1997, 973, 974.

[3] *BayObLG* GmbHR 1988, 60; *Ulmer* in: Hachenburg, § 60 Rdnr. 42; *Erle* GmbHR 1997, 973, 974.

[4] *Ulmer* in: Hachenburg, § 60 Rdnr. 79; *Schulze-Osterloh/Fastrich* in: Baumbach/Hueck, § 60, Rdnr. 53; *Erle* GmbHR 1997, 973, 974.

[5] Siehe lediglich: *RGZ* 118, 337; *KG* JW 1925, 640; 1930, 2719; *BayObLG* DB 1978, 2164.

[6] *RGZ* 118, 337, 339; *Schulze-Osterloh/Fastrich* in: Baumbach/Hueck, § 60, Rdnr. 52; *Lutter/Kleindiek* in: Lutter/Hommelhoff, § 60, Rdnr. 29; *Ulmer* in: Hachenburg, § 60 Rdnr. 84, 108; *K. Schmidt* in: Scholz, § 60, Rdnr. 81; *Gehrlein*, DStR 1997, 31; 32; *Erle* GmbHR 1997, 973, 974.

[7] *RGZ* 118, 337, 339; *Schulze-Osterloh/Fastrich* in: Baumbach/Hueck, § 60, Rdnr. 53; *Lutter/Kleindiek* in: Lutter/Hommelhoff, § 60, Rdnr. 29; *Ulmer* in: Hachenburg, § 60 Rdnr. 81; *K. Schmidt* in: Scholz, § 60, Rdnr. 81.

[8] *Schulze-Osterloh/Fastrich* in: Baumbach/Hueck, § 60, Rdnr. 53; *Nerlich* in: Michalski, § 60, Rdnr. 346; *Lutter/Kleindiek* in: Lutter/Hommelhoff, § 60, Rdnr. 29; *Ulmer* in: Hachenburg, § 60 Rdnr. 88; *K. Schmidt* in: Scholz, § 60, Rdnr. 85; zu den Mehrheitserfordernissen siehe unten Rdnr. 433.

[9] *RGZ* 118, 337, 339; *OLG Düsseldorf* GmbHR 1979, 227, 228; *Schulze-Osterloh/Fastrich* in: Baumbach/Hueck, § 60, Rdnr. 52; *Lutter/Kleindiek* in: Lutter/Hommelhoff, § 60, Rdnr. 29; *Ulmer* in: Hachenburg,

423 Wurden im Zuge der Liquidation die Pensionsverbindlichkeiten der Gesellschaft nach § 4 Abs. 4 BetrAVG auf eine Pensionskasse oder einem Unternehmen der Lebensversicherung übertragen, so ist dies im Falle der Fortsetzung der Gesellschaft rückgängig zu machen, da § 4 Abs. 4 BetrAVG an die endgültige Liquidation der Gesellschaft anknüpft[10]. Wird der Betrieb ohne Abschluss des Liquidationsverfahrens wieder aufgenommen, so ist die auflösend bedingt erfolgte Übertragung der Pensionsverbindlichkeiten nach § 158 Abs. 2 BGB unwirksam[11] (vgl. hierzu ausführlicher, oben, § 6, Rdnr. 380).

II. Anforderungen an die zur Fortsetzung erforderliche Kapitalausstattung

424 Nach nahezu einhelliger Auffassung, ist die Fortsetzung der Gesellschaft auch bei angegriffenem oder gar aufgezehrtem Mindest- oder statutarischem Stammkapital möglich, sofern jedenfalls soviel Vermögen vorhanden ist, dass die Verbindlichkeiten der Gesellschaft gedeckt sind[12]. Die Fortsetzung der Gesellschaft ist keine Neugründung, so dass die Gläubiger nicht mit der Unversehrtheit des satzungmäßigen oder des gesetzlichen Mindeststammkapitals rechnen können[13]. Daher besteht kein Grund, allein anlässlich der Fortsetzung der Gesellschaft eine Verpflichtung zur Auffüllung des Stammkapitals zu begründen und so die Gläubiger besser zu stellen, als es bei der Vollbeendigung oder ohne Liquidation der Gesellschaft der Fall wäre.

1. Fortsetzung bei begonnener Vermögensauskehrung

425 Nach wohl überwiegender Ansicht ist die Fortsetzung der Gesellschaft nach § 274 Abs. 1 S. 1 AktG analog nicht zulässig, wenn im Zeitpunkt der Fortsetzung bereits mit der Vermögensverteilung an die Gesellschafter begonnen wurde[14]. Denn im diesen Falle bestünde die Gefahr, dass bei der Fortführung die Vorschriften zur Kapitalerhaltung umgangen werden könnten[15]. Die Fortsetzung der Gesellschaft sei daher ohne erneute Anwendung der Kapitalaufbringungsvorschriften nur bis zur Vermögensverteilung vertretbar. Die Fortsetzung nach oder während der Vermögensverteilung verstoße gegen das Rückzahlungsverbot des § 30 GmbHG, der zwar in der Liquidation durch § 73 Abs. 1 GmbHG aufgehoben wird, dies aber nur zum Zwecke der endgültigen Liquidation der Gesellschaft. Kommt es entgegen dem Zweck der Vorschrift zur Fortsetzung, so würden durch § 73 Abs. 1 GmbHG die Kapitalerhaltungsvorschriften der §§ 30, 31

§ 60 Rdnr. 78; *K. Schmidt* in: Scholz, § 60, Rdnr. 82. A.A. *Erle* GmbHR 1997, 973, 976 f.; *Hennrichs* ZHR 159 (1995) 593, 607.

[10] *Blomeyer* § 4, Rdnr. 142.

[11] *Blomeyer* § 4, Rdnr. 142; *Passarge* GmbHR 2007, 701, 703.

[12] *Schulze-Osterloh/Fastrich* in: Baumbach/Hueck, § 60 Rdnr. 52; *Nerlich* in: Michalski, § 60, Rdnr. 337; *Lutter/Kleindiek* in: Lutter/Hommelhoff, § 60, Rdnr. 29; *Ulmer* in: Hachenburg, § 60 Rdnr. 86; *K. Schmidt* in: Scholz, § 60 Rdnr. 46, 76; *Erle* GmbHR 1997, 973, 979.

[13] *Ulmer* in: Hachenburg, § 60 Rdnr. 86.

[14] *RGZ* 118, 337, 339; *OLG Düsseldorf* GmbHR 1979, 226, 228; *BayObLG* GmbHR 1998, 540; *Schulze-Osterloh/Fastrich* in: Baumbach/Hueck, § 60, Rdnr. 52; *Lutter/Kleindiek* in: Lutter/Hommelhoff, § 60, Rdnr. 32; *Ulmer* in: Hachenburg, § 60 Rdnr. 78; *K. Schmidt* in: Scholz, § 60, Rdnr. 82; *Galla* GmbHR 2006, 635, 636.

[15] *RGZ* 118, 337, 339; *Schulze-Osterloh/Fastrich* in: Baumbach/Hueck, § 60, Rdnr. 52; *Lutter/Kleindiek* in: Lutter/Hommelhoff, § 60, Rdnr. 29; *Ulmer* in: Hachenburg, § 60 Rdnr. 78; *K. Schmidt* in: Scholz, § 60, Rdnr. 82; *Galla* GmbHR 2006, 635, 636.

GmbHG ausgehebelt. Es bestehe dann die Gefahr, dass die Gesellschafter eine Scheinliquidation durchführen, um unter Umgehung der §§ 30, 31 den § 73 Abs. 1 GmbHG anwenden zu können und das Gesellschaftsvermögen ohne Erstattungsanspruch der Gesellschaft nach § 31 GmbHG auszuzahlen und die vermögenslose Gesellschaft fortzusetzen zu können. Teilweise wird vertreten, dass aber die Rückzahlung des ausgekehrten Kapitals die Fortsetzung der Gesellschaft ermögliche[16]. Dem wird aber entgegen gehalten, dass eine Kontrolle der Rückzahlung durch das hiermit beauftragte Registergericht[17] gesetzlich nicht vorgesehen sei[18], beziehungsweise das Gericht mit der Überprüfung eines solchen Vorgangs überfordert sei[19].

Diesem engen Verständnis kann nicht gefolgt werden. Maßgeblich für die Frage der Fortset- **426**
zung der Gesellschaft kann nicht die Frage sein, wann und in welcher Höhe das Gesellschaftsvermögen oder Teile hiervon an die Gesellschafter ausgezahlt worden ist. Entscheidend ist allein, ob bei einer Fortsetzung der Gesellschaft ein effektiver Gläubigerschutz gewährleistet ist, der gleichzeitig das Interesse der Gesellschafter an einer Fortsetzung der Gesellschaft nicht unberücksichtigt lässt. Dazu erforderlich ist, dass das Vermögen der Gesellschaft im Zeitpunkt ihrer Fortsetzung die Schulden der Gesellschaft deckt und das Stammkapital vorhanden ist[20].

Tatsächlich ist die von der h.M. vertretene analoge Anwendung des § 274 AktG hier nicht **427**
erforderlich. Denn zum einen fehlt es an der für eine Analogie erforderlichen Regelungslücke, zum anderen fehlt es an einer vergleichbaren Interessenlage[21]. Der Gesetzgeber hat zwar die Möglichkeit einer Fortsetzung nur in § 60 Abs. 1 Nr. 4 GmbHG ausdrücklich erwähnt, dies aber ohne Einschränkung. Im Zuge der grundlegenden Reform des GmbHG im Jahre 1980 kam es nicht zur Aufnahme einer bereits im Referentenentwurf diskutierten, dem § 274 AktG entsprechenden Vorschrift[22]. Der Gesetzgeber hat dadurch Stellung bezogen und von einer dem § 274 AktG entsprechenden Regelung für die GmbH zu Recht abgesehen. Dies aus guten Gunde, da die GmbH keine kleine AG ist und Lücken im GmbH-Recht nicht per se durch Rückgriff auf das Aktienrecht zu schließen sind[23]. Die Finanzierungsverantwortung der Aktionäre ist nach den §§ 1 Abs. 1 S. 2, 46 AktG sehr viel schwächer ausgeprägt als die der GmbH-Gesellschafter, auch gibt es keine dem § 57 AktG vergleichbare Ausschüttungssperre, während die GmbH durch weitergehende gläubigerschützende Regelungen geprägt ist[24].

Ferner sind die gegen eine Fortsetzung nach begonnener Vermögensverteilung geäußerten **428**
Bedenken nicht stichhaltig, da auch bei einer nach den §§ 72, 73 GmbHG erfolgten Ausschüttung die Interessen der Gläubiger nicht zwingend beeinträchtigt und der Schutzzweck der §§ 30, 31 GmbHG nicht umgangen werden. Denn bei einer Fortsetzung der Gesellschaft nach erfolgter Vermögensverteilung bleiben die Kapitalaufbringungs- und -erhaltungsvorschriften nicht nur uneingeschränkt anwendbar[25], tatsächlich ist der Gläubigerschutz hier sogar noch stärker ausgeprägt als bei einer nicht aufgelösten Gesellschaft bzw. bei der Fortsetzung vor einer Verteilung[26]. Nach § 30 GmbHG sind Auszahlungen an die Gesellschafter aus dem Vermögen der

---

16 *Hennrichs* ZHR 159 (1995) 593, 607.

17 So nach Ansicht von *RGZ* 118, 337, 340.

18 *K. Schmidt* in: Scholz, § 60, Rdnr. 82.

19 *Galla* GmbHR 2006, 635, 636.

20 Wie hier: *RGZ* 118, 337, 339; *Altmeppen* in: Roth/Altmeppen, § 60, Rdnr. 40; *Fichtelmann* GmbHR 2003, 67, 68; *Erle* GmbHR 1997, 973, 978, insoweit auch *K. Schmidt* in: Scholz, § 60, Rdnr. 82.

21 So auch *Erle* GmbHR 1997, 973, 978.

22 *Erle* GmbHR 1997, 973, 976.

23 *Schulze-Osterloh/Fastrich* in: Baumbach/Hueck, Einl. Rdnr. 28; Scholz/*Westermann* Einl. Rdnr. 55; *Ulmer* in: Hachenburg, Einl. Rdnr. 49; Ausführlich hierzu *Erle* GmbHR 1997, 973, 978.

24 *Altmeppen* in: Roth/Altmeppen, § 60, Rdnr. 42; *Erle* GmbHR 1997, 973, 978.

25 So auch: *Hohner* in: Hachenburg, § 69 Rdnr. 26, § 73 Rdnr. 2; *K. Schmidt* in: Scholz, § 69 Rdnr. 26; *Schulze-Osterloh/Fastrich* in: Baumbach/Hueck, § 69 Rdnr. 7; *Lutter/Kleindiek* in: Lutter/Hommelhoff, § 69 Rdnr. 8.

26 *Erle* GmbHR 1997, 973, 976.

Gesellschaft nur erlaubt, soweit das Vermögen, das zur Erhaltung des Stammkapitals erforderlich ist, nicht beeinträchtigt wird. Würde die Fortsetzung vor einer Ausschüttung beschlossen, so wären die Gesellschafter nicht gehindert, anschließend das gesamte über das Stammkapital hinausgehende Eigenkapital aufzulösen und den Bilanzgewinn sogar unterjährig auszuschütten[27]. Demgegenüber ist der Schutz der Gläubiger bei einer Fortsetzung nach Ausschüttung effektiver. Insoweit ist zu berücksichtigen, dass die Vermögensverteilung erst am Ende der Liquidation erfolgen kann, also erst nach der vollständigen Tilgung der Schulden oder Sicherstellung der Gläubiger und nach Ablauf des Sperrjahres, § 73 GmbHG. Das Verbot der vorzeitigen Vermögensverteilung schützt nicht nur das zur Deckung des Stammkapitals erforderliche Vermögen, sondern verbietet darüber hinaus jegliche Auszahlung und wirkt als totale Ausschüttungssperre[28]. Es darf weder der nach der Auflösung festgestellte Jahresüberschuss, noch zuvor gebildete Rücklagen aufgelöst und an die Gesellschafter ausgeschüttet werden. Während des Sperrjahres wird durch § 73 GmbHG eine Sperrwirkung erzeugt, die weit über den Schutz des § 30 GmbHG hinausgeht[29]. Die Vorschriften über die Kapitalerhaltung und Kapitalaufbringung bleiben daneben uneingeschränkt anwendbar[30]. Erst nach Ablauf des Sperrjahres greift die Sperrfunktion des § 30 GmbHG nicht mehr und die Kapitalerhaltungsvorschriften sind außer Kraft gesetzt. Doch kommt es dann zu einer Fortsetzung der Gesellschaft, sind auch jetzt die Gläubiger nicht schutzlos, da nun der Gesellschaftszweck von der Liquidation zur werbenden Tätigkeit geändert wird, mit der Folge, dass nun die allgemeinen gläubigerschützenden Vorschriften wieder uneingeschränkt anzuwenden sind[31]. So sind bei einer Fortsetzung nach begonnener Vermögensverteilung die Gläubiger bessergestellt, da sie während des Sperrjahres Befriedigung oder Sicherheitsleistung in einem Umfang verlangen können, der über die reguläre Abwicklung des Schuldverhältnisses hinausgeht[32]. Schließlich ist zu berücksichtigen, dass eine Fortsetzung der Gesellschaft eher im Interesse der Gläubiger liegen dürfte als deren Zerschlagung, da diese in ein Insolvenzverfahren münden kann und damit unbefriedigte Gläubiger zurückließe[33].

2. Fortsetzung bei Vermögensauskehrung, die zum Angriff des Stammkapitals führte

429 Nach h.A. soll die Fortsetzung der Gesellschaft unzulässig sein, wenn es im Vorfeld des Fortsetzungsbeschlusses zu einer vorübergehenden oder teilweisen Vermögensverteilung kam, durch die das zur Deckung des Stammkapitals erforderliche Gesellschaftsvermögen angegriffen worden ist. Die Gesellschaft soll dann nicht ohne die erneute Anwendung der Kapitalaufbringungsvorschriften (§§ 5-9c GmbHG) fortgesetzt werden können. Dies soll sogar auch dann gelten, wenn das Stammkapital nur vorübergehend angegriffen worden ist und die Gesellschafter das Stammkapital später wieder aufgefüllt haben[34].

---

[27] *Erle* GmbHR 1997, 973, 976.

[28] *K. Schmidt* in: Scholz, § 73 Rdnr. 2; *Hohner* in: Hachenburg, § 73 Rdnr. 2; *Schulze-Osterloh/Fastrich* in: Baumbach/Hueck, § 69 Rdnr. 7; *Lutter/Kleindiek* in: Lutter/Hommelhoff, § 73 Rdnr. 1.

[29] *Erle* GmbHR 1997, 973, 974.

[30] *Hohner* in: Hachenburg, § 69 Rdnr. 26, § 73 Rdnr. 2; *K. Schmidt* in: Scholz, § 69 Rdnr. 26; *Schulze-Osterloh/Fastrich* in: Baumbach/Hueck, § 69 Rdnr. 7; *Lutter/Kleindiek* in: Lutter/Hommelhoff, § 69 Rdnr. 8.

[31] *Erle* GmbHR 1997, 973, 977.

[32] *Erle* GmbHR 1997, 973, 977.

[33] *Altmeppen* in: Roth/Altmeppen, § 60, Rdnr. 43.

[34] *OLG Düsseldorf* GmbHR 1979, 226, 228; *BayObLG* DB 1978, 2164, 2165; *Schulze-Osterloh/Fastrich* in: Baumbach/Hueck, § 60, Rdnr. 52; *Lutter/Kleindiek* in: Lutter/Hommelhoff, § 60, Rdnr. 29; *Ulmer* in: Hachenburg, § 60 Rdnr. 85; *K. Schmidt* in: Scholz, § 60, Rdnr. 82. A.A.: *Altmeppen* in: Roth/Altmeppen, § 60, Rdnr. 40; *Hirte* ZInsO 2000, 127, 131; *Fichtelmann* GmbHR 2003, 67, 68; *Erle* GmbHR 1997, 973, 979.

Dem ist jedoch nicht zu folgen, vielmehr ist unter Berücksichtigung der Rechtsprechung zur Vorratsgründung[35] die Fortsetzung der Gesellschaft auch dann zulässig, wenn es im Laufe der Liquidation zu Auszahlungen an die Gesellschafter kam, durch die das Stammkapital der Gesellschaft reduziert wurde, dies später aber durch Zahlungen an die Gesellschaft wieder ausgeglichen wurde[36]. Der BGH hat bei der Vorratsgründung den Gläubigerschutz durch entsprechende Anwendung der Gründungsvorschriften als hinreichend gesichert angesehen[37]. Dies muss auch für den Fall der Fortsetzung gelten, bei dem es sich um eine der Vorratsgründung vergleichbare Situation handelt, da sowohl Vorrats- als auch Liquidationsgesellschaften keinen werbenden Zweck verfolgen[38]. Daher ist es für die Anmeldung der Fortsetzung ausreichend, wenn der Liquidator entsprechend § 8 Abs. 2, § 9 GmbHG gegenüber dem Registergericht erklärt, dass die Stammeinlage bewirkt worden ist und dass der Gegenstand der Leistung sich endgültig in seiner freien Verfügung befindet[39]. 430

Die hierzu erforderliche und bereits vom Reichsgericht[40] vorgesehene Registerkontrolle bei der Fortsetzung lehnt die h.M. als unzureichend ab, da eine solche Registerkontrolle gesetzlich nicht vorgesehen sei[41]. Dies steht aber zum einen im Widerspruch zur gleichzeitig vertretenen analogen Anwendung des § 274 AktG, der in Abs. 3 vorsieht, dass die Abwickler der AG bei der Anmeldung der Fortsetzung zum Handelsregister nachzuweisen haben, dass noch nicht mit der Verteilung des Vermögens der Gesellschaft an die Aktionäre begonnen worden ist. Zudem ist auch bei der Mantelgründung eine Registerkontrolle durch das Gesetz nicht vorgesehen, aber vom BGH für möglich erachtet worden[42]. Schließlich soll nicht unerwähnt bleiben, dass die von der h.M. vertretene Unzulässigkeit der Fortsetzung praktisch kaum durchsetzbar sein dürfte, da die Gesellschafter die Fortsetzung im Ergebnis durch eine „ewige" Liquidation herbeiführen könnten[43]. 431

III. Der Fortsetzungsbeschluss

1. Inhalt und Form

Die Gesellschaft kann nur aufgrund eines entsprechenden Beschlusses der Gesellschafter fortgesetzt werden. Der Fortsetzungsbeschluss ist grundsätzlich formfrei. Nur soweit für die Fortsetzung der Gesellschaft eine Satzungsänderung erforderlich ist und diese zugleich mit dem Fortsetzungsbeschluss beschlossen wird, gilt die Formvorschrift des § 53 GmbHG[44]. Die Verbindung von Fortsetzungsbeschluss und zur Beseitigung des Auflösungsgrundes erforderliche Satzungsänderung ist etwa dann möglich, wenn für die Fortsetzung eine Kapitalerhöhung nötig[45] oder die zeitliche Befristung der Gesellschaft aufzuheben ist. Der Fortsetzungsbeschluss wird mit seinem Zustandekommen wirksam, die Eintragung in das Handelsregister ist keine 432

---

35 *BGHZ* 117, 323, 331.
36 *Altmeppen* in: Roth/Altmeppen, § 60, Rdnr. 45; *Erle* GmbHR 1997, 973, 977.
37 *BGHZ* 117, 323, 331.
38 *Erle* GmbHR 1997, 973, 979.
39 *Altmeppen* in: Roth/Altmeppen, § 60, Rdnr. 43; *Erle* GmbHR 1997, 973, 979.
40 *RGZ* 118, 337, 339.
41 *K. Schmidt* in: Scholz, § 60, Rdnr. 82; *Galla* GmbHR 2006, 635, 636.
42 *BGHZ* 117, 323, 331.
43 Das erkennt richtigerweise *Erle* GmbHR 1997, 973, 980.
44 *Nerlich* in: Michalski, § 60, Rdnr. 374; *Lutter/Kleindiek* in: Lutter/Hommelhoff, § 60, Rdnr. 29; *Ulmer* in: Hachenburg, § 60 Rdnr. 87; *Lutter/Kleindiek* in: Lutter/Hommelhoff, § 60, Rdnr. 29.
45 *Nerlich* in: Michalski, § 60, Rdnr. 374; *K. Schmidt* in: Scholz, § 60, Rdnr. 87.

Wirksamkeitsvoraussetzung[46]. Es steht den Gesellschaftern aber frei, einen späteren Zeitpunkt für die Fortsetzung zu bestimmen, die Fortsetzung von dem Eintritt einer aufschiebenden Bedingung, einer Änderung der Satzung oder von einer Kapitalerhöhung[47] abhängig zu machen[48]. Es ist nicht erforderlich, dass der Fortsetzungsbeschluss ausdrücklich gefasst wird, er kann auch stillschweigend gefasst werden[49]. Erforderlich ist aber, dass der Wille der Gesellschafter, die Gesellschaft als werbende Gesellschaft fortzusetzen, unzweifelhaft zum Ausdruck kommt. Dies ist etwa bei der Keinmann-Gesellschaft der Fall, wenn ein Geschäftsanteil an einen Dritten veräußert wird[50] oder wenn die Gesellschafter der Verschmelzung der aufgelösten Gesellschaft auf eine andere Gesellschaft zustimmen[51].

2. Erforderliche Mehrheit

433 Für den Fortsetzungsbeschluss als actus contrarius des Auflösungsbeschlusses nach § 60 Abs. 1 Nr. 2 GmbHG sowie in Anlehnung an § 274 Abs. 1 S. 2 AktG ist eine Drei-Viertel-Mehrheit der abgegebenen Stimmen erforderlich[52]. Einstimmigkeit ist nicht erforderlich[53], da es sich bei der Fortsetzung nicht um eine Neugründung, sondern um eine Änderung des Gesellschaftszweckes von der Liquidationsgesellschaft zur werbenden Gesellschaft handelt und insoweit die satzungsändernde Mehrheit ausreichend – aber auch erforderlich – ist[54]. Freilich kann im Gesellschaftsvertrag eine höhere oder geringere Mehrheit vorgesehen werden[55]. Die Drei-Viertel-Mehrheit ist jedoch nicht ausreichend, wenn für die Fortsetzung der Gesellschaft die Zustimmung einzelner Gesellschafter erforderlich ist. Eine solche Zustimmung ist erforderlich, wenn einem Gesellschafter ein Sonderrecht auf die Durchführung der Liquidation zusteht und dieser die Gesellschaft mit Folge der Auflösung gekündigt hat[56], wenn ein Gesellschafter eine erfolgreiche Auflösungsklage nach § 61 GmbHG erhoben hat[57] oder wenn die Fortsetzung der Gesellschaft

---

[46] *Schulze-Osterloh/Fastrich* in: Baumbach/Hueck, § 65, Rdnr. 21; *Nerlich* in: Michalski, § 60, Rdnr. 377; *Lutter/Kleindiek* in: Lutter/Hommelhoff, § 60, Rdnr. 29; *Ulmer* in: Hachenburg, § 60 Rdnr. 94.

[47] Etwa um zu gewährleisten, dass die Gesellschaft nur fortgesetzt wird, wenn die Schulden der Gesellschaft beglichen werden können und um Überschuldung oder Zahlungsunfähigkeit zu beseitigen oder für die Zukunft zu vermeiden.

[48] *Schulze-Osterloh/Fastrich* in: Baumbach/Hueck, § 60, Rdnr. 53; *Nerlich* in: Michalski, § 60, Rdnr. 375; *Ulmer* in: Hachenburg, § 60 Rdnr. 87.

[49] *Nerlich* in: Michalski, § 60, Rdnr. 375; *K. Schmidt* in: Scholz, § 60, Rdnr. 87.

[50] *Nerlich* in: Michalski, § 60, Rdnr. 373; *Schulze-Osterloh/Fastrich* in: Baumbach/Hueck, § 60, Rdnr. 62; *Lutter/Kleindiek* in: Lutter/Hommelhoff, § 60, Rdnr. 24; *Ulmer* in: Hachenburg, § 60 Rdnr. 112.

[51] *OLG* Naumburg GmbHR 1997, 1152, 1155; *Nerlich* in: Michalski, § 60, Rdnr. 374.

[52] *Nerlich* in: Michalski, § 60, Rdnr. 346; *Schulze-Osterloh/Fastrich* in: Baumbach/Hueck, § 60, Rdnr. 53; *Lutter/Kleindiek* in: Lutter/Hommelhoff, § 60, Rdnr. 29; *K. Schmidt* in: Scholz, § 60, Rdnr. 88; *Ulmer* in: Hachenburg, § 60 Rdnr. 88 ff.; *Altmeppen* in: Roth/Altmeppen, § 60, Rdnr. 54.

[53] Für Einstimmigkeit aber noch *RGZ* 118, 337, 340.

[54] *Nerlich* in: Michalski, § 60, Rdnr. 346; *Schulze-Osterloh/Fastrich* in: Baumbach/Hueck, § 60, Rdnr. 53; *Lutter/Kleindiek* in: Lutter/Hommelhoff, § 60, Rdnr. 29; *K. Schmidt* in: Scholz, § 60, Rdnr. 88; *Ulmer* in: Hachenburg, § 60 Rdnr. 88 ff.; *Altmeppen* in: Roth/Altmeppen, § 60, Rdnr. 54. Nach *LG Frankenthal* Rpfl. 1955, 106 (für Verein) und *P. Scholz* GmbHR 1982, 228, 232 soll grundsätzlich eine einfache Mehrheit ausreichend sein.

[55] *Nerlich* in: Michalski, § 60, Rdnr. 346; *Schulze-Osterloh/Fastrich* in: Baumbach/Hueck, § 60, Rdnr. 53;.

[56] *BGHZ* 48, 251, 254 (für OHG); *Schulze-Osterloh/Fastrich* in: Baumbach/Hueck, § 60, Rdnr. 53; *Nerlich* in: Michalski, § 60, Rdnr. 348; *Lutter/Kleindiek* in: Lutter/Hommelhoff, § 60, Rdnr. 35.

[57] *Schulze-Osterloh/Fastrich* in: Baumbach/Hueck, § 60, Rdnr. 53; *Nerlich* in: Michalski, § 60, Rdnr. 348; *Lutter/Kleindiek* in: Lutter/Hommelhoff, § 60, Rdnr. 35; *Ulmer* in: Hachenburg, § 60, Rdnr. 91; *K. Schmidt* in: Scholz, § 60, Rdnr. 88 f.

zur Vermehrung von Leistungspflichten führt[58]. Stimmt der betroffene Gesellschafter nicht zu, kann die Gesellschaft nicht fortgesetzt werden[59]. Eine Pflicht zur Zustimmung kann sich aber aus den Grundsätzen der gesellschaftsrechtlichen Treuepflicht ergeben[60]. Sofern die Gesellschaft gekündigt wurde, ist der kündigende Gesellschafter verpflichtet, der Fortsetzung zuzustimmen, wenn ihm ein Recht zum Austritt unter angemessenen Bedingungen gewährt wird[61].

Sofern die Fortsetzung der Gesellschaft mit Drei-Viertel-Mehrheit beschlossen wurde, könn- **434**
ten die überstimmten Gesellschafter ein Austrittsrecht unter Abfindung ihres Geschäftsanteils geltend machen. Ob dies zulässig ist, ist umstritten. So soll nach einer Ansicht ein Austrittsrecht allein aufgrund der vom überstimmten Gesellschafter nicht gewollten Fortsetzung der Gesellschaft nicht bestehen[62]. Hiervon unberührt bliebe aber das allgemeine Austrittsrecht, sofern ein wichtiger Grund vorliegt; in diesem Fall könnte der Gesellschafter gemäß § 61 GmbHG Klage erheben[63]. Nach anderer Ansicht[64] soll der nicht fortsetzungswilligen Minderheit der Austritt unter voller Abfindung des Geschäftsanteils nach Werten, die sich bei einer Liquidation ergeben würden[65], möglich sein. Spiegelbildlich hierzu müsste sich der nicht zustimmungswillige Gesellschafter gegebenenfalls den Ausschluss gefallen lassen[66].

Gegen ein Austrittsrecht bei der von einer Minderheit nicht gewollten Fortsetzung spricht **435**
zunächst, dass alle Gesellschafter grundsätzlich dem Mehrheitsprinzip unterworfen sind. Sofern sich aus der Fortsetzung für einen Gesellschafter eine außergewöhnliche Belastung ergäbe, könnte dies einen Grund darstellen, der eine Auflösungsklage rechtfertigen könnte. Andererseits wird der Minderheitsgesellschafter durch die Fortsetzung der zuvor aufgelösten Gesellschaft in der Dispositionsfreiheit über sein in der Beteiligung verkörpertes Vermögen ganz erheblich eingeschränkt. Auch wird anhand der zuvor bereits erfolgten Auflösung der Gesellschaft deutlich, dass das wirtschaftliche Konzept der Gesellschaft – aus welchen Gründen auch immer – nicht unbedingt zukunftsträchtig sein könnte. Richtigerweise ist daher zu differenzieren[67]. Nach beiden Ansichten ist ein Austritt gerechtfertigt, wenn ein besonderer Grund vorliegt, der ungeachtet der erfolgten Auflösung auch bei der werbenden Gesellschaft einen Austritt rechtfertigen würde. Daneben können die überstimmten Gesellschafter den Austritt erklären, wenn mit der Fortsetzung der ursprüngliche Zweck der Gesellschaft vereitelt[68], beziehungsweise nicht mehr verfolgt wird. Dies wäre etwa dann der Fall, wenn die Gesellschaft nur für einen bestimmten Zweck oder eine bestimmte Zeit gegründet worden ist und die Fortsetzung von diesen Motiven nicht mehr gedeckt ist und daher nun nicht mehr im (ursprünglichen) Interesse der Minderheitsgesellschaf-

---

[58] *Schulze-Osterloh/Fastrich* in: Baumbach/Hueck, § 60, Rdnr. 53; *Nerlich* in: Michalski, § 60, Rdnr. 348; *Lutter/Kleindiek* in: Lutter/Hommelhoff, § 60, Rdnr. 35; *Ulmer* in: Hachenburg, § 60, Rdnr. 91; *K. Schmidt* in: Scholz, § 60, Rdnr. 88f.

[59] *Schulze-Osterloh/Fastrich* in: Baumbach/Hueck, § 60, Rdnr. 53; *Nerlich* in: Michalski, § 60, Rdnr. 348; *Lutter/Kleindiek* in: Lutter/Hommelhoff, § 60, Rdnr. 35; *Ulmer* in: Hachenburg, § 60, Rdnr. 91; *K. Schmidt* in: Scholz, § 60, Rdnr. 88f.

[60] *K. Schmidt* in: Scholz, § 60 Rdnr. 89; *Fichtelmann* GmbHR 2003, 68, 69.

[61] *Schulze-Osterloh/Fastrich* in: Baumbach/Hueck, § 60, Rdnr. 52; *Nerlich* in: Michalski, § 60, Rdnr. 348; *Ulmer* in: Hachenburg, § 60, Rdnr. 91.

[62] *Schulze-Osterloh/Fastrich* in: Baumbach/Hueck, § 60, Rdnr. 53; *Ulmer* in: Hachenburg, § 60, Rdnr. 93.

[63] *Schulze-Osterloh/Fastrich* in: Baumbach/Hueck, § 60, Rdnr. 53.

[64] *Altmeppen* in: Roth/Altmeppen, § 60 Rdnr. 12; *Lutter/Kleindiek* in: Lutter/Hommelhoff, § 60, Rdnr. 35; *K. Schmidt* in: Scholz, § 60, Rdnr. 89; *Fischer* GmbHR 1955, 165, 167f.; *Hofmann* GmbHR 1975, 217, 227; *P. Scholz* GmbHR 1982, 228, 232.

[65] *Lutter/Kleindiek* in: Lutter/Hommelhoff, § 60, Rdnr. 35; *K. Schmidt* in: Scholz, § 60, Rdnr. 89; *Altmeppen* in: Roth/Altmeppen, § 60 Rdnr. 12; *Hofmann* GmbHR 1975, 217, 227.

[66] *Altmeppen* in: Roth/Altmeppen, § 60 Rdnr. 12; *K. Schmidt* in: Scholz, § 60 Rdnr., 89: *Fischer* GmbHR 1955, 165, 167; *Hofmann* GmbHR 1975, 217, 227.

[67] So auch *Fichtelmann* GmbHR 2003, 68, 69.

[68] *Fichtelmann* GmbHR 2003, 68, 69.

ter ist. Aufgrund der mit der Fortsetzung erforderlichen Änderung des satzungsmäßigen Gesellschaftszweckes kann die Fortsetzung im Ergebnis eine Neugründung darstellen. Ferner steht den überstimmten Gesellschaftern ein Austrittsrecht zu, wenn diese durch die Fortsetzung der Gesellschaft mit besonderen Leistungen belastet würden[69]. Solche Lasten können etwa Zuschüsse oder Kapitalerhöhungen sein, oder aber auch eine wirtschaftlich nicht sinnvolle Fortführung, die die Gefahr einer späteren Insolvenz der Gesellschaft in sich birgt. Denn dies kann zum einen zu einem Reputationsverlust der Gesellschafter führen oder aber auch finanzielle Risiken beinhalten, da insolvenzrechtliche Ansprüche gegen die Gesellschafter drohen können.

3. Eintragung in das Handelsregister

436 Der Auflösungsbeschluss ist zur Eintragung in das Handelsregister anzumelden[70]. Die Anmeldung erfolgt durch den (neuen) Geschäftsführer in vertretungsberechtigter Zahl, da das Amt des Liquidators aufgrund der konstitutiven Wirkung des Fortsetzungsbeschlusses erlischt[71]. Die Eintragung wirkt nur deklaratorisch und ist nicht Wirksamkeitsvoraussetzung für die Fortsetzung[72]. Die Anmeldung kann nach § 14 HGB erzwungen werden, es sei denn, die Fortsetzung setzt nach § 54 Abs. 3 GmbHG die Eintragung einer Satzungsänderung voraus[73]. Demgegenüber sind Anmeldung und Eintragung der Fortsetzung nicht erforderlich, wenn Auflösung der Gesellschaft noch nicht im Handelsregister eingetragen war und sich auch nicht aus anderen aus dem Handelsregister ersichtlichen Umständen ergibt – etwa aus der Satzung bei Zeitablauf oder im Fall der Eröffnung des Insolvenzverfahrens[74]. Ein Interesse des Rechtsverkehrs nach Anmeldung und Eintragung besteht auch nicht wegen § 15 Abs. 1 HGB, da die Auflösung – bzw. die Fortsetzung – die Rechtsstellung Dritter nicht verändert. Die Eintragung der Fortsetzung ist vom Registergericht von Amtswegen nach den §§ 10, 11 HGB bekanntzumachen. Eine Bekanntmachung durch den Geschäftsführer ist nicht erforderlich[75].

IV. Voraussetzungen für die Beseitigung des jeweiligen Auflösungsgrundes

1. Fortsetzung nach Auflösung Ablauf der im Gesellschaftsvertrag bestimmten Zeit gem. § 60 Abs. 1 Nr. 1 GmbHG

437 Wurde die Gesellschaft wegen Zeitablaufs aufgelöst, so ist für die Fortsetzung der Gesellschaft neben dem Fortsetzungsbeschluss eine Satzungsänderung erforderlich, mit der die zeit-

---

[69] In diesem Fall dürfte aber auch ein besonderer Grund im Sinne von § 61 GmbHG vorliegen.

[70] *Schulze-Osterloh/Fastrich* in: Baumbach/Hueck, § 65, Rdnr. 20; *Nerlich* in: Michalski, § 60, Rdnr. 377; *Altmeppen* in: Roth/Altmeppen, § 60, Rdnr. 10; *Lutter/Kleindiek* in: Lutter/Hommelhoff, § 60, Rdnr. 29; *Ulmer* in: Hachenburg, § 60, Rdnr. 94.

[71] *Schulze-Osterloh/Fastrich* in: Baumbach/Hueck, § 60, Rdnr. 53; *Lutter/Kleindiek* in: Lutter/Hommelhoff, § 60, Rdnr. 29; *K. Schmidt* in: Scholz, § 60, Rdnr. 91.

[72] *Schulze-Osterloh/Fastrich* in: Baumbach/Hueck, § 65, Rdnr. 21; *Nerlich* in: Michalski, § 60, Rdnr. 377; *Lutter/Kleindiek* in: Lutter/Hommelhoff, § 60, Rdnr. 29; *Ulmer* in: Hachenburg, § 60 Rdnr. 94.

[73] *Schulze-Osterloh/Fastrich* in: Baumbach/Hueck, § 60, Rdnr. 53; *K. Schmidt* in: Scholz, § 60, Rdnr. 91.

[74] *Schulze-Osterloh/Fastrich* in: Baumbach/Hueck, § 65, Rdnr. 20; *Hohner* in: Hachenburg, § 65 Rdnr. 10; *Ulmer* in: Hachenburg, § 60, Rdnr. 94; *K. Schmidt* in: Scholz, § 60, Rdnr. 91.

[75] *Schulze-Osterloh/Fastrich* in: Baumbach/Hueck, § 65, Rdnr. 22.

liche Befristung aufgehoben wird[76]. Die Satzungsänderung kann gleichzeitig mit der Fortsetzung beschlossen werden. Für die Änderung der Befristung ist eine Drei-Viertel-Mehrheit erforderlich, sofern in der Satzung keine andere Mehrheit vorgesehen ist[77]. Die Satzungsänderung muss notariell beurkundet werden und bedarf zu ihrer Wirksamkeit der Eintragung in das Handelsregister, §§ 53, 54 Abs. 1 S. 1 GmbHG. Die Gesellschaft kann daher nur fortgesetzt werden, wenn sowohl der Fortsetzungsbeschluss als auch die Satzungsänderung eingetragen sind[78]. Daher sollten Fortsetzungsbeschluss und Satzungsänderung in einer Urkunde niedergelegt und gleichzeitig zur Eintragung in das Handelsregister angemeldet werden. Die Eintragung allein des Fortsetzungsbeschlusses ohne Satzungsänderung, muss vom Registergericht zurück gewiesen werden, da die Fortsetzung so unwirksam ist. Erfolgt dennoch Eintragung, kann die Fortsetzung der Gesellschaft erst dann erfolgen, wenn auch die Satzungsänderung eingetragen ist. Die Satzungsänderung kann im Zuge der Liquidation erfolgen[79], möglich ist aber auch die Satzungsänderung vor Eintritt des satzungsmäßig bestimmten Ablaufdatums um die Liquidation der Gesellschaft zu verhindern.

2. Fortsetzung nach Auflösung durch Gesellschafterbeschluss § 60 Abs. 1 Nr. 2 GmbHG

Erfolgte die Auflösung der Gesellschaft durch einen Auflösungsbeschluss, so wird der Auflösungsbeschluss mit dem Fortsetzungsbeschluss als actus contrarius aufgehoben und der Auflösungsgrund beseitigt[80]. Allein die Aufhebung des Auflösungsbeschlusses wäre nicht ausreichend, da die Gesellschaft zwischenzeitlich in das Liquidationsstadium eingetreten ist. Der Fortsetzungsbeschluss hat nur ex-nunc-Wirkung[81], da die zwischenzeitlich erfolgten Abwicklungsmaßnahmen nicht rückwirkend außer Kraft gesetzt werden können und die zwischenzeitliche Auflösung der Gesellschaft nicht beseitigt werden kann. 438

3. Fortsetzung nach Auflösung der Gesellschaft durch gerichtliches Urteil oder Verwaltungsakt gemäß § 60 Abs. 1 Nr. 3 GmbHG

Auch im Falle der Auflösung durch gerichtliches Urteil gemäß §§ 60 Abs. 1 Nr. 3, 61 GmbHG kann die Gesellschaft fortgesetzt werden. In diesem Fall ist für die Beseitigung des Auflösungsgrundes und die Wirksamkeit des Fortsetzungsbeschlusses die Zustimmung des Auflösungsklägers erforderlich[82]. Verweigert der Auflösungskläger die Zustimmung, so kann dies im Einzel- 439

---

[76] *Nerlich* in: Michalski, § 60, Rdnr. 355; *Lutter/Kleindiek* in: Lutter/Hommelhoff, § 60, Rdnr. 31; *K. Schmidt* in: Scholz, § 60, Rdnr. 92; *Ulmer* in: Hachenburg, § 60 Rdnr. 95.

[77] *Nerlich* in: Michalski, § 60, Rdnr. 355; *Lutter/Kleindiek* in: Lutter/Hommelhoff, § 60, Rdnr. 31; *K. Schmidt* in: Scholz, § 60, Rdnr. 92; *Ulmer* in: Hachenburg, § 60 Rdnr. 95.

[78] *Nerlich* in: Michalski, § 60, Rdnr. 355; *Lutter/Kleindiek* in: Lutter/Hommelhoff, § 60, Rdnr. 31; *K. Schmidt* in: Scholz, § 60, Rdnr. 92; *Ulmer* in: Hachenburg, § 60 Rdnr. 95.

[79] *BayObLG* NJW-RR 1996, 417; *Nerlich* in: Michalski, § 60, Rdnr. 355; *Lutter/Kleindiek* in: Lutter/Hommelhoff, § 60, Rdnr. 31; *K. Schmidt* in: Scholz, § 60, Rdnr. 92; *Ulmer* in: Hachenburg, § 60 Rdnr. 95; *Altmeppen* in: Roth/Altmeppen, § 53 Rdnr. 21.

[80] *Nerlich* in: Michalski,*h* § 60, Rdnr. 356; *Fichtelmann* GmbHR 2003, 68, 70.

[81] So auch *Fichtelmann* GmbHR 2003, 68, 70.

[82] *BayObLG* DB 1978, 2164, 2165; *Schulze-Osterloh/Fastrich* in: Baumbach/Hueck, § 60, Rdnr. 55; *Nerlich* in: Michalski, § 60, Rdnr. 357; *Lutter/Kleindiek* in: Lutter/Hommelhoff, § 60, Rdnr. 31; *Ulmer* in: Hachenburg, § 60 Rdnr. 97. Demgegenüber ist nach Ansicht von *K. Schmidt* in: Scholz, § 60, Rdnr. 94; die Zustimmung nicht erforderlich und allein die Beseitigung des Auflösungsgrundes ausreichend soweit der

fall treuwidrig sein, so dass dann ein Anspruch auf Zustimmung besteht[83]. Da die Auflösung erst mit der Rechtskraft des Urteils eintritt, kann die Gesellschaft die Auflösungsgründe noch während des Prozesses beseitigen. Die Klage ist dann als unbegründet abzuweisen und ein Fortsetzungsbeschluss wäre nicht mehr erforderlich.

440 Demgegenüber ist die Fortsetzung der durch eine Entscheidung der Verwaltungsbehörde oder des Verwaltungsgerichts gemäß §§ 60 Abs. 1 Nr. 3, 62 GmbHG aufgelösten Gesellschaft nicht möglich[84]. Allein durch einen Beschluss der Gesellschafter kann der Auflösungsgrund – die Entscheidung der Verwaltungsbehörde oder des Verwaltungsgerichts – nicht beseitigt werden. Wird der für die Auflösungsverfügung ursächliche Anlass beseitigt, so wird die behördliche Auflösungsverfügung durch Rücknahme oder Widerruf nach § 51 VwVfG rückwirkend beseitigt[85]. Wurde der Auflosungsgrund vor Abschluss des behördlichen Verfahrens beseitigt und ergeht keine Auflösungsverfügung, besteht die Gesellschaft fort, und ein Fortsetzungsbeschluss ist nicht erforderlich.

4. Fortsetzung nach Auflösung der Gesellschaft durch Eröffnung des Insolvenzverfahrens gemäß § 60 Abs. 1 Nr. 4 GmbHG

441 Erfolgte die Auflösung der Gesellschaft durch die Eröffnung des Insolvenzverfahrens, so können die Gesellschafter über die Belange der Gesellschaft, insbesondere über deren Fortsetzung nicht entscheiden, da die Verwaltungs- und Verfügungsbefugnis auf den Insolvenzverwalter übergegangen ist. Ziel des Insolvenzverfahrens ist nun die Verwertung des Gesellschaftsvermögens und die Verteilung des Erlöses an die Gläubiger. Von diesem Grundsatz abweichend, können die Gesellschafter nach § 60 Abs. 1 Nr. 4 GmbHG die Fortsetzung der Gesellschaft in zwei Fällen beschließen, nämlich dann, wenn die Einstellung des Insolvenzverfahrens auf Antrag der Gesellschaft nach §§ 212, 213 InsO erfolgt, oder zum anderen bei Bestätigung eines Insolvenzplans nach den §§ 217 bis 269 InsO, der den Fortbestand der Gesellschaft vorsieht. (Einstellung des Insolvenzverfahrens siehe oben, § 5 II. 1. b. ff., Rdnr. 310)

442 Aber auch in diesen Fällen müssen die Auflösungsgründe beseitigt sein, die Gesellschaft darf also weder zahlungsunfähig noch überschuldet sein[86]. Wird das Insolvenzverfahren auf andere Weise beendigt, so ist eine Fortsetzung der Gesellschaft nicht möglich, da der Insolvenzverwalter die Liquidation der Gesellschaft zu Ende zu führen hat und das Insolvenzverfahren erst im Anschluss an die vollständige Verteilung des Gesellschaftsvermögens aufgehoben wird, § 200 Abs. 1 InsO[87].

---

wichtige Grund, der für die Auflösung bestimmend gewesen ist, beseitigt werden kann. Dem wäre an sich zuzustimmen, da in diesem Falle die Auflösungsklage unbegründet wäre. Doch dürfte die Beseitigung des Auflösungsgrundes allein durch einen Gesellschafterbeschluss regelmäßig nicht möglich sein.

[83] *Schulze-Osterloh/Fastrich* in: Baumbach/Hueck, § 60, Rdnr. 55.

[84] *Schulze-Osterloh/Fastrich* in: Baumbach/Hueck, § 60, Rdnr. 54; *Nerlich* in: Michalski, § 60, Rdnr. 358; *Lutter/Kleindiek* in: Lutter/Hommelhoff, § 60, Rdnr. 31; *K. Schmidt* in: Scholz, § 60, Rdnr. 95; *Ulmer* in: Hachenburg, § 60 Rdnr. 98.

[85] *Schulze-Osterloh/Fastrich* in: Baumbach/Hueck, § 60, Rdnr. 54; *Nerlich* in: Michalski, § 60, Rdnr. 358; *K. Schmidt* in: Scholz, § 60, Rdnr. 95; *Ulmer* in: Hachenburg, § 60 Rdnr. 99.

[86] *Schulze-Osterloh/Fastrich* in: Baumbach/Hueck, § 60, Rdnr. 56; *Nerlich* in: Michalski, § 60, Rdnr. 360; *Ulmer* in: Hachenburg, § 60 Rdnr. 101.

[87] *Schulze-Osterloh/Fastrich* in: Baumbach/Hueck, § 60, Rdnr. 56; a.A. *Altmeppen* in: Roth/Altmeppen, § 60 Rdnr. 27.

5. Fortsetzung bei Auflösung nach Ablehnung der Eröffnung des Insolvenzverfahrens mangels Masse § 60 Abs. 1 Nr. 5 GmbHG

Nach h.M. ist im Falle der Auflösung nach § 60 Abs. 1 Nr. 5 GmbHG die Fortsetzung der Gesellschaft ausgeschlossen[88]. Die Fortsetzung wird von der Rechtsprechung auch dann abgelehnt, wenn der Gesellschaft neues Vermögen zugeführt wird[89]. Dies wird vor allem darauf gestützt, dass bei insolvenzrechtlichen Auflösungsgründen die Fortsetzungsmöglichkeiten abschließend und zwar nur in § 60 Abs. 1 Nr. 4 GmbHG genannt sind[90]. Auch sei die Fortsetzung abzulehnen, da ein effektiver Gläubigerschutzes nach einer masselosen Insolvenz nicht möglich sei. Das Fortsetzungsinteresse der Gesellschafter wäre gegenüber dem Schutz des Rechtsverkehrs nachrangig, weil den Gesellschaftern die Möglichkeit der Neugründung unter Beachtung der Vorschriften zur Kapitalaufbringung offenstehe[91]. Dem ist jedoch nicht zu folgen[92]. Auch im Fall der masselosen Insolvenz wird die Gesellschaft lediglich aufgelöst und besteht in ihrer ursprünglichen Identität noch fort. Daher besteht zumindest die Möglichkeit einer Fortsetzung. Die Abweisung der Eröffnung des Insolvenzverfahrens mangels Masse muss nicht zwingend bedeuten, dass die Gesellschaft über keinerlei Vermögensgegenstände verfügt und eine Fortsetzung aussichtslos wäre. Vielmehr ist es durchaus möglich, dass die Gesellschaft tatsächlich über Vermögenswerte verfügt, diese jedoch nicht im Rahmen eines Insolvenzverfahrens realisiert werden können, oder an die Mitwirkung der Gesellschafter, Geschäftsführer oder sonstiger Dritter geknüpft ist. Können aber bei einer Fortsetzung der Gesellschaft diese Vermögenswerte wieder mit Leben gefüllt werden, oder sind die Gesellschafter bereit, die Gesellschaft mit ausreichendem Kapital auszustatten und werden ferner auch die Insolvenzursachen beseitigt, so dass die Gesellschaft weder zahlungsunfähig, noch überschuldet ist, spricht nichts gegen die Fortsetzung der Gesellschaft[93]. Dies wäre auch und vor allem im Interesse der Gläubiger, deren Forderungen bei der Abweisung der Eröffnung des Insolvenzverfahrens mangels Masse regelmäßig komplett ausfallen. Wird die Gesellschaft fortgesetzt, so haben die Gläubiger zumindest die Aussicht auf eine spätere Begleichung ihrer Forderungen. Wäre die Fortsetzung nicht möglich und käme es zu einer Vollbeendigung der Gesellschaft, könnten die Gesellschafter ihr bisheriges Geschäft nun im Rahmen einer Neugründung aufnehmen. In diesem Fall entstünde ein neues Rechtssubjekt, gegenüber dem die Gläubiger ihre alten Forderungen nicht mehr geltend machen könnten. 443

[88] *BGHZ* 75, 178, 180 (für die AG); *KG* GmbHR 1993, 822, 823; *BayObLG* GmbHR 1994, 189. 190; 1995, 532; *OLG Düsseldorf* ZIP 1993, 215; *Schulze-Osterloh/Fastrich* in: Baumbach/Hueck, § 60, Rdnr. 57; *Ulmer* in: Hachenburg, Anh. § 60, Rdnr. 13; kritisch aber ohne eindeutige Stellungnahme: *Nerlich* in: Michalski, § 60, Rdnr. 361 ff.

[89] *BGHZ* 75, 178, 180.

[90] *OLG Köln* 1959, 199; *LG Hamburg* GmbHR 1952, 92; *Ulmer* in: Hachenburg, § 60 Rdnr. 101.

[91] *Schulze-Osterloh/Fastrich* in: Baumbach/Hueck, § 60, Rdnr. 57.

[92] So auch *LG Berlin* BB 1971, 759, 760; *Hennrichs* ZHR 159 (1995), 593, 594; *Altmeppen* in: Roth/Altmeppen, § 60, Rdnr. 57; *Lutter/Kleindiek* in: Lutter/Hommelhoff, § 60, Rdnr. 33; *K. Schmidt* in: Scholz, § 60 Rdnr. 97; *Fichtelmann* GmbHR 2003, 68, 71; *Erle* GmbHR 1997, 973, 981; kritisch aber ohne eindeutige Stellungnahme: *Nerlich* in: Michalski, § 60, Rdnr. 361 ff.

[93] So auch *Lutter/Kleindiek* in: Lutter/Hommelhoff, § 60, Rdnr. 33; *K. Schmidt* in: Scholz, § 60 Rdnr. 97. Teilweise wird darüber hinaus unter Anwendung der Gründungsvorschriften die Auffüllung des satzungsmäßigen Stammkapitals verlangt, *Hennrichs* ZHR 159 (1995), 593, 606; *Fichtelmann* GmbHR 2003, 68, 71; *Erle* GmbHR 1997, 973, 981.

6. Fortsetzung nach Auflösung der Gesellschaft wegen Satzungsmängeln gemäß § 60 Abs. 1 Nr. 6 GmbHG

444 Bei einer Auflösung der Gesellschaft aufgrund eines Satzungsmangels gemäß 60 Abs. 1 Nr. 6 GmbHG i.V.m. § 144a Abs. 4 FGG[94] ist die Fortsetzung der Gesellschaft möglich, sofern der Mangel der Satzung durch eine Satzungsänderung beseitigt worden ist[95]. Der Auflösungsgrund kann nur durch eine Satzungsänderung nach § 53 GmbHG beseitigt werden[96]. Der den Auflösungsgrund beseitigende Beschluss zur Satzungsänderung kann auch einen konkludenten Fortsetzungsbeschluss darstellen[97]. Die Fortsetzung ist nicht nur während des Auflösungsverfahrens, sondern auch nach Eintragung der Verfügung durch das Registergerichts möglich, da die Gesellschaft nur aufgelöst wird, nicht aber endgültig beendigt wird, § 144a Abs. 1 S. 2, 3 i.V.m. Abs. 4 FGG[98]. Kann der Satzungsmangel beseitig werden, so besteht kein Grund, die Fortsetzung der Gesellschaft abzulehnen.

7. Fortsetzung nach Löschung wegen Vermögenslosigkeit gemäß § 60 Abs. 1 Nr. 7 GmbHG

445 Wurde die Gesellschaft wegen Vermögenslosigkeit nach § 60 Abs. 1 Nr. 7 GmbHG gelöscht, ist die Fortsetzung ausgeschlossen[99]. Denn in diesem Fall ist die Gesellschaft durch die Löschung vollbeendet, da sie über keinerlei Gesellschaftsvermögen verfügt und im Handelsregister gelöscht wurde. Erfolgte die Löschung, obwohl tatsächlich und entgegen der Annahme des Gerichts noch Gesellschaftsvermögen vorhanden war, ist die Gesellschaft nach § 66 Abs. 5 GmbHG zu liquidieren, da die Gesellschaft nur aufgelöst, nicht aber vollbeendet wurde[100]. In diesem Fall besteht die Gesellschaft als Rechtsperson fort, so dass eine Fortsetzung bei Zufuhr des erforderlichen Kapitals und Beseitigung von Überschuldung und/oder Zahlungsunfähigkeit grundsätzlich möglich wäre[101].

---

[94] Der Verweis auf § 144b wurde durch das MoMiG gestrichen.

[95] *OLG Düsseldorf* GmbHR 1979, 276; *Schulze-Osterloh/Fastrich* in: Baumbach/Hueck, § 60, Rdnr. 58; *Nerlich* in: Michalski, § 60, Rdnr. 369; *Altmeppen* in: Roth/Altmeppen, § 60, Rdnr. 57; *Lutter/Kleindiek* in: Lutter/Hommelhoff, § 60, Rdnr. 31; *K. Schmidt* in: Scholz, § 60 Rdnr. 98; *Ulmer* in: Hachenburg, § 60, Rdnr. 103.

[96] *OLG Düsseldorf* GmbHR 1979, 276; *Schulze-Osterloh/Fastrich* in: Baumbach/Hueck, § 60, Rdnr. 58; *Nerlich* in: Michalski, § 60, Rdnr. 369.

[97] *Nerlich* in: Michalski, § 60, Rdnr. 369.

[98] *OLG Düsseldorf* GmbHR 1979, 276; *Schulze-Osterloh/Fastrich* in: Baumbach/Hueck, § 60, Rdnr. 58; *Nerlich* in: Michalski, § 60, Rdnr. 369; *K. Schmidt* in: Scholz, § 60 Rdnr. 98; *Ulmer* in: Hachenburg, § 60, Rdnr. 103.

[99] *Schulze-Osterloh/Fastrich* in: Baumbach/Hueck, § 60, Rdnr. 59; *Nerlich* in: Michalski, § 60, Rdnr. 367; *Lutter/Kleindiek* in: Lutter/Hommelhoff, § 60, Rdnr. 32; *Altmeppen* in: Roth/Altmeppen, § 75, Rdnr. 68 ; *Lutter/Kleindiek* in: Lutter/Hommelhoff, § 60, Rdnr. 31; *K. Schmidt* in: Scholz, § 60, Rdnr. 99.

[100] *Schulze-Osterloh/Fastrich* in: Baumbach/Hueck, § 60, Rdnr. 59; *Nerlich* in: Michalski, § 60, Rdnr. 106.

[101] *OLG Düsseldorf* GmbHR 1979, 228; *Schulze-Osterloh/Fastrich* in: Baumbach/Hueck, § 60, Rdnr. 59, § 66, Rdnr. 41; *Nerlich* in: Michalski, § 66, Rdnr. 106; *Erle* GmbHR 1997, 973, 982. A.A. *RGZ* 156, 23, 27, *Lutter/Kleindiek* in: Lutter/Hommelhoff, § 60, Rdnr. 32; *K. Schmidt* in: Scholz, § 60, Rdnr. 99.

8. Fortsetzung nach Auflösung gemäß § 75 GmbHG, § 144 Abs. 1 S. 2 FGG

Bei der Auflösung der Gesellschaft durch Nichtigkeitsurteil nach § 75 GmbHG oder durch Löschung nach § 144 Abs. 1 S. 2 FGG ist die Fortsetzung der Gesellschaft durch Gesellschafterbeschluss möglich, sofern der Nichtigkeitsgrund beseitigt worden ist[102]. **446**

9. Fortsetzung bei Auflösung aufgrund des Erwerbs aller Geschäftsanteile durch die Gesellschaft (Keinmann-Gesellschaft)

Werden sämtliche Geschäftsanteile der Gesellschaft von dieser selbst gehalten, wird sie zwar nicht automatisch aufgelöst, kann aber nicht auf Dauer bestehen[103]. Die Liquidation der Gesellschaft kann aber durch die Veräußerung eines Geschäftsanteils an einen Dritten abgewendet werden[104]. Ein ausdrücklicher Gesellschafterbeschluss ist nicht erforderlich, der Erwerb des Geschäftsanteils durch den Dritten kann einen konkludenten Fortsetzungsbeschluss darstellen[105]. Die Gesellschaft selbst kann die Fortsetzung nicht beschließen, da sie im Fall der Keinmann-Gesellschaft kein Stimmrecht hat[106]. **447**

10. Fortsetzung der aufgelösten Gesellschaft in Nachtragsliquidation

Auch im Stadium Nachtragsliquidation ist die Fortsetzung der Gesellschaft möglich, vgl. hierzu ausführlich unten, § 10, IV. Rndr. 548. **448**

---

[102] *Nerlich* in: Michalski, § 60, Rdnr. 372; *Altmeppen* in: Roth/Altmeppen, § 60, Rdnr. 57; *Lutter/Kleindiek* in: Lutter/Hommelhoff, § 77, Rdnr. 4, § 76, Rdnr. 3; *K. Schmidt* in: Scholz, § 60 Rdnr. 100; *Ulmer* in: Hachenburg, § 60, Rdnr. 112. Auch nach *Schulze-Osterloh/Fastrich* in: Baumbach/Hueck, § 60, Rdnr. 60 ist dies grundsätzlich möglich, nicht aber sofern die Nichtigkeit auf Fehlen oder Nichtigkeit der Satzungsbestimmung über Unternehmensgegenstand beruht oder die Bestimmung über die Höhe des Stammkapitals fehlt weiter hierzu *Schulze-Osterloh/Fastrich* in: Baumbach/Hueck, § 75 Rdnr. 13; § 77 Rdnr. 7; § 77 Anh. Rdnr. 30.

[103] *Schulze-Osterloh/Fastrich* in: Baumbach/Hueck, § 60, Rdnr. 42, 63; *Nerlich* in: Michalski, § 60, Rdnr. 25; *K. Schmidt* in: Scholz, § 60, Rdnr. 101; *Ulmer* in: Hachenburg, § 60, Rdnr. 60; *Lutter/Kleindiek* in: Lutter/Hommelhoff, § 60, Rdnr. 24.

[104] *Nerlich* in: Michalski, § 60, Rdnr. 373; *K. Schmidt* in: Scholz, § 60, Rdnr. 101; *Schulze-Osterloh/Fastrich* in: Baumbach/Hueck, § 60, Rdnr. 42, 63; *Ulmer* in: Hachenburg, § 60, Rdnr. 112; Lutter/Kleindiek in: Lutter/Hommelhoff, § 60, Rdnr. 24.

[105] *Nerlich* in: Michalski, § 60, Rdnr. 373; *Schulze-Osterloh/Fastrich* in: Baumbach/Hueck, § 60, Rdnr. 63; *Lutter/Kleindiek* in: Lutter/Hommelhoff, § 60, Rdnr. 24; *K. Schmidt* in: Scholz, § 60, Rdnr. 101; *Ulmer* in: Hachenburg, § 60, Rdnr. 112.

[106] *Schulze-Osterloh/Fastrich* in: Baumbach/Hueck, § 33 Rdnr. 19; *Hohner* in: Hachenburg, § 33, Rdnr. 59; *Altmeppen* in: Roth/Altmeppen, § 33 Rdnr. 20.

§ 8 Vermögensverteilung

I. Verteilung des Liquidationserlöses an die Gesellschafter

449 Das am Ende des Liquidationsverfahrens verbleibende Gesellschaftsvermögen darf erst nach Begleichung aller Verbindlichkeiten der Gesellschaft und nach Ablauf des Sperrjahres an die Gesellschafter verteilt werden, § 73 Abs. 1 GmbHG. Dabei folgt die Verteilung des Vermögens grundsätzlich den Geschäftsanteilen, § 72 S. 1 GmbHG, eine abweichende Bestimmung kann aber gemäß § 72 S. 2 GmbHG statutarisch bestimmt werden. Drittgläubigeransprüche, die den Gesellschaftern gegen die Gesellschaft aus schuldrechtlichen Rechtsverhältnissen zustehen[1], sind nicht Gegenstand der Verteilung nach § 72 GmbHG und werden zuvor aus der Verteilungsmasse beglichen[2].

1. Anspruch auf den Liquidationserlös

450 Die Gesellschafter haben aus § 72 GmbHG einen gesellschaftsrechtlichen Anspruch auf Ausschüttung ihres Anteils an dem nach der Befriedigung der Gläubiger verbleibenden Gesellschaftsvermögen[3]. Dieser Anspruch richtet sich gegen die Gesellschaft und entsteht erst, nachdem die Gesellschaft aufgelöst, das Gesellschaftsvermögen unter Beachtung der Voraussetzungen der §§ 70, 73 GmbHG in Geld umgesetzt worden ist und die Gesellschaftsgläubiger befriedigt worden sind. Der Anspruch wird aber erst mit Ablauf des Sperrjahres fällig[4].

451 Gläubiger des Ausschüttungsanspruches sind diejenigen, die im Zeitpunkt der Vermögensverteilung – also nach Befriedigung der Gläubiger – Gesellschafter sind[5]. In der Satzung können auch Dritte als Anspruchsberechtigte vorgesehen werden. Insbesondere bei der gemeinnützigen GmbH muss in der Satzung bestimmt werden, dass der Liquidationserlös anderen Personen zufallen soll, um in den Genuss der Steuerbegünstigung nach den §§ 51 ff. AO zu gelangen[6]. Die Person des Berechtigten kann jederzeit durch Satzungsänderung neu bestimmt werden, dies auch noch während der Liquidation[7]. Der Anspruch auf den Liquidationserlös kann jederzeit, auch im Voraus formlos abgetreten werden[8]. Wird ein Geschäftsanteil gepfändet, so umfasst die Pfändung auch den Anteil am Liquidationserlös[9].

452 Sofern nach Abschluss des Liquidationsverfahrens kein Überschuss entstanden ist, haben die Gesellschafter keinen Anspruch gegen die Gesellschaft. Wird die Gesellschaft während der Ab-

---

[1] Vgl. hierzu oben § 4, VI, Rdnr. 187.

[2] *Lutter/Kleindiek* in: Lutter/Hommelhoff § 72, Rdnr. 6, 7; *Nerlich* in: Michalski, § 72, Rdnr. 2.

[3] *Schulze-Osterloh/Noack* in: Baumbach/Hueck, § 72, Rdnr. 2.

[4] *Schulze-Osterloh/Noack* in: Baumbach/Hueck, § 72, Rdnr. 2.

[5] *Schulze-Osterloh/Noack* in: Baumbach/Hueck, § 72, Rdnr. 2; *Nerlich* in: Michalski, § 72, Rdnr. 7; K. Schmidt in: Scholz, § 72, Rdnr. 4.

[6] Vgl. hierzu unter § 2, IV, Rdnr. 92.

[7] *Nerlich* in: Michalski, § 72, Rdnr. 8; *Hohner* in: Hachenburg, § 72, Rdnr. 11.

[8] *BGH* NJW 1984, 492; *Schulze-Osterloh/Noack* in: Baumbach/Hueck, § 72, Rdnr. 8; *Nerlich* in: Michalski, § 72, Rdnr. 9; *Hohner* in: Hachenburg, § 72, Rdnr. 14.

[9] *BGHZ* 104, 351, 353; *Schulze-Osterloh/Noack* in: Baumbach/Hueck, § 72, Rdnr. 8; *Nerlich* in: Michalski, § 72, Rdnr. 6; *K. Schmidt* in: Scholz, § 72, Rdnr. 3.

wicklung zahlungsunfähig oder tritt Überschuldung ein, unterliegen die Gesellschafter grundsätzlich keiner Nachschusspflicht. Insoweit ist aber zu bedenken, dass sich aus von den Gesellschaftern abgegebenen Patronatserklärungen oder Kreditrahmenvereinbarungen auch noch während des Liquidationsverfahrens Ansprüche der Gesellschaft ergeben können. Diese Ansprüche muss der Liquidator geltend machen, wenn dies zur Abwendung einer Insolvenz der Gesellschaft erforderlich ist. Kann die Insolvenz der Gesellschaft nicht abgewendet werden, ist Antrag auf Eröffnung des Insolvenzverfahrens zu stellen. Kommt es zu einem Insolvenzverfahren über das Vermögen der GmbH i.L., bei dem alle Forderungen befriedigt werden können und ergibt sich dann ein Überschuss, so verbleibt dieser Überschuss nach § 199 S. 2 InsO nicht bei der Gesellschaft, sondern wird direkt an die Gesellschafter ausgezahlt. Dabei orientiert sich der Verteilungsmaßstab an den gesetzlichen oder vertraglichen Bestimmungen für den Fall der Liquidation[10]. Hierbei handelt es sich nicht um den gegen die Gesellschaft gerichteten gesellschaftsrechtlichen Ausschüttungsanspruch aus § 72 GmbHG, sondern um einen insolvenzrechtlichen Anspruch der Gesellschafter gegenüber dem Insolvenzverwalter. Durch diese Regelung wird vermieden, dass sich dem langwierigen Insolvenzverfahren noch ein Liquidationsverfahren anschließt[11].

2. Verteilungsmaßstab

Grundsätzlich orientiert sich der Ausschüttungsanspruch der Gesellschafter der Höhe nach an den jeweiligen Geschäftsanteilen, § 72 S. 1 GmbHG. Dabei ist allein das Verhältnis der Nennbeträge der Geschäftsanteile der Gesellschafter zueinander maßgeblich, nicht aber deren Verhältnis zum Stammkapital[12]. Kaduzierte oder eigene Anteile der Gesellschaft bleiben bei der Vermögensverteilung unberücksichtigt[13]. **453**

Die Verteilung nach dem Verhältnis der Geschäftsanteile findet auch dann statt, wenn die Einlagen der Gesellschafter nicht vollständig geleistet worden sind. Rückständige Einlagen können mit dem Ausschüttungsanspruch verrechnet werden[14]. Aus dem Liquidationsüberschuss sind zunächst die Einlagen zu erstatten. Reicht der Überschuss zur Erstattung der Einlagen nicht aus, müssen die Gesellschafter, die ihre Einlagen nicht vollständig erbracht haben, rückständige Einlagen erbringen, um zugunsten anderer Gesellschafter die Ausschüttung des ihnen zustehenden Liquidationserlöses zu ermöglichen, § 271 Abs. 3 AktG gilt entsprechend[15]. Der Liquidator kann rückständige Einlagen ohne und sogar gegen einen anderslautenden Gesellschafterbeschluss einziehen, § 69 i.V.m. §§ 19 bis 25 GmbHG[16]. Voraussetzung ist aber, dass die Einlage zu Liquidationszwecken, insbesondere der Befriedigung der Gläubigerforderungen erforderlich ist[17]. **454**

Gemäß § 72 S. 2 GmbHG können in der Satzung über die Verteilung des Liquidationserlöses andere Verfügungen getroffen werden. Eine spätere Änderung zum Nachteil eines Gesellschafters ist nur mit Zustimmung des betroffenen Gesellschafters möglich[18]. Sonstige Modalitäten **455**

---

[10] *Füchsl/Weishäuptl* in: MüKo InsO § 199, Rdnr. 2; *Preß* in: HambKomm InsO, § 199, Rdnr. 5.

[11] *Füchsl/Weishäuptl* in: MüKo InsO § 199, Rdnr. 2; *Preß* in: HambKomm InsO, § 199, Rdnr. 5.

[12] *Schulze-Osterloh/Noack* in: Baumbach/Hueck, § 72, Rdnr. 4; *Nerlich* in: Michalski, § 72, Rdnr. 19; *K. Schmidt* in: Scholz, § 72, Rdnr. 13; *Lutter/Kleindiek* in: Lutter/Hommelhoff, § 72, Rdnr. 11.

[13] *Lutter/Kleindiek* in: Lutter/Hommelhoff, § 72, Rdnr. 11; *Nerlich* in: Michalski, § 72, Rdnr. 23.

[14] *K. Schmidt* in: Scholz, § 72, Rdnr. 13; *Lutter/Kleindiek* in: Lutter/Hommelhoff, § 72, Rdnr. 11.

[15] *Lutter/Kleindiek* in: Lutter/Hommelhoff, § 72, Rdnr. 11; *K. Schmidt* in: Scholz, § 72, Rdnr. 13; *Schulze-Osterloh/Noack* in: Baumbach/Hueck, § 72, Rdnr. 4: analoge Anwendung des § 271 Abs. 3 AktG.

[16] *Schulze-Osterloh/Noack* in: Baumbach/Hueck, § 69, Rdnr. 4; *Nerlich* in: Michalski, § 69, Rdnr. 24; *Hohner* in: Hachenburg, § 72, Rdnr. 7.

[17] *Schulze-Osterloh/Noack* in: Baumbach/Hueck, § 69, Rdnr. 4, vgl. auch oben, § 4, VI Rdnr. 189.

[18] *Altmeppen* in: Roth/Altmeppen, § 72, Rdnr. 4.

der Verteilung können durch einfachen Gesellschafterbeschluss geregelt werden[19], die Liquidatoren sind insoweit weisungsgebunden, §§ 71 Abs. 4, 37 Abs. 1 GmbHG. Diese Änderungen sind auch noch im Laufe des Liquidationsverfahrens möglich[20].

3. Anspruchsinhalt

456 Der Ausschüttungsanspruch richtet sich nach § 70 GmbHG grundsätzlich auf Zahlung von Geld[21]. Von diesem Barausschüttungsgebot abweichend, können auch einzelne Vermögensgegenstände im Wert des jeweiligen Ausschüttungsanspruches an die Gesellschafter verteilt werden, sofern dies in der Satzung vorgesehen ist oder später durch Gesellschafterbeschluss vereinbart wird[22]. Insoweit ist ein Mehrheitsbeschuss der Gesellschafter erforderlich[23].

457 Davon zu unterscheiden ist der Fall, dass ein Gesellschafter seinen Gesellschaftsanteil nicht in Geld, sondern in Gestalt einer Sacheinlage erbracht hat. In diesem Fall kann der zur Nutzung eingebrachte Gegenstand unter Berücksichtigung der Liquidationsquote dem Gesellschafter in Natur herausgegeben werden[24].

II. Ausschüttungssperre des § 73 GmbHG

458 Die Verteilung des Gesellschaftsvermögens an die Gesellschafter darf gemäß § 73 Abs. 1 GmbHG erst dann erfolgen, wenn die Verbindlichkeiten der Gesellschaft getilgt oder sichergestellt sind und das Sperrjahr abgelaufen ist. Zweck des § 73 GmbHG ist es, das Gesellschaftsvermögen für die Begleichung der Gläubigerforderungen zu erhalten, die Regelung des § 73 GmbHG ist daher zwingend und kann weder durch Gesellschafterbeschluss noch durch Zustimmung aller bekannten Gläubiger abbedungen werden[25]. Denn § 73 GmbHG schützt auch und vor allem die unbekannten Gläubiger. Es besteht während des Liquidationsverfahrens immer die Möglichkeit, dass unbekannte Forderungen auftauchen. Stünde die Wirkung des § 73 GmbHG im Ermessen der Gläubiger, könnten diese zu Lasten unbekannter Gläubiger die Erfüllung deren Forderungen verhindern, da diese ihre Forderung nach Beendigung der Liquidation nicht mehr durchsetzen können. Um die Begleichung aller Forderungen zu gewährleisten, darf die Liquidationsquote daher nicht durch eine Darlehensgewährung oder unmäßige Vorabausschüttung der Gesellschaft an die Gesellschafter vorfinanziert werden[26].

459 Teilweise wird vertreten, dass die Darlehensgewährung während der Liquidation zulässig sei, sofern es sich lediglich um ein ausnahmsweise und kurzfristig gewährtes Darlehen handele,

---

[19] *Schulze-Osterloh/Noack* in: Baumbach/Hueck Rdnr. 2; *Altmeppen* in: Roth/Altmeppen, § 72, Rdnr. 4.

[20] *FG Münster* EFG 1998, 902; *BFH* GmbHR 1999, 429; *Altmeppen* in: Roth/Altmeppen, § 72, Rdnr. 5.

[21] *Nerlich* in: Michalski, § 72, Rdnr. 14.

[22] *Altmeppen* in: Roth/Altmeppen, § 72, Rdnr. 7; ähnlich *Nerlich* in: Michalski, § 72, Rdnr. 17.

[23] Sofern keine Zweifel an der Bewertung des Gegenstandes entstehen können, soll die Zustimmung des betroffenen Gesellschafters ausreichen, was nur bei börsennotierten Wertpapieren und Forderungen der Fall sein dürfte, *Schulze-Osterloh/Noack* in: Baumbach/Hueck, § 72, Rdnr. 11; *Altmeppen* in: Roth/Altmeppen, § 72, Rdnr. 7; *Nerlich* in: Michalski, § 72, Rdnr. 17.

[24] *Nerlich* in: Michalski, § 72, Rdnr. 17; *Schulze-Osterloh/Noack* in: Baumbach/Hueck, § 72, Rdnr. 11.

[25] *OLG Rostock* GmbHR 1996, 621, 622; *Hohner* in: Hachenburg, § 73, Rdnr. 3; *Schulze-Osterloh/Noack* in: Baumbach/Hueck, § 73, Rdnr. 2; *Nerlich* in: Michalski, § 73, Rdnr. 2.

[26] Jetzt h.A. *K. Schmidt* in: Scholz, § 73, Rdnr. 2a; *K. Schmidt* DB 1994, 2013, 2015; *Sotiropoulos* GmbHR 1996, 653, 657; *Lutter/Kleindiek* in: Lutter/Hommelhoff, § 73, Rdnr. 2; *Nerlich* in: Michalski, § 73, Rdnr. 8. A.A. nur bei gesicherter Bonität des begünstigten Gesellschafter und unter Einhaltung der Grenze des § 30 *Erle* GmbHR 1998, 216, 221.

das mit dem Liquidationszweck vereinbar sei und dessen Rückzahlung jederzeit möglich sei[27]. Dieser Ansicht kann nicht gefolgt werden. Vornehmlicher Zweck der Liquidation ist die vollständige Begleichung aller Gläubigerforderungen. Durch die Gewährung von Darlehen an die Gesellschafter wird dieser Zweck aber ganz erheblich gefährdet. Denn die Beurteilung, ob ein Darlehen dem Liquidationszweck dienlich ist und durch die Gesellschafter jederzeit zurückgeführt werden kann[28], lässt sich kaum mit Bestimmtheit treffen. Dies gilt umso mehr, als diese Beurteilung aus ex-ante Sicht durch den Liquidator zu treffen wäre, der aber eher den Gesellschafter und weniger den Gläubigern verbunden ist. Käme es zu einer ex-post Überprüfung durch ein Gericht, könnte es für die Gläubiger aber bereits zu spät sein, da der Gesellschaft das Vermögen bereits entzogen worden wäre. Es besteht vor allem die Gefahr, dass der Gesellschaft Vermögen entzogen wird und sie dadurch in die Insolvenz gerät.

1. Erfüllung bekannter Gesellschaftsverbindlichkeiten

Grundsätzlich sind alle Gesellschaftsverbindlichkeiten während der Liquidation vollständig **460**
zu erfüllen. In § 73 GmbHG wird lediglich hinsichtlich der Verbindlichkeiten von unbekannten Gläubigern eine Ausnahme gemacht. Ist die uneingeschränkte Erfüllung der Verbindlichkeiten nicht möglich, wäre die Gesellschaft überschuldet und müsste einen Antrag auf Eröffnung des Insolvenzverfahrens stellen. Die Forderungen der Gesellschaft sind nicht anteilig, sondern vollumfänglich zu erfüllen, § 70 GmbHG. Dies gilt unabhängig davon, ob der Gläubiger seinen Anspruch gegenüber dem Liquidator geltend gemacht hat oder nicht[29]. Eine Forderung ist bekannt, wenn sie dem Liquidator dem Grunde und der Höhe nach im Wesentlichen bekannt ist[30]. Dabei kommt es nicht entscheidend auf die Einzelheiten der Forderung an, wie etwa die Identität des Gläubigers[31] oder den genauen Betrag oder die Fälligkeit[32]. Der Zeitpunkt der Entstehung der Forderung, insbesondere das Entstehen vor oder nach Auflösung der GmbH, ist ebenfalls nicht maßgeblich[33]. Im Rahmen seiner Nachforschungspflicht hat der Liquidator Bestand und Berechtigung der Forderungen mit der Sorgfalt eines ordentlichen Geschäftsmannes nach §§ 71 Abs. 4, 43 Abs. 1 GmbHG zu überprüfen. Vor der Erfüllung der Forderung sind Fälligkeit und Verjährung zu überprüfen[34].

Da der Grundsatz der *par conditio creditorum* in der Liquidation nicht gilt [35], ist der Liquidator **461**
bei der Begleichung der Verbindlichkeiten nicht an eine bestimmte Rangfolge gebunden[36]. Es bietet sich aber die Begleichung nach der Reihenfolge der Geltendmachung durch die Gläubiger oder nach Fälligkeit an. Im Rahmen des kaufmännischen Beurteilungsspielraumes können die Liquidatoren besonders dringende oder für die Durchführung der Liquidation wichtige Verbindlichkeiten vor anderen und ohne Rücksicht auf die Reihenfolge der Meldung begleichen[37].

---

[27] *Schulze-Osterloh/Noack* in: Baumbach/Hueck, § 73, Rdnr. 2; *Nerlich* in: Michalski, § 73, Rdnr. 8; *K. Schmidt* in: Scholz, § 73, Rdnr. 2a.

[28] *Nerlich* in: Michalski, § 73, Rdnr. 8.

[29] *Schulze-Osterloh/Noack* in: Baumbach/Hueck, § 73, Rdnr. 3; *K. Schmidt* in: Scholz, § 73, Rdnr. 8; *Nerlich* in: Michalski, § 73, Rdnr. 17.

[30] *RG* JW 1930, 2943; *RGZ* 92, 77, 80; *K. Schmidt* in: Scholz, § 73, Rdnr. 6; *Nerlich* in: Michalski, § 73, Rdnr. 14; *Schulze-Osterloh/Noack* in: Baumbach/Hueck, Rdnr. 6.

[31] Der Gesetzeswortlaut ist insoweit ungenau.

[32] *Nerlich* in: Michalski, § 73, Rdnr. 14; *Altmeppen* in: Roth/Altmeppen, § 73,Rdnr. 3; *Hohner* in: Hachenburg, § 73, Rdnr. 9, 10.

[33] *Altmeppen* in: Roth/Altmeppen, § 73, Rdnr. 4.

[34] *Schulze-Osterloh/Noack* in: Baumbach/Hueck, § 73, Rdnr. 3.

[35] *K. Schmidt* in: Scholz, § 73, Rdnr. 9, *Hohner* in: Hachenburg, § 73, Rdnr. 15.

[36] *BGHZ* 53, 71, 74; *Schulze-Osterloh/Noack* in: Baumbach/Hueck, § 73, Rdnr. 3; *K. Schmidt* in: Scholz, § 73, Rdnr. 9; *Nerlich* in: Michalski, § 73, Rdnr. 17; *Hohner* in: Hachenburg, § 73, Rdnr. 15.

[37] *Nerlich* in: Michalski, § 73, Rdnr. 18; *Hohner* in: Hachenburg, § 73, Rdnr. 15.

Gleiches gilt für bereits verjährte oder noch nicht fällige Forderungen, die bei besonderer Bedeutung für die Liquidation im Rahmen des kaufmännischen Beurteilungsspielraumes und unter Beachtung der Sorgfalt eines ordentlichen Geschäftsmannes beglichen werden können[38]. Teilweise wird vertreten, dass Steuerverbindlichkeiten im selbem Verhältnis wie die anderen Forderungen zu begleichen sind[39]. Dies wäre jedoch nur möglich, wenn Grundsatz der *par conditio creditorum* gälte oder die Verbindlichkeiten zwingend nach Fälligkeit befriedigt werden müssten. Beides ist nicht der Fall, für eine Bevorzugung von Steuerverbindlichkeiten besteht daher keine Rechtfertigung, so dass Steuerverbindlichkeiten wie andere Gesellschaftsverbindlichkeiten auch zu behandeln sind[40]. Zur Vermeidung von Haftungsrisiken sollten die Liquidatoren bei geplanter Bevorzugung oder nachrangiger Behandlung bestimmter Forderungen einen entsprechenden Gesellschafterbeschluss herbeiführen.

462 Für die Gläubiger ist eine möglichst schnelle Begleichung ihrer Verbindlichkeiten von besonderer Bedeutung. Stellt sich während der Liquidation heraus, dass das Gesellschaftsvermögen zur Begleichung der Verbindlichkeiten nicht ausreicht und die Gesellschaft überschuldet ist, müssen die Liquidatoren Antrag auf Eröffnung des Insolvenzverfahrens beantragen, § 15a InsO. Zeichnet sich bereits eine Krise der Gesellschaft ab, so können die Liquidatoren mit den Gläubigern verhandeln und auf Teilzahlungen vornehmen[41]. Doch auch Gläubiger deren Forderungen frühzeitig beglichen worden sind, können sich im Fall der Eröffnung eines Insolvenzverfahrens ihrer Forderungen nicht uneingeschränkt sicher sein. Denn es besteht die Gefahr, dass diese Zahlungen der Insolvenzanfechtung nach den §§ 129 InsO unterliegen und an den Insolvenzverwalter zurückgezahlt werden müssen. Dies gilt insbesondere für Zahlungen die innerhalb von drei Monaten vor der Stellung des Antrages auf Eröffnung des Insolvenzverfahren geleistet wurden (vgl. §§ 130, 131, 132 InsO).

2. Sicherstellung bekannter Verbindlichkeiten durch Hinterlegung oder Sicherheitsleistung

463 Auch wenn sich bekannte Gesellschaftsgläubiger trotz des Gläubigeraufrufes nicht bei der Gesellschaft melden, sind diese Forderungen zu erfüllen. Auch durch den Ablauf des Sperrjahres wird nicht in den Bestand der Forderung eingegriffen[42]. Ist es dem Liquidator nicht möglich Gesellschaftsverbindlichkeiten zu erfüllen, so kann er die Gesellschaft von diesen durch Hinterlegung nach § 73 Abs. 2 S. 1 GmbHG oder durch Sicherstellung nach § 73 Abs. 2 S. 2 GmbHG befreien.

a. Hinterlegung nach § 73 Abs. 2 S. 1 GmbHG

464 Sofern sich ein bekannter Gläubiger nicht meldet, ist der geschuldete Betrag gemäß § 73 Abs. 2 S. 1 GmbHG zu hinterlegen. Die Hinterlegung erfolgt nach den Vorschriften der HinterlO, Hinterlegungsstelle sind die Amtsgerichte[43].

465 Die Hinterlegung kann gewählt werden, wenn die Voraussetzungen des § 372 BGB erfüllt sind. Danach besteht ein Recht zur Hinterlegung, wenn der Gläubiger im Annahmeverzug (§§ 293 ff. BGB) ist oder aufgrund einer nicht auf Fahrlässigkeit beruhenden Ungewissheit über

[38] *Nerlich* in: Michalski, § 73, Rdnr. 18; *Hohner* in: Hachenburg, § 73, Rdnr. 15.

[39] BStBl 1984 II, 776, 779; 1985 II, 702, 704; 1991 II, 678, 680; 1993 II, 8, 9; *Leibner/Pump* GmbHR 2003, 996, 998.

[40] So auch *BayObLG* GmbHR, 1982, 274, 275 *Altmeppen* in: Roth/Altmeppen, § 73, Rdnr. 7, zu beachten ist aber eine mögliche persönliche Haftung der Liquidatoren nach §§ 34, 69 AO, vgl. *BFH* DB 1971, 2048; 1973, 1218.

[41] *Hohner* in: Hachenburg, § 73, Rdnr. 15.

[42] *RGZ* 92, 77, 82; 109, 387, 392; 124, 210, 213; *Schulze-Osterloh/Noack* in: Baumbach/Hueck, § 73, Rdnr. 5; *Nerlich* in: Michalski, § 73, Rdnr. 11.

[43] *Nerlich* in: Michalski, § 73, Rdnr. 21; *Hohner* in: Hachenburg, § 73, Rdnr. 19.

die Person des Gläubigers die Verbindlichkeit nicht mit Sicherheit erfüllt werden kann, § 372 S. 2 BGB. Letzteres wäre zu bejahen bei: unbekanntem Wohnort, unbekanntem Konto, Minderjährigkeit, Streitigkeit über Inhaberschaft der Forderung – etwa bei Erbschaftsauseinandersetzungen oder bei Wechselverbindlichkeiten[44]. In diesen Fällen besteht jedoch keine Pflicht zur Hinterlegung, vielmehr haben die Liquidatoren abweichend vom Wortlaut des § 73 Abs. 2 S. 1 GmbHG ein Wahlrecht und können anstatt der Hinterlegung dem Gläubiger Sicherheit leisten[45]. Bevorzugtes Sicherungsmittel dürfte regelmäßig die Sicherheitsleistung sein, da der Liquidator nach § 376 Abs. 1 BGB gegebenenfalls das Recht hat, die Sache zurückzunehmen.

b. Sicherheitsleistung nach § 73 Abs. 2 S. 2 GmbHG

Das Erfordernis einer Sicherheitsleistung für eine bekannte Verbindlichkeit kann sich ergeben, wenn die Verbindlichkeit gegenwärtig nicht erfüllt werden kann oder streitig ist. Die Sicherheitsleistung steht grundsätzlich im Ermessen der Gesellschaft und ist keine gegenüber den Gläubigern bestehende und von diesen einklagbare Pflicht[46]. Die Gesellschaft kann sich auch für eine Hinterlegung entscheiden[47]. Gleichwohl kann das Gesellschaftsvermögen erst an die Gesellschafter verteilt werden, wenn eine Sicherheitsleistung zugunsten vermeintlicher Gläubiger erbracht wurde[48]. Die Sicherheitsleistung nach § 73 Abs. 2 S. 2 GmbHG erfolgt nach den §§ 232 ff. BGB, wobei die Beschränkung auf die in § 232 BGB vorgesehenen Sicherungsarten nicht gilt, vielmehr sind die im Wirtschaftsleben üblichen Sicherstellungen zu akzeptieren[49]. Um eine zügige Durchführung der Liquidation zu gewährleisten, wird in der Literatur die in § 232 Abs. 2 BGB vorgesehene Subsidiarität der Bürgschaft weitgehend abgelehnt[50], so dass im Falle des § 73 Abs. 2 S. 2 GmbHG auch eine selbstschuldnerische Bankbürgschaft[51] zulässiges Sicherungsmittel ist. Aus Kostengründen dürften Bankbürgschaften bei besonders hohen oder langfristigen Verbindlichkeiten, wie bsplw. Pensionsverpflichtungen ungeeignet sein. **466**

Eine Forderung kann nicht erfüllt werden, wenn die Forderung noch nicht fällig ist und entgegen § 271 Abs. 2 BGB nicht vorzeitig getilgt werden kann (z.B. verzinsliche Darlehen, Pensionsverbindlichkeiten[52]), bei aufschiebend bedingten Verpflichtungen, sofern die Erfüllung von der Leistung des Vertragspartners abhängt[53], wenn die Verbindlichkeit erst nach Abschluss der Liquidation entstehen wird (insbesondere Steuerschulden und Pensionsverbindlichkeiten)[54] oder die Identität des Gläubigers nicht ermittelt werden kann[55]. **467**

---

[44] *Nerlich* in: Michalski, § 73, Rdnr. 23; *Hohner* in: Hachenburg, § 73, Rdnr. 19.

[45] *Nerlich* in: Michalski, § 73, Rdnr. 22; *Hohner* in: Hachenburg, § 73, Rdnr. 19.

[46] *Nerlich* in: Michalski, § 73, Rdnr. 28.

[47] *Nerlich* in: Michalski, § 73, Rdnr. 25; *Hohner* in: Hachenburg, § 73, Rdnr. 21.

[48] *Schulze-Osterloh/Noack* in: Baumbach/Hueck, § 73, Rdnr. 7; *Nerlich* in: Michalski, § 73, Rdnr. 28;.

[49] *Schulze-Osterloh/Noack* in: Baumbach/Hueck, Rdnr. 7; *Nerlich* in: Michalski, § 73, Rdnr. 29; *Altmeppen* in: Roth/Altmeppen, § 73, Rdnr. 6; *Hohner* in: Hachenburg, § 73, Rdnr. 22.

[50] *Schulze-Osterloh/Noack* in: Baumbach/Hueck, § 73, Rdnr. 7; *Nerlich* in: Michalski, § 73, Rdnr. 30; *Hohner* in: Hachenburg, § 73, Rdnr. 22; *K. Schmidt* in: Scholz, § 73, Rdnr. 11.

[51] *Schulze-Osterloh/Noack* in: Baumbach/Hueck, § 73, Rdnr. 7; *K. Schmidt* in: Scholz, § 73, Rdnr. 11; *Hohner* in: Hachenburg, § 73, Rdnr. 22. Bürgschaften Dritter – insbesondere von Gesellschaftern sind aufgrund der ungewissen Solvenz kein geeignetes Sicherungsmittel. A.A. *Hohner* in: Hachenburg, § 73, Rdnr. 22, der jeden Bürgen für zulässig erachtet.

[52] Bei Pensionsverbindlichkeiten bietet sich der Abschluss einer Liquidationsversicherung an, vgl. hierzu bereits oben, § 6, III, Rdnr. 378 ff; Passarge, GmbHR 2007, 701, 703.

[53] *Schulze-Osterloh/Noack* in: Baumbach/Hueck, § 73, Rdnr. 7; *Nerlich* in: Michalski, § 73, Rdnr. 26; *K. Schmidt* in: Scholz, § 73, Rdnr. 11; *Hohner* in: Hachenburg, § 73, Rdnr. 23.

[54] *BFH* BStBl 1971 II, 614, 615; *Schulze-Osterloh/Noack* in: Baumbach/Hueck, § 73, Rdnr. 7; *Hohner* in: Hachenburg, § 73, Rdnr. 23; *K. Schmidt* in: Scholz, , § 73, Rdnr. 11.

[55] *Schulze-Osterloh/Noack* in: Baumbach/Hueck, § 73, Rdnr. 7; *Nerlich* in: Michalski, § 73, Rdnr. 25; *Hohner* in: Hachenburg, § 73, Rdnr. 23.

468 Eine Verbindlichkeit ist streitig, wenn sie von den Liquidatoren dem Grunde oder der Höhe nach bestritten wird[56]. Bei der Überprüfung der Richtigkeit der geltend gemachten Forderung müssen die Liquidatoren begründeten Zweifeln nachgehen und haben die übliche Sorgfalt nach § 43 zu beachten. Um sich insoweit vor einer persönlichen Inanspruchnahme zu schützen, können die Liquidatoren im Namen der Gesellschaft eine negative Feststellungsklage erheben[57].

c. Vorläufiger Rechtsschutz

469 Sofern die Forderungen der Gläubiger nicht erfüllt oder nicht durch Hinterlegung oder Sicherheitsleistung abgesichert worden sind und die Vermögensverteilung an die Gläubiger bevorsteht, können die betroffenen Gläubiger ihren Anspruch im Wege eines dinglichen Arrestes (§ 916 Abs. 1 ZPO) sichern, sofern es sich um eine Geldforderung handelt oder der Anspruch in eine Geldforderung übergehen kann[58]. Dies gilt wegen § 73 Abs. 2 S. 2 GmbHG auch für streitige Forderungen[59].

470 Eine einstweilige Verfügung auf Unterlassung der gegen § 73 GmbHG verstoßenden Vermögensverteilung ist mit der h.A. zulässig[60]. Richtiger Anspruchsgegner ist der Liquidator, der die Vermögensverteilung veranlasst; einer gegen die Gesellschaft gerichteten einstweiligen Verfügung fehlt das Rechtschutzbedürfnis, da mit dem Arrest ein geeigneter Weg zur Verfügung steht[61]

3. Unbekannte Forderungen

471 Meldet sich ein Gläubiger bei der Gesellschaft nicht und ist dieser die Forderung unbekannt, so kann der Gläubiger seine Forderung auch nach der Vermögensverteilung geltend machen, da diese nicht erlischt[62]. Doch dürfte dann zur Befriedigung der Forderung kein Gesellschaftsvermögen zur Verfügung stehen. Wird eine Forderung erst nach Abschluss der Verteilung bekannt, so kann der Gläubiger den Anspruch weder gegenüber der Gesellschaft, noch gegenüber den Gesellschaftern oder dem Liquidator geltend machen[63]. Sofern das Sperrjahr eingehalten worden ist, kann er gegenüber dem Liquidator keinen Schadenersatzanspruch geltend machen. Aus diesem Grunde kommt nicht nur dem Sperrjahr, sondern vor allem der rechtzeitigen Anmeldung der Forderung ganz erhebliche Bedeutung zu.

472 Eine Forderung ist bekannt, wenn sie dem Liquidator dem Grunde und der Höhe nach im Wesentlichen bekannt ist[64]. Dabei kommt es nicht entscheidend auf die Einzelheiten der Forderung

---

[56] *BAG* GmbHR 2003, 1009, 1011; *Schulze-Osterloh/Noack* in: Baumbach/Hueck, § 73, Rdnr. 8; *Nerlich* in: Michalski, § 73, Rdnr. 27; *Hohner* in: Hachenburg,§ 73, Rdnr. 24.

[57] *Schulze-Osterloh/Noack* in: Baumbach/Hueck, § 73, Rdnr. 8; *Nerlich* in: Michalski, § 73, Rdnr. 27; *K. Schmidt* in: Scholz, § 73, Rdnr. 12 ; *Hohner* in: Hachenburg, § 73, Rdnr. 24.

[58] *Schulze-Osterloh/Noack* in: Baumbach/Hueck, § 73, Rdnr. 11; *K. Schmidt* in: Scholz, § 73, Rdnr. 14; *Nerlich* in: Michalski, § 73, Rdnr. 36; *Hohner* in: Hachenburg, § 73, Rdnr. 27.

[59] *K. Schmidt* in: Scholz, § 73, Rdnr. 14; *Nerlich* in: Michalski, § 73, Rdnr. 36.

[60] *Schulze-Osterloh/Noack* in: Baumbach/Hueck, § 73, Rdnr. 10; *Lutter/Kleindiek* in: Lutter/Hommelhoff, § 73, Rdnr. 10; *Nerlich* in: Michalski, Rdnr. 37; *K. Schmidt* in: Scholz, § 73, Rdnr. 15; *K. Schmidt* ZIP 1981, 1, 5; A.A. *Hohner* in: Hachenburg, § 73, Rdnr. 28 da sich § 73 allein auf das Verhältnis zwischen Liquidator und Gesellschaft beziehe und sich ein unmittelbarer Anspruch der Gesellschaftsgläubiger hieraus nicht ableiten lasse. Dem ist aber entgegenzuhalten, dass § 73 GmbHG gerade dem Schutz der Gläubiger dient.

[61] *K. Schmidt* in: Scholz, § 73, Rdnr. 15; *Nerlich* in: Michalski, § 73, Rdnr. 37: *Lutter/Kleindiek* in: Lutter/Hommelhoff, § 73, Rdnr. 10.

[62] *RGZ* 92, 77, 82; 109, 387, 392; 124, 210, 213; *Schulze-Osterloh/Noack* in: Baumbach/Hueck, § 73, Rdnr. 5; *Nerlich* in: Michalski, § 73, Rdnr. 11.

[63] *Lutter/Kleindiek* in: Lutter/Hommelhoff, § 73, Rdnr. 9.

[64] *RG* JW 1930, 2943; *RGZ* 92, 77, 80; *K. Schmidt* in: Scholz, § 73, Rdnr. 6; *Nerlich* in: Michalski, § 73, Rdnr. 14; *Schulze-Osterloh/Noack* in: Baumbach/Hueck, Rdnr. 6.

an, wie etwa die Identität des Gläubigers[65], den genauen Betrag oder die Fälligkeit[66]. Auch der Zeitpunkt der Entstehung der Forderung, insbesondere das Entstehen vor oder nach Auflösung der GmbH, ist nicht maßgeblich[67]. Demgegenüber ist eine Forderung nach h.A. unbekannt, wenn sie dem Liquidator aus Fahrlässigkeit unbekannt geblieben ist[68]. Uneinheitlich behandelt wird die Frage, welchen Aufwand der Liquidator bei der Aufklärung zu betreiben hat und welcher Grad der Fahrlässigkeit maßgeblich ist. Teilweise wird vertreten, dass eine Forderung auch als bekannt gilt, wenn der Liquidator Tatsachen kennt, aus denen sich die Möglichkeit einer Forderung ergibt und er sich in zumutbarer Weise Klarheit über den Bestand der Forderung verschaffen könnte[69]. Demgegenüber wird vertreten, dass auch dann, wenn die Forderung aufgrund grober Fahrlässigkeit des Liquidators unbekannt geblieben ist, diese als unbekannt behandelt werden soll[70].

Aus Gründen des Gläubigerschutzes sind an die Aufklärungspflichten des Liquidators hohe **473** Anforderungen zu stellen. Denn der faktische Verlust der Forderung aufgrund der eingeschränkten Durchsetzbarkeit nach Ablauf des Sperrjahres stellt einen ganz erheblichen Eingriff in die Rechte der betroffenen Gläubiger dar. Nach Abschluss der Vermögensverteilung können die Gläubiger ihren Anspruch nicht mehr durchsetzen und sind quasi rechtlos. Doch durch § 73 GmbHG soll gerade gewährleistet werden, dass die Forderungen der Gläubiger befriedigt werden, bevor diesen der kapitalgesellschaftliche Haftungskörper entzogen wird[71]. Demgegenüber ist es gerade eine der wesentlichen Aufgaben des Liquidators, den Bestand der Verbindlichkeiten der Gesellschaft festzustellen[72] und diese zu begleichen. Zwar besteht dahingehend Einigkeit, dass der Sorgfaltsmaßstab für Liquidatoren nicht zu niedrig angesetzt werden darf[73]. Doch dürfte für den Gläubiger der Nachweis, dass der Liquidator seiner Nachforschungspflicht nicht entsprochen hat, faktisch kaum zu erbringen sein. Daher muss es für die Qualifizierung einer Forderung als bekannt ausreichen, dass der Liquidator die Tatsachen kennt, aus denen sich die Möglichkeit einer gegen die Gesellschaft gerichteten Forderung ergibt und er sich in zumutbarer Weise über die näheren Umstände Klarheit verschaffen kann[74]. Bei Ungewissheit über die Person des Gläubigers, die nicht auf Fahrlässigkeit des Liquidators, beruht, besteht die Möglichkeit einer Sicherheitsleistung nach § 73 Abs. 2 S 2 GmbHG. Bestehen Zweifel über den Bestand einer Forderung muss die Verteilung ausgesetzt werden, bis insoweit Klarheit geschaffen ist[75].

Wird eine bislang unbekannte Forderung während der Verteilung bekannt, so ist diese aus **474** dem dann noch vorhandenen Restvermögen zu befriedigen oder gegebenenfalls nach § 73 Abs. 2 GmbHG zu sichern[76].

---

[65] Der Gesetzeswortlaut ist insoweit ungenau.

[66] *Nerlich* in: Michalski, § 73, Rdnr. 14; *Altmeppen* in: Roth/Altmeppen, § 73,Rdnr. 3; *Hohner* in: Hachenburg, § 73, Rdnr. 9, 10.

[67] *Altmeppen* in: Roth/Altmeppen, § 73, Rdnr. 4.

[68] *RGZ* 92, 77, 80; *Schulze-Osterloh/Noack* in: Baumbach/Hueck, § 73, Rdnr. 6; *Lutter/Kleindiek* in: Lutter/Hommelhoff, § 73, Rdnr. 5; *Nerlich* in: Michalski, § 73, Rdnr. 14; *K. Schmidt* in: Scholz, § 73, Rdnr. 6.

[69] *Schulze-Osterloh/Noack* in: Baumbach/Hueck, § 73, Rdnr. 6, *Altmeppen* in: Roth/Altmeppen, § 73, Rdnr. 3, *Nerlich* in: Michalski, § 73, Rdnr. 15.

[70] *Lutter/Kleindiek* in: Lutter/Hommelhoff, § 73, Rdnr. 5; *Nerlich* in: Michalski, § 73, Rdnr. 14; *K. Schmidt* in: Scholz, § 73, Rdnr. 6.

[71] *Altmeppen* in: Roth/Altmeppen, § 73, Rdnr. 1.

[72] Einschränkend: *K. Schmidt* in: Scholz, § 73, Rdnr. 6.

[73] *Nerlich* in: Michalski, § 73, Rdnr. 15; *Altmeppen* in: Roth/Altmeppen, § 73, Rdnr. 2.

[74] So auch *Altmeppen* in: Roth/Altmeppen, § 73, Rdnr. 3; *Hohner* in: Hachenburg, § 73, Rdnr. 10, wohl auch *Nerlich* in: Michalski, § 73, Rdnr. 15.

[75] *Altmeppen* in: Roth/Altmeppen, § 73, Rdnr. 3.

[76] *Schulze-Osterloh/Noack* in: Baumbach/Hueck, § 73, Rdnr. 9; *Nerlich* in: Michalski, § 73, Rdnr. 34.

4. Sperrjahr

a. Sperrjahr nach § 73 GmbHG

475 Zweck des Sperrjahres ist der Schutz der der Gesellschaft bzw. dem Liquidator unbekannten Gläubiger. Es handelt sich hierbei um eine Zahlungssperre, die im Augenblick der Auflösung entsteht und gewährleisten soll, dass das nach der Durchführung der Liquidation zur Verfügung stehende Gesellschaftsvermögen zuvörderst den Gläubigern zu Gute kommt[77].

476 Der Lauf des Sperrjahres beginnt an dem Tag, an dem die letzte der drei nach § 65 Abs. 2 GmbHG vorgesehenen Bekanntmachungen (Gläubigeraufruf), mit denen die Auflösung der Gesellschaft angezeigt und die Gläubiger zur Geltendmachung ihrer Forderungen aufgerufen werden, erfolgte. Erst mit der dritten Bekanntmachung beginnt der Lauf des Sperrjahres.

477 Bei dem Sperrjahr handelt es sich nicht um eine Ausschlussfrist, nach der Forderungen nicht mehr angemeldet werden können oder nicht durchsetzbar sind, auch löst das Sperrjahr keine Stundung aus[78]. Ansprüche, die im Laufe des Sperrjahres noch nicht fällig sind, werden durch den Beginn des Sperrjahres oder durch die Einleitung des Liquidationsverfahrens – anders als in der Insolvenz nach § 41 Abs. 1 InsO – nicht vorzeitig fällig gestellt[79]. Vielmehr hat der Lauf oder Ablauf des Sperrjahres keine Auswirkungen auf Bestand, Fälligkeit oder Durchsetzbarkeit von Forderungen[80]. Werden Forderungen nach Ablauf des Sperrjahres, aber noch während des Liquidationsverfahrens geltend gemacht, so sind sie uneingeschränkt zu begleichen[81]. Meldet sich ein unbekannter Gläubiger zu einem Zeitpunkt, in dem die Verteilung des Liquidationserlöses an die Gesellschafter noch nicht abgeschlossen ist, so ist die Verteilung zu unterbrechen und die Forderung zu erfüllen[82]. Für den Gläubiger besteht bei einer verspäteten Meldung jedoch die Gefahr, dass das Gesellschaftsvermögen bereits an die übrigen Gläubiger verteilt worden ist und für seine Forderung keine Mittel zur Verfügung stehen. Sofern Gläubiger Forderungen erst nach der Löschung der Gesellschaft geltend gemacht haben, steht ihnen kein Anspruch gegen die Gesellschaft, die Gesellschafter oder den Liquidator zu, sofern letzterer das Sperrjahr eingehalten hat und die Forderung nicht während des Sperrjahres angemeldet wurde[83]. Es besteht weder ein direkter Anspruch aus der verspätet geltend gemachten Forderung, noch ein Ersatzanspruch[84]. Das Sperrjahr schützt also einerseits die Gläubiger, andererseits aber auch den Liquidator vor Ersatzansprüchen später Gläubiger.

478 Sofern vertreten wird, dass der Liquidator nach Ablauf des Sperrjahres von der Pflicht zur Zurückhaltung des Vermögens befreit wird[85], kann dem nicht gefolgt werden, da Voraussetzungen für die Verteilung des Liquidationsüberschusses nach § 73 Abs. 1 GmbHG die vollständige Tilgung der Gesellschaftsschulden oder Sicherstellung *und* der Ablauf des Sperrjahres sind, nicht jedoch allein der Ablauf des Sperrjahres.

479 Die Einhaltung des Sperrjahres ist unabdingbar und zwar selbst dann, wenn sämtliche Gläubiger einer vorzeitigen Vermögensverteilung zustimmen würden[86]. Gegen eine vorzeitige

---

[77] *Hohner* in: Hachenburg, § 73 Rdnr. 6; *Lutter/Kleindiek* in: Lutter/Hommelhoff, § 74 Rdnr. 4.

[78] *Schulze-Osterloh/Noack* in: Baumbach/Hueck, § 73, Rdnr. 5; *Lutter/Kleindiek* in: Lutter/Hommelhoff/Lutter, § 73, Rdnr. 94, *Nerlich* in: Michalski, § 73 Rdnr. 11.

[79] *Nerlich* in: Michalski, § 73 Rdnr. 11; *K. Schmidt* in: Scholz, § 73, Rdnr. 3.

[80] *RGZ* 92, 77, 82; 109, 387, 392; 124, 210, 213; *Schulze-Osterloh/Noack* in: Baumbach/Hueck, § 73, Rdnr. 5; *Nerlich* in: Michalski, § 73, Rdnr. 11.

[81] *Lutter/Kleindiek* in: Lutter/Hommelhoff, § 73 Rdnr. 4.

[82] *Hohner* in: Hachenburg, § 73 Rdnr. 6; *Lutter/Kleindiek* in: Lutter/Hommelhoff, § 73, Rdnr. 4.

[83] *Schulze-Osterloh/Noack* in: Baumbach/Hueck, § 73, Rdnr. 9; *K. Schmidt* in: Scholz, § 73, Rdnr. 13.

[84] *Schulze-Osterloh/Noack* in: Baumbach/Hueck, § 73, Rdnr. 9; *K. Schmidt* in: Scholz, § 73, Rdnr. 13.

[85] *Lutter/Kleindiek* in: Lutter/Hommelhoff, § 73, Rdnr. 4.

[86] *Altmeppen* in: Roth/Altmeppen, § 73, Rdnr. 11.

Verteilung des Gesellschaftsvermögens können sich die Gläubiger im Wege des vorläufigen Rechtsschutzes wehren, und zwar mittels dinglichen Arrests (§§ 916 ff. ZPO) bzw. einstweiliger Verfügung i.S.d. §§ 935 ff. ZPO[87].

Die Ausschüttungssperre des § 73 GmbHG kann aber – zumindest teilweise – vermieden werden, indem Überschüsse der Gesellschaft vor der Auflösung durch einen Gewinnverwendungsbeschluss ausgeschüttet werden[88]. Dazu beschließen die Gesellschafter erst die Auflösung aller (freien) Rücklagen sowie die Ausschüttung des vollständigen Bilanzgewinns und erst dann die Auflösung der Gesellschaft. Dabei ist aber die Sperre des § 30 GmbHG zu beachten. Unzulässig ist die Vorfinanzierung der Schlussverteilung durch die Aufnahme von Bankkrediten, die Kreditvergabe an die Gesellschafter oder durch Kreditaufnahme durch die Gesellschafter, die durch Gesellschaftsvermögen besichert werden[89]. **480**

Ein weiterer Weg die Sperrfunktion des § 73 GmbHG zu vermeiden, ist es, die Gesellschaft während des Liquidationsverfahrens auf den Gesellschafter zu verschmelzen. Zwar ist in diesem Fall den Gläubigern nach § 22 UmwG Sicherheit zu leisten. Doch können die Gläubiger der an der Verschmelzung beteiligten Rechtsträger die Sicherheitsleistung nur verlangen, wenn sie glaubhaft machen können, dass durch die Verschmelzung die Erfüllung ihrer Forderung gefährdet ist, § 22 Abs. 1 UmwG. Dazu müssen sie innerhalb von sechs Monaten nach dem Tag, an dem die Eintragung der Verschmelzung in das Register des Sitzes des jeweiligen Rechtsträgers, dessen Gläubiger sie sind, ihren Anspruch nach Grund und Höhe schriftlich anmelden. Eine dem § 73 GmbHG vergleichbare Sperre besteht in diesem Fall nicht. **481**

b. Löschung vor Ablauf des Sperrjahres

Abweichend vom Grundsatz des § 73 GmbHG kann die Gesellschaft bereits vor Ablauf des Sperrjahres im Handelsregister gelöscht werden, wenn kein Vermögen zur Verteilung an die Gesellschafter zur Verfügung steht. **482**

aa. Vorzeitige Löschung bei Vermögenslosigkeit

Eine vorzeitige Löschung der GmbH ohne Einhaltung des Sperrjahres ist möglich, wenn die Gesellschaft vermögenslos ist. Zwar ist das Liquidationsverfahren geprägt durch den Schutz der Gesellschaftsgläubiger, insbesondere soll das Sperrjahr unbekannte Gläubiger vor einer zu schnellen Verteilung des Gesellschaftsvermögens schützen und die Begleichung der Forderungen ermöglichen[90]. Doch schreibt § 73 Abs. 1 GmbHG die Einhaltung der Sperrfrist nur für den Fall vor, dass Gesellschaftsvermögen an die Gesellschafter verteilt werden soll. Es wird also vorausgesetzt, dass die Gesellschaft überhaupt über Vermögen verfügt, dass zur Befriedigung der Gläubiger zur Verfügung steht. **483**

Stellt sich im Laufe des Liquidationsverfahrens heraus, dass die Gesellschaft über kein Vermögen verfügt, das den Gesellschaftsgläubigern zu Gute kommen kann, läuft der Schutzzweck von Gläubigeraufruf und Sperrjahr leer. Denn die Einhaltung des Sperrjahres ist nicht Selbstzweck, sondern soll das Gesellschaftsvermögen für die Verteilung an die Gläubiger sicherstellen. Wenn die Gesellschaft aber über kein Vermögen verfügt, das an die Gläubiger verteilt werden könnte, würde die Einhaltung des Sperrjahres eine sinnlose Förmelei darstellen. Richtigerweise kann daher mit der h.M. die Löschung der vermögenslosen Gesellschaft auch ohne die Einhaltung des **484**

---

[87] Siehe oben, II, 2. c., Rdnr. 469.

[88] *Schulze-Osterloh/Noack* in: Baumbach/Hueck, § 69, Rdnr. 6, 7; *K. Schmidt* in: Scholz, § 73, Rdnr. 3; *Hohner* in: Hachenburg, § 69 Rdnr. 24, *Erle* GmbHR 1998, 216, 220.

[89] *K. Schmidt* in: Scholz, § 73, Rdnr. 2.

[90] *Lutter/Kleindiek* in: Lutter/Hommelhoff, § 73 Rdnr. 1.

Sperrjahres oder im Laufe des Sperrjahres erfolgen[91]. Die Löschung kann direkt im Anschluss an die Anmeldung der Liquidation oder erst im Zuge des Liquidationsverfahrens beantragt werden. Bei einer solchen Löschung vor Ablauf des Sperrjahres können die Gläubiger keine Ansprüche wegen Verletzung von § 73 GmbHG gegen den Liquidator geltend machen, da die Vorschrift gar nicht anwendbar war[92] – und die Forderung auch bei Einhaltung des Sperrjahres aufgrund der Vermögenslosigkeit ohnehin nicht hätte beglichen werden können.

bb. Formelle Voraussetzungen der vorzeitigen Löschung

485 Liegen die Voraussetzungen einer vorzeitigen Löschung vor, so ist die Beendigung der Gesellschaft zur Eintragung im Handelsregister anzumelden, § 74 Abs. 1 GmbHG. Damit stellt sich die Frage, wie die Vermögenslosigkeit der Gesellschaft und die Beendigung der Liquidation gegenüber dem Registergericht nachzuweisen ist. Insoweit gilt nichts anderes als für die Nachprüfung sonstiger Anmeldungen durch das Registergericht[93]. Das Registergericht kann grundsätzlich davon ausgehen, dass die dargestellten Tatsachen zutreffend sind[94]. Im Allgemeinen dürfte die Versicherung der Vermögenslosigkeit durch den Liquidator genügen, dies in Verbindung mit einer näheren Darstellung der tatsächlichen Verhältnisse durch die Beifügung einer Liquidationsbilanz oder der Schlussbilanz der werbenden Gesellschaft. Nur wenn begründete Zweifel an der Vermögenslosigkeit der Gesellschaft bestehen, hat das Registergericht das Recht und die Pflicht zu einer weiteren Prüfung nach § 12 FGG und muss die Anmeldung zurückweisen, sofern diese Bedenken nicht ausgeräumt werden[95].

486 Weitergehende Nachweise, wie etwa die Versicherung, dass die steuerlichen Angelegenheiten der Gesellschaft erledigt sind, dürfen nicht verlangt werden, da der Liquidator so einem unnötigem Haftungsrisiko ausgesetzt wird und die Registergerichte keine fiskalischen Interessen zu vertreten haben[96]. Auch die Angabe, dass die Gesellschaft keine Aktiv- oder Passivprozesse führt[97], ist sicherlich hilfreich, da das Registergericht das Erfordernis einer möglichen Nachtragsliquidation erkennen könnte, sofern der Gesellschaft tatsächlich noch Ansprüche zustünden[98]. Doch ist eine solche Erklärung an sich nicht erforderlich, da die finanziellen Risiken aus Aktiv- oder Passivprozessen bereits im Jahresabschluss zu berücksichtigen sind. Für die zu erwartenden Verluste und Prozesskosten sind nach § 249 Abs. 1 HGB Rückstellungen für ungewisse Verbindlichkeiten zu bilden[99]. Ferner werden in einer Rechtsanwaltsbestätigung laufende Rechtsstreitigkeiten nebst Erfolgsaussichten dargelegt. Das Registergericht kann einen entsprechende Erklärungen vom Liquidator daher nur dann fordern, wenn ein Jahresabschluss nicht eingereicht wurde, oder begründete Zweifel an der Vermögenslosigkeit der Gesellschaft bestehen. Schließlich ist auch zu beachten, dass die Eintragung der Löschung jederzeit wieder rückgängig gemacht werden kann, wenn sich später das Vorhandensein von Vermögen herausstellt[100].

---

[91] *OLG Köln* NZG 2005, 83, 84; *KG* DR 1941, 2130, 2131; *RG*, JW 1926, 1432, 1433; BayObLG, DB 1982, 2126; Rpfleger 1982, 429; *Schulze-Osterloh/Noack* in: Baumbach/Hueck, § 74 Rdnr. 2; *Lutter/Kleindiek* in: Lutter/Hommelhoff/Lutter, § 74 Rdnr. 3; *Altmeppen* in: Roth/Altmeppen, § 73 Rdnr. 13; *K. Schmidt* in: Scholz, § 74 Rdnr. 1; *Hohner* in: Hachenburg, § 74, Rdnr. 2; *Fietz/Fingerhuth* GmbHR 2006, 960, 962; *Keidel/Krafka/Willer*, Rdnr. 1150.

[92] *Fietz/Fingerhuth* GmbHR 2006, 960, 962.

[93] *OLG Köln* NZG 2005, 83, 84; *Keidel/Krafka/Willer*, Rdnr. 1150.

[94] *Keidel/Krafka/Willer*, Rdnr. 1150.

[95] *OLG Köln* NZG 2005, 83, 84.

[96] So zu recht: *Fietz/Fingerhuth* GmbHR 2006, 960, 965.

[97] *Keidel/Krafka/Willer*, Rdnr. 1150.

[98] *Fietz/Fingerhuth* GmbHR 2006, 960, 964; *Munzig* FGPrax 2005, 81, 82.

[99] *Merkt* in: Baumbach/Hopt, § 249, Rdnr. 3.

[100] *OLG Köln* NZG 2005, 83, 84; *KG* DR 1941, 2130, 2131.

5. Verjährung

Der Ausschüttungsanspruch der Gesellschafter wird erst mit Ablauf des Sperrjahres fällig[101]. 487
Er verjährt gemäß § 195 BGB innerhalb von 3 Jahren nach Ablauf des Kalenderjahres in dem das Sperrjahr abgelaufen ist. Die Verjährungsfrist kann aber durch Satzungsänderung verlängert werden[102].

III. Folgen eines Verstoßes gegen § 73 GmbHG

Werden Forderungen der Gläubiger im Zuge der Liquidation nicht beglichen, so erlöschen 488
die Ansprüche weder mit dem Ablauf des Sperrjahres noch mit der Verteilung des Liquidationserlöses an die Gesellschafter oder dem Eintritt der Vermögenslosigkeit. Der gegenüber der Gesellschaft bestehende Anspruch kann in diesen Fällen lediglich nicht realisiert werden. Denkbar ist aber, dass Ansprüche gegen den Liquidator oder die Gesellschafter bestehen.

1. Ansprüche gegen den Liquidator aus § 73 Abs. 3 GmbHG

Nimmt der Liquidator Zahlungen an die Gesellschafter unter Missachtung der Zahlungs- 489
sperre des § 73 GmbHG vor, so kann er gegenüber der Gesellschaft zum Ersatz der zu Unrecht verteilten Beträge verpflichtet sein, wenn dadurch ein Gläubiger mit einer bekannten Forderung ausgefallen ist.

a. Anspruchsvoraussetzungen

Voraussetzung des Anspruches aus § 73 Abs. 3 GmbHG ist, dass der Liquidator den Liqui- 490
dationserlös unter Verstoß gegen § 73 Abs. 1, 2 GmbHG an die Gesellschafter verteilt hat. Die Verteilung muss vor Tilgung oder Sicherstellung bekannter Forderungen der Gesellschaft und vor Ablauf des Sperrjahres vorgenommen worden sein[103]. Eine Ersatzpflicht besteht nicht, wenn sich ein bislang unbekannter Gläubiger erst nach Ablauf des Sperrjahres meldet und das Gesellschaftsvermögen bereits verteilt worden ist[104]. Dies gilt nicht nur für die Zahlung von Geld, sondern auch dann, wenn der Liquidator andere Vermögensgegenstände an die Gesellschafter verteilt hat[105].

Ob ein Anspruch aus § 73 Abs. 3 GmbHG auch dann besteht, wenn die später geltende ge- 491
machte Forderung zu Unrecht bestritten wurde[106], hängt davon ab, ob das Bestreiten aus ex-ante-Sicht zu Recht erfolgte. Hat der Liquidator die angemeldete Forderung bestritten, ohne dass er bei ex-ante-Betrachtung Anhaltspunkte für den tatsächlichen Bestand hatte, so besteht

---

[101] *Schulze-Osterloh/Noack* in: Baumbach/Hueck, § 72 Rdnr. 2; *K. Schmidt* in: Scholz, § 72, Rdnr. 3, 4.
[102] *K. Schmidt* in: Scholz, § 72, Rdnr. 18.
[103] *K. Schmidt* in: Scholz, § 73, Rdnr. 25.
[104] *Schulze-Osterloh/Noack* in: Baumbach/Hueck, § 73 Rdnr. 12.
[105] *OLG Hamburg* ZIP 1985, 1390, 1391; *Schulze-Osterloh/Noack* in: Baumbach/Hueck, § 73 Rdnr. 12; *K. Schmidt* in: Scholz, § 73, Rdnr. 25.
[106] So *Hohner* in: Hachenburg, § 73, Rdnr. 29, *K. Schmidt* in: Scholz, § 73, Rdnr. 25.

kein Anspruch aus § 73 Abs. 3 GmbHG. War dem Liquidator aber bekannt, dass der angemeldete Anspruch tatsächlich besteht, so liegt eine Verletzung der § 73 Abs. 1, 2 GmbHG vor und ein Anspruch aus § 73 Abs. 3 GmbHG zu bejahen. Wählt der Liquidator eine Tilgungsreihenfolge, die von der Reihenfolge der Fälligkeit oder Geltendmachung der Forderungen abweicht und kann ein vorrangiger Gläubiger schließlich nicht mehr befriedigt werden, so liegt eine Verletzung des § 73 Abs. 1, 2 GmbHG nicht vor, da in der Liquidation der Grundsatz der *par conditio creditorum* nicht gilt[107].

492 Weiterhin setzt der Ersatzanspruch Verschulden des Liquidators voraus[108]. Für den Verschuldensmaßstab gilt § 71 Abs. 4 i.V.m. § 43 Abs. 1 GmbHG[109]. Die Beweislast hinsichtlich der angewandten Sorgfalt trägt der Liquidator, der sich gegebenenfalls entlasten muss[110]. Mehrere Liquidatoren haften nach § 73 Abs. 3 S. 1 GmbHG solidarisch, also gesamtschuldnerisch i.S.d. §§ 421 ff. BGB[111]. Der Liquidator kann sich nicht dadurch entlasten, dass er sich darauf beruft, dass die unzulässige Zahlung aufgrund eines Gesellschafterbeschlusses erfolgte[112]. Die Liquidatoren sind nicht verpflichtet, unzulässige Beschlüsse auszuführen; gegebenenfalls müssen sie das Liquidatorenamt niederlegen.

b. Anspruchsberechtigte

493 Gläubiger des Ersatzanspruches aus § 73 Abs. 3 GmbHG ist nicht der übergangene Gläubiger, sondern die Gesellschaft[113]. Nach h.A. macht die Gesellschaft nicht den Schaden der übergangenen Gläubiger geltend, sondern einen eigenen Anspruch wegen Verletzung des in § 73 Abs. 1, 2 GmbHG normierten Kapitalerhaltungsgebots während der Liquidation[114]. Teilweise wird für die Geltendmachung des Anspruches ein Gesellschafterbeschluss vorausgesetzt[115]; nach jetzt h.A. ist dies zu Recht nicht erforderlich[116]. Da kaum zu erwarten ist, dass die Gesellschaft Ersatzansprüche gegenüber dem Liquidator geltend macht, wird von der h.M. zu Recht vertreten, dass die übergangenen Gläubiger den Anspruch der Gesellschaft gegen den Liquidator selbst geltend machen können[117]. Voraussetzung hierfür ist in analoger Anwendung der §§ 268 Abs. 2, 93 Abs. 5 AktG[118], dass die Gesellschaft insoweit untätig bleibt, die Geltendmachung durch die Gesellschaft hat zunächst Vorrang[119]. Der Ersatzanspruch der Gesellschaft aus § 73

---

[107] *K. Schmidt* in: Scholz, § 73, Rdnr. 25.

[108] *Schulze-Osterloh/Noack* in: Baumbach/Hueck, § 73 Rdnr. 12; *K. Schmidt* in: Scholz, § 73, Rdnr. 26; *Hohner* in: Hachenburg, § 73, Rdnr. 32.

[109] *Schulze-Osterloh/Noack* in: Baumbach/Hueck, § 73 Rdnr. 12.

[110] *Schulze-Osterloh/Noack* in: Baumbach/Hueck, § 73 Rdnr. 12; *K. Schmidt* in: Scholz, § 73, Rdnr. 26.

[111] *Schulze-Osterloh/Noack* in: Baumbach/Hueck, § 73 Rdnr. 12; *K. Schmidt* in: Scholz, § 73, Rdnr. 26; *Lutter/Kleindiek* in: Lutter/Hommelhoff, § 73 Rdnr. 12.

[112] *Schulze-Osterloh/Noack* in: Baumbach/Hueck, § 73 Rdnr. 12.

[113] *RGZ* 109, 387, 391; *Schulze-Osterloh/Noack* in: Baumbach/Hueck, § 73 Rdnr. 13; *Hohner* in: Hachenburg, § 73 Rdnr. 29; *K. Schmidt* in: Scholz, § 73 Rdnr. 28; *Lutter/Kleindiek* in: Lutter/Hommelhoff, § 73 Rdnr. 12; *Nerlich* in: Michalski, § 73 Rdnr. 40.

[114] *K. Schmidt* in: Scholz, § 73 Rdnr. 33; *Lutter/Kleindiek* in: Lutter/Hommelhoff, § 73 Rdnr. 12; *Altmeppen* in: Roth/Altmeppen, § 73 Rdnr. 18; *Nerlich* in: Michalski, § 73 Rdnr. 40.

[115] *K. Schmidt* in: Scholz, 5. Aufl. § 73 Rdnr. 28; *Hohner* in: Hachenburg, § 73, Rdnr. 33.

[116] *Schulze-Osterloh/Noack* in: Baumbach/Hueck, § 73 Rdnr. 13; *Lutter/Kleindiek* in: Lutter/Hommelhoff, § 73 Rdnr. 12; *K. Schmidt* in: Scholz, § 73 Rdnr. 28; *Altmeppen* in: Roth/Altmeppen, § 73 Rdnr. 20.

[117] *Schulze-Osterloh/Noack* in: Baumbach/Hueck, § 73 Rdnr. 13, 22; *Nerlich* in: Michalski, § 73 Rdnr. 49; *Lutter/Kleindiek* in: Lutter/Hommelhoff, § 73 Rdnr. 13; *Altmeppen* in: Roth/Altmeppen, § 73 Rdnr. 41; *K. Schmidt* in: Scholz, § 73 Rdnr. 29; *Hohner* in: Hachenburg, § 73 Rdnr. 41.

[118] *Schulze-Osterloh/Noack* in: Baumbach/Hueck, § 73 Rdnr. 13, 22; *Nerlich* in: Michalski, § 73 Rdnr. 49; *Lutter/Kleindiek* in: Lutter/Hommelhoff, § 73 Rdnr. 13; *Altmeppen* in: Roth/Altmeppen, § 73 Rdnr. 41; *K. Schmidt* in: Scholz, § 73 Rdnr. 29; *Hohner* in: Hachenburg, § 73 Rdnr. 41.

[119] *Lutter/Kleindiek* in: Lutter/Hommelhoff, § 73 Rdnr. 13.

Abs. 3 GmbHG kann auch von dem zu Unrecht übergangenen Gläubiger – und nur von diesem – gepfändet und zur Einziehung überwiesen lassen werden[120]. Im Fall der Insolvenz wird der Ersatzanspruch durch den Insolvenzverwalter geltend gemacht.

Nach der mittlerweile wohl h.M. steht den übergangenen Gläubigern ein eigener Anspruch gegen den Liquidator aus § 823 Abs. 2 BGB i.V.m. § 73 Abs. 1, 2 zu[121]. Ein solcher Direktanspruch ist zu bejahen, da § 73 GmbHG die zentrale Schutzvorschrift zu Gunsten der Gläubiger in der Liquidation ist und damit Schutzvorschrift i.S.d. § 823 Abs. 2 BGB[122] ist. Zum anderen ist die direkte Geltendmachung durch die Gläubiger – unter Setzung einer angemessenen Fristsetzung – auch geboten, da für den Gläubiger die Gefahr besteht, dass der Gesellschaft weiterhin Vermögen entzogen wird. **494**

c. Rechtsfolgen

Die Höhe des Ersatzanspruchs der Gesellschaft und des übergangenen Gläubigers entspricht dem Betrag, der dem übergangenen Gläubiger zusteht[123]. Ein Verzicht der Gesellschaft auf diesen Anspruch ist nach §§ 73 Abs. 3 S. 2 i.V.m. 43 Abs. 3, 9b Abs. 1 GmbHG unwirksam[124]. Der Ersatzanspruch verjährt nach §§ 73 Abs. 3 S. 2 i.V.m. 43 Abs. 4 GmbHG in fünf Jahren, die Verjährungsfrist beginnt mit Vornahme der gesetzwidrigen Verteilung[125]. **495**

Sofern Zahlungen an die Gesellschafter die Zahlungsunfähigkeit der Gesellschaft herbeiführen, haftet der Liquidator gemäß § 64 S. 3 GmbHG (vgl. hierzu oben, § 5 II. 4., Rdnr. 357).

d. Rückgriffsanspruch des Liquidators

Wird der Liquidator von der Gesellschaft aus § 73 Abs. 3 GmbHG in Anspruch genommen, so geht der Ausgleichsanspruch der Gesellschaft gegen die Gesellschafter nach § 426 Abs. 2 BGB auf den Liquidator über[126]. Eine ausdrückliche Abtretung des Rückgewähranspruches ist daher nicht erforderlich[127]. **496**

---

[120] *Schulze-Osterloh/Noack* in: Baumbach/Hueck, § 73 Rdnr. 13; *Lutter/Kleindiek* in: Lutter/Hommelhoff, § 73 Rdnr. 12; *K. Schmidt* in: Scholz, § 73 Rdnr. 28.

[121] *K. Schmidt* in: Scholz, § 73 Rdnr. 32; *Nerlich* in: Michalski, § 73 Rdnr. 52; *Lutter/Kleindiek* in: Lutter/Hommelhoff, § 73 Rdnr. 14; *Altmeppen* in: Roth/Altmeppen, § 73 Rdnr. 23; A.A.: *Schulze-Osterloh/Noack* in: Baumbach/Hueck, § 73 Rdnr. 22; *Hohner* in: Hachenburg, § 73 Rdnr. 40.

[122] *Lutter/Kleindiek* in: Lutter/Hommelhoff, § 73 Rdnr. 14.

[123] *K. Schmidt* in: Scholz, § 73 Rdnr. 31; *Nerlich* in: Michalski, § 73 Rdnr. 45; *Lutter/Kleindiek* in: Lutter/Hommelhoff, § 73 Rdnr. 12. A.A. *Schulze-Osterloh/Noack* in: Baumbach/Hueck/Schulze-Osterloh, § 73 Rdnr. 14; *Hohner* in: Hachenburg, § 73 Rdnr. 30, die einen Anspruch in Höhe des rechtswidrig ausgeschütteten Betrags fordern.

[124] *Schulze-Osterloh/Noack* in: Baumbach/Hueck, § 73 Rdnr. 15; *K. Schmidt* in: Scholz, § 73 Rdnr. 31.

[125] *Schulze-Osterloh/Noack* in: Baumbach/Hueck, § 73 Rdnr. 15; *K. Schmidt* in: Scholz, § 73 Rdnr. 30.

[126] *Schulze-Osterloh/Noack* in: Baumbach/Hueck, § 73 Rdnr. 24; *K. Schmidt* in: Scholz, § 73 Rdnr. 35; *Altmeppen* in: Roth/Altmeppen, § 73 Rdnr. 31. A.A. *Lutter/Kleindiek* in: Lutter/Hommelhoff, § 73 Rdnr. 17 und *Hohner* in: Hachenburg, § 73 Rdnr. 48, die die Abtretung des Rückgewähranspruches nach § 255 analog annehmen.

[127] *K. Schmidt* in: Scholz, § 73 Rdnr. 35. Dies gilt freilich nicht, wenn wie von *Lutter/Kleindiek* in: Lutter/Hommelhoff, § 73 Rdnr. 17 und *Hohner* in: Hachenburg, § 73 Rdnr. 48 ein Anspruch analog § 255 BGB bejaht wird.

2. Ansprüche gegen die Gesellschafter

497 Kann die Forderung eines bislang unbekannten Gläubigers nach einer im Einklang mit § 73 erfolgten Vermögensverteilung nicht mehr beglichen werden, so bestehen keine Rückgriffsansprüche der Gesellschaft gegen ihre Gesellschafter, da die Verteilung rechtmäßig erfolgte[128].

498 Verstößt die Vermögensverteilung aber gegen § 73 GmbHG, so ist die rechtswidrige Leistung an die Gesellschafter grundsätzlich schuldrechtlich und dinglich wirksam, da § 134 BGB durch die Sondervorschrift des § 73 Abs. 3 GmbHG verdrängt[129]. Nur wenn der Liquidator und die Gesellschafter zusammenwirken und bewusst gegen § 73 Abs. 1 GmbHG verstoßen, um das Gesellschaftsvermögen dem Zugriff etwaiger Gläubiger zu entziehen, kann die Übertragung von Vermögen unwirksam sein[130]. In diesem Fall sind die Gesellschafter im Interesse des redlichen Verkehrs nicht schutzwürdig und die Vermögensverteilung ist nichtig, da das Rechtsgeschäft weniger gegen das Verbot des § 73 Abs. 1 GmbHG verstößt, sondern vielmehr einen Verstoß gegen die guten Sitten darstellt[131].

499 Die Gesellschafter sind gegenüber der Gesellschaft nach § 31 Abs. 1 GmbHG analog zur Rückgewähr des empfangenen Liquidationserlöses verpflichtet[132]. Bei diesem Anspruch handelt es sich um einen schuldrechtlichen Rückgewähranspruch, nicht um einen bereicherungsrechtlichen Anspruch aus § 812 Abs. 1 BGB, so dass sich die Gesellschafter nicht auf Entreicherung berufen können[133].

500 Ein Direktanspruch der übergangenen Gläubiger gegen die Gesellschafter aus § 812 Abs. 1 BGB besteht nicht[134]. Denkbar ist aber, dass übergangene Gläubiger Anfechtungsansprüche gegen die Gesellschafter nach dem AnfG[135] geltend machen oder im Falle einer späteren Insolvenz der Insolvenzverwalter an Gesellschafter erfolgte Zahlungen im Wege der Insolvenzanfechtung nach §§ 129 ff. InsO zurückfordert[136]. Insbesondere bei einer „stillen Liquidation" können gläubigerbenachteiligende Handlungen nach AnfG angefochten werden[137]. Zu einer anfechtbaren Handlung nach § 3 Abs. 1 AnfG gehört auch das Unterlassen der Geltendmachung bestehender Ansprüche nach den Eigenkapitalersatzregeln gegenüber dem Gesellschafter. Die Geltendmachung von Anfechtungsansprüchen durch die Gläubiger wird bei einer „stillen Liquidation" im Ausland erleichtert, da sich der Vorsatz zur Gläubigerbenachteiligung bereits aus der Sitzverlegung ins Ausland ergibt und die mit der Sitzverlegung verbundene faktische Erschwerung, Verzögerung oder Vereitelung des Zugriffs auf das Gesellschaftsvermögen oder Haftungsansprüchen objektiv eine Gläubigerbenachteiligung darstellt[138]. Daneben können Anfechtungsansprüche gemäß § 3 Abs. 2 AnfG bei Vertragsschluss mit einer nahestehenden Person, bei Schenkungen

---

[128] *Schulze-Osterloh/Noack* in: Baumbach/Hueck, § 73 Rdnr. 17; *K. Schmidt* in: Scholz, § 73 Rdnr. 18.

[129] *BGH* NJW 1973, 1695; *Lutter/Kleindiek* in: Lutter/Hommelhoff, § 73 Rdnr. 11.

[130] *BGH* NJW 1973, 1695.

[131] *RGZ* 168, 292, 302; *BGH* NJW 1973, 1695, 1696.

[132] *K. Schmidt* in: Scholz, § 73 Rdnr. 19; *Lutter/Kleindiek* in: Lutter/Hommelhoff, § 73 Rdnr. 15; *Nerlich* in: Michalski, § 73 Rdnr. 56; *Schulze-Osterloh/Noack* in: Baumbach/Hueck, § 73 Rdnr. 17.

[133] *K. Schmidt* in: Scholz, § 73 Rdnr. 19; *Lutter/Kleindiek* in: Lutter/Hommelhoff, § 73 Rdnr. 15; *Schulze-Osterloh/Noack* in: *Schulze-Osterloh/Noack* in: Baumbach/Hueck § 73 Rdnr. 17; *Nerlich* in: Michalski, § 73 Rdnr. 56.

[134] *K. Schmidt* in: Scholz, § 73 Rdnr. 19; *Lutter/Kleindiek* in: Lutter/Hommelhoff, § 73 Rdnr. 16; *Schulze-Osterloh/Noack* in: Baumbach/Hueck, § 73 Rdnr. 23; *Hohner* in: Hachenburg, § 73 Rdnr. 46.

[135] Insbesondere wenn der Liqudator Erstattungsansprüchen gegen die Gesellschafter nach Regeln zum Kapitalersatzrecht nicht getend gemacht hat, hierzu: *BGH* BB 2006, 401.

[136] *Nerlich* in: Michalski, § 73 Rdnr. 63; *K. Schmidt* in: Scholz, § 73 Rdnr. 20.

[137] *BGH* BB 2006, 401.

[138] *BGH* BB 2006, 401, 402.

gemäß § 4 AnfG oder bei kapitalersetzenden Darlehen nach § 6 AnfG geltend gemacht werden. Ferner kann es zur Haftung wegen sittenwidriger Schädigung nach § 826 BGB oder Gläubigerbegünstigung gemäß §§ 823 Abs. 2 BGB i.V.m. 283c StGB kommen[139].

3. Ansprüche gegen andere Gesellschaftsgläubiger

Grundsätzlich können übergangene Gläubiger gegen andere, vorrangig befriedigte Gesell- **501**
schaftsgläubiger keine Rückgewähransprüche aus § 73 GmbHG geltend machen[140]. Gegebenenfalls wäre es aber möglich, dass übergangene Gläubiger Anfechtungsansprüche gegen andere Gesellschaftsgläubiger nach dem AnfG geltend machen oder im Falle einer späteren Insolvenz der Insolvenzverwalter an bevorzugte Gläubiger geflossenen Leistungen im Wege der Insolvenzanfechtung nach §§ 129 ff. InsO zurückfordert.

---

[139] *Weiss* BB 2006, 401, 405.

[140] *Nerlich* in: Michalski, § 73 Rdnr. 60; *K. Schmidt* in: Scholz, § 73 Rdnr. 36; *Hohner* in: Hachenburg, § 73 Rdnr. 47.

§ 9 Vollbeendigung der GmbH

I. Überblick

502 Die endgültige Löschung der Gesellschaft kann erst nach Beendigung des Liquidationsverfahrens erfolgen, zwischen der Beendigung der Liquidation und dem Erlöschen der Gesellschaft ist streng zu unterscheiden. Allein die Auflösung hat keine Auswirkungen auf den Fortbestand der Gesellschaft, die Auflösung überführt die Gesellschaft lediglich in das Liquidationsstadium. Nach der Auflösung der Gesellschaft besteht diese fort und bleibt bis zur Vollbeendigung als juristische Person (§ 13 Abs. 1 GmbHG) und als Handelsgesellschaft (§ 13 Abs. 3 GmbHG) erhalten. Erst die Vollbeendigung lässt die Gesellschaft als Rechtsträgerin erlöschen. Als Voraussetzung für das endgültige Erlöschen der Gesellschaft müssen nach der heute herrschenden Lehre vom Doppeltatbestand[1] zwei Tatbestände vorliegen: die Beendigung der Liquidation und die Löschung im Handelsregister.

II. Beendigung der Liquidation

1. Beendigung der Liquidation

503 Die Liquidation ist beendet, wenn das Vermögen der Gesellschaft nach Ablauf des Sperrjahres verteilt ist und keine sonstigen Abwicklungsmaßnahmen erforderlich sind. Auf den Ablauf des Sperrjahres kommt es nicht an, wenn das Gesellschaftsvermögen durch Befriedigung von Gläubigern völlig aufgebraucht ist und die Verteilung an die Gesellschafter daher nicht in Betracht kommt[2]. Bei Vermögenslosigkeit kann vor Ablauf des Sperrjahres die Löschung auch von Amts wegen nach § 141a Abs. 1 S. 1 FGG erfolgen und die Gesellschaft erlöschen[3].

504 Anhängige Aktivprozesse stehen der Beendigung der Liquidation entgegen, Passivprozesse sofern der Gesellschaft ein Kostenanspruch zustehen kann. Unbestimmte Verbindlichkeiten müssen beglichen werden, sofern hierfür nicht Sicherheitsleistung oder Hinterlegung nach § 73 Abs. 2 GmbHG geleistet werden kann. Ebenso steht die Zurückbehaltung von Geldern für noch offene Verbindlichkeiten (insbesondere Steuerschulden) der Beendigung der Liquidation entgegen[4], es müssen alle Verbindlichkeiten getilgt sein. Auch die Kosten für die Aufbewahrung der Schriften der Gesellschaft dürfen nicht zurückgelegt werden, sondern sind vollumfänglich

---

[1] *BGH* ZIP 1988, 175; BAG NJW 1988, 2637; *OLG Düsseldorf* GmbHR 2004, 572, 574; *OLG* Stuttgart ZIP 1986, 647, 648; *K. Schmidt* GmbHR 1988, 209; ders., GmbHR 1994, 832; *Uhlenbruck* ZIP 1996, 1645; *Schulze-Osterloh/Noack* in: Baumbach/Hueck, § 74, Rdnr. 2; *Lutter/Kleindiek* in: Lutter/Hommelhoff, § 74, Rdnr. 6; *Altmeppen* in: Roth/Altmeppen, § 60, Rdnr. 7; *K. Schmidt* in: Scholz, § 60, Rdnr. 73, § 74 Rn. 14; *Hönn* ZHR 138 (1974), 50, 66 ff.

[2] *OLG Köln* NZG 2005, 83, 84; *KG* DR 1941, 2130 f.; *Lutter/Kleindiek* in: Lutter/Hommelhoff, § 74, Rdnr. 3; *Hohner* in: Hachenburg, § 74, Rdnr. 2; *K. Schmidt* in: Scholz, § 74, Rdnr. 1; *Schulze-Osterloh/Noack* in: Baumbach/Hueck, § 74, Rdnr. 2.

[3] *Schulze-Osterloh/Noack* in: Baumbach/Hueck, § 74, Rdnr. 2; *Nerlich* in: Michalski, § 73 Rn. 12.

[4] *Schulze-Osterloh/Noack* in: Baumbach/Hueck, § 74, Rdnr. 2; *Lutter/Kleindiek* in: Lutter/Hommelhoff, § 74, Rdnr. 4.

entweder im Voraus zu begleichen[5], oder an einen Treuhänder zu übergeben. Demgegenüber können die Kosten für die Anmeldung und Eintragung der Löschung im HR nach h.A. zunächst zurückgehalten werden, da anderenfalls die Liquidation niemals zur Eintragung in das HR angemeldet werden könnte[6].

Stellt sich nach der Löschung im Handelsregister heraus, dass noch Vermögensgegenstän- **505**
de vorhanden sind, so kommt es nicht zur Rückgängigmachung der Löschungseintragung im Verfahren nach § 142 FGG[7], vielmehr wird eine Nachtragsliquidation erforderlich (hierzu unten, § 10).

2. Aufbewahrung der Bücher und Schriften

a. Aufbewahrungspflicht

Nach § 74 Abs. 2 GmbHG sind die Bücher und Schriften der Gesellschaft aufzubewahren. Bei **506**
den der Aufbewahrungspflicht unterliegenden Büchern und Schriften der Gesellschaft handelt es sich nicht nur um die Bücher, deren Führung nach §§ 238, 239 HGB vorgeschrieben ist, sondern um alle Unterlagen und Schriften der Gesellschaft – auch in elektronischer Form, § 239 Abs. 4 HGB – sofern diese der Aufbewahrungspflicht nach § 257 HGB unterliegen[8]. Ferner sind auch sonstige Dokumente wie Urteile, Mahnbescheide, Geschäftskorrespondenz, Frachtbriefe, Quittungen und Dokumente des Liquidators aufzubewahren[9]. Dokumente, deren Aufbewahrungsfrist nach § 257 Abs. 4, 5 HGB bereits bei der Beendigung der Liquidation abgelaufen ist, unterliegen nicht der Aufbewahrungspflicht des § 74 Abs. 2 GmbHG[10]. Für die Durchführung der Verwahrung sowie die Übergabe der Bücher und Schriften ist allein der Liquidator verantwortlich[11]. Die Aufbewahrung kann nicht vom Gericht, aber von jedem Gesellschafter oder Gläubiger erzwungen werden[12]. Bei Verletzung der Aufbewahrungspflicht besteht gegenüber der Gesellschaft eine Schadensersatzpflicht des Liquidators aus §§ 71 Abs. 4, 43 Abs. 2 GmbHG[13]. Ferner kann sich eine Strafbarkeit nach §§ 283 Abs. 1 Nr. 6, 283b Abs. 1 Nr. 2 StGB ergeben[14].

---

[5] *Schulze-Osterloh/Noack* in: Baumbach/Hueck, § 74, Rdnr. 2; *Lutter/Kleindiek* in: Lutter/Hommelhoff, § 74, Rdnr. 4.

[6] *K. Schmidt* in: Scholz, § 74, Rdnr. 4; *Nerlich* in: Michalski, § 74, Rdnr. 5; *Schulze-Osterloh/Noack* in: Baumbach/Hueck, § 74, Rdnr. 2; *K. Schmidt* in: Scholz, § 74, Rdnr. 1.

[7] *Schulze-Osterloh/Noack* in: Baumbach/Hueck, § 74, Rdnr. 2; es sei denn Löschungseintragung beruht auf einem wesentlichen Verfahrensfehler.

[8] *Schulze-Osterloh/Noack* in: Baumbach/Hueck, § 74, Rdnr. 7; *Lutter/Kleindiek* in: Lutter/Hommelhoff § 74, Rdnr. 12; *K. Schmidt* in: Scholz, § 74, Rdnr. 28.

[9] *BayObLG* NJW 1968, 56; *Schulze-Osterloh/Noack* in: Baumbach/Hueck, § 74, Rdnr. 7; *K. Schmidt* in: Scholz, § 74, Rdnr. 28; *Nerlich* in: Michalski, Rn. 18.

[10] *Schulze-Osterloh/Noack* in: Baumbach/Hueck, § 74, Rdnr. 7; *K. Schmidt* in: Scholz, § 74, Rdnr. 28; *Lutter/Kleindiek* in: Lutter/Hommelhoff, § 74, Rdnr. 1.

[11] *Schulze-Osterloh/Noack* in: Baumbach/Hueck, § 74, Rdnr. 10; *K. Schmidt* in: Scholz, § 74, Rdnr. 29; *Lutter/Kleindiek* in: Lutter/Hommelhoff, § 74, Rdnr. 15.

[12] *BayObLG* NJW 1968, 56; *Schulze-Osterloh/Noack* in: Baumbach/Hueck, § 74, Rdnr. 10; *K. Schmidt* in: Scholz, § 74, Rdnr. 29; *Hohner* in: Hachenburg, § 74, Rdnr. 3; *Lutter/Kleindiek* in: Lutter/Hommelhoff, § 74, Rdnr. 15.

[13] *Schulze-Osterloh/Noack* in: Baumbach/Hueck, § 74, Rdnr. 10; *K. Schmidt* in: Scholz, § 74, Rdnr. 29; *Lutter/Kleindiek* in: Lutter/Hommelhoff, § 74, Rdnr. 15.

[14] Diese könnte entfallen, da die objektive Strafbarkeitsbedingung der §§ 283 Abs. 6, 283b Abs. 3 StGB – also Zahlungseinstellung, Eröffnung des Insolvenzverfahrens oder Abweisung mangels Masse – nach Beendigung der Abwicklung allenfalls im Rahmen einer Nachtragsliquidation eintreten kann, *Schulze-Osterloh/Noack* in: Baumbach/Hueck, § 74, Rdnr. 10; *K. Schmidt* in: Scholz, § 74, Rdnr. 29.

507 Wird im Zuge der Liquidation der gesamte Betrieb oder ein Betriebsteil veräußert, werden damit auch die dazugehörigen Bücher und Schriften und die sonstigen Dokumente der Gesellschaft an den Erwerber übertragen. Sofern teilweise vertreten wird, dass die Aufbewahrungspflicht des § 74 Abs. 2 GmbHG auch für den Erwerber gelten soll[15], kann dem nicht gefolgt werden. Denn aufgrund der Veräußerung des Betriebs oder Betriebsteils wird dieser fortgeführt und ist nicht mehr Gegenstand der Liquidation der veräußernden Gesellschaft. Der Betrieb nimmt am Wirtschaftsleben teil und ist nicht mehr Teil des Liquidationsverfahrens. Demgemäß unterliegt er nicht den Vorschriften der §§ 60 ff. GmbHG und daher auch nicht der Aufbewahrungspflicht des § 74 Abs. 2 GmbHG. Dennoch hat der Erwerber das Einsichtsrecht nach § 74 Abs. 3 GmbHG zu gewähren um die missbräuchliche Entziehung von Gesellschaftsdokumenten zu verhindern. Aber auch bei der Veräußerung des gesamten Betriebs sind jedenfalls die Unterlagen des Liquidationsverfahrens aufzubewahren[16].

508 Die zehnjährige Aufbewahrungsfrist ist von der Beendigung der Liquidation unabhängig und beginnt erst mit der Übergabe an die Verwahrperson. Die Frist nach § 74 Abs. 2 GmbHG tritt an die Stelle der in § 257 Abs. 4, 5 HGB genannten Fristen[17]. Sind die Fristen nach § 257 HGB, § 147 AO abgelaufen, so besteht für die diesen Fristen unterliegenden Unterlagen keine Verwahrpflicht[18]. Ist eine Frist nach § 257 Abs. 4, 5 HGB oder steuerrechtliche Aufbewahrungsfristen (§ 147 AO) im Einzelfall länger als die nach § 74 Abs. 2, so gilt die längere Frist[19].

509 Verwahrer der Bücher und Schriften kann ein Gesellschafter oder eine beliebige dritte Person, wie der Liquidator, eine Bank oder Treuhandgesellschaft sein[20]. Der Verwahrer kann in der Satzung oder durch Beschluss der Gesellschafter bestimmt werden. Möglich ist auch, dass in der Satzung oder durch Beschluss der Gesellschafter dem Liquidator das Recht eingeräumt wird, einen Verwahrer zu bestimmen[21]. Regelmäßig wird der Verwahrer bereits im Auflösungsbeschluss benannt. Fehlt eine Bestimmung der Verwahrperson, kann das Gericht[22] nach §§ 146, 148 FGG eine Verwahrperson bestimmen[23]. Insoweit Antragsberechtigt ist der Liquidator, jeder Gesellschafter und jeder Gläubiger[24]. Der durch das Gericht bestellte Verwahrer ist nicht zur Verwahrung verpflichtet, so dass sein Einverständnis erforderlich ist[25].

---

[15] *Schulze-Osterloh/Noack* in: Baumbach/Hueck, § 74, Rdnr. 9; *Hohner* in: Hachenburg, § 74, Rdnr. 7.

[16] *Schulze-Osterloh/Noack* in: Baumbach/Hueck, § 74, Rdnr. 9; *Nerlich* in: Michalski, § 74, Rdnr. 21; *Hohner* in: Hachenburg, § 74, Rdnr. 7.

[17] *Schulze-Osterloh/Noack* in: Baumbach/Hueck, § 74, Rdnr. 8; *Nerlich* in: Michalski, § 74, Rdnr. 19; *K. Schmidt* in: Scholz, § 74, Rdnr. 28; *Altmeppen* in: Roth/Altmeppen, § 74, Rdnr. 13; *Lutter/Kleindiek* in: Lutter/Hommelhoff, § 74, Rdnr. 13.

[18] *Schulze-Osterloh/Noack* in: Baumbach/Hueck, § 74, Rdnr. 7; *K. Schmidt* in: Scholz, § 74, Rdnr. 28; *Lutter/Kleindiek* in: Lutter/Hommelhoff, § 74, Rdnr. 12.

[19] *Schulze-Osterloh/Noack* in: Baumbach/Hueck, § 74, Rdnr. 8; *Nerlich* in: Michalski, § 74, Rdnr. 19; *K. Schmidt* in: Scholz, § 74, Rdnr. 28; *Altmeppen* in: Roth/Altmeppen, § 74, Rdnr. 13; *Lutter/Kleindiek* in: Lutter/Hommelhoff, § 74, Rdnr. 13.

[20] *Schulze-Osterloh/Noack* in: Baumbach/Hueck, § 74, Rdnr. 9; *K. Schmidt* in: Scholz, § 74, Rdnr. 30; *Lutter/Kleindiek* in: Lutter/Hommelhoff, § 74, Rdnr. 14.

[21] *Schulze-Osterloh/Noack* in: Baumbach/Hueck, § 74, Rdnr. 9; *Hohner* in: Hachenburg, § 74, Rdnr. 6; *Nerlich* in: Michalski, § 74, Rdnr. 20.

[22] Nicht in seiner Funktion als Registergericht, sondern als Gericht der freiwilligen Gerichtsbarkeit nach §§ 145 ff. FGG, *Schulze-Osterloh/Noack* in: Baumbach/Hueck, § 74, Rdnr. 9.

[23] *OLG Stuttgart* BB 1984, 2169; *Schulze-Osterloh/Noack* in: Baumbach/Hueck, § 74, Rdnr. 9; *Lutter/Kleindiek* in: Lutter/Hommelhoff,, § 74, Rdnr. 14.

[24] *OLG Stuttgart* BB 1984, 2169; *Schulze-Osterloh/Noack* in: Baumbach/Hueck, § 74, Rdnr. 9; *Lutter/Kleindiek* in: Lutter/Hommelhoff,, § 74, Rdnr. 14.

[25] *OLG Stuttgart* BB 1984, 2169; *Schulze-Osterloh/Noack* in: Baumbach/Hueck, § 74, Rdnr. 9; *K. Schmidt* in: Scholz, § 74, Rdnr. 30; *Lutter/Kleindiek* in: Lutter/Hommelhoff, § 74, Rdnr. 14.

b. Einsichtsrechte

Nach § 74 Abs. 3 S. 1 GmbHG sind die Gesellschafter und deren Rechtsnachfolger zur Einsicht in die Bücher und Schriften berechtigt. Ferner können nach § 74 Abs. 3 S. 2 GmbHG die Gläubiger der Gesellschaft vom Gericht zur Einsicht ermächtigt werden. 510

aa. Berechtigte Personen

Zur Einsicht unmittelbar berechtigt sind die Gesellschafter, die im Zeitpunkt der Beendigung Gesellschafter waren, sowie deren Erben[26]. Ein besonderes rechtliches Interesse ist für die Einsichtnahme nicht erforderlich[27]. Demgegenüber ergibt sich ein Einsichtsrecht früherer Gesellschafter aus dem Wortlaut nicht[28]. Ein schutzwürdiges Interesse diesem Personenkreis nach der Löschung der Gesellschaft mehr Rechte zu gewähren, als ihnen noch bei Existenz der Gesellschaft zustanden, besteht nicht. Gegebenenfalls können sie sich auf ein Einsichtsrecht aus einer Stellung als Gläubiger nach § 74 Abs. 3, S. 2 GmbHG berufen oder auf § 810 BGB stützen[29]. Auch anderen gesellschaftsrechtlich verbundenen Personen wie ehemalige Geschäftsführer, Liquidatoren oder Aufsichtsratsmitglieder steht ein Einsichtsrecht nach § 74 Abs. 3 S. 1 GmbHG allein aus gesellschaftsrechtlichen Gesichtspunkten nicht zu[30]. Aber auch dieser Personenkreis kann gegebenenfalls ein Einsichtsrecht als Gläubiger nach § 74 Abs. 3, S. 2 GmbHG geltend machen oder auf § 810 BGB stützen. 511

Auch Gläubiger der Gesellschaft können nach § 74 Abs. 3 S. 2 GmbHG durch das Registergericht zur Einsicht ermächtigt werden. Dies gilt ungeachtet der Tatsache, ob sie ihre Rechte während der Liquidation geltend gemacht haben oder nicht, es können also auch im Sinne des § 73 Abs. 2 GmbHG unbekannte Gläubiger ein Einsichtsrecht geltend machen[31]. Für die Gewährung des Einsichtsrechts muss der Gläubiger seine Forderung und ein rechtliches Interesse glaubhaft machen[32]. Das Einsichtsrecht aus § 74 Abs. 3 S. 2 GmbHG gewährt dem Gläubiger grundsätzlich Einblick in die in § 74 Abs. 2 GmbHG genannten Dokumente und erstreckt sich auch auf Unterlagen, die aus der Zeit vor Auflösung der Gesellschaft stammen[33]. Eine möglicherweise eingetretene Verjährung des Anspruchs schließt das Einsichtsrecht nicht aus[34]. Das Einsichtsrecht wird durch kollidierende Geheimhaltungsinteressen, wie etwa das Steuergeheimnis[35], das Bankgeheimnis[36], Verschwiegenheitspflichten der Gesellschaft[37] oder sonstige persönliche Geheimhal- 512

---

[26] *Schulze-Osterloh/Noack* in: Baumbach/Hueck, § 74, Rdnr. 13; *Hohner* in: Hachenburg, § 74, Rdnr. 10;*Lutter/Kleindiek* in: Lutter/Hommelhoff, § 74, Rdnr. 16.

[27] *Hohner* in: Hachenburg, § 74, Rdnr. 10.

[28] *Schulze-Osterloh/Noack* in: Baumbach/Hueck, § 74, Rdnr. 13; *Nerlich* in: Michalski, § 74, Rdnr. 24; *Hohner* in: Hachenburg, § 74, Rdnr. 10; *Lutter/Kleindiek* in: Lutter/Hommelhoff, § 74, Rdnr. 16; zweifelnd *K. Schmidt* in: Scholz, § 74, Rdnr. 35. A.A. *Altmeppen* in: Roth/Altmeppen, § 74, Rdnr. 16.

[29] So auch *Nerlich* in: Michalski, § 74, Rdnr. 24.

[30] *Schulze-Osterloh/Noack* in: Baumbach/Hueck, § 74, Rdnr. 15; *Nerlich* in: Michalski, § 74, Rdnr. 24; *Hohner* in: Hachenburg, § 74, Rdnr. 10.

[31] *Schulze-Osterloh/Noack* in: Baumbach/Hueck, § 74, Rdnr. 14; *K. Schmidt* in: Scholz, § 74, Rdnr. 35; *Lutter/Kleindiek* in: Lutter/Hommelhoff, § 74, Rdnr. 16; *Hohner* in: Hachenburg, § 74, Rdnr. 11.

[32] *Schulze-Osterloh/Noack* in: Baumbach/Hueck, § 74, Rdnr. 14; *Nerlich* in: Michalski, § 74, Rdnr. 26; *Hohner* in: Hachenburg, § 74, Rdnr. 11; *Lutter/Kleindiek* in: Lutter/Hommelhoff, § 74, Rdnr. 16; *K. Schmidt* in: Scholz, § 74, Rdnr. 35.

[33] *OLG Braunschweig* WM 1992, 1912; *Schulze-Osterloh/Noack* in: Baumbach/Hueck, § 74, Rdnr. 14.

[34] *LG Köln* ZIP 1988, 1125; *Schulze-Osterloh/Noack* in: Baumbach/Hueck, § 74, Rdnr. 14; *K. Schmidt* in: Scholz, § 74, Rdnr. 35.

[35] *LG Köln* ZIP 1988, 1125, 1126; *Schulze-Osterloh/Noack* in: Baumbach/Hueck, § 74, Rdnr. 14.

[36] *BayObLG* NZG 2003, 439; *OLG Braunschweig* WM 1992, 1912, 1913; *Schulze-Osterloh/Noack* in: Baumbach/Hueck, § 74, Rdnr. 14; *Nerlich* in: Michalski, § 74, Rdnr. 26; *Hohner* in: Hachenburg, § 74, Rdnr. 11.

[37] *BayObLG* NZG 2003, 439, 440.

tungsinteressen[38] grundsätzlich nicht eingeschränkt. Sofern aber die Gefahr einer Verletzung von Persönlichkeitsrechten Dritter besteht, ist dieses gegen das Einsichtsinteresse abzuwägen[39]. Bei der Interessenabwägung ist dem Informationsrecht des Gläubigers grundsätzlich der Vorrang einzuräumen, da diesem in der Regel nur so die Möglichkeit zur Durchsetzung seiner berechtigten Forderung möglich ist[40]. Allein die bloße Möglichkeit der rechtsmißbräuchlichen Verwendung von Erkenntnissen schließt das Recht zur Einsichtnahme nicht aus[41].

bb. Inhalt des Einsichtsrechts

513 Das Einsichtsrecht aus § 74 Abs. 3 GmbHG gewährt dem Berechtigten lediglich Einblick in die in § 74 Abs. 2 GmbHG genannten Unterlagen. Die Aushändigung der Dokumente kann daher nicht verlangt werden. Sofern aufgrund der Umstände der Aufbewahrung eine ordnungsgemäße Einsichtnahme nicht gewährleistet ist, oder besondere technische Voraussetzungen, die für die Einsichtnahme erforderlich sind (etwa bei Speicherung auf besonderen Datenträgern), nicht vorhanden sind, kann die die Herausgabe der Dokumente erforderlich sein[42]. Die Erstellung von Kopien durch den Verwahrer kann nicht verlangt werden, zulässig ist aber die Anfertigung von Abschriften, Fotokopien, digitalen Kopien oder die Anfertigung eigener Aufzeichnungen durch den Einsichtnehmenden und auf dessen Kosten[43]. Entstehen dem Verwahrer durch die Einsichtnahme Kosten, so kann er vom Einsichtnehmenden Ersatz verlangen[44]. Der Einsichtsberechtigte kann Sachverständige oder Vertreter hinzuziehen, sofern diese Personen zur Berufsverschwiegenheit verpflichtet sind[45]. Werden neben den Büchern und Schriften im Sinne des § 257 HGB weitere Dokumente der Gesellschaft aufbewahrt, so ist das Einsichtsrecht nach § 74 Abs. 3 GmbHG nicht auf diese Dokumente beschränkt, sondern erstreckt sich auf alle Dokumente.

cc. Durchsetzung des Einsichtsrechtes

514 Gesellschafter sowie deren Erben können ihr Einsichtsrecht unmittelbar gegenüber dem Verwahrer geltend machen, eine Anrufung des Registergerichtes ist nicht erforderlich[46]. Verweigert der Verwahrer die Einsichtnahme, so ist das Einsichtsrecht nicht beim Registergericht, sondern im ordentlichen Rechtsweg[47] klagweise gegen den Verwahrer, nicht gegen die (erloschene) Gesellschaft durchzusetzen[48].

515 Die Gläubiger setzen ihr Einsichtsrecht durch die Vollstreckung der gerichtlichen Anordnung nach § 74 Abs. 3, S. 2 GmbHG beim Registergericht nach §§ 146, 148 FGG gegenüber dem Verwahrer durch[49]. Das Gericht entscheidet nach § 148 Abs. 1 FGG nicht in seiner Funktion als Registergericht nach §§ 125 ff. FGG, sondern als Gericht der freiwilligen Gerichtsbarkeit nach §§ 145 ff.

---

[38] *OLG Braunschweig* WM 1992, 1912; *Hohner* in: Hachenburg, § 74, Rdnr. 11.

[39] *Schulze-Osterloh/Noack* in: Baumbach/Hueck, § 74, Rdnr. 14; *Nerlich* in: Michalski, § 74, Rdnr. 26.

[40] *BayObLG* NZG 2003, 439, 440.

[41] *BayObLG* NZG 2003, 439, 440; *Schulze-Osterloh/Noack* in: Baumbach/Hueck, § 74, Rdnr. 14.

[42] *Hohner* in: Hachenburg, § 74, Rdnr. 13;.

[43] *Schulze-Osterloh/Noack* in: Baumbach/Hueck, § 74, Rdnr. 12; *Nerlich* in: Michalski, § 74, Rdnr. 27; *K. Schmidt* in: Scholz, § 74, Rdnr. 34; *Hohner* in: Hachenburg, § 74, Rdnr. 13.

[44] *Nerlich* in: Michalski, § 74, Rdnr. 28.

[45] *Schulze-Osterloh/Noack* in: Baumbach/Hueck, § 74, Rdnr. 12; *Nerlich* in: Michalski, § 74, Rdnr. 27; *Hohner* in: Hachenburg, § 74, Rdnr. 13; *K. Schmidt* in: Scholz, § 74, Rdnr. 36; *Lutter/Kleindiek* in: Lutter/Hommelhoff, § 74, Rdnr. 16.

[46] *Hohner* in: Hachenburg, § 74, Rdnr. 10.

[47] *Nerlich* in: Michalski, § 74, Rdnr. 28; *Hohner* in: Hachenburg, § 74, Rdnr. 12; *Lutter/Kleindiek* in: Lutter/Hommelhoff, § 74, Rdnr. 16; unklar: *Schulze-Osterloh/Noack* in: Baumbach/Hueck, § 74, Rdnr. 12.

[48] *Schulze-Osterloh/Noack* in: Baumbach/Hueck, § 74, Rdnr. 13; *Lutter/Kleindiek* in: Lutter/Hommelhoff, § 74, Rdnr. 16; *Hohner* in: Hachenburg, § 74, Rdnr. 12.

[49] *BayObLG*, GmbHR 2003, 478, 479; *OLG Oldenburg* GmbHR 1983, 200; *KG* JW 1937, 2289; *Schul-*

FGG[50]. Richtiger Antragsgegner ist auch hier der Verwahrer, nicht die Gesellschaft[51]. Der Einsichtsberechtigte kann die Festsetzung eines Zwangsgeldes gemäß § 33 FGG beantragen[52].

3. Schlussrechnung

Gemäß § 74 Abs. 1 S. 2 GmbHG ist nach Beendigung der Liquidation die Erstellung einer Schlussrechnung erforderlich. Auf diese kann weder durch Satzung noch durch Beschluss verzichtet werden[53]. Weder ein Gesellschafter noch die Gesamtheit der Gesellschafter haben einen Anspruch auf Erstellung der Schlussrechnung. Nur die Gesellschaft selbst hat einen solchen Anspruch[54]. Nur wenn die Gesellschaft die Schlussrechnung nicht einfordert, kann ein Gesellschafter im Zuge einer *actio pro socio* die Erstellung der Schlussrechnung vom Liquidator einklagen[55]. Nach h.M. soll es sich bei der Schlussrechnung aufgrund des eindeutigen Wortlautes „nach Beendigung der Liquidation" um eine weitere, zusätzlich zu der gemäß § 71 GmbHG zu erstellenden Liquidations-Schlussbilanz, Bilanz handeln[56]. Dem ist entgegenzuhalten, dass die Schlussrechnung im Vergleich zur Liquidations-Schlussbilanz nicht viel Neues bringen kann. Die Liquidations-Schlussbilanz ist unmittelbar auf einen Stichtag vor der Verteilung des Liquidationserlöses an die Gesellschafter aufzustellen[57]. Wesentlicher Inhalt der Schlussrechnung kann daher regelmäßig nur der Nachweis sein, dass das Vermögen der Gesellschaft ordnungsgemäß verteilt worden ist[58]. Die Schlussrechnung ist somit nur Rechenschaftsbericht des Liquidators über die tatsächliche Umsetzung des Verteilungsplans[59]. Der Vollbeendigung steht daher das Fehlen einer Schlussrechnung nicht entgegen[60]. Das Registergericht darf die Löschung nicht verweigern, wohl aber kann ein Gesellschafter die Erstellung der Schlussrechnung verlangen und dadurch die Löschung im Handelsregister verzögern. 516

4. Entlastung der Liquidatoren

Die Liquidatoren haben grundsätzlich keinen Anspruch auf förmliche Entlastung durch die Gesellschafterversammlung[61]. Dem steht jedoch nicht entgegen, dass eine Gesellschafterver- 517

---

ze-Osterloh/Noack in: Baumbach/Hueck, § 74, Rdnr. 14; *Hohner* in: Hachenburg, § 74, Rdnr. 11; *Lutter/Kleindiek* in: Lutter/Hommelhoff, § 74, Rdnr. 16.

[50] *Schulze-Osterloh/Noack* in: Baumbach/Hueck, § 74, Rdnr. 14.

[51] *KG* JW 1937, 2289; *Schulze-Osterloh/Noack* in: Baumbach/Hueck, § 74, Rdnr. 14; *Nerlich* in: Michalski, § 74, Rdnr. 28; *Hohner* in: Hachenburg, § 74, Rdnr. 12.

[52] *BayObLG* GmbHR 2003, 478, 479; *OLG Oldenburg* GmbHR 1983, 200; *KG* JW 1937, 2289; *Schulze-Osterloh/Noack* in: Baumbach/Hueck, § 74, Rdnr. 14; *Nerlich* in: Michalski, § 74, Rdnr. 28;; *Lutter/Kleindiek* in: Lutter/Hommelhoff, § 74, Rdnr. 16; *Hohner* in: Hachenburg, § 74, Rdnr. 12.

[53] *Nerlich* in: Michalski, § 74, Rdnr. 7; *Hohner* in: Hachenburg, § 74, Rdnr. 14.

[54] *Nerlich* in: Michalski, § 74, Rdnr. 7; *Lutter/Kleindiek* in: Lutter/Hommelhoff, § 74, Rdnr. 7; *Hohner* in: Hachenburg, § 74, Rdnr. 17.

[55] *Nerlich* in: Michalski, § 74, Rdnr. 7; *Lutter/Kleindiek* in: Lutter/Hommelhoff, § 74, Rdnr. 7; *Hohner* in: Hachenburg, § 74, Rdnr. 17.

[56] *Nerlich* in: Michalski, § 74, Rdnr. 7; *K. Schmidt* in: Scholz, § 71, Rdnr. 35 mit Einschränkung a.E.; *Rodewald* GmbHR 1994, 454, 455.

[57] *Schulze-Osterloh/Noack* in: Baumbach/Hueck § 71, Rdnr. 28; *Lutter/Kleindiek* in: Lutter/Hommelhoff, § 74, Rdnr. 13.

[58] So auch *Lutter/Kleindiek* in: Lutter/Hommelhoff, § 71, Rdnr. 13.

[59] *Schulze-Osterloh/Noack* in: Baumbach/Hueck § 71, Rdnr. 28; *Nerlich* in: Michalski, § 74, Rdnr. 7; *Lutter/Kleindiek* in: Lutter/Hommelhoff, § 74, Rdnr. 8.

[60] *KG* JW 1932, 2623, 2624; *Nerlich* in: Michalski, § 74, Rdnr. 7; *K. Schmidt* in: Scholz, § 74, Rdnr. 3.

[61] *Lutter/Kleindiek* in: Lutter/Hommelhoff, § 74, Rdnr. 8; *Hohner* in: Hachenburg, § 74, Rdnr. 14.

sammlung einberufen wird, die nach der Beendigung der Liquidation über die Entlastung des Liquidators beschließt[62]. Bei zunächst verweigerter Entlastung ist eine Klage auf Erteilung der Entlastung nicht möglich[63].

5. Anmeldung der Beendigung der Liquidation zur Eintragung im Handelsregister

518 Der Liquidator hat die Beendigung der Liquidation zur Eintragung im Handelsregister anzumelden, § 74 Abs. 1 GmbHG. Diese Anmeldung beinhaltet zugleich die nach § 67 Abs. 1 GmbHG erforderliche Anmeldung, dass das Liquidatorenamt beendet ist, insoweit ist eine ausdrückliche Anmeldung nicht erforderlich[64]. Die Anmeldung muss nicht von sämtlichen Liquidatoren, sondern in der für Vertretung der Gesellschaft erforderlichen Zahl abgegeben werden, § 78 GmbHG[65]. Die Anmeldung muss in beglaubigter Form erfolgen, § 12 Abs. 1 HGB, § 129 BGB und kann nach § 14 HGB durch Festsetzung von Zwangsgeld erzwungen werden.

519 Das Registergericht prüft gemäß § 12 FGG, ob die Liquidation tatsächlich beendet ist[66]. Kommen dem Gericht Zweifel, so hat es dem Amtsermittlungsgrundsatz entsprechend eigene Ermittlungen aufzunehmen und kann vom Liquidator die Glaubhaftmachung der Beendigung der Liquidation verlangen. Dazu versichert der Liquidator, dass die Gesellschaft vermögenslos ist, dies gegebenenfalls unter näherer Erläuterung und Übergabe der Liquidationsschlussbilanz bzw. Schlussrechnung. Ferner überprüft das Gericht, ob die Bücher und Schriften der Gesellschaft ordnungsgemäß verwahrt sind[67]. Ist dies nicht der Fall, so kann das Gericht nach § 74 Abs. 2 S. 2 GmbHG einen Verwahrer bestimmen. Gelangt das Gericht zu der Überzeugung, dass die Voraussetzungen für die Eintragung der Löschung nicht vorliegen, so darf es die Gesellschaft nicht löschen[68].

520 Die Eintragung der Löschung ist nach § 10 HGB durch das Gericht bekanntzumachen. Wird die Beendigung nicht durch den Liquidator angemeldet, so kann das Gericht die Löschung von Amts wegen nach § 31 Abs. 2 HGB eintragen, sofern die Liquidation beendet und die Gesellschaft vermögenslos ist[69]. Daneben kommt eine Löschung von Amtswegen nach § 141a FGG wegen Vermögenslosigkeit der Gesellschaft in Betracht[70].

---

[62] *Hohner* in: Hachenburg, § 74, Rdnr. 14.

[63] *Nerlich* in: Michalski, § 74, Rdnr. 8; *Lutter/Kleindiek* in: Lutter/Hommelhoff, § 74, Rdnr. 8; *Hohner* in: Hachenburg, § 74, Rdnr. 14.

[64] *BGHZ* 53, 264, 267; *BayObLG* GmbHR 1994, 259, 260; *OLG Hamm* GmbHR 2001, 819, 821; GmbHR 1997, 1155, 1156; *Schulze-Osterloh/Noack* in: Baumbach/Hueck, § 74, Rdnr. 4; *Nerlich* in: Michalski,§ 74, Rdnr. 12; *Lutter/Kleindiek* in: Lutter/Hommelhoff, § 74, Rdnr. 6; *K. Schmidt* in: Scholz, § 74, Rdnr. 10; *Hohner* in: Hachenburg, § 74, Rdnr. 21.

[65] *Schulze-Osterloh/Noack* in: Baumbach/Hueck, § 74, Rdnr. 4; *K. Schmidt* in: Scholz, § 74, Rdnr. 5; *Hohner* in: Hachenburg, § 74, Rdnr. 19.

[66] *OLG Hamm* NZI GmbHR 2001, 819; *KG* DR 1941, 2130 f.; *Schulze-Osterloh/Noack* in: Baumbach/Hueck, § 74, Rdnr. 5; *Lutter/Kleindiek* in: Lutter/Hommelhoff, § 74, Rdnr. 9; *Hohner* in: Hachenburg, § 74, Rdnr. 19.

[67] *Schulze-Osterloh/Noack* in: Baumbach/Hueck, § 74, Rdnr. 5; *Hohner* in: Hachenburg, § 74, Rdnr. 19.

[68] *KG* JW 1932, 2623, 2624; *Nerlich* in: Michalski, § 74, Rdnr. 12.

[69] *Schulze-Osterloh/Noack* in: Baumbach/Hueck, § 74, Rdnr. 5; *Lutter/Kleindiek* in: Lutter/Hommelhoff, § 74, Rdnr. 10; *Hohner* in: Hachenburg, § 74, Rdnr. 20; kritisch: *Nerlich* in: Michalski, § 74, Rdnr. 14.

[70] *Schulze-Osterloh/Noack* in: Baumbach/Hueck, § 74, Rdnr. 5; *Lutter/Kleindiek* in: Lutter/Hommelhoff, § 74, Rdnr. 10; *Nerlich* in: Michalski, § 74, Rdnr. 14.

III. Folgen der Löschung der Gesellschaft

1. Erlöschen der Gesellschaft

Ist die Gesellschaft vermögenslos und wird sie im Handelsregister gelöscht, so ist nach der Lehre vom Doppeltatbestand die Rechtsfähigkeit der Gesellschaft beendet und diese erloschen[71]. Erfolgte die Löschung obwohl die Gesellschaft noch über Vermögen verfügte, so führt die dennoch erfolgte Löschung nicht zur Vollbeendigung der Gesellschaft, vielmehr bleibt diese weiterhin bestehen[72]. Der Bestand von Verbindlichkeiten der Gesellschaft hat keinen Einfluss auf die Beendigung. Teilweise wird vertreten, dass Verbindlichkeiten mit der Beendigung der Gesellschaft erlöschen[73]. Dem kann nicht gefolgt werden. Richtigerweise erlöschen die Verbindlichkeiten nicht, sondern sind nach der Beendigung lediglich nicht mehr durchsetzbar. Würden die Verbindlichkeiten erlöschen, so könnten Sie bei Auftauchen von bislang unbekanntem Gesellschaftsvermögen in Zuge einer Nachtragsliquidation nicht mehr geltend gemacht werden. Der Fortbestand der Forderung ist auch Voraussetzung für das von der h.M. angenommene Fortbestehen von Sicherheiten, auch wenn diese akzessorisch sind[74]. 521

2. Wirkung der Löschung auf Rechtsstreitigkeiten

Durch die Löschung verliert die Gesellschaft ihre Rechts- und Parteifähigkeit. Nach der Löschung ist jede Klage unzulässig[75] – sofern es nicht zu einer Nachtragsliquidation kommt. Da die Vollbeendigung neben der Löschung im Handelsregister auch die Vermögenslosigkeit der Gesellschaft voraussetzt, entfällt die Parteifähigkeit der gelöschten Gesellschaft jedoch nicht, wenn vermögenswerte Ansprüche der Gesellschaft geltend gemacht werden[76]. In diesem Fall kommt es zur Nachtragsliquidation. Anderes gilt im Hinblick auf im Zeitpunkt der Löschung noch laufende Prozesse: 522

a. Aktivprozesse

Erfolgt die Löschung der Gesellschaft während eines laufenden Aktivprozesses, so beseitigt dies die Parteifähigkeit der GmbH nicht[77]. Vielmehr handelt es sich bei dem geltend gemachten 523

---

[71] *BGH* ZIP 1988, 175; BAG, NJW 1988, 2637; *OLG Düsseldorf* GmbHR 2004, 572, 574; *OLG Stuttgart* ZIP 1986, 647, 648; *K. Schmidt* GmbHR 1994, 832; *Schulze-Osterloh/Noack* in: Baumbach/Hueck, § 74, Rdnr. 16; *Lutter/Kleindiek* in: Lutter/Hommelhoff, § 74, Rdnr. 6; *Altmeppen* in: Roth/Altmeppen, § 60, Rdnr. 7; *K. Schmidt* in: Scholz, § 74 Rn. 14; *Hohner* in: Hachenburg, § 74, Rdnr. 25.

[72] *Schulze-Osterloh/Noack* in: Baumbach/Hueck, § 74, Rdnr. 16; *Hohner* in: Hachenburg, § 74, Rdnr. 25.

[73] *Schulze-Osterloh/Noack* in: Baumbach/Hueck, § 74, Rdnr. 16.

[74] *Schulze-Osterloh/Noack* in: Baumbach/Hueck, § 74, Rdnr. 16; *K. Schmidt* in: Scholz, § 74, Rdnr. 16; *Nerlich* in: Michalski, § 74, Rdnr. 42; *Hohner* in: Hachenburg, § 74, Rdnr. 26.

[75] *BGH* NJW 1982, 238; *Nerlich* in: Michalski, § 74, Rdnr. 35.

[76] *OLG Koblenz* NZG 2007, 431, 432; *K. Schmidt* in: Scholz, § 74 Rdnr. 24; Zöller/*Vollkommer*, ZPO, § 50 Rdnr. 4a.

[77] *BGH* NJW-RR 1986, 394; *BayObLG* NZG 2004, 1164; *OLG Koblenz* NJW-RR 2004, 1222; *Schulze-Osterloh/Noack* in: Baumbach/Hueck, § 74, Rdnr. 18; *Nerlich* in: Michalski, § 74, Rdnr. 37; *Stein/Jonas/Bork* § 50 Rn. 47.

Anspruch oder behaupteten Rechtsverhältnis um einen Vermögensgegenstand der Gesellschaft, über dessen Existenz in dem anhängigen Verfahren entschieden werden soll. Solange hierüber keine Entscheidung vorliegt und der Prozess noch anhängig ist, schließt dies eine Löschung sogar aus[78]. Wird die Gesellschaft dennoch gelöscht, kommt es aufgrund der Lehre vom Doppeltatbestand nicht zur Vollbeendigung. Die Gesellschaft bleibt zwar rechtsfähig, verliert jedoch ihre Handlungs- und Prozessfähigkeit[79]. Um die Fortführung des Prozesses zu gewährleisten, muss daher ein Nachtragsliquidator bestellt werden, da mit der Löschung der Gesellschaft das Amt des Liquidators erlischt. Ist die Bestellung eines Nachtragsliquidators nicht möglich, kann das Gericht eine Prozesspflegschaft anordnen[80]. Hatte die Gesellschaft bereits vor der Löschung einen Prozessbevollmächtigten bestellt, so wird das Fehlen der Prozessfähigkeit entgegen § 56 Abs. 1 ZPO nicht berücksichtigt, da die Vollmacht des Prozessvertreters auch nach der Löschung gemäß § 86 ZPO fortwirkt[81]. Es kommt also nicht zu einer Unterbrechung des Verfahrens nach § 246 Abs. 1 ZPO.

524 Auch nach erfolgter Löschung im Handelsregister kann die gelöschte Gesellschaft Aktivprozesse anstrengen, wenn sie substantiiert vortragen kann, einen Anspruch gegen einen Dritten zu haben und damit über Vermögen zu verfügen[82]. Ob dies tatsächlich der Fall ist, wird der Ausgang des Prozesses zeigen. Hierzu werden Fortexistenz und Parteifähigkeit der Gesellschaft unterstellt. Um die Prozessfähigkeit wiederzuerlangen, ist die Bestellung eines Nachtragsliquidators erforderlich; eine vor der Löschung erteilte Prozessvollmacht wirkt nach § 86 ZPO fort[83].

b. Passivprozesse

525 Auch wenn die Gesellschaft im Zeitpunkt der Löschung einen Passivprozess führt ist die Löschung unzulässig[84]. Denn bei Obsiegen der Gesellschaft entsteht zumindest ein Anspruch auf Erstattung der Prozesskosten, der einen Vermögenswert der Gesellschaft darstellt und der Vollbeendigung entgegensteht[85]. Dies gilt auch für Prozesse ohne Vermögensaspekt[86]. Wird die Gesellschaft dennoch während eines laufenden Prozesses gelöscht, bleibt die Rechtsfähigkeit der Gesellschaft bestehen und es kommt nicht zur Unterbrechung des Verfahrens nach §§ 241, 246 ZPO[87]. Sofern nicht bereits vor der Löschung eine Prozessvollmacht erteilt worden ist, die nach § 86 ZPO fortgilt, muss ein Nachtragsliquidator bestellt werden.

---

[78] *BGH* NJW-RR 1986, 394; *BayObLG* NZG 2004, 1164; *OLG Koblenz* NJW-RR 2004, 1222; *Schulze-Osterloh/Noack* in: Baumbach/Hueck, § 74, Rdnr. 18; *Nerlich* in: Michalski, § 74, Rdnr. 14; *Hohner* in: Hachenburg, § 74, Rdnr. 27; *Stein/Jonas/Bork* § 50 Rdnr. 47.

[79] *Schulze-Osterloh/Noack* in: Baumbach/Hueck, § 74, Rdnr. 18.

[80] *Nerlich* in: Michalski, § 74, Rdnr. 37.

[81] *BayObLG* NZG 2004, 1164, 1165; *OLG Hamburg* GmbHR 1997, 1155; *OLG Hamm* BB 1998, 1654; so allgemein für Wegfall der Prozessfähigkeit nach Erteilung der Prozeßvollmacht *BGHZ* 121, 263, 265 f.; für das finanzgerichtliche Verfahren *BFH* NZG 2000, 1048; BStBl 1986 II, 589, 590; NJW 1986, 2594; für das arbeitsgerichtliche Verfahren *BAG* DB 2003, 2659, 2660; NZG 2002, 1175, 1176. A.A. *Hessisches FG* EFG 1998, 1144, 1145; *Schulze-Osterloh/Noack* in: Baumbach/Hueck, § 74, Rdnr. 18; *Nerlich* in: Michalski, § 74, Rdnr. 37; *Lutter/Kleindiek* in: Lutter/Hommelhoff, § 74, Rdnr. 18; *K. Schmidt* in: Scholz, § 74, Rdnr. 24.

[82] *BAG* GmbHR 2003, 1009, 1010; *Schulze-Osterloh/Noack* in: Baumbach/Hueck, § 74, Rdnr. 18; *Lutter/Kleindiek* in: Lutter/Hommelhoff, § 74, Rdnr. 18.

[83] *BFH* NJW-RR 2001, 244; *BGH* NJW-RR 1994, 542; *BAG* DB 2003, 2659, 2660; NZG 2002, 1175, 1176; NZA 2000, 613.

[84] *Schulze-Osterloh/Noack* in: Baumbach/Hueck, § 74; *K. Schmidt* in: Scholz, § 74, Rdnr. 17; Rdnr. 19 *Nerlich* in: Michalski, § 74, Rdnr. 38.

[85] *BGH* NJW-RR 1986, 394; *OLG Koblenz* GmbHR 1992, 761; *Nerlich* in: Michalski, § 74, Rdnr. 38; *Hohner* in: Hachenburg, § 74, Rdnr. 27.

[86] *Lutter/Kleindiek* in: Lutter/Hommelhoff, § 74, Rdnr. 18.

[87] *Lutter/Kleindiek* in: Lutter/Hommelhoff,, § 74, Rdnr. 18.

Die Geltendmachung von Ansprüchen nach erfolgter Löschung der Gesellschaft ist grundsätzlich nicht möglich, da die gelöschte Gesellschaft wegen des Wegfalls ihrer Organe prozessunfähig ist, die Klage wäre somit bereits unzulässig. Etwas anderes gilt, wenn die Gesellschaft fälschlicherweise im Handelsregister gelöscht wurde, tatsächlich aber noch über Vermögensgegenstände verfügt. Voraussetzung für den Passivprozess ist dann, dass der Kläger vorträgt, dass die Gesellschaft tatsächlich noch über Vermögen verfügt und daher nicht erloschen ist[88]. In diesem Fall kann es zu einer Nachtragsliquidation kommen. Im Streit über die Partei- und Prozessfähigkeit gilt die Gesellschaft bis zur Klärung dieser Frage als partei- und prozessfähig[89]. Die bloße Behauptung des Vermögensgegenstandes reicht nicht aus, da Gläubiger anderenfalls zeitlich unbegrenzt vermögensrechtliche Ansprüche geltend machen könnten. Vielmehr erforderlich ist die substanziierte Darlegung des neuerlich aufgefundenen Vermögensgegenstandes. Dies wäre beispielsweise dann der Fall, wenn sich ein zunächst illiquider Schuldner als zahlungsfähig herausstellt, oder ein Gläubiger vorträgt, dass er zu Unrecht übergangen wurde und der Gesellschaft Ersatzansprüche gegen den Liquidator oder die Gesellschafter aus § 73 Abs. 3 GmbHG zustünden[90]. Die Klage ist unzulässig, wenn die Gesellschaft schon bei Berücksichtigung des Klägervortrages als vermögenslos zu betrachten ist[91]. Bei dem geltend gemachten Gesellschaftsvermögen darf es sich nicht nur um einen möglicherweise bestehenden Kostenerstattungsanspruch handeln, da der Kläger damit behaupten würde, dass er mit seiner Klage (zumindest teilweise) unterliegen wird[92]. **526**

Wird gegenüber der gelöschten Gesellschaft ein Anspruch auf Vornahme einer Handlung geltend gemacht, für die das Vorhandensein von Vermögen nicht erforderlich ist (etwa bei einer Feststellungsklage, Löschungsbewilligung, Grundbuchberichtigung, Zeugniserteilung), so muss ohne Rücksicht auf die Begründetheit der Klage das Erfordernis der Nachtragsliquidation angenommen werden[93]. **527**

---

[88] *BGHZ* 48, 303, 307; *Schulze-Osterloh/Noack* in: Baumbach/Hueck, § 74, Rdnr. 19; *Lutter/Kleindiek* in: Lutter/Hommelhoff, § 74, Rdnr. 19, 20; *K. Schmidt* in: Scholz, § 74, Rdnr. 21; *Nerlich* in: Michalski, § 74, Rdnr. 40; *Hohner* in: Hachenburg, § 74, Rdnr. 27. A.A. *OLG Stuttgart* GmbHR 1994, 485.

[89] *BGH*, NJW 1990, 1734; WM 1986, 145; ZIP 1981, 1268.

[90] *Schulze-Osterloh/Noack* in: Baumbach/Hueck, § 74, Rdnr. 19; *K. Schmidt* in: Scholz, § 74, Rdnr. 21; *Nerlich* in: Michalski, § 74, Rdnr. 40.

[91] *Hohner* in: Hachenburg, § 74, Rdnr. 27.

[92] *BGH* ZIP 1981, 1268; *BGHZ* 74, 212, 213 f. (für Verein); *OLG Rostock* NJW RR 2002, 828; *Schulze-Osterloh/Noack* in: Baumbach/Hueck, § 74, Rdnr. 19; *Nerlich* in: Michalski, § 74, Rdnr. 40; *Hohner* in: Hachenburg, § 74, Rdnr. 27; a.A. *BGH* WM 1986, 145 (für Genossenschaft); *OLG Koblenz* NZG 1998, 637, 638; *Stein/Jonas/Bork* § 50, Rdnr. 47.

[93] *Schulze-Osterloh/Noack* in: Baumbach/Hueck, § 74, Rdnr. 19; *Nerlich* in: Michalski, § 74, Rdnr. 40; *Hohner* in: Hachenburg, § 74, Rdnr. 27.

§ 10 Nachtragsliquidation

I. Voraussetzungen der Nachtragsliquidation

1. Vermeintliche Vermögenslosigkeit

528 Die im Handelsregister gelöschte Gesellschaft ist grundsätzlich aus dem Wirtschafts- und Rechtsleben ausgeschieden. Es ist aber durchaus möglich, dass auch bei einer gelöschten Gesellschaft weitere vermögensrechtliche oder nichtvermögensrechtliche Abwicklungsmaßnahmen erforderlich werden. Nicht selten stellt sich erst nach der Löschung heraus, dass entgegen der bisherigen Annahme doch noch verwertbares Vermögen der Gesellschaft vorhanden ist. In diesem Fall war die Gesellschaft im Zeitpunkt der Löschung im Handelsregister tatsächlich nicht vermögenslos, somit ist nach der Lehre vom Doppeltatbestand die Vollbeendigung der Gesellschaft nicht eingetreten. Um die endgültige Vollbeendigung der Gesellschaft herbeizuführen ist daher die Nachtragsliquidation erforderlich[1]. Bei dem neuerlich aufgefundenem Vermögen kann es sich auch um Ansprüche der Gesellschaft handeln, wie etwa Schadensersatzansprüche der gelöschten Gesellschaft gegen ihre ehemaligen Geschäftsführer, Gesellschafter oder den Liquidator oder um bislang nicht durchsetzbare Ansprüche, die nun aufgrund der Wiedererlangung der Zahlungsfähigkeit eines bislang insolventen Schuldners durchsetzbar werden[2]. Dabei ist zu beachten, dass das neuerlich aufgefundene Gesellschaftsvermögen die Kosten der Nachtragsliquidation übersteigen[3] und bereits im Zeitpunkt der Löschung vorhanden gewesen sein muss[4].

529 Wird die Nachtragsliquidation beantragt, lebt das bisherige Liquidationsverfahren nicht etwa auf, da es mit der Löschung der GmbH beendet worden ist und das Amt des Liquidators mit der Löschung der Gesellschaft gemäß § 74 Ab. 1 S. 2 GmbHG endete[5]. Bei der Nachtragsliquidation handelt es sich um einen neuen und eigenständigen Verfahrensabschnitt zur Herbeiführung der Vollbeendigung der Gesellschaft. Die Nachtragsliquidation ist im GmbHG nicht ausdrücklich geregelt, aber nach herrschender Ansicht gem. § 273 Abs. 4 S. 1 AktG analog zulässig[6]. Die Gesellschaft besteht bis zur Vollbeendigung als Abwicklungsgesellschaft fort, ihr Unternehmenszweck ist nun auf die Herbeiführung der Vollbeendigung gerichtet[7]. Sie ist rechtsfä-

---

[1] *BGHZ* 53, 264, 266; *BAG* NZG 2002, 1175; *Schulze-Osterloh/Fastrich* in: Baumbach/Hueck, § 60, Rdnr. 65; *Nerlich* in Michalski, § 74, Rdnr. 43; *Altmeppen* in: Roth/Altmeppen, § 74 Rdnr. 21; *Hohner* in: Hachenburg, § 74, Rdnr. 31; *K. Schmidt* in: Scholz, § 74, Rdnr. 18 ff.

[2] *BayObLG* ZIP 1985, 33, *OLG Karlsruhe* ZIP 198, 1261; *Nerlich* in Michalski, § 74, Rdnr. 44.

[3] *Nerlich* in Michalski, § 74, Rdnr. 50; *Hohner* in: Hachenburg, § 74, Rdnr. 31.

[4] *OVG Berlin* GmbHR 1993, 510, 511; *Schulze-Osterloh/Fastrich* in: Baumbach/Hueck, § 60, Rdnr. 65; *Altmeppen* in: Roth/Altmeppen, § 74 Rdnr. 21.

[5] *Nerlich* in Michalski, § 74, Rdnr. 49; *K. Schmidt* in: Scholz, § 74 Rdnr. 22.

[6] *BGH* NJW 1970, 1044; *OLG Köln* GmbHR 2003, 360, 361; GmbHR 1993, 823; *OLG Hamm* DB 2001, 2087; GmbHR 1997, 75, 76; *OLG Hamm* GmbHR 2001, 252; *BayObLG* BB 1984, 446, 447; *Schulze-Osterloh/Fastrich* in: Baumbach/Hueck, § 60, Rdnr. 65; *Altmeppen* in: Roth/Altmeppen, § 74 Rdnr. 27; *Nerlich* in Michalski, § 74, Rdnr. 43; *Lutter/Kleindiek* in: Lutter/Hommelhoff, § 74, Rdnr. 19; *Hohner* in: Hachenburg, § 74 Rdnr. 30; *Bork* JZ 1991, 841, 845; *Saenger* GmbHR 1994, 300, 302; *Uhlenbruck* ZIP 1996, 1641, 1648; offengelassen *BGHZ* 105, 259, 262. A.M. *K. Schmidt* in: Scholz, § 74 Rdnr. 46; *K. Schmidt* GmbHR 1988, 209, 212 f.; der eine Abwicklungsmaßnahme analog § 74 Abs. 2 S. 2 annimmt.

[7] *OLG Koblenz* NZG 2007, 431.

hig und aktiv parteifähig, allerdings bis zur gerichtlichen Ernennung des Nachtragsliquidators nicht handlungsfähig[8]. Dabei orientiert sich das Verfahren in der Nachtragsliquidation grundsätzlich an den allgemeinen, für Liquidationen geltenden Vorschriften[9]. Die Nachtragsliquidation nach § 66 Abs. 5 GmbHG bezieht sich nur auf eine zu Unrecht erfolgte Löschung nach § 141a Abs. 1 FGG[10].

2. Erfordernis sonstiger Abwicklungsmaßnahmen

Nicht nur dann, wenn neues Vermögen der Gesellschaft auftaucht, kann die Nachtragsliquidation erforderlich werden, sondern auch dann, wenn sonstige Abwicklungsmaßnahmen der gelöschten Gesellschaft erforderlich werden. Bei diesen sonstigen Abwicklungsmaßnahmen handelt es sich regelmäßig um Erklärungen der Gesellschaft oder um unvertretbare Handlungen. Beispiel für Abwicklungsmaßnahmen sind: Ansprüche ehemaliger Arbeitnehmer auf Zeugniserteilung[11] oder Teilnahme an einem Kündigungsschutzprozess[12], die Mitwirkung an der Auszahlung eines hinterlegten Betrages oder hinterlegten Gegenstandes[13], die Wahrnehmung von Rechten aus eingetragenem Grundpfandrecht[14], Bewilligung von Grundbuchberichtigung[15], die Vornahme von Handelsregisteranmeldungen[16], die Erfüllung eines durch Vormerkung gesicherten Anspruchs[17], die Nachholung unterlassener Liquidations-Rechnungslegung nach § 71 Abs. 1 GmbH[18], die Wahrnehmung von Pflichten in einem gegen die Gesellschaft gerichteten Steuerverfahren,[19] auch passive Mitwirkung an Zustellung eines Steuerbescheides[20], wenn die Zustellung erforderlich ist, um Ansprüche gegen einen Dritten geltend zu machen[21] oder für den Empfang einer sonstigen Zustellung[22]. Schließlich kann die Nachtragsliquidation erforderlich sein bei einem gegen die Gesellschaft gerichteten Rechtsstreit[23] oder bei der Wahrnehmung des rechtlichen Gehörs in einem Verfahren nach § 74 Abs. 3 S. 2 GmbHG[24]. 530

Demgegenüber stellt die Abgabe einer eidesstattlichen Versicherung im Sinne des § 807 ZPO keine weitere Abwicklungsmaßnahme dar. Denn die Erklärung über die Vermögenslosigkeit der 531

[8] *OLG Koblenz* NZG 2007, 431.
[9] *Hohner* in: Hachenburg, § 74 Rdnr. 39.
[10] *Nerlich* in Michalski, § 74, Rdnr. 46.
[11] *KG* GmbHR 2001, 252; *Schulze-Osterloh/Fastrich* in: Baumbach/Hueck, § 60, Rdnr. 65; *Nerlich* in Michalski, § 74, Rdnr. 46; *Hohner* in: Hachenburg, § 74, Rdnr. 32.
[12] *BAG* NJW 1982, 8131; *Schulze-Osterloh/Fastrich* in: Baumbach/Hueck, § 60, Rdnr. 65.
[13] *OLG Frankfurt* WM 1982, 1266, 1267 – für GmbH & Co *KG*; *Schulze-Osterloh/Fastrich* in: Baumbach/Hueck, § 60, Rdnr. 65; *Hohner* in: Hachenburg, § 74, Rdnr. 32.
[14] *BayObLG* DNotZ 1955, 638, 640 f.; *Schulze-Osterloh/Fastrich* in: Baumbach/Hueck, § 60, Rdnr. 65; *Nerlich* in Michalski, § 74, Rdnr. 46.
[15] *OLG München* ZIP 1988, 575, 577; *BayObLG* GmbHR 1956, 76; *Hohner* in: Hachenburg, § 74, Rdnr. 32.
[16] *Hohner* in: Hachenburg, § 74, Rdnr. 32.
[17] *BGHZ* 105, 259, 261.
[18] *OLG Stuttgart* NJW-RR 1995, 805, 806.
[19] *BayObLG* ZIP 1983, 938, 940 f.; *BFH* BStBl 1980 II, 587, 588; *Schulze-Osterloh/Fastrich* in: Baumbach/Hueck, § 60, Rdnr. 65; *Nerlich* in Michalski, § 74, Rdnr. 46.
[20] *BayObLG* BB 1984, 446, 447; ZIP 1985, 33, 35; *Schulze-Osterloh/Fastrich* in: Baumbach/Hueck, § 60, Rdnr. 65; *Nerlich* in Michalski, § 74, Rdnr. 46. Kritisch: *OLG Karlsruhe* NJW-RR 1990, 100 f.; *BayObLG* DB 1985, 107; *Hohner* in: Hachenburg, § 74 Rdnr. 32.
[21] *OLG Hamm* GmbHR 1997, 75 ff., *Nerlich* in Michalski, § 74, Rdnr. 46; *Lutter/Kleindiek* in: Lutter/Hommelhoff, § 74, Rdnr. 20; Scholz/Schmidt § 74, Rdnr. 20; *Altmeppen* in: Roth/Altmeppen, § 74 Rdnr. 14; *Hohner* in: Hachenburg, § 74, Rdnr. 32.
[22] *OLG Frankfurt* Rpfleger 1982, 290f.
[23] *Schulze-Osterloh/Fastrich* in: Baumbach/Hueck, § 60, Rdnr. 65.
[24] *Schulze-Osterloh/Fastrich* in: Baumbach/Hueck, § 60, Rdnr. 65.

Gesellschaft kann vom ehemaligen Liquidator abgegeben werden, ohne dass eine Erklärung der Gesellschaft – die nun vom Nachtragsliquidator zu vertreten wäre – erforderlich ist[25].

3. Antrag

532 Die Nachtragsliquidation kann nur auf Antrag eines früheren Gesellschafters, Organmitgliedes, Liquidators, Gläubigers oder eines sonstig interessierten Dritten betrieben werden, der ein berechtigtes Interesse darleget[26], die unsubstantiierte Behauptung genügt nicht[27]. Der Antrag ist an das alleinzuständige Registergericht zu richten[28].

533 Der Antragsteller hat in der Begründung seines Antrags die Voraussetzungen für die Nachtragsliquidation glaubhaft zu machen[29]. Dazu muss er insbesondere substantiiert darlegen, über welche Aktiva die gelöschte Gesellschaft tatsächlich noch verfügt. Er muss also darlegen, dass die Gesellschaft entgegen der ursprünglichen Annahme zum Zeitpunkt der Löschung noch über werthaltige Vermögensgegenstände verfügt, die im Zuge des Liquidationsverfahrens übersehen worden sind oder nicht durchsetzbar waren. Wird ein Titel vorgelegt, so sind sachlich-rechtliche Einwendungen gegen den Bestand des Titels durch das zur Bestellung des Nachtragsliquidators berufene Gericht nicht zu prüfen[30]. Die Erfolgsaussichten des geltend gemachten Rechts sind nicht durch das Registergericht, sondern in dem jeweiligen Verfahren zu prüfen, für das die Nachtragsliquidation beantragt wird. Ferner muss der Antragsteller darlegen, dass das Gesellschaftsvermögen die Kosten der Nachtragsliquidation übersteigt[31]. Daher kann das Registergericht vom Antragsteller gegebenenfalls einen Kostenvorschuss verlangen, der die Kosten des Verfahrens und die Vergütung des Nachtragsliquidators deckt[32]. Handelt es sich bei dem geltend gemachten Vermögensgegenstand um Rückgewähr- oder Schadensersatzansprüche der Gesellschaft gegen Gesellschafter[33] oder Liquidatoren, so muss der Antragssteller diese Ansprüche im Einzelnen substantiiert darlegen. Wird die Nachtragsliquidation auf sonstige Abwicklungsmaßnahmen gestützt, so muss der Antragsteller diese nicht nur konkret bezeichnen, er muss auch die Verpflichtung der Gesellschaft zur Vornahme dieser Maßnahme glaubhaft darlegen[34].

534 Über die Person des Nachtragsliquidators entscheidet das Registergericht nach pflichtgemäßem Ermessen; anders als der Liquidator kann der Nachtragsliquidator nicht von den Gesellschaftern durch Beschluss oder in der Satzung bestimmt werden[35]. Der Antragsteller kann aber mit

[25] *KG* NJW-RR 1991, 933, 934; *OLG Köln* ZIP 1990, 1330; *Nerlich* in Michalski, § 74, Rdnr. 47; *Altmeppen* in: Roth/Altmeppen, § 74, Rdnr. 13.

[26] *BGHZ* 105, 259, 262; *KG* GmbHR 2001, 252; *OLG Köln* GmbHR 1993, 823; *Schulze-Osterloh/Fastrich* in: Baumbach/Hueck, § 60, Rdnr. 66; *Nerlich* in Michalski, § 74, Rdnr. 50; *Lutter/Kleindiek* in: Lutter/Hommelhoff, § 74, Rdnr. 21; Scholz/Schmidt § 74, Rdnr. 22; *Hohner* in: Hachenburg, § 74, Rdnr. 34.

[27] *OLG Hamburg* NZG 2002, 296; *OLG Bremen* GmbHR 1988, 445 zur Frage der Akteneinsicht.

[28] *Lutter/Kleindiek* in: Lutter/Hommelhoff, § 74, Rdnr. 21; *Hohner* in: Hachenburg, § 74, Rdnr. 34.

[29] *BayObLG* BB 1984, 446; *Nerlich* in Michalski, § 74, Rdnr. 50; *Hohner* in: Hachenburg, § 74, Rdnr. 36.

[30] *KG* GmbHR 2001, 252, 253.

[31] *Nerlich* in Michalski, § 74, Rdnr. 50; *Hohner* in: Hachenburg, § 74, Rdnr. 36.

[32] BayObLG DB 1993, 2173, 2174; *OLG Stuttgart* GmbHR, 1995, 595; *Nerlich* in Michalski, § 74, Rdnr. 51; Scholz/Schmidt § 74 Rdnr. 22; *Hohner* in: Hachenburg, § 74, Rdnr. 34; *Altmeppen* in: Roth/Altmeppen, § 74 Rdnr. 17.

[33] Zur unterlassenen Geltendmachung von Erstattungsansprüchen nach Regeln zum Kapitalersatzrecht und daraus resultierende Ansprüche nach AnfG vgl. *BGH* BB 2006, 401.

[34] *Hohner* in: Hachenburg, § 74 Rdnr. 36.

[35] *BGH* NJW 1970, 1044; 1985, 2479; *OLG Koblenz* NZG 2007, 431, 432; *KG* NZG 2004, 1004; GmbHR 2001, 252, 253; BayObLG, DB 2004, 179, 180; *OLG Stuttgart* NJW-RR 1995, 805, 806; *Schulze-Osterloh/Fastrich* in: Baumbach/Hueck, § 60, Rdnr. 66; *Lutter/Kleindiek* in: Lutter/Hommelhoff, § 74, Rdnr. 21; *Nerlich* in Michalski, § 74, Rdnr. 49; *Hohner* in: Hachenburg, § 74, Rdnr. 35.

der Antragsstellung dem Gericht eine für die Position des Nachtragsliquidators geeignete Person empfehlen. Dabei bietet es sich an, den ursprünglichen Liquidator zu benennen. Das Gericht ist an diesen Personenvorschlag jedoch nicht gebunden[36], aus Gründen der Praktikabilität ist aber regelmäßig davon auszugehen, dass das Gericht diesem Vorschlag folgen wird, da der frühere Liquidator regelmäßig über besondere Sachkunde verfügt. Dies gilt jedoch nicht, wenn Gegenstand der Nachtragsliquidation die Geltendmachung von Regressansprüchen gegen den früheren Liquidator ist. Soweit der Antragsteller keinen personellen Vorschlag macht, kann das Gericht eine beliebige Person nennen[37]. Vor der Benennung ist der ehemalige Liquidator zu hören[38].

Wird der Antrag auf Nachtragsliquidation abgelehnt, so steht dem Antragsteller die Be- 535
schwerde zu[39]. Demgegenüber kann der frühere Liquidator gegen die Bestellung oder Ablehnung[40] eines Nachtragsliquidators keine Beschwerde einlegen[41]. Das Beschwerdegericht kann die auf einer Würdigung der tatsächlichen Umstände beruhende Ermessensentscheidung nur daraufhin überprüfen, ob die gesetzlichen Grenzen des Ermessens überschritten worden sind, ob in einer dem Zweck der Ermächtigung nicht entsprechenden Weise Gebrauch gemacht worden ist oder ob die Ermessensausübung durch Verfahrensfehler beeinflusst worden ist[42].

4. Stellung des Nachtragsliquidators

Mit der Nachtragsliquidation wird das Amt des Liquidators nicht fortgesetzt, da mit der 536
Anmeldung der Beendigung der Liquidation zum Handelsregister das Amt des Liquidators erloschen ist[43]. Vielmehr ist ein neuer Nachtragsliquidator zu berufen. Die Person des Nachtragsliquidators kann weder durch Gesellschafterbeschluss noch durch eine Regelung in der Satzung bestimmt werden. Allein das Registergericht bestellt den Nachtragsliquidator nach pflichtgemäßem Ermessen[44]. Die Bestellung des Nachtragsliquidators wird jedoch nicht allein mit dem Gerichtsbeschluss wirksam. Vielmehr ist eine Annahmeerklärung durch den Bestellten erforderlich, da der Nachtragsliquidator nicht verpflichtet ist, das Amt auszuüben. Es steht dem Bestellten frei, die Bestellung abzulehnen, auch wenn er selbst Geschäftsführer der GmbH

---

[36] *Lutter/Kleindiek* in: Lutter/Hommelhoff, § 74, Rdnr. 21; *Nerlich* in Michalski, § 74, Rdnr. 51; *Hohner* in: Hachenburg, § 74, Rdnr. 34.

[37] *Hohner* in: Hachenburg, § 74, Rdnr. 34.

[38] *Nerlich* in Michalski, § 74, Rdnr. 51.

[39] Im einzelnen strittig: Für sofortige Beschwerde gemäß § 273 Abs. 5 AktG analog i.V.M. § 22 FGG: *OLG Köln* NZG 2003, 340, 341; *OLG Schleswig* NJW-RR 2000, 769, 770; *Schulze-Osterloh/Fastrich* in: Baumbach/Hueck, § 60, Rdnr. 66; *Nerlich* in Michalski, § 74, Rdnr. 52. Einfache Beschwerde nach § 20 FGG: *OLG Hamm* Rpfleger 1987, 251, 252; Scholz/Schmidt § 74, Rdnr. 22; *Hohner* in: Hachenburg, § 74 Rdnr. 37; *Altmeppen* in: Roth/Altmeppen, § 74, Rdnr. 18; *Lutter/Kleindiek* in: Lutter/Hommelhoff, § 74 Rdnr. 21. Offengelassen *BayObLG* GmbHR 2004, 179, 180 aber bei sofortiger Beschwerde Wiedereinsetzungsmöglichkeit.

[40] Bei einer Ablehnung des Antrages steht dem Liquidator die Beschwerde aber dann zu, wenn er zugleich Antragsteller war, *Nerlich* in Michalski, § 74, Rdnr. 52.

[41] *Schulze-Osterloh/Fastrich* in: Baumbach/Hueck, § 60, Rdnr. 66; *Nerlich* in Michalski, § 74, Rdnr. 52; *Hohner* in: Hachenburg, § 74, Rdnr. 37.

[42] *KG* GmbHR 2001, 252, 253.

[43] *BGHZ* 53, 264, 267; *BayObLG* GmbHR 1994, 259, 260; *OLG Hamm* GmbHR 2001, 819, 821; GmbHR 1997, 1155, 1156; *Schulze-Osterloh/Noack* in: Baumbach/Hueck, § 74, Rdnr. 4; *Lutter/Kleindiek* in: Lutter/Hommelhoff, § 74, Rdnr. 6; *K. Schmidt* in: Scholz, § 74, Rdnr. 10; *Nerlich* in Michalski, § 74, Rdnr. 49; *Hohner* in: Hachenburg, § 74, Rdnr. 21.

[44] *BGH* NJW 1970, 1044; 1985, 2479; *OLG Koblenz* NZG 2007, 431, 432; *KG* NZG 2004, 1004; GmbHR 2001, 252, 253; *BayObLG* DB 2004, 179, 180; *Schulze-Osterloh/Fastrich* in: Baumbach/Hueck, § 60, Rdnr. 66; *Lutter/Kleindiek* in: Lutter/Hommelhoff, § 74, Rdnr. 21; *Nerlich* in Michalski, § 74, Rdnr. 49; *Hohner* in: Hachenburg, § 74 Rdnr. 35.

und Gesellschafter mit nicht unerheblichem Geschäftsanteil war[45]. Die zwangsweise Bestellung einer Person zum Nachtragsliquidator ist gesetzlich nicht vorgesehen und daher unzulässig[46]. Nicht nur die Bestellung, auch die Kompetenz zur Abberufung des Nachtragsliquidators, oder die Bestellung eines Nachfolgers kann allein durch das Registergericht erfolgen[47]. Den Gesellschaftern sind die Befugnisse insoweit entzogen[48].

537 Die Vertretungsmacht des Nachtragsliquidators ist grundsätzlich unbeschränkt[49]. Zwar wird teilweise vertreten, dass die Vertretungsbefugnis des Nachtragsliquidators zumindest dann beschränkt werden kann, wenn die Nachtragsliquidation lediglich auf einzelne Abwicklungsmaßnahmen ausgerichtet ist und kein (neues) Gesellschaftsvermögen vorhanden ist[50]. Auch nach dieser Ansicht kann die Vertretungsmacht des Nachtragsliquidators nicht eingeschränkt werden, wenn die Nachtragsliquidation aufgrund neuerlichen Gesellschaftsvermögens eingeleitet wurde[51]. Eine solche Beschränkung ist aber zum Schutze des Rechtsverkehrs abzulehnen. Denn im Laufe der Nachtragsliquidation – auch wenn sie (zunächst) lediglich auf eine sonstige Abwicklungsmaßnahme gestützt ist – kann die Vornahme weiterer Maßnahmen erforderlich werden, die von dem ursprünglich vorgesehenen Ziel und Umfang der Nachtragsliquidation nicht erfasst waren. Auch wenn die Nachtragsliquidation auf eine sonstige Abwicklungsmaßnahme gerichtet ist, können sich Aspekte ergeben, aus denen sich neue Vermögensgegenstände der Gesellschaft ergeben können, oder weitere Abwicklungsmaßnahmen erforderlich werden. Bei einer Beschränkung der Vertretungsmacht des Nachtragsliquidators auf die Vornahme bestimmter Maßnahmen ist daher nicht zweckmäßig und könnte dem Ziel der Nachtragsliquidation, der Vollbeendigung der Gesellschaft, entgegenstehen oder zumindest erheblich verzögern[52]. Die Anordnung der Nachtragsliquidation umfasst daher alle Handlungen, die zur Herbeiführung der Vollbeendigung der GmbH erforderlich sind.

5. Eintragung in das Handelsregister

538 Wird dem Antrag auf Bestellung des Nachtragsliquidators stattgegeben, so ist von Amts wegen die entsprechende Eintragung in das Handelsregister zu veranlassen[53]. Auch die Gesellschaft ist wieder im Handelsregister einzutragen, da der Nachtragsliquidator im Rechtsverkehr unter der Firma der Gesellschaft handelt[54]. Bei der Vornahme von nur wenigen, zeitlich überschauba-

---

[45] *KG* Berlin GmbHR 2001, 251, 252; *Hohlfeld* GmbHR 2001, 255, 256.

[46] So zu recht *KG* GmbHR 2001, 251, 252; *Hohlfeld* GmbHR 2001, 255, 256.

[47] *Schulze-Osterloh/Fastrich* in: Baumbach/Hueck, § 60, Rdnr. 66; *Nerlich* in Michalski, § 74, Rdnr. 53; *Lutter/Kleindiek* in: Lutter/Hommelhoff, § 74, Rdnr. 21; *Hohner* in: Hachenburg, § 74 Rdnr. 35.

[48] *Schulze-Osterloh/Fastrich* in: Baumbach/Hueck, § 60, Rdnr. 66; *Nerlich* in Michalski, § 74, Rdnr. 53; *Lutter/Kleindiek* in: Lutter/Hommelhoff, § 74, Rdnr. 21; *Hohner* in: Hachenburg, § 74 Rdnr. 35.

[49] *BAG* NJW 2003, 80, 82; *KG* GmbHR 2001, 251, 252; *KG* NZG 1999, 163, 165 für die AG; *OLG Koblenz* NZG 2007, 431, 432.

[50] *Schulze-Osterloh/Fastrich* in: Baumbach/Hueck, § 60, Rdnr. 66; *Nerlich* in Michalski, § 74, Rdnr. 54; Roth/*Altmpeppen* § 60, Rdnr. 37; *Hohner* in: Hachenburg, § 74, Rdnr. 40.

[51] *Schulze-Osterloh/Fastrich* in: Baumbach/Hueck, § 60, Rdnr. 66; *Nerlich* in Michalski, § 74, Rdnr. 54; Roth/*Altmpeppen* § 60, Rdnr. 37; *Hohner* in: Hachenburg, § 74, Rdnr. 40.

[52] Zu recht: *OLG Koblenz* NZG 2007, 431, 432.

[53] *Schulze-Osterloh/Fastrich* in: Baumbach/Hueck, § 60, Rdnr. 68; *Nerlich* in Michalski, § 74, Rdnr. 59; *K. Schmidt* in: Scholz, § 74, Rdnr. 23; *Hohner* in: Hachenburg, § 74, Rdnr. 38.

[54] *Schulze-Osterloh/Fastrich* in: Baumbach/Hueck, § 60, Rdnr. 68; *K. Schmidt* in: Scholz, § 74, Rdnr. 23; *Hohner* in: Hachenburg, § 74 Rdnr. 38.

ren Abwicklungsmaßnahmen kann von einer Eintragung abgesehen werden[55]. Der Nachtragsliquidator ist ebenfalls im Handelsregister einzutragen[56].

II. Durchführung der Nachtragsliquidation

1. Fortsetzung der Abwicklung

Ziel der Nachtragsliquidation ist die Herbeiführung der Vollbeendigung der Gesellschaft. 539
Aufgabe des Nachtragsliquidators ist es daher, die neuerlich aufgefundenen Vermögenswerte für die Gesellschaft einzuziehen und zu verwerten, beziehungsweise die erforderlichen Erklärungen der Gesellschaft abzugeben. Gegebenfalls sind Gläubiger der Gesellschaft zu befriedigen sowie möglicherweise verbleibendes Vermögen in Geld umzusetzen und an die Gesellschafter auszukehren. Auf die Durchführung der Nachtragsliquidation sind weitestgehend die Vorschriften über die Liquidation anwendbar[57]. Ein neuerlicher Gläubigeraufruf und die Einhaltung des Sperrjahres ist jedoch nicht erforderlich[58]. Auch ist § 71 GmbHG nur eingeschränkt anzuwenden, weitere Liquidations-Jahresabschlüsse sind nicht erforderlich, der Nachtragsliquidator ist lediglich verpflichtet, bei Beendigung der Nachtragsliquidation eine Schlussrechnung zu erstellen[59]. Sofern sich aber die Nachtragsliquidation über einen längeren Zeitraum hinziehen sollte, kann die Erstellung eines Jahresabschlusses erforderlich werden. Droht Überschuldung oder Zahlungsunfähigkeit, so haben die Nachlassliquidatoren Insolvenzantrag zu stellen, §§ 15, 15a InsO. Die Bücher und Schriften der Gesellschaft sind nach § 74 Abs. 2 GmbHG aufzubewahren, soweit während der Nachtragsliquidation neuerliche Dokumente erstellt werden[60]. Die Beendigung der Nachtragsliquidation ist zum Handelsregister anzumelden.

2. Ansprüche gegen Mitgesellschafter

Auch außerhalb der Nachtragsliquidation kann jeder Gesellschafter Ansprüche der gelöschten Gesellschaft gegen die Mitgesellschafter im Wege der *actio pro socio* zugunsten der Gesellschaft geltend machen[61]. Die Erfüllung dieses Anspruches kann aber nicht gegenüber dem Gesellschaf- 540

[55] *BayObLG* DNotZ, 1955, 638, 641; *Schulze-Osterloh/Fastrich* in: Baumbach/Hueck, § 60, Rdnr. 68; Scholz/Schmidt § 74 Rdnr. 23; *Nerlich* in Michalski, § 74, Rdnr. 59; *Hohner* in: Hachenburg, § 74, Rdnr. 38.

[56] *Schulze-Osterloh/Fastrich* in: Baumbach/Hueck, § 60, Rdnr. 68; *K. Schmidt* in: Scholz, § 74, Rdnr. 23; *Nerlich* in Michalski, § 74 Rdnr. 59; *Hohner* in: Hachenburg, § 74, Rdnr. 38.

[57] *Schulze-Osterloh/Fastrich* in: Baumbach/Hueck, § 60, Rdnr. 69; *Nerlich* in Michalski, § 74, Rdnr. 56; *Hohner* in: Hachenburg, § 74, Rdnr. 39.

[58] *Schulze-Osterloh/Fastrich* in: Baumbach/Hueck, § 60, Rdnr. 69; *Altmeppen* in: Roth/Altmeppen, § 74 Rdnr. 36; *Nerlich* in Michalski, § 74 Rdnr. 56; *Lutter/Kleindiek* in: Lutter/Hommelhoff § 74, Rdnr. 22; *K. Schmidt* in: Scholz, § 74, Rdnr. 23; *Hohner* in: Hachenburg, § 74, Rdnr. 39.

[59] *Hohner* in: Hachenburg, § 74, Rdnr. 39; *Altmeppen* in: Roth/Altmeppen, § 74, Rdnr. 36; *Lutter/Kleindiek* in: Lutter/Hommelhoff § 74, Rdnr. 22. Für Liquidationsschlußbilanz und Schlussrechnung: *Schulze-Osterloh/Fastrich* in: Baumbach/Hueck, § 60, Rdnr. 69; *Nerlich* in Michalski, § 74, Rdnr. 56; *K. Schmidt* in: Scholz, § 74, Rdnr. 23.

[60] *Hohner* in: Hachenburg, § 74, Rdnr. 39;.

[61] *BGH* GmbHR 1991, 363, 364; *Lutter/Kleindiek* in: Lutter/Hommelhoff, § 74, Rdnr. 20 *Altmeppen* in: Roth/Altmeppen, § 74, Rdnr. 39; *Schulze-Osterloh/Fastrich* in: Baumbach/Hueck, § 60, Rdnr. 67.

ter, auch nicht anteilig, sondern nur gegenüber der Gesellschaft erfolgen und setzt daher die Nachtragsliquidation voraus[62].

III. Die Nachtragsliquidation nach § 66 Abs. 5 GmbHG

541 Einen besonderen Fall der Nachtragsliquidation regelt § 66 Abs. 5 GmbHG. Hierbei handelt es sich nicht um eine Nachtragsliquidation nach zuvor erfolgtem ordentlichen Liquidationsverfahren, vielmehr wird die Nachtragsliquidation nach § 66 Abs. 5 GmbHG im Falle der Löschung wegen Vermögenslosigkeit gemäß § 141a FGG angeordnet, wenn sich nach der Löschung herausstellt, dass die Gesellschaft tatsächlich noch über Vermögen verfügt[63]. In diesem Fall wurde die Gesellschaft zwar gelöscht, aber nicht vollbeendet[64]. Ferner erfolgt die Nachtragsliquidation nach § 66 Abs. 5 GmbHG, wenn ein Bedürfnis für nicht vermögensrechtliche Abwicklungsmaßnahmen bzw. nachwirkende Handlungspflichten der Gesellschaft bestehen oder sonstige Abwicklungsmaßnahmen erforderlich sind[65].

Will die aufgelöste Gesellschaft eigene vermögenswerte Ansprüche geltend machen, die zugleich ihre Rechtspersönlichkeit begründen sollen, so muss sie vortragen, inwieweit der geltend gemachte Anspruch ihrer Beendigung entgegensteht[66].

542 Die Nachtragsliquidation nach § 66 Abs. 5 GmbHG erfolgt auf Antrag eines Beteiligten[67]. Beteiligte im Sinne des § 66 Abs. 5 GmbHG sind diejenigen, die ein wirtschaftliches Interesse an der Durchführung der Nachtragsliquidation haben, also die Gesellschafter, ehemalige Geschäftsführer oder Liquidatoren sowie Gläubiger der gelöschten Gesellschaft – insbesondere die Steuerbehörden[68]. Über die Bestellung des Nachtragsliquidators entscheiden nicht die Gesellschafter, sondern das Registergericht nach pflichtgemäßem Ermessen durch Beschluss[69]. Vor der Entscheidung hat es die ehemaligen gesetzlichen Vertreter und die Gesellschafter zu hören[70]. Um eine ordnungsgemäße Nachtragsliquidation zu ermöglichen, wird das Gericht regelmäßig vor der Bestellung eines Nachtragsliquidators die hierdurch entstehenden Kosten vom Antragsteller vorschießen lassen[71]. Für die Wirksamkeit der Bestellung des Nachtragsliquidators ist die Annahme durch den Bestellten erforderlich[72]. Eine Beschränkung der Vertretungs-

---

[62] *BGH* GmbHR 1991, 363, 364; *Schulze-Osterloh/Fastrich* in: Baumbach/Hueck, § 60, Rdnr. 67; *Lutter/Kleindiek* in: Lutter/Hommelhoff, § 74, Rdnr. 20; *Altmeppen* in: Roth/Altmeppen, § 74, Rdnr. 39.

[63] *KG* BB 2001, 324; 122 *BayObLG* NZG 2004, 1164, GmbHR 1988, 225, 226; *OLG Karlsruhe* NJW RR 1990, 100; *Schulze-Osterloh/Fastrich* in: Baumbach/Hueck, § 66, Rdnr. 32; *Nerlich* in Michalski, § 66, Rdnr. 87, 91; *K. Schmidt* in: Scholz, § 66, Rdnr. 53.

[64] *Schulze-Osterloh/Fastrich* in: Baumbach/Hueck, § 66, Rdnr. 32; *Nerlich* in Michalski, § 66, Rdnr. 87, 91; *K. Schmidt* in: Scholz, § 66, Rdnr. 53.

[65] *KG* BB 2001, 324; 122 *BayObLG* NZG 2004, 1164, GmbHR 1988, 225, 226; *OLG Karlsruhe* NJW RR 1990, 100; *Schulze-Osterloh/Fastrich* in: Baumbach/Hueck, § 66, Rdnr. 32; *Nerlich* in Michalski, § 66, Rdnr. 87, 91; *K. Schmidt* in: Scholz, § 66, Rdnr. 53.

[66] *BGHZ* 48, 303, 307; NJW RR 1986, 394; *Schulze-Osterloh/Fastrich* in: Baumbach/Hueck, § 66, Rdnr. 40; *Nerlich* in Michalski, § 66, Rdnr. 102; *Bokelmann* NJW 1977, 1130.

[67] *Schulze-Osterloh/Fastrich* in: Baumbach/Hueck, § 66, Rdnr. 39; *Nerlich* in Michalski, § 66, Rdnr. 96; *K. Schmidt* in: Scholz, § 66, Rdnr. 53.

[68] *OLG Köln* GmbHR 1993, 283, 284; *OLG Stuttgart* GmbHR 1993, 823, 824; *Schulze-Osterloh/Fastrich* in: Baumbach/Hueck, § 66, Rdnr. 39; *Nerlich* in Michalski, § 66, Rdnr. 96; *K. Schmidt* in: Scholz, § 66, Rdnr. 53.

[69] *OLG Frankfurt* NJW-RR 2000, 492; *KG* NJW-RR 2004, 1555; *Schulze-Osterloh/Fastrich* in: Baumbach/Hueck, § 66, Rdnr. 39; *Nerlich* in Michalski, § 66, Rdnr. 96; *K. Schmidt* in: Scholz, § 66, Rdnr. 55.

[70] *Nerlich* in Michalski, § 66, Rdnr. 97.

[71] *OLG Stuttgart* GmbHR 1995, 595; *BayObLG* DB 1993, 2173, 2174; *Nerlich* in Michalski, § 66, Rdnr. 97.

[72] *LG Köln* BB 1990, 444; *Nerlich* in Michalski, § 66, Rdnr. 97.

macht des Liquidators ist nicht möglich, wohl aber im Innenverhältnis die Beschränkung der Geschäftsführungsbefugnis[73].

Gegen die Bestellung des Nachtragsliquidators kann nur die Gesellschaft sofortige Beschwerde erheben, § 173 Abs. 5 AktG analog i.V.m. § 22 Abs. 1 FGG[74]. Ein früherer Liquidator, Geschäftsführer oder Gläubiger ist nicht beschwerdebefugt[75]. Gegen diese Entscheidung ist die sofortige weitere Beschwerde nach § 27, 29 FGG zulässig[76]. Wird die Nachtragsliquidation durch das Gericht angeordnet, so ist dies und die Nachtragsliquidatoren im Handelsregister von Amts wegen einzutragen[77]. Ausnahmsweise ist eine Eintragung nicht erforderlich, wenn sich die Nachtragsliquidation auf eine oder wenige Handlungen beschränkt und kein öffentliches Interesse an der Kenntnisnahme besteht und kein besonderes Schutzbedürfnis des Rechtsverkehrs besteht[78]. 543

Bis zur Bestellung des Nachtragliquidators ist die Gesellschaft handlungs- und prozessunfähig, da es an einem vertretungsberechtigten Organ der Gesellschaft fehlt[79]. Gleichwohl ist die Gesellschaft parteifähig, da sie nach wie vor über Rechtspersönlichkeit verfügt[80]. Eine vor der Auflösung der Gesellschaft erteilte Prozessvollmacht besteht nach § 86 ZPO weiter fort, so dass eine wirksame Prozessvertretung daher möglich ist[81]. Ein anhängiger Rechtsstreit wird gemäß § 246 Abs. 1 ZPO nicht unterbrochen[82]. Sofern kein Prozessvertreter vorhanden ist und noch kein Nachtragsliquidator bestellt worden ist, kann aufgrund der fehlenden Prozessfähigkeit gegen die Gesellschaft kein Versäumnisurteil ergehen[83]. Gegebenfalls kann in dringenden Fällen das Gericht eine Prozesspflegschaft nach § 57 ZPO anordnen[84]. 544

Die Passivlegitimation der gelöschten Gesellschaft tritt allein aufgrund der Behauptung des Klägers ein, dass entgegen der ursprünglich angenommenen Vermögenslosigkeit der Gesellschaft tatsächlich noch Gesellschaftsvermögen vorhanden ist[85]. Das Vorhandensein von Gesellschaftsvermögen ist durch den Kläger substantiiert darzulegen. Hierfür ausreichend ist bereits ein möglicher materiellrechtlicher Kostenerstattungsanspruch der Gesellschaft[86]. Doch ist allein ein prozessualer Kostenerstattungsanspruch für die Begründung der Passivlegitimation nicht ausreichend, da sich die ansonsten Zulässigkeit des Verfahrens bereits aus diesem selbst herleiten würde[87]. 545

Wurde die Löschung der Gesellschaft fälschlicherweise eingetragen, so ist eine Amtslöschung der Amtslöschung grundsätzlich unzulässig, da sie die Gesellschaft in den Zustand der werben- 546

[73] *OLG Stuttgart* GmbHR 1986, 269, 270; *BayObLG* BB 1976, 998, 990; *BayObLG* GmbHR 1986, 189, 190; *Schulze-Osterloh/Fastrich* in: Baumbach/Hueck, § 66, Rdnr. 39; *Nerlich* in Michalski, § 66, Rdnr. 98.

[74] *BayObLG* DB 1983, 1648, 1649; BB 1984, 446; *Schulze-Osterloh/Fastrich* in: Baumbach/Hueck, § 66, Rdnr. 39; *Nerlich* in Michalski, § 66, Rdnr. 99.

[75] *BayObLG* DB 1983, 1648, 1649; BB 1984, 446; *KG* ZIP 1982, 59, 60; *OLG Köln* DB 1983, 100; *Schulze-Osterloh/Fastrich* in: Baumbach/Hueck, § 66, Rdnr. 39; *Nerlich* in Michalski, § 66, Rdnr. 99.

[76] *BayObLG* ZIP 2002, 1845; *OLG Schleswig* NZG 2000, 317; *Schulze-Osterloh/Fastrich* in: Baumbach/Hueck, § 66, Rdnr. 39; *Nerlich* in Michalski, § 66, Rdnr. 99.

[77] *KG* JW 37, 1739, 1740; *OLG Düsseldorf* GmbHR 1979, 227, 228; *Schulze-Osterloh/Fastrich* in: Baumbach/Hueck, § 66, Rdnr. 38; *Nerlich* in Michalski, § 66, Rdnr. 99. *K. Schmidt* in: Scholz, § 60, Rdnr. 52.

[78] *BayObLG* DNotZ 1955, 638, 641; *Schulze-Osterloh/Fastrich* in: Baumbach/Hueck, § 66, Rdnr. 41; *Nerlich* in Michalski, § 66, Rdnr. 100; *K. Schmidt* in: Scholz, § 60, Rdnr. 52.

[79] *BFH* GmbHR 1994, 448; *Nerlich* in Michalski, § 66, Rdnr. 101.

[80] *BGH* GmbHR 1994, 260; *Schulze-Osterloh/Fastrich* in: Baumbach/Hueck, § 66, Rdnr. 40; *Nerlich* in Michalski, § 66, Rdnr. 101.

[81] *Nerlich* in Michalski, § 66, Rdnr. 101.

[82] *BGHZ* 121, 263, 266; GmbHR 1994, 260; *Nerlich* in Michalski, § 66, Rdnr. 101; *Bokelmann* NJW 1977, 1130, 1131.

[83] *Nerlich* in Michalski, § 66, Rdnr. 101; *Bokelmann* NJW 1977, 1130, 1131.

[84] *Nerlich* in Michalski, § 66, Rdnr. 101.

[85] *BGHZ* 48, 303, 307; GmbHR 1994, 260, 261; *Nerlich* in Michalski, § 66, Rdnr. 103.

[86] *BGHZ* NJW RR 1986, 394; *Nerlich* in Michalski, § 66, Rdnr. 103; Bork JZ 1991, 841, 847.

[87] OLG Saarbrücken, GmbHR 1992, 311; *Nerlich* in Michalski, § 66, Rdnr. 103; *Bork* JZ 1991, 841, 847.

den Gesellschaft nicht aber in den Zustand der Auflösung zurückversetzen würde[88]. Allerdings soll eine Amtslöschung der Amtslöschung im Ausnahmefall möglich sein, nämlich dann, wenn die Löschung auf einem wesentlichen Verfahrensfehler beruhte. Ein solcher wesentlicher Verfahrensfehler liegt beispielsweise vor, wenn die Zustellung der Löschungsankündigung[89] oder eine notwendige Rechtsbehelfsbelehrung[90] nicht erfolgte.

547 Sofern die Gesellschafter im Stadium der Nachtragsliquidation feststellen, dass die Gesellschaft fortgeführt werden kann und soll, kann die Fortsetzung der Gesellschaft mit einer Drei-Viertel-Mehrheit beschlossen werden[91]. Voraussetzung ist jedoch, dass die Auflösungsgründe beseitigt wurden, insbesondere die Erhöhung des Gesellschaftskapitals und die Beseitigung der Vermögenslosigkeit. Die Fortsetzung ist nur zulässig, wenn die Gesellschaft weder zahlungsunfähig noch überschuldet ist[92].

IV. Fortsetzung der Gesellschaft in der Nachtragsliquidation

548 Die Möglichkeit der Fortsetzung der Gesellschaft aus der Nachtragsliquidation wird von der wohl h.A. verneint[93]. Dies wird vor allem darauf gestützt, dass so die Gründungsvorschriften umgangen werden könnten und die Löschung marktbereinigende Funktion habe[94]. Ferner werden für die Ablehnung der Fortsetzungsfähigkeit der gelöschten GmbH rechtspolitischen Erwägungen herangezogen, da eine Gesellschaft, die sich in der Nachtragsliquidation befinde, nicht besser behandelt werden solle als eine aufgelöste Gesellschaft, die bereits mit der Vermögensverteilung begonnen habe[95]. Vereinzelt wird vertreten, dass die Fortsetzung der GmbH aus der Nachtragsliquidation nur möglich sei, wenn das satzungsmäßig festgelegte Stammkapital noch vorhanden sei, also keine Unterbilanz vorliege[96] oder wenn mit der Vermögensverteilung noch nicht begonnen worden ist und das noch vorhandene Gesellschaftsvermögen nicht geringer ist als das gesetzliche Mindeststammkapital[97].

549 Die Argumente gegen eine Fortsetzung der Gesellschaft auch im Stadium der Nachtragsliquidation sind nicht überzeugend, so dass die Gesellschaft auch im Stadium der Nachtragsliquidation grundsätzlich in den Status einer werbenden Gesellschaft zurückversetzt werden kann[98]. Nimmt man unter Beachtung der Lehre vom Doppeltatbestand in der Registerlöschung der

[88] *KG* JW 1937, 1739, 1740; *BayObLG* DB 1993, 2523, 2524; GmbHR 1997, 1003, 1004; *OLG Düsseldorf* GmbHR 1979, 227, 228; *OLG Frankfurt* GmbHR 1993, 298; 1997, 1004, 1006; *OLG Hamm*, GmbHR 1993, 295, 297; *Nerlich* in Michalski, § 66, Rdnr. 105; *Ulmer* in: Hachenburg, Anh. § 60, Rdnr. 34.

[89] *BayObLG* GmbHR 1997, 1003, 1004; *OLG Frankfurt* GmbHR 1997, 1004, 1006; *OLG Hamm* GmbHR 1993, 295, 297.

[90] *OLG Frankfurt* GmbHR 1993, 298, 299.

[91] *KG* DR 41, 1543; *OLG Düsseldorf* GmbHR 1979, 227, 228; *Schulze-Osterloh/Fastrich* in: Baumbach/Hueck, § 66, Rdnr. 38; *Nerlich* in Michalski, § 66, Rdnr. 106, 107; *Hofmann* GmbHR 1975, 217, 226. A.A.: *K. Schmidt* in: Scholz, § 66, Rdnr. 57.

[92] *Schulze-Osterloh/Fastrich* in: Baumbach/Hueck, § 66, Rdnr. 38; *Nerlich* in Michalski, § 66, Rdnr. 106, 107.

[93] *Altmeppen* in: Roth/Altmeppen, § 65 Rdnr. 16; *Hohner* in: Hachenburg, § 74 Rdnr. 26; *K. Schmidt* in: Scholz, § 60 Rdnr. 83; jetzt auch *Lutter/Kleindiek* in: Lutter/Hommelhoff, § 74 Rdnr. 23.

[94] *Hohner* in: Hachenburg, § 60, Rdnr. 109; *Lutter/Hommelhoff* GmbHG, 15. Aufl. 2000 § 74, Rdnr. 23.

[95] *K. Schmidt* in: Scholz, § 60, Rdnr. 83.

[96] *F. Scholz* JZ 1952, 199, 204.

[97] *OLG Düsseldorf* GmbHR 1979, 227, 228; *KG* DR 1941, 1543.

[98] So auch *Schulze-Osterloh/Fastrich* in: Baumbach/Hueck, § 60, Rdnr. 70; *Galla* GmbHR 2006, 635, 637; *Erle* GmbHR 1997, 973, 982.

(unerkannt) vermögenden Gesellschaft nur deren Auflösung nicht aber gleichzeitig auch deren Vollbeendigung an, so steht der Fortsetzung der Gesellschaft auch im Stadium der Nachtragsliquidation an sich nichts entgegen. Denn die GmbH in Nachtragsliquidation unterscheidet sich nicht wesentlich von einer regulären aufgelösten Gesellschaft im Liquidationsstadium. In beiden Fällen beschränkt sich der Satzungszweck auf die Abwicklung der noch laufenden Geschäfte und die Verteilung des noch verbleibenden Gesellschaftsvermögens sowie die Herbeiführung der Vollbeendigung der Gesellschaft[99]. Dabei ist es unerheblich, ob die Gesellschaft bereits im Handelsregister gelöscht war oder nicht, da sich sowohl die Gesellschaft in Nachtragsliquidation als auch die nicht gelöschte Liquidationsgesellschaft in Auflösung befinden und noch keine Vollbeendigung der Gesellschaft eingetreten ist. Unter Berücksichtigung rechtspolitischer und praktischer Belange ist es daher gerade erforderlich, die Gesellschaft in Nachtragsliquidation gegenüber einer regulären Liquidationsgesellschaft nicht zu benachteiligen und ihr den Spielraum zu gewähren, wie er auch der aufgelösten Gesellschaft gewährt wird[100]. Ist bei letzterer die Fortsetzung möglich, kann für die Gesellschaft in Nachtragsliquidation nichts anderes gelten. Hält man ferner die gelöschte, aber noch vermögende Gesellschaft richtigerweise für noch nicht vollbeendet, so sind überzeugende Gründe, der Gesellschaft in Nachtragsliquidation anders als anderen Liquidationsgesellschaften die Rückversetzung in eine werbende Gesellschaft zu verweigern, nicht ersichtlich[101].

Sofern sich die Gesellschafter für die Fortsetzung der Gesellschaft – möglicherweise unter Zu- **550**
führung neuen Kapitals – entscheiden, handelt es sich um eine wirtschaftliche Entscheidung, die allein den Gesellschaftern obliegt. Es ist nicht Aufgabe des Registergerichtes die Zweckmäßigkeit einer wirtschaftlichen Entscheidung zu prüfen oder vorwegzunehmen. So kann die Fortsetzung der Gesellschaft zweckmäßig sein, wenn beispielsweise im Zuge des Liquidationsverfahrens das Geschäftsmodell der Gesellschaft überarbeitet worden ist, sich die gesamtwirtschaftliche Situation verbessert oder sich das Marktumfeld geändert hat und die Gesellschaft nun wieder Abnehmer für Ihre Produkte findet. Es kann in diesem Fall einfacher, schneller, preiswerter und zweckmäßiger sein, auf bestehende Strukturen zurückzugreifen und die alte Gesellschaft wieder aufleben zu lassen, als eine neue zu gründen. Da das wirtschaftliche Risiko von den Gesellschaftern getragen wird, ist nicht ersichtlich, aus welchem Grund den Gesellschaftern die Fortsetzung verwehrt werden soll, und staatliche Organe ohne besondere ökonomische Kenntnisse eine wirtschaftliche Entscheidung treffen sollten.

Zum Schutz der Gläubiger ist es bei der Fortsetzung der Gesellschaft im Stadium der Nach- **551**
tragsliquidation lediglich erforderlich, dass einerseits die Auflösungsgründe beseitigt werden und andererseits die Gesellschaft über ein die Schulden deckendes Vermögen verfügt[102]. Im übrigen sind an die Kapitalausstattung der Gesellschaft im Falle der Fortsetzung in der Nachtragsliquidation die gleichen Grundsätze zu stellen wie für die Fortsetzung vor der Löschung[103] (vgl. hierzu oben, § 7 II., Rdnr. 424).

Für die Fortsetzung der Gesellschaft im Stadium der Nachtragsliquidation ist ferner ein Ge- **552**
sellschafterbeschluss mit einer Drei-Viertel-Mehrheit der abgegebenen Stimmen. Der Fortsetzungsbeschluss ist grundsätzlich formfrei. Nur soweit für die Fortsetzung der Gesellschaft eine Satzungsänderung erforderlich ist und diese zugleich mit dem Fortsetzungsbeschluss beschlossen wird, gilt die Formvorschrift des § 53 GmbHG[104]. Die Verbindung von Fortsetzungsbeschluss

---

[99] *OLG Koblenz* NZG 2007, 431; *Nerlich* in Michalski, § 74, Rdnr. 56.

[100] *Galla* GmbHR 2006, 635, 637.

[101] So auch *Galla* GmbHR 2006, 635, 637.

[102] So auch *Schulze-Osterloh/Fastrich* in: Baumbach/Hueck, § 60, Rdnr. 70, 52; *Galla* GmbHR 2006, 635, 637; *Erle* GmbHR 1997, 973, 982.

[103] Wie hier: *Erle* GmbHR 1997, 973, 982.

[104] *Nerlich* in: Michalski, § 60, Rdnr. 374; *Lutter/Kleindiek* in: Lutter/Hommelhoff, § 60, Rdnr. 29; *Ulmer* in: Hachenburg, § 60 Rdnr. 87.

und zur Beseitigung des Auflösungsgrundes erforderlicher Satzungsänderung ist etwa dann möglich, wenn für die Fortsetzung eine Kapitalerhöhung nötig ist [105].

553 Anders als bei der Fortsetzung der lediglich aufgelösten Gesellschaft ist aus Gründen der Rechtssicherheit die Eintragung der Fortsetzung im Handelsregister zwingende Voraussetzung für die Fortsetzung in der Nachtragsliquidation[106]. Im Übrigen gelten die selben Voraussetzungen wie bei der Fortsetzung der Gesellschaft vor deren Löschung (vgl. hierzu oben, § 7, III. Rdnr. 432).

---

[105] *Nerlich* in: Michalski, § 60, Rdnr. 374; *K. Schmidt* in: Scholz, § 60, Rdnr. 87.

[106] So auch *Galla* GmbHR 2006, 635, 640.

§ 11 Rechnungslegung in der Liquidation

Die Gesellschaft ist außerhalb der Liquidation gemäß § 6 Abs. 1 i.V.m. § 13 Abs. 3 HGB als Handelsgesellschaft gemäß §§ 238 ff. HGB buchführungspflichtig. Gemäß § 238 Abs. 1 HGB hat der Kaufmann nicht nur die Pflicht zum Führen von Handelsbüchern, sondern muss auch zum Ende eines jeden Geschäftsjahres einen Jahresabschluss aufstellen, der zumindest aus einer Bilanz und einer Gewinn- und Verlustrechnung besteht, wie es sich aus § 242 HGB ergibt. Da die Gesellschaft die Buchführungsführungs- und weitere, damit verknüpfte Pflichten nicht selbst erfüllen kann, ist gemäß § 41 GmbHG bei der werbenden GmbH der Geschäftsführer verpflichtet, für eine ordnungsgemäße Buchführung der Gesellschaft zu sorgen. Diese Pflichten zur Buchführung, Inventaraufstellung und Rechnungslegung bestehen auch nach der Auflösung der Gesellschaft unverändert fort[1]. Im Fall der Liquidation haben die Liquidatoren diese Pflichten zu erfüllen, wie sich aus § 71 Abs. 1 GmbHG ergibt. 554

Im Gegensatz zur Zeit der werbenden Tätigkeit von Gesellschaften ist die Rechnungslegung während der Liquidationsphase rechtsformdifferenziert geregelt, nämlich in § 154 HGB für die Personenhandelsgesellschaft sowie in § 270 AktG bzw. § 71 GmbHG für die Kapitalgesellschaft[2]. Daraus ergeben sich einige Besonderheiten, die im Folgenden erläutert werden. 555

I. Bestandteile der Rechnungslegung der Gesellschaft

Grundsätzlich gilt für die GmbH in Liquidation der 5. Abschnitt des GmbHG, in dem sich unter anderem auch Vorschriften über den Jahresabschluss und die Rechte und Pflichten der Liquidatoren finden. Nach herrschender Meinung[3] haben die Liquidatoren zunächst die sogenannte Schlussbilanz der werbenden Gesellschaft aufzustellen, die gegebenenfalls ein Rumpfgeschäftsjahr umfasst[4]. Gemäß § 71 Abs. 1 GmbHG ist sodann für den Beginn der Liquidation die Liquidationseröffnungsbilanz und einen diese Eröffnungsbilanz erläuternder Bericht aufzustellen. Außerdem haben die Liquidatoren für den Schluss jedes Geschäfts- bzw. Liquidationsjahrs in der Liquidation, gerechnet ab Liquidationsbeginn, einen Jahresabschluss mit Lagebericht aufzustellen[5]. Am Ende der Liquidation haben die Liquidatoren schließlich eine Liquidationsschlussbilanz vor und nach der Vermögensverteilung darüber hinaus das in § 74 Abs. 1 GmbHG als Schlussrechnung bezeichnete Rechenwerk zu erstellen[6]. 556

Eine Mindermeinung[7] vertritt zudem, dass Vermögensverteilungsbilanzen als Liquidationsbilanzen im engeren Sinne aufzustellen seien. Darüber hinaus ist zu berücksichtigen, dass im- 557

---

[1] *Förschle/Deubert* in: Budde/Förschle/Winkeljohann, T Rdnr. 12.

[2] *Förschle/Deubert* in: Budde/Förschle/Winkeljohann, T Rdnr. 10; *Scherrer/Heni*, DStR 1992, 797.

[3] *Schulze-Osterloh* in: Baumbach/Hueck, § 71, Rdnr. 2; *Hohner* in: Hachenburg, § 71, Rdnr. 1; *Rasner* in: Rowedder/Schmidt-Leithoff, § 71, Rdnr. 19; *K. Schmidt* in: Scholz, § 71, Rdnr. 7; *Nerlich* in: Michalski, § 71, Rdnr. 14; fakultativ: *Förschle/Deubert* in: Budde/Förschle/Winkeljohann, T Rdnr. 64.

[4] Siehe dazu näher unter II. 2.

[5] Siehe dazu näher unter IV.

[6] Siehe dazu näher unter V.

[7] *Nerlich* in: Michalski, § 71, Rdnr. 44; *K. Schmidt* in: Scholz, § 71, Rdnr. 31.

mer ein Vermögensstatus der Gesellschaft errichtet werden muss, wenn eine Überschuldung zu besorgen ist[8].

558 § 71 Abs. 2 S. 2 GmbHG bestimmen darüber hinaus, dass auf die Eröffnungsbilanz und den erläuternden Bericht die Vorschriften über den Jahresabschluss entsprechend anzuwenden sind. Allerdings sind gemäß S. 3 der Vorschrift Vermögensgegenstände des Anlagevermögens wie Umlaufvermögen zu bewerten, soweit ihre Veräußerung innerhalb eines übersehbaren Zeitraums beabsichtigt ist oder diese Vermögensgegenstände nicht mehr dem Geschäftsbetrieb dienen; dies gilt auch für den Jahresabschluss.

559 Schließlich beruft § 71 Abs. 3 GmbHG die Gesellschafter dazu, über die Feststellung der Eröffnungsbilanz und des Jahresabschlusses sowie über die Entlastung der Liquidatoren zu beschließen.

II. Schlussbilanz der werbenden Gesellschaft

560 Die Auflösung stellt nicht nur für den Geschäftsbetrieb der Gesellschaft einen erheblichen Einschnitt dar; auch die Rechnungslegung der Gesellschaft erfährt eine Zäsur, weil sich die Gesellschaft von der „werbenden" zur Abwicklungsgesellschaft wandelt. Das laufende Geschäftsjahr endet mit dem Auflösungszeitpunkt und es beginnt für die Zwecke der Rechnungslegung ein neuer Abrechnungszeitraum.[9]

1. Verpflichtung zur Aufstellung und Bestandteile

561 Zwar besteht keine gesetzliche Verpflichtung zur Aufstellung einer handelsrechtlichen Schlussbilanz der werbenden Gesellschaft, sondern nur für die Aufstellung einer Liquidationseröffnungsbilanz auf den Stichtag des Auflösungsbeschlusses. Nach herrschender Meinung[10] ist jedoch auf den Tag vor der Auflösung[11] der Gesellschaft eine solche Schlussbilanz aufzustellen. Sie hat trotz der leicht irreführenden Bezeichnung[12] „Schlussbilanz" eine Gewinn- und Verlustrechnung, den Anhang und einen Lagebericht zu enthalten. Die Mindermeinung[13], die eine Schlussbilanz der werbenden Gesellschaft und die Eröffnungsbilanz der Liquidatoren nach § 71 Abs. 1 GmbHG gleichsetzt, argumentiert im Wesentlichen, dass die Bewertungskonzeption der Liquidationsrechnungslegung und die der Rechnungslegung der werbenden Gesellschaft gleich seien. Die Schlussbilanz ist durch die Liquidatoren aufzustellen, weil die Geschäftsführer hierfür nicht mehr zuständig sind; deren Amt ist mit der Auflösung der Gesellschaft beendet[14].

562 Die Liquidatoren sind außerdem dazu verpflichtet, die Rechnungslegung für abgelaufene Geschäftsjahre – soweit noch nicht durch die Geschäftsführer erledigt – nach allgemeinen Grundsätzen aufzustellen[15].

---

[8] Vgl. nur *Rasner* in: Rowedder/Schmidt-Leithoff, § 71, Rdnr. 22.

[9] *Altmeppen* in: *Altmeppen* in: Roth/Altmeppen, § 71, Rn. 8.

[10] BFHE 113, 112, 114 f. = BStBl 1974 II, 692, 693; BayObLG GmbHR 1994, 331, 332; ADS Rn. 11; *Schulze-Osterloh* in: Baumbach/Hueck, § 71, Rdnr. 2; *Hohner* in: Hachenburg, § 71, Rdnr. 4; *Nerlich* in: Michalski, § 71, Rdnr. 16; *Rasner* in: Rowedder/Schmidt-Leithoff, § 71, Rdnr. 19; *K. Schmidt* in: Scholz, § 71, Rdnr. 7; *Scherrer/Heni*, 24 ff.; *Scherrer/Heni*, DStR 1992, 797 (798); *K. Schmidt*, Liquidationsbilanzen, S. 41 ff.; *Winnefeld*, Bilanz-Handbuch, N Rdnr. 710; *Sarx* in: FS Forster, S. 547 (551); *Erle/Eberhard* in: Beck GmbH-Hdb, § 16, Rdnr. 58.

[11] ADS, § 71, Rdnr. 11.

[12] Besorgt: *Erle/Eberhard* in: Beck GmbH-Hdb, § 16, Rdnr. 58.

[13] Vgl. insbesondere Förschle/Kropp/Deubert, DStR 1992, 1523; *dies.*, DB 1994, 998.

[14] *Nerlich* in: Michalski, § 71, Rdnr. 16; *Schulze-Osterloh* in: Baumbach/Hueck, § 71, Rdnr. 2.

[15] BayObLG, GmbHR 1990, 299.

2. Bildung eines Rumpfgeschäftsjahres

Da die Schlussbilanz auf den Tag vor der Auflösung aufzustellen ist, der nicht zwangsläufig das Geschäftsjahresende darstellt, ist die Frage aufzuwerfen, wie das bis dahin teilweise abgelaufene Geschäftsjahr zu behandeln ist, wenn die Gesellschaft während des Laufs eines Geschäftsjahres aufgelöst wird. Das laufende Geschäftsjahr endet jedenfalls mit der Auflösung der Gesellschaft. Es besteht Streit darüber, ob deswegen ein Rumpfgeschäftsjahr zu bilden ist. 563

Die herrschende Meinung[16] nimmt an, dass ein Rumpfgeschäftsjahr gebildet wird, welches um 24 Uhr des Tages vor der Auflösung ende[17]. Dieser Ansicht ist zuzustimmen, wenn man bedenkt, dass grundsätzlich auch für die Liquidationseröffnungsbilanz der sich in Liquidation befindlichen Gesellschaft die allgemeinen Vorschriften über den Jahresabschluss entsprechend anzuwenden sind. Dies stellt § 71 Abs. 2 S. 2 GmbHG ausdrücklich fest. Zu den allgemeinen Vorschriften gehört auch § 242 Abs. 1 S. 1 HGB, wonach der Kaufmann eine Bilanz auf den Schluss eines jeden Geschäftsjahrs aufzustellen hat, dessen Dauer gemäß § 240 Abs. 2 S. 2 HGB zwölf Monate nicht überschreiten darf. Es entspricht der herrschenden Auffassung, dass es sich bei der Zwölf-Monats-Frist nicht nur um eine Höchstfrist gemäß § 240 Abs. 2 HGB, sondern regelmäßig auch um eine Mindestfrist handelt[18]. 564

Lediglich unter ganz bestimmten Voraussetzungen und unter Beachtung der Gesellschafterbefugnisse kann die Dauer des Geschäftsjahrs verkürzt und ein sogenanntes Rumpfgeschäftsjahr gebildet werden. Rumpfgeschäftsjahre ergeben sich daher insbesondere im Jahr der Gründung oder bei einer Umstellung des Geschäftsjahres z.B. nach einem Wechsel der Konzernzugehörigkeit zur Anpassung an das Geschäftsjahr der Obergesellschaft[19]. Die Auflösung bestimmt das Ende der werbenden Gesellschaft und ist mit der Gründung vergleichbar, so dass ein Rumpfgeschäftsjahr zu bilden ist. Nach herrschender Meinung[20] bedürfe es daher auch keiner Satzungsänderung[21]. 565

3. Bewertungsgrundsätze

Die Bewertungsgrundsätze für die Schlussbilanz der werbenden Gesellschaft ergeben sich unmittelbar aus den allgemeinen handelsrechtlichen Grundsätzen[22]. Anders als für die Liquidationseröffnungsbilanz entfaltet die erfolgte Auflösung also keine Wirkungen auf die Schlussbilanz der werbenden Gesellschaft[23]. Vielmehr wird die Gesellschaft für die Zwecke der Rechnungslegung in diesem Zeitpunkt nicht als aufgelöst angesehen[24]. Die Bewertung des Gesellschaftsver- 566

---

[16] BFH BStBl. 1974 II, 692 (693); *Nerlich* in: Michalski, § 71, Rdnr. 19; *Schulze-Osterloh* in: Baumbach/Hueck, § 71, Rdnr. 2; *Hohner* in: Hachenburg, § 71, Rdnr. 2; *Rasner* in: Rowedder/Schmidt-Leithoff, § 71, Rdnr. 19; *K. Schmidt* in: Scholz, § 71, Rdnr. 8.

[17] *Nerlich* in: Michalski, § 71, Rdnr. 19; *Hohner* in: Hachenburg, § 71, Rdnr. 2; *K. Schmidt* in: Scholz, § 71, Rdnr. 8.

[18] Vgl. nur *Schulze-Osterloh* in: Baumbach/Hueck, § 41, Rdnr. 55.

[19] Förschle/Kropp/Deubert, DStR 1992, 1523 (1524 f.).

[20] *Schulze-Osterloh* in: Baumbach/Hueck, § 71, Rdnr. 2; *K. Schmidt* in: Scholz, § 71, Rdnr. 8; ebenfalls ohne Bezug zur Satzungsänderung *Rasner* in: Rowedder/Schmidt-Leithoff, § 71, Rdnr. 4.

[21] So aber: Förschle/Kropp/Deubert, DStR 1992, 1523 (1525), die auf dieser Grundlage die automatische Bildung eines Rumpfgeschäftsjahres ablehnen.

[22] *Hohner* in: Hachenburg, GmbHG § 71, Rdnr. 5; *Nerlich* in: Michalski, § 71, Rdnr. 17; *Schulze-Osterloh* in: Baumbach/Hueck, § 71, Rdnr. 3.

[23] *Hohner* in: Hachenburg, GmbHG § 71, Rdnr. 5; *Nerlich* in: Michalski, § 71, Rdnr. 17.

[24] *Nerlich* in: Michalski, § 71, Rdnr. 17.

mögens folgt mithin den Grundsätzen der Unternehmensfortführung im Sinne des § 252 Abs. 1 Nr. 2 HGB und bleibt auch durch die in § 71 Abs. 2 S. 2 und 3 GmbHG bestimmten Modifikationen der Bewertung des Gesellschaftsvermögens unberührt[25].

567 Vereinzelt wird vertreten, sowohl die Schlussbilanz der werbenden Gesellschaft als auch die Liquidationsbilanz folgten denselben Bewertungsansätzen[26]. *Nerlich*[27] weist auf die mögliche Arbeitsersparnis hin, wenn nur ein Rechenwerk mit zwei verschiedenen Bezeichnungen aufgestellt werden müsste, stellt aber zu recht dar, dass bereits die Anwendung von § 71 Abs. 2 S. 3 GmbHG Unterschiede in der Bewertung des Gesellschaftsvermögens hervorruft. Bereits dadurch weicht die Liquidationseröffnungsbilanz von der Schlussbilanz der werbenden Gesellschaft ab. Es besteht mithin keine Bilanzidentität[28].

568 Die durch die Liquidatoren aufzustellende Schlussbilanz der werbenden Gesellschaft unterliegt schließlich den gesetzlichen Vorschriften über deren Prüfung[29] und Publizität[30]. Insbesondere kommt die Befreiung von der Prüfung des Jahresabschlusses und des Lageberichts durch einen Abschlussprüfer durch das Gericht gemäß § 71 Abs. 3 GmbHG nicht zur Anwendung, weil § 71 GmbHG nicht auf die werbende Gesellschaft anzuwenden ist[31].

III. Liquidationseröffnungsbilanz

569 Auf die Schlussbilanz, also den letzten Abschluss der werbenden Gesellschaft, folgt gemäß § 71 Abs. 1 GmbHG die Aufstellung der Liquidationseröffnungsbilanz nebst einem diese Bilanz erläuternden Bericht.

1. Pflicht der Liquidatoren

570 Die Liquidatoren haben die Liquidationseröffnungsbilanz und einen diese Bilanz erläuternden Bericht aufzustellen und können sich dieser Aufgabe nur dadurch entziehen, dass sie ihr Amt niederlegen; denn seit langer Zeit ist geklärt, dass sie weder ein Mangel an Sachkenntnis noch Geldmangel von der Pflicht zur Aufstellung dieser Liquidationseröffnungsbilanz entbindet[32]. Dahinter steht die Frage, ob der Liquidator gegebenenfalls eigene Mittel einsetzen muss, wenn das Gesellschaftsvermögen nicht ausreicht, um die Kosten der Rechnungslegung zu decken.

[25] *Hohner* in: Hachenburg, GmbHG § 71, Rdnr. 5; *Nerlich* in: Michalski, § 71, Rdnr. 17; *Schulze-Osterloh* in: Baumbach/Hueck, § 71, Rdnr. 3.

[26] *Förschle/Deubert* DStR 1996, 1743 (1745 f.); in aller Regel übereinstimmend: BayObLG GmbHR 1994, 331 (332).

[27] *Nerlich* in: Michalski, § 71, Rdnr. 20.

[28] ADS, § 71, Rdnr. 26; *Hohner* in: Hachenburg, § 71, Rdnr. 7; *Nerlich* in: Michalski, § 71, Rdnr. 20; *Weitbrecht* in: MünchHdbGmbH, § 63 Rdnr. 38.

[29] *Schulze-Osterloh* in: Baumbach/Hueck, § 71, Rdnr. 4; ADS, GmbHG§ 71, Rdnr. 11; *Hohner* in: Hachenburg, § 71, Rdnr. 6; *Nerlich* in: Michalski, § 71, Rdnr. 18; *Rasner* in: Rowedder/Schmidt-Leithoff, § 71, Rdnr. 21; *K. Schmidt* in: Scholz, § 71, Rdnr. 8.

[30] *Schulze-Osterloh* in: Baumbach/Hueck, § 71, Rdnr. 4; *Hohner* in: Hachenburg, § 71, Rdnr. 6; *Nerlich* in: Michalski, § 71, Rdnr. 18; *Rasner* in: Rowedder/Schmidt-Leithoff, § 71, Rdnr. 21.

[31] OLG München, GmbHR 2005, 1434; *Schulze-Osterloh* in: Baumbach/Hueck, § 71, Rdnr. 4; *Nerlich* in: Michalski, § 71, Rdnr. 18.

[32] BGH GmbHR 1953, 123; *Rasner* in: Rowedder/Schmidt-Leithoff, § 71, Rdnr. 7; *Hohner* in: Hachenburg, § 71, Rdnr. 7; *Nerlich* in: Michalski, § 71, Rdnr. 22; *K. Schmidt* in: Scholz, § 71, Rdnr. 10; *Scherrer/Heni*, S. 29 f.; vgl. oben unter § 4, VIII, Rdnr. 210.

Nur nach Ansicht von *Altmeppen* ergibt sich aus § 71 Abs. 1 GmbHG keine Pflicht, den Jahresabschluss unter Einsatz des Privatvermögens erstellen zu lassen, denn der Liquidator sei nur ein Organwalter der GmbH[33]. Selbst die Gesellschafter, denen in der GmbH sehr weitgehende Einwirkungsbefugnisse zustehen, haben keine Möglichkeit, die Liquidatoren von dieser Pflicht zu befreien[34]. Die Schlussbilanz der werbenden Gesellschaft kann allerdings als Grundlage für die Liquidationseröffnungsbilanz benutzt werden, wenn die beiden Rechenwerke nach den gleichen Bewertungsregeln aufzustellen sind[35], was allerdings nur selten der Fall sein wird.

2. Zeitpunkt der Aufstellung

Die Liquidatoren haben die Liquidationseröffnungsbilanz auf den Tag der Auflösung der Gesellschaft aufzustellen[36]. Dies ist der Zeitpunkt, in dem die Gesellschaft materiell-rechtlich als aufgelöst gilt. Den Gesellschaftern ist damit ein Gestaltungsspielraum eingeräumt worden. Erfolgt die Auflösung durch Beschluss ist zwar grundsätzlich der Zeitpunkt maßgeblich, in dem der Beschluss der Gesellschafter wirksam gefasst wurde. Die Gesellschafter haben jedoch auch die Möglichkeit, die Auflösung für einen künftigen Zeitpunkt zu beschließen[37]. Insbesondere kann die Auflösung auf den Ablauf des Wirtschaftsjahres[38] oder auf den Beginn des ersten Tags eines neuen Wirtschaftsjahres gelegt werden. Damit müssten die Liquidatoren keine gesonderte Schlussbilanz der werbenden Gesellschaft aufstellen; denn es wäre ohnehin ein Jahresabschluss aufzustellen. Eine Rückbeziehung der Auflösungsfolgen auf einen bereits vergangenen Stichtag ist nicht möglich[39]. Im Übrigen bilden der Bilanzstichtag und der Auflösungszeitpunkt eine untrennbare Einheit. Der Bilanzstichtag kann nicht verschoben werden[40]. Zu Recht wird in der Literatur betont, dass nicht nur eine gesetzliche Regelung für eine solche Verschiebung fehle, sondern auch keine sinnvollen Erwägungen für die Zulässigkeit einer Trennung von Bilanzstichtag und Auflösungszeitpunkt zu erkennen seien[41]. Es würde sich eine nicht von der Rechnungslegung erfasste Lücke ergeben, die durch eine weitere Bestandsaufnahme des Gesellschaftsvermögens zu schließen wäre. Erwähnenswert ist der Fall, in dem die Auflösung der Gesellschaft erst durch eine Satzungsänderung ausgelöst wird. In diesem Fall ist nicht der Änderungsbeschluss für den Bilanzstichtag maßgeblich, sondern die Eintragung der Satzungsänderung in das Handelsregister, weil diese dann erst wirksam wird[42]. 571

3. Aufstellungsfrist

Die Frist für die Aufstellung der Liquidationseröffnungsbilanz und dem erläuternden Bericht beträgt gemäß § 71 Abs. 2 S. 2 GmbHG i.V.m. § 264 Abs. 1 S. 2 HGB drei Monate ab Auflösung. 572

[33] Altmeppen in: *Altmeppen* in: Roth/Altmeppen, § 71, Rdnr. 1; Peetz, GmbHR 2002, 1008 (1011 f.).

[34] OLG Stuttgart NJW-RR 1995, 805 (806); *Rasner* in: Rowedder/Schmidt-Leithoff, § 71, Rdnr. 7.

[35] *Nerlich* in: Michalski, § 71, Rdnr. 22.

[36] *Nerlich* in: Michalski, § 71, Rdnr. 24; *Hohner* in: Hachenburg, GmbHG § 71, Rdnr. 8; *Schulze-Osterloh* in: Baumbach/Hueck, § 71, Rdnr. 14; *Weitbrecht* in: MünchHdbGmbH, § 63, Rdnr. 34; *Erle/Eberhard* in: Beck GmbH-Hdb, § 16 Rdnr. 60.

[37] *Nerlich* in: Michalski, § 71, Rdnr. 24; *Hohner* in: Hachenburg, GmbHG § 71, Rdnr. 8; *Erle/Eberhard* in: Beck GmbH-Hdb, § 16 Rdnr. 60.

[38] *Nerlich* in: Michalski, § 71, Rdnr. 24; *Hohner* in: Hachenburg, GmbHG § 71, Rdnr. 8; *Erle/Eberhard* in: Beck GmbH-Hdb, § 16 Rdnr. 60.

[39] *Hohner* in: Hachenburg, GmbHG § 71, Rdnr. 8.

[40] *Nerlich* in: Michalski, § 71, Rdnr. 24; *Schulze-Osterloh* in: Baumbach/Hueck, § 71, Rdnr. 14.

[41] *Nerlich* in: Michalski, § 71, Rdnr. 24; *Schulze-Osterloh* in: Baumbach/Hueck, § 71, Rdnr. 14; Rowedder/Schmidt-Leithoff/*Rasner* Rn. 9; Scholz/Schmidt Rn. 12; *Scherrer/Heni* 31f.

[42] *Nerlich* in: Michalski, § 71, Rdnr. 24; *Hohner* in: Hachenburg, GmbHG § 71, Rdnr. 8.

Umstritten[43] ist, ob die für kleine Gesellschaften gemäß § 264 Abs. 1 S. 3 HGB gewährte Fristverlängerung für Jahresabschluss in Anspruch genommen werden kann. Vor dem Hintergrund, dass die Ausnutzung der Sechsmonatsregel nicht die zulässige Regel, sondern die äußerste Ausnahme[44] für den Fall des ordnungsgemäßen Geschäftsganges darstellt, ist *Schulze-Osterloh*[45] zu folgen, der die Fristverlängerung für die Aufstellung der Liquidationseröffnungsbilanz mit der Begründung ablehnt, dass eine spätere Aufstellung angesichts Bedeutung der Eröffnungsbilanz nicht mehr dem ordnungsgemäßen Geschäftsgang entspreche. Auch das Argument[46], die Bücher einer kleinen Gesellschaft seien in einem weniger schnell abgreifbaren Zustand kann nicht gelten, weil der Geschäftsführer der Gesellschaft die Bücher der Gesellschaft so zu führen hat, dass eine jederzeitige unverzügliche Einsicht möglich sein muss, wie sich aus § 42 GmbHG ergibt.

573 Ist die Liquidationseröffnungsbilanz dann aufgestellt, haben die Gesellschafter über deren Feststellung zu beschließen. Die Feststellung erfolgt entsprechend nach § 42a Abs. 2 S. 1 GmbHG, so dass bei mittelgroßen und großen Gesellschaften spätestens acht Monate und bei kleinen Gesellschaften im Sinne des § 267 Abs. 1 HGB spätestens elf Monate nach Ablauf des für Rechnungslegung maßgebenden Jahres die Feststellungsfrist abläuft[47].

Die Liquidationseröffnungsbilanz ist zudem gemäß § 72 Abs. 2 S. 2 GmbHG i.V.m. §§ 316 ff. HGB zu prüfen[48] und gemäß §§ 325 ff. HGB offenzulegen[49].

4. Bilanzierungsgrundsätze

574 Zwar gelten für die Rechnungslegung während der Liquidation die Regeln über den Jahresabschluss der werbenden Gesellschaft entsprechend; es ergeben sich jedoch einige Besonderheiten.

a. Ansatzvorschriften

575 Die Liquidationseröffnungsbilanz unterliegt den Ansatzvorschriften der §§ 246 bis 251 HGB, sowie den §§ 255 Abs. 4 S. 1, 273 f., 281 HGB und § 42 Abs. 2 GmbHG entsprechend[50]. Zunächst hat die Liquidationseröffnungsbilanz also dem Jahresabschluss entsprechend grundsätzlich ein den tatsächlichen Verhältnissen entsprechendes Bild der Vermögens-, Finanz- und Ertragslage der Gesellschaft zu vermitteln, wie es sich aus entsprechender Anwendung des § 264 Abs. 2 HGB ergibt. Gemäß § 246 Abs. 1 HGB ist es erforderlich, sämtliche Vermögensgegenstände, Schulden und Rechnungsabgrenzungsposten im Jahresabschluss aufzuführen. Es ergeben sich mithin nur geringe Änderungen gegenüber dem Ansatz des Vermögens bei der werbenden

[43] Falls Gesellschaft in der Krise zustimmend: *Nerlich* in: Michalski, § 71, Rdnr. 24; a.A.: *Hohner* in: Hachenburg, GmbHG § 71, Rdnr. 9; *Rasner* in: Rowedder/Schmidt-Leithoff, § 71, Rdnr. 7; *Erle/Eberhard* in: Beck GmbH-Hdb, § 16 Rdnr. 60.

[44] Merkt in: Baumbach/Hopt, HGB, § 264, Rdnr. 7.

[45] *Schulze-Osterloh* in: Baumbach/Hueck, § 71, Rdnr. 12.

[46] *Rasner* in: Rowedder/Schmidt-Leithoff, § 71, Rdnr. 7.

[47] *Nerlich* in: Michalski, § 71, Rdnr. 26; *Hohner* in: Hachenburg, GmbHG § 71, Rdnr. 9; *Schulze-Osterloh* in: Baumbach/Hueck, § 71, Rdnr. 13.

[48] *Schulze-Osterloh* in: Baumbach/Hueck, § 71, Rdnr. 30; *Hohner* in: Hachenburg, § 71, Rdnr. 11, 17; *Förschle/Deubert* in: Budde/Förschle/Winkeljohann, T Rdnr. 305–308.

[49] KG NZG 2003, 1119 (1120); *Nerlich* in: Michalski, § 71, Rdnr. 27; *Schulze-Osterloh* in: Baumbach/Hueck, § 71, Rdnr. 33; *Hohner* in: Hachenburg, § 71, Rdnr. 18; *Rasner* in: Rowedder/Schmidt-Leithoff, § 71, Rdnr. 4; *K. Schmidt* in: Scholz, § 71, Rdnr. 26; *Förschle/Deubert* in: Budde/Förschle/Winkeljohann, T Rdnr. 345–347.

[50] *Förschle/Deubert* in: Budde/Förschle/Winkeljohann, T Rdnr. 110.

Gesellschaft[51]. Grundlage für den Ansatz in Liquidationsbilanzen ist das Vollständigkeitsgebot gemäß § 246 Abs. 1 HGB und das Verrechnungsgebot gemäß § 246 Abs. 2 HGB[52]. Dazu insbesondere – nicht abschließend[53] – wie folgt:

Es dürfen originäre, also selbstgeschaffene, immaterielle Vermögensgegenstände nicht mehr aufgeführt werden, wie es § 248 Abs. 2 HGB vorschreibt[54]. Dies gilt auch dann, wenn sie einen erheblichen Wert darstellen, der im Rahmen der Liquidation bei einer Verwertung der Gesellschaft zufließen würde[55]. Eigene Geschäftsanteile sind nicht zu aktivieren, da sie bei Vermögensverteilung nicht berücksichtigt werden. Sie sind mit ihrem Nennbetrag vom Abwicklungskapital abzusetzen[56]. Die Aktivierung von Ansprüchen der Gesellschaft gegen die Gesellschafter ist nicht ausgeschlossen, wenn diese realisiert werden können[57]. **576**

Außerdem ist der in § 249 HGB enthaltene Rückstellungskatalog verbindlich, so dass für andere als die dort genannten Zwecke keine Rückstellungen gebildet werden dürfen[58]. Die Passivierung von Abfindungsverpflichtungen im Rahme eines Sozialplanes, künftigen Abwicklungskosten[59] und schwebenden Geschäften ist nur nach Maßgabe des § 249 HGB möglich[60]. Pensionsverpflichtungen sind vollständig zu passivieren, ein steuerliches Nachholverbot für alte, früher nicht rückgestellte Pensionsverpflichtungen gilt nicht mehr, da zukünftige Pensionsverpflichtungen nicht aus zukünftigen Gewinnen bezahlt werden können[61]. **577**

b. Bewertungsansätze

Die Liquidationseröffnungsbilanz ist nach allgemeiner Ansicht eine Erfolgsbilanz und keine Vermögensverteilungsbilanz[62]. Während die Erfolgsbilanz eine Prognose zur Fortführung des Unternehmens gibt, erhellt die Vermögensverteilungsbilanz den Stand der Abwicklung und prognostiziert die Verteilung des Vermögens der Gesellschaft[63]. **578**

Nach der Auflösung gilt nach herrschender Meinung das „going-concern-Prinzip"[64] Das Unternehmen wird mithin nach dem Grundsatz der Unternehmensfortführung bewertet. *Förschle/Deubert* weisen allerdings zu Recht darauf hin, dass die „tatsächliche" Unternehmensfortführung, welche für die Anwendung des „going-concern-Prinzip" erforderlich ist, nicht objekti- **579**

---

[51] Vgl. eingehend zu den Unterschieden *Förschle/Deubert* in: Budde/Förschle/Winkeljohann, T Rdnr. 110 ff.; Peetz, GmbHR 2007, 858 ff.

[52] ADS, § 71, Rdnr. 17.

[53] Einzelheiten bei: *Schulze-Osterloh* in: Baumbach/Hueck, § 71, Rdnr. 17; ADS, § 71 GmbHG, Rdnr. 17 ff.

[54] *K. Schmidt* in: Scholz, GmbHG; § 71, Rdnr. 23; *Rasner* in: Rowedder/Schmidt-Leithoff, § 71, Rdnr. 10; *Hohner* in: Hachenburg, GmbHG § 71, Rdnr. 26; *Förschle/Deubert* in: Budde/Förschle/Winkeljohann, T Rdnr. 115; *Scherrer/Heni* 56 ff.; Sarx in: BeckBilKomm, Anh. 3, Rdnr. 214; a.A.: *Schulze-Osterloh* in: Baumbach/Hueck, § 71, Rdnr. 17.

[55] *Förschle/Deubert* in: Budde/Förschle/Winkeljohann, T Rdnr. 115.

[56] *Schulze-Osterloh* in: Baumbach/Hueck, § 71, Rdnr. 17.

[57] *Nerlich* in: Michalski, § 71, Rdnr. 65.

[58] *Förschle/Deubert* in: Budde/Förschle/Winkeljohann, T Rdnr. 125 ff.

[59] Differenzierend nach Verlauf der Liquidation *Nerlich* in: Michalski, § 71, Rdnr. 68.

[60] *K. Schmidt* in: Scholz, GmbHG; § 71, Rdnr. 23.

[61] *Rasner* in: Rowedder/Schmidt-Leithoff, § 71, Rdnr. 10; *Nerlich* in: Michalski, § 71, Rdnr. 66.

[62] *Erle/Eberhard* in: Beck GmbH-Hdb, § 16 Rdnr. 61.

[63] *Nerlich* in: Michalski, § 71, Rdnr. 57.

[64] *Nerlich* in: Michalski, § 71, Rdnr. 58 f.; *Rasner* in: Rowedder/Schmidt-Leithoff, § 71, Rdnr. 10; KG NZG 2001, 845 (846); *Hohner* in: Hachenburg, GmbHG § 71, Rdnr. 23; *Erle/Eberhard* in: Beck GmbH-Hdb, § 16 Rdnr. 61; *Förschle/Deubert* in: Budde/Förschle/Winkeljohann, T Rdnr. 145; *Winnefeld*, Bilanz-Handbuch, N Rn. 720; *Scherrer/Heni* 108 ff.; a.A.: *Schulze-Osterloh* in: Baumbach/Hueck, § 71, Rdnr. 16; *K. Schmidt* in: Scholz, GmbHG; § 71, Rdnr. 22; Peetz, GmbHR 2007, 858 (863).

vierbar sei, da die Betriebseinstellung ein kontinuierlicher Prozess mit fließenden Übergängen sei. Die Liquidatoren hätten daher einen nicht unerheblichen Ermessensspielraum bei der Bewertung des Gesellschaftsvermögens[65]. Stehe allerdings die Veräußerung des Unternehmens kurz bevor, ist die Geschäftstätigkeit vollkommen eingestellt worden oder erfolgt die Vermögensverteilung demnächst, sei der Grundsatz der Unternehmensfortführung nicht mehr anzuwenden. Vielmehr sei eine Vermögensverteilungsbilanz aufzustellen[66]. Die h.M. bleibt nicht ohne Kritik. So weisen *Schulze-Osterloh* darauf hin, dass der Grundsatz der Unternehmensfortführung deshalb nicht mehr gelte, weil die Beendigung der Unternehmensfortführung schon aus Gründen der Abwicklung an sich bevorstehe[67]. Auf die voraussichtliche Dauer der Abwicklung könne es dafür nicht ankommen[68]. Dieser Meinung ist allerdings nur insoweit beizupflichten, dass die Liquidation grundsätzlich zur Beendigung der Unternehmung führen soll. Der Grundsatz der Unternehmensfortführung kommt vielmehr nicht nur dann zu Anwendung, wenn sich eine überlange Verfahrensdauer abzeichnet oder aufgrund eines Liquidationsplans eine Veräußerung des Unternehmens als Ganzes mit ganz überwiegender Wahrscheinlichkeit angenommen werden kann[69] sondern im Regelfall, weil das Unternehmen zunächst tatsächlich fortgeführt wird.

580 Folgt man allerdings dieser Gegenmeinung sind als Bewertungsgrundlage unter Aufrechterhaltung des Anschaffungspreisprinzips die zu erwartenden Erlöse aus Veräußerung der Vermögensgegenstände anzunehmen, wobei konkrete Bewertung von der Art und Weise der geplanten Veräußerung abhängt[70]. Die ebenfalls anzuwendende Regelung des § 72 Abs. 2 S. 3 GmbHG, wonach Gegenstände des Anlagevermögens wie Umlaufvermögen, wenn deren Veräußerung innerhalb eines übersehbaren Zeitraums beabsichtigt ist oder wenn sie nicht mehr dem Geschäftsbetrieb dienen, zu bewerten sind, schränke die Folgerungen nach *Schulze-Osterloh*[71] aus dem Wegfall der Unternehmensfortführungsprämisse nicht ein, da sie nicht zwischen Bewertungsalternativen (Fortführungs- oder Veräußerungswerte) entscheide, sondern nur entsprechend dem für anwendbar erklärten strengen Niederstwertprinzip eine Abschreibungspflicht auch bei voraussichtlich nur vorübergehender Wertminderung begründe. Folgt man hingegen der herrschenden Meinung, ist für die Bewertung – wie oben schon verdeutlicht – der Grundsatz der Unternehmensfortführung einzuhalten.

581 Unberührt von dieser Meinungsverschiedenheit bleibt das Prinzip der Einzelbewertung, wie es aus § 252 Abs. 1 Nr. 3 HGB folgt[72]. K. Schmidt folgt daraus, dass das Gesellschaftsvermögen bis zu einer Einstellung des Geschäftsbetriebs oder der Veräußerung nicht mit dem Veräußerungserlös bewertet werden darf[73].

582 Schließlich gilt für die Liquidationseröffnungsbilanz das Anschaffungskostenprinzip, das Realisations- und das Imparitätsprinzip[74]. Mithin dürfen in entsprechender Anwendung des § 253 Abs. 1 S. 1 HGB die Vermögensgegenstände der Gesellschaft höchstens mit ihren An-

[65] *Förschle/Deubert* in: Budde/Förschle/Winkeljohann, T Rdnr. 147.

[66] *Nerlich* in: Michalski, § 71, Rdnr. 59; *Rasner* in: Rowedder/Schmidt-Leithoff, § 71, Rdnr. 10; *Hohner* in: Hachenburg, GmbHG § 71, Rdnr. 23.

[67] *Schulze-Osterloh* in: Baumbach/Hueck, § 71, Rdnr. 16; *Gross* FS Budde, 1995, 243 (245, 253 ff.); ähnlich (von Fortführung ist nur ausnahmsweise auszugehen) *K. Schmidt* in: Scholz, GmbHG; § 71, Rdnr. 22.

[68] *Schulze-Osterloh* in: Baumbach/Hueck, § 71, Rdnr. 16, Peetz, GmbHR 2007, 858 (863) „Die begrenzte Lebensdauer der in der Abwicklung befindlichen Gesellschaft sei offenkundig, da die durchschnittliche Liquidation nicht mehr als 2 Jahre in Anspruch nehme.".

[69] Vgl. Peetz, GmbHR 2007, 858 (863).

[70] *Schulze-Osterloh* in: Baumbach/Hueck, § 71, Rdnr. 16.

[71] *Schulze-Osterloh* in: Baumbach/Hueck, § 71, Rdnr. 16.

[72] *Nerlich* in: Michalski, § 71, Rdnr. 60; *K. Schmidt* in: Scholz, GmbHG; § 71, Rdnr. 22; *Schulze-Osterloh* in: Baumbach/Hueck, § 71, Rdnr. 15; *Förschle/Deubert* in: Budde/Förschle/Winkeljohann, T Rdnr. 149; *Scherrer/Heni,* 114 f.

[73] *K. Schmidt* in: Scholz, § 71, Rdnr. 22.

[74] *Schulze-Osterloh* in: Baumbach/Hueck, § 71, Rdnr. 15; .

schaffungs- oder Herstellungskosten angesetzt werden. Noch nicht realisierte Gewinne dürfen nicht, Verluste hingegen müssen bereits vor ihrer Realisierung ausgewiesen werden, wie sich in entsprechender Anwendung des § 252 Abs. 1 Nr. 4 HGB ergibt. Stille Reserven der Gesellschaft können daher nur dann bilanzwirksam aufgelöst werden, wenn sie tatsächlich in Anspruch genommen werden[75]. Damit wird nicht nur die grundsätzliche Funktion der Ausschüttungssperre gewahrt, die allerdings während der Liquidation entbehrlich ist, weil keine Ausschüttungen mehr vorgenommen werden, sondern auch einer willkürlichen Bilanzaufstellung vorgebeugt, wie sie zu befürchten wäre, wenn hypothetische Veräußerungserlöse zur Bewertung herangezogen werden würden[76].

c. Bewertung des Anlagevermögens nach § 71 Abs. 2 S. 3 GmbHG

Nach § 71 Abs. 2 S. 3 GmbHG sind Vermögensgegenstände des Anlagevermögens wie Umlaufvermögen zu bewerten, soweit ihre Veräußerung innerhalb eines übersehbaren Zeitraums beabsichtigt ist oder diese Vermögensgegenstände nicht mehr dem Geschäftsbetrieb dienen. Diese Sonderregel gilt nicht nur – wie es dem Wortlaut nach zu vermuten wäre – für die Liquidationseröffnungsbilanz, sondern auch für die Jahresbilanzen in der Liquidation[77]. § 71 Abs. 2 S. 3 GmbHG erlaubt es den Liquidatoren, den Fortschritt der Liquidation in der Bilanz abzubilden[78]. Die Bilanz kann auf ihrer Grundlage angepasst werden[79]. Hintergrund der Vorschrift ist, dass die Bedeutung des Anlagevermögens im Zuge der Liquidation der Gesellschaft abnimmt, da es wie Umlaufvermögen zur Veräußerung bereitsteht und nicht mehr dauerhaft als Gesellschaftsvermögen angelegt sein soll. Die Bewertung des Wirtschaftsgutes mit dem Einzelveräußerungspreis wird in der Liquidation zum Regelfall, während dies bei der werbenden Gesellschaft nur dann geschieht, wenn ausnahmsweise der Einzelveräußerungspreis bei der Bestimmung des niedrigeren beizulegenden Werts von Bedeutung ist[80]. Dies wird durch § 71 Abs. 2 S. 3 GmbHG klargestellt. 583

Die Bewertung des Anlagevermögens wie Umlaufvermögen ist dem Wortlaut des § 71 Abs. 2 S. 3 GmbHG für den Fall der Veräußerung des Wirtschaftsgutes innerhalb eines übersehbaren Zeitraumes, oder wenn es dem Geschäftsbetrieb nicht mehr dient, vorgesehen. 584

Für den ersteren Fall ist allerdings nicht bereits die allgemeine Veräußerungsabsicht ausreichend; denn diese besteht bereits durch den grundsätzlichen Auftrag der Liquidatoren, das Gesellschaftsvermögen zu versilbern. Es bedarf daher vielmehr einer konkreten Absicht, das Wirtschaftsgut zu veräußern. Diese wird regelmäßig in Verkaufsverhandlungen zu sehen sein[81]. Überdies muss der Veräußerungsvorgang innerhalb einer übersehbaren Zeit vorgenommen werden. Vor dem Hintergrund der maximalen Dauer eines Geschäftsjahres wird ein Zeitraum von nicht mehr 12 Monaten, wie er auch mehrheitlich befürwortet wird, als übersehbar anzunehmen sein[82]. 585

---

[75] *Nerlich* in: Michalski, § 71, Rdnr. 63; *Hohner* in: Hachenburg, GmbHG § 71, Rdnr. 24.

[76] *Nerlich* in: Michalski, § 71, Rdnr. 63; *Hohner* in: Hachenburg, GmbHG § 71, Rdnr. 24.

[77] *K. Schmidt* in: Scholz, GmbHG; § 71, Rdnr. 24.

[78] *Förschle/Deubert* in: Budde/Förschle/Winkeljohann, T Rdnr. 155.

[79] *Nerlich* in: Michalski, § 71, Rdnr. 70; *Hohner* in: Hachenburg, § 71, Rdnr. 25; *Rasner* in: Rowedder/Schmidt-Leithoff, § 71, Rdnr. 11; *K. Schmidt* in: Scholz, § 71, Rdnr. 24.

[80] *Förschle/Deubert* in: Budde/Förschle/Winkeljohann, T Rdnr. 155.

[81] *Förschle/Deubert* in: Budde/Förschle/Winkeljohann, T Rdnr. 156; *K. Schmidt* in: Scholz, § 71, Rdnr. 24 „realisierbar".

[82] *Rasner* in: Rowedder/Schmidt-Leithoff, § 71, Rdnr. 11; *Schulze-Osterloh* in: Baumbach/Hueck, § 71, Rdnr. 20; *Förschle/Deubert* in: Budde/Förschle/Winkeljohann, T Rdnr. 156; *Förschle/Deubert* DStR 1996, 1743 (1748); anders: ADS, § 17, Rdnr. 30 „bis zu zwei Jahren"; *K. Schmidt* in: Scholz, § 71, Rdnr. 24 „nach Lage des Falles differenzierend ein oder bis zu zwei Jahre"; *Erle/Eberhard* in: Beck GmbH-Hdb, § 16 Rdnr. 61 „drei Jahre".

586 Für den zweiten Fall, in dem das Wirtschaftsgut nicht mehr dem Geschäftsbetrieb dient, sind die Voraussetzungen als gegeben anzunehmen, wenn das Wirtschaftsgut aus dem Geschäftsbetrieb „entnommen" ist, also schlicht nicht mehr von Nutzen ist[83]. Die Stilllegung einer Betriebsstätte[84] kann z.B. dazu führen, dass die in ihr vorhandenen Wirtschaftsgüter nunmehr wie Umlaufvermögen zu bewerten sind.

5. Erläuterungsbericht

587 Aus § 71 Abs. 1 GmbHG ergibt sich überdies die Pflicht der Liquidatoren, einen erläuternden Bericht anzufertigen. Für diesen Erläuterungsbericht gelten die allgemeinen Regelungen für den Anhang entsprechend, so dass er auch die Bestandteile des Anhangs enthalten muss und die Bilanz ihrem Sinne und Bewertungsprinzipien nach dem Leser erläutern muss[85]. Er ersetzt den für die Liquidationseröffnungsbilanz nicht vorgesehenen Lagebericht und Anhang. Insbesondere sind in ihm die Bewertungsmethoden und Änderungen zu erläutern, die sich von der Schlussbilanz der werbenden Gesellschaft unterscheiden. Schließlich sollen in ihm Angaben über die erzielbaren Liquidationserlöse und die drohenden Kosten enthalten sein und den voraussichtlichen Verlauf der Liquidation beschreiben[86]. *Nerlich*[87] weist zwar darauf hin, dass den Liquidatoren ein Spielraum bei der inhaltlichen Gestaltung des erläuternden Berichts zustehe und begründet dies damit, dass die Regelungen über den Lagebericht und den Anhang, §§ 284 ff., 289 HGB, lediglich über § 72 Abs. 2 S. 2 GmbHG entsprechend anzuwenden seien. Dies ist aber nicht unumstritten[88]. Einigkeit besteht jedenfalls darüber, dass die wesentlichen Inhalte des Lageberichts enthalten sein müssen und dafür die gesetzliche Grundlage in dem Verweis auf § 289 HGB zu finden ist.

IV. Jahresabschluss

588 Gemäß § 71 Abs. 1 GmbHG haben die Liquidatoren für den Schluss eines jeden Jahres einen Jahresabschluss und einen Lagebericht aufzustellen, für welche die allgemeinen Regelungen gelten. Danach müssen gemäß §§ 242 Abs. 3, 264 HGB eine Bilanz, die Gewinn- und Verlustrechnung mit dem Anhang und der Lagebericht aufgestellt werden.

---

[83] *K. Schmidt* in: Scholz, § 71, Rdnr. 24.

[84] *Förschle/Deubert* in: Budde/Förschle/Winkeljohann, T Rdnr. 156.

[85] *Nerlich* in: Michalski, § 71, Rdnr. 28; *Schulze-Osterloh* in: Baumbach/Hueck, § 71, Rdnr. 22; Küting/Weber/*Bohl/Schamburg-Dickstein* Rn. 26 (EL 1, September 2002); *Rasner* in: Rowedder/Schmidt-Leithoff, § 71, Rdnr. 12; *Förschle/Deubert* in: Budde/Förschle/Winkeljohann, T Rdnr. 187; *K. Schmidt* in: Scholz, § 71, Rdnr. 11; i.E. ebenso *Scherrer/Heni*, S. 131; ohne Grund einschränkend *Hohner* in: Hachenburg, § 71, Rdnr. 12.

[86] *Nerlich* in: Michalski, § 71, Rdnr. 28; *Schulze-Osterloh* in: Baumbach/Hueck, § 71, Rdnr. 22; *Rasner* in: Rowedder/Schmidt-Leithoff, § 71, Rdnr. 12.

[87] *Nerlich* in: Michalski, § 71, Rdnr. 28; Sarx in: BeckBilKomm, Anh. 3, Rdnr. 253; *Hohner* in: Hachenburg, GmbHG § 71, Rdnr. 12; *Scherrer/Heni*, S. 130; *K. Schmidt* in: Scholz, GmbHG; § 71, Rdnr. 11.

[88] *Schulze-Osterloh* in: Baumbach/Hueck, § 71, Rdnr. 22; *Rasner* in: Rowedder/Schmidt-Leithoff, § 71, Rdnr. 12.

1. Geschäftsjahr

Das Geschäftsjahr der werbenden Gesellschaft ist für den Jahresabschluss nicht maßgebend, da mit dem Auflösungstag das erste Geschäftsjahr der Liquidationsgesellschaft beginnt[89]. Stichtag für die Jahresabschlüsse während der Liquidation ist also der Tag der Auflösung der Gesellschaft[90]. Den Gesellschaftern bleibt es allerdings durch formlosen Beschluss belassen, einen anderen Stichtag festzusetzen, solange nicht die Höchstfrist von 12 Monaten gemäß § 240 Abs. 2 S. 2 HGB für eine Rechnungslegungsperiode überschritten wird[91]. Das erste Geschäftsjahr der Gesellschaft ist daher in diesen Fällen ein Rumpfgeschäftsjahr[92]. Der Beschluss dafür kann deshalb formlos gefasst werden, da die Regelung des Gesellschaftsvertrages durch § 71 Abs. 1 GmbHG außer Kraft gesetzt worden ist[93] und die Festlegung des Geschäftsjahres in der Liquidation keine Bedeutung für die Gewinnverwendung hat[94]. **589**

2. Gewinn- und Verlustrechnung

Die im Zuge des Jahresabschlusses im weiteren Sinn aufzustellende Gewinn- und Verlustrechnung folgt den Regelungen der Gewinn- und Verlustrechnung für die werbende Gesellschaft. Anhand der Gewinn- und Verlustrechnung kann der Verlauf des Liquidationsjahres nachvollzogen werden; sie zeigt den Erfolg der Geschäfts- und Abwicklungstätigkeit[95], also insbesondere die Ergebnisse der inzwischen erfüllten schwebenden, der neu eingegangenen und abgewickelten Geschäfte, die Realisierung stiller Reserven sowie die Aufwendungen während der Liquidation[96]. Der möglicherweise in der Gewinn- und Verlustrechung ausgewiesene Gewinn steht für eine Ausschüttung nicht zur Verfügung. Er darf gemäß § 73 GmbHG vor Ablauf der Liquidation nicht an die Gesellschafter ausgeschüttet werden.[97] **590**

3. Konzernrechnungslegung

Kontrovers diskutiert wird die Frage, ob die Liquidatoren der aufgelösten Gesellschaft zu einer Konzernrechnungslegung verpflichtet sind. Die aufgelöste Gesellschaft kann einerseits **591**

---

[89] *Schulze-Osterloh* in: Baumbach/Hueck, § 71, Rdnr. 23; *Rasner* in: Rowedder/Schmidt-Leithoff, § 71, Rdnr. 13; *Hohner* in: Hachenburg, GmbHG § 71, Rdnr. 13; *K. Schmidt* in: Scholz, GmbHG; § 71, Rdnr. 18; *Scherrer/Heni*, S. 40 f.; *Nerlich* in: Michalski, § 71, Rdnr. 30; *Erle/Eberhard* in: Beck GmbH-Hdb, § 16, Rdnr. 64.

[90] *Schulze-Osterloh* in: Baumbach/Hueck, § 71, Rdnr. 23; *Rasner* in: Rowedder/Schmidt-Leithoff, § 71, Rdnr. 13; *Hohner* in: Hachenburg, GmbHG § 71, Rdnr. 13; *K. Schmidt* in: Scholz, GmbHG; § 71, Rdnr. 18; *Scherrer/Heni*, S. 40 f.; *Nerlich* in: Michalski, § 71, Rdnr. 30; *Erle/Eberhard* in: Beck GmbH-Hdb, § 16, Rdnr. 64.

[91] *Erle/Eberhard* in: Beck GmbH-Hdb, § 16, Rdnr. 64; *Nerlich* in: Michalski, § 71, Rdnr. 30; *Schulze-Osterloh* in: Baumbach/Hueck, § 71, Rdnr. 23; *Rasner* in: Rowedder/Schmidt-Leithoff, § 71, Rdnr. 13; *Hohner* in: Hachenburg, GmbHG § 71, Rdnr. 14.

[92] *Nerlich* in: Michalski, § 71, Rdnr. 30; *Rasner* in: Rowedder/Schmidt-Leithoff, § 71, Rdnr. 13.

[93] *Schulze-Osterloh* in: Baumbach/Hueck, § 71, Rdnr. 23; *Rasner* in: Rowedder/Schmidt-Leithoff, § 71, Rdnr. 13.

[94] *Schulze-Osterloh* in: Baumbach/Hueck, § 71, Rdnr. 23.

[95] *Nerlich* in: Michalski, § 71, Rdnr. 33.

[96] *Schulze-Osterloh* in: Baumbach/Hueck, § 71, Rdnr. 25.

[97] *Rasner* in: Rowedder/Schmidt-Leithoff, § 71, Rdnr. 14, 15; *Nerlich* in: Michalski, § 71, Rdnr. 33; .

Obergesellschaft im Konzern sein, aber auch als Konzerngesellschaft eingegliedert gewesen sein, bevor sie aufgelöst wurde. *Rasner* lehnt dies ab und begründet das damit, dass § 71 GmbHG dies nicht verlange und überdies die von § 308 HGB verlangten einheitlichen Bewertungsmethoden nicht eingehalten werden könnten[98]. Die überwiegende Meinung[99] in der Literatur nimmt dagegen zu Recht eine Weitergeltung der Konzernrechnungslegungspflicht für die Liquidatoren an. Die aufgelöste Obergesellschaft müsse die Konzernrechnungslegung vorhalten, während aufgelöste Tochtergesellschaften grundsätzlich in den Konsolidierungskreis einzubeziehen sei. Ausgenommen seien diese nach dem gemäß § 295 HGB bestehenden Einbeziehungsverbot nur, wenn sich deren Tätigkeit von der Tätigkeit der übrigen einbezogenen Unternehmen unter anderem wegen der Liquidation derart unterscheide, dass die Informationsaufgabe des Konzernabschlusses beeinträchtigt werde[100]. Begründet wird dies damit, dass die Auflösung der Obergesellschaft nicht den Bestand des Konzerns berühre[101]. Einzig eine Konzern-Eröffnungsbilanz sei nicht erforderlich[102].

4. Anhang und Lagebericht

592 Die Liquidatoren haben überdies einen Anhang und einen Lagebericht nach den für die werbende Gesellschaft geltenden Vorschriften, also §§ 284 ff., 289 HGB aufzustellen[103]. Solche Angaben, die für eine Abwicklungsgesellschaft keine Relevanz entfalten, sind darin nicht aufzuführen[104]. Zuvorderst ist eine Erläuterung der Bilanzierungs- und Bewertungsmethoden nach § 284 Abs. 2 Nr. 1 HGB[105] sowie eine Darstellung der Abweichungen der Bilanzierungs- und Bewertungsmethoden gegenüber dem vorangegangenen Liquidationsjahresabschluss nach § 284 Abs. 2 Nr. 3 HGB erforderlich[106]. Die nach § 71 Abs. 2 S. 3 GmbHG geänderte Bewertung von Gegenständen des Anlagevermögens wie Umlaufvermögen hat Gegenstand des Anhangs zu sein[107]. Im Liquidationslagebericht ist schließlich über den Stand der Liquidation und über den zu erwartenden Liquidationsüberschuss oder einen -fehlbetrag zu berichten[108].

---

[98] *Rasner* in: Rowedder/Schmidt-Leithoff, § 71, Rdnr. 13 mit Verweis auf *Küting/Weber/Bohl*, Rechnungslegung, Rdnr. 34.

[99] *Hohner* in: Hachenburg, GmbHG § 71, Rdnr. 10; *K. Schmidt* in: Scholz, GmbHG; § 71, Rdnr. 27; *Erle/Eberhard* in: Beck GmbH-Hdb, § 16 Rdnr. 64; ADS, § 71, Rdnr. 44–47.

[100] ADS, § 71 Rdnr. 45 „... § 295 HGB ... greift nach h.M. nicht allein deshalb, weil sich das Tochterunternehmen in Liquidation befindet.".

[101] *Hohner* in: Hachenburg, GmbHG § 71, Rdnr. 10; *K. Schmidt* in: Scholz, GmbHG; § 71, Rdnr. 27; *Erle/Eberhard* in: Beck GmbH-Hdb, § 16 Rdnr. 64.

[102] *Hohner* in: Hachenburg, GmbHG § 71, Rdnr. 10; *K. Schmidt* in: Scholz, GmbHG; § 71, Rdnr. 27.

[103] *Nerlich* in: Michalski, § 71, Rdnr. 35; *Schulze-Osterloh* in: Baumbach/Hueck, § 71, Rdnr. 26 f.; *K. Schmidt* in: Scholz, GmbHG; § 71, Rdnr. 28; *Hohner* in: Hachenburg, GmbHG § 71, Rdnr. 15; *Erle/Eberhard* in: Beck GmbH-Hdb, § 16 Rdnr. 64.

[104] *Nerlich* in: Michalski, § 71, Rdnr. 35; *Hohner* in: Hachenburg, GmbHG § 71, Rdnr. 15; *Schulze-Osterloh* in: Baumbach/Hueck, § 71, Rdnr. 26; *K. Schmidt* in: Scholz, GmbHG; § 71, Rdnr. 28; *Förschle/Deubert* in: Budde/Förschle/Winkeljohann, T Rdnr. 216; *Scherrer/Heni*, S. 140.

[105] *Förschle/Deubert* in: Budde/Förschle/Winkeljohann, T Rdnr. 216.

[106] *Scherrer/Heni*, S. 139.

[107] *Rasner* in: Rowedder/Schmidt-Leithoff, § 71, Rdnr. 16; missverständlich *Hohner* in: Hachenburg, GmbHG § 71, Rdnr. 15; *Schulze-Osterloh* in: Baumbach/Hueck, § 71, Rdnr. 26; *Nerlich* in: Michalski, § 71, Rdnr. 35.

[108] *Schulze-Osterloh* in: Baumbach/Hueck, § 71, Rdnr. 27; *Rasner* in: Rowedder/Schmidt-Leithoff, § 71, Rdnr. 16; *Förschle/Deubert* in: Budde/Förschle/Winkeljohann, T Rdnr. 221.

5. Auf- und Feststellung, Prüfung und Offenlegung

Den Liquidatoren wird nicht mehr als die gesetzliche Zeitspanne zur Aufstellung des Jahresabschlusses gewährt. Gemäß § 264 Abs. 1 S. 2 HGB ist dieser innerhalb einer Frist von drei Monaten aufzustellen, solange die GmbH nicht als kleine Kapitalgesellschaft im Sinne des § 264 Abs. 1 S. 3 HGB gilt. In diesem Fall wird eine Frist von bis zu sechs Monaten gewährt, wenn dies dem ordentlichen Geschäftsgang entspricht[109]. Der Jahresabschluss ist dann von den Gesellschaftern entsprechend § 42a Abs. 2 GmbHG innerhalb von acht bzw. elf Monaten festzustellen, § 71 Abs. 2 S. 1 GmbHG, und nach den Regelungen der §§ 325 ff. HGB offenzulegen[110]. Die Gesellschaft kann zwar durch das Gericht von der Prüfung des Jahresabschlusses und des Lageberichts auf Antrag befreit werden, wenn die Verhältnisse der Gesellschaft überschaubar sind, so dass eine Prüfung im Interesse der Gläubiger und der Gesellschafter nicht geboten scheint; § 71 Abs. 3 S. 1 GmbHG. Für die Offenlegungspflicht gilt dies aber nicht[111]. Wird noch eine Geschäftstätigkeit in nennenswertem Umfang ausgeübt, ist diese noch zu erwarten oder bestehen Zweifel an der ordnungsgemäßen Durchführung der Liquidation, ist eine Befreiung in der Regel ausgeschlossen[112]. Für die Entscheidung über die Befreiung von der Prüfungspflicht hat das Gericht, welches im Verfahren der Freiwilligen Gerichtsbarkeit gemäß § 145 FGG tätig wird, ein Ermessen auszuüben[113]. Zuständig ist das Gericht, in dessen Bezirk die Gesellschaft ihren Sitz hat, § 145 FGG, § 7 GmbHG. Gegen die Entscheidung des Gerichts ist die sofortige Beschwerde zulässig, §§ 22 ff. FGG. 593

V. Liquidationsschlussbilanz und Schlussrechnung

Es ist zudem zu empfehlen, eine Liquidationsschlussbilanz aufzustellen. Sie ist zwar gesetzlich nicht vorgeschrieben, ihre Notwendigkeit wird jedoch angenommen[114]. Die Liquidationsschlussbilanz soll Auskunft über den Geschäftsgang seit dem letzten Liquidationsjahresabschluss geben und die Höhe des zu verteilenden Vermögens abbilden[115]. Voraussetzung für die Aufstellung der Liquidationsschlussbilanz ist, dass Geschäftsvorfälle in nennenswertem Umfang nicht mehr zu erwarten sind. So stehen laufende Aktivprozesse gegen Dritte der Beendigung der Liquidation und damit der endgültigen Bestimmung des Reinvermögens entgegen[116]. Die Liquidationsschlussbilanz ist die letzte externe Rechnungslegung der aufgelösten Gesellschaft[117] und gibt den Liquidatoren die Gelegenheit Vorschläge über die Verwendung des Vermögens zu ma- 594

---

[109] *Nerlich* in: Michalski, § 71, Rdnr. 31; *K. Schmidt* in: Scholz, GmbHG; § 71, Rdnr. 19.

[110] KG NZG 2003, 1119 (1120); *Rasner* in: Rowedder/Schmidt-Leithoff, § 71, Rdnr. 18; *Schulze-Osterloh* in: Baumbach/Hueck, § 71, Rdnr. 33; ADS, § 71GmbHG, Rdnr. 43; *Hohner* in: Hachenburg, GmbHG § 71, Rdnr. 18; *K. Schmidt* in: Scholz, GmbHG; § 71, Rdnr. 26; *Förschle/Deubert* in: Budde/Förschle/Winkeljohann, T Rdnr. 345.

[111] *Schulze-Osterloh* in: Baumbach/Hueck, § 71, Rdnr. 33; *Nerlich* in: Michalski, § 71, Rdnr. 32; Förschle/Deubert in: Budde/Förschle/Winkeljohann, T Rdnr. 345.

[112] *Förschle/Deubert* in: Budde/Förschle/Winkeljohann, T Rdnr. 317.

[113] *Erle/Eberhard* in: Beck GmbH-Hdb, § 16 Rdnr. 65.

[114] *Schulze-Osterloh* in: Baumbach/Hueck, § 71, Rdnr. 28; *K. Schmidt* in: Scholz, GmbHG; § 71, Rdnr. 30; *Nerlich* in: Michalski, § 71, Rdnr. 39; *Rasner* in: Rowedder/Schmidt-Leithoff, § 71, Rdnr. 25; *Erle/Eberhard* in: Beck GmbH-Hdb, § 16 Rdnr. 68, Rodewald GmbHR 1994, 454 (455); a.A.: *Hohner* in: Hachenburg, GmbHG § 71, Rdnr. 20.

[115] *Nerlich* in: Michalski, § 71, Rdnr. 41; *Erle/Eberhard* in: Beck GmbH-Hdb, § 16 Rdnr. 68.

[116] Rodewald GmbHR 1994, 454 (455).

[117] *K. Schmidt* in: Scholz, GmbHG; § 71, Rdnr. 30; *Rasner* in: Rowedder/Schmidt-Leithoff, § 71, Rdnr. 25.

chen, z.B. über eine Ausschüttung des Restvermögens oder die Rückgabe von Sacheinlagen an die Einleger[118]. Die Liquidationsschlussbilanz unterliegt den Rechnungslegungs-, Prüfungs- und Offenlegungsvorschriften des HGB[119] bedarf und ist durch die Gesellschafter gemäß § 46 Nr. 1 GmbHG festzustellen, solange das Sperrjahr noch nicht abgelaufen ist[120]. Verpflichtungen der Gesellschaft, die ihrer Höhe nach noch nicht feststehen, wie z.B. Kosten der Liquidatoren, Löschungskosten oder Steuerschulden sind auf der Passivseite der Bilanz zu erfassen[121].

595 Von der Liquidationsschlussbilanz ist die Schlussrechnung zu unterscheiden. Die Schlussrechnung wird von § 74 Abs. 1 GmbHG als Voraussetzung der Anmeldung des Schlusses der Liquidation zum Handelsregister gefordert und ist nach richtiger Ansicht[122] neben der Liquidationsschlussbilanz zu erstellen. Daraus ergibt sich außerdem, dass die Schlussrechnung nach Verteilung des Vermögens zu erstellen ist und im Gegensatz zur Liquidationsschlussbilanz die Vermögensverteilung dokumentier und in ihr kein Vorschlag zur Vermögensverteilung enthalten ist[123]. Sie bildet die interne Rechnungslegung[124] der Liquidatoren – auch der gerichtlich bestellten Liquidatoren[125] – gegenüber den Gesellschaftern und hat damit auch die Funktion für die Liquidatoren, Rechenschaft über ihre Tätigkeit von Anfang bis Ende der Liquidation ablegen zu können[126]. Letzteres ist insbesondere deshalb von Bedeutung, weil für die Liquidatoren das Haftungsregime wie für Geschäftsführer gemäß § 71 Abs. 4 GmbHG gilt. Die Schlussrechnung dient ihnen mithin zur Entlastung.

596 Die Schlussrechnung ist eine Überschussrechnung im Sinne des § 259 Abs. 1 BGB[127] und sollte sinnvoller Weise als Einnahmen-/Ausgabenrechnung gestaltet werden[128].

Die Schlussrechnung muss nicht veröffentlicht und auch nicht geprüft werden[129]. Von einer Schlussrechnung kann abgesehen werden, wenn kein Vermögen zu verteilen ist, und demnach der Stichtag für beide Rechenwerke derselbe Tag ist.[130]

VI. Gliederungsvorschriften

597 Sowohl für die Eröffnungsbilanz als auch für die Jahresabschlüsse während der Liquidation gelten die allgemeinen Grundsätze für die Gliederung, wie sie sich aus § 265 HGB ergeben, die nach Größenklassen unterschiedenen Vorschriften, also die §§ 266, 275, 276 HGB, und die

[118] *K. Schmidt* in: Scholz, GmbHG; § 71, Rdnr. 30; *Erle/Eberhard* in: Beck GmbH-Hdb, § 16 Rdnr. 68.

[119] *K. Schmidt* in: Scholz, GmbHG; § 71, Rdnr. 30; *Nerlich* in: Michalski, § 71, Rdnr. 41; *Schulze-Osterloh* in: Baumbach/Hueck, § 71, Rdnr. 27.

[120] *K. Schmidt* in: Scholz, GmbHG; § 71, Rdnr. 30; *Nerlich* in: Michalski, § 71, Rdnr. 41.

[121] *Nerlich* in: Michalski, § 71, Rdnr. 41; *Erle/Eberhard* in: Beck GmbH-Hdb, § 16 Rdnr. 68.

[122] *Schulze-Osterloh* in: Baumbach/Hueck, § 71, Rdnr. 29; *K. Schmidt* in: Scholz, § 71, Rdnr. 35; *Nerlich* in: Michalski, § 71, Rdnr. 35 mit Einschränkung a.E.; ADS, § 71, Rdnr. 14f.; *Erle/Eberhard* in: Beck GmbH-Hdb, § 16, Rdnr. 69; *Förschle/Deubert* in: Budde/Förschle/Winkeljohann, T Rdnr. 280ff.; *Scherrer/Heni*, 40ff.; *K. Schmidt*, Liquidationsbilanzen, S. 50f.; Rodewald GmbHR 1994, 454 (455); a.A.: *Hohner* in: Hachenburg, GmbHG § 71, Rdnr. 20.

[123] *Nerlich* in: Michalski, § 71, Rdnr. 49,.

[124] *Rasner* in: Rowedder/Schmidt-Leithoff, § 71, Rdnr. 26; *Nerlich* in: Michalski, § 71, Rdnr. 40; Rodewald GmbHR 1994, 454 (455).

[125] BayObLG BB 1963, 664.

[126] *K. Schmidt* in: Scholz, GmbHG; § 71, Rdnr. 33.

[127] *K. Schmidt* in: Scholz, GmbHG; § 71, Rdnr. 35; *Nerlich* in: Michalski, § 71, Rdnr. 48; *Erle/Eberhard* in: Beck GmbH-Hdb, § 16 Rdnr. 69.

[128] ADS, § 71, Rdnr. 14f.; *Erle/Eberhard* in: Beck GmbH-Hdb, § 16 Rdnr. 69.

[129] *Nerlich* in: Michalski, § 71, Rdnr. 48; .

[130] *Nerlich* in: Michalski, § 71, Rdnr. 50.

Vorschriften zu den einzelnen Positionen der Bilanz und der Gewinn- und Verlustrechnung, §§ 268–274, 277 HGB[131]. Umstritten sind allerdings die Umgliederung des Anlagevermögens und der Ausweis des Eigenkapitals.

1. Umgliederung des Anlagevermögens

§ 71 Abs. 2 S. 3 GmbHG führt zu einer Neubewertung des Anlagevermögens als Umlaufver- **598**
mögen, soweit ihre Veräußerung innerhalb eines übersehbaren Zeitraums beabsichtigt ist oder diese Vermögensgegenstände nicht mehr dem Geschäftsbetrieb dienen. Eine Ansicht schlägt vor, das Anlagevermögen unter § 266 Abs. 2 B. HGB zu gliedern, wenn die Voraussetzungen des § 71 Abs. 2 S. 3 GmbHG vorlägen. Damit könne die Umwidmung den Stand der Liquidation dokumentieren[132]. Die Gegenansicht lässt die Erfüllung der Voraussetzungen des § 71 Abs. 2 S. 3 GmbHG außer Betracht. Es handele sich bei der Vorschrift einzig um eine Bewertungsvorschrift, die eine Umgliederung der Gegenstände des Anlagevermögens in das Umlaufvermögen nicht begründen könne[133]. Wie sich der Aufsteller der Bilanz entscheidet bleibt für diese Meinungsverschiedenheit insoweit unerheblich, wie er – wie von beiden Meinungen gefordert wird – die Handhabung der Gliederung des Anlagevermögens im Anhang des Jahresabschlusses erläutert[134].

2. Ausweis des Eigenkapital

Schließlich bestehen unterschiedliche Auffassungen darüber, wie das Eigenkapital in der Bi- **599**
lanz auf der Passivseite auszuweisen ist. Während eine Meinung[135] die Ansicht vertritt, die in § 266 Abs. 3 A. HGB vorgesehene Gliederung solle nach der Auflösung der Gesellschaft nicht mehr erfolgen, weil das strikte Ausschüttungsverbot in der Liquidation die Aufgliederung nach obiger Maßgabe nicht erfordere, steht die andere Ansicht[136] im Wesentlichen auf dem Standpunkt, es gäbe dafür weder eine gesetzliche Grundlage, noch mache das Liquidationsverfahren die Änderung der Gliederung erforderlich. Die erste Meinung möchte mithin im Gegensatz zur anderen Meinung einen einheitlichen Posten für das Eigenkapital auf der Passivseite der Bilanz einrichten. *K. Schmidt*[137] erläutert eine überzeugende Handhabung der Gliederung des Eigenkapitals, in der eine Zusammenfassung des Eigenkapitals im Sinne einer Saldierung erst dann erfolgt, wenn eine Fortsetzung der Gesellschaft ausgeschlossen, das Sperrjahr abgelaufen ist und die Verteilung des Kapitals unmittelbar bevorsteht. Dies ergibt vor allem deshalb Sinn, weil die Gesellschafter jederzeit in der Lage sind, die Fortsetzung der Gesellschaft zu beschließen. Wären zu diesem Zeitpunkt die Eigenkapitalposition durch eine Saldierung zu einem Posten zusammengefasst worden, würde dies zu Schwierigkeiten führen[138].

---

[131] *Hohner* in: Hachenburg, GmbHG § 71, Rdnr. 22; *Nerlich* in: Michalski, § 71, Rdnr. 52; ADS, § 71 Rdnr. 32.

[132] *K. Schmidt* in: Scholz, GmbHG; § 71, Rdnr. 21; Sarx in: BeckBilKomm, Anh. 3, Rdnr. 225; *Förschle/Deubert* in: Budde/Förschle/Winkeljohann, T Rdnr. 230 ff.

[133] ADS, § 71 Rdnr. 33; *Hohner* in: Hachenburg, GmbHG § 71, Rdnr. 22.

[134] *Hohner* in: Hachenburg, § 71, Rdnr. 22; *K. Schmidt* in: Scholz, § 71, Rdnr. 21.

[135] *Schulze-Osterloh* in: Baumbach/Hueck, § 71, Rdnr. 18; Küting/Weber/Bohl, § 71, Rdnr. 24; Sarx in: BeckBilKomm, Anh. 3, Rdnr. 248.

[136] *Hohner* in: Hachenburg, § 71, Rdnr. 22; *K. Schmidt* in: Scholz, § 71, Rdnr. 21; *Scherrer/Heni*, S. 88 ff.; *Förschle/Deubert* in: Budde/Förschle/Winkeljohann, T Rdnr. 235 ff.

[137] *K. Schmidt* in: Scholz, § 71, Rdnr. 21 m.w.N.

[138] Beachte allerdings die Bilanzierung der eigenen Anteil bei *K. Schmidt* in: Scholz, § 71, Rdnr. 21.

VII. Weitere Rechnungswerke

600 Neben der externen Rechnungslegung der Gesellschaft in der Liquidation, wie sie durch § 71 GmbHG vorgeschrieben wird, ist die interne Rechnungslegung der Liquidatoren zu unterscheiden. Sie wird zwar nicht mehr vom Gesetz[139] gefordert, in der Literatur[140] ist jedoch umstritten, ob sie erforderlich ist. Diese Liquidationsbilanzen im engeren Sinne sollen dem Bericht an die Gesellschafter dienen und überdies die Funktion der Rechenschaftslegung gegenüber diesen durch die Liquidatoren erfüllen[141]. Sollte man die Meinung[142] vertreten, dass die Liquidatoren dazu verpflichtet sind, während der Liquidation eine interne Rechnungslegung vorzuhalten, haben diese einen Liquidationseröffnungsplan, Zwischenberichte und den Überschuldungsstatus aufzustellen. Empfehlenswert ist die Aufstellung solcher Liquidationsbilanzen sicher, wenn man bedenkt, dass auch die Liquidatoren denselben Pflichten wie Geschäftsführer unterliegen und daher den finanziellen Status der Gesellschaft sich jederzeit vergegenwärtigen können müssen[143]. Es sind dann die Rechnungswerke wie folgt aufzustellen:

1. Liquidationseröffnungsplan

601 Auf den Tag der Auflösung der Gesellschaft erstellen die Liquidatoren einen Liquidationseröffnungsplan, der als Vermögensverteilungsbilanz das Vermögen der Gesellschaft feststellt und das der Verteilung unterliegende Liquidationsendvermögen prognostiziert[144]. Im Gegensatz zu der Liquidationseröffnungsbilanz ist das Vermögen der Gesellschaft in diesem Liquidationseröffnungsplan nicht nach dem Grundsatz der Unternehmensfortführung, sondern nach Versilberungswerten zu bewerten[145]. Damit geht eine Neubewertung des Gesellschaftsvermögens einher[146]. In der Vermögensaufstellung erscheinen lediglich die verwertbaren Güter als Aktiven und die Gesellschaftsverbindlichkeiten als Passiven[147]. Das Eigenkapital der Gesellschaft bleibt in der Aufstellung unberücksichtigt. Als Grundsatz der Bewertung gilt das Prinzip der Zeitwerte, d.h. für Gegenstände des Anlagevermögens ist der Verschrottungswert abzüglich der Kosten die Untergrenze, der Wiederbeschaffungswert die theoretische Obergrenze[148]. Jedes Wirtschaftsgut ist einzeln zu bewerten, es sei denn, die Veräußerung des Unternehmens steht fest. In diesem Fall ist der Veräußerungswert des Unternehmens als Ganzes anzusetzen[149].

---

[139] § 71 GmbHG i.d.F. des Bilanzrichtliniengesetzes vom 19.12.1985, BGBl. I, 2355.

[140] Zustimmend: *K. Schmidt* in: Scholz, § 71, Rdnr. 6, 31 ff., einschränkend 33; *K. Schmidt*, Liquidationsbilanzen, S. 47 ff.; *Nerlich* in: Michalski, § 71, Rdnr. 44; *Förschle/Deubert* in: Budde/Förschle/Winkeljohann, T Rdnr. 13, einschränkend aber Rn. 23; *Weitbrecht* in: MünchHdbGmbH, § 63, Rdnr. 42; **a.A.:** *Schulze-Osterloh* in: Baumbach/Hueck, § 71, Rdnr. 6; *Bohl/Schamburg-Dickstein* in: Küting/Weber/*Bohl*, Rn. 11 (EL 1, September 2002); mit Ausnahme der Schlussrechnung *Hohner* in: Hachenburg, § 71, Rdnr. 21.

[141] *K. Schmidt* in: Scholz, § 71, Rdnr. 31.

[142] *K. Schmidt* in: Scholz, § 71, Rdnr. 6, 31 ff., einschränkend 33; *K. Schmidt*, Liquidationsbilanzen, S. 47 ff.; *Nerlich* in: Michalski, § 71, Rdnr. 44; *Förschle/Deubert* in: Budde/Förschle/Winkeljohann, T Rdnr. 13, einschränkend aber Rn. 23; *Weitbrecht* in: MünchHdbGmbH, § 63, Rdnr. 42.

[143] *Schulze-Osterloh* in: Baumbach/Hueck, § 43, Rdnr. 33, 51.

[144] *Nerlich* in: Michalski, § 71, Rdnr. 44.

[145] *K. Schmidt* in: Scholz, § 71, Rdnr. 32.

[146] *Nerlich* in: Michalski, § 71, Rdnr. 44.

[147] *K. Schmidt* in: Scholz, § 71, Rdnr. 32; *Nerlich* in: Michalski, § 71, Rdnr. 44.

[148] *K. Schmidt* in: Scholz, § 71, Rdnr. 32.

[149] *Nerlich* in: Michalski, § 71, Rdnr. 44; *K. Schmidt* in: Scholz, § 71, Rdnr. 32.

Bei der Aufstellung des Liquidationseröffnungsplans ist nicht zu vergessen, dass die Verfechter dieser internen Rechnungslegung das Erfordernis derselben darin begründet sehen, dass die Gesellschafter ein möglicherweise ungestilltes Informationsbedürfnis haben. *K. Schmidt*[150] weist dementsprechend darauf hin, dass es nicht darum gehe, eine Verdoppelung der gesetzlichen Pflichten zu erreichen, sondern die interne Rechnungslegung anzufertigen, *soweit* nicht die vorgeschriebenen Bilanzen und der Erläuterungsbericht die notwendigen Informationen ohnehin enthielten. Bevor also der nicht zu vernachlässigende Aufwand einer internen Rechnungslegung nach Muster der vor dem BiLiRiG geltenden Vorschriften betrieben wird, ist kritisch zu überprüfen, ob nicht die relevanten Informationen in der nach § 71 GmbHG vorgeschrieben Rechnungslegung aufgenommen werden können. **602**

2. Zwischenberichte

Sollte das Informationsbedürfnis der Gesellschafter es erfordern, können die Liquidatoren während der Liquidationsphase gehalten sein, sogenannte Zwischenberichte aufzustellen[151]. Sie sollen, wie auch der Liquidationseröffnungsplan, einen Zwischenbericht über das Vermögen der Gesellschaft geben. Die Gestaltung solcher Zwischenberichte steht den Liquidatoren frei, solange sie das Informationsbedürfnis der Gesellschaft erfüllen[152]. Der Einfachheit halber können sie mit der Jahresrechnungslegung der Gesellschaft verbunden werden[153]. **603**

3. Überschuldungsstatus

Da die Liquidatoren gemäß § 71 Abs. 4 GmbHG dieselben Pflichten haben wie die Geschäftsführer, gilt für sie auch, dass sie die finanzielle Situation der Gesellschaft jederzeit darstellen und überprüfen können müssen[154]. Insofern haben die Liquidatoren die Pflicht einen Überschuldungsstatus aufzustellen, wenn sie die Möglichkeit einer Überschuldung oder Zahlungsunfähigkeit der Gesellschaft nicht ausschließen können[155]. *Nerlich* weist zu Recht daraufhin, schon der Liquidationseröffnungsplan als auch die Zwischenberichte seien jeweils ein Überschuldungsstatus; schließlich folge die Bewertung des Gesellschaftsvermögens denselben Regeln wie für den Liquidationseröffnungsplan[156]. **604**

---

150 *K. Schmidt* in: Scholz, § 71, Rdnr. 31 a.E.
151 *Nerlich* in: Michalski, § 71, Rdnr. 46; *K. Schmidt* in: Scholz, § 71, Rdnr. 34.
152 *Nerlich* in: Michalski, § 71, Rdnr. 46; *K. Schmidt* in: Scholz, § 71, Rdnr. 34.
153 *Nerlich* in: Michalski, § 71, Rdnr. 46; *K. Schmidt* in: Scholz, § 71, Rdnr. 34.
154 *Schulze-Osterloh* in: Baumbach/Hueck, § 43, Rdnr. 33, 51.
155 *Nerlich* in: Michalski, § 71, Rdnr. 47; vgl. oben unter § 5 II 1 a) bb) (3), Rdnr. 235.
156 *Nerlich* in: Michalski, § 71, Rdnr. 47.

§ 12 Besteuerung in der Liquidation

I. Ertragssteuern der Gesellschaft

605 Die Gesellschaft ist auch in der Liquidationsphase Steuersubjekt. Die Steuerpflicht der Gesellschaft endet nicht schon mit der Auflösung. Vielmehr findet eine Schlussbesteuerung statt, in der die während des Liquidationszeitraumes erzielten Gewinne und alle während des Bestehens der Gesellschaft angesammelten unversteuerten stillen Reserven der Besteuerung unterworfen werden[1]. Die Besteuerung der Gesellschaft in der Liquidation ist insbesondere durch § 11 KStG geregelt, aus dem sich gewichtige Besonderheiten für die Besteuerung der Gesellschaft ergeben.

1. Körperschaftsteuer

606 Wird eine GmbH nach der Auflösung abgewickelt, so ist der im Zeitraum der Abwicklung erzielte Gewinn der Besteuerung zu Grunde zu legen, § 11 Abs. 1 S. 1 KStG. § 11 KStG legt eine besondere Art der Ermittlung des steuerpflichtigen Liquidationsgewinns nieder. Es wird sichergestellt, dass solche Gewinne der Körperschaftssteuer unterworfen werden, die während des Bestehens der Körperschaft noch nicht verwirklicht oder nicht versteuert worden sind und solche Gewinne, die durch eine beschränkte Weiterführung des Unternehmens während der Abwicklungsphase entstanden sind[2].

§ 11 KStG schließt als *lex specialis* § 16 EStG und dessen Anwendung auf die Steuerpflichtigen nach § 1 Abs. 1 Nr. 1–3 KStG aus[3]. Eine Geltendmachung des Freibetrags aus § 16 Abs. 4 EStG ist mithin ausgeschlossen[4].

a. Auflösung und Abwicklung

607 § 11 KStG findet nur Anwendung, wenn die Gesellschaft – im Sinne des § 1 Abs. 1 Nr. 1 bis 3 KStG – aufgelöst und abgewickelt wird[5]. Wird die Gesellschaft nicht abgewickelt, greifen nach wie vor die allgemeinen Besteuerungsregeln ein[6]. Dieser Regel gibt § 11 Abs. 7 KStG die Ausnahme vor: Unterbleibt eine Abwicklung, weil über das Vermögen der Gesellschaft das Insolvenzverfahren eröffnet worden ist, gelten die Regeln des § 11 Abs. 1–6 KStG sinngemäß. Beschließt die Gesellschaft während der Liquidationsphase die Fortsetzung[7] und betätigt sich anschließend wieder gewerblich, ist anzunehmen, dass auch die steuerliche Liquidation endet.

[1] *Wrede/Busch* in: MünchHdb GesR, § 64, Rdnr. 1; *Erle/Eberhard* in: Beck GmbH-Hdb, § 16, Rdnr. 70.

[2] Dötsch/Cattelaens/Gottstein/Stegmüller/Zenthöfer, Körperschaftsteuer, Rdnr. 640.

[3] *Hofmeister* in: Blümich, EStG-KStG-GewStG, § 11 KStG, Rdnr. 12; im Hinblick auf die Erfassung von Liquidationsgewinnen von Kapitalgesellschaften nach § 16 Abs. 4 a.F. vgl. BFH I R 33/90, Urt. v. 08.05.1991, BSTbL. II 1992, 437.

[4] Dötsch/Franzen/Sädtler/Zenthöfer, Körperschaftsteuer, S. 215.

[5] *Hofmeister* in: Blümich, EStG-KStG-GewStG, § 11 KStG, Rdnr. 20; Herrmann/Heuer/Raupach, KStG, § 11, Rdnr. 30; *Lambrecht* in: Gosch, KStG, § 11, Rdnr. 24.

[6] *Graffe* in: Dötsch/Jost/Pung/Witt, Die Körperschaftsteuer, § 11, Rdnr. 5.

[7] Zur Zulässigkeit und den einzelnen Voraussetzungen siehe oben, § 7.

Die GmbH wird wieder zum Körperschaftsteuersubjekt auf jährlicher Basis[8], mit der Folge, dass auch § 11 KStG nicht mehr anwendbar ist. Gleiches gilt für Fälle der Scheinliquidation. Diese sind dann anzunehmen, wenn die Liquidation zwar formal eröffnet wird, sich die GmbH aber nach wie vor am Wirtschaftsleben beteiligt[9].

Eine Auflösung der GmbH im Sinne des § 11 KStG kann auf einem Beschluss gemäß § 60 **608**
Abs. 1 Nr. 2 GmbHG oder anderen Gründen[10] beruhen. Die Auflösung durch Beschluss muss zwar den eindeutigen Willen zur Auflösung der GmbH erkennen lassen[11]. Er setzt aber keine besondere Form voraus, insbesondere nicht die Eintragung in das Handelsregister. Letztere entfaltet lediglich deklaratorische Wirkung[12]. Der Auflösungsbeschluss wird daher mit dem Tag der Beschlussfassung wirksam, sofern sich aus dem Beschluss nichts Anderes ergibt[13].

Ist der Auflösungsbeschluss gefasst, ist mit der Abwicklung zu beginnen. Erst dann werden **609**
die Rechtsfolgen des § 11 KStG ausgelöst. Dafür müssen die laufenden Geschäfte beendet, die Forderungen eingezogen, die Gläubiger befriedigt und das überschießende Vermögen versilbert und an die Gesellschafter verteilt werden. Für die Verteilung ist § 73 GmbHG zu beachten, der ein Sperrjahr vorschreibt. Das Sperrjahr hindert nicht nur die Verteilung des Vermögens an die Gesellschafter aus gesellschaftsrechtlicher Sicht, sondern manifestiert aus steuerlicher Sicht auch eine Voraussetzung für das Ende der Körperschaftsteuerpflicht. Die Steuerpflicht endet erst, wenn die Liquidation rechtsgültig abgeschlossen ist. Zum rechtsgültigen Abschluss der Liquidation gehört bei Kapitalgesellschaften auch der Ablauf des Sperrjahres[14]. Das Sperrjahr beginnt mit dem Tag, an dem der Aufruf an die Gläubiger zum dritten Mal bekannt gemacht bzw. veröffentlicht worden ist, § 73 GmbHG. Mit dem Abschluss der Liquidation ist die GmbH nicht mehr Steuersubjekt. Allerdings besteht sie ungeachtet ihrer Löschung im steuerrechtlichen Sinne fort, wenn die Gesellschaft noch steuerliche Pflichten zu erfüllen hat, an einem Rechtsmittelverfahren teilnimmt und sich in dem Verfahren ihr steuerliches Ergebnis ändern kann[15].

b. Besteuerungszeitraum

Gemäß §§ 7 Abs. 3 und 4, 31 Abs. 1 KStG i.V.m. § 25 Abs. 1 EStG ist der Ermittlungszeitraum **610**
für das Einkommen grundsätzlich das Kalender- bzw. Wirtschaftsjahr. Für die Liquidation der

---

[8] So schon zur AG: RFH, Urt. v. 07.05.1929, RStBl. 1929, 512; *Graffe* in: Dötsch/Jost/Pung/Witt, Die Körperschaftsteuer, § 11, Rdnr. 6.

[9] So schon RFH, Urt. v. 28.08.1928, RStBl. 1928, 366; *Graffe* in: Dötsch/Jost/Pung/Witt, Die Körperschaftsteuer, § 11, Rdnr. 6.

[10] Hierzu oben, § 2, Rdnr. 34 z.B.: Satzungs- oder vertragsgemäßes Ende der Körperschaft durch Zeitablauf, § 60 Abs. 1 Nr. 1 GmbHG; weitere im Gesellschaftsvertrag enthaltene Gründe, § 60 Abs. 2 GmbHG; Entscheidungen gemäß § 60 Abs. 1 Nr. 3 GmbHG; Eröffnung des Insolvenzverfahrens, § 60 Abs. 1 Nr. 4 GmbHG; Eintritt der Rechtskraft des Beschlusses, durch den die Eröffnung des Insolvenzverfahrens mangels Masse abgelehnt worden ist, § 60 Abs. 1 Nr. 5 GmbHG; Eintritt der Rechtskraft einer gerichtl. Verfügung, durch die ein Satzungsmangel bzw. Mangel des GesVertrags festgestellt worden ist, § 60 Abs. 1 Nr. 6 GmbHG; Löschung wegen Vermögenslosigkeit, § 60 Abs. 1 Nr. 7 GmbHG.

[11] BGH ZIP 1999, 281 (283); BayObLG GmbHR 1995, 54; BFH, Urt. v. 27.02.1985, BFH/NV 85, 63; *Schulze-Osterloh/Fastrich* in: Baumbach/Hueck, GmbHG, § 60, Rdnr. 19.

[12] BGH ZIP 1999, 281 (283); so auch schon RFH, Urt. v. 10.12.1920, RGZ 101, 78; *Schulze-Osterloh/Fastrich* in: Baumbach/Hueck, GmbHG, § 60, Rdnr. 21; *Hohner* in: Hachenburg, GmbHG, § 60, Rdnr. 35; *Schmidt* in: Scholz, GmbHG, § 60, Rdnr. 15, 18; *Rasner* in: Rowedder/Schmidt-Leithoff, GmbHG, § 60, Rdnr. 16; *Hofmeister* in: Blümich, EStG-KStG-GewStG, § 11 KStG, Rdnr. 24.

[13] BFH, Urt. v. 09.03.1983, BStBl. II 1983, 433; *Schulze-Osterloh/Fastrich* in: Baumbach/Hueck, GmbHG, § 60, Rdnr. 21.

[14] R 51 Abs. 2 S. 1 u. 2 KStR 2004.

[15] BFH, Urt. v. 26.03.80, BStBl. II 1980, 587; vgl. auch BFH, Urt. v. 2.07.1969, BFHE 96, 335, BStBl. II 1969, 656, m.w.N.; vgl. auch BGH, Urt. 29.09.1967, BGHZ 48, 303; BGH, Beschl. v. 23.02.1970, BGHZ 53, 264.

Gesellschaft regelt § 11 KStG eine Ausnahme von diesem Grundsatz, in dem er bestimmt, dass der Ermittlungszeitraum der Zeitraum der handelsrechtlichen Abwicklung ist, vgl. § 11 Abs. 1 S. 1 KStG. Dieser Zeitraum soll drei Jahre nicht überschreiten, § 11 Abs. 1 S. 2 KStG.

611 Der Gewinnermittlungszeitraum beginnt mit dem Tag, an dem die Auflösung wirksam wird und endet mit dem rechtsgültigen Abschluss der Abwicklung, wenn das Sperrjahr gemäß § 73 GmbHG abgelaufen ist. Ansonsten ist bis zu dessen Ablauf auch der Gewinnermittlungszeitraum ausgedehnt[16].

612 Als Besonderheit ist hervorzuheben, dass steuerrechtlich im Abwicklungszeitraum keine Wirtschaftsjahre vollendet werden; an deren Stelle tritt der sogenannte Besteuerungszeitraum, für dessen Schluss jeweils eine Steuerbilanz aufzustellen ist. Umfasst der Abwicklungszeitraum mehrere Besteuerungszeiträume, ist auf den Schluss eines jeden Besteuerungszeitraums, für den nicht mehr das Anrechnungsverfahren gilt[17], das Körperschaftsteuerguthaben nach § 37 KStG, der Teilbetrag Alt-EK 02 nach § 38 KStG und das steuerliche Einlagekonto nach § 27 KStG gesondert festzustellen. Die abschließenden gesonderten Feststellungen für den letzten Besteuerungszeitraum sind auf den Zeitpunkt vor der Schlussverteilung des Vermögens vorzunehmen[18].

613 Überschreitet der Abwicklungszeitraum drei Jahre, können mehrere Besteuerungszeiträume gebildet werden, in denen jeweils eine endgültige Veranlagung vorgenommen wird. Bei den Körperschaftsteuer-Veranlagungen für Besteuerungszeiträume innerhalb des Abwicklungszeitraums handelt es sich nicht um bloße Zwischenveranlagungen, die nach Ablauf des Liquidationszeitraums durch eine Veranlagung für den gesamten Liquidationszeitraum zu ersetzen sind[19]. Es gelten dann noch weitere Besonderheiten: Wird der Abwicklungszeitraum in mehrere Besteuerungszeiträume unterteilt, § 11 Abs. 1 S. 2 KStG, ist die besondere Gewinnermittlung nach § 11 Abs. 2 KStG nur für den letzten Besteuerungszeitraum vorzunehmen[20]. Dabei ist das Abwicklungs-Anfangsvermögen aus der Bilanz zum Schluss des letzten vorangegangenen Besteuerungszeitraums abzuleiten. Für die vorangehenden Besteuerungszeiträume ist die Gewinnermittlung nach allgemeinen Grundsätzen durchzuführen. Auf den Schluss jedes Besteuerungszeitraums ist eine Steuerbilanz zu erstellen[21]. Es sind mithin weder jährliche Steuerbilanzen noch Körperschaftsteuererklärungen zu erstellen und abzugeben. Das Finanzamt hat allerdings die Möglichkeit Vorauszahlungen auf einen zu erwartenden Liquidationsgewinn zu erheben[22].

614 Sollte die Auflösung der Gesellschaft nicht zum Schluss des laufenden Wirtschaftsjahresjahres eintreten, kann das laufende Wirtschaftsjahr zu einem Rumpfwirtschaftsjahr gewandelt werden[23]. Das so entstandene Rumpf-Wirtschaftsjahr endet einen Tag vor der Auflösung der Gesellschaft[24] und ist nicht in den handelsrechtlichen Abwicklungszeitraum einzubeziehen. Der Abwicklungszeitraum beginnt erst mit der Auflösung und schließt sich an das Rumpf-Wirtschaftsjahr an[25]. Während die Finanzverwaltung also ohne Nennung einer Rechtsgrundlage[26]

---

[16] R 51 Abs. 2 S. 2 KStR 2004.

[17] Vgl. BMF v. 26.08.2003, BStBl. I 2003, 434, Rdnr. 4: Endet bei der Liquidation einer unbeschränkt steuerpflichtigen Körperschaft der Besteuerungszeitraum nach dem 31. Dezember 2000, richtet sich die Besteuerung für diesen Zeitraum nach den Vorschriften des KStG n.F. (§ 34 Abs. 14 S. 1 KStG n.F.).

[18] BMF v. 26.08.2003, BStBl. I 2003, 434, Rdnr. 1- 3.

[19] R 51 Abs. 4 KStR 2004.

[20] Kritisch zur Zwischenveranlagung vgl. *Lohmann/Bascopé,* GmbHR 2006, 1313.

[21] R 51 Abs. 3 KStR 2004.

[22] *Wrede/Busch* in: MünchHdb GesR, § 64, Rdnr. 8 m.w.N.

[23] R 51 Abs. 1 S. 3 KStR 2004.

[24] BFH I R 233/71, Urt. v. 17.07.74, BStBl. II 1974, 692; I R 15/98, Urt. v. 22.10.98, BFH/NV 99, 829.

[25] R 51 Abs. 1 S. 4 KStR 2004.

[26] *Hofmeister* in: Blümich, EStG-KStG-GewStG, § 11 KStG, Rdnr. 38; Herrmann/Heuer/Raupach,

von einem Wahlrecht des Steuerpflichtigen ausgeht, spricht sich der *BFH*[27] hingegen für einen Zwang zur Bildung eines Rumpfwirtschaftsjahres aus.

c. Abwicklungsgewinn

615 Der Liquidationsgewinn ist gemäß § 11 Abs. 2 KStG der Unterschiedsbetrag zwischen Abwicklungs-Endvermögen, § 11 Abs. 3 KStG, und dem Abwicklungs-Anfangsvermögen, § 11 Abs. 4 KStG. Der Gewinn wird also durch einen Vermögensvergleich ermittelt. Das folgende Schema[28] kann angewandt werden:

A.	**Ermittlung des stl. Abwicklungs-Endvermögens**	
	1.	Abwicklungs-Endvermögen
	2.	– steuerfreie Vermögensmehrungen
	3.	**= stl. Abwicklungs-Endvermögen**
B.	**Ermittlung des stl. Abwicklungs-Anfangsvermögens**	
	1.	Abwicklungs-Anfangsvermögen
	2.	– Gewinnausschüttungen für Wj. vor der Auflösung
	3.	**= stl. Abwicklungs-Anfangsvermögen**
C.	**Ermittlung des stl. relevanten Abwicklungsgewinns**	
	1.	stl. Abwicklungs-Endvermögen
	2.	– stl. Abwicklungs-Anfangsvermögen
	3.	**= vorläufiger Abwicklungsgewinn**
	4.	– abziehbare Aufwendungen gemäß § 9 Abs. 1 Nr. 1
	5.	+ geleistete Spenden
	6.	– gemäß § 9 Abs. 1 Nr. 2 abziehbare Spenden
	7.	+ nicht abziehbare BA
	8.	+ Buchwert der eigenen Anteile, soweit im Abwicklungs-Anfangsvermögen enthalten
	9.	– Verlustabzug (§ 10d EStG i.V.m. § 8 Abs. 4 KStG[29] a.F. bzw. § 8c KStG a.F.)
	10.	= stpfl. Abwicklungsgewinn

aa. Abwicklungs-Endvermögen

616 Das Abwicklungs-Endvermögen ist das zur Verteilung kommende Vermögen, vermindert um die steuerfreien Vermögensmehrungen, die dem Steuerpflichtigen im Abwicklungszeitraum zugeflossen sind. Der Vermögensbegriff des § 11 Abs. 3 KStG umfasst auch Vorschüsse und be-

KStG, KStG, Rdnr. 42; *Wacht* in: Ernst & Young, KStG, § 11 Rdnr. 34; *Graffe* in: Dötsch/Jost/Pung/Witt, KStG, § 11, Rdnr. 20; Frotscher, KStG, § 11 Rdnr. 22.

[27] BFH, Urt. v. 17.07.1974, BStBl. II 1974, 692; so auch mit Begründung durch § 71 Abs. 1 GmbHG Dötsch/Franzen/Sädtler/Zenthöfer, Körperschaftsteuer, S. 218.

[28] Vgl. *Hofmeister* in: Blümich, EStG-KStG-GewStG, § 11 KStG, Rdnr. 47; Hermann/Heuer/Raupach, KStG, § 11, Rdnr. 62; *Graffe* in: Dötsch/Jost/Pung/Witt, § 11 KStG, Rdnr. 37; *Neu,* GmbHR 2000, 57.

[29] Gem. § 34 Abs. 6 S. 4 KStG in der am 23. Dezember 2001 geltenden Fassung neben § 8c KStG i.d.F. der Art. 2 des Gesetzes vom 14. August 2007 (BGBl. I S. 1912) letztmals anzuwenden, wenn mehr als die Hälfte der Anteile an einer Kapitalgesellschaft innerhalb eines Zeitraumes von fünf Jahren übertragen werden, der vor dem 1. Januar 2008 beginnt, und der Verlust der wirtschaftlichen Identität vor dem 1. Januar 2013 eintriit.

reits geleistete Ratenzahlungen auf das Abwicklungsergebnis. Als Abwicklungs-Endvermögen gelten auch solche Zahlungen oder Leistungen, die verdeckt vorgenommen worden sind; d.h. solche Leistungen, die in einem gewöhnlichen Wirtschaftsjahr als verdeckte Gewinnausschüttung qualifiziert worden wären, wenn die Gesellschaft sich nicht in Liquidation befunden hätte. Beispielsweise fallen in diese Kategorie Preisvorteile bei der Übereignung von Wirtschaftsgütern der Gesellschaft an den Gesellschafter.

617 Das Vermögen ist nicht nach den Grundsätzen des § 6 EStG zu bewerten, sondern nach § 9 BewG. Es muss mithin der gemeine Wert der Wirtschaftsgüter angesetzt werden. Wertpapiere und Schuldbuchforderungen sowie Anteile an Kapitalgesellschaften sind gemäß § 11 BewG, Kapitalforderungen und Schulden nach § 12 BewG zu bewerten. Eine Bewertung der Wirtschaftsgüter mit ihren Teilwerten scheidet naturgemäß aus, weil § 10 S. 3 BewG dafür die Fortführung des Unternehmens voraussetzt[30].

618 Häufig stellt sich die Frage nach der Einbeziehung eines Firmenwertes, dem sogenannten Good-will. Dabei ist zu unterscheiden: Entgeltlich erworbene Firmenwerte werden mit ihrem gemeinen Wert angesetzt, während originäre Firmenwerte durch die Abwicklung der Gesellschaft untergehen und deshalb neutral sind. Gehen die entgeltlich erworbenen Firmenwerte auch im Rahmen der Abwicklung unter, sind diese auch lediglich mit Null anzusetzen[31]. Zu begründen ist dies damit, dass nur solche Wirtschaftsgüter mit einem gemeinen Wert versehen werden können, die einen Einzelveräußerungspreis haben. Dies hat der originäre Firmenwert regelmäßig nicht. Eine Ausnahme für die Bewertung des originären Firmenwertes der Gesellschaft soll nur dann gelten, soweit er oder die ihn verkörpernden Faktoren, wie z.B. Kundenstamm, qualifizierte Belegschaft oder ähnliches, unentgeltlich oder für ein zu geringes Entgelt an Gesellschafter der Kapitalgesellschaft oder ihnen Nahestehende übergegangen ist[32].

619 Das Vermögen ist zu dem Zeitpunkt zu bewerten, an dem das Vermögen auf den Gesellschafter übertragen wird, sonst ist der Stichtag der Schlussbilanz heranzuziehen. Ist der Wert eines Vermögensgegenstandes, z.B. einer Forderung, im Zeitpunkt der Ermittlung des zur Verteilung kommenden Vermögens ungewiss, sind alle bis zur Veranlagung bekannt werdenden Umstände, die de objektiven Wert erhellen, zu berücksichtigen[33].

620 Dem Vermögen sind nun noch die steuerfreien Vermögensmehrungen abzuziehen. Aus gesellschaftsrechtlicher Sicht gehören dazu insbesondere die Einlagen, verdeckten Einlagen und Nachschüsse. Überdies sind die sachlich steuerbefreiten Einkommensteile, wie zum Beispiel nach § 3 EStG, § 10 InvZulG oder § 8b KStG. Es bleibt zu beachten, dass diese Einkommensteile selbstverständlich erst im Abwicklungszeitraum zugeflossen sein dürfen.

bb. Abwicklungs-Anfangsvermögen

621 Dem Abwicklungs-Endvermögen ist das Abwicklungs-Anfangsvermögen entgegenzustellen.

Gemäß § 11 Abs. 4 KStG ist das Abwicklungs-Anfangsvermögen das Betriebsvermögen, das am Schluss des der Auflösung vorangegangenen Wirtschaftsjahrs der Veranlagung zur Körperschaftsteuer zugrunde gelegt worden ist. Ist für den vorangegangenen Veranlagungszeitraum eine Veranlagung nicht durchgeführt worden, so ist das Betriebsvermögen anzusetzen, das im Falle einer Veranlagung nach den steuerrechtlichen Vorschriften über die Gewinnermittlung auszuweisen gewesen wäre.

---

[30] Vgl. gleichwohl BFH I 246/62 Urt. v. 14.12.65, BStBl. III 1966, 152.

[31] *Hofmeister* in: Blümich, EStG-KStG-GewStG, § 11 KStG, Rdnr. 52.

[32] Vgl. BFH I R 42/00 Urt. v. 27.03.01, BStBl. II 01, 771; *Hofmeister* in: Blümich, EStG-KStG-GewStG, § 11 KStG, Rdnr. 52; Mössner/Seeger, KStG, § 11, Rdnr. 45; Frotscher, KStG, § 11 Rdnr. 32 a; *Lambrecht* in: Gosch, KStG § 11 Rdnr. 52, der auf eine abgewandelte Wertaufhellungstheorie hinweist, die auch solche Umstände berücksichtigt, die zwischen Ermittlung des zur Verteilung kommenden Vermögens bis zur Veranlagung bekannt werden.

[33] BFH Urt. v. 14.12.1965, BStBl. III 1966, 152; Frotscher, KStG, § 11, Rdnr. 32.

Als Grundlage für die Ermittlung des Abwicklungsanfangsvermögens dient also die letzte laufende Schlussbilanz der abzuwickelnden Gesellschaft. Für die Bewertung des Abwicklungsanfangsvermögens sind die §§ 6 ff. EStG anzuwenden. Die Buchwerte des Vermögens sind heranzuziehen, um die stillen Reserven später richtig aufzudecken[34]. 622

Das Anfangsvermögen umfasst auch Anteile, welche der Gesellschaft selbst gehören. Diese gehen bei der Abwicklung unter und lassen somit einen Buchverlust entstehen, wenn End- und Anfangsabwicklungsvermögen verglichen werden. Um diesen Buchverlust auszugleichen, muss der Abwicklungsgewinn nach den allgemeinen Grundsätzen entsprechend dem Wert der Anteile erhöht werden[35]. 623

Selbst wenn für Zeiträume nach der Auflösung keine Gewinnausschüttungen mehr möglich sind, weil das Vermögen verteilt werden soll, besteht die Möglichkeit, für vorangegangene Zeiträume noch Ausschüttungen vorzunehmen. Es kann auch nach Beginn der Abwicklung noch ein Gewinnverwendungsbeschluss gefasst werden, der Gewinne zur Ausschüttung bringen soll, die in Perioden entstanden sind, die vor der Auflösung geendet haben.[36] Gleiches gilt auch für ein Rumpfwirtschaftsjahr zwischen dem letzten vollen Wirtschaftsjahr und der Auflösung[37] und für Änderungen für Gewinnverwendungsbeschlüsse für Zeiträume vor Beginn der Liquidation[38]. Um zu verhindern, dass der Abwicklungsgewinn nicht durch solche Ausschüttungen gemindert wird, ist das Abwicklungs-Anfangsvermögen daher um den Gewinn eines vorangegangenen Wirtschaftsjahrs zu kürzen, der im Abwicklungszeitraum ausgeschüttet worden ist. 624

cc. Sondervorschriften für den Übergang zum Halbeinkünfteverfahren

Aus dem 6. Teil des KStG ergeben sich Sondervorschriften für den Übergang vom Anrechnungssystem zum Halbeinkünftesystem zum Veranlagungszeitraum 2001 StSenkG[39]. Das ehemalige Anrechnungsverfahren vermied die Doppelbelastung von Gewinnen der Kapitalgesellschaft auf der Ebene der Gesellschaft und des Gesellschafters dadurch, dass letzterer bei Gewinnausschüttungen eine bereits gezahlte Körperschaftsteuer auf seine persönliche Einkommensteuer anrechnen konnte[40]. Für das Anrechnungsverfahren war eine Gliederungsrechnung erforderlich, mit der die körperschaftsteuerliche Vorbelastung der Gewinne festgehalten und die Grundlagen festgestellt wurden, welche durch die unterschiedlich hohe Steuerbelastung für thesaurierte und ausgeschüttete Gewinne zur Ermittlung einer Körperschaftsteuerminderung oder -erhöhung erforderlich waren. 625

Im Halbeinkünfteverfahren bedarf es keiner Gliederungsrechnung mehr, da die Körperschaftsteuer als eine Definitivbelastung ausgestaltet worden ist. Bei dem Systemwechsel war jedoch sicherzustellen, dass die in der Gliederungsrechnung nach dem Anrechnungsverfahren festgehaltenen Vorbelastungen und die damit verbundenen Körperschaftsteuerminderungen beim EK 40 einerseits bzw. latente Steuerbelastungen beim EK 02 nicht verloren gehen. In den §§ 36–40[41] des KStG werden deswegen die sog. Endbestände der Teilbeträge des verwendbaren Eigenkapitals ermittelt[42] und Regelungen zum Umgang mit KSt-Guthaben, -Minderungen[43] 626

[34] Frotscher, KStG, § 11, Rdnr. 39.

[35] Dötsch/Franzen/Sädtler/Zenthöfer, Körperschaftsteuer, S. 220.

[36] BFH, Urt. v. 12.09.1973, I R 9/72, BStBl. II 1974, 14.

[37] BFH, Urt. v. 17.07.1974, I 233/71, BStBl. II 1974, 692.

[38] FG Münster, Urt. v. 12.12.1997, 9 K 5660/95, EFG 1998, 902.

[39] StSenkG 2001 v. 23.10.00, BGBl. I 2000, 1433, BStBl I 2000, 1428.

[40] *Danelsing* in: Blümich, EStG-KStG-GewStG, § 36 KStG, Rdnr. 1.

[41] § 40 KStG mWf Vz 2008 aufgehoben.

[42] *Danelsing* in: Blümich, EStG-KStG-GewStG, § 36 KStG, Rdnr. 2.

[43] § 37 KStG.

und -Erhöhungen[44] sowie Einlagen der Anteilseigner und dem Sonderausweis[45] getroffen. § 40 KStG traf – zurzeit seiner Gültigkeit – zusätzlich Vorgaben für die Umwandlung, Liquidation und Verlegung des Sitzes. Die §§ 36–40 KStG waren häufiger Gegenstand von Änderungen. Neben verschiedenen Umgestaltungen der Gesetzeslage im Hinblick auf den Anwendungszeitraum für Körperschaftsteuererhöhungen und -minderungen, sind zwei besondere Änderungen hervorzuheben. Mit Inkrafttreten des SEStEG wurde § 40 KStG zunächst so gefasst, dass dem Übergang von Körperschaftsteuerguthaben Rechnung getragen wurde. Die Vorschrift regelte bis dahin die Folgen einer Liquidation für die aus dem ehemaligen Anrechnungsverfahren stammenden Körperschaftsteuerminderungen nach § 37 KStG i.d.F. vor SEStEG und die Teilbeträge des ehemaligen EK 02 nach § 38 KStG i.d.F. vor SEStEG, also den Körperschaftsteuererhöhungen. Dabei stellte § 40 Abs. 4 KStG die Auskehrung des am Ende der Liquidation verbleibenden Reinvermögens einer Ausschüttung der Kapitalgesellschaft gleich. Wegen des Übergangs zur ratierlichen Auszahlung des Körperschaftsteuerguthabens hatte die Vorschrift allerdings nur noch Bedeutung für die Nachbelastung des Altbestands des so genannten EK 02 und musste mithin neugefasst werden. Die Neufassung war erstmals für Liquidationen anzuwenden, die nach dem 12. Dezember 2006 noch nicht abgeschlossen waren, § 34 Abs. 14 Satz 6 KStG[46].

627 Für alle Liquidationen, deren steuerliche Auswirkungen sich nur im zeitlichen Anwendungsbereich des SEStEG[47] entfalten, gilt daher folgendes: § 40 KStG i.d.F. SEStEG regelt insbesondere den Übergang des körperschaftsteuerlichen Guthabens nach § 37 KStG i.d.F. SEStEG und der Teilbeträge des ehemaligen EK 02 nach § 38 KStG i.d.F. SEStEG in Fällen der Liquidation. Dabei stellt § 40 Abs. 4 KStG i.d.F. SEStEG die Auskehrung des am Ende der Liquidation verbleibenden Reinvermögens einer Ausschüttung der Kapitalgesellschaft gleich.

628 Wird das also Vermögen einer Körperschaft im Rahmen einer Liquidation im Sinne des § 11 KStG verteilt, erhöht sich die Körperschaftsteuer um den Betrag, der sich nach § 38 KStG i.d.F. SEStEG ergeben würde, wenn das verteilte Vermögen als im Zeitpunkt der Verteilung für eine Ausschüttung verwendet gelten würde, § 40 Abs. 4 S. 1 KStG[48] i.d.F. SEStEG. Gemäß S. 2 ist auch durch eine Vorabverteilung des Vermögens diese Rechtsfolge nicht zu verhindern, weil diese auch insoweit gilt, als das Vermögen bereits vor Schluss der Liquidation verteilt wird. Die Erhöhung der Körperschaftsteuer ist für den Veranlagungszeitraum vorzunehmen, in dem die Liquidation bzw. der jeweilige Besteuerungszeitraum endet, d.h. auf den Stichtag der Liquidationsschlussbilanz.

629 Der Auszahlungsanspruch nach § 37 Abs. 5 KStG i.d.F. SEStEG ist gemäß § 37 Abs. 7 S. 1 KStG i.d.F. SEStEG bei der Ermittlung des Abwicklungsvermögens nicht anzusetzen. Die Abtretung der Auszahlungsansprüche bzw. Anwartschaften auf künftige Auszahlungen an die Gesellschafter der aufgelösten Körperschaft ist hingegen auf der Ebene der Anteilseigner ebenso wie eine Liquidationsrate als steuerpflichtige Einnahme zu behandeln, soweit sie nicht in der Rückzahlung des Stammkapitals bestehen oder aber das steuerliche Einlagekonto i. S. des § 27 KStG als verwendet gilt[49]. § 40 Abs. 4 S. 5 KStG i.d.F. SEStEG ordnet zudem für Liquidationen, die über den 31.12.2020 hinaus andauern, an, dass der Besteuerungszeitraum spätestens am 31.12.2020 endet. Zu diesem Stichtag ist sodann ein steuerlicher Zwischenabschluss aufzustellen, § 40 Abs. 4 S. 6 KStG i.d.F. SEStEG.

630 Mit Inkrafttreten des Jahressteuergesetzes 2008 wurde die Behandlung der verbliebenen Teilbeträge vollständig verändert. § 40 KStG wurde gänzlich aufgehoben. Die bisherigen Re-

---

[44] § 38 KStG.

[45] § 39 KStG.

[46] Mit redaktionellem Fehler, da auf § 40 Abs. 3 KStG (Gesamtrechtsnachfolge) verwiesen wird.

[47] Gesetz über steuerliche Begleitmaßnahmen zur Einführung der Europäischen Gesellschaft und zur Änderung weiterer steuerrechtlicher Vorschriften vom 7. Dezember 2006 (BGBl. I S. 2782).

[48] BMF v. 26.08.2003, DB 2003, 1930, Tz. 16.

[49] *Förster/Felchner*, DStR 2006 1725 (1729).

gelungen der Vorschrift konnten durch die Ablösung der EK 02-Bestände entfallen. Die Sondervorschriften für den Übergang vom Anrechnungs- zum Halbeinkünfteverfahren in Bezug auf Liquidationen werden steuerlich nun in den Sonderregelungen des 6. Teils des KStG in § 38 KStG erfasst. Die Änderungen haben folgenden Hintergrund:

Die Ausschüttung unbelasteter Einkommensteile, also EK 02-Bestände, löste im System des Anrechnungsverfahrens eine Körperschaftsteuererhöhung zur Herstellung der Ausschüttungsbelastung in Höhe von 30 Prozent des verwendeten Einkommens aus. Auch das Halbeinkünfteverfahren sah bisher für eine Übergangszeit bis zum Jahr 2019 eine Nachbelastung bei einer Verwendung dieser Einkommensteile für Leistungen an den Gesellschafter vor. In Fällen mit hohen EK 02-Beständen wirkte die Regelung zudem als eine Art Ausschüttungssperre. Das System der Körperschaftsteuererhöhung wird nunmehr durch eine pauschale Abschlagzahlung ersetzt. Danach wird von dem am 31. Dezember 2006 vorhandenen Bestand des EK 02 ein Anteil von 10 Prozent (1/10) des EK 02-Bestandes mit 30 Prozent (3/10) verwendungsunabhängig besteuert (3/100). Der verbleibende Bestand entfällt und löst keine weitere Körperschaftsteuer-Erhöhung aus. Die Neuregelung soll zu einer deutlichen Vereinfachung des Verfahrens für Verwaltung und Unternehmen führen[50]. Den Interessen der Unternehmen soll nach Meinung des Gesetzgebers zusätzlich durch die Festlegung des Nachbelastungsprozentsatzes Rechnung getragen werden, der mit nur 3 Prozent und einer Verteilung auf zehn Jahre gegenüber dem geltenden (ausschüttungsabhängigen) Satz von 30 Prozent sehr niedrig sei[51]. 631

Das Verfahren stellt sich nunmehr wie folgt dar: Das EK 02 wird daher letztmalig zum 31. Dezember 2006 festgestellt, § 38 Abs. 4 S. 1 KStG. In Fällen der Liquidation, die über den 31. Dezember 2006 andauern, ist die letztmalige Feststellung auf den Schluss des Besteuerungszeitraums vorzunehmen, der vor dem 1. Januar 2007 endet, § 38 Abs. 4 S. 2 KStG. Die Gesellschaft kann beantragen, dass am 31. Dezember 2006 ein Besteuerungszeitraum endet; in diesem Fall erfolgt die letztmalige Feststellung der EK 02-Bestände zum 31. Dezember 2006. Für alle Leistungen, die vor dem jeweiligen Feststellungszeitpunkt erfolgen, ist ein Körperschaftsteuererhöhungsbetrag noch nach den bisherigen Regelungen festzusetzen. Gemäß § 38 Abs. 5 KStG soll die pauschale Besteuerung unterbleiben, soweit eine Gesellschaft nicht über positives Eigenkapital verfügt. Die Höhe der Abschlagzahlung ist daher auf den Betrag begrenzt, der sich bei Anwendung der bisherigen Regelung ergeben würde, wenn das zum maßgeblichen Stichtag, bei der Liquidation mithin am Ende des Besteuerungszeitraumes, vorhandene Eigenkapital ausgeschüttet werden würde. Aus Vereinfachungsgründen wird dabei auf das Steuerbilanzkapital abgestellt. Gemäß § 38 Abs. 6 KStG ist der festgesetzte Körperschaftsteuererhöhungsbetrag ist im Regelfall grundsätzlich in zehn gleichen Jahresraten zu entrichten. Davon ausgenommen sind Liquidationen und für Vermögensübertragungen oder Sitzverlegungen in Staaten außerhalb der Europäischen Union. Nach § 38 Abs. 8 KStG werden für alle Liquidationen, die nach dem 31. Dezember 2006 beginnen, alle entstandenen und festgesetzten Körperschaftsteuererhöhungsbeträge an dem 30. September fällig, der auf den Zeitpunkt der Liquidationseröffnungbilanz folgt. 632

dd. Kein vorhandenes Vermögen

War am Schluss des vorangegangenen Veranlagungszeitraums Betriebsvermögen nicht vorhanden, gilt gemäß § 11 Abs. 5 KStG die Summe der später geleisteten Einlagen als Abwicklungs-Anfangsvermögen. Die Regelung tritt in den Fällen ein, in denen die Körperschaft bereits während des ersten laufenden Wirtschaftsjahres aufgelöst und von dem Wahlrecht, welches die Finanzverwaltung im Gegensatz zum *BFH* gewährt, kein Rumpfwirtschaftsjahr zu bilden, Gebrauch gemacht wurde[52]. 633

---

[50] RegE, BT-Drs. 16/6290, Begründung, S. 75.

[51] RegE, BT-Drs. 16/6290, Begründung, S. 75.

[52] *Hofmeister* in: Blümich, EStG-KStG-GewStG, § 11 KStG, Rdnr. 52.

ee. Gewinnkorrekturen

634 Auf den nach den obigen Maßgaben ermittelten dem vorläufigen Abwicklungsgewinn sind gemäß § 11 Abs. 6 KStG die allgemeinen Gewinnermittlungsvorschriften anzuwenden. Es sind mithin insbesondere noch die nichtabziehbaren Aufwendungen[53] dem vorläufigen Abwicklungsgewinn hinzuzurechnen, soweit sie das Abwicklungs-Endvermögen gemindert haben.

ff. Besteuerung des Abwicklungsgewinns

635 Das Einkommen, welches die aufgelöste Gesellschaft im Abwicklungszeitraum erzielt, unterliegt der Körperschaftsteuer. Gemäß § 23 Abs. 1 KStG[54] i.V.m. § 34 Abs. 11a KStG beträgt diese mit Wirkung für den Veranlagungszeitraum 2008 15 Prozent des zu versteuernden Einkommens. Da gemäß § 23 Abs. 1 KStG a.F. im Jahr 2007 noch eine Körperschaftsteuer in Höhe von 25 Prozent des zu versteuernden Einkommens galt, stellt sich die Frage nach dem anwendbaren Steuersatz für Abwicklungszeiträume, in denen eine Änderung des Körperschaftsteuertarifs vollzogen wird. Wie oben bereits aufgezeigt worden ist, gilt der Besteuerungszeitraum als ein einheitlicher Veranlagungszeitraum, der im letzten Kalenderjahr der Liquidation endet. Ändern sich während des Besteuerungszeitraums die Besteuerungsgrundsätze, ist der im Besteuerungszeitraum erzielte Gewinn nach den Grundsätzen zu besteuern, die im letzten Kalenderjahr des Besteuerungszeitraums gelten[55]. Etwas anderes gilt freilich, wenn der ursprünglich einheitliche Besteuerungszeitraum durch einzelne Veranlagungen aufgeteilt worden ist[56]. Dann gilt obiger Grundsatz nur für den letzten Besteuerungszeitraum, da nur für diesen gemäß § 11 Abs. 2 KStG besondere Grundsätze gelten.

2. Gewerbesteuer

636 Die GmbH bleibt solange gewerbesteuerpflichtig, bis die Liquidation beendigt ist.[57] Bei der Abwicklung der GmbH ist für gewerbesteuerliche Zwecke der nach § 11 KStG ermittelte Gewinn zu Grunde zu legen. Dieser stellt den Gewerbeertrag dar, der auf die Jahre des Abwicklungszeitraums zu verteilen ist[58].

637 Als Abwicklungszeitraum gilt der Zeitraum vom Beginn bis zum Ende der Abwicklung. Beginnt diese während eines laufenden Wirtschaftsjahres hat die Gesellschaft für den Zeitraum bis zum Beginn des nächsten Wirtschaftsjahres ein Rumpfwirtschaftsjahr zu bilden[59]. Wird von der Bildung eines Rumpfwirtschaftsjahrs abgesehen, beginnt der Abwicklungszeitraum am Schluss des vorangegangenen Wirtschaftsjahrs. Die Verteilung des in diesem Zeitraum erzielten Gewerbeertrags auf die einzelnen Jahre geschieht nach dem Verhältnis, in dem die Zahl der Kalendermonate, in denen im einzelnen Jahr die Steuerpflicht bestanden hat, zu der Gesamtzahl der Kalendermonate des Abwicklungszeitraums steht. Dabei ist der angefangene Monat voll zu rechnen[60].

---

[53] Vgl. insbes. § 10 KStG, § 4 Abs. 5 EStG i.V.m. § 8 Abs. 1 KStG.

[54] I.d.F. des Artikels 2 des Gesetzes vom 14. August 2007 (BGBl. I S. 1912).

[55] RFH, Urt. v. 17.01.1939, I 418/38, RStBl. 1939, 598; Frotscher, KStG, § 11, Rdnr. 26; zur Besteuerungshöhe bei Zwischenveranlagungen s.a. BFH/NV 2008, 314..

[56] Dazu oben unter I.1.b)., Rdnr. 610 ff.

[57] § 4 Abs. 1 GewStDV.

[58] § 16 Abs. 1 GewStDV.

[59] BFHE 113, 112, BStBl. II 1974, 692.

[60] Abschn. 44 Abs. 1 GewStR 1998.

3. Besonderheiten bei Organschaft

Die aufgelöste Gesellschaft ist kein werbendes Unternehmen mehr. Der Gesellschaftszweck ist nunmehr die vollständige Abwicklung der Gesellschaft. War sie vor der Auflösung Partei eines Ergebnisabführungsvertrags, durch den sie verpflichtet war, ihren gesamten Gewinn an die Organträgerin abzuführen, ist diese Stellung durch die Auflösung beendet. Die aufgelöste Gesellschaft kann keinen Gewinn aus einer werbenden Tätigkeit an die Organträgerin abführen, da sie nicht mehr „werbend" tätig ist. Der im Zeitraum der Abwicklung erzielte Gewinn unterliegt nicht mehr der vertraglichen Gewinnabführungspflicht und ist deshalb durch die aufgelöste Gesellschaft zu versteuern[61]. **638**

II. Besteuerung des Gesellschafters

Die Liquidation der Gesellschaft löst auch auf der Ebene des Gesellschafters Steuerfolgen aus. Dabei richten sich die steuerlichen Folgen nach verschiedenen Kriterien. Zunächst ist zwischen einem Anteilseigner, der die Anteile an der aufgelösten Gesellschaft in seinem Privatvermögen hält, und einem Anteilseigner, der die Anteile an der aufgelösten Gesellschaft in seinem Betriebsvermögen hält, zu unterscheiden. Hält der Anteilseigner die Anteile der aufgelösten Gesellschaft in seinem Betriebsvermögen, ist überdies ausschlaggebend, ob der Anteilseigner eine unbeschränkt steuerpflichtige Kapitalgesellschaft ist. Schließlich ist das auszukehrende Liquidationsendvermögen aufzuteilen in einen Veräußerungsgewinn oder -verlust nach § 17 EStG und Kapitalerträge nach § 20 EStG[62]. **639**

1. Anteile im Privatvermögen

Der Abwicklungserlös fließt dem Anteilseigner zu und ist steuerpflichtig. Einschlägige Besteuerungsnormen sind dabei sowohl § 17 EStG, also die Besteuerung der Veräußerung von Anteilen an Kapitalgesellschaften, als auch § 20 EStG, also die Besteuerung von Einkünften aus Kapitalvermögen. **640**

a. Veräußerungsgewinn gemäß § 17 EStG

Nach § 17 Abs. 1 EStG gehören zu den Einkünften aus Gewerbebetrieb auch der Gewinn aus der Veräußerung von Anteilen an einer Kapitalgesellschaft, wenn der Veräußerer innerhalb der letzten fünf Jahre am Kapital der Gesellschaft unmittelbar oder mittelbar zu mindestens 1 Prozent – also wesentlich – beteiligt war und die er die Beteiligung in seinem Privatvermögen hält. Entsprechendes gilt auch für die aus der Auflösung einer Kapitalgesellschaft entstehenden Verluste, sofern die Verlustberücksichtigung nicht nach § 17 Abs. 2 S. 4 EStG ausgeschlossen wird. Nach § 17 Abs. 4 EStG gilt als Veräußerung auch die Auflösung einer Kapitalgesellschaft, die Kapitalherabsetzung, wenn das Kapital zurückgezahlt wird, und die Ausschüttung oder Zurückzahlung von Beträgen aus dem steuerlichen Einlagenkonto im Sinne des § 27 KStG. Eine **641**

[61] BFH, Urt. v. 18.10.1967, I 262/63, BStBl. II 1968, 105; Frotscher, KStG, § 11, Rdnr. 46.
[62] Vgl. *Erle/Eberhard* in: Beck GmbH-Hdb, § 16, Rdnr. 88.

Anteilsveräußerung gemäß § 17 Abs. 1 EStG ist die Auflösung und die Kapitalherabsetzung daher nur, soweit die Auskehrung des Vermögens der Kapitalgesellschaft bei den Gesellschaftern nicht Einnahmen aus Kapitalvermögen begründet[63]. In Höhe der Differenz zwischen den Anschaffungskosten und dem Veräußerungspreis nach Abzug der Veräußerungskosten entsteht ein Veräußerungsgewinn oder -verlust. Ein Veräußerungsgewinn oder -verlust kann also nur in Fällen entstehen, in denen das zurückgezahlte Nennkapital und die Beträge des steuerlichen Einlagekontos gemäß § 27 Abs. 1 KStG nicht den Anschaffungskosten des Gesellschafters entsprechen.

642 Die Auskehrung des Vermögens der Gesellschaft ist mithin aufzuteilen in eine Kapitalrückzahlung im engeren Sinne, die wie eine Anteilsveräußerung behandelt wird, und deren Betrag sich aus dem Nennkapital und den Beträgen des Einlagekontos gemäß § 27 Abs. 1 KStG zusammensetzt, sowie in eine Auskehrung thesaurierter Gewinne, also sonstiger Rücklagen, die wie eine Gewinnausschüttung zu werten ist und daher zu den Einnahmen aus Kapitalvermögen zählt[64].

b. Einnahmen aus Kapitalvermögen gemäß § 20 Abs. 1 Nr. 1 und 2 EStG

643 Gemäß § 20 Abs. 1 Nr. 1 EStG gehören zu den Einkünften aus Kapitalvermögen Gewinnanteile (Dividenden) aus Anteilen an Gesellschaften mit beschränkter Haftung, soweit sie nicht aus Ausschüttungen einer Körperschaft stammen, für die Beträge aus dem steuerlichen Einlagekonto im Sinne des § 27 KStG als verwendet gelten. Gemäß § 20 Abs. 1 Nr. 2 gehören zu den Einkünften aus Kapitalvermögen solche Bezüge, die nach der Auflösung einer Körperschaft anfallen und nicht in der Rückzahlung von Nennkapital bestehen. Bei der Auflösung der Gesellschaft gehört also der ausgeschüttete Abwicklungserlös zu den Einnahmen aus Kapitalvermögen, soweit er die Summe aus dem Nennkapital und dem steuerlichen Einlagekonto i.S.d. § 27 Abs. 1 KStG übersteigt.

644 Der dem Nennkapital zugeordnete Teil des Liquidationserlöses gehört allerdings ausnahmsweise zu den Einnahmen aus Kapitalvermögen, soweit das Nennkapital aus sonstigen Rücklagen erhöht wurde. Die Rückzahlung der Teile des Nennkapitals, die auf einen durch Kapitalerhöhung aus Gesellschaftsmitteln entstanden Sonderausweis nach § 28 Abs. 1 S. 3 KStG entfallen, ist also als Ausschüttung zu behandeln, wie § 20 Abs. 1 Nr. 2 EStG i.V.m. § 28 Abs. 2 S. 2 KStG bestimmen. Dabei gilt anlässlich der Vermögensverteilung das übrige Eigenkapital als vor dem Nennkapital ausgezahlt[65] und soweit das Nennkapital zurückgezahlt wird, ist zunächst der Sonderausweis zu verringern[66]. Beachtenswert ist, dass Ausschüttungen von Gewinnen erst nach dem Auflösungsstichtag, die aber aus der Zeit vor der Auflösung stammen und damals beschlossen worden waren, unter § 20 Abs. 1 Nr. 1 EStG fallen[67].

645 Die Liquidationsraten, also eine ratierlich durchgeführte Versilberung des Gesellschaftsvermögens, oder die Ausschüttung des Liquidationsendvermögens in einem Zuge sind mithin aufzuspalten in Einnahmen gem. § 17 Abs. 4 EStG, die gem. § 3 Nr. 40 lit. c EStG zur Hälfte steuerfrei sind, und in Einnahmen gem. § 20 Abs. 1 Nr. 1 und Nr. 2 EStG, also sonstige Rückzahlungen, die gem. § 3 Nr. 40 lit. d, e EStG zur Hälfte steuerfrei sind[68]. Der Freibetrag gemäß § 17

---

[63] *Weber-Grellet* in: Schmidt, EStG, § 17, Rdnr. 211.

[64] *Weber-Grellet* in: Schmidt, EStG, § 17, Rdnr. 211.

[65] BMF v. 26.08.2003, DB 2003, 1929, Tz. 12.

[66] BMF v. 26.08.2003, DB 2003, 1929, Tz. 14; § 28 Abs. 2 S. 1 KStG.

[67] Vgl. BFH, Urt. v. 09.03.83, I R 202/79, BStBl. II 1983, 433.

[68] *Heinicke* in: Schmidt, EStG, § 3, „ABC"; zur Entstehung und dem Zeitpunkt der steuerlichen Berücksichtigung eines Auflösungsgewinns bzw. -verlusts und der erstmaligen Anwendung des Halbeinkünfteverfahrens, OFD Frankfurt am Main, Vfg. v. 19.07.2005 – S 2244 A – 19 – St II 2.05/S 2244 A – 21 – St

Abs. 3 EStG ist insoweit nicht anwendbar. Dieser ist nur auf den Teil anwendbar, der unter § 17 Abs. 4 EStG zu subsumieren ist[69].

2. Anteile im Betriebsvermögen

Hält der Anteilseigner die Anteile der aufgelösten Gesellschaft in seinem Betriebsvermögen **646** gilt anderes. § 17 EStG erfasst nur Gewinne aus der Veräußerung von Anteilen, die sich im Privatvermögen befinden[70]. Werden die Anteile in einem inländischen Betriebsvermögen gehalten, sind die Vorschriften der §§ 4, 5 EStG maßgebend[71]. Wird die Gesellschaft aufgelöst, an der diese Anteile eine Beteiligung vermitteln, und entsteht dabei ein Gewinn oder Verlust, ist dieser auch als solcher zu erfassen. Es handelt sich dann um Einkünfte aus Gewerbebetrieb, für die ebenfalls die hälftige Steuerbefreiung nach § 3 Nr. 40 EStG gilt. Gleichwohl ist auf verschiedene Besonderheiten hinzuweisen:

a. Beteiligungsansatz

Zunächst kann der Beteiligungsansatz in der Bilanz des Anteilseigners anders zu wählen sein, **647** wenn man sich dazu entscheidet, dass aus Bewertungssicht nicht mehr nach dem going-concern Prinzip zu bewerten ist.[72] Wurden die Anteile bisher unter der Fortführungsbewertung angesetzt, sind sie dann nach Liquidationserlösen zu bewerten. Dies kann eine Teilwertabschreibung zur Folge haben, wenn der Anteilseigner seinen Gewinn nach § 4 Abs. 1 oder § 5 Abs. 1 EStG ermittelt[73]. Nach § 6 Abs. 1 Nr. 1 S. 3 EStG ist der Teilwert der Betrag, den ein Erwerber des ganzen Betriebs i. R. d. Gesamtkaufpreises für das einzelne Wirtschaftsgut ansetzen würde; dabei ist davon auszugehen, dass der Erwerber den Betrieb fortführt[74]. Die Teilwert-Ermittlung setzt also in doppelter Hinsicht die Annahme eines hypothetischen, tatsächlich nicht eingetretenen Sachverhaltes voraus[75]

b. Teilbetriebsaufgabe

Überdies stellt eine 100 %ige Beteiligung an einer Kapitalgesellschaft eine Besonderheit dar. **648** Nach § 16 Abs. 1 S. 1 Nr. 1 S. 2 EStG ist diese einem Teilbetrieb gleichgestellt. Wird sie also in das Privatvermögen des Anteilseigners durch die Liquidation überführt, stellt dies ebenfalls eine Teilbetriebsaufgabe dar[76]. Diese ist sodann gemäß §§ 16, 34 EStG tarifbegünstigt. Es ist allerdings zu beachten, dass im Fall der Auflösung der Kapitalgesellschaft § 17 Abs. 4 S. 3 EStG sinngemäß anzuwenden ist, so dass die Begünstigung nur eingreift, soweit die Bezüge nicht nach § 20

II 2.05, DB 2005, 2048; ab 01.01.2009 gilt das Teileinkünfteverfahren, wonach 60 % dieser Einnahmen versteuert werden müssen.

[69] Vgl. *Stuhrmann* in: Blümich, EStG-KStG-GewStG, § 17 EStG, Rdnr. 260 ff. und § 20 EStG, Rdnr. 196 ff.

[70] So bereits BFH, Urt. v. 28. 2. 74, VIII R 83/69, BStBl. II 74, 706; vgl. auch *Weber-Grellet* in: Schmidt, EStG, § 17, Rdnr. 1.

[71] RFH, Urt. v. 23.10.35, RStBl. 1936, 201; vgl. auch Strutz, EStG 1925, § 30 Rdnr. 27 ff.; BFH, Urt. v. 05.07.72, I R 230/70, BStBl. II 1972, 928.

[72] Vgl. oben nur § 11, Rdnr. 574 ff.

[73] Vgl. *Neu*, GmbHR 2000, 57 (61).

[74] BFH, Urt. v. 25.08.83, IV R 218/80, BStBl. II 1984, 33.

[75] Vgl. §§ 9, 10 BewG; *Ehmcke* in: Blümich, EStG-KStG-GewStG, § 6 EStG, Rdnr. 585.

[76] Vgl. BFH, Urt. v. 04.03.80, VIII R 150/76, BStBl. II 1980, 389; Urt. v. 24.06.82, IV R 151/79, BStBl. II 1982, 751.

Abs. 1 Nr. 1 oder Nr. 2 EStG zu den Einnahmen aus Kapitalvermögen gehören. Es darf sich also nicht um eine Rückzahlung von Kapital aus der steuerlichen Einlage handeln.

c. Gewerbesteuerliche Kürzung

649 Beträgt die Beteiligung des Anteilseigners schließlich mindestens 15 Prozent des Grund- oder Stammkapitals an der aufgelösten Gesellschaft, ist der gewerbesteuerliche Ertrag zu kürzen, § 9 Nr. 2 a GewStG[77]. Als Gewinne aus Anteilen zählen sowohl die während der Liquidation der Kapitalgesellschaft erzielten Gewinne als auch die Liquidationsrate, mit der das nach Abschluss der Liquidation verbliebene Reinvermögen an die Anteilseigner ausgekehrt wird[78]. Bemerkenswert ist, dass die gemäß § 86 Abs. 5 KStG fingierten nichtabziehbaren Betriebsausgaben i.H. v. 5 Prozent keine Gewinne i.S.d. Vorschrift sind.

d. Anwendung des § 8b KStG

650 Ist eine Kapitalgesellschaft Gesellschafterin der zu liquidierenden Gesellschaft ist zudem § 8b KStG anwendbar, der in bestimmten Fällen eine Beteiligungsertragsbefreiung gewährt.

Bei der Liquidation der Gesellschaft werden die aus Gewinnrücklagen, laufenden Gewinnen und dem Sonderausweis i.S.d. § 28 Abs. 2 S. 2 KStG gespeisten Rückzahlungen auf der Ebene des Gesellschafters als Einnahmen i.S.d. § 20 Abs. 1 Nr. 2 EStG erfasst. Diese Einnahmen werden sodann durch § 8b Abs. 1 S. 1 KStG freigestellt. Die Rückzahlungen des Nennkapitals und die Beträge des steuerlichen Einlagekontos bleiben hingegen gemäß § 8b Abs. 2 KStG bei der Ermittlung des Einkommens außer Ansatz[79].

Es bleibt zu beachten, dass für die Kapitaleinkünfte, die gemäß § 8b Abs. 1 KStG freigestellt sind, gelten allerdings 5 Prozent als Ausgaben, die nicht als Betriebsausgaben abgezogen werden dürfen. Es bleiben mithin effektiv 95 % der Beteiligungserträge steuerfrei.

III. Umsatzsteuer

651 Die Liquidation der Gesellschaft hat außerdem Auswirkungen auf die Besteuerung der Lieferungen und Leistungen der Gesellschaft. Gemäß § 1 Abs. 1 Nr. 1 UStG unterliegen die Lieferungen und sonstigen Leistungen, die ein Unternehmer im Inland gegen Entgelt im Rahmen seines Unternehmens ausführt, der Umsatzsteuer. Die Gesellschaft muss mithin die Unternehmereigenschaft aufweisen. Gemäß § 2 Abs. 1 S. 1 UStG ist Unternehmer, wer eine gewerbliche oder berufliche Tätigkeit selbständig ausübt. So, wie Unternehmereigenschaft mit dem ersten nach außen erkennbaren, auf eine Unternehmertätigkeit gerichteten Tätigwerden beginnt[80],

---

[77] § 36 Abs. 8 Satz 5 Hs. 2 GewStG (auch für Erhebungszeiträume vor 2006) und Satz 6 (ab Erhebungszeitraum 2008) regelt die zeitliche Anwendung der Kürzungsvorschrift in der Fassung des Jahressteuergesetzes 2007 v. 13. Dezember 2006 und das Unternehmenssteuerreformgesetz 2008 v. 14. August 2007.

[78] Vgl. aber das BFH, Urt. v. 02.04.1997, BStBl. II 1998, 25, zur Nichtgewährung der Gewerbesteuerkürzung soweit EK 04 als verwendet gilt, und im Anschluss daran BFH, Urt. v. 08.05.2003, IV R 35/01, BStBl. II 2004, 460.

[79] BMF v. 28.04.2003, BStBl I, 292, Tz. 7.

[80] R 19 Abs. 1 UStR 2008; jedenfalls wenn die spätere Ausführung entgeltlicher Leistungen beabsichtigt ist (Verwendungsabsicht) und die Ernsthaftigkeit dieser Absicht durch objektive Merkmale nachgewiesen oder glaubhaft gemacht wird.

endet sie mit dem letzten Tätigwerden der Gesellschaft[81]. Dieser Grundsatz bleibt durch die Liquidation unberührt. Es ist einzig auf die tatsächlichen Gegebenheiten der Gesellschaft abzustellen. Weder der Zeitpunkt der Einstellung noch der Abmeldung eines Gewerbebetriebs sind beachtlich. Aus umsatzsteuerlicher Sicht erlischt das Unternehmen und endet Unternehmereigenschaft erst, wenn der Unternehmer alle Rechtsbeziehungen abgewickelt hat, die mit dem aufgegebenen Betrieb in Zusammenhang stehen[82]. Überdies muss die gewerbliche oder berufliche Tätigkeit endgültig eingestellt werden. Davon ist allerdings nicht auszugehen, wenn den Umständen zu entnehmen ist, dass der Unternehmer die Absicht hat, das Unternehmen weiterzuführen oder in absehbarer Zeit wiederaufleben zu lassen. Dafür wird nicht vorausgesetzt, dass laufend Umsätze bewirkt werden[83]. Diese bereits aus körperschaftsteuerlicher Betrachtung bekannten Maßgaben werden umsatzsteuerlich wie folgt ausgestaltet: Die spätere Veräußerung von Gegenständen des Betriebsvermögens oder die nachträgliche Vereinnahmung von Entgelten gehören noch zur Unternehmertätigkeit. Eine Gesellschaft besteht als Unternehmer so lange fort, bis alle Rechtsbeziehungen, zu denen auch das Rechtsverhältnis zwischen der Gesellschaft und dem Finanzamt gehört, beseitigt sind[84]. Schließlich ist die Unternehmereigenschaft der Gesellschaft weder von ihrem Vermögensstand noch von ihrer Eintragung im Handelsregister abhängig; denn eine aufgelöste Gesellschaft kann auch noch nach ihrer Löschung im Handelsregister Umsätze im Rahmen ihres Unternehmens ausführen[85].

IV. Erbschaft- und Schenkungsteuer

In Fällen, in denen der Gesellschafter der in Liquidation befindlichen Gesellschaft die Anteile im Wege der vorweggenommenen Erbfolge oder von Todes wegen erhalten und der Erblasser bzw. Schenker bestimmte Vergünstigungen des ErbStG in Anspruch genommen hat, kann die Liquidation der Gesellschaft ungünstige Folgen entfalten. 652

§ 13a ErbStG gewährt u.a. unter bestimmten Voraussetzungen einen Freibetrag für Anteile an Kapitalgesellschaften, wonach solche Anteile bis zu einem Wert von 225.000 EUR bei der Ermittlung der Bemessungsgrundlage für die Besteuerung außer Ansatz bleiben. Der danach verbleibende Wert des Vermögens ist sodann mit 65 vom Hundert anzusetzen. Es wird mithin ein Bewertungsabschlag in Höhe von 35 % gewährt. Dieser Feibetrag und der Bewertungsabschlag entfallen, mit Wirkung für die Vergangenheit, soweit der Erwerber innerhalb von fünf Jahren nach dem Erwerb die Kapitalgesellschaft aufgelöst hat[86]. Gleiches gilt für den Entlastungsbetrag gemäß § 19a Abs. 4 ErbStG, der mit Wirkung für die Vergangenheit wegfällt, soweit der Erwerber innerhalb von fünf Jahren nach dem Erwerb die Kapitalgesellschaft aufgelöst hat[87]. 653

---

[81] R 19 Abs. 6 S. 1 UStR 2008.

[82] BFH, Urt. v. 21.04.1993, XI R 50/90, BStBl. II 1993, 696.

[83] Vgl. BFH, Urt. v. 13.12.1963, V 77/61 U, BStBl. III 1964, 90; Urt. v. 15.03.1993, V R 18/89, BStBl. II 1993, 561.

[84] Vgl. BFH, Urt. v. 21.05.1971, V R 117/67, BStBl. II 1971, 540; Urt. v. 18.11.1999, V R 22/99, BStBl. II 2000, 241.

[85] Vgl. BFH, Urt. v. 09.12.1993, V R 108/91, BStBl. II 1994, 483.

[86] § 13a Abs. 5 Nr. 4 S. 2 ErbStG.

[87] § 19a Abs. 5 Nr. 4 S. 2 ErbStG.

§ 13 Formulare für die GmbH-Liquidation

I. Vorfeld der Liquidation

1. Beschluss über Ergebnisverwendung

654

Protokoll über die Gesellschafterversammlung der A-GmbH[1]

vom _____ 2008:

Jahresabschluss, Ergebnisverwendung

Am _____ 2008 erschien in A-Stadt, Deutschland

1. Frau/Herr _____________,
   geboren am _____________,
2. Frau/Herr _____________,
   geboren am _____________,

sämtlich geschäftsansässig:

____

Nachfolgend: „Vertreter"

handelnd nicht für sich persönlich, sondern in seiner/ihrer Eigenschaft als einzelvertretungsberechtigter/gesamtvertretungsberechtigte Geschäftsführer der beim _________ in _________ unter der Nr. _________ registrierten Gesellschaft in Firma

A-AG.

Anschrift: _____________________,

nachfolgend „Gesellschafterin".

Die Erschienene/n gab/en zu Protokoll:

An der im Handelsregister des Amtsgerichts A-Stadt unter HR B _______ eingetragenen Gesellschaft in Firma

Record on the Shareholders' Meeting of A-GmbH

of _____, 2008:

Financial Statement, Usage

On _____, 2008 appeared in A-Stadt

____

1. Ms./Mr. _____________,
   born on _____________,
2. Ms./Mr. _____________,
   born on _____________,

business address:

____

hereinafter referred to as „Representatives"

acting not on his/her/their own behalf but in his/her/their capacity as managing director/s and sole/joint signatory/signatories on behalf of the company registered with the _________ with _________ number _________ of firm

A-AG.

address: _____________________,

hereinafter referred to as „Shareholder".

The person/s appeared stated for this record:

In the company registered with the A-Stadt Commercial Register under No. HR B _______ named

---

[1] Im Folgenden wird die zu liquidierende Gesellschaft als „A-GmbH" bezeichnet, Gesellschafterin ist die „A-AG".

A-GmbH

nachfolgend „Gesellschaft“

zu A-Stadt, deren Stammkapital EUR 25.000,00 beträgt, ist die Gesellschafterin mit einem Geschäftsanteil im Nennwert von EUR 25.000,00 beteiligt. Das gesamte Stammkapital der Gesellschaft ist somit vertreten.

Dies vorausgeschickt, hält die Gesellschafterin unter Verzicht auf alle Formen und Fristen der Einberufung und Ankündigung einer Gesellschafterversammlung eine

außerordentliche
Gesellschafterversammlung

der Gesellschaft ab und beschließt einstimmig Folgendes:

1. Der Jahresabschluss zum ______ 2008 wird gemäß der dieser Niederschrift beigefügten und unterzeichneten Anlage 1 festgestellt.
2. Aufgrund Gesellschafterbeschluss vom ________ 2008, der dieser Niederschrift als Anlage 2 beigefügt ist, fand bereits eine Ausschüttung in Höhe von EUR 25.000,00 an die Gesellschafterin statt. Der Beschluss wird hiermit bestätigt.

Der Erschienene erklärte die Gesellschafterversammlung sodann für beendet.

Diese Niederschrift ist in zwei Sprachen abgefasst. Wo ein Unterschied zwischen der deutschen und englischen Fassung besteht, ist die deutsche Fassung maßgeblich.

A-GmbH

hereinafter referred to as „Company“

with its registered seat in A-Stadt and with share capital amounting to EUR 25,000.00, the Shareholder holds a share amounting to EUR 25,000.00. Hence, the whole share capital of the company is being represented.

These as statements precedent, the Shareholder, while waiving all formalities and time periods for the calling and announcement of a shareholder's meeting, holds an

extraordinary
shareholder´s meeting

of the Company and, of one voice, resolves what follows:

1. The financial statement by ______, 2008, attached here to as Appendix 1 to this record, is being determined.
2. Based on a shareholder's resolution dated ________, 2008, attached here to as Appendix 2, the Shareholder already received distribution amounting to EUR 25,000.00. The resolution is hereby confirmed.

Thereafter the person appearing declared the shareholders' meeting closed.

The above record is written in two languages. Where there is a different between the German and the English version, the German version shall prevail.

Ort, Datum / place, date

2. Patronatserklärung

655

Patronatserklärung zur Sicherstellung der Zahlungsfähigkeit und Abwendung einer möglichen Überschuldung im Wege des Rangrücktrittes

Die A-AG ist 100 %ige Gesellschafterin der A-GmbH.

1. Sollte die A-GmbH nicht in der Lage sein, ihre fälligen Verbindlichkeiten fristgerecht zu erfüllen, werden wir, die A-AG, die A-GmbH mit den zur Erfüllung ihrer Verbindlichkeiten notwendigen finanziellen Mitteln ausstatten.
2. Die Mittel werden der A-GmbH jeweils auf erstes Anfordern im Wege eines Darlehens gewährt, das mit ____ Prozent per anno ab dem Zeitpunkt des Zuflusses zu verzinsen ist. Alternativ können die Mittel auch durch Einlagen in das Eigenkapital gewährt werden.
3. Zur Abwendung einer Überschuldung i.S.v. § 19 Insolvenzordnung (InsO) tritt die A-AG mit ihrem Rückzah-lungsanspruch sowie mit ihrem Zinsanspruch im Range hinter alle anderen derzeitigen und künftigen Gläubigern dergestalt zurück, dass die A-AG Zahlungen von der A-GmbH nur aus ausschüttungsfähigen Jahresüberschüssen, einem Liquidationsüberschuss oder aus sonstigem freien Vermögen verlangen kann. Diese Rückzahlung kann erst nach Befriedigung sämtlicher Gesellschaftsgläubiger im Sinne des § 39 Abs. 2 InsO erfolgen, jedoch im Range vor den Einlagenrückgewähransprüchen der Gesellschafter im Sinne des § 199 S. 2 InsO.
4. Diese Erklärung begründe allein Pflichten der A-AG gegen die A-GmbH nicht aber gegen Dritte.
5. Bei Beendigung dieser Patro-natsverpflichtung wird die A-AG letztmalig der A-GmbH diejenigen Mittel zur Verfügung stellen und einzahlen, die zu einer dann ggf. bestehenden Überschuldungsabwendung erforderlich sind. Für diese letztmalige Mittelbereitstellung finden die Ziffern 2 bis 4 Anwendung.

Comfort Letter to ensure Company's liquidity and to avoid future overindebtedness by subordination of a loan

We, the A-AG, are sole Shareholder in A-GmbH.

1. Should A-GmbH be unable to fulfil its due obligations, we, A-AG, will provide A-GmbH with financial contributions in a way that will enable A-GmbH to fulfill its financial obligations at all times.
2. The financial contributions will be granted upon first request by the management of A-GmbH as loans bearing interest of ____ percent per annum; the duty to pay interest will arise at the time of payment of the loan. The financial contributions may be granted by contributions to equity, too.
3. In order to avoid an overindebtedness within the meaning of sec. 19 German Insolvency Code (InsO) A-AG hereby sub-ordinates its claim (including interest on this claim) against A-GmbH to all other claims of the present and future creditors of A-GmbH. A-AG is entitled to demand repayment only out of net income (Jahresüberschuss) which could also be distributed as dividends, as a liquidation surplus (Liquidationsüberschuss) or other free assets. This repayment cannot be made until all creditors of A-GmbH within the meaning of sec. 39 para. 2 InsO have been paid, but before the investments of the shareholders within the meaning of sec. 199(2) InsO have been paid.
4. This declaration establishes only a liability and duties with respect to A-GmbH, but not with respect to any third parties.
5. In case of termination of this Comfort Letter A-AG will make and pay contributions to A-GmbH which are necessary to eliminate an existing overindebtedness at that time. The provisions of Nos. 2 to 4 are applicable also for these financial contributions.

6. Diese Erklärung unterliegt ausschließlich deutschem Recht. Ausschließlicher Gerichtstand ist [Sitz der A-GmbH]. Maßgeblich ist allein die deutsche Fassung.

6. This declaration is exclusively governed by German Law. The English version is for translation purposes only. Any disputes arising from or in connection with the declaration shall be exclusively submitted to the courts of [seat of A-GmbH].

____

Ort, Datum / Place, Date

II. Auflösung der Gesellschaft

1. Beschluss über die Auflösung der Gesellschaft dt./engl.

Protokoll über die Gesellschafterversammlung der A-GmbH[1]

vom ______ 2008:

Auflösung der Gesellschaft

Am ______ 2008 erschien in A-Stadt, Deutschland

1. Frau/Herr ______________,
   geboren am ______________,
2. Frau/Herr ______________,
   geboren am ______________,

sämtlich geschäftsansässig:

____

Nachfolgend: „Vertreter“

handelnd nicht für sich persönlich, sondern in seiner/ihrer Eigenschaft als einzelvertretungsberechtigter/gesamtvertretungsberechtigte Geschäftsführer der beim ________ in ________ unter der Nr. ________ registrierten Gesellschaft in Firma

A-AG.

Anschrift: ______________________,

nachfolgend „Gesellschafterin“.

Die Erschienene/n gab/en zu Protokoll:

An der im Handelsregister des Amtsgerichts A-Stadt unter HR B ________ eingetragenen Gesellschaft in Firma

A-GmbH

nachfolgend „Gesellschaft“

Record on the Shareholders' Meeting of A-GmbH 656

of ______, 2008:

Dissolution

On ______, 2008 appeared in A-Stadt ______________

1. Ms./Mr. ______________,
   born on ______________,
2. Ms./Mr. ______________,
   born on ______________,

business address:

____

hereinafter referred to as „Representatives“

acting not on his/her/their own behalf but in his/her/their capacity as managing director/s and sole/joint signatory/signatories on behalf of the company registered with the ________ with ________ number ________ of firm

A-AG.

address: ______________________,

hereinafter referred to as „Shareholder“.

The person/s appearing stated for this record:

In the company registered with the A-Stadt Commercial Register under No. HR B ________ named

A-GmbH

hereinafter referred to as „Company“

zu A-Stadt, deren Stammkapital EUR 25.000,00 beträgt, ist die Gesellschafterin mit einem Geschäftsanteil im Nennwert von EUR 25.000,00 beteiligt. Das gesamte Stammkapital der Gesellschaft ist somit vertreten.

situated in A-City and with completely paid up share capital amounting to EUR 25,000.00, the Shareholder holds a share amounting to a nominal value of EUR 25,000.00. Hence, the whole share capital of the company is represented.

Dies vorausgeschickt, hält die Gesellschafterin unter Verzicht auf alle Formen und Fristen der Einberufung und Ankündigung einer Gesellschafterversammlung eine

These as statements precedent, the Shareholder, while waiving all formalities and time periods for the calling and announcement of a shareholders' meeting, holds an

außerordentliche
Gesellschafterversammlung

Extraordinary
shareholders' meeting

1. Die Gesellschaft ist mit Wirkung zum Ablauf des ______ 2008 aufgelöst.
2. Herr A ________ ist nicht mehr Geschäftsführer.
3. Herr B ________ (Geburtsdatum: 19____ in ______, Privatanschrift: ______ in ______, Beruf: Anwalt und Steuerberater) wird zum alleinigen Liquidator bestellt.
4. Herr B ______ vertritt die Gesellschaft einzeln, solange er alleiniger Liquidator ist. Ansonsten vertritt er die Gesellschaft gemeinschaftlich mit einem anderen Liquidator.
5. Die Bücher und Schriften der Gesellschaft werden nach Beendigung der Liquidation durch den Liquidator, Herrn B ________, verwahrt.

1. The Company is dissolved with effect upon the expiration of the ______ 2008.
2. Mr. A ________ ceases to be a director of the Company.
3. Mr. B ________ (birth date: ______ 19____ in ______, home address: ______ in ______, profession: lawyer and tax adviser) is appointed as sole liquidator.
4. Mr. B ______ represents the company with sole signature power as long as he is the sole liquidator. Otherwise he represents the company jointly with another liquidator.
5. Upon completion of the liquidation the company's books and records will be retained by the liquidator, Mr. B ________.

____

Ort, Datum / Place, Date

2. Erklärung zur Verwahrung gem. § 74 Abs. 2 GmbHG dt./engl.

Erklärung zur Verwahrung nach § 74 Abs. 2 GmbHG

Hiermit erkläre ich, Herr B. (Geburtsdatum: 19____ in______, Privatanschrift:________ in ______, Beruf: Anwalt und Steuerberater), als Liquidator der Firma A-GmbH meine Bereitschaft, die Bücher und Schriften der Gesellschaft im Sinne von § 74 Abs. 2 GmbHG nach Beendigung der Liquidation zu verwahren.

Diese Erklärung ist in zwei Sprachen abgefasst. Wo ein Unterschied zwischen der deutschen und englischen Fassung besteht, ist die deutsche Fassung maßgeblich.

________________ (Ort), den _________

____

Herr B

Declaration to the custody according to sec. 74 para. 2 of the German Limited Liability Companies Act 657

Herewith I, Mr B. (birth date: ______ 19____ in ______, home address: ______ in ______, profession: lawyer and tax advise), declare my willingness to retain as the liquidator of the A-GmbH the company's books and records in terms of sec. 74 para. 2 of the German Limited Liabilities Company Act after completion of the liquidation.

This declaration is written in two languages. Where there is a different between the German and the English version, the German version shall prevail.

________________ (location), the _________

____

Mr. B

3. Anmeldung der Auflösung und der Liquidation zu HR dt./engl.

Amtsgericht A-Stadt 658
– Handelsregister –
Gerichtsstraße 1
A-Stadt

HR B ________
A-GmbH i.L.

HR B ________
A-GmbH i. L.

Ich, der unterzeichnende Liquidator, überreiche hiermit:

die Niederschrift über die außerordentliche Gesellschafterversammlung vom ______ 2008 inklusive Gesellschafterbeschlüssen betreffend die Auflösung der Gesellschaft und die Bestellung meiner Person zum alleinigen Liquidator.

Ich melde an:

1. Die Gesellschaft wurde am ______ 2008 aufgelöst.
2. Herr A (Geburtsdatum: 19____ in ______, Privatanschrift: ______ in ______) wurde als Geschäftsführer abberufen.

HR B ________
A-GmbH i. L.

I, the undersigned liquidator herewith submit:

the record about the extraordinary meeting of shareholders of ______, 2008 including shareholders' resolutions on the dissolution of the company and appointment of me as sole liquidator.

I hereby report:

1. With effect as of ______, 2008, the company has been dissolved.
2. Mr. A (birth date: ______ 19____ in ______, home address: ______ in ______) has been recalled from being managing director.

3. Herr C (Geburtsdatum: 19____ in ______, Privatanschrift: ______ in ______) wurde als Prokurist abberufen.

4. Als alleiniger Liquidator wurde Herr B (Geburtsdatum: 19____ in ______, Privatanschrift: ______ in ______, Beruf: Anwalt und Steuerberater) bestellt.

Ich bin stets einzelvertretungsberechtigt und von den Beschränkungen des § 181 BGB stets befreit.

Ich versichere, dass ich nicht wegen einer Insolvenzstraftat nach den §§ 283–283d des Strafgesetzbuches (StGB) verurteilt worden bin und mir weder durch gerichtliches Urteil noch durch vollziehbare Entscheidung einer Verwaltungsbehörde die Ausübung eines Berufes, Berufszweiges, Gewerbes oder Gewerbezweiges untersagt worden ist und dass ich über meine unbeschränkte Auskunftspflicht gegenüber dem Gericht durch die diese Anmeldung beglaubigende Person belehrt worden bin.

Ich bevollmächtige hiermit die Notariatsmitarbeiter

1. Frau ________,
2. Herr ________ und
3. Frau ________,

sämtlich Anschrift: Notariatsweg 1, A-Stadt,

und zwar einen jeden für sich allein, unter Befreiung von den Beschränkungen des § 181 BGB, die vorstehende Handelsregisteranmeldung zu ändern und zu ergänzen.

Die Vollmacht ist im Außenverhältnis unbeschränkt. Im Innenverhältnis werden die Bevollmächtigten angewiesen, von dieser Vollmacht nur Gebrauch zu machen, wenn die Geschäftsführung der Gesellschaft einer Änderung oder Ergänzung zugestimmt hat.

Die Vollmacht wird unabhängig von der Wirksamkeit dieser Urkunde erteilt. Sie erlischt mit Eintragung des Liquidators im Handelsregister.

Diese Anmeldung ist in zwei Sprachen abgefasst. Wo ein Unterschied zwischen der deutschen und der englischen Fassung besteht, ist die deutsche Fassung maßgebend.

3. Mr. C, (birth date: ______ 19____ in ______, home address: ______ in ______) has been recalled from being authorized representative.

4. Mr. B (birth date: ______ 19____ in ______, home address: ______ in ______, profession: lawyer and tax adviser) has been appointed sole liquidator.

At any time, I am entitled to represent the company solely beeing extemptioned from the restrictions laid down in sec. 181 of the German Civil Code (BGB).

I confirm that I have never been convicted of a bankruptcy offence in accordance to sec. 283–283d of the German Criminal Code (StGB) and I am not prohibited from exercising a profession, a line of profession, a trade or a line of a trade by any court or enforceable order of an administrative authority. Furthermore, I confirm that I have been advised by the person certifying this application of my unrestricted obligation to make full disclosure to the court.

I hereby authorize the notary employees

1. Ms. ________,
2. Mr. ________ and
3. Ms. ________,

all's address: Notariatsweg 1, A-Stadt,

sole and under exemption from the restrictions of sec. 181 of the German Civil Code (BGB) to apply the registration to the Commercial Register and to alter or complete the declarations if necessary.

The authorisation is not restricted. However, the authorised persons are only allowed to use the power of authorisation only with agreement of the company.

The power of attorney does not depend on the validity of this certification. It becomes invalid with registration of the liquidator with the commercial register.

This application is written in two languages. Where there is a difference between the German and the English version, the German version shall prevail.

____

Ort, Datum / place, date

III. Liquidationsverfahren

1. Beschluss über Schlussbilanz und Liquidationseröffnungsbilanz dt./engl.

659

Protokoll über die Gesellschafterversammlung der A-GmbH	**Record on the Shareholders' Meeting of A-GmbH**
vom ______ 2008:	**of ______, 2008:**
Sonderbilanzierung	**Extraordinary Balancing**
Am ______ 2008 erschien in A-Stadt	On ______, 2008 appeared in A-Stadt
1. Frau/Herr ________________, geboren am ________________, 2. Frau/Herr ________________, geboren am ________________, sämtlich geschäftsansässig: ____________________________	1. Ms./Mr. ________________, born on ________________, 2. Ms./Mr. ________________, born on ________________, business address: ____________________________
nachfolgend: „Vertreter“	hereinafter referred to as „Representatives“
handelnd nicht für sich persönlich, sondern in seiner/ihrer Eigenschaft als einzelvertretungsberechtigter/gesamtvertretungsberechtigte Geschäftsführer der beim ________ in ________ unter der Nr. __________ registrierten Gesellschaft in Firma	acting not on his/her/their own behalf but in his/her/their capacity as managing director/s and sole/joint signatory/signatories on behalf of the company registered with the ________ with ________ number __________ of firm
A-AG.	A-AG.
Anschrift: ________________________,	address:________________________,
nachfolgend „Gesellschafterin“.	hereinafter referred to as „Shareholder“.
Die Erschienene/n gab/en zu Protokoll:	The person/s appearing stated for this record:
An der im Handelsregister des Amtsgerichts A-Stadt unter HR B ______ eingetragenen Gesellschaft in Firma	In the company registered with the A-Stadt Commercial Register under No. HR B ______ named
A-GmbH	A-GmbH
nachfolgend „Gesellschaft“	hereinafter referred to as „Company“
zu A-Stadt, deren Stammkapital EUR 25.000,00 beträgt und das in voller Höhe eingezahlt ist, ist die Gesellschafterin mit einem Geschäftsanteil im Nennwert von EUR 25.000,00 beteiligt. Das gesamte Stammkapital der Gesellschaft ist somit vertreten.	situated in A-City and with completely paid share capital amounting to EUR 25,000.00, the Shareholder holds a share amounting to a nominal value of EUR 25,000.00. Hence, the whole share capital of the company is being represented.
Mit Beschluss vom ______ 2008 hat die Alleingesellschafterin die Liquidation der Gesellschaft beschlossen.	By decision dated ______, 2008, the sole shareholder decided to dissolve the Company.

Dies vorausgeschickt, hält die Gesellschafterin unter Verzicht auf alle Formen und Fristen der Einberufung und Ankündigung einer Gesellschafterversammlung eine

außerordentliche
Gesellschafterversammlung

der Gesellschaft ab und beschließt einstimmig Folgendes:

1. Die Schlussbilanz der werbenden Gesellschaft nebst Gewinn- und Verlustrechnung und Anhang, aufgestellt auf den ________ 2008, wird hiermit gemäß der diesem Beschluss beigefügten und unterzeichneten Anlage 1 festgestellt.
2. Die Liquidationseröffnungsbilanz nebst erläuterndem Bericht, aufgestellt auf den ________ 2008, wird hiermit gemäß der diesem Beschluss beigefügten und unterzeichneten Anlage 2 festgestellt.

Der/die Erschienene/n erklärte/n die Gesellschafterversammlung sodann um ________ Uhr für beendet.

Diese Niederschrift ist in zwei Sprachen abgefasst. Wo ein Unterschied zwischen der deutschen und englischen Fassung besteht, ist die deutsche Fassung maßgeblich.

These as statements precedent, the Shareholder, while waiving all formalities and time periods for the calling and announcement of a shareholder's meeting, holds an

Extraordinary
shareholders' meeting

of the Company and, unanimously, determines what follows:

1. Hereby, the final balance of the „normal" Company together with the profit and loss account and the notes, set up with reference to ______, 2008, as from signed Appendix 1 to this record, is being determined.
2. Hereby, the dissolution opening balance sheets and its commentaries, set up with reference to the ________, 2008, as from signed Appendix 2 to this record, is being determined.

Thereafter, at ________ o'clock, the person appearing declared the shareholders' meeting terminated.

The above record is written in two languages. Where there is a different between the German and the English version, the German version shall prevail

Ort, Datum / place, date (Unterschrift, Paraphe / signature, paraph)

Ort, Datum / place, date (Unterschrift, Paraphe / signature, paraph)

2. Kündigung Standardschreiben

An
XY-Leasing GmbH
XY-Straße
A-Stadt

Kunden-Nr.: 12345
Kündigung

660 Sehr geehrte Damen und Herren,

hiermit zeigen wir an, dass sich die A-GmbH seit dem ________ 2008 in Liquidation befindet. Zum Liquidator wurde Herr B bestellt. Bitte beachten Sie, dass sich unsere Postadresse geändert hat. Bitte senden Sie Ihren zukünftigen Schriftverkehr an die o.a. Postadresse in A-Stadt.

Aufgrund der Liquidation der A-GmbH kündigen wir das mit Ihnen bestehende Vertragsverhältnis mit sofortiger Wirkung, hilfsweise zum nächstmöglichen Termin. Bitte übersenden Sie uns eine aktuelle Abrechnung; etwaige offene Forderungen Ihrerseits werden wir umgehend ausgleichen. Ein noch bestehendes Guthaben überweisen Sie bitte auf das unten angegebene Konto bei der B-Bank.

Bei Rückfragen wenden Sie sich bitte an Herrn B unter der o.a. Adresse oder Telefonnummer.

Mit freundlichen Grüßen
A-GmbH i. L.
B
Liquidator

3. Schreiben an PSV

An den 661
Pensions-Versicherungs-Verein a.G.
Berlin-Kölnische-Allee 2-4
50969 Köln

Betriebsnummer: 123457
Liquidationen der A-GmbH i.L.

Sehr geehrte Damen und Herren,

hiermit zeigen wir an, dass sich die A-GmbH seit dem ________ 2008 in Liquidation befindet. Zum Liquidator wurde Herr B bestellt. Bitte beachten Sie, dass sich unsere Postadresse geändert hat. Bitte senden Sie Ihren zukünftigen Schriftverkehr an die o.a. Postadresse in A-Stadt.

Die bestehenden Pensionsverbindlichkeiten der A-GmbH i.L. wurden gemäß § 4 Abs. 4 BetrAVG auf die ABC-Lebensversicherungs-AG/ABC-Pensionskasse, Niederlassung ________, in ________ übertragen. Die Übertragung der Pensionsverbindlichkeiten auf die ABC-Lebensversicherungs-AG/ABC-Pensionskasse erfolgte mit Wirkung zum ________ 2008. Zum Nachweis der Übertragung sämtlicher betrieblicher Versorgungsverpflichtungen haben wir Ihnen die entsprechenden Mitarbeitererklärungen der ehemaligen Arbeitnehmer A, B, C, D, E und F beigefügt.

Bitte übersenden Sie uns eine aktuelle Beitragsberechnung und überweisen Sie ein eventuelles Guthaben auf das u.a. Konto bei der B-Bank.

Mit freundlichen Grüßen
A-GmbH i. L.
B
Liquidator

4. Übertragung auf Liquidationsversicherung – Informationsschreiben Rentner

662 An Herrn
R. Entner
Altersstraße 1
12345 Ruhesitz

Liquidation der A-GmbH
Ihre Pensionsansprüche

Sehr geehrter Herr Entner,

hiermit möchten wir Sie darüber informieren, dass sich die A-GmbH seit dem ______ 2008 in Liquidation befindet. Dies bedeutet, dass die Gesellschaft nach Begleichung sämtlicher gegen sie bestehender Forderungen erlöschen und aus dem Handelsregister gelöscht werden wird. Hintergrund dieser Maßnahme ist eine konzerninterne Umstrukturierung.

Auf den Bestand und die Höhe Ihrer Betriebsrente wird die Liquidation keine Auswirkung haben. Erforderlich ist allerdings, dass die bestehenden Pensionsverpflichtungen der A-GmbH auf einen neuen Träger übertragen werden, da eine Löschung der Gesellschaft nur möglich ist, wenn sämtliche Verbindlichkeiten vollumfänglich beglichen sind. Zum Schutz der Pensionäre sieht § 4 Abs. 4 des Gesetzes zur Verbesserung der betrieblichen Altersversorgung (BetrAVG) vor, dass Pensionsverbindlichkeiten eines Unternehmens nur auf eine Pensionskasse oder auf ein Unternehmen der Lebensversicherungswirtschaft übertragen werden können.

Vor diesem Hintergrund haben wir zahlreiche Versicherungsgesellschaften geprüft und sind zu dem Ergebnis gekommen, dass durch die ABC-Lebensversicherungs-AG/ABC-Pensionskasse die Interessen der ehemaligen Arbeitnehmer der A-GmbH am besten geschützt werden können.

Die Übertragung der Pensionsverpflichtungen auf die ABC-Lebensversicherungs-AG/ABC-Pensionskasse erfolgt durch den Abschluss einer sogenannten Liquidationsversicherung. Hierbei handelt es sich um eine Direktversicherung, die die A-GmbH i.L. mit der ABC-Lebensversicherungs-AG/ABC-Pensionskasse zugunsten der Betriebsrentner abschließt. Mit Abschluss der Liquidationsversicherung wird die ABC-Lebensversicherungs-AG/ABC-Pensionskasse neuer Schuldner der Pensionsverpflichtungen und wird Ihre Betriebsrente bei Eintritt der Fälligkeit anstelle der A-GmbH i.L. vollumfänglich an Sie auszahlen. Aus versicherungsrechtlichen Gründen bedarf die Übertragung der Pensionsverpflichtungen der Zustimmung der betroffenen Pensionäre und Anwärter. Diese Zustimmung wird durch die diesem Schreiben als Anlage beigefügte Mitarbeitererklärung erteilt. Wir möchten Sie bitten, sich die Anlage sorgfältig durchzulesen, die Erklärung zu unterzeichnen und das unterzeichnete Original an uns zurückzusenden.

Selbstverständlich stehen wir Ihnen für weitergehende Fragen zu Verfügung.

Mit freundlichen Grüßen
A-GmbH i. L.
B
Liquidator

5. Anmeldung der Beendigung der Liquidation und des Erlöschens der Firma dt./engl.

Amtsgericht A-Stadt 663
– Handelsregister –
Gerichtsstraße 1
A-Stadt

HR B _______
A-GmbH i.L.

HR B _______
A-GmbH i.L.

Ich, der unterzeichnende alleinige Liquidator, überreiche hiermit:

1. die Niederschrift über die außerordentliche Gesellschafterversammlung vom _______ 2008 inklusive Gesellschafterbeschluss betreffend die Verwahrung der Bücher und Schriften der Gesellschaft gemäß § 74 Abs. 2 G mbHG;
2. Bestätigungsschreiben der _______ vom 2008 über die Inverwahrungnahme der Bücher und Schriften der Gesellschaft;
3. die Belegexemplare des elektronischen Bundesanzeigers Nr. ____, Nr. ____ und Nr. ____ vom _______, _______ bzw. _______ über die Auflösung der Gesellschaft und den dreimaligen Aufruf an die Gesellschaftsgläubiger gemäß § 65 Abs. 2 GmbHG. Gemäß _____ des Gesellschaftsvertrages haben Bekanntmachungen nur im elektronischen Bundesanzeiger zu erfolgen.

Ich melde an:

1. Die Liquidation der Gesellschaft ist beendet.
2. Das Liquidatorenamt ist niedergelegt.
3. Die Firma der Gesellschaft ist erloschen.

Ich bevollmächtige hiermit die Notariatsmitarbeiter

1. Frau _______,
2. Herr _______ und
3. Frau _______,

sämtlich Anschrift: Notariatsweg 1, A-Stadt,

HR B _______
A-GmbH i.L.

I, the undersigned sole liquidator herewith submit:

1. the record about the extraordinary meeting of shareholders of _______ 2008 including shareholders resolutions on the custody of the books and records of the company according to sec. 74 para. 2 of the German Limited Liability Companies Act (GmbHG);
2. confirmation letter of _______, 2008 about the custody of the books and records of the company;
3. the specimen copies of the Electronic Federal Gazette No ____, No. ____ and No. ____ of _______, _______ and _______ about the dissolution of the company and the triple demand for the creditors to notify their claims according to sec. 65 para. 2 of the GmbHG. According to _____ of the Articles of Association, announcements shall only be made in the Electronic Federal Gazette.

I hereby report:

1. The liquidation of the company has been terminated.
2. The liquidator has resigned from its office.
3. The corporate name of the company has lapsed.

I hereby authorize the notary employees

1. Ms. _______,
2. Mr. _______ and
3. Ms. _______,

address: Notariatsweg 1, A-Stadt,

und zwar einen jeden für sich allein, unter Befreiung von den Beschränkungen des § 181 BGB, die vorstehende Handelsregisteranmeldung zu ändern und zu ergänzen.

sole and under exemption from the restrictions of sec. 181 of the German Civil Code (BGB) to apply the registration to the Commercial Register and to alter the declarations if necessary.

Die Vollmacht ist im Außenverhältnis unbeschränkt. Im Innenverhältnis werden die Bevollmächtigten angewiesen, von dieser Vollmacht nur Gebrauch zu machen, wenn die Geschäftsführung der Gesellschaft einer Änderung oder Ergänzung zugestimmt hat.

The authorisation is not restricted. However the authorised persons are only allowed to use the power of authorisation after agreement with the company.

Die Vollmacht wird unabhängig von der Wirksamkeit dieser Urkunde erteilt. Sie erlischt mit Eintragung der Löschung der Gesellschaft im Handelsregister.

The power of attorney does not depend on the validity of this certification. It becomes invalid with deregistration of the company from the commercial register.

Diese Anmeldung ist in zwei Sprachen abgefasst. Wo ein Unterschied zwischen der deutschen und der englischen Fassung besteht, ist die deutsche Fassung maßgebend.

This application is written in two languages. Where there is a difference between the German and the English version, the German version shall prevail.

____

Ort, Datum / place, date

6. Gesellschafterbeschluss über die Fortsetzung einer aufgelösten Gesellschaft dt./engl.

664

Protokoll
über die Gesellschafterversammlung der
A-GmbH

vom ______ 2008:

Sonderbilanzierung

Am ______ 2008 erschien in A-Stadt

1. Frau/Herr _________________,
   geboren am _________________,
2. Frau/Herr _________________,
   geboren am _________________,

sämtlich geschäftsansässig:

____

nachfolgend: „Vertreter"

handelnd nicht für sich persönlich, sondern in seiner/ihrer Eigenschaft als einzelvertretungsberechtigter/gesamtvertretungsberechtigte Geschäftsführer der beim __________ in __________ unter der Nr. _____________ registrierten Gesellschaft in Firma

A-AG.

Record
on the Shareholders Meeting of
A-GmbH

of ______, 2008:

Extraordinary Accounting

On ______, 2008 appeared in A-Stadt

1. Ms./Mr. _________________,
   born on _________________,
2. Ms./Mr. _________________,
   born on _________________,

business address:

____

hereinafter referred to as „Representatives"

acting not on his/her/their own behalf but in his/her/their capacity as managing director/s and sole/joint signatory/signatories on behalf of the company registered with the __________ with __________ number ____________ of firm

A-AG.

Anschrift: ______________________,

address: ______________________,

nachfolgend „Gesellschafterin".

hereinafter referred to as „Shareholder".

Die Erschienene/n gab/en zu Protokoll:

The person/s appearing stated for this record:

An der im Handelsregister des Amtsgerichts A-Stadt unter HR B ______ eingetragenen Gesellschaft in Firma

In the company registered with the A-Stadt Commercial Register under No. HR B ______ named

A-GmbH

A-GmbH

nachfolgend „Gesellschaft"

hereinafter referred to as „Company"

zu A-Stadt, deren Stammkapital EUR 25.000,00 beträgt und das in voller Höhe eingezahlt ist, ist die Gesellschafterin mit einem Geschäftsanteil im Nennwert von EUR 25.000,00 beteiligt. Das gesamte Stammkapital der Gesellschaft ist somit vertreten.

situated in A-City and with completely paid share capital amounting to EUR 25,000.00, the Shareholder holds a share amounting to a nominal value at EUR 25,000.00. Hence, the whole share capital of the company is being represented.

Mit Beschluss vom __________ 2008 hat die Alleingesellschafterin die Liquidation der Gesellschaft beschlossen und Herrn B zum alleinigen Liquidator bestellt. Die Auflösung und die Bestellung von Herrn B zum Liquidator wurden am ______ im Handelsregister eingetragen. Mit der Verteilung des Vermögens der Gesellschaft unter die Gesellschafter wurde noch nicht begonnen.

By decision dated __________, 2008, the sole shareholder decided to dissolve the Company and appointed Mr. C as sole liquidator. The dissolution and the appointment of Mr. B as liquidator were registered in the Commercial Register on _____ 2008. The allocation of funds to the shareholders has not been initiated.

Dies vorausgeschickt, hält die Gesellschafterin unter Verzicht auf alle Formen und Fristen der Einberufung und Ankündigung einer Gesellschafterversammlung eine

These as statements precedent, the Shareholder, while waiving all formalities and time periods for the calling and announcement of a shareholders' meeting, holds an

außerordentliche
Gesellschafterversammlung

Extraordinary
shareholders' meeting

der Gesellschaft ab und beschließt einstimmig Folgendes:

of the Company and, of one voice, determines what follows:

1. Die Gesellschaft wird als werbende Gesellschaft fortgesetzt.
2. Herr B ist nicht mehr Liquidator.
3. Herr C (Geburtsdatum: 19____ in ______, Privatanschrift: ______ in ______) wird zum alleinigen Geschäftsführer bestellt.
4. Herr C vertritt die Gesellschaft einzeln, solange er alleiniger Geschäftsführer ist. Ansonsten vertritt er die Gesellschaft gemeinschaftlich mit einem weiteren Geschäftsführer.

1. The company will be continued.
2. Mr. B is no longer liquidator.
3. Mr. C (birth date: ______ 19____ in _____, home address: ______ in ______) is appointed as sole director.
4. Mr. C represents the company with sole signature power as long as he is the sole director. Otherwise he represents the company jointly with another director.

Der/die Erschienene/n erklärte/n die Gesellschafterversammlung sodann um ______ Uhr für beendet.

Thereafter, at ______ o'clock, the person appearing declared the shareholders' meeting terminated.

Diese Niederschrift ist in zwei Sprachen abgefasst. Wo ein Unterschied zwischen der deutschen und englischen Fassung besteht, ist die deutsche Fassung maßgeblich.

The above record is written in two languages. Where there is a different between the German and the English version, the German version shall prevail.

Ort, Datum / place, date (Unterschrift, Paraphe / signature, paraph)

Ort, Datum / place, date (Unterschrift, Paraphe / signature, paraph)

7. Anmeldung der Fortsetzung einer aufgelösten Gesellschaft dt./engl.

665 Amtsgericht A-Stadt
– Handelsregister –
Gerichtsstraße 1
A-Stadt

HR B ______
A-GmbH i.L.

HR B ______
A-GmbH i.L.

Ich, der unterzeichnende alleinige Geschäftsführer, überreiche hiermit:

den Gesellschafterbeschluss vom ______.

Ich melde zur Eintragung in das Handelsregister an:

1. Die durch Gesellschafterbeschluss vom ______ aufgelöste Gesellschaft wird als werbende Gesellschaft fortgesetzt.
2. Herr B ist nicht mehr Liquidator.
3. Herr C (Geburtsdatum, Privatanschrift) ist zum Geschäftsführer bestellt.
4. Herr C vertritt die Gesellschaft einzeln, solange er alleiniger Geschäftsführer ist. Im Übrigen vertritt er die Gesellschaft gemeinschaftlich mit einem weiteren Geschäftsführer.

Ich, der unterzeichnete C, zeichne meine Unterschrift wie folgt:

____
(Unterschrift)

HR B ______
A-GmbH i.L.

I, the undersigned sole liquidator herewith submit:

the record about the shareholders' resolutions of ______ 2008.

I hereby report:

1. The company will be continued by means of shareholder resolution, dated ______ 2008.
2. Mr. B is no longer liquidator.
3. Mr. C (birth date: ______ 19____ in ______, home address: ______ in ______) is appointed as sole director.
4. Mr. C represents the company with sole signature power as long as he is the sole director. Otherwise he represents the company jointly with another director.

I, the signatory C sign my signature as shown below:

____
(Signature)

Ich bevollmächtige hiermit die Notariatsmitarbeiter

1. Frau ______,
2. Herr ______ und
3. Frau ______,

sämtlich Anschrift: Notariatsweg 1, A-Stadt,

und zwar einen jeden für sich allein, unter Befreiung von den Beschränkungen des § 181 BGB, die vorstehende Handelsregisteranmeldung zu ändern und zu ergänzen.

Die Vollmacht ist im Außenverhältnis unbeschränkt. Im Innenverhältnis werden die Bevollmächtigten angewiesen, von dieser Vollmacht nur Gebrauch zu machen, wenn die Geschäftsführung der Gesellschaft einer Änderung oder Ergänzung zugestimmt hat.

Die Vollmacht wird unabhängig von der Wirksamkeit dieser Urkunde erteilt. Sie erlischt mit Eintragung der Löschung der Gesellschaft im Handelsregister.

Diese Anmeldung ist in zwei Sprachen abgefasst. Wo ein Unterschied zwischen der deutschen und der englischen Fassung besteht, ist die deutsche Fassung maßgebend.

I hereby authorize the notary employees

1. Ms. ______,
2. Mr. ______ and
3. Ms. ______,

all's address: Notariatsweg 1, A-Stadt,

sole and under exemption from the restrictions of sec. 181 of the German Civil Code (BGB) to apply the registration to the Commercial Register and to alter the declarations if necessary.

The authorisation is not restricted. However the authorised persons are only allowed to use the power of authorisation after agreement with the company.

The power of attorney does not depend on the validity of this certification. It becomes invalid with deregistration of the company from the Commercial Register.

This application is written in two languages. Where there is a difference between the German and the English version, the German version shall prevail.

____

Ort, Datum / place, date

IV. Nachtragsliquidation

666 **Antrag auf gerichtliche Bestellung eines Nachtragsliquidators**

Amtsgericht A-Stadt
– Handelsregister –
Gerichtsstraße 1
A-Stadt

HR B ________

Am ________ wurde aufgrund der Anmeldung des letzten Liquidators C vom ________, dass die Liquidation beendet und die Firma erloschen sei, das Erlöschen der Firma im Handelsregister eingetragen.

Inzwischen hat sich gezeigt, dass die Liquidation noch nicht beendet ist. Der Gesellschaft steht aufgrund rechtskräftigen Urteils des Landgerichts ________ vom ________ eine Forderung in Höhe von EUR ________ gegen Herrn Z zu. Im Rahmen der Zwangsvollstreckung hat Herr Z auf Betreiben der Gesellschaft seinerzeit eine eidesstattliche Versicherung gemäß § 807 ZPO abgegeben. Aufgrund dieser eidesstattlichen Versicherung musste die Forderung zum Zeitpunkt der Beendigung der Liquidation als uneinbringlich angesehen werden. Inzwischen ist Herr Z durch Erbfall zu Vermögen gekommen. Die Forderung der Gesellschaft ist wieder einbringbar.

Ich, der unterzeichnende A bin Geschäftsführer der die alleinigen Gesellschafterin A-AG der gelöschten Gesellschaft. Dazu verweisen wir auf die letzte vor Löschung zum Handelsregister eingereichte Gesellschafterliste gemäß § 40 GmbHG.

Der letzte Liquidator, Herr C, ist nicht bereit, sein Amt wieder aufzunehmen.

Wir beantragen, Herrn D (Name, Vorname, Geburtsdatum, Wohnort) zum Liquidator zu bestellen. Die Einverständniserklärung von Herrn D fügen wir bei. Diese enthält auch seinen Verzicht auf Auslagenerstattung und Vergütung.

A-Stadt, den ________

____
Ort, Datum

Sachverzeichnis